宁乡年鉴

（2014）

中共宁乡县委
宁乡县人民政府 主办

宁乡县史志档案局 承办

方志出版社

图书在版编目（CIP）数据

宁乡年鉴. 2014/宁乡县史志档案局编. ——北京：方志出版社，2014. 12
ISBN 978-7-5144-1457-8

Ⅰ. ①宁… Ⅱ. ①宁… Ⅲ. ①宁乡县—2014—年鉴 Ⅳ. ①Z526. 44

中国版本图书馆 CIP 数据核字（2014）第 274122 号

宁乡年鉴（2014）

编　　者：宁乡县史志档案局
责任编辑：黄　彦

出 版 人：冀祥德
出 版 者：方志出版社
地址　北京市朝阳区潘家园东里 9 号（国家方志馆 4 层）
邮编　100021
网址　http://www. fzph. org
发　　行：方志出版社发行中心
电话（010）67110500
经　　销：各地新华书店
印　　刷：湖南天闻新华印务有限公司

开　　本：889×1194　　1/16
印　　张：19. 5
字　　数：687 千字
版　　次：2014 年 12 月第 1 版　　2014 年 12 月第 1 次印刷
印　　数：0001～1000 册

ISBN 978-7-5144-1457-8/K · 1193　　定价：120. 00 元

宁乡年鉴编辑委员会

顾　问　黎春秋

主　任　周　辉

副主任　邓杰平　刘　亮　汤智斌　陈永高

　　　　王湘云　彭曦明　钟利仁　李　纯

　　　　赵光辉　谢仲舒

委　员　胡乾山　詹亮明　黎正明　何雨春

　　　　谭启良　李锡泉　王东波

宁乡年鉴编辑部

主　编　谢仲舒

副主编　张合民　姜政军　蔡水林

编　辑　蔡水林　丁志群　杨长生　曾小立　罗再良

编 辑 说 明

一、《宁乡年鉴》是中共宁乡县委、县人民政府主办，县史志档案局承编的综合性年刊，记述宁乡自然、政治、经济、文化、社会等方面情况的年度资料性文献。《宁乡年鉴（2014）》记载2013年全县各乡、镇，各单位，各行业的主要工作、重要事例，收录了若干文献和统计资料，反映了宁乡改革开放和经济、社会发展的新成绩、新经验以及存在的问题。所载资料全面、系统、翔实、准确，是社会各界人士了解宁乡的工具书。

二、本年鉴采取部目、分目、条目的编辑体例。部目设置除“公安司法”改为“政法”外，沿袭前卷，依次是：中共宁乡县委、宁乡县人民代表大会常务委员会、宁乡县人民政府、政协宁乡县委员会、中共宁乡县纪律检查委员会、民主党派和工商联、群众团体、军事、政法、经济综合管理、城建环保、农业、工业、园区经济、交通、邮政、电信、贸易、旅游、财政、税务、金融、保险、证券、科技教育、文体、新闻、卫生、社会生活，乡镇等24个部目，另设附属资料7个，分别是特载、概述、大事记、先进人物、荣誉在册、文件选登、附录。个别分目作了一些调整。全书共有156个分目和947个条目。书中插排彩色专版。

三、本年鉴所载稿件，均由各乡镇各单位撰稿人提供，领导审核，年鉴编辑部编辑整理，经编辑委员会审阅定稿。统计数据主要源于县统计局。由于统计口径不同等原因，书中有些乡镇、部门的数据与统计局公布的可能不完全一致，请读者在查阅和引用时注意。

四、各单位和各乡镇的领导职务名单，收录至2013年12月31日，有任免的分别予以括注。县直单位收录党政的正副职、纪检书记（组长）、工会主席和二级机构副科级以上的负责人。乡镇收录党政正副职、大大正副主席、政协工作联络处主任、党委委员。名单先由各单位报送，年鉴编辑部初审、再经组织部门审定；部队和驻宁单位一般收录副职以上领导人员，名单均由各单位提供。

五、《宁乡年鉴》的编辑出版，得到了各级领导、各个单位和撰稿人的大力支持与通力协作，在此，一并致谢。由于编者水平有限，难免有疏漏、错误之处，敬请读者批评指正。

编　者

目 录

特 载

概 述

大事记

中共宁乡县委

宁乡县人民代表大会常务委员会

宁乡县人民政府

政协宁乡县委员会

中共宁乡县纪律检查委员会

民主党派和工商联

群 众 团 体

军　　事

政 法

经济综合管理

城 建 环 保

农　　业

工　业

园　区　经　济

交通·邮政·电信

贸　　易

旅 游 业

财政·税务

金融·保险·证券

科技·教育

文体·新闻

卫　　生

社　会　生　活

乡　　镇

先 进 人 物

荣 誉 在 册

文 件 选 登

附 录

特 载

践行群众路线 致力好中求快 奋勇推进县域经济社会转型创新发展

——在全县党政负责干部大会上的讲话

黎春秋

（2014年2月7日）

同志们：

沐浴新春的喜悦，满怀奋进的豪情，我们在这里隆重召开全县党政负责干部大会，旨在盘点总结2013年工作，表彰奖励先进单位和先进个人，安排部署2014年和当前一个时期的工作，号召全县上下践行群众路线，致力好中求快，率先走出一条县域经济转型创新发展的成功之路！首先，我代表中共宁乡县委、县人大、县政府、县政协向大家并通过你们向全县人民致以新春的祝福，衷心祝愿大家在新的一年里工作顺利、生活和美！刚才，杰平同志通报了领导班子、机关事业单位工作人员、“四比四抓争先锋”活动暨工作绩效考核情况；德强同志宣读了表彰通报，大会对先进单位和个人进行了表彰颁奖；33个乡镇和2个主体园区递交了责任状；5个单位作了上台发言，9个单位作了书面发言，充分体现今天的大会既是一次鼓劲会，更是一次动员会，以这次会议为标志，新一年的工作全面进入加速推进的新阶段。下面，我再强调四点意见。

一、过去一年，我们奋力拼搏进取，收获丰硕成果

1.经济发展好中求快、社会大局安定和谐。一年来，我们始终高扬发展奋进旗帜，齐奏创业实干旋律，浓厚团结和谐氛围，发展成绩浓墨重彩、令人瞩目。捷报频传提升发展层级。县改市由省上报国务院。获批全省首批特色县域经济重点县。金洲新区晋升省级工业集中区。经开区获批国家再制造示范基地。国家卫生县城成功创建。炭河里获批国家遗址公园。花明楼晋升国家AAAAA景区，关山晋升国家AAAA景区。各级各部门争创国家、省市荣誉178项，其中国字号荣誉37项；我县被市级以上主流媒体宣传推介281篇次。国家发改委特邀宁乡作为唯一县级代表，参加全国新型城镇化建设座谈会。全省小型农田水利建设现场会在宁乡召开。县域经济基本竞争力跃居全国百强第56位。诸多突破蕴蓄发展能量。全年引进格力电器、洋河酒业、中联重科、美国新视野、基伍科技、华润二期、雅居乐等投资过10亿元、达产后税收过亿元的重大项目。加加食品、红宇耐磨加大上市后融资力度，推进二次创业。楚天科技成为IPO开闸以后全省首家成功登陆创业板的上市公司。圣得西获批国家级工业设计中心，忘不了等申报工信部品牌培育试点企业。烟叶生产规模突破30万担，稳居全省第二。模拟审批将项目审批周期从217天压减到57天。全年新增资本投放达70亿元，同比净增22亿元。沩东新城、长沙国家级现代农业示范区、金玉乡镇工业集中区三大崭新平台启动建设。宁梅大道、长沙第二机场等重大战略项目启动前期规划。和谐大局夯实发展保障。坚持发展成果共创共享，公共财政普惠民生，社会保障覆盖扩面，民生难题得到缓解，困难弱势群体得到关爱。社会事业亮点频现，文体中心投入使用，国家教育均衡县通过验收，城乡环境卫生条件不断改善，防汛抗旱救灾攻坚战取得胜利，十大安全体系筑牢安全保障。社会治理有效创新，社会大局井然有序，信访总量下降20%，为经济快速发展和人民安居乐业提供了坚实基础,实现保障民生与民生保障互为促动。

2.全县上下合力干事、乡镇部门奋勇争先。回顾2013年工作,我们共同战胜了许多困难和挑战,构建了全新突破的生动格局,形成了勇走前列的良好态势,依靠的是主体园区、各乡镇和部门的努力工作,凝聚的是广大党员、干部、群众的强大力量,彰显的是全县上下压力愈大、意志弥坚的精神境界。一是昂扬向上,力争先锋。玉潭镇继续保持高基数上的高增长,跃居中国城镇综合实力五十强。花明楼镇强化创先争优意识,镇域经济社会跨越发展,获多项国家级荣誉,绩效考核跃居全县第一。回龙铺镇全力服务金玉乡镇工业集中区建设,推动产业培育、集镇建设、社会治理齐头并进,绩效考核首次跃居三甲。金洲镇全力打造关山城乡一体化示范点,以此为依托突出项目建设,投身主战场,服务大开发,首评全市经济社会发展十快乡镇。工信局注重运行调度,推动企业装备升级,获全省加速推进新型工业化一等奖。科技局致力推进县域自主创新能力建设,再创全国科技进步先进县荣誉。农办、农业局、粮食局积极推进农业产业化发展,探索"粮食银行"模式,再创全国粮食生产先进县和产粮大县荣誉。机关事务局注重细节管理,提升服务水平,获全国公共机构节能示范单位和全国物业管理示范大厦。文广新局加强公共文化体系建设,成功创建国家公共文化服务示范区。二是总量扩张,支撑强劲。国家级宁乡经开区强势起步,管理体制不断理顺,基础配套不断完善,一批重大战略项目落户,发挥了县域发展的核心支撑作用。金洲新区申报国家级新型工业化产业示范基地,加快向省级高新区转型,东部片区开发骨架拉开,园区吸纳力、承载力大幅提升,成为县域经济新的增长极。城郊乡积极探索"退二进三"产业转移路径,继续保持良好的发展态势。白马桥乡全力服务重大战略项目建设,积极创新社会治理模式,再评全市经济社会发展十强乡镇。夏铎铺镇矢志做优工业平台,激活内生动力,探索乡镇工业发展新路径。煤炭坝镇以产城融合探索新型城镇发展路径,集镇形象大幅提升,门业制造初具规模,产业转型收到实效。财政、国税、地税部门聚财有方,理财有序,为全年财税任务完成作出了重要贡献。三是扎实作为,推进项目。灰汤镇整合温泉资源、加强旅游营销,以敢拼敢干的作风推进雅居乐等项目建设,经济社会事业全面进步。历经铺乡以超常举措推进征拆腾地,为主体园区、重大战略项目建设强化保障。菁华铺乡突出休闲农业培育,服务金洲西线等重大项目建设,融城对接迈出新步伐。沙田乡以叔衡广场建设等项目带动红色旅游,全力打造四个"万字号"特色农业基地。流沙河镇抢抓市级中心镇契机,新建综合大市场,西部商贸重镇初显规模。南田坪乡不断完善集镇基础配套,跻身全市经济社会发展十快乡镇。城投集团、国资公司担当开发主体,融资水平和造血功能增强,有力促推了重点片区和平台的开发建设。招商局包装策划各种招商活动,盯紧抓牢在谈项目,推进大招商、招大商。项目办精心调度和服务"双三十"重大项目建设,全县共有投资1000万元以上项目721个,完成项目投资505亿元。住建局突出项目工程质量监管,探索城镇建设新模式,农村危改、背街小巷改造等取得实效。发改、人社、特色办、沉治办等单位潜心研究政策,精心向上协调,争资金、争项目取得新突破。交运局、公路局推进大交通建设,金朱公路竣工通车,东花公路完成提质改造。四是围绕中心,服务大局。国土资源局全力做好用地报批和土地储备,确保了各类项目有地用、合法用、及时用。金融证券办积极推动金融创新,引进浦发银行,促推企业上市。人民银行、农商银行、长沙银行等金融部门加大金融投放力度,实现支持发展和自身效益双丰收。电力局抗旱救灾应对有力,发展用电保障到位。烟办、烟草局突破烟叶发展质量难题,实现烟叶生产提质增效。水务局统筹指导、全面推进农村田间水利工程扩容提质,经验做法全省推广。住保局科学引导房产发展,激活了有效需求,进一步擦亮了保障性住房建设的宁乡品牌。旅游局加大文旅结合力度,"五养之乡·中国宁乡"品牌打响。工商局率先推进商标国际注册和商事登记改革,再创全省商标品牌示范县称号。质监局突出名牌战略和标准化建设,全力打造公共技术服务平台。编委办推进编制实名制管理,机构编制管理日趋规范。爱卫办等部门主动投身"三城同创",不断完善长效机制,实现"国卫"成功创建。公安、信访、消防和安全生产监管部门积极维护大局稳定和安全,为经济发展保驾护航、艰辛付出。民政、教育、卫生等民生和社会事业部门深怀爱民之心,落实惠民之举,把温暖送到了千家万户。统计、审计、气象、移动公司、新华书店等部门单位围绕大局,职能作用充分发挥。五是自加压力,负重奋进。坝塘镇突出抓队伍、促项目、重两型,绩效考核排名前移18位,跃居全县先进行列。资福乡晒烟规模首夺全国乡镇第一,湘菜食材产业园推进顺利。偕乐桥、双江口、黄材等乡镇不甘人后,后发赶超,绩效考核排名大幅前移。沩山乡放大市级特色镇优势,打造湖南首个"拒塑"乡镇。大屯营、喻家坳等乡镇持之以恒抓烟叶、兴产业,形成了良好机制,实现了良性发展。老粮仓镇特色产业培育稳步推进,环境卫生由全市十差跃居优胜。青山桥镇因地制宜,发展中药材产业,基地建设初具规模。政务中心创新方法,优化服务,行政效能大幅提升。人口与计生局积极应对政策调整,强化优质服务,稳定了低生育水平。城管局、征地办、法院等部门和县城规划区乡镇注重源头控制,敢于动真碰硬,违章建筑增量同比下降96%,控建拆违取得了近十年来的最好成效。成绩来之不易,凝聚了大家的心血和智慧。在此,我代表县委,向为宁乡发展和稳定付出了聪明才智和辛勤汗水的同志们诚挚地道一声:大家辛苦了!感谢你们!

在充分肯定全县整体工作和干部队伍主流的同

时，在看到全县面临做大总量、经济转型、争先进位、社会治理四大压力的同时，我们更要强化问题意识，清醒认识到我们面上存在的一些问题和不足。今天，我们点名表扬了一些单位，这些单位在“四比四抓争先锋”活动中的全局工作或者单项工作走在了前列，应给予旗帜鲜明的表扬和肯定，但是下面要点的五个方面的问题是面上的问题，有些问题存在于部分单位，有些问题存在于所有单位的某部分人，请大家对号入座。少数单位和个人守摊子、混日子，不思进取。少数人在其位不谋其政，在其岗不尽其责，安于现状、得过且过，事业心、责任心锐减。特别是在当前转型创新发展的大背景下，认为该打的基础打好了，可以松口气、歇歇脚了，自降标准，消极应付，特别是在项目包装、产业培育上缺乏争抢和竞争意识，到头来逆水行舟，不进则退。少数单位和个人只唯上、不唯实，心浮气躁。有的善做表面文章，看人干事，看领导脸色办事，片面追求政绩，华而不实。特别是在上项目、做决策时忽视群众意见，脱离本乡镇、本单位实际，不顾发展的客观规律，深度负债运行，甚至存在损害群众利益的行为，给后续发展留下包袱。少数单位和个人软执行、虚执行，效率低下。对县委、县政府安排部署的任务当面一套、背后一套，磨洋工、打折扣、搞变通，甚至讨价还价。特别是在项目建设、民生事业发展和中心工作铺排上，能拖则拖，人为地将工作和事业卡在执行落实“最后一公里”。少数单位和个人要特权、不放权，为政不端。凡事“利”字当头，对自己有利的事抢着干，没利的事就躲着、拖着、捂着，服务不优，甚至存在索拿卡要的“黑手”，部门本位主义和“中梗阻”现象一定程度上阻碍了项目的落户和推进，破坏了宁乡招商引资的品牌和经济发展环境。少数单位和个人不敏锐、不自律，顶风违纪。有些人是非观念缺失，忘记了身份、辨不清轻重，抱着侥幸心理，认为作风建设是一阵风。在工作中纪律松弛，在生活中铺张浪费，成为了思想保守却行为失范的反面典型。针对以上问题和现象，大家要严肃认真对待，对号入座，对症下药，有则改之，无则加勉。

二、立足当下，我们紧扣时代命题，加速转型创新

守盛书记强调，转型创新发展是解决所有问题的关键。炼红书记特别要求宁乡率先走出一条县域经济转型创新发展的成功之路。当前，宁乡经济已进入“提质增效”第二季，转型创新发展成为宁乡的重大机遇、责任担当和现实选择，实现有质量、有效益、惠民生、可持续的发展，须走转型创新发展的路子。从今年开始，我们将大力实施转型创新发展三年行动计划，以创新发展促经济转型，在经济转型中谋创新发展。

1.坚定目标。到2016年，基本建成以企业为主体、市场为导向、科研机构为支撑、产学研结合度更高、资源配置更优、创新环境更好、创新能力更强的转型创新体系，持续推动县域经济社会转型发展、内生增长，使创新转型“红利”更多惠及全县人民。

2.领会要义。一是从重点来讲，转型和创新要围绕深化改革、结构调整、两型理念、项目建设、改善民生五项工作，突出重点，强力推进。二是从目的来讲，转型和创新要支撑发展、服务发展，最终以发展成果来检验转型创新成效。三是从定位来讲，转型和创新要体现宁乡特色，形成鲜明品牌，产生广泛影响，成为全市乃至全省转型创新的先行者和排头兵。

3.加强保障。一要着力转变观念。首要加快“人”的转型升级，领导干部要走出“头脑里”的“深水区”，在观念转变上先人一步，做到走上步、看下步，增强工作的前瞻性和系统性，抢夺先机，以身示范，带领全社会加快转型创新。二要完善指标体系。推进考核指标体系的转型升级，逐步构建更能契合转型创新的经济指标体系，充分发挥“驱动器”“导航仪”作用。三要拓展实施平台。在园区发展、产业升级、城乡统筹、环境优化、机制完善、队伍建设等平台和领域上推进转型创新，使转型创新落在实处、取得实效。四要营造宽松环境。努力营造最有利于转型创新的环境和氛围，支持和鼓励各个领域转型创新，广泛动员各层级的转型创新积极性，真正让转型创新在全县上下“火”起来，“旺”起来。

4.抓牢重点。一要以深化改革为动力，驱动转型创新发展。紧跟中央、省、市步伐，成立全面深化改革领导小组，强化改革系统性、协调性，做出符合中央要求、符合宁乡实际、符合转型创新发展要求的部署安排，对已经部署的园区开发体制、政府投融资体制、行政审批制度、商事登记制度、土地管理制度等改革，要边试边改，务求实效。对上级主导和操作的农村土地流转和承包经营权抵押担保等重大改革，要把握节奏、统一推进，通过改革释放县域经济发展活力。二要以结构调整为举措，加快转型创新发展。突出两化融合，加速推进新型工业化与信息化发展；突出县域特色，大力促进新型农业产业化发展；突出产业互补，快速提升服务业发展水平；突出科技驱动，有效夯实持续发展内生动力；突出产城融合，全面增强新型城镇化吸纳能力。三要以两型发展为理念，引领转型创新发展。加快生态制度建设，构建两型产业体系，大力实施节能减排，实施两型重点工程，深入推进示范创建，保护好青山绿水，守护好楚沩大地生态家园。四要以项目建设为载体，承载转型创新发展。大抓项目、抓大项目、抓好项目，加强重大项目策划，加快重大项目建设，持续形成产业发展项目、基础设施项目、民生改善项目全面推进建设的火热场景。五要以改善民生为真义，彰显转型创新实效。深化教育领域综合改革，深化医药卫生体制改革，构建现代公共文化服务体系，促进就业创业机制完善，建立可持续的社保制度，加快农村基础设施建设，提高城乡统筹水平。

5.把准要求。一要强化发展定力。发展不够快、不够好仍是当前我们最大的县情，好中求快发展更是全县人民最迫切的要求。要始终把转型创新的落脚点放在发展上,始终围绕更好的发展来转型创新,不断增强创新驱动新动力,促进县域经济社会更加持续健康发展。二要破除思维惯性。经济发展必须要有一定的速度,但并非越快越好,在增长方式仍然比较粗放、节能减排没有完全达标的情况下,过快发展不可持续。必须改变“速度就是硬道理”的理念,淡化“以 GDP 论政绩,以速度论高低”的导向,切实把思想认识提升到转型创新的要义上来。三要摒弃路径依赖。在一段时期内,政府投资拉动了经济快速的发展,但在新的阶段,必须正确处理好政府与市场的关系,从主要依赖政府投资、依赖资源消耗,转向主要走市场化路子,使经济发展更多依靠内需、科技进步、劳动者素质提高、管理创新驱动、节约资源和循环经济推动,更多依靠城乡区域发展协调互动。四要消化历史包袱。习总书记指出,经济增长必须是实实在在和没有水分的增长,是有效益、有质量、可持续的增长。要耐得住寂寞,受得了靠后,通过一手抓项目建设和工厂扩容,一手抓指标调整,逐步消化 GDP、工业总产值、固投等方面的历史包袱,从注重数量转到注重质量上来。五要重构价值体系。克服好大喜功冲动、纠正报喜不报忧、弄虚作假行为,以事实说话,对未来负责。科学设置考核指标,鼓励探索、宽容失误,引导领导干部自觉锐意改革、奋勇创新。六要实现好中求快。要着力推进转型创新,统筹发展速度、质量和效益,努力实现经济社会好中求快发展,在全市率先走出一条转型创新发展的成功之路,确保县域经济基本竞争力加快跻身全国五十强。

三、新的一年,我们主攻关键领域,奋勇走在前列

2014 年, 我们将在转型创新发展上迈出新的步伐。要始终紧扣总基调:转型创新,提升质量,继续保持好中求快发展态势。要始终紧盯主目标:县域生产总值增长 13%;财政收入增长 15%,力争增长 20%;固定资产投资增长 20%以上; 社会消费品零售总额增长 14%以上; 域内金融机构新增存款 55 亿元,全县新增融资 105 亿元;城镇居民人均可支配收入和农民人均纯收入分别增长 12%和 16%以上。要始终紧抓着力点:以实施“五民五感”为工作重点,以“四比四抓争先锋”活动为核心抓手,聚力攻坚,乘势奋进,努力在全市“六个走在前列”大竞赛中争当先行者、勇做排头兵,加快打造省会次中心、建设幸福新宁乡。

1.推进结构优化,加速现代产业培育。 抓结构调整、促方式转变,是转型创新发展的基本途径和手段。要大力调整园区、产业、企业结构,推动全面升级,加快打造宁乡经济升级版。一要优化园区结构,促进倍增倍升。推进转型发展,工业园区是主阵地、主力军。要推动园区错位发展、转型发展、竞相发展,致力形成各具特色、优势互补的园区发展格局。宁乡经开区要大力发展家电、再制造产业,建设全国一流的食品产业园。金洲新区要着力建设省科技成果和知识产权转化交易中心,打造中国新材料产业化发展基地,加快形成新材料、光电信息等产业集聚区。金玉工业集中区要加快基础配套和项目落地,实现年内竣工投产项目 10 个以上。夏铎铺、煤炭坝、老粮仓、双凫铺、大成桥五个乡镇园区要立足实际、凸显特色、科学发展。要强化功能配套,确保精致精美,让园区成为产城融合、宜业宜居的现代城市工业经济综合体,追求产业倍增的同时实现品质倍升。二要优化产业结构,促进做优做强。始终把兴工强县作为转型发展第一战略。抓牢工业、工厂、工人三个着力点,壮大食品、先进装备制造、新材料主导产业,培育家电、光电信息等新的增长极,提升珠宝、服饰、鞋业等传统产业,延伸产业链条,致力构建以战略性新兴产业为支撑、传统产业为特色、现代服务业为配套的现代产业体系。始终把旅游商贸作为转型发展的重要支撑。加快推进灰汤创建国家级旅游度假区, 启动沩山密印景区创 AAAAA 工作,全力推进灰汤雅居乐、炭河里国家考古遗址公园等重大项目建设。力促红星美凯龙、湘中南钢材物流园二期、大河西农产品物流中心、普洛斯物流二期、大河西汽车城等项目建设。积极培育养老、工业、商务等综合地产,推动房地产转型发展。始终把现代农业作为转型发展的坚实基础。确保粮食地位,凸显花猪特色,提升烟叶品质。抢抓特色县域经济重点县建设机遇,加快农副产品加工业发展。突出农产品源头监管,确保人民群众“舌尖上的安全”。推进长沙国家级现代农业示范区建设,推进宁黄宁韶绿道、沩江流域治理等项目建设,努力打造现代农业文明样板区。深入推进农村田间水利工程扩容提质,全面完成水源工程扩容、骨干山塘清淤和末端渠系疏浚。三要优化企业结构,促进创新创造。把经济转型升级着力点放在激活企业主体上,构建结构合理的现代企业群。加快实现百亿级企业“零突破”,培育一大批产值过 10 亿元的企业梯队。抢抓企业上市“注册制”改革机遇,推动一批有条件、有需求的企业加快上市。继续支持企业装备升级,重点启动平台建设升级,带动技术、管理和产品升级,推进产品向高附加值、高技术含量转型,引导企业在技术、产品、市场和商业模式创新方面全力突破。鼓励企业与河西高校、科研院所组建研发平台和创新联盟,加快科技成果孵化、转化、市场化,推动“宁乡制造”向“宁乡创造”转型。

2.推进两型实践,加速城乡品质提升。 坚持人本,紧扣两型,大力提升城乡宜居宜业宜游指数,充分彰显山水之美、人文之美、城乡之美。一要促美化,提升开发建设品质。精心设计城市建筑、城市色彩、城市街区和城市广告招牌, 大力提升城市建设的文化品位、艺术品位、历史品位。突出抓好沩东新城的策划规划、设施建设和招商融资,加快宁梅大道建设,做好长沙第二机场、城市轨道交通的前期工作,推进片区开发,优化发展空间。全面推进城乡一体化重点镇和农民集居点建设,彰显新型城镇化的宁乡特色。二要促便捷化,提升配套设施品质。理顺经营城市与服务民众的关系，为城市发展的“通病”开出良方。力促长韶娄、益娄衡、长株潭外环线等高速公路加快建设，完善县城到主要景区快速干道，大力推进公交发展，拓展城西出城通道。着力解决城区停车难问题，实施农村公路安保工程。做好县城规划区的教育、市场、绿地等专项规划，完善公共站厕、地下管网等配套设施，增强城市承载功能。三要促净化，提升生态环境品质。划定生态保护红线，建立资源有偿使用、污染产能淘汰和生态补偿机制。深入推进全民清整、全民护水、全民植树三个“三年行动计划”，巩固国家卫生县城创建成果，推进国家园林县城创建，逐年提高植被覆盖率、城乡污水集中处理率、城乡生活垃圾无害化处理率。突出抓好县城污水处理厂提质改造，加快经开区、金洲新区污水处理厂建设；科学布局乡镇污水处理厂，乡镇污水处理厂存在几个问题：一是建设问题，二是利用问题，有些乡镇建好了污水处理厂，但是没有运行，运行成本可能有点高，希望乡镇能够自己探索一条路子，在污水处理和垃圾处理方面可以各具特色，垃圾处理可以学习“坝塘经验”，今年的农村环境整治还要进一步加大力度。四要促序化，提升城市管理品质。以文明县城创建为抓手，推行更多人性化措施，高标准加强城市管理。突出抓好环境卫生、户外广告、违法违章建筑、裸露地块、超限超载和非法营运五项整治，实施“一路一江”亮化、城市绿道建设、环卫市场运作、城区排涝整改四项工程。加强城市文明劝导，推动志愿服务制度化，树新风，建常态，营造城市共建共管共享的良好氛围。

3.推进项目建设，加速有效投资扩大。项目是县域发展的“生命线”，一刻也不能放松。要更加突出项目建设的大规模、高质量、可持续和两型化。一要以钉钉子的精神引项目。越是竞争白热化，越要主动出击。要盯住产业项目、基础设施项目、生态环保项目、民生项目不放，以产业招商为主战略，辅以上门招商、网上招商、以商招商等多种方式，承接产业转移，吸引战略投资，既注重长期跟踪、又看重“临门一脚”，全面提升项目的签约率，争取更多中央、省市重大项目布局宁乡，确保新引进一家投资50亿元以上的产业项目。二要以实质性的突破建项目。运用创新思维解决“钱从哪里来”的问题，引导金融放贷重点支持实体经济。实行“大会诊”和强攻坚，盘活闲置低效用地，坚决破解“征地拆迁难”“项目落地难”。全力推动格力电器、洋河酒业、美国新视野、基伍科技、华润饮料、杉杉新材、雅居乐等百个重点项目暨优强企业加快建设发展，要实施一月一调度、一季一讲评制度，把工作抓到实处。三要以科学化的机制抓项目。在领导机制上，要实行“一把手”亲自抓，分管领导具体抓，相关部门联动抓，做到一抓到底、务见实效。在调度机制上，要紧盯项目的履约率、开工率和投产达效率，加大统筹高度、力度和密度，坚决杜绝项目签了约落不了地、落了地开不了工、开了工投不了产的现象。在考评机制上，强化好项目、新项目考核导向，切实做到以项目论英雄。

4.推进民生改善，加速发展成果普惠。发展的终极目的是增进民生福祉、促进民生改善。让宁乡广大人民群众过上更好的日子始终是我们工作的归属点。一要健全均等化便利型的公共服务体系。更加突出教育公平，提质改造薄弱学校，合理布局公办幼儿园，加快义务教育优质资源的均衡配置，逐步缩小区域、城乡和校际差距，争创全省教育强县。扎实抓好基层医疗卫生机构标准化建设工程，加快建立大病救助保障机制，积极构建便利、廉价、有效的城乡医疗服务体系。进一步加强保障房建设与管理，确保质量安全、分配公平和住户满意。适应生育政策的调整完善，做好人口计生工作。突出解决好困难职工、贫困农户、低收入群体、残疾人的生产生活困难，努力使每一位宁乡人幸福感不断提升。二要健全信息化网格化的现代治理体系。积极探索流动人口、社会组织、虚拟网络、社会治安等创新治理的新途径。高度重视信访维稳问题，全面提升源头预防和接访处访效果，切实维护群众合法权益和社会大局稳定。要全面排查化解社会矛盾纠纷，从严打击违法犯罪活动，用更有效的群防群治、打防结合体系保一方平安。要时刻绷紧安全生产这根弦，以寝食难安的精神抓好隐患排查、日常监督、问题整改、铁腕问责，做到不留死角、不存盲区、不出漏洞，实现重特大安全事故的“零指标”。三要健全广覆盖多层次的文化价值体系。深化“道德宁乡”建设，加强“四德”教育，用平凡生活中的真善美教育人、引导人、感染人、激励人，用道德之美铸就城市之魂。推进文化强县建设，加快经开区文化创意产业园、关山创意园、炭河里青铜文化产业园建设。传承文化记忆，加强文物保护利用，维护好文化遗址、文化精品、文化现象。完善文化设施，打造公共文化服务、群众文化活动两大平台，加快文化服务全覆盖。推进“善行楚沩”“欢乐楚沩”“书香楚沩”活动，提供丰富多样的文化产品，探索践行社会主义核心价值观的宁乡路径，逐步消除浮躁心态，化解社会戾气，强化公共空间的交往规则，促进文明习惯自觉形成，文明风尚更加凸显。

四、着眼长远，我们凝聚发展能量，夯实根基保障

加快转型创新发展，核心在党，关键在人。要按照中央和省委、市委的统一部署，扎实开展党的群众路线教育实践活动，努力提升执政本领和治理水平，切实担负起转型创新发展、加快建成全面小康的历史重任。

1.要形成全面解放思想的浓厚氛围。在转型创新的全新阶段，不能因为摸着石头过河时，在河里摸到了“宝贝”，摸到了好处，就止步不前，而要把改革作为检验执政能力的一次“赶考”，作为推动转型创新发展的最大动力，切实做到大胆试、坚决破、勇于改。要把“敢闯敢干”作为一种精神状态，摒弃遇事先找“教条”、办事先看“惯例”、干事先想“常规”的思维，用开放包容的胸襟，对改革创新者积极支持，热情鼓励。要善谋全局、乐谋长远，对关乎全局的重大决策要远看在宁乡之外,深想在十年之后,引导广大干部群众进一步拓宽思路、创新方法,为转型创新发展扫清思想障碍。

2.要坚持科学识人用人的正确导向。一要全面深入识别人。对干部的德能勤绩,要综合平时工作的表现、关键时刻的表现、困难面前的表现、名利得失面前的表现、维稳处突中的表现来全面分析评判。在实际操作中既看发展又看基础、既看当前又看长远,以发展质量、民生改善、生态效益等方面的实绩来准确识别,知人善任。二要旗帜鲜明用准人。更加鲜明树立"重德才、重实绩、重公认、重基层"的用人导向,严守《党政领导干部选拔任用工作条例》,提高选人用人工作科学化水平,真正为宁乡发展大业选准人、用好人。要突出"三评四查五找",选优配强领导班子,力求班子结构科学,心齐气顺。注重在经济主战场和工作一线发现、重用敢抓、敢管、敢担当的"狮子型"干部;锻炼、提拔在工作中流得汗、吃得苦、受得气、推得动的"黄牛型"干部;坚决训诫、调整不思进取、不尽职守、不干实事、不守廉洁的"病猫型"干部。三要重视基层鼓舞人。要关心爱护广大基层干部,提高基层干部待遇和保障水平,拓展基层干部提拔使用渠道,形成工作向上攀登、重心扎根基层导向,让广大基层干部尝到甜头、增添劲头、看到奔头。要全面抓好支村两委换届选举,选优配强基层党总支书记,加快建立村级后备人才库,为夯实基层基础提供强有力的组织保证。

3.要完善促推工作落实的常态机制。宁乡发展,虑之贵详,行之贵力。推进转型创新发展,重在用行动说话。要全面完善促推工作落实的激励机制、约束机制和惩戒机制,大力倡导雷厉风行、立说立行的高效执行,坚持定了就干、马上就办。强化"有错无为皆问责""不换状态就换人",完善干部能上能下机制,兑现行政问责,不让制度成为稻草人,突出对不在状态的干部亮黄牌、换岗位、降级别,让奋进者得到激励,平庸者感到不安,退缩者受到惩戒,违诫者受到猛击,以更加完善的工作落实机制,打好项目建设的攻坚战、产业升级的持久战、统筹城乡的突破战、生态文明的保卫战。

4.要强化为民务实清廉的优良作风。贯彻群众路线没有休止符,作风建设永远在路上。要以党的群众路线教育实践活动为长效载体,做群众的贴心干部。一要用好群众路线传家宝。"心中常念农桑苦,耳里如闻饥饿声"。要以群众呼声为己任,坚持开门搞活动,更加注重发挥群众积极性,将教育实践活动开展到群众家门口,不断拧紧螺丝、上紧发条,确保每个环节、每项工作都让群众参与、受群众监督、请群众评判,态度真诚,加强引导,讲究方法,既把县委的正确主张变为群众的自觉行动,又把群众的建议、企盼变为县委的科学主张。要更加强化问题意识,从小事做起,从具体事情抓起,让群众看到实实在在的成效,有利于百姓的事再小也要做,而且要做好,危害百姓的事再小也要除,不等不靠,立行立改,对拖欠群众钱款、克扣群众财物、侵占群众利益等问题要开展专项治理,属实的都要立即加以解决,以问题整改开局亮相,以问题整改注入动力,以问题整改交出答卷,确保思想上严起来,整改上严起来,正风肃纪上严起来,加快形成贯彻群众路线的刚性约束和长效机制。要坚持统筹兼顾,把开展活动同做好当前各项工作结合起来,做到两手抓、两不误、两促进,为做好转型创新发展提供有力保障。二要增强防腐拒变免疫力。"见善如不及,见不善如探汤"。要厉行节约,艰苦奋斗,带头过"紧日子",减少四费支出、降低行政成本,坚决反对和根治"四风"。要严格执行党风廉政建设责任制,落实"一岗双责",坚持权力与大家共享、责任与大家分摊,约束自己不出格、管住下属不犯规。要针对腐败案件多发易发的领域、部位和环节,制定风险防控措施,使纪律真正成为带电的高压线。要以廉政文化建设为载体,努力形成以廉为荣、以贪为耻的社会风尚。要加强对领导干部的从政监督,用制度的笼子管好权,树立为民、务实、清廉的干部队伍形象。三要提升发展环境美誉度。要深入推行"三集中三到位"和模拟审批,探索实践政务服务新办法、新举措。办事要公平、说话要和气,精神要饱满,不要趾高气扬,不要颐指气使。坚决消除"中梗阻",实现抢先服务、创新服务的"全存在",体制障碍、门槛设置的"零存在",营造市场活力全面激发的环境。要整合招商引资的"碎片化"优惠政策,以诚待商、以信引资,带头加强诚信体系建设,构建让失信者寸步难行的经济社会环境,努力打造投资环境的宁乡品牌。

同志们,功成不必在我,但求无愧于民。使命和责任昭示我们在市委、市政府的坚强领导下,率先转型创新、致力好中求快,谋在长远、干在实处、走在前列,在加快建成全面小康的伟大征程上,奋力抒写"省会次中心、幸福新宁乡"的崭新篇章!

谢谢大家!

宁乡县人大常委会工作报告

——在宁乡县第十六届人民代表大会第三次会议上的讲话

贺应辉

（2014 年 1 月 5 日）

各位代表：

我受宁乡县人民代表大会常务委员会的委托，向大会报告一年来的工作，请予审议，并请列席人员提出意见。

2013 年主要工作回顾

过去的一年，县人大常委会在上级人大的指导和中共宁乡县委的领导下，在全体人大代表和“一府两院”的支持配合下，紧紧围绕全县工作大局，认真履行宪法和法律赋予的职责，求真务实，锐意进取，为促进我县经济社会又好又快发展作出了应有的贡献，充分发挥了地方国家权力机关应有的职能作用。

一、重大局、促发展，履职行权成效显著

一年来，县人大常委会始终站在全局的高度，在推动科学发展上找准定位，在促进民生事业上选准支点，依法行使法定职权，为推动经济社会发展积极作为。

依法决定重大事项，着眼于推动发展。县人大常委会坚持抓大事、议大事的原则，认真听取审议“一府两院”专项工作报告，依法适时作出决议、决定。一年来，集中听取和审议了全县国民经济和社会发展计划、财政预算执行及审计情况的报告，并分别作出了相应的决议。审议通过了《宁乡县人民政府提请审议撤销宁乡县设立宁乡市的议案》《宁乡县人民政府提请审议撤销玉潭镇等四个乡镇相应设立街道的议案》《宁乡县人民政府提请审议资福乡撤乡建镇的议案》《宁乡县人民政府提请审议大屯营乡撤乡建镇的议案》以及《宁乡县人民政府提请审议县城建投与湖南发展集团合作开发新城片区有关事项的议案》，为进一步推动我县新型城镇化建设、实现城乡统筹发展提供了有力的保障。协助省、市做好了《长沙市炭河里遗址保护条例》的立法工作，该条例于 2013 年 10 月 1 日正式施行，成为我县继《长沙市灰汤地热资源保护条例》之后又一立法成果，对我县大力推进文化强县起到了积极作用。

依法履行监督职能，着眼于民生民本。县人大常委会始终把行使好监督权放在重要位置，围绕发展大局、突出民生主线，找准切入点、把握着力点。一是财政监督。一年来，县人大常委会多次听取和审查了全县财政预算执行、财政预算调整和财政同级审计等工作报告，密切关注专项资金和政府性重大投资项目资金的管理和使用，较好地把好了财政监督关。二是民生监督。常委会始终坚持顺民情、听民意，围绕人民群众高度关注的热点难点问题开展了卓有成效的监督。一年来，根据代表议案和建议，常委会在整治西部非法采砂和挖山洗砂、水库山塘退出投肥养殖、食品安全、禁毒、城乡环境、整治铝塑分离非法企业、县城区退出养殖等方面开展了专题式、跟踪式监督，并组织县人大代表十余次深入一线进行调研、视察。由于县委、县人民政府高度重视，各有关乡镇和部门扎实工作，开展了轰轰烈烈的整治行动，出台相关文件、实施铁腕整治，确保了整治效果，人民群众拍手称快。一年来共计关闭非法采砂场 77 家、取缔铝塑分离非法企业 55 家、抓获涉毒犯罪嫌疑人 196 人，全县 128 座水库退出投肥养殖。还有代表多年来提出的“金朱公路建设”已顺利通车，玉潭公园、文体中心已投入使用，楚江河流整治、城区背街小巷和站厕建设的建议已基本办理到位；“环保世纪行”活动对沩江两岸 100 多公里进行了全面踏勘，为保护治理母亲河掌握了详细的第一手资料。经过一年的各项整治行动，宁乡的山更青了、水更净了、天更蓝了。“宜居宁乡”“秀美宁乡”已逐渐展露风采。新华社在《宁乡治砂治水中的人大力量》一文中对我县人大在此过程中的监督实效给予了充分肯定。三是行政监督。一年来,常委会组织人大代表对县环境保护局、司法局、农业局、工业和信息化局、城市管理和行政执法局、卫生局等六个部门单位开展了视察评议活动,督促他们阳光行政、文明执法,有力地促进了全县政风行风的转变,进一步推进了依法行政。四是司法监督。深入推进"司法公正长沙行"活动,积极推进司法机关依法履行职责、文明执法、公正司法,取得了明显成效;听取和审议了县人民政府关于《中华人民共和国食品安全法》贯彻实施情况的汇报;开展了《中华人民共和国禁毒法》的执法检查;调研、审议了县法院关于人民陪审员制度的落实情况,有力地促进了司法公正。五是信访督办。对群众的来信来访,及时进行受理登记、转办、交办,督办,努力化解民忧。一年来,共受理群众来信67件次,解决和化解了一些关系群众切身利益的问题和矛盾,维护了人民群众的合法权益。

依法任免国家干部,着眼于干事创业。坚持党管干部和依法任免的有机统一,进一步规范任前法律知识考试、任前考察、供职发言、投票表决、颁发任命书和任后监督等任免制度和办法,保证了人事任免工作依法、规范运行。一年来,共依法任命115人次,免职35人次,保证了县委人事安排方案的顺利实现。

二、代民言、弘美德,代表作用不断彰显

一年来,常委会始终把密切联系代表、发挥代表作用作为重要基础工作,支持和保障代表依法履行职责,努力增强代表工作实效。一大批人大代表挺立发展潮头,面对人民的信任和期待,用自己的实际行动交上了一份满意的答卷。

在为民代言中牢记使命。一年来,全县各级人大代表心怀全县发展大局,紧紧围绕老百姓的热点难点问题,积极为民代言、认真建言献策。《关于实施水库退出投肥养殖、保护全县饮用水安全》议案的提出、整治西部乡镇挖山洗砂等建议的提出,都凝聚着代表的智慧心血和强烈的责任感。玉潭镇蔡跃武代表、流沙河镇文科初代表、城郊乡刘强代表、喻家坳乡欧贱生代表以高度的责任感开展扎实的调研,提出了一系列事关老百姓切身利益的合理建议、批评、意见,得到了政府和有关部门的高度重视,用自己的实际行动忠诚履行了一名人大代表的神圣使命。

在双联活动中弘德扬善。一年来,双联活动的内涵不断丰富、影响不断扩大。"创先争优""代表向选民述职"等主题活动继续深入开展,玉潭镇第三选区的县人大代表向选民述职得到好评;全县各级人大代表联系敬老院活动继续启动实施。通过双联活动,全县各级人大代表大力弘扬社会公德、传统美德,受到了老百姓的广泛赞誉。大成桥镇黄玉辉代表、南田坪乡黎强林代表、灰汤镇张秋代表、枫木桥乡李新政代表富而播德、扶危济困,用爱心谱写了一曲曲感人的乐章;偕乐桥镇文喜代表、沩山乡卢婵婵代表、朱良桥乡熊仕和代表立足平凡岗位,兢兢业业奉献,真情为民办事,在平凡的岗位上做出了不平凡的成绩。还有一大批代表选聘为乡镇敬老院名誉院长,他们扶危济困、踊跃捐资,大力弘扬了尊老助残的社会公德。

在引领发展中体现价值。一年来,全县各级人大代表紧跟时代主题,在引领地方发展、带领百姓致富上取得了非凡的成绩。老粮仓镇李喜文代表、双凫铺镇刘义军代表、东湖塘镇谢海清代表、大屯营乡李淑春代表致富思源,在引领地方发展上做出了骄人的业绩;巷子口镇易红科代表、历经铺乡陶文英代表、青山桥镇文军荣代表积极为老百姓创业致富找门路、想办法、出点子,充分发挥了一名人大代表的示范带头作用;还有一大批各级优秀代表率先垂范、无私奉献,在水利建设等过程中出钱出力、积极参与,用实际行动点燃了一把温暖之火。

三、抓基础、求创新,乡镇人大努力作为

一年来,各乡镇人大主席团立足实际谋突破、因地制宜求发展,不断丰富乡镇人大工作内涵,在助推地方经济发展、发挥代表作用、做好群众工作等方面作出了许多有益的探索,乡镇人大整体工作水平不断提升。

阵地建设更有力。各乡镇人大主席团积极争取乡镇党委重视和支持,高标准建设了人大代表活动室,结合实际整章建制、精心开展代表活动,为人大主席团更好地履职行权、充分发挥代表作用提供了坚实的保障。菁华铺乡行动迅速,成为了我县代表活动室建设的一张名片;玉潭镇、煤炭坝镇、老粮仓镇、喻家坳乡坚持高标准、严要求,活动室建设规范,得到了上级领导的充分肯定;横市镇、花明楼镇实施活动室与农家书屋共建,既有专人管理,又保证了效果。

依法履职更有为。各乡镇人大主席团立足自身具体实际,积极履职行权,人大工作再上台阶。坝塘镇人大主席团高度重视代表业务培训,不断提高代表履职行权的能力;夏铎铺镇人大主席团组织各级代表进行了专项调研和慰问活动;回龙铺镇、双江口镇人大主席团组织人大代表开展"结对帮扶"活动,切实为帮扶对象解决实际问题;偕乐桥镇、沙田乡人大主席团狠抓代表建议、批评、意见办理落实情况,注重由"重答复型"向"重落实型"转变;白马桥乡、资福乡人大主席团精心组织开展代表视察评议和执法检查,为进一步推进依法行政作出了应有的贡献。

助推发展更有效。各乡镇人大主席团紧紧围绕发展主题,广泛汇聚民智,力促发展、务求实效,为助推地方经济社发展大局做了大量卓有成效的工作。沩山乡人大主席团围绕地方旅游发展积极建言献策;道林镇、黄材镇、龙田镇人大主席团积极参与各项中心工作,把"双联"活动与群众工作紧密结合;金洲镇人大主席团围绕城乡统筹发展主动参与,积极作为,取得了较好的成绩。

四、勤学习、强作风,自身建设持续发力

一年来,县人大常委会始终坚持高标准、严要求,一手抓内部管理，一手树外部形象，切实加强自身建设，不断提高履职能力和水平。

抓制度建设，健全履职机制。坚持学习制度，深入学习贯彻党的十八大及十八届三中全会精神，全面提高常委会组成人员和机关干部政治素质和业务能力；依据《监督法》《县人大常委会议事规则》的规定，结合新一届县人大常委会工作实际，修订了《县人大常委会组成人员守则》以及关于转变工作作风、密切联系群众，代表走访选民、代表向选民述职等各项规章制度。

抓作风建设，提高工作效能。以开展“创先争优”活动为载体，扎实抓好机关作风和效能建设。严格落实中央八项规定和省、市、县委关于改进工作作风、密切联系群众的文件精神，坚决抵制“四风”，大力加强作风建设，切实改进会风和文风。深入践行长沙市委“六个走在前列”竞赛活动，积极响应参与县委“四比四抓争先锋”活动，坚持密切联系代表，联系群众，联系项目，联系企业，联系乡镇，维护代表和群众的切身利益，解决企业和基层的实际困难。

抓宣传工作，加强对外交流。切实加强人大制度和人大工作的宣传。一年来，在新华社发文1篇，在省、市、县各级主流媒体进行宣传报道50余次，并在宁乡电视台、《今日宁乡》开辟《人大代表风采》专栏、《关注食品安全》专栏，大力推介优秀代表先进事迹和报道民生监督工作，浓厚了我县人大工作的良好氛围。

各位代表，过去的一年，常委会工作之所以能够顺利推进，并取得了一定成效，这是县委正确领导、高度重视的结果，是“一府两院”密切配合、大力支持的结果，是县人大常委会组成人员开拓创新、依法履职的结果，是全县各乡镇人大主席团、各级人大代表主动履职和离退休老同志大力支持的结果。在此，我谨代表县人大常委会，向所有关心支持人大工作的领导和社会各界人士表示衷心的感谢和崇高的敬意！

各位代表，我们在看到成绩的同时，也清醒地认识到，对照宪法和法律赋予的职责，对照人民群众的愿望，县人大常委会的工作还存在不足之处，主要表现在：思想还需要进一步解放；监督工作还需要进一步加强；代表工作还需要不断创新；自身建设还需要不断提升等。对于这些问题和不足，我们将在今后的工作中，认真进行研究，不断加以改进。

2014年总体工作思路

2014年，县人大常委会工作的指导思想是：深入贯彻落实党的十八大及十八届三中全会精神，在中共宁乡县委的正确领导下，以科学发展为主题，以民主法治为主线，以民生民本为重点，以加快建成活力宁乡、美丽宁乡、幸福宁乡为发展定向，积极履职行权，服务发展大局，为加快实现“省会次中心，幸福新宁乡，全国一流现代经济强县”的宏伟目标作出新的贡献。

根据以上指导思想，新的一年，县人大常委会着重抓好以下五个方面的工作：

一、紧贴大局，积极履职，更加注重推进科学发展

助推科学发展是人大及其常委会工作的应有之义，要坚持把人大工作放在全县工作大局中来谋划，把服务科学发展贯穿于依法履职的全过程。加大对全县经济社会发展中重要领域的监督力度，在监督的内容上有所拓展，形式上有所创新。监督财政推进“全口径”预算，在继续听取和审议县人民政府关于计划、预算等相关工作情况的报告基础上，既抓好部门预算的执行，更抓好政府性投资项目的监督。2014年，县人大常委会将继续开展对财政担保贷款、重点项目贴息和转贷资金使用情况的调研；关注专项资金的安排使用情况、关注政府性债务风险防范工作；关注财政同级审计问题的整改落实；围绕经济社会发展的重大事项，依法适时作出决议、决定。依法行使人事任免权，为推进全县经济社会科学发展提供组织保障。

二、突出重点，讲求实效，更加注重推进依法治县

张德江委员长强调，全面推进依法治国、维护宪法和法律权威是各级人大及其常委会的重要任务。县人大常委会将按照党的十八大提出的全面推进依法治国的要求，紧紧围绕推进依法治县，充分发挥监督职能作用。2014年，县人大常委会将继续深入开展“司法公正长沙行”活动，做好规范性文件备案审查工作；上半年对县公安局、规划局、教育局、林业局开展视察评议，下半年对民政局、财政局、科技局、统计局开展视察评议。通过调研、视察、检查、审议和质询问责等综合监督手段，着力解决个别司法不公等问题，不断推进“六五”普法工作，不断提高全民法律意识和法治理念，不断加快依法治县进程。

三、以人为本，关注民生，更加注重推进大局和谐

关注民生、维护民利是人大监督工作的出发点和落脚点。围绕民生民本这一工作重点，2014年，常委会将继续突出水质保护、食品安全、禁毒工作这三大监督重点。根据安排，县人大常委会将开展对《中华人民共和国矿产资源法》的执法检查；继续深入开展“宁乡县环保世纪行”活动；组织开展对城区餐厨垃圾的收集与处理办法和管理措施的调研；听取和审议县人民政府关于推进城乡生态环境一体化工作情况的汇报；继续对《宁乡县退出投肥养殖三年行动实施方案》的落实情况进行跟踪督办；开展对黄材水库水资源保护区水质保护情况的调研视察；继续对禁毒工作和食品安全工作进行跟踪督察；开展对《中华人民共和国旅游法》贯彻实施情况的执法检查；继续开展“三湘农民健康行”“农产品质量安全行”活动；开展对全县宗教活动和场所的调研，进一步规范各种宗教场所的活动；加强和改进人大信访工作，认真办理人民群众来信来访，切实解决人民群众反映的实际问题。

四、构筑平台,强化服务,更加注重推进代表履职

人大代表是人民代表大会的主体，是人大工作的基础,2014年,县人大常委会将继续抓好代表履职培训,拓宽代表履职途径,适时组织代表开展调研、视察、检查等活动;坚持邀请代表列席常委会会议,坚持常委会组成人员联系代表,代表联系选民制度,指导代表依法履职,帮助代表解决实际问题;严格督办落实代表意见建议，做到件件有着落，事事有回音,激发代表为民代言的热情,县人大常委会将2014年定为“代表议案、批评、建议提出、办理质量促进提高年”;提升代表工作理念,倡导和要求人大代表开展“五贴近”活动,即贴近大局,做推动发展的带头人;贴近选民,做广大群众的知心人;贴近实际,做选民诉求的代言人;贴近问题,做矛盾纠纷的化解人;贴近群众,做帮扶解困的爱心人。动员各级代表忠诚履职、务实为民;充分发挥代表活动室的作用,建立代表履职的保障激励机制,推进代表工作创新发展。

五、内强素质,外树形象,更加注重推进自身建设

加强人大常委会自身建设，是做好人大工作的必要条件和重要保证。2014年,县人大常委会将继续深入学习党的十八大关于“深入开展以为民务实清廉为主要内容的党的群众路线教育实践活动”精神,牢固树立为人民服务的宗旨意识和群众观点；不断学习法律及人大业务知识,着力提高依法履职能力;进一步加强制度建设,促进常委会工作制度化、规范化;进一步加强作风建设,大兴求真务实之风,认真开展调查研究;进一步加大监督工作力度,要在处理突出问题、难点问题、焦点问题上敢于作为、善于作为;进一步加强人大宣传工作,深化宣传内容,拓宽宣传渠道,推动人大宣传工作不断发展;进一步加强对乡镇人大工作的指导，不断提高乡镇人大队伍能力建设,以进一步提高全县人大工作整体水平,努力开创人大工作新局面。

各位代表,宁乡发展的宏伟蓝图已经绘就,作为新时期的人大代表,责任重大,使命光荣。让我们在中共宁乡县委的领导下,紧紧依靠全县人民,以昂扬向上的精神状态,开拓奋进,扎实工作,为实现“打造省会次中心、构建幸福新宁乡、建设全国一流现代经济强县”的奋斗目标做出应有的贡献!

政府工作报告

——在宁乡县第十六届人民代表大会第三次会议上

周 辉

（2014年1月4日）

各位代表：

现在，我代表县人民政府向大会报告工作，请予审议，并请各位政协委员和其他列席人员提出意见。

一、2013年工作回顾

2013年是新一届政府的开局之年。一年来，县政府在县委的坚强领导下，在县人大、县政协的监督支持下，务实做事、不敢懈怠，较好地完成了县十六届人大第二次会议确定的目标任务。全年实现县域生产总值840亿元（预计值，下同），增长14%；财政收入48.38亿元，增长18.58%，其中一般预算收入30.68亿元，增长25.28%；固定资产投资620亿元，增长30%；社会消费品零售总额171亿元，增长12.5%；城镇居民人均可支配收入26900元，增长12%，农民人均纯收入15965元，增长16%。县域经济基本竞争力再度跃升5位，跨入全国百强第56位。

（一）产业转型升级步伐加快。从工业来看，全年新增规模企业58家，规模工业产值1450亿元，增长21.5%。先进装备制造、食品、新材料三大产业的贡献率达到69.4%。宁乡经开区获批国家再制造产业示范基地，金洲新区高新企业突破30家，金玉工业集中区签约项目达到20个，夏铎铺、煤炭坝、老粮仓、双凫铺、大成桥等乡镇园区竞相发力。荣获省知识产权示范县、全国科技进步先进县荣誉。引导企业装备升级，43家企业技改投入2亿元，新上设备168台（套）。新增高新技术企业16家，实施国家和省市科技专项245项，东方时装获批全省首个国家级工业设计中心，红宇耐磨、飞翼股份成立长沙市首批院士专家工作站。落后产能的淘汰取得新进展，关停小水泥、小造纸企业5家。从农业来看，战胜了历史罕见的暴雨天气和特大干旱，夺取了新的丰收。以全省第一名的成绩荣获全国粮食生产先进县。烟叶产量突破30万担，现代烟草农业示范区创建取得突破。宁乡花猪的市场品牌更加响亮，产品销售进驻麦德龙超市，在广州、海南新开30家专卖店。以农副产品加工业为主，成为全省首批10个特色县域经济重点县之一。18家绿色蔬菜基地入选市标准化专业基地。金洲茶叶荣获国际金奖。中药材种植面积突破3万亩。农业机械化综合水平达到69.6%，提高0.5个百分点。从三产来看，花明楼、关山分别获批国家级AAAAA景区、AAAA景区，炭河里国家考古遗址公园正式立项，灰汤全国山地自行车赛、沩山密印寺公益慈善文化节等活动精彩纷呈。普洛斯金洲物流园竣工在即，大河西农产品物流中心破土动工，宁爱商城网、易呼百应网等电商平台正式上线。第三届宜居文化节成功举办，房地产开发投入突破40亿元，销售达到9905套、120万平方米，分别增长30.4%、27.3%。

（二）重大项目建设取得突破。全年引进规模以上项目280个，其中10亿元以上项目20个，实际到位县域外资金240亿元。全球最大的专业化空调生产企业格力电器继在宁乡经开区建成再制造基地、区域销售中心的基础上，今年将在这里动工建设全省最大的家电生产基地。稳居国内白酒行业前三强的洋河酒业，也将在宁乡建设湖南工业园，项目总投资10亿元、年产值30亿元。中国旅游地产领军企业雅居乐进驻灰汤，新视野、中联重科、基伍科技等一批产业项目相继落户。项目进来以后，我们分批组织集中开工，切实抓好推进工作，深入开展以“三查三比”（查项目前期工作，比谁的项目前期工作实；查项目审批效能，比谁的项目服务效率高；查项目推进速度，比谁的项目进度快）为主题的项目英雄榜竞赛活动和建设施工环境大整治行动，并对重大项目进行集中调度、问题交办和讲评考核,全年完成项目建设投入490亿元,同比增加25.9亿元。与此同时,高度重视项目建设的土地、资金和人才等要素保障。重大项目的土地报批、征地拆迁工作强势推进,没有因此而影响一个项目的落地。“智汇宁乡”企业高素质人才专场招聘活动成功举办。楚天科技拿到了证监会上市批文,新引进浦发、华融湘江两家银行,新设立中信种子基金、城镇发展基金、汉红产业基金,金融机构贷款余额达到247亿元,净增71亿元,金融工作被评为全市先进单位。

(三)城乡建管力度持续加大。“三城”同创全面推进,国家卫生县城创建通过综合审定,国家文明县城测评位居全省前列。撤县设市工作正式由省上报国务院。溜子洲大桥即将竣工,玉潭东路建成通车,宁梅大道前期取得突破,沩东新城开发拉开序幕。文体中心投入使用,春城北路、花明北路等城区路网加快完善。福建闽发、南京宇业、广东利和等片区开发项目正式签约。南太湖自来水厂启动建设,修缮背街小巷48条,新建公共站厕6座,完善公交站亭178个,新增城区消火栓75个,天然气储气储备站、第二消防站投入使用,城市承载力不断增强。玉潭跻身全国城镇综合实力五十强,灰汤以雅居乐为标志的重大项目招商开发取得突破,花明楼“四路一广场”奠定格局,流沙河集镇立面改造展露新颜,沩山文化广场竣工投运,黄材水景步行街启动建设,煤炭坝煤城大道改造提质,朱良桥赤龙岛水果庄园建设整体推进,荣获全省首批新型城镇化示范县。农村基础条件不断夯实。全面实施农村田间水利扩容提质工程,累计清淤山塘1920口、新建149口,疏浚沟渠1500多公里,整修河道793公里,改造河坝180座。硬化农村公路400公里,改造危桥27座,整治危险路段81处,金朱公路建成通车,319国道、东花公路改造升级。宁乡北220千伏变电站投入使用。气象现代化建设成为全省示范。1.5万户偏远乡村群众开通有线电视信号。新增户用沼气1658口。完成农村改厕5000座。实施城乡环境整治五项行动,启动全民植树、全民清整和全民护水三年行动计划,新建了37个义务植树基地,栽了200多万棵树,对12.5万平方米脏乱地块进行了清整。打击挖山洗砂形成长效机制,全面退出大中型水库投肥养鱼,楚江流域综合治理全线启动。整治规模养殖猪舍34万平米,“三乡一镇”基本完成了退养工作。建成6家乡镇污水处理厂。增设横市、南芬塘、玉煤大道三个治超卸载点,治超工作取得显著成效。控建拆违始终保持了高压态势,县城规划区没有发现一处新增违法建设,累计控拆违面积达16.5万平方米,破旧广告招牌清理达1.5万多平方米,杉木桥、白马桥、沙河、北门等18个市场的乱搭乱建现象得到彻底整治,拆除违法棚亭5万多平方米。

(四)民生社会事业扎实推进。全年用于民生的公共财政预算支出达到43.32亿元,占总额的75.1%。圆满完成了省市的为民办实事任务。新增城镇就业1.14万人,农村劳动力转移就业1.28万人,完成职业培训1.5万人次,“零就业”家庭保持动态清零。五大保险新增参保人员11.7万人,被征地农民社保工作有序推进。城乡居民低保每月提标50元,企业退休人员养老金连续9年调高标准,老工伤人员纳入统筹。城乡居民医保最高支付限额提高2万元,达到10万元。顺利通过了国家义务教育发展基本均衡县的验收,改造薄弱学校38所,建设公办幼儿园16所,宁乡一中获得北京大学“中学校长实名推荐”资格。全面启动基层医疗卫生机构标准化建设,创建全省卫生应急综合示范县,基本药物零差率销售为群众减轻药品负担7000万元。新建廉租房400套、公租房2500套,改造棚户952户,保障性住房建设总量居于全省首位,再次被评为全省的先进,和德家园四期成为全省保障性住房示范小区。农村危改三年行动计划的最后一批1295户喜迁新居,共计解决了4443户困难群众的住房问题。地质灾害地区避险搬迁96户。建成5家乡镇综合文化站和20个示范性村、社区文化活动室,成立宁乡花鼓戏传承保护中心、非物质文化遗产发展中心和文化艺术创作中心,“欢乐楚沩”、“我爱读书”等群文活动丰富多彩,公共文化服务体系示范区的创建通过国家验收。成功申报3个国家级文物保护单位。有序推进殡葬改革,列为强制火化区的8个乡镇工作成效显著。人口计生工作连续五年获得省级模范。强化源头治理,实施信访援助,信访总量同比下降了20%。制定出台加强社区建设的意见和实施方案,社区规范化建设加快推进。开展系列严打专项行动和“红袖章巡防”活动,全县社会大局持续稳定。部署“禁毒百日会战”,打掉涉毒团伙23个,抓获毒品违法犯罪嫌疑人217名,行政拘留612人,强制戒毒76人,社区戒毒179人。食品安全领域没有发生一起重大事故。校车运营安全,全年没有发生一起伤亡事故。安全生产工作获得市里的先进。全省县级一流的老年人门球中心建成使用,县老龄协会荣获首届全国“敬老文明号”。工会、共青团、妇联、残联、文联、关协、计生协、老科协等各项工作都创造了新的业绩、实现了新的突破。

(五)政府自身建设不断深化。政府始终坚持县委的领导,自觉接受人大、政协监督,认真办理人大议案、建议和政协委员提案,办复率达到100%。围绕推进项目建设来加强效能建设和制度建设。在效能建设方面,以“三集中三到位”为抓手,26个职能部门的171项审批服务事项全面规范;探索“模拟审批”办法,办理周期从217天压减到了57天。强化问题导向,建立县政府工作会议制度,及时通报和研究解决经济运行中的重大问题。着力项目推进、要素保障、企业发展、园区建设等重点领域和关键环节,加大督查力度,实行招商项目按月调度、重大项目现场巡视、服务项目痕迹管理,强化效能监察和绩效考核。在制度建设方面，出台了政府工作规则和资金、项目、土地、合同、人事管理制度，以及确保这些规则和制度落实的行政问责办法，坚持用制度来管权、管钱、管事、管人。审计政府投资项目502个，资金审减率达25.9%。财政“双控”管理实现对县级平台和乡镇公司的全覆盖。国库集中支付单位新增6家，达到181家。政府采购节约率达10.7%。“四项费用”显著下降。行政办公用房清理整改基本到位。实施干部素质提升“四五”工程，为政府执行力建设奠定了基础。进一步加强机构和人事编制管理，完善相关制度，开展专项治理，取得了明显成效。县机关事务局成功创建全国公共机构节能示范单位。民兵训练有效落实，征兵任务超额完成。对台、侨务、统计、人防、质监、水文、供销、移民、石油、通信、海事、盐业、民族宗教、史志档案等工作取得新成绩。

各位代表，这些成绩的取得，是县委科学决策、正确领导的结果，是县人大、县政协有效监督、鼎力支持的结果，是全县上下同心协力、顽强拼搏的结果。在此，我谨代表县人民政府向各位人大代表、政协委员，向离退休老同志，向驻宁部队、武警官兵，向所有关心支持宁乡发展的朋友们，致以衷心的感谢和崇高的敬意！

在总结成绩的同时，我们也清醒地看到工作中存在的一些问题和不足：一是经济发展的支撑还不够强劲，税收贡献大的企业和带动效应大的项目还不够多，社会投资的活力仍然不够，中小企业的成长瓶颈没有破除。二是教育医疗、社会保障、生态环境等公共服务仍需大力加强，保障和改善民生的任务较重；部分领域社会矛盾依然突出，社会治理创新需不断探索。三是“四风”问题还不同程度地存在，政府行政效能和争先创优意识有待进一步提升。对于以上问题，我们一定认真对待，采取有效措施，切实加以改进。

二、2014年工作安排

今年政府工作的总体要求是：深入贯彻党的十八届三中全会和中央、省、市委经济工作会议精神，按照县委十一届四次全会的总体部署，以加快全面建成小康社会为总揽，以改革创新为主题，以加快建设活力宁乡、美丽宁乡、幸福宁乡为发展定向，以实施“五民五感”为工作重点，积极投身“四比四抓争先锋”活动，聚力攻坚，乘势奋进，努力在全市“六个走在前列”大竞赛中争当先行者、勇做排头兵，为建设省会次中心、幸福新宁乡、全国一流现代经济强县而不懈努力。全年经济社会发展的预期目标是：县域生产总值增长13%；财政收入增长15%，力争达到20%；规模工业产值增长22%；固定资产投资增长20%；社会消费品零售总额增长14%；城镇居民人均可支配收入和农民人均纯收入分别增长12%和16%；单位地区生产总值能耗降低率及污染物排放标准达到省市要求。

为实现上述目标，我们要重点抓好以下五个方面的工作：

（一）着力产业倍增发展。围绕工业倍增，更加突出工业项目招商，继续支持企业装备升级，带动技术升级、管理升级和产品升级。积极推进格力电器、洋河酒业、华润饮料、杉杉新材等重大项目建设，加快在建工业项目竣工投产，确保全年新增规模企业50家以上。开展项目满园、扩园行动。支持经开区大力发展家电、再制造产业，建设全国一流的食品产业园。推动金洲新区建设湖南省大学科技园、省科技成果和知识产权转化交易中心，做大做强新材料、光电信息等产业集聚区。做好金玉工业集中区的基础配套和项目落地，力争年内竣工投产项目10个以上。促进五个乡镇园区做专做特。致力产业体系建设，大力引进领军型龙头企业、产业链关键项目和上下游配套项目。力争高新技术产值占规模工业产值的比重达到40%以上，新增高新技术企业16家以上。更加注重发挥企业家的领军作用，激发创新创业的激情与活力。围绕农业效益倍增，抓住首轮特色县域经济重点县建设机遇，扶持发展农副产品加工业，力争年内培育产值过亿元企业10家以上，农副产品加工业产值突破380亿元。做好回龙铺、双江口、东湖塘、沙田等粮食示范基地的建设工作，积极推广机插秧技术，加强粮食仓储建设和精深加工，稳定种粮面积，提高种粮效益。搞好烟基设施建设和烟田土地整理，推进烟叶种植的精益生产试点，打造全国一流现代烟草农业示范区。着力保护品种、提升品质、培育品牌，做大做强宁乡花猪产业。以金朱公路为轴线，规划建设国家级现代农业示范区。以龙头企业、合作组织、家庭农场为重点，壮大新型农业经营主体，实现茶叶、水果、蔬菜、中药材等特色基地的提质增效。围绕三产倍增，加快发展旅游和商贸服务业。进一步挖掘和彰显花明楼、灰汤、关山、回龙山、凤凰山等景区的特色和内涵，规范行业管理，提升内在品质。推动炭河里、芙蓉山、九折仑、青羊湖的招商开发，支持密印寺禅茶文化研究，加快形成以大沩山为核心的西部旅游经济区。组建全县旅游企业营销联盟，全面深化“五养之乡”这个旅游品牌形象。出台支持商贸产业发展的专门政策，建好大河西农产品物流中心、湘中南物流园、普洛斯物流园，做大做强豪德贸易广场，引进大河西汽车城、九龙仓奥特莱斯，打造中部区域物流中心。以沩江和金洲大道为轴线，统筹推进未来方舟等城市综合体建设。大力发展电子商务，建立在线营销、电子支付、快捷配送于一体的商业新模式。积极培育养老、工业、商务等综合地产，推动房地产业转型发展。

（二）加强城乡建设管理。重视发挥城乡规划的统筹、深化和控制作用，进行发展规划、国土规划和建设规划“三规合一”试点，促进城乡品质倍升。全面对接省会主城区和正在构建的“三纵两横”高速路网

("三纵"即京珠西、宁韶株、益娄衡,"两横"即长益常、长韶娄),进一步完善综合交通体系。筹建金洲综合交通枢纽,力促长韶娄高速建成通车,拉通南横、南东快速干道,改造横益、煤双、花石、流大等县域公路,争取横雷公路纳入省市建设规划,提升交通区位优势。抓好公交首末站和100个公交站亭建设,新辟5条公交线路,争取园区、景区定制公交试点,探索出租车电召服务模式。实施农村公路安保工程,完善会车坪、防护栏、警示灯和减速带,改造县乡公路400公里、危桥45座。按照"一主两轴四中心"("一主"即以县城为主体,"两轴" 即以宁沩公路和长韶娄高速为轴线的沿线乡镇,"四中心"即灰汤镇、花明楼镇、流沙河镇和黄材镇)的格局,着力"六大板块功能区"(主体、东北、东南、中北、中西和西部板块)的构建,进一步加快新型城镇建设。以撤县设市为契机,更加注重形成"市"的功能、发挥"市"的优势、彰显"市"的价值。做好县城规划区的地下管网、教育、卫生、市场和绿地等专项规划,完善配套设施,增强承载功能。加速行政新区开发。规划建设城西出城新通道。建成南太湖自来水厂。着力解决城区停车难的问题。建设6座公共站厕。完成东沩溪、沙河片区截污干管铺设。建成茆田110千伏变电站,扩建改造玉潭、横市220千伏变电站。突出抓好沩东新城的策划规划、控建拆违和招商融资,加快宁梅大道建设,做好长沙第二机场、城市轨道交通的前期工作,推进片区开发,优化发展空间。全面推进城乡一体化重点镇和农民集居点建设,彰显新型城镇化的宁乡特色。抓好"五项整治"(环境卫生、户外广告、违法违章建筑、裸露地块、超限超载和非法营运整治) 和 "四大工程"(县城亮化、绿道建设、环卫市场化和城区排涝整改工程),努力把我们的城市管理得更好。深入推进"全民植树、全民清整、全民护水" 美丽宁乡三个 "三年行动计划",进一步做好生态保护工作,着力创建全国生态示范县。开展环境污染隐患大排查,防范突发性环境事件。抓好沩江流域治理,打造最美湘江支流。提质改造县城污水处理厂,规划建设经开区、金洲新区污水处理厂,新建4家乡镇污水处理厂。加强饮用水源区保护,水库和骨干山塘全面退出投肥养鱼。做好宁黄、宁韶绿道的规划建设和宁灰绿道的提质工作。严禁挖山洗砂,规范河道采砂,加大非煤矿山整治力度,同步推进生态修复。启动病死畜禽的无害化处理,完成5万平方米规模养殖场的污染治理。加强城区餐厨垃圾处理。积极推动清洁能源入户、农村改水改厕和垃圾分类减量。完善农田水利设施,抓好铁冲水库升型,启动八家湾水库建设,除险加固小二型水库30座,更新改造大中型水闸4座,再解决8万人安全饮水问题。

(三)积极扩大有效投资。着力抓项目投入。围绕加快项目的建设进度,进一步规范政府投资项目的质量监管和成本控制,优化社会投资项目的服务环境和政策配套,完善现场调度、专项督察和考核评比机制,把投入落实到一个个实实在在的项目上,力争新开工300个,竣工200个,投入580亿元以上。着力抓增量投入。分产业制定招商政策,加强上门招商、专题招商、以商招商和招商调度工作,更加注重招商项目的质量和签约项目的落地,提高项目的履约率、开工率和投产达效率,力争新引进投资亿元以上项目50个,其中经开区至少引进1个50亿元以上项目、金洲新区至少引进4个10亿元以上项目、金玉工业集中区引进项目20个以上。支持企业做大主业、投资技改,以增量优化存量、扩大产出。着力抓要素投入。创新金融服务,设立金融超市,加强银企对接,做好债券发行和企业上市工作,力争净增信贷投放72亿元、直接融资35亿元。统一财政资金、土地资源、公共资产的调度和管理,防范债务风险,提高经营效益,确保建设投入。积极做好用地调规和报批工作,争取重大项目"点供"指标,清理整顿低效用地、闲置用地和违法用地,倒逼项目开工,保障项目用地。组建征拆服务中心,做好征拆安置工作,切实破解影响项目落地的征拆难。深入推进干部素质提升"四五"工程,支持企业引进一批高层次科技人才、高素质管理人才和高技能实用人才。

(四)务实发展民生事业。从人民群众最急需、最迫切、最直接的利益问题出发,认真规划好今年的为民办实事项目,持之以恒为民办实事、办好事。扎实抓好农村田间水利扩容提质和基层医疗卫生机构标准化建设两大民生工程,全面完成骨干山塘的清淤和末端渠系的疏通,提质改造夏铎铺、朱良桥、南田坪、坝塘等4家乡镇卫生院,完成115所村卫生室的标准化建设。组织开展欢乐楚沩、书香楚沩、善行楚沩活动,显著提升全县人民的幸福感。高度重视困难群体的就业问题和劳动者的权益问题,保持"零就业"家庭动态清零。试行城乡居民医疗保险社会保障卡,为参保群众提供更多的方便。加快建立大病保障机制、提高大病救助水平。抓好园区企业、非公组织、灵活就业人员的参保工作,推进城乡低保的精细化管理。进一步加强保障房的建设与管理,确保质量安全、分配公平和住户满意。推进地质沉陷区的治理,避险搬迁300户危房户,做好严重毁损基础设施的恢复重建。提质改造薄弱学校33所,建设幼儿园20所、教师周转房660套,实行边远乡镇教师津贴,加大名优教师奖励力度,争创全省教育强县。新增有线电视用户2万户,新建3家乡镇综合文化站和10家示范性村、社区文化活动室。提高市民文明素质和社会文明程度,争创全国文明县城。加快发展老年事业。提质改造金洲、龙田、横市和资福敬老院。确保老年人、盲人、肢体残疾人免费乘坐公交车政策落实到位。做好残疾人就业、扶贫、康复和权益保障工作,建设残疾人托养康复中心。适应生育政策的调整完善,做好人口计生工作。继续抓好殡改工作,推进惠民殡葬和殡仪服务进社区。

（五）突出抓好改革创新。要突出政府职能的转变。以自我革新的勇气和胸怀来加强政府自身建设，建设服务型、效能型、廉洁型政府。该放的权要敢放、真放，巩固“三集中三到位”成果，优化“模拟审批”，减少审批前置、审批环节和审批时间，充分运用好市场、社会和基层的自我管理能力，特别是要注重发挥市场在资源配置中的决定性作用；该管的事要管住、管好，在坚持用制度管事、按制度办事的基础上，进一步修改完善现有各项规章制度，及时跟进专项审计和行政问责，确保适应经济社会的发展需要，确保政府及其组成部门、工作人员干净干事、清正廉洁，努力做到既要放权、又不失责，打好有效放权和高效监管的“组合拳”。要突出重点领域的改革。深化园区开发体制、政府投融资体制、行政审批制度、土地管理制度和商事登记制度改革，出台鼓励和引导民间投资健康发展的实施细则，推出一批面向民间投资招标的重点项目，用更大的力度培育市场主体，充分激发全社会的创业激情。稳步推进企业改制，推进国有投资企业建立现代企业制度。出台政府购买公共服务指导意见和目录。继续抓好事业单位改革。要突出社会治理的创新。加大政府信息的公开力度，及时履行依申请公开答复办理程序，自觉接受人民群众的监督。办好县长热线和“12345”政府服务热线，加大督查力度，确保群众反映的问题能得到及时处理和反馈。全面加强社区建设，依法做好第九届村民委员会选举工作，提升居民自治的广泛性，扩大社会团体和市场组织的参与性。保持打击违法犯罪的高压态势，严打农村边远地区聚众赌博行为和“盗抢”等侵财性犯罪，实施视频监控、社区防控、街面巡逻、内部单位防控“四位一体”，开展平安宁乡创建工作，争创社会管理综合治理先进县。继续推行干警联企业、联项目活动，切实优化施工建设环境。更加注重源头治理，健全信访援助制度，把群众工作做到实处。抓好商品房销售的后续管理，探索双向选择物业管理办法，启动平安物业创建工作。保障食品安全，服务产业发展，争创全国示范。进一步抓好十大安全生产体系建设，严格落实安全生产责任，严防各类安全事故发生。加强应急管理，提高突发事件应对处置能力。认真做好第三次全国经济普查工作。创新民兵兵役动员工作，推动基层武装正规化建设。支持工会、共青团、妇联、文联、科协、关协、计生协、老龄协等工作全面发展，做好外事侨务、史志档案、民族宗教、机关事务等工作。

各位代表！新的一年，面对发展的新形势、人民的新期待，我们一定在中共宁乡县委的坚强领导下，认真执行县人大及其常委会的各项决议和决定，主动听取人民政协的意见和建议，始终坚持全心全意为人民服务的根本宗旨，牢记使命、忠诚履职，依法行政、勤奋敬业，敢于担当、积极作为，把政府工作一环一环地抓实、一项一项地做成、一件一件地办好，确保圆满完成这次大会确定的目标任务，决不辜负各位代表和全县人民对我们的要求和期待！

忠诚履职树形象　务实有为促发展

——在政协宁乡县第十一届委员会第三次会议上的工作报告

喻亚军

(2014年1月3日)

各位委员、同志们：

我受政协宁乡县第十一届委员会常务委员会委托，向大会报告工作，请予审议，并请列席会议的同志提出意见。

2013年工作回顾

一年来，在中共宁乡县委的正确领导和市政协的具体指导下，县政协全面落实科学发展观，坚持围绕中心、服务大局，扎实推进“三服务”主题活动，积极履行政治协商、民主监督、参政议政职能，各项工作取得了新成绩，实现了新突破。

一、健全工作机制，科学履行职能

1.政治协商更加规范。一年来，县政协召开全体会议1次，主席会议14次，常委会议4次，政联处主任会议5次，各类专题座谈会近30次。县政协十一届二次全会期间，全体委员以高度的政治责任感和强烈的主人翁精神，通过分组讨论、界别活动、调研座谈、撰写提案等形式就建设活力宁乡、美丽宁乡、幸福宁乡提出了45条建设性的意见和建议，得到了县委、县政府及有关部门的重视和采纳，在社会各界产生了良好影响。有8位委员在大会上作了发言，分别从“两型”社会建设、统筹城乡发展、推进电子商务、实施文化惠民等方面提出了许多具有前瞻性和可操作性的建议，县委书记对委员发言材料作了重要批示。县委常委会专门听取政协工作汇报，县政府及时向县政协常委会议通报全县经济社会发展情况并听取意见和建议。各乡镇党委政府定期邀请政协委员列席相关会议，共同协商地方发展大计，全县协商议政的氛围日益浓厚。

2.民主监督不断深化。一是委派民主监督员。县政协继续组织开展委派民主监督员工作，50位民主监督员分成10个小组，委派到县交通运输局等10家单位。各民主监督小组分别就农业技术推广、农村公路养护、背街小巷改造、交通标志标线设置等群众关心关注的热点难点问题进行了重点监督，促进了相关问题的解决。各委派单位积极配合民主监督员开展工作，认真听取意见，扎实进行整改，真正做到了“广纳群言、博采众意”，增强了民主监督实效。二是开展民主评议。8月份，县政协启动民主评议全县农村危房改建工作，在县住建局、县民政局等部门以及33个乡镇的积极配合下，县政协主席会议成员带队，组织部分政协委员和政协工作者分成5个评议小组，历时3个月，调查走访了全县33个乡镇，200多个村（社区），500多个重点援建户、支持新建户和特殊困难家庭，召开不同形式的座谈会80多场次，掌握了大量一手资料，形成了近8000字评议报告。评议活动得到了县委、县政府的充分肯定，黎春秋书记批示，县政协组织的民主评议活动工作扎实，评议客观，总评报告很有分量，请住建部门研究落实，切实改善农村困难群众的住房条件。周辉县长批示，县政协评议报告极具指导性、针对性、操作性，并请政协在更多的领域对政府的专项工作进行评议。县委副书记邓杰平、副县长王湘云等领导对评议组提出的相关问题第一时间进行了现场交办，切实保障了民主评议的工作成效。三是组织专项视察。先后组织委员对全县烟叶生产、医疗保险、宗教工作和县城污水处理进行了专项视察，其中《关于全县医疗保险工作的视察报告》引起了县委、县政府主要领导的高度重视，切实解决了相关问题。

3.参政议政积极有为。一是不断提高建言立论水平。县政协启动以“推进新型城镇化”为主题的专题调研活动后，广大政协委员和政协工作者积极开展调研，收到调研报告60多篇，已择优在《宁乡政协》会刊上刊发。民进宁乡工委、农工宁乡总支、县工商联和广大无党派人士积极参政议政，认真调查研究，撰写的

《关于恢复建设文庙的建议》《重视中药材产业，精心培育我县新的农业品牌》等调研文章为县委、县政府科学决策提供了重要参考。二是举办楚沩发展大讲堂。8月30日，邀请中国人民大学彭真怀教授作“推进新型城镇化建设”的主题报告，组织全县党政负责干部和部分政协委员近300人参与活动，为县域发展建言献策。三是做实做新提案办理工作。县政协十一届二次会议以来，共收到政协委员提案333件，立案327件，县政协主席会议专题研究，确定7件提案为2013年的重点提案。县委、县政府主要领导牵头领办重点提案，县政协主席会议成员专题督办重点提案，积极推进办理工作由重视答复向注重落实转变。截至2013年11月底提案全部办理完毕，办复率100%，满意率97%。

二、围绕第一要务，融入发展大局

1.“三服务”活动富有成效。按照市政协“服务发展大局、服务民生民利、服务社会和谐”的“三服务”主题活动要求，组织开展了“看项目，促发展；看委员，促提升；看民生，促和谐”为载体的“三看三促”系列活动。县政协主席会议成员率相关职能部门负责人和部分政协委员先后来到煤炭坝镇、偕乐桥镇、大屯营镇、双凫铺镇、老粮仓镇等乡镇调研座谈，帮促乡镇解决项目和企业发展难题，鼓励委员为地方经济社会事业发展献智出力。7月份，县政协启动“百名政协委员帮扶百名优秀贫困学子”活动，广大政协委员迅速行动，踊跃报名，有208名委员提出书面申请自愿参加帮扶活动，经县政协主席会议审核，最终确定123名帮扶委员，将持续三年“一对一”帮扶123名优秀贫困学子。在“双百”活动启动仪式上，帮扶委员和各界代表400多人共同观看了记录优秀贫困学子学习、生活的影像视频，帮扶委员与优秀贫困学子现场结对，互赠亲情卡，发放捐赠款。市政协段安娜副主席亲自为委员颁发捐赠荣誉证书，《人民政协报》《湘声报》分别进行了专题报道。白马桥乡政联处按照“三服务”活动要求搭建了“思民生，访民情；思发展，作贡献”活动平台，组织张鹏、朱庆珍等委员为禁毒工作、社区管理、环境卫生整治建言献策。菁华铺乡政联处积极组织委员开展以助医、助学、助业、助老、助残为内容的“五助”活动，为民生改善作出了积极贡献。在10月24日召开的全市政协“三服务”主题活动经验交流会上，宁乡政协就“三服务”活动开展情况进行了典型发言，得到了与会领导的高度肯定。

2.重点工作主动参与。县政协主席会议成员按照县委关于“两帮两促”和“双三十”项目帮扶活动要求，深入各自联系的溜子洲大桥、保障性安居工程、人民路9号等19个项目和企业现场办公，帮助企业解决融资、征地、拆迁等50多个具体问题，帮促项目提质提速，全面完成工作任务。3月8日，县政协组织部分政协委员、乡镇政联处主任及政协机关干职工共100多人捐款20万元，在双江口镇檀树湾植树基地开展义务植树活动，特别是周朝阳、周国勇、于子长、汤亚平、杨章财、贺敏、潘继斌、肖英伟等委员捐款分别达5000元以上。2013年，我县遭遇特大旱灾，县政协主席会议成员以及部分机关干职工深入东湖塘镇、回龙铺镇、南田坪乡、喻家坳乡、沙田乡、资福乡等旱情较为严重的乡镇指导、参与抗旱救灾工作；部分政协常委、委员情系地方发展，积极参与抗旱救灾，县政协常委于子长、潘继斌等为资福乡抗旱工作捐款捐物8万元。县政协机关深入推进“一推行四公开”活动，各委办主任、副主任及联点驻村队员分别与南田坪乡洋西村、军里村15户困难群众家庭结对认亲。城郊乡政联处积极参与“四比四抓争先锋”活动，为格力电器等重大项目建设做了大量基础性工作。煤炭坝镇政联处积极协助党委政府进行招商引资，促进了门业产业园建设加速推进。

3.政联处工作业绩凸显。各乡镇政联处在当地党委政府的领导支持下，为地方经济社会事业发展做了许多卓有成效的工作。玉潭镇政联处组织委员开展“相互学习，抱团发展”活动，有力促进了委员事业发展。龙田镇政联处重点就项目工程建设深入调研，成功化解该乡一采矿企业与当地群众的矛盾纠纷，深受当地群众好评。夏铎铺镇政联处以“委员工作室”为活动平台，组织委员为农田水利建设和学校修缮加固捐款捐物达12万元。巷子口镇政联处组织西部山区6个乡镇的26名政协委员，在巷子口狮冲村绿化基地开展义务植树活动，李向党委员为植树活动提供了近3万元树苗。回龙铺镇政联处关注老年人事业，组织委员为县老年大学回龙铺分校捐款捐物达5万多元。偕乐桥镇政联处组织开展的群众文化艺术节活动被湖南经视、长沙电视台宣传报道。金洲镇政联处积极挖掘旅游文化资源，助推关山景区成功获批国家AAAA级景区。灰汤镇、双凫铺镇、大屯营镇、双江口镇、历经铺乡等乡镇政联处强化“三化”建设，积极组织委员反映社情民意，撰写调研报告，委员活动富有特色。

三、突出团结民主，浓厚和谐氛围

1.联络联谊切实加强。2013年以来，接待了全国政协常委、湖南省政协副主席杨维刚等省、市政协领导以及溆浦县、桃江县、湘潭县政协等兄弟县（市）政协30多批次到宁乡指导和交流工作。5月31日，县政协组织召开民主党派、工商联、无党派人士代表“四比四抓争先锋”座谈会，密切同党外人士的沟通联系，动员各民主党派、工商联和广大无党派人士为促进县域发展聚合正能量。先后举办了迎春茶话会和中秋联谊会，邀请各界人士欢聚一堂，组织委员进行文艺表演，庆佳节、话和谐、谋发展。7月份，县政协组织委员和政协工作者积极参加长沙市首届“政协杯”男子篮球赛，取得全市第二名的佳绩，充分展示了宁乡政协良好的精神风貌。

2.社情民意渠道畅通。不断健全社情民意信息网络,拓宽反映渠道,组织委员开展座谈、调研、视察等活动,广泛收集、适时反馈社情民意。2013年以来,共编辑《社情民意》10期,及时送达县委、县政府及上级有关部门,其中双凫铺镇政联处组织委员撰写的《农药包装物随意丢弃现象必须高度重视》,黄立志委员撰写的《关于取缔水库投肥养鱼,保护水质的建议》,张小平委员撰写的《关于加大"宁乡猪"品种保护工作力度的建议》等社情民意被省、市政协采用。

3.文史宣传成果丰硕。广泛开展文史资料的征集整理,启动了《宁乡政协志》的编辑工作,出版了《宁乡文史》《德润沩宁》等文史专刊。精心办好《宁乡政协》会刊,并在《人民政协报》《湘声报》《长沙政协》等国家、省、市报刊发表宣传宁乡的文章24篇,其中《宁乡县政协提升"软实力"、支撑"硬发展"》的报道在《人民政协报》新闻版头条刊发,《"五个注重"做好提案工作》在省政协组织的调研征文活动中荣获三等奖。

四、加强自身建设,激发队伍活力

1.充分发挥专委会作用。各专委会按照"热情、规范、效能、和谐"的工作要求,精心组织好各项活动。办公室认真谋划全年工作,积极协调服务,确保各项工作有条不紊的推进。经科委牵头负责民主评议和专题调研工作,制定了详尽的工作方案,为开展评议和调研活动做了大量服务协调工作。群团联络委精心组织"双百"活动启动仪式以及中秋联谊会、迎春茶话会,有效浓厚联谊氛围。文教卫体委成功举办湖南宁乡、天津东丽书法交流展,为全县文化建设发挥了积极作用。提案法制委强化服务意识,抓实抓细提案的交办、催办、督办和经验交流工作。人资环委就小区物业管理、公共机构节能等深入开展调查研究,撰写的《城市小区物业管理亟待规范》的调研文章在市政府《决策咨询》上刊发。

2.广泛激发委员活力。县政协常委会鼓励委员立足本职岗位,履行职能,服务发展,委员在各自的岗位上都作出了突出贡献。杨瑞祥委员辛勤工作,无私奉献,为我县城市开发建设做了大量富有成效的工作。谭震委员立足县域发展,全力服务项目建设用电。周国勇委员带领中源房产用心开发高品质楼盘,连续三届评为"湖南省纳税先进个人"。袁志青委员创办的百顺肥业股份有限公司成功进入湖南股权交易所平台。许晖委员关爱青少年成长,深入全县部分中学进行"孝德人生、梦想起航"励志教育专题讲座。戴事雄委员成功当选为第八届湖南省律师协会副会长。袁雪梅委员所在的基督教福音堂成功创建为省级和谐寺观教堂。李长东委员带领邦普循环科技引入废旧汽车拆改生产线,实现由电池原材料生产向新能源汽车生产的转型升级。罗文灿委员积极参与社会公益活动,被评为"宁乡县第三届道德模范"。喻立新委员深入研究宁乡青铜文化,被聘为"湖南省世界遗产和风景名胜专家委员会委员"。李砺委员出版的《湖南印人传》专著,填补了湖南篆刻研究的空白。杨建新委员积极投身民办教育事业,被评为"湖南省民办教育先进个人"。4月20日,芦山地震发生后,夏汗青、罗灿光、张海斌、贺敏、李铁军、文勇锋、颜桂华、廖跃飞等委员自发为地震灾区捐款捐物,据统计善款达120万元。湘润房产的汤亚平、拜特生物的彭建宗、精密量具的肖英伟、松井新材料的凌云剑等一大批委员积极兴办实业,推动经济发展,以自己的实际行动展示了委员风采。

3.全面加强机关建设。认真学习贯彻中央、省、市、县关于改进工作作风的相关规定,不断浓厚爱岗敬业、团结协作、无私奉献的工作氛围,推进机关作风有效改善。建立健全机关学习制度,组织机关干职工集中学习,由县政协主席会议成员和委办主任每月轮流授课,切实增强机关干职工做好新时期政协工作的责任感和使命感。深入践行"忠诚履职"和"四比四抓争先锋"活动,有力提升机关干部能力素养,扎实推进勤政廉政建设。

过去一年,县政协常委会工作取得的进展和成绩,是中共宁乡县委正确领导的结果,是市政协精心指导的结果,是县人大、县政府及各乡镇、部门大力支持配合的结果,是全体委员和广大政协工作者共同奋斗的结果。在此,我谨代表政协宁乡县第十一届委员会,向所有关心和支持政协工作的同志们、朋友们致以崇高的敬意和衷心的感谢。

在肯定成绩的同时,也要看到我们的工作还存在一些薄弱环节,如政治协商的内容和形式有待进一步完善,民主监督的体制和机制有待进一步健全,参政议政的质量和水平有待进一步提高。这些我们都应在今后的工作中认真加以研究,切实予以改进。

2014年工作思路

2014年县政协工作的总体要求是:高举中国特色社会主义伟大旗帜,以邓小平理论、"三个代表"重要思想和科学发展观为指导,深入贯彻党的十八届三中全会精神,按照《中共宁乡县委关于进一步加强人民政协工作的意见》要求,在中共宁乡县委的正确领导下,科学履行政协职能,全力助推县域发展,注重服务民本民生,不断加强自身建设,为加快实现"省会次中心、幸福新宁乡、全国一流现代经济强县"宏伟目标作出新的更大贡献。

一、深化学习,切实提升履职能力

全面贯彻党的十八大精神,深入开展党的十八届三中全会的专题学习活动,深刻理解和准确把握全面深化改革的重大意义、指导思想、总体目标、基本原则及总体思路;深刻理解和全面把握关于推进社会主义协商民主和民主政治建设的新布局、新要求。把思想和行动统一到全会精神上来,把智慧和力量凝聚到县委的决策部署上来,把履职的着力点放到全力服务建设活力宁乡、美丽宁乡、幸福宁乡上来,进一步推动我县政协事业创新发展,为我县的改革发展稳定凝聚强大正能量。加强对人民政协协商民主理论与实践的研究探索,建立政治协商制度、政协听证制度,进一步规范协商程序和内容。拓展协商民主形式，更加活跃有序地组织专题协商、对口协商、界别协商、提案办理协商，增加协商密度，提高协商成效。由政协常委会议协商，对政府职能部门开展民主评议，促进作风转变，提高办事效率。继续深入推进委派民主监督员工作，组织委员参与行风评议，切实发挥好民主监督作用。定期邀请党政负责同志到政协通报全县经济社会发展情况。精心组织资政议政会议，举办“楚沩发展大讲堂”等有政协特色的建言活动，邀请专家学者专题讲座，进一步提高参政议政实效。

二、助推发展，切实提升服务水平

严格落实市政协“三服务”主题活动要求，结合工作实际，加大督察指导，树立活动典型。紧紧围绕县委、县政府中心工作，积极投身“四比四抓争先锋”活动，主动融入全县经济建设和社会发展大局。按照县委统一部署，政协主席会议成员做好联系乡镇、联系项目、联系产业等工作，扎实做好“两帮两促”、新型城镇化建设、“一推行四公开” 制度落实、“忠诚履职”主题教育活动等中心工作。按照宁办〔2012〕25 号文件安排，继续开展“政协领导乡镇行，三看三促谋发展”活动，切实为推动发展献智出力。继续提请县委、县政府主要领导领衔督办重点提案，组织好提案办理“回头看”活动，更好地运用提案服务地方发展。组织政协委员和政协工作者积极参加“全民植树、美丽宁乡”活动，以实际行动助推秀美幸福宁乡建设。

三、凝聚人心，切实提升民生意识

坚持全心全意为人民服务的根本宗旨，组织开展以为民务实清廉为主要内容的党的群众路线教育实践活动。切实加强调查研究，坚持和完善县委出题、政协调研、党派参与、部门落实的调研工作机制，提高课题研究的前瞻性、科学性和专业性。围绕新型城镇化建设、生态环境保护、食品药品安全、就业和社会保障等事关群众切身利益的民生问题开展调研视察，为维护人民群众根本利益资政建言。积极引导委员参与扶贫帮困、捐资助学、社区服务等社会公益活动，以积极有为的实际行动为民生改善多作贡献。继续开展“百名政协委员帮扶百名优秀贫困学子”的“双百”活动，强化活动管理、推介活动典型、健全活动机制、确保“双百”活动取得实际成效。进一步拓宽社情民意反映渠道，完善征集方式，建立健全政协信息网络系统，做好反映社情民意工作。

四、把握主题，切实提升活动影响

加强与上级政协和兄弟县（市）政协联络交流，积极承办好长沙市第二届“政协杯”男子篮球赛，注重推介和宣传宁乡。加强同民主党派、工商联和社会各界人士的团结协作，积极为各界人士参政议政提供平台，使各阶层、各界别的利益诉求能够在政协得到充分表达。协助做好宗教工作，引导宗教界人士和信教群众在促进社会发展中发挥积极作用。认真组织好迎春茶话会和中秋联谊会等各种联谊活动，加强同各地宁乡知名人士的联系，动员更广泛的力量参与宁乡建设。充分发挥文史资料存史资政、团结育人的社会功效，全面完成《宁乡政协志》的编辑工作，办好《宁乡文史》《宁乡政协》会刊，组建宁乡县政协网站，积极宣传宁乡政协工作和委员优秀事迹，不断扩大政协工作影响。

五、改进作风，切实提升队伍形象

进一步健全常委会工作机制，组织专题学习，试行政协常委述职测评，提高新形势下政协常委会工作水平和实效。积极探索委员分类服务、管理、考核的科学办法，指导和组织委员每年至少提出一件有较高质量的提案，反映一条有价值的社情民意信息，参加一次政协组织的调研或视察活动，不断增强委员履职责任感。组织开展委员演讲比赛、理论征文、优秀调研报告评比、委员评先评优等活动，充分调动委员履行职能的积极性和主动性。加强协调配合，增强工作活力，充分发挥专委会在政协履职中的基础作用。切实加强“五型”机关建设，大力弘扬勤俭节约的传统美德和健康的人文风尚，努力造就一支政治坚定、作风优良、学识丰富、业务熟练的高素质政协机关干部队伍。进一步加强对乡镇政联处工作的指导，适时组织各乡镇政联处同志研讨交流、学习考察、述职测评，不断提升乡镇政协工作整体水平。

各位委员，同志们，党的十八届三中全会绘就了全面深化改革的宏伟蓝图，目标催人奋进，前景无限光明。让我们更加紧密的团结在以习近平同志为总书记的中共中央周围，在中共宁乡县委的坚强领导下，忠诚履职，务实创新，积极投身全面深化改革的伟大实践，朝着省会次中心、幸福新宁乡的宏伟目标阔步前进！

概　述

2013年，宁乡县辖11个乡、22个镇，总面积2905.92平方公里，总人口137.7万人，年平均气温18.5摄氏度，降水量1434.7毫米，日照时数1996.6小时，无霜期269天。全年，宁乡经济发展好中求快、社会大局安定和谐、各行各业都有建树。县改市由省上报国务院；获批全省首批特色县域经济重点县；金洲新区晋升省级工业集中区；经开区获批国家再制造示范基地；国家卫生县城成功创建；炭河里获批国家遗址公园；花明楼晋升国家AAAAA景区；关山晋升国家AAAA景区。全年全县争创国家、省、市荣誉178项，其中国字号荣誉37项；宁乡县被市级以上主流媒体宣传推介281篇次。国家发改委特邀宁乡作为唯一县级代表，参加全国新型城镇化建设座谈会。全省小型农田水利建设现场会在宁乡召开。县域经济基本竞争力跃居全国百强第56位。

县域经济。2013年，宁乡县域生产总值(GDP)835.05亿元，增长(比2012年，下同)14.1%。财政总收入48.38亿元，增长18.6%，其中地方财政收入30.68亿元，增长25.3%。财政总支出58.26亿元，增长21.1%。第一产业总产值93.23亿元，增长4.4%。农业总产值140.76亿元，增长4.4%，粮食种植13.2万公顷，其中稻谷种植12.22万公顷，粮食总产量85.16万吨，再次被评为湖南省粮食生产标兵县。烟叶种植6660公顷，居全省第二，烟叶1.46万吨，烟农总收入4.22亿元，烟叶税收7540万元。蔬菜种植4.4万公顷，153.4万吨，总产值12.8亿元，18家蔬菜基地入选长沙市标准化专业基地。茶叶3866.7公顷，金洲茶叶获国际金奖。水果种植8403.33公顷，产值6581.4万元。中药材种植2000公顷，总产值1.57亿元。出栏生猪240.2万头，出笼家禽4115万羽。年末农机总动力159.88万千瓦，增长1.5%。水稻耕、种、收综合机械化水平69.6%，比2012年提高0.2个百分点。宁乡土花猪在第五届中国湖南畜牧业博览会上，现场签约达1.2亿元。启动长沙现代农业综合改革配套试验区，全年新增农民专业合作社300家，总计1100多家；土地流转7.33万公顷。金洲镇关山村成为中国最有魅力乡村。农村基础设施加快改善，投入1.6亿元，建设593.33公顷21个高标准基本农田项目。启动农村田间水利扩容提质工程，完成山塘清淤1920口、新建149口，改造河坝180座，沟渠疏浚超过1500公里，黄材、田坪、洞庭、韶花四大灌区干渠全线疏通。第二产业总产值575.52亿元，增长16.6%。全部工业总产值1614.01亿元，增长22.4%，其中规模工业总产值1479.25亿元，增长23.7%。年内新增规模企业60家，总数589家，产值过亿者180家。规模以上重工业实现增加值212.2亿元，占规模工业增加值的比重达59.3%。港澳台和私营企业增速较快，分别增长26.8%和25.7%。先进装备制造、食品、新材料新能源三大主导产业共实现产值1011.42亿元，占全部规模工业的68.9%，增长23.1%，对规模工业增长贡献率达到72.6%。全县规模工业实现主营业务收入1400.88亿元，增长19.5%；利润总额125.53亿元，增长34.7%；利税总额196.04亿元，增长33.2%。工业企业主要产品产量稳定增长。服装2100万件，配混合饲料88.29万吨，水泥484万吨，钢材9.86万吨，机制纸26.71万吨，涂料14.44万吨，电力电缆3.46万千米，减速机20.28万台，铸造机械1.65万台，家用电冰箱16.5万台，家用洗衣机37.65万台。年内，华良电器实业有限公司、楚天科技股份有限公司等6家企业7个产品被评为“湖南名牌”。大米95.15万吨，食用植物油7.22万吨，酱油22.8万吨，啤酒6780万升。建筑业增加值54.57亿元，增长7.4%。第三产业166.3亿元，增长10.3%。社会消费品零售总额172.51亿元，增长13.4%。外贸进出口总额3.53亿美元，增长18.5%，加工贸易2.8亿美元，增长40%。全县新增及变更进出口经营权备案登记企业30家。外派劳务1200人，创汇收入1.2亿元。房地产业在调整中发展。全年房地产开工项目78处，381.34万平方米，增长16.5%；投资43.02亿元，增长23.59%；新建商品房销售1.06万套、125.06万平方米，分别增长39.54%、32.73%，入库税费9.5亿元。新建廉租房400套，公租房2500套，改造棚户952户，保障性住房建设总量居全省首位，再次被评为全省先进。2013年末宁乡县金融机构各项存款余额324.1亿元，增长16.4%；城乡居民储蓄余额215.66亿元，增长15.6%；金融机构各项贷款余额237.65亿元，增长28.9%；金融机构利润总额7.14亿元，增长22.6%。全县公路通车里程4317.45公里，境内铁路里程68公里；旅客周转量增长3.5%，货物周转量增长8.2%。完成邮电业务总量2.68亿元，增长8.5%。年末本地固定电话用户11万户，增长2.8%；移动电话用户102.6万户，增长10.8%；互联网宽带用户8.81万户，增长21.3%。

招商引资、项目工程、园区建设、城乡建管。2013年，宁乡突出重大项目支撑引领，坚持投入拉动和创新驱动双轮驱动战略，招商引资升级为招大引强，年内引进规模以上项目280个，其中10亿元以上项目

20个,实际到位县域外资金240亿元,成功引进格力电器、洋河酒业、雅居乐、中联重科、美国新视野、三一风电等重大投资项目,实际利用境外资金2.1亿美元,增长11.6%。向上争资成效显著,到位25.5亿元。项目工程推进顺利,启动规模项目704个,完成投资490亿元。加快"两型"(资源节约型、环境友好型)园区建设,"两型"企业建设。宁乡经济技术开发区完成工业总产值558亿元,增长18.12%,财政收入12.62亿元,增长36%。金洲新区完成工业总产值449亿元,增长27.15%,财政收入15亿元,其中工商税收5.39亿元。启动金玉乡镇工业园集中区建设;夏铎铺、煤炭坝、老粮仓、双凫铺、大成桥、城郊等乡镇园区工业加快发展。城乡建设以"建设秀美城市,打造宜居家园"为目标,以产业发展为支撑,扩容提质,宁乡被评为全省首批新兴城镇化示范县。全年完成固定资产投资608.36亿元,增长38%。其中城镇投资504.67亿元,增长36.9%;农村投资103.68亿元,下降43.8%。全年完成投资超过5000万元的在建项目138个。创建3个省级生态家园示范村和3家市级花园式单位。加速推进灰汤、花明楼、沩山、流沙河4个市级小城市(中心镇)和煤炭坝工业新城、朱良桥赤龙岛湖泊水果庄园、黄材3个县级示范点建设。红星美凯龙生活广场启动建设;沩江"两岸三洲"、金洲湖国家湿地公园、鳝鱼洲综合开发等项目加快建设;玉潭东路、八一西路、春城路新阳桥、金鑫南路建成通车;提质改造溜子洲大桥、东城大道;春城北路、花明北路延伸;文体中心建成投入使用。修缮48条背街小巷,完善公交站亭178个;完成八一西路截污管网、宁乡北220千伏变电站和第二消防站建设;启动建设南太湖水厂。年内改造建设农村公路400多公里,改造危桥27座,玉煤公路、宁横公路、沩山外环线如期竣工,玉菁公路完成路基工程,宁灰公路创建为"旅游示范公路",完成宁乡境内G319、S208、S209等线的大修。为1.5万户偏远乡镇群众开通电视信号。新建户用沼气池1658口,完成农村改厕5000座。强力控违拆违,控违297户,面积3.7万平方米,拆违3401户,面积14.1万平方米;整治杉木桥、北门等18个市场市容;城市噪音、扬尘、渣土运输等得到有效管制。开展"三城同创"(创建全国文明县城、全国卫生县城、全国园林县城)活动,植树207.4万株,绿化公路120公里,河岸20.58公里,全县森林覆盖率47.48%。全县工业废水排放达标率86.9%,"三同时"执行合格率达100%。城镇生活垃圾无害化处理率100%。农村饮用水源达标率100%。完成天宁热电和南方水泥烟气脱硝治理、化龙朝阳二溪综合治理、青岛啤酒中水利用、龙田镇白花萤石矿水污染综合治理等重点工程。淘汰关闭天润颜料铬黄生产线和小电镀厂3家;关闭非法采、洗砂场77家;关闭非法造粒、铝塑分离企业55家;关停小水泥、小造纸企业5家。规模工业万元增加值能耗降低17.77%。环境质量继续保持良好,全年空气质量优良天数351天,城区环境空气质量优良率96.2%。

社会事业。教育:2013年全县共有普通中小学318所,中职学校6所,特教学校1所。在校中小学生15.32万人,教职工9702人。有幼儿园219所,在园幼儿4.06万人,教职工3209人。适龄儿童入学率100%,九年义务教育完成率100%,小学升学率100%。高考连续三年上线人数、上线率、录取人数、录取率居全省农村县市第一;中考连续两年居长沙市第一。改造薄弱学校38所,创建合格学校20所,新建幼儿园16所。宁乡一中获北京大学"中学校长实名推荐"资格。国家义务教育发展基本均衡县通过验收;继续推进湖南省基础教育综合改革试点县创建工作;荣获湖南省教育质量提升示范县称号。医疗卫生:2013年宁乡创建全省农村卫生信息化建设示范县,全省卫生应急综合示范县,成为全国第二批公立医院改革试点县。全县共有卫生机构50个,其中县直医卫单位8个,乡镇卫生院33个,民营医院9个。卫生机构床位总数4351张。卫生工作人员3658人。全年孕产妇住院分娩率99.99%,死亡率为0,5岁以下儿童死亡率5.5‰。劳动就业:2013年宁乡新增城镇就业1.14万人,新增农村劳动力转移1.28万人,失业人员再就业2997人,职业培训1.5万人次,零就业家庭动态就业援助达100%。年末城镇登记失业率为3.05%。城镇居民人均可支配收入2.85万元,增长12%。农民人均可支配收入1.79万元,增长11.4%。社会保障:2013年宁乡五大社会保险参保总人数34.97万人,增长7%;新增参保单位281家,新增参保人数11.97万人,增长6.2%;城乡居民基本医疗保险覆盖率96%,参保总人数119.8万人,增长2.4%;全县5277名被征地农民纳入社保体系。科学技术:2013年宁乡拥有高新技术企业和生产高新技术产品的企业81家,全年实现高新技术产值430.47亿元,增长25.9%。申请专利1040件,授权专利608件;申报国家、省、市各级科技项目218项,转化科技成果200项,被评为全省知识产权示范县,再获全国科技进步先进县殊荣。文化体育和广播电视:2013年宁乡公共文化体系示范区建设通过国家验收。县公共图书馆1座,藏书量20万册,县档案馆馆藏档案15.52万卷(册)。建成青山桥、道林等5家乡镇综合文化站和20个示范性村、社区文化活动室。成立宁乡花鼓戏传承保护中心、非物质文化遗产发展中心和文化艺术创作中心。张南轩墓(含张浚墓)新晋为全国重点文物保护单位,炭河里纳入国家《大遗址保护"十二五"专项计划》,2013年10月1日《长沙市炭河里遗址保护条例》正式实施。全县共有体育场馆5座,400米田径场8个,乡镇门球场11个,建有12个体育协会。文化健身广场62个,全民健身工程点200多个,承办长沙"贺龙杯"中国业余篮球公开赛和全省老年门球赛,全国山地自行车赛等大型活动。在长沙市第八届运动会中,宁乡获金牌109.5枚,名列全市第一。全县拥有:广播电台1座,电视发射台和转播台各1座,广播、电视综合人口覆盖率均达98%,有线电视用户13.2万户。电影固定放映点10个。社区建设和民生工作: 2013年县民政局出台《关于加强社区建设的意见》《关于印发〈宁乡县社区规范化建设实施方案的通知〉》等文件;完成玉潭、城郊、白马桥、历经铺4个乡镇撤乡镇设街道和大屯营乡撤乡建镇工作。完成农村危房改建三年行动计划,1295户搬入新居,共计解决4443户困难群众的住房问题。地质灾害地区搬迁避险96户。城镇和农村居民最低生活保障标准每月提高50元。全县全年低保救助对象3.49万户5.84万人,累计支出保障金1.3亿元。改(扩)建坝塘、回龙铺、大屯营三镇敬老院。全年医疗救助4009人次,发放救助金916.9万元;转移安置灾民8000人,下拨救灾资金和其他救灾款768万元;接收慈善捐款895万元,救助8654人次,925万元;被评为全省"慈善工作先进单位"、全省社会组织管理工作先进单位。全年全县用于民生领域的支出达43.32亿元,占公共财政预算支出的75.1%。旅游:宁乡是全国17个"中国旅游强县(市、区)"之一。2013年全县接待国内外游客1207万人次,实现旅游收入106亿元,分别增长25.4%和34.9%,总量和增速居全市各区、县(市)之首,被评为"湖南省旅游产业发展十佳县"。人口和计划生育工作正在由管理型向服务型转变,宁乡连续5年被评为全省计划生育模范。

民主法治和作风建设。2013年,县政府办理人大议案和代表建议125件,政协委员提案153件,办复率100%。出台政府工作规则、财政性资金、政府投资建设项目、土地开发、政府性合同监管、加强政府服务和行政问责办法等一系列规定。强化行政审批集中、到位,26个主要职能部门171项行政审批及服务事项全面规范;率先全省推出"模拟审批",办理周期从217天压减到57天。全年共查处违法违规经营文化场所45家,收缴非法出版物2.2万册,销毁电游赌博机具460台。加强食品监督抽查,巡查食品企业500余家次,下达责令改正通知书67份。新发食品生产许可证13家,换证19家,至此全县共有201家获证企业。依法强化安全生产,各行业杜绝较大及以上安全事故,被评为省、市2013年度安全生产先进单位。县法院全年共审(执)结各类案件6680件,诉讼标的额8.9亿元,县检察院共受理审查批准逮捕案件682件969人,审查起诉案件717件1154人,依法批准逮捕各类刑事犯罪嫌疑人628人、提起公诉869人。县公安局全年共破刑事案件1672起,抓获各类违法犯罪嫌疑人4659名,刑事拘留1071人,逮捕直诉1251人,追逃67人,查处治安(行政)案件4394起(不含交通违法行政案件),治安(行政)拘留2293人,查处各类交通违法行为2.25万起,行政拘留280人。全县各级调解组织共排查各类矛盾纠纷6858起,成功调解6815起,调解成功率99.4%。启动干部素质提升"四五"(即:五年时间,投入5000万元,实施5项计划,培训5万人次干部人才)工程,严格政策法规,四项费用支出总额同比下降15.7%,全年查处各类干部作风问题305个,其中给予党纪政纪处分32人。

问题和不足:一是经济发展的支撑还不够强劲,税收贡献大的企业和带动效应大的项目还不够多,社会投资的活力仍然不够,中小企业的成长瓶颈没有破除。二是教育医疗、社会保障、生态环境等公共服务仍需大力加强,保障和改善民生的任务较重;部分领域社会矛盾依然突出,社会治理创新需不断探索。三是"四风"问题还不同程度地存在,政府行政效能和争先创优意识有待进一步提升。

大 事 记

2013 年宁乡大事记

1 月

1 日　宁乡县旅游局、共青团宁乡县委联合社会各界爱心人士，在沩山乡密印寺举行“佛临盛世，祈福新年，爱在宁乡”大型爱心公益活动，爱心企业家代表将前期募集的善款向 20 名贫困学生每人发放 1000 元爱心助学金后，当场捐款 10069.5 元。

▲　召开全县烟叶备耕生产现场促进会，督促和安排部署烟叶备耕生产工作，县委副书记、县长周辉要求在 1 月 20 日前完成翻耕任务。

4 日　县婚姻登记处办理结婚登记 590 对，为平时日均 40 对的近 15 倍，不少新人选择这一天登记结婚是因为谐音“爱你一生一世”而号称“世纪好日子”。

5 日　宁乡经济技术开发区被省政府授予“2012 年度湖南省内联引资工作先进单位”称号。

7 日　中亿百联宁乡瑞信投资管理有限公司正式开业。

10 日　县十六届人大常委会召开第一次会议，会议听取和审议《2013 年宁乡县人大常委会工作要点（草案）》《宁乡县人大常委会组成人员守则（草案）》，县人民政府关于 2012 年宁乡县国民经济和社会发展计划执行情况及 2013 年国民经济和社会发展计划草案的报告、县人民政府关于 2012 年宁乡县财政预算执行情况及 2013 年财政预算草案和部门预算草案的报告，《宁乡县人民政府关于提请审议大屯营乡撤乡建镇的议案》，《关于提请设立宁乡县第十六届人民代表大会常务委员会代表资格审查委员会的议案》。

14 日　江华瑶族自治县县委书记罗建华率领党政代表团到宁乡考察旅游产业、新农村建设和新型工业化。

16 日　长沙市 2013 年“三下乡”活动在黄材镇黄材大道广场举行启动仪式，长沙市直有关部门组织农业技师、医务工作人员、计划生育干部和文艺工作者开展咨询、演出、书画、义诊等各项服务。

17 日　宁乡经济技术开发区工委书记、县委书记黎春秋轻车简从，到花明楼镇三江村和靳源村看望慰问困难群众。

▲　市文联和市剧协考察组一行到宁乡调研考察宁乡文化强县建设和关山“文艺家村”项目。

19 日　省委常委、宣传部部长许又声率全省市州宣传部长考察宁乡县文体中心，并对宁乡这几年在思想文化建设上所取得的成绩给予称赞。

21 日　金洲明珠住宅小区（公租房）项目营销中心开放，该项目是金洲新区管委会在全市率先引进民营资本投入到公租房建设的项目，是长沙市和宁乡县的重点建设工程项目。

28 日　关山生态特产园开园庆典暨 2013 宁乡精品土特产博览会在宁乡县金洲镇龙桥村举行。

▲　县公安局机关驻地从玉潭镇龙溪中路 2 号搬迁至玉潭镇二环西路的新址办公。

30 日　宁乡举行 2013 年迎春茶话会，全县离退休老干部代表、民主党派及无党派人士代表、三胞眷属代表、工商企业界代表、先进模范代表、专家学者代表、基层代表、“5127”人才代表等 100 多人参加。

▲　长沙市第一家县级食品安全检验检测中心成立暨揭牌仪式在县食品安全办公室举行。

▲　县水务局、公安局、双江口镇、金洲镇组成联合执法队伍，抓获沩江下游非法采砂的 12 条吸砂船。

2 月

2 日　县林业局、金洲湖国家湿地公园管理处在县城沿江风光带市民广场首次举行第十七届“世界湿地日”暨金洲湖国家湿地公园湿地保护宣传活动。

4 日　玉（玉潭镇）煤（煤炭坝）大道竣工通车，全长 13.7 公里，沥青混凝土路面，双向六车道，路幅宽 32 米。

5 日　市委常委、市委组织部部长程水泉，市委常委、市委秘书长李军受省委常委、市委书记陈润儿委托，到宁乡县督察春节前安全生产工作。

14 日　宁乡县旅游局、沩山风景名胜区管委会、沩山乡政府等单位组织 300 多对夫妻和热恋中的情人到沩山密印寺，举行“心心相印·情定密印”爱情幸福法会。

18 日　全县党政负责干部大会在县会议中心一会议室召开，会议动员全县上下高举科学发展旗帜，弘扬务实高效作风，朝着省会次中心，幸福新宁乡目标奋勇前进。

21 日　新华社、《光明日报》、湖南卫视、《长沙晚报》等 13 家中央省市媒体到金洲镇关山村，就关山学雷锋常态化情况进行实地采访。

26 日　出席第十届中国公民道德论坛的 140 名专家学者、道德模范、基层代表在中宣部副部长申维辰的率领下到宁乡县金洲镇关山村，参观考察关山学雷锋常态化建设。

2月　县城新开通98路、99路两条城市公交车线路,98路公交车线路全长21公里，由汽车南站至中基路桥,99路公交车线路全长20公里，由地方税务局广场至中基路桥。

3月

1日　全县安全工作会议召开，县委副书记、县长周辉在会上要求,安全生产工作要狠抓落实十大监管体系、安全生产责任书和安全生产工作通报。

▲　全县农业农村工作大会召开,会议回顾总结2012年全县农业农村工作,全面布置2013年农业农村重点工作，动员全县上下抢抓城乡统筹发展机遇,加快推进现代都市农业发展,共同谱写宁乡农业农村跨越发展篇章。

2日　庆祝"三八"国际劳动妇女节暨表彰大会在会议中心召开,会上表彰奖励全县妇联工作红旗单位、先进单位,优秀妇女之家,"三八"红旗手标兵,"三八"红旗手以及优秀村妇代会主任。

6日-8日　政协宁乡县第十一届委员会第二次全体会议召开,大会通过宁乡县政协十一届二次会议政治决议、宁乡县政协十一届常委会工作报告决议、宁乡县政协十一届一次会议以来提案工作情况报告决议。

7日　市人大常委会主任袁观清率领市人大常委会"两帮两促"工作组和市直相关部门到三一(宁乡)产业园,专题调研三一集团帕尔菲格一期工厂建设项目。

▲　湖南省旅游产业发展年度考核组一行在湖南省政府副秘书长王光明、湖南省旅游局副局长熊健的带领下,考察宁乡县旅游产业,长沙市政府副秘书长卢兴映,长沙市旅游局局长谭勇,宁乡县委副书记、县长周辉等领导陪同考察。

7日-9日　宁乡县第十六届人民代表大会第二次会议在县会议中心召开,大会通过关于宁乡县人民政府工作报告的决议、宁乡县2012年国民经济和社会发展计划执行情况与2013年国民经济和社会发展计划草案的报告的决议、宁乡县2012年财政预算执行情况与2013年预算草案的报告的决议，宁乡县人民代表大会常务委员会工作报告的决议、宁乡县人民法院、宁乡县人民检察院工作报告的决议。

9日　国家旅游局规划财务司与资源处专家马有明在省市相关部门领导的陪同下,对宁乡县花明楼文化旅游区创建国家AAAAA旅游景区进行检查指导。

11日　举行"全民植树·美丽宁乡"生态建设三年行动暨2013年春季义务植树活动启动仪式,1000多名全县各行各业的代表在玉潭公园参加义务植树活动。

12日　永州市零陵区党政代表团在市委副厅级干部、区委书记伍军的率领下到宁乡县金洲镇关山村考察土地置换与土地流转经营、建设资金筹措,新农村建设模式与管理体制,新农村规划与设计等情况。

▲　湖南省首家废弃电子电器拆解回收企业——湖南绿色再生资源有限公司在宁乡经济技术开发区投入运营。

14日　全市粮食生产工作汇报大会在宁乡县召开。

▲　全县组织、统战工作会议召开，回顾总结2012年工作,安排部署2013年工作。

15日　2013年全县粮食生产暨水稻集中育秧机插秧工作会议召开，会上,33个乡镇长向县委副书记、县长周辉递交2013年粮食生产目标责任状。

16日　娄底市委书记龚武生率娄底市党政代表团一行42人到宁乡县考察新型工业化和新型城镇化建设。

18日　湖南省"十二五"期间森林资源二类调查技术培训班(第一期)在宁乡县举行,全省各市州、县市区资源管理机构的负责人、林调队长及技术骨干等450人参加此次为期7天的培训。

▲　全县科级领导干部学习贯彻党的十八大精神集中轮训班第一期,近300人在县委党校参加培训。

20日　中共宁乡县第十一届纪委第三次全会暨全县反腐败工作会议召开,会议贯彻落实中纪委十八届二次全会及省、市纪委全会精神,回顾总结2012年全县党风廉政建设和反腐败工作，安排部署2013年工作任务。

▲　全县项目建设和服务工作大会召开,安排部署2013年的项目建设、"两帮两促"工作和财税、审计工作。

21日　金玉乡镇工业集中区开发建设会议召开,该区选址在回龙铺镇黄山村为核心的玉煤大道沿线,规划占地面积约25.24平方公里,建设用地面积约20平方公里,核心区面积8平方公里。

23日　国家统计局农村司副司长王明华一行到宁乡县调研农业工作。

26日　全县宣传思想文化工作大会召开，总结2012年工作的同时,部署2013年宣传思想文化工作。

▲　市委常委、政法委书记虢正贵率市农办、市司法局单位负责人到宁乡,调研流沙河镇中心镇建设。

29日　长沙市委副书记雷东生,市委常委、市委政法委书记虢正贵等市领导到宁乡县金洲镇,考察关山城乡一体化建设。

30日　为纪念湖湘文化创始人之一张栻诞辰880周年，一尊高2.2米汉白玉制的张栻雕像在宁乡县南轩中学(原官山中学)揭幕。

4月

1日　四川省广安市党政代表团在市委书记侯晓春的率领下,到宁乡考察休闲农业和乡村旅游。

4日　宁乡县千多名干部群众在花明楼少奇铜

像广场举行“传承少奇风范建设幸福家园”清明公祭活动。

7日　全县食品安全工作暨H7N9禽流感防控工作会议召开，回顾总结2012年全县食品安全工作成绩，分析当前食品安全和禽流感防控形势，明确目标，落实责任，研究部署相关工作。

9日　共青团宁乡县第十七届八次全体（扩大）会议召开，会议总结2012年工作，对2013年工作进行部署，表彰奖励优秀基层团组织和先进个人。

10日　市委副书记、市长张剑飞到宁乡调研经济社会发展和运行情况，先后深入赛诺生物、东福来食品等园区企业，普洛斯物流园、碧桂园双语学校、溜子洲大桥等重点项目单位。

12日　由国家体育总局击剑中心、省体育局主办，宁乡县人民政府、市体育局承办的2013年全国山地自行车冠军赛（灰汤站）暨湘电温泉杯中国绿色骑行巡回赛（宁乡站）在宁乡县灰汤镇举行。

14日　由14家深圳市新材料企业负责人组成的考察团一行在深圳市新材料行业协会会长陈寿的率领下到宁乡金洲新区考察产业发展、投资环境政策等。

16日　全县群众工作暨创新社会管理工作大会召开，回顾总结2012年群众工作和创新社会管理工作所取得的成绩，安排部署2013年工作。

▲　省委宣传部副部长张志初率湘潭、娄底、岳阳、张家界、益阳等周边市的宣传部负责人到宁乡进行“美丽湖南·道德先进”主题实践活动调研，对宁乡如何开展县城道德建设工作进行详细了解。

22日　宁乡县慈善会发出关于向雅安市芦山县地震灾区募捐的倡议书，当日加加集团迅速组织120万元救助物资运往地震灾区，4月24日在民政部中央救灾物资成都储备库办理交接手续。

25日　省委讲师团巡视员陈志强一行到宁乡县调研基层理论宣讲工作。

26日　由涟源市委副书记、市长谢学龙率领的党政代表团一行近60人，到宁乡考察招商引资、新型城镇化建设、新型工业化等工作。

▲　宁乡县沩山风景名胜区在第八批国家级风景名胜区工作会议上，被住房和城乡建设部正式授牌，成为全国国家级风景名胜区之一。

4月　市委、市政府长发〔2013〕6号《关于明确宁乡经济技术开发区管理体制的意见》，明确规定宁乡经济技术开发区管理体制。

5月

2日　邵阳县县委书记蒋伟率邵阳县党政代表团一行50人到宁乡县考察城市建设和工业园区建设、投融资及优化经济环境工作。

3日　全县新型工业化工作推进大会召开，回顾总结2012年工业发展成果，动员全县上下坚定“兴工强县”首先战略地位，奋力推进宁乡新型工业化进程。会上，1200多万元奖金重奖先进企业和优秀企业家个人，5000多万元专项资金支持工业发展，有86家先进工业企业、133名发展工业先进个人受到表彰。

▲　湖南省“文化惠明同心同进”大型文化公益活动启动仪式在宁乡县举行，省人大常委会副主任、民进省委主任谢勇，省人大常委会原副主任、湖南新农村文化建设基金会理事长颜永盛等领导出席启动仪式。

▲国家文物局公布第七批全国重点文物保护单位名单，位于湖南宁乡县的张南轩墓（含张浚墓）晋升为全国重点文物保护单位。

8日　省人大常委会副主任徐明华等领导到宁乡县坝塘镇明德蔬菜专业合作社调研蔬菜生产，并召开座谈会。

▲　宁乡县举行干部素质提升“四五”（用五年时间，投入5000万元，实施5项计划，培训5万人次干部人才）工作暨清华·宁乡大讲堂启动仪式。

9日　启动宁乡县2013年渔业资源增殖放流暨护渔行动，县畜牧兽医水产局工作人员将150万尾鱼苗放入沩江。

10日　“兆基君城”杯第24届春季环城马路赛暨全民健身展示活动在文体中心广场举行，全县80多支代表队近万名干部群众参加比赛。

▲　中国·宁乡第三届宜居文化节启动式暨“五四”青年购房抽奖活动在春城万象广场举行。

14日　长沙县政协主席、党组书记王益枝率领的考察团一行20人到宁乡县金洲镇关山村、沩山村等乡镇考察新型城镇化建设情况。

16日　省委常委、市委书记易炼红等领导到宁乡调研，先后到县职业中专学校、三一（宁乡）起重机产业园、溜子洲大桥、回龙铺镇天鹅村、泉福村、县文体中心、宁乡现代粮食产业示范区等地调研。

▲　全市人大联工委工作联席会在宁乡县召开，交流探讨开展“双联”活动。

18日　国家卫生和计划生育委员会科教司副司长金生国一行到宁乡县调研，对宁乡县重视基层医改工作，特别是人才引进、技术力量培训及提升等方面开展的工作给予肯定。

21日　湖南省公布全省首批特色县域经济重点县，宁乡县按照“自愿申报、公开竞争、专家评审、择优入选、精细管理、社会监督”的原则，获评特色县域经济重点县。

23日　省委副书记孙金龙一行到宁乡县金洲镇关山村调研城乡一体化建设情况，实地察看关山葡萄园、村民集居点、关山生态特产园、金洲国际社区等建设项目。

28日　河北省委常委、石家庄市委书记孙瑞彬率领的党政代表团一行66人，在长沙市委副书记张迎龙等领导陪同下，到宁乡县考察城市和工业园区建设、招商及优化经济环境、文化建设等工作。

▲ 省政协副主席杨维纲率调研组专题调研宁乡县灰汤地下水资源开发利用情况。

30日 四川省武胜县县委书记毛加庆率武胜县党政考察团一行到宁乡县关山村、花明楼镇、灰汤镇考察休闲农业与乡村旅游发展。

31日 县公安局治安大队食品安全中队在县食品安全工作办公室成立,这是全省首家设立的县级食品安全中队。

5月 宁乡县获评全省加速推进新型工业化一等奖。

6月

3日 经省人民政府批准,省民政厅批复(湘民行发〔2013〕14号),同意撤销宁乡县大屯营乡,设立大屯营镇。

7日 国家开发银行湖南省分行和宁乡县人民政府联席会暨新型城镇化建设战备合作协议签约仪式在宁乡通程大酒店举行。

17日 省水利厅厅长詹晓安一行视察宁乡县防汛和水利建设,抽点察看县安全饮水工程建设、水库管理、流域建设等方面的情况。

17日-21日 由湖南省人民政府举办的"2013年湖南(香港)投资贸易洽谈周"系列活动在香港举行,宁乡参会团在"港洽周"期间总签约资金达22亿元。

18日 国土资源部土地整治中心副主任范树印率国土资源部督导组一行在省农业厅厅长刘宗林等领导陪同下到宁乡县,开展粮食稳定增产工作督导和检查。

▲ 农工民主党宁乡支部升格为农工民主党宁乡总支暨换届大会召开。

22日 宁乡县旅游局组织的"湖南千名导游走进沩山"实训活动在沩山密印景区举行,宁乡县旅游局重点推介宁乡旅游资源和旅游景区,进一步提高宁乡旅游的知名度。

24日 由县委宣传部、组织部主办的"我爱读书"学习竞赛活动总决赛暨颁奖典礼在楚天科技大剧院举行,陈红兵获特等奖,黄芳、刘若愚、邓武龙获一等奖。

26日 省民政厅党组书记、厅长段林毅一行到宁乡县调研指导民政工作,先后实地察看县民政局婚姻登记处、救助管理站、光荣院等。

▲ 天空风云突变,雷声隆隆,暴雨倾盆而下,据县气象局监测:26日15时至27日15时双凫铺镇的降雨量达到339.5毫米,是2006年建乡镇区域自动气象站至2013年6月27日的最大日降雨。

28日 全省公安机关"210工作"建设推进会在宁乡县举行。

29日 全国政协副主席、民革中央常务副主席齐续春在北京中央社会主义学院为宁乡县党外领导干部能力建设提高班授课。

7月

1日 宁乡县庆祝中国共产党成立92周年表彰大会暨"忠诚履职"主题教育活动,号召全县各级党组织和广大共产党员忠诚履职、勤奋敬业、完善自我、提升能力、争创一流,以全部忠诚、全部热情、全部力量投身县域建设,团结带领全县人民,推动宁乡好中求快发展,加快建设幸福新宁乡。

▲ 全国妇联国际部副部长宋文艳、全国妇联妇女发展部副部长郃烈鸿,省妇联主席肖百灵等领导,以及哈佛大学公共卫生学院的维希·维斯瓦纳斯等专家团队一行到宁乡县金洲镇考察乳腺癌防治现场宣教活动。

▲ 湖南省财政支农政策培训会在宁乡举行,宁乡县金洲镇关山村、现代粮食示范区、青龙寨、亮之星粮食产业加工园成为现场培训课堂。

5日 全市人大常委会主任联席会议在宁乡县召开,市人大常委会主任袁观清等领导和全市各区县人大常委会主任出席会议。

9日 全县安全生产工作会议在会议中心召开。

10日 宁乡经济技术开发区工委书记、县委书记黎春秋,宁乡经济技术开发区工委副书记、管委会主任戴中亚,县委副书记、县长周辉,县人大常委会主任贺应辉,县政协主席喻亚军等领导赴长沙大河西先导区考察学习。

12日 经省人民政府批准,省民政厅批复(湘民行发〔2013〕18号)同意撤销玉潭镇、城郊乡、白马桥乡、历经铺乡,分别设立玉潭、城郊、白马桥、历经铺4个街道。

▲ 长沙大河西农产品物流中心在宁乡县双江口镇长兴新区奠基,省商务厅巡视员易昌龙等领导,各界嘉宾和媒体出席奠基仪式。

13日 副省长盛茂林率队先后到宁乡金洲新区圣得西时尚产业园、县城大润发商业广场等地实地检查消防安全工作。

19日 长沙市委顾问、市两烟领导小组组长余合泉一行到宁乡视察烟叶工作。

22日 省人民政府副省长张硕辅到宁乡调研指导人工增雨、早稻收购储备、花猪产业发展等工作,先后到喻家坳乡玉山村、横市镇的省粮食储备库、青龙寨宁乡花猪文化养殖园调研。

25日 株洲市委书记贺安杰率株洲市党政代表团考察宁乡县经济社会发展情况,先后考察圣得西产业园、三一(宁乡)起重机产业园、乐福来食品、楚天科技、文体中心、玉潭公园等处。

▲ 商务部流通司副司长吴国华率领在长沙参加全国中小商贸流通企业体系建设现场会的与会人

员考察宁乡县金洲镇关山特产园。

26日　由中国——孟加拉杂交水稻技术培训班和发展中国家杂交水稻技术培训班15个国家49人组成的考察组，考察宁乡县现代农业发展新模式和新典型。

29日　省商务厅党组书记、厅长谢建辉率省商务厅领导班子成员和厅机关全体党员近130人到宁乡县开展“五个一”(即一名厅领导带领一个党支部，联系一个社区、一个企业、一户困难家庭)集中教育实践活动。

8月

5日　国家烟草专卖局副局长赵洪顺率调研组到宁乡县调研现代烟草农业建设工作，专程视察喻家坳乡三民玉山核心示范区和金醇烟叶专业合作社及其烟田。

6日　宁乡一中唐见茜的《矿井日光浴光导装置设计》荣获第28届全国青少年科技创新大赛一等奖，并获“茅以升科学技术奖”。

8日　长沙市警备区政委李春艳到宁乡调研指导，听取县人武部工作汇报。

12日　市委副书记、市长张剑飞率领市水务、农业、畜牧等相关部门主要负责人到宁乡县菁华铺乡嶂山村等地考察旱情，指导抗旱救灾工作。

16日　由县委、县政府和青岛啤酒股份有限公司联合主办的“激情狂欢·干杯长沙”2013年长沙首届青岛啤酒节在宁乡县文体中心广场开幕，本届啤酒节从8月16日起至25日，历时10天。

17日　省委常委、市委书记易炼红到宁乡县检查指导抗旱工作，深入城郊、朱良桥等乡镇的田间地头、村组农家，实地察看灾情，现场指导部署抗旱工作。

▲　京津湘文化艺术节·京湘文化交流高峰论坛在宁乡县举行。

20日　市台商协会会长、湖南省绿野香田农业科技有限公司董事长林怀，市台办领导、台商企业代表一行32人到宁乡县，先后考察楚天科技、中好集团、星邦重工的企业经营发展和关山村城乡一体化建设情况。

23日　长沙市政协主席范小新、副主席钟新莲一行到宁乡县双江口镇长兴村调研。

27日　长沙市第十四届人大常委会全体组成人员在市人大常委会主任袁观清率领下，到宁乡县考察调研农田水利建设工作，实地视察城郊乡、金星村群众自发组织山塘清淤、渠道疏浚的水利建设现场。

▲　为期三天的湖南省第五期新农村建设示范村村干部培训班在宁乡县举行，全省14个地州市的近百名新农村建设示范村村干部参加培训，培训班学员还参观沩山、灰汤、花明楼、关山社区等新农村建设示范点。

28日　修建何叔衡烈士纪念广场在沙田乡举行，何叔衡是中国共产党创始人之一，无产阶级革命家，民国10年(1921年)7月与毛泽东作为长沙代表参加在上海召开的中国共产党第一次全国代表大会，民国24年（1935年)2月24日在福建长汀水口被国民党部队包围，于突围中牺牲，终年59岁。

30日　由县政协主办、县科协承办的2013年第一届楚沩发展大讲堂开讲。300多人聆听中国人民大学教授彭真怀所作《新形势下如何推进新型城镇化建设》的讲座。

8月　宁乡县直属机关工会成功获批“全国模范职工之家”。

9月

1日　县委组织部召开2013年大学生村官工作会议，选聘招收的65名大学生村官到村任职。

3日　省委常委、市委书记易炼红一行到宁乡县巷子口镇黄鹤村调研建设扶贫和基层党建工作，并看望慰问当地的困难党员和群众。

5日　省农业厅党组书记、厅长刘宗林带队到宁乡县调研粮食生产工作，察看回龙铺现代粮食产业示范区和湖南卫红米业“粮食银行”。

▲根据省编办《关于中共金洲新区工业集中区工作委员会金洲新区工业集中区管理委员会机构规格的批复》(湘编办复字〔2013〕31号)精神，长沙市编制委员会按照“小机构、大服务、高效率、少层次”和精简、统一、效能的原则，批准设立中共金洲新区工业集中区工作委员会、金洲新区工业集中区管理委员会，分别为中共长沙市委、长沙市人民政府派出机构，合署办公，为副处级机构，委托中共宁乡县委、宁乡县人民政府管理。

7日　国务院侨办国外司司长王晓萍一行到宁乡县考察经济社会发展情况，先后调研金洲镇关山村、星邦重工生产车间、长高集团、三一起重机、楚天科技、宁乡经济技术开发区食品产业园以及城市建设等情况。

12日　十二届全国人大长沙小组代表到宁乡专题调研现代农庄发展等课题，深入灰汤镇金太阳现代农庄和金洲镇关山景区听取相关意见建议。

13日　宁乡关山景区荣膺国家AAAA级旅游景区。

14日　美国、英国、法国、马来西亚、瑞士等10国驻华使节一行30多人到宁乡参观考察关山城乡一体化建设。

▲　上海市人大常委会人事代表工委副主任吕贵率相关区县人大负责人到宁乡县考察乡镇人大工作，参观花明楼镇的代表活动室建设。

25日　中国海协理事湖南经贸文化考察团一行80人到宁乡县进行交流考察，深入宁乡经济技术开发区、金洲新区、楚天科技等企业和关山乡村变迁展览馆考察。

▲ 长沙市政协提案工作座谈会在宁乡县召开。

26日 湖南省第十三届农村老年人门球赛在宁乡县老年大学风雨门球场举行，全省12个地州市的110名运动员参赛。

27日 副省长张硕辅、省政府副秘书长陈吉芳一行，轻车简从，到宁乡道林镇调研指导，并与道林镇靳水村部分党员群众进行座谈交流，深入了解当地群众的生产生活状况。

29日 市委副书记、市长张剑飞，副市长何寄华一行到宁乡县督察安全生产工作，要求："安全责任重于泰山！尤其要抓好重点源的监管，抓好建筑工地的现场安全生产管理，确保不发生重大安全责任事故。"

▲ 宁乡经济技术开发区在"项目攻坚月"集中签约仪式上，红星美凯龙宁乡国际家居商场项目、湖南力天世纪矿业有限公司钨材料循环经济产业园项目、宁乡经济技术开发区与永升建设集团有限公司战略合作项目、湖南正昊置业发展有限公司"新康·玛依拉山庄"4个重大项目签订合作文件，总投资金额超过28亿元。

10月

1日 《长沙市炭河里遗址保护条例》正式实施。

9日 宁乡红星美凯龙国际生活广场项目在宁乡经济技术开发区正式开工，该项目是宁乡经济技术开发区与长沙润怡城乡开发建设有限公司合作开发的项目，宁乡红星美凯龙国际生活广场计划总建筑面积约6万平方米，固定投资5亿多元。

10日 宁乡县首届青少年科技创新县长奖总结表彰大会召开，共有十名中小学生获此殊荣。

12日 宁乡县在历经铺乡主会场举行"我们的节日·重阳节"暨"幸福宁乡、携手百年"钻石婚金婚纪念活动，期间，全县为23490对钻石婚、金婚老人送纪念证书和祝福等。

17日 农业部离退休干部局副巡视员祝东星等领导在省农业厅有关领导的陪同下到宁乡调研老年人再教育工作，听取回龙铺镇老年教育情况，实地考察金洲镇关山村，肯定宁乡老年人再教育工作做得好。

19日 县政协举行"百名政协委员帮扶百名优秀贫困学子"活动启动仪式。

21日 宁乡县举行第四届"廉政文化周"活动暨少奇廉政思想讲堂活动，表彰12名"风清气正·廉洁宁乡"基层干部勤廉榜样。中央文献研究室黄峥教授为1200多名党员干部讲授题为《重温刘少奇关于廉政的理论与实践》的党课。

▲ 教育部通报：宁乡县达到国家规定的义务教育发展基本均衡县(市、区)评估认定标准，并成为湖南省首批义务教育基本均衡县。

22日 宁乡县被评为2013年度湖南省平安校园建设先进县。

24日 省人大环境与资源保护委员会副主任委员吴正辉率省市国土、建设、水务部门负责人到宁乡县调研矿业秩序整治工作和循环经济发展情况，对其工作给予充分肯定。

25日 安化县县委书记杨光鑫率安化党政代表团到宁乡县考察工业园区和新农村建设工作，先后到楚天科技、乐福来、圣得西等企业和金洲镇关山村考察。

28日－29日 中国发展研究基金会秘书长卢迈，中国社会科学院社会研究所研究员、中国农村与产业社会学研究室主任王晓毅和国务院发展研究中心"中国发展报告"课题组调研人员一行到宁乡县调研全面建成小康社会工作情况，实地调研青龙寨、楚天科技、乐福来食品和关山古镇等。

31日 省委宣传部副部长、省文明办主任宋智富等领导一行到宁乡县调研道德宁乡建设和全国文明县城创建工作开展情况。

11月

1日 宁乡县第三届宜居文化节在水晶郦城崇尚百货商业广场启幕，此节为期3天，有58家房地产企业参展。

3日 省交通厅农村建设处领导率120多名全省农村公路危桥改造培训班学员到宁乡县资福乡新白滩大桥建设工地现场观摩学习危桥改造。

4日 长沙市小城市(中心镇)建设暨现代农业发展投资洽谈会在长沙举行，在洽谈会现场，宁乡签约项目9个，合同签约金额78.5亿元。

6日 宁乡一中获北京大学2014年度"中学校长实名推荐制"资格。

8日－12日 "城投集团"杯贺龙业余篮球公开赛湖南总决赛在县文体中心篮球馆开赛，有全省14支代表队参加此次竞赛，长沙宁乡队获市州组冠军。

10日 2013中国(长沙)科技成果转化交易会在长沙高新区麓谷会展中心开幕，在此次会议期间，宁乡共签约项目39个，签约资金72.8亿元。

12日 省委常委、长株潭试验区工委书记、管委会主任张文雄率省直相关部门负责人到宁乡，就长沙全面建成小康社会工作情况进行调研。

17日 县文体中心由城市建设投资有限公司整体移交给县文化体育广播电视局管理，县文体中心位于县城二环西路南侧，春城北路西侧，占地面积13.33公顷，规划建筑面积为3.2万平方米，总投资3亿元，包括文化活动中心大楼、多功能体育馆、影剧院、中心田径场，以及配套的功能用房、道路、绿化、市政管道管网设施等，该项目2009年上半年启动建设，2013年11月竣工。

18日 湖南奇景园林绿化工程有限公司董事长侯建良向刘少奇纪念馆捐赠灵璧石，该石为天然灵璧石，产于安徽省灵璧县，石长5.8米，宽0.6米，高2.58米，外形龙飞凤舞，气韵生动。

▲ 金朱公路全线贯通，该路始于金洲镇长常高速公路关山互通，止于朱良桥乡，全长17.08公里（金洲镇7.18公里、双江口镇5.54公里、朱良桥乡4.36公里），路面宽8.5米，为沥青混凝土二级公路。

22日 宁乡花明楼景区荣膺国家AAAAA级旅游景区，是全县人民向刘少奇诞辰115周年献上的一份厚礼。

▲ 中南大学"优秀生源基地"授牌仪式在宁乡四中举行，这是中南大学《关于同意宁乡县第四高级中学为中南大学优秀生源基地的决定》。

24日 刘少奇与民生学术研讨会在刘少奇纪念馆举行，中央文献研究室主任冷溶，中央党史研究室主任欧阳松，广州军区副政委刘长银，中央文献研究室副主任陈晋；湖南省委副书记孙金龙，省委常委、宣传部部长许又声，省委常委、长沙市委书记易炼红，市委副书记、市长张剑飞等领导出席。

11月 飞翼股份获批国家火炬计划重点高新技术企业。

▲ 长沙(浏阳、宁乡)国家再制造产业示范基地获批。

▲ 宁乡县获评全国科技进步县（市、区）。

12月

15日 台湾慈济慈善事业基金会抵宁乡县巷子口镇无偿发放冬令救济物资，价值100余万元。

17日 炭河里遗址被国家文物局批准为第二批国家考古遗址公园入围立项名录。

18日 省人大常委会党组成员杨泰波一行到宁乡调研水利建设工作，对宁乡农村田间水利建设中全员发动群众的做法给予充分肯定，要求总结经验进行推广。

19日 宁乡县第三届道德模范颁奖典礼在楚天科技大剧院举行，10名敬业奉献、见义勇为、乐于助人、孝老爱亲、诚实守信的道德模范受表彰，另有7人获得道德模范提名奖，3人获得特别奖。

▲ 中国工程院公布2013年新当选院士名单，国防科学技术大学研究员、博士生导师宋君强（宁乡籍）榜上有名，被当选为中国工程院院士。

20日－22日 恒楚尚宫杯湖南首届青年越野节场地越野赛暨2013越野e族湖南大队年会在宁乡金洲湖湿地公园举行，湖南省越野e族各地区车队的500辆越野车和1000多名越野e族会员参加。

24日 县委十一届四次全体（扩大）会议在县会议中心二会议室召开，会议听取县委书记黎春秋所作的《深化改革创新，践行"五民五感"，奋力实现省会次中心、幸福新宁乡宏伟目标》的工作报告，审议通过2014年工作要点，确定2014年的工作思路和目标任务。

24日－25日 宁乡县第十一次妇女代表大会第一次全体会议在玉潭镇召开，出席大会正式代表301人，列席代表72人，会议审议并通过县妇联《争做时代女性，同建美丽家园，为加快建设幸福新宁乡贡献智慧和力量》的工作报告，选举县妇联主席、副主席和执行委员会委员。

28日 市委副书记、代市长胡衡华到宁乡金洲新区、经济技术开发区、玉潭中心小学、豪德光彩贸易广场、喻家坳乡三民玉山现代烟草农业核心示范区、宁乡花猪青龙寨养殖文化园以及城建投调研。

▲ 中国·长沙(灰汤)第五届温泉养生节在宁乡灰汤湘电温泉山庄开幕，该节会由长沙市旅游局、宁乡县人民政府主办，灰汤管理局、宁乡县旅游局、灰汤镇人民政府承办。

▲ 中央储备粮宁乡直属库工会被中华全国总工会授予"全国模范职工之家"称号。

12月29日 全国爱国卫生运动委员会办公室发文，命名宁乡县县城为"国家卫生县城"。

12月 宁乡县在县殡仪馆西侧新建宁乡烈士陵园，占地面积0.61公顷，分为综合服务区、主题纪念区和烈士碑林区。

是年，全县实现地区生产总值（GDP）835.05亿元、农林牧渔业总产值139.76亿元、工业总产值1601.52亿元、地方财政收入48.38亿元、城镇居民人均可支配收入2.85万元、农村居民人均可支配收入1.79万元，县域经济基本竞争力列全国百强县第56位。

（蔡水林）

注："▲"表示同月或同日

中共宁乡县委

中共宁乡县委员会

书　记	黎春秋
副书记	周　辉
	邓杰平
常　委	黎春秋
	周　辉　邓杰平
	胡德强　刘　亮
	汤智斌　龚　畅
	谢圣彬
	刘莉霞(女)
	陈永高
	刘　平
	吴文海(挂职,3月任)
副调研员	徐胜辉(7月退休)
	欧运军(10月退休)
督办员	任海平(1月免)
	姜雪云(1月解聘)
	张进生(1月解聘)
	张新湘(1月解聘)
	徐国斌　胡新华
	李泽斌　李石岩
	肖放军　刘仕强
	彭兵良　陈文旭
	文跃军　戴鹏飞
	黄　进(1月聘任)
	颜春泉(1月聘任)
	陈小平(1月聘任)

【县委常委会议综述】 2013年共召开县委常委会议12次。会议坚持高举科学发展旗帜,坚持创新团结实干,以激活增长极、培育增长点、确保增长极"三增原则"统筹发展全局,突出激活双轮驱动、深化改革两个动力,以新型工业化推动新型城镇化、以新型城镇化支撑城乡一体化,致力建设活力宁乡、美丽宁乡、幸福宁乡,为打造省会次中心、构建幸福新宁乡、建设全国一流现代经济强县作出科学部署。

关于县改市工作。会议认为,"县改市"关系到县域经济发展、行政审批权限以及财政等各项机制,意义重大。会议通过了关于城郊乡、历经铺乡、白马桥乡和玉潭镇拆乡镇设街道办事处的决议。会议要求,全面深化思想认识,努力完善审批手续,同心协力完成"县改市"目标。

关于贯彻落实易炼红书记讲话精神。会议认为,易炼红书记5月16日调研宁乡,对宁乡给予高度重视,对宁乡领导班子工作给予充分肯定,对宁乡发展作出鞭策。会议要求,认真贯彻落实长沙市市委书记易炼红的讲话精神,扎实开展"四比四抓争先锋(比产业,抓转型,把经济做大做强,比平台,抓提质,把城镇做精做美,比民生,抓保障,把民生做实做好,比作风,抓实干,把队伍做优做能)"主题活动,在全市"六个走在前列"的大竞赛活动中争当先行者,勇做排头兵。

关于民生工作。会议认为,民生保障水平是衡量一个县县域发展水平的决定性指标,民生事业是县域经济社会发展的重要内容。会议要求,科学规划、统筹推进,促进民生事业均衡健康发展,会议明确将农村田间水利扩容提质和基层医疗卫生机构标准化建设作为未来三年两大民生实事工程予以推进。

关于议军工作。会议认为,做好武装工作,意义重大,使命光荣。会议要求,时刻牢记"忘战必危"的古训,发扬拥政爱民、拥军优属的优良传统,团结一致,携手共进,推动宁乡县党管武装工作深入开展,为打造省会次中心,构建幸福新宁乡,建设全国一流现代经济强县提供坚强保障!

关于特色县域经济重点县工作。会议认为,宁乡获批湖南省首轮特色县域经济重点县,具有重大的政治意义和十分深远的政治影响。会议要求,用好特色县域经济重点县扶持资金,在农副产品加工产业树立一面旗帜,形成招商引资洼地,推动县域经济发展。

关于刘少奇诞辰115周年纪念活动工作。会议认为,少奇主席诞辰115周年,是宁乡人民的节日,也是全县人民政治生活中的一件大事。会议要求,成立刘少奇诞辰115周年纪念活动筹备工作领导小组,优化征拆环境,加快景观配套建设,确保活动圆满成功。

关于全面小康体系指标分解工作。会议认为,全面建成小康社会是发展的必然要求,分解全面小康体系指标是实现小康社会的具体抓手。会议要求,以全面小康作为未来五年宁乡经济社会发展的总目标、总抓手,客观的评价宁乡全面小康的阶段与水平,分头对接指标,分解落实指标,全力突破重点,确保宁乡2017年实现全面小康。

关于旧城区改造工作。会议认为,旧城棚户区改造对改善人居环境、整合闲置资产、拉动消费、提升城市品质、完善交通配套等意义重大。会议要求,统一思想,达成共识,克服一切困难,通过科学规划、市场运作、统筹推进和政策配套,全力推动宁乡县的旧城和棚户区改造的进程。

关于"控四费"工作。会议认为,"控四费"并不是不能使用四费,也不是零四费,而是怎样合理使用四费,合理规范四费的使用方向和使用渠道。会议要求,进一步浓厚"控四费"意识,确保全县的四费比例下降,通过控制四费来转变作风。

关于学习贯彻党的十八届三中全会精神。会议认为，学习贯彻党的十八届三中全会精神是当前的一项最重要的政治任务。会议要求，结合宁乡实际，抓好贯彻落实，强化进取意识，着力在加快经济发展上实现新突破；强化机遇意识，着力在体制机制改革上实现新突破；强化创新意识，着力在文化体制改革上实现新突破；强化生态意识，着力在美丽宁乡建设上实现新突破；强化民本意识，着力在创新社会治理上实现新突破；强化服务意识，着力在转变政府职能上实现新突破；强化政治意识，着力在加强党的领导上实现新突破。

关于机构编制清理工作。会议认为，机构编制清理工作，是落实上级安排部署的一项重要工作，有利于维护和促进公平。会议要求，行动迅速，抓住主动权；创造公平，任何人和任何单位都不能例外；统一思想，标准执行到位，纵深推进清理工作，按照上级要求不折不扣完成清理任务。

关于融资平台整合工作。会议认为，宁乡城市建设取得辉煌成就，但城市经营还有很多地方需要完善和提升。会议要求，把整合融资平台作为经营城市的一个课题，成立宁乡县城市建设投融资管理委员会，把县城建投等几个投资公司纳入进来，对规划、投融资、土地利用和开发等进行统一管理，做好城市经营文章。

（李志勇　徐建华）

【县委十一届四次全会概述】 县委十一届四次全体（扩大）会议于2013年12月24日在县会议中心二会议室召开，县委委员、候补委员，县纪委委员，不是县委委员、候补委员、县纪委委员的县人大、县政府、县政协正副职领导，县武装部政委、县法院院长、检察院检察长，县人大常委会正处级干部，县委、县政府副调研员，乡镇党委书记、乡镇长，县直单位党政一把手（法院、检察院排名第一的副职），县委办、县政府办副主任，县委组织部、县委宣传部、县委统战部、县委政法委排名第一的副职参加会议。会议听取了县委书记黎春秋所作的《深化改革创新，践行“五民五感”，奋力实现省会次中心、幸福新宁乡宏伟目标》的工作报告。审议通过2014年工作要点，确定2014年的工作思路和目标任务。

会议明确2014年工作的指导思想是：深入贯彻党的十八届三中全会、省委十届七次全会、市委十二届六次全会精神，以加快全面建成小康社会为总揽，以改革创新为主题，以加快建设活力宁乡、美丽宁乡、幸福宁乡为发展定向，以实施“五民五感”为工作重点，以“四比四抓争先锋”活动为核心抓手，聚力攻坚，乘势奋进，努力在全市“六个走在前列”大竞赛中争当先行者、勇做排头兵，朝着加快实现“省会次中心、幸福新宁乡、全国一流现代经济强县”宏伟目标阔步前进。

会议明确2014年经济工作的总基调是：转型创新，提升质量，继续保持好中求快发展态势。

会议明确2014年的主要预期目标是：县域生产总值增长13%；财政收入增长15%，力争增长20%；固定资产投资增长20%以上；社会消费品零售总额增长14%以上；域内金融机构新增存款55亿元，全县新增融资105亿元；城镇居民人均可支配收入和农民人均纯收入分别增长12%和16%以上。

会议要求全县上下以党的十八届三中全会为引领，以加快全面建成小康社会为总揽，切实增强理解力，提升执行力，发挥创造力，高度凝聚深化全面改革、加速转型发展的强大正能量，努力开创省会次中心、幸福新宁乡的美好未来！

（李志勇　徐建华）

【政研、综合信息工作概述】 2013年，宁乡县委政研室坚持“围绕中心，统揽全局，突出重点，适度超前”原则，担负为县委决策提供实用信息、科学依据和可行方案的职能，立足“出精品、出成果、出影响、出人才”，勤于钻研，敢于创新，较好地完成各项工作任务。

1. 立足出精品，加强文字工作，提升以文辅政水平。以“上层次、求突破、争一流”为目标，按照改会风、转文风的要求，认真把握工作重点、把握领导思路、把握形势背景，完成宁乡县党政负责干部大会讲话、县委十一届四次全会报告、县委务虚会讲话、“四比四抓争先锋”活动动员大会讲话、经济形势分析会讲话、新型工业化推进大会讲话、干部素质提升“四五”工程大会讲话等重要文稿，全年撰写各类讲话材料220余篇120万字以上，采用率达到85%，在各类媒体上刊发《以“水无砂”情怀打造活力宁乡、美丽宁乡、幸福宁乡》《把准“三点”做群众的贴心人》等署名文章8篇。

2. 立足出成果，加强调查研究，发挥参谋助手职能。围绕县委重大决策和工作部署及县域发展形势，充分发挥参谋和智囊的职能，在科学调研和分析的基础上，制定《宁乡县“四比四抓争先锋”活动实施方案》《宁乡县开展“转作风、解难题、抓关键、见实效”专项活动实施方案》等方案；为国务院发展研究中心到宁乡调研全面小康社会建设进行深入的前期调研，提供许多一手资料；在省、市委政研室指导下，起草《宁乡县好中求快的发展局面是怎样形成的》初稿，该内参文章由省委徐守盛书记批示在全省各市州传阅；为宁乡作为唯一县级代表参加国家发改委新型城镇化座谈会开展前期调研，提出相关建议；拟定2014年县委务虚会研讨课题、县委常委重点调研课题。围绕“省会次中心，幸福新宁乡”总体目标，提出转型创新、提升质量、继续保持好中求快发展态势的建议，提出建设活力宁乡、美丽宁乡、幸福宁乡发展定向的建议，对“五民五感”内涵进行具体化的阐述，得到县委的认可。

3. 立足出影响，加强信息编报，发挥信息辅政作用。建立健全信息报送机制，定期发布省、市委办公厅信息处的报送要点，对各单位信息报送作出明确要求和规定，纳入年终绩效考核，进一步畅通信息报送渠道。密切关注网络舆情和县域发展动态，全年向省市上报各类综合信息近600篇；及时编报涉宁网络舆情，全年共编印《领导专供信息》86期，制作《宁乡剪报》231期。结合党的十八届三中全会精神、项目建设、招商引资等工作重点，特设作风建设、“四比四抓”等主题，编印县委机关刊物《崛起》4期。

4. 立足出人才，加强学习交流，夯实队伍建设基石。结合实际创新形式，提高政研工作人员业务水平，培养“独当一面”的工作能力。坚持业务学习，每月召开两次业务学习会议，按照“学习、反思、探讨、总结”四个环节，相互交流学习体会，针对经典材料进行深入研讨。坚持能力提升，将近年来宁乡的主要经济指标、各线基本情况、各类专有名词建档收藏，将各类名言警句、经典演讲、经典美文储备，丰富文库内容，并要求工作人员将一些主要指标和常用信息牢记于心，为高效写作打下坚实基础。坚持选优配强，从乡镇、县直科局引进综合素养高、业务能力强的同志，为政研室注入新鲜血液；同时，积极培养乡镇跟班人员，为后期工作开展储备力量。

（李志勇　徐建华）

【督查工作】 2013年，县委督查室紧扣全县发展大局，紧紧围绕督查本职工作，以贯彻落实长沙市“六个走在前列”大竞赛活动精神为核心理念，以“四比四抓争先锋”活动为主要载体，按照零失职、零差错、零容忍“三零”工作要求，突出重点、创新理念、强化考核，有力促进县委决策的高效落实。

一是突出重点抓落实。以“四比四抓争先锋”活动为主线，以项目建设和县委重大部署为重点，始终把县委重大决策、重要部署的落实放在督查工作首位，围绕抗旱工作、城乡环境综合治理、重大工程项目、民生热点问题等重大事项，全年深入基层和项目一线开展综合性督查56次，印发《督查通报》52期。办理省、市、县委领导批示件120件，确保县委决策部署的推进与落实。二是勇于担当树权威。坚持“认真、较真、动真”的原则开展工作，勇于担当、敢于作为。《督查通报》中的批评或表扬做到真点名、点真名，努力构建领导抓督查、促落实的工作格局。特别是“四比四抓争先锋”活动开展以来，按照县委书记黎春秋指示，县争先办根据督查情况，结合各单位竞赛活动实绩，每季度制定了“四比四抓争先锋”英雄榜，并以《督查专报》的形式公布榜单排名，对先进单位进行表彰，对落后单位进行点名批评，在进一步浓厚大竞赛活动氛围的同时切实增强督查的权威。

三是创新理念建机制。组织宁乡考察团赴汨罗学习“有错无为”问责体系，出台《宁乡县“四比四抓争先锋”活动“一月一调度、一季一讲评、一年一总结”实施方案》《宁乡县“四比四抓争先锋”活动英雄榜排名考核办法》《关于实行“三评四查五找”调整不胜任现职领导干部的暂行办法》等10项制度，有效地促进大竞赛活动的开展。为加强对重大项目的科学调度，创新督查机制，建立重点项目月督查制度，开展定时督查。为确保项目高效推进，创新考评机制，推出“四比四抓争先锋活动季度英雄榜”和“项目建设英雄榜”，对全县各级各部门在大竞赛活动过程中所取得的工作绩效分季度实施量化计分。

四是强化督查促成效。县委督查室按照“有令必为、有违必查、有查必果”的工作思路，夯实基础保障，拓展工作领域，强化督查考核，着力推动县委重大决策和重要部署的贯彻落实，督查工作卓有成效。大竞赛活动开展以来，宁乡县在市“六个走在前列”专项工作简报中被专题表扬6次，表扬次数居全市前列，特别是长沙市市委书记易炼红对宁乡作出了“督查有力、效果很好”的评价。

（于　彪）

【接待办工作】 2013年，县委县政府接待办工作紧紧围绕县委中心工作，创新思路，强化措施，完成了县委和上级交办的各项外联接待任务。

一是提高思想认识，努力发挥辅政职能.在县委、县政府的引领下，宁乡县政务接待工作围绕中心，服务大局，构建领导有力、部门协作、资源整合的“大接待”格局。政务接待工作逐步成为宁乡加强对外联系、凝聚人气、招商引资和展示形象的大平台。

二是更加完善接待程序，按改革要求做好各类公务接待工作。县接待工作严格实施中央八项规定的要求，公务接待工作规范有序，接待效率不断提升。2013年接待概况如下：宁乡共接待来宾300批次。其中：党中央、国家各部委24批次；省级领导、省直各部门接待90批次；市级领导、市直各部门接待89批次；外地考察团队37批次；重要客商28批次；专家学者、新闻媒体记者及各界知名人士5批次；其他接待27批次。成功举办纪念刘少奇诞辰115周年活动，接待了民政部副部长宫蒲光，国务院前副总理吴仪等。同时热忱接待重要嘉宾和知名乡友，展示县域形象，汇聚发展资源，带来良好的综合效益。

三是坚持创新服务，不断探索具有地方特色的政务接待。以“五养宁乡”为中心，突出展现宁乡文化。第一突出餐饮文化。致力打造以宁乡花猪、口味蛇、沩山豆腐、“宁乡鱼翅”、坛子菜等为代表的特色农家生态菜式；第二突出旅游文化。巧妙引导客人到灰汤、沩山、关山等旅游景区，感受宁乡历史人文和自然风貌。第三突出工业文化，致力凸显以国家级宁乡经济开发区、金洲新区、玉潭新城、关山新农村建设示范点等为代表的展示县域发展成果的接待场地。

（资贝贝）

【县委发文目录】

▲宁发〔2013〕1号　中共宁乡县委2013年工作要点(2012年12月24日县委十一届三次全体扩大会议讨论通过)(1月6日)

▲宁发〔2013〕2号　县委关于建立健全改进工作作风、密切联系群众若干制度的意见(1月22日)

▲宁发〔2013〕3号　县委转发《宁乡县人大常委会2013年工作要点》的通知(1月21日)

▲宁发〔2013〕4号　县委转发《政协宁乡县第十一届委员会2013年工作要点》的通知(2月4日)

▲宁发〔2013〕5号　县委、县政府关于加快推进“双三十”重大项目及“两帮两促”重点项目建设的通知(3月19日)

▲宁发〔2013〕6号　县委、县政府关于加快推进金玉乡镇工业集中区建设促进乡镇工业持续健康发展的决定(5月2日)

▲宁发〔2013〕7号　县委关于评选先进基层党组织、十佳共产党员、优秀共产党员和优秀党务工作者的通知(5月20日)

▲宁发〔2013〕8号　县委、县政府关于印发《宁乡县“四比四抓争先锋”活动实施方案》的通知(5月29日)

▲宁发〔2013〕9号　县委关于印发《中共宁乡县委常委会议事规则》的通知(8月19日)

▲宁发〔2013〕10号　县委、县政府关于明确宁乡经济技术开发区管理体制及职能权限的意见(8月27日)

▲宁发〔2013〕11号　县委、县政府关于印发《宁乡县2013年度“四比四抓争先锋”活动暨绩效考核实施办法》的通知(10月15日)

▲宁发〔2013〕12号　县委关于开展创建“五好”领导班子活动的实施意见(10月22日)

▲宁发〔2013〕13号　县委关于印发《宁乡县党委(党组)领导班子贯彻落实“三重一大”事项集体决策制度实施办法》的通知(10月26日)

中共宁乡县委办公室

主　　任　陈永高
副 主 任(常务)
　陶志高(1月任)
副 主 任　李锡泉(兼,1月免)
　陈　全　胡乾山
　喻宏建(1月免)
　王　坚
　姚福平(1月免)
　周西南(9月免)
　刘庆丰(1月任)
　彭智勇(4月任)
　李志勇(兼,9月任)

县委常委会议秘书
　曹一航

县委政策研究室
主　　任　李志勇
副 主 任　范建强(1月免)
　贺志亮
　周妹香(女,4月任)

县委督查室
主　　任　喻宏建(1月免)
　陶志高(9月任)
副 主 任　童作武(1月免)
　陈国红(1月免)
　欧旭东(4月免)
　杨一帆　王宁波

县保密局
局　　长　胡乾山(1月免)
　陈国红(1月任)
副 局 长　刘小平(女,1月免)
　彭劲松
　戴　懿(女,1月任)

县委机要局
局　　长　陈泽军
副 局 长　徐　翔

县委县人民政府接待办公室
主　　任　王　坚
副 主 任　谢建华
　资贝贝(女)

组织工作

县委组织部
部　　长　汤智斌
副部长(常务)
　刘骥扬(1月任)
副 部 长　颜春泉(兼,1月免)
　易　勇(1月免)
　刘骥扬(1月免)
　陈科军
　黎国希(1月任)
　袁国华(兼,1月任)
　詹爱芝(女,兼,1月任)
　赵龙希(兼,4月任)

县直属机关工作委员会
书　　记　汤智斌(兼)
副 书 记　刘骥扬(兼,1月免)
　黎国希(兼,1月任)
纪工委书记
　丁应纯(女,1月免)
　李　龙((1月任)
工会主席　王　凯

【概况】 2013年，县委组织部始终坚持“围绕发展抓党建、抓好党建促发展”的宗旨,探索推进以“人才引进、教育培训、忠诚履职、创先争优、选人用人”为主要内容的“五位一体”干部人才队伍建设新模式，大力实施基层党建“双先”工程,抓班子、带队伍,强基础、促发展,为加快实现“省会次中心、幸福新宁乡”宏伟目标提供坚强的组织保证和人才支持。干部素质提升“四五”工程得到省市相关领导的高度肯定和《光明日报》《湖南日报》等媒体的重点推介,被评为全市优秀学习载体;忠诚履职主题教育活动、人才工作“三个转型”“三评四查五找”调整不胜任现职领导干部等经验做法得到省市组织部门高度肯定;全市组织工作实绩考评宁乡县稳居一等。

【深入实施“四五”工程】 2013年,县委组织部继续实施“四五”工程(即5年时间,投入5000万元,实施5项计划,培训5万人次干部人才),全年共选派21名优秀领导干部和企业家到新加坡、美国进行专题培训;选派8批567名干部到清华大学、复旦大学等高校专题研修;开设清华·宁乡大讲堂,邀请曾士生、张银杰等国内外知名专家教授举办专题讲座;外派近100名优秀年轻干部跟班学习、挂职锻炼;分批组织200多名党员干部到井冈山、延安等革命圣地进行忠诚履职党性锻炼;选派144名县直和乡镇年轻干部交流锻炼;举办各类业务技能培训班31个。全年累计培训干部人才1.5万余人次,更新观念、提升素质、推进工作。"四五"工程的全面实施,得到广大干部人才的衷心拥护和积极参与,得到省市相关领导的高度肯定和《光明日报》《湖南日报》等媒体的重点推介,被评为全市优秀学习载体。

【"忠诚履职"主题教育活动成效显著】 将推进忠诚履职教育作为党员干部思想建设的核心点、提升队伍素质的动力源、推动县域发展的硬保障,先后开展"忠诚履职大讨论、忠诚履职公开承诺、宁乡百杰评选"等一系列活动,全县党员干部在强化党性观念、履行岗位职责、清正廉洁从政等方面得到明显提升。省委组织部《湘组研究》专题推介宁乡县忠诚履职主题教育活动。

【干部队伍建设全面加强】 制定下发《关于实行"三评四查五找"调整不胜任现职领导干部的试行办法》等文件,积极破解干部能上不能下难题,对114名干部进行甄别考察。对领导干部进行任期经济责任审计,对机构设置、职数管理、编制进行清理规范,干部监督管理进一步强化。公开选拔10名科级领导干部,29个二级单位科级职位实行竞争上岗,选人用人公信度进一步提高。老干部工作和公务员管理切实加强,干部档案室升级改造,干部档案管理实现电子化、规范化、动态化。

【深入推进"五好"领导班子创建活动】 结合平时考察和年度考核情况,扎实抓好县直部门单位和乡镇"五好"领导班子创建活动的督察、考评,评选"五好领导班子"51个,"较好"班子57个。评选优秀领导干部322人,评定称职的领导干部780人,基本称职的领导干部3人,不定等次领导干部1人。

【人才强县战略稳步推进】 深入推进人才工作"三个转型",大力实施"四千"人才计划,积极探索推进人才强县工作的新路子。注重基层人才队伍建设,通过公开选调和选聘引进基层一线人才539名。注重高层次人才队伍建设,引进和培育国家"千人计划"人选1名,省"百人计划"人选1名,市"313"计划人选2名。成功举办"智汇宁乡"企业高素质人才专场招聘活动。择优解决142名"5127"人才事业编制。在大学生村官中择优选聘10名乡镇事业编制干部。组织"5127"人才围绕县内重要产业、重点工作进行课题研究,形成课题调研成果28个,人才资源的潜在优势正逐步转化成为县域发展现实优势。

【基层基础进一步夯实加强】 大力实施基层党建"双先"工程,扎实推进基层党组织分类定级和晋位升级,评选表彰123个先进基层党组织和320名优秀个人,首次评选10名"十佳共产党员",制定下发《关于试行乡镇党代表大会年会制的实施意见》等文件,基层党内民主建设不断加强。组织红旗党组织和"五好"党组织书记赴发达地区学习考察,有效激发了广大基层党组织和党员履职尽责、干事创业的热情和动力。积极做好民主评议党员和严肃处置不合格党员工作,全县共评定基本合格和不合格党员438名,对106名不合格党员落实限期改正、劝其退党或党内除名等措施,工作做法得到《湘组信息》推介。扎实推进社区兼职委员制、在职党员进社区报到和网格化管理等工作,全县54个社区共划分为178个网格,23个城区社区共选聘81名兼职委员,6908名在职党员进社区报到。组织开展学习贯彻党的十八大精神"六个一"系列活动,印发《宁乡县党员学习资料》6万多册。规范党员慰问帮扶机制,加大对老党员和困难党员的慰问帮扶力度,全年共发放慰问资金80多万元。新建3个"两新"远教站点,1支流动宣传队,更新升级63个远教站点设备,远程教育、大学生村官、建设扶贫和村级组织活动场所建设等工作有序推进。

【组织部门切实做到"争先创优"】 大力弘扬"敬业、正派、勤勉、诚信、清廉、进取"工作理念,每月开设组工讲坛进行集中学习,分批选派组工干部到清华等高校学习深造,举办组工干部业务培训,组工干部的思想认识、知识水平、业务技能得到不断提高。开展"做优做能队伍·六抓六促争先锋"活动,制定出台"六联六促"组织工作联系点制度,改进作风、促进工作、树立形象。

(周金国)

县委基层党建工作领导小组办公室

主　　任　易　勇(兼,1月免)
　　　　　　陈科军(兼,1月任)
常务副主任
　　　　　　梁继荣

县人才工作局

局　　长　陈科军(1月免)
　　　　　　詹爱芝(女,1月任)
副 局 长　周步荣

县委人才工作领导小组办公室

副 主 任　周名生(1月免)

县党员干部现代远程教育管理中心

主　　任　刘志强(4月免)
　　　　　　唐　迎(女,4月任)

宣传工作

县委宣传部

部　　长　刘莉霞(女)

副部长(常务)

易光辉(1月任)

副 部 长　黄　进(1月免)

袁国华(1月免)

邹素武(兼)

汤命强(4月任)

戴金波(4月免)

邓利良(1月任)

李锡泉(兼,1月任)

刘建威(兼,1月任)

县社会主义精神文明建设指导委员会办公室

主　　任　邹素武

副 主 任　李洪波

【概况】 2013年,宁乡宣传思想文化战线坚定不移抓导向,凝心聚力促发展,全力以赴保稳定,宣传思想工作围绕中心、服务大局,基调鲜明、导向正确,载体丰富、措施得力,呈现出活力增强、和谐有序的良好态势。学习提高方面,"我爱读书"学习竞赛活动广泛开展,学习型城市建设迈出实质步伐;新闻宣传方面,宁乡贯彻落实市委全会精神,紧跟"六个走在前列"步伐,争当先行者、勇做排头兵得到广泛宣传,创新机制,健全新闻例会和月评机制,媒体管理能力明显提升;文明创建方面,深入推进"雷锋传人道德宁乡"建设,举办第三届道德模范评选和颁奖典礼,全国文明县城创建稳步推进,省、市对县文明程度测评综合排名第一。文化建设方面,群众文体事业蓬勃发展,文化产业发展势头良好,"幸福宁乡欢乐楚沩"活动盛况空前,文化强县建设实现新跨越。

【理论学习扎实有效】 组织举办4期县委中心组学习班,邀请湖南省社会主义学院副教授曾文洁、长沙市委党校政治学教研部主任曹习华、国家土地总督察武汉局专员张运动、省委宣传部副部长孔和平分别讲授了《情绪管理与阳光心态》《中国梦与"六个走在前列"》《国土资源专题讲座》《学习习近平总书记重要讲话精神,提升舆论引导水平》。精心挑选《朱镕基上海讲话实录》等12本时政理论书刊赠送县委中心组成员。组织开展"推进'六个走在前列'大竞赛"大讨论,县委中心组成员的20余篇调研成果、理论文章在《人民日报》《湖南日报》《长沙晚报》等主流媒体刊发。围绕党的十八大、"中国梦"、习近平总书记系列讲话精神等主题,开展理论宣讲进基层活动近100场。

【"我爱读书"学习竞赛活动掀热潮】 2013年,县委宣传部组织开展以"学习成就人生·书香溢满宁乡"为主题的"我爱读书"学习竞赛,吸引来自全县各系统各单位的1168人报名参与。铺开"我爱读书"有奖征文、"那些经典,你还在读吗"主题话吧、"你读书·我买单"图书赠阅、"楚沩读书月"等全民读书活动,编印《品味经典Ⅱ》和《"我爱读书"学习竞赛活动集锦》等人文读本。

【学习典型引领风尚】 开展学习型党组织建设"五创四评"活动,深入挖掘学习典型,法院、卫生局、夏铎铺镇、县经开区积极争创全市学习型党组织建设示范点,并成功入选。"我爱读书"学习活动被评为全市优秀学习活动,干部素质提升"四五工程""楚沩发展大讲坛"被评为优秀学习载体。

【"道德宁乡"主题系列活动】 深入推进"雷锋传人道德宁乡"活动,先后承办全国第十届公民道德论坛现场参观点、全省"美丽湖南·道德先行"工作片会、全市道德讲堂总堂观摩会。开展"四德教育四百工程"及宁乡县第三届道德模范评选,举办道德模范颁奖典礼。修缮宁乡县公民道德教育馆。开设流动道德讲堂,全市食品、药品道德讲堂在宁乡经开区首讲。2013年,共有9人荣登中国好人榜,7人获评市级道德模范及提名奖,3人获评长沙市十大孝星及特别奖,8人获评长沙市"身边的雷锋"称号。

【"三城同创"打造美丽宁乡】 出台《宁乡县"三城同创"问责暂行办法》《创建全国文明县城目标管理计分细则》《宁乡县2013年创建全国文明县城100件惠民实事项目》等文件,把文明创建纳入岗位目标绩效考核体系。组织编印5万份《宁乡县文明市民读本》发放到学校、机关、乡镇、社区。深入推进"雷锋超市"等活动,让创建成果惠及更多群众。实施全国文明县城"百件实事"工程,开展食品安全和文明餐桌示范一条街等活动,将创建惠民落到实处。启动全县示范性农村少年宫建设,文明单位结对共建乡村学校少年宫的做法在全省作经验介绍。启动实施"全民植树·美丽宁乡"生态建设、"全民清整·美丽宁乡"环境卫生保洁、"全民护水·美丽宁乡"沩江流域治理"三个三年行动计划"。集中开展基础设施、建筑工地、市容市貌、交通秩序、五小门店、脏乱地块、户外宣传、校园周边环境等八大专项整治行动,营造干净整洁、文明有序的城市环境。省、市对县文明程度测评中,宁乡县综合排名第一。

【推动文化产业新发展】 组织编写《2013年宁乡县文化产业统计报告》《2013年宁乡县文化产业招商指南》。全县10余个项目争取省市文化项目资金2000多万元。宁乡经开区文化创意产业园被评为长沙市首批文化产业示范园区。总投资1.5亿元的固松绿色印刷文化产业基地落地建设,雅居乐文化旅游项目落户灰汤。方国文化创意产业园、花明国际幸福城等项目在"知名文化企业长沙行"和深圳文博会上成功签约。

【群众文化活动好戏连台】 成立县文艺创作中心、花鼓戏保护传承中心、非物质文化遗产保护中心。全面铺开“幸福宁乡欢乐楚沩”四个篇章文化活动,举办“幸福新宁乡欢乐过新年”系列文化活动、“欢乐潇湘幸福宁乡”大型展演、“梦想开唱”全民歌咏赛、“大美楚沩幸福宁乡”摄影大赛等,群众性文化活动好戏连台。统筹推进“一镇一品欢乐乡村”民俗文化工程建设,全县民俗项目丰富多彩,灰汤镇、沩山乡、夏铎铺镇等乡镇民俗文化活动精彩连篇,花明楼红色文化艺术团、东湖塘麻山锣鼓艺术团等文艺团体各展特色,全县上下涌现出一批优秀民俗文化节目和民间文化能人。

【推出文化事业新成果】 炭河里考古遗址公园入围第二批国家考古遗址公园立项名单。何叔衡故居、谢觉哉故居、张浚张栻墓获批全国重点文物保护单位。青铜文化博物馆主体竣工,县文体中心建成交付使用,承办了贺龙杯全国业余篮球赛湖南省联赛。文联协会创作活跃,成立宁乡书画院,书协与天津东丽书协举办联合展览。完成5个标志性乡镇文体活动中心,20个村(社区)文化活动室建设,推进有线电视网络线路和设备改造扩容,顺利通过国家公共文化服务体系示范区验收。

【积极推介县域形象】 新华社、《人民日报》《光明日报》、湖南卫视、《湖南日报》《长沙晚报》等中央省市主流媒体纷纷聚焦宁乡,宁乡县域特色品牌持续不断“扩音”。2013年,中央省市各级各类媒体宣传推介宁乡稿件900余条。其中,中央电视台新闻频道2条,《人民日报》5条,新华社《国内动态清样》3条,《光明日报》4条,《湖南日报》头版头条(含市州版头条)7条,《长沙晚报》头版头条11条,走在全市各区县前列。

【加强新闻管理】 下发《关于进一步加强和改进新闻宣传报道工作的意见》《关于建立宁乡县新闻发言人制度的实施意见》等文件。坚持每月编写宣传报道要点,每月召开新闻例会,每月进行新闻阅评,有力提升媒体管理、引导科学化水平。

【正确引导网络舆论】 2013年,共监看较大涉宁网络舆情500余条,编发《舆情信息》57期、《舆情专报》10期。在大型网络媒体进行推稿800余次。编印下发《新媒体实用手册》。书记、县长在红网问政湖南专页回复率为100%。成功处置20多个较大舆情事件,维护宁乡良好的形象。

(周　佳)

县新闻中心

主　　任　邓利良(兼)

县网络新闻宣传管理办公室

主　　任　黄　尚

统战工作

县委统一战线工作部

部　　长　汤智斌

副 部 长　黎卫华(女,12月免)

唐志强

严万军(1月免)

周名生(1月任)

【概况】 2013年,宁乡县统战工作认真学习贯彻党的十八大精神,深入实施“同心工程”,坚持在围绕中心、服务大局中定好位,在助推发展、促进和谐中履好职,全县统一战线紧密合作,各项工作整体推进。

【统战招商成绩显著】 一是积极为招商引资牵线搭桥。县台办、县侨联相继接待台一集团董事长张国祯、康师傅等台侨客商考察团10多批次。引进总投资2亿元的莱拓福项目,宏全二期新增投资4000万元,完成全年招商引资任务。另有康师傅、台一集团、浙江青茂、上海美沃等项目正在洽谈中。二是广泛内引外联。组织会员企业赴天津滨海新区学习考察,与建益新材料、圣华科技节水达成合作意向,协助引进火宫殿项目,总投资3000万元。

【合作共事不断深入】 一是切实加强党外干部工作。制定出台《宁乡县2013–2017年党外干部选拔任用工作规划》;提拔重用3名党外领导干部;选派3名党外干部赴中央财政部、湖南省旅游局、长沙市发改局跟班学习,选派党外干部参加中央社会主义学院、清华大学、复旦大学主题班次培训173人次,选派7名党外领导干部到成都、桂林、黄山等发展和先进地区挂职锻炼,选派15名乡镇党外后备干部到县直部门跟班学习,选派23名县直单位党外后备干部到乡镇、企业实践锻炼;顺利完成19名县政协委员的届中增补。二是民主党派工作和无党派人士工作顺利推进。民进宁乡总支升格为工委,农工党宁乡支部升格为总支。民主党派社会服务更有成效,“四级联动”工作服务模式,受到省、市“同心耀星城”推介,承办民进省委“文化惠民,同心共进”大型文化公益活动启动仪式,反响良好。三是新的社会阶层人士工作得到加强。为新的社会阶层人士努力搭建三类平台。其一以社团组织为纽带,有效调节了企业与政府、企业与市场、企业与企业之间的利益关系。其二以“两新”党建为依托,做细做实了新的社会阶层人士的思想政治工作。

【港澳台和海外统战工作有效拓展】 一是注重交流交往。2013年,县委统战部向18个国家和地区的华侨华人发出贺卡、慰问信、贺年邮件,邀请18名归侨侨眷代表参加茶话会和座谈会,接待8批次、近20名华侨回家乡考察交流。热诚接待马英九先生的姐姐马以南女士;协助台湾崇友在宁乡一中成功举办哈佛大学鳄鱼合唱团携手宁乡一中艺术团"清声雅唱沩水欢腾"交流演出活动;协助台湾慈济基金会在宁举办100余万元救济物资慈善活动;协助台胞曾焜先生把县老年大学师生的74件作品带往台湾;完成宁乡农业考察团赴台考察交流活动。二是强化工作基础。完成县侨联换届选举。实行"一交三定"侨联委员分片负责制度,发挥侨联委员知情、传情、馈情的桥梁作用。指导青华铺村开展"侨联工作示范进社区"创建活动,打造全省第一个侨联工作示范村。成功举办"海峡两岸一家亲"有奖征文活动,在《湖南对台工作》《长沙统一战线》、华夏经纬网发表经验交流文章。三是加强联络服务。定期走访慰问在宁居住的"三胞"及眷属,协调解决矛盾纠纷和困难问题,维护"三胞"及其亲属的合法权益。服务灰汤雅居乐项目建设,认真做好台企久大花艺、灰汤锅子的拆迁工作,维护台企合法权益。就宏全二期用地问题,多次和经开区领导沟通协调,达成双方都能接受的解决方案,受到省、市人大督查组充分肯定。

【创业富民工程强力推进】 一是完善政策,搭建平台抓创业。安排7000多万元专项资金用于创业扶持,为97家初创企业争取市级创业扶持资金337万元,金洲创业基地获评长沙市创业示范产业园。指导协助银汇通担保有限公司成立,为中小微企业融资2.48亿元。协助湖南百顺复混肥料在省股权交易所挂牌上市,办理股权出质登记71件,动产抵押67起,融资19.57亿元。二是突出培训,提高素质抓创业。积极开展各类创业技能培训,全年举办创业富民培训班9期,培训学员262人。举办初创企业"项目企业绩效评价和财务管理培训班",对2012年度第一、二批获得创业富民资金的117家企业负责人和财务管理人员进行专题培训。三是深入调研,营造氛围抓创业。组织11家成员单位召开调研创业富民工作会议,联合县政府政研室对全县创业富民主要成员单位开展创业富民工作调研,形成调研报告,提交县级主要领导审阅。

【"两新"党建工作上水平】 2013年,全县新建"两新"党组织15个,基本实现应建尽建。成立两新纪工委,在楚天科技等30个党建示范点开展廉洁文化进企业和廉洁从业活动。探索制定"两新"党建规范化标准,下拨19万元指导"两新"组织按照"六个一"要求进行规范化建设。加强"两新"组织党建三支队伍建设,全年共集中培训党务工作者325人,新任党组织书记145人,出资人126人。举办全县"两新"党建成果展示会,集中总结推介全县"两新"党建工作成绩和经验,楚天科技、精量重工、玉潭中学获得特等奖。另外,精量重工荣获全市"两新"党建案例展示第一名。

【民族宗教工作有序推进】 一是认真贯彻党的民族政策。指导环球职业中专"民族工作进学校"试点,得到省、市主管部门充分肯定。认真办理民族族别变更手续62起,扎实做好25名少数民族考生的资格审查工作。二是进一步加强和谐寺观教堂活动建设。深入开展"一创两专"工作,全县70%宗教活动场所达到和谐寺观教堂创建标准,60%宗教活动场所财务实现规范管理,完成对已登记民间信仰活动场所划等定级工作。三是做好宗教文化挖掘文章。成立全县宗教文化交流会,创办《清心》会刊,推出"密印寻禅"短期禅修项目,对重点佛教寺庙和清庵祖师、"灵官"菩萨等极具宁乡特色的民间信仰文化进行发掘整理。四是打造宗教慈善品牌。承办全市宗教慈善年度报告会,为环球职业中专学校少数民族贫困学子募集爱心款11.8万元。以观音圣诞为契机,开展"结缘福米""平安福果""长寿福茶"的"三福"公益慈善活动,打造宗教慈善文化品牌。

(陶玫每)

县新经济新社会组织工作委员会

书　　记　汤智斌(兼)
副 书 记　黎卫华(女,兼,12月免)
　　　　　唐志强(兼)
副书记、纪工委书记
　　　　　廖　斌(9月任)

县归侨侨眷联合会

主　　席　秦　硕
副 主 席　黎新知(1月免)
　　　　　周志文(4月任)

县委台湾工作领导小组办公室

主　　任　严万军(1月免)
　　　　　周名生(兼,1月任)
副 主 任　王智茹(女,1月任)

党校工作

县委党校

校　　长　袁立中(7月免)
　　　　　胡志平(7月任)
副 校 长　胡志平(1月任,7月免)
　　　　　陈小冬　刘学武
　　　　　黄学君

【概况】 2013年,中共宁乡县委党校有在职干部职工33人,其中教学人员20人(高级职称6人,中级职称10人,助讲和教员4人)。内设办公室、教务科、教研室、后勤科四个科室。2013年,县委党校坚持以科学发展观为指导,紧紧围绕县委、县政府工作大局,审时度势,主动作为,党校事业得到不断发展和壮大。年内,党校被评为县党风廉政建设工作、宣传思想工作、计生工作、信息工作先进单位。

【干部培训】 2013年,县委党校认真贯彻落实县委提出的干部素质提升"四五"工程,着力发挥干部培训的"主渠道、主阵地"作用,全力承担起全县干部培训的主力军职责。一是主体培训。全年共举办主体班31期,包括学习党的十八大精神轮训班7期,对全县1073名副科级以上领导干部进行轮训;统计理论与实践、创新社会管理、招商引资与项目工程、新型城镇建设与管理、农业产业化等各类主题研修班9期,培训部门单位中层骨干和专业技术人员1200多人次;建党积极分子培训班13期,培训部门单位、村(社区)及两新组织各类入党积极分子1449人;红旗村(社区)党支部书记培训班1期41人;“两提高一促进”班1期160人。培训中,县委党校精心设置课程内容,灵活采用培训方式,优化配置师资力量,大力加强班级管理,培训效果明显。二是部门培训。在完成组织调训之余,县委党校充分利用良好的办学环境和条件,积极为县内各部门单位、社会各界提供会议接待和培训服务。一年内,县人社局、畜牧局、房产局、安监局、司法局、烟草局、旅游局、经开区、金洲新区等多个部门单位先后在党校培训办班,合计举办培训班60多期,培训各类人员6000多人次。三是送课上门培训。2013年,在全县党员春训、党的十八大精神宣讲、忠诚履职等主题活动中,党校骨干教师先后被邀请到灰汤镇、城郊乡、玉潭镇、公路局、工信局、楚沩社区、学庵社区等多个部门单位、乡镇社区授课,送课上门100多场,听众1.2万多人次。四是对外交流培训。2013年,县委党校充分利用宁乡县域经济社会快速发展,有效挖掘成功经验和做法,为外地干部组织定单式教学培训,先后有常德津市、株洲茶陵、湘潭县等外地县(市)到宁乡交流培训干部200多人次,其中,益阳桃江县与县委党校签订异地干部培训协议。这一举措,创新了平台,做足人气,推介宁乡,有效扩大县委党校的办学声誉和影响。

【教学科研】 2013年,县委党校围绕打造“名师、名课、名篇”这一目标,采取多项措施。一是选送老师到省、市党校,复旦大学、北京大学等知名高校以及到新加坡出国培训提高业务素质;二是通过组织教师召开教学科研座谈会,进行集体听课、评课,举办教学比武、观摩活动等提高老师队伍教学科研能力;三是出台了《关于深入推进教学科研工作的决定》,对教师的教学科研任务、要求和措施进行具体明确。

在这些强有力的措施带动下,县委党校的教学科研成绩喜人。教学方面,主体班教学测评优秀率95%以上,全市教学比武活动中老师们表现优秀,外请教师授课广受好评,场次不断增加。科研方面,县委党校老师在《今日宁乡》《崛起》《湖南行政学院学报》等刊物上发表文章多篇,《从“三型”看马克思主义执政党建设新目标》《破解农村环境卫生整治困局,建设美丽乡村》等多篇文章在全省党校理论研讨会中获奖。同时,课题研究取得重大进展。省级课题“统筹城乡发展路径选择的‘宁乡模式’研究”成功结项,新申报的省级课题“宁乡水环境治理研究”成功立项。同时,为纪念毛泽东诞辰120周年专题申报的“毛泽东群众观的时代价值”“毛泽东关于纯洁党的组织的思想及现实意义”“毛泽东的调查研究理论及其现实意义”等省级课题亦成功立项。唐文老师的《花明楼城乡一体化建设的对策建议》、陶俊老师的《对宁乡小城镇建设的建议》两篇文章在“我为宁乡发展出点子”活动中分别被评为金点子、银点子。同时,县委党校利用学校网站,开设《县域研究》和《学员园地》专栏,选刊全县领导干部县域研究文章300多篇。发挥党校在教学科研方面的理论指导、决策咨询作用。

【学校发展】 2013年,县委党校以“四比四抓争先锋”“忠诚履职”等主题活动的深入开展为契机,结合党校实际,切实加强机关队伍建设,不断优化发展环境,力推各项工作健康发展。一是学习型机关创建。通过明确要求“促”学、丰富内容“带”学、示范带头“领”学等多项措施的实施,党校机关学习氛围日益浓厚,机关队伍素质有力提升。在上半年全县“我爱读书”知识竞赛中,县委党校老师陈红兵摘取大赛唯一的特等奖。二是优化发展环境。2013年,县委党校通过构建学校网站、全面更新政务、党务公开栏,设立以电子显示屏、党史展览、箴言警句为载体的文化宣传阵地,搭建了学校发展新的平台,在机关内部营造健康、积极向上的工作氛围。三是机关党的建设。县委党校深入开展“五好领导班子”创建活动,积极组织领导干部家属参与“访贫思廉”活动,党风廉政建设不断加强;围绕“比学风、比文风、比教风、比作风”主题,组织开展教学比武、知识竞赛、红色培训、走访慰问等多项健康有益的活动,有效增强机关党员干部“忠诚履职”责任感和使命感。四是易址搬迁。2013年,县委党校认真落实县委、县政府“党校暂时搬迁至教师进修学校过渡”的决定,服从、服务全县大局,在协助县经开区做好党校及院内各单位的腾退拆迁工作同时,于9月份搬迁至教师进修学校,确保征拆工作的进度,扶持县重点工程建设。

(朱 灵)

老干部工作

县委老干部局

局　长　颜春泉(1月免)
　　　　袁国华(1月任)
副局长　唐文强(1月免)
　　　　孙向京(女)
　　　　蒋才良
　　　　金章国(1月任)

【概况】 2013年度,全县老干部工作认真落实老干部“两项”待遇,积极引导老干部发挥作用,着力强化队伍自身建设,创新进取,务实作为,完成全年各项目标任务,全县老干部工作再创新成绩、再上新台阶。县委老干部局被评为全省老干部宣传工作红旗单位、全市老干部工作先进集体、全市老干部信息调研工作先进单位,局领导班子被评为县“五好领导班子”。县关工委被评为中关工委宣传工作先进集体、全省关心下一代工作先进集体。在市第一届老干部运动会上，象棋、门球均获第一名。县老年大学微霞艺术团被评为市最佳文艺团队、市五星级团队。全县离退休人员党组织建设、老年教育和民营经济关工委工作分别在市第14次离退休干部党支部书记培训班、市老年教育工作经验交流会和市民营经济关工委工作推进会上作典型发言。调研报告《加强关工委工作长效机制建设，保障关心下一代工作持续健康发展》一文获省三等奖。

【老干部工作地位不断提升】 年初，县委、县政府拨专款89万余元开展春节走访慰问活动，年中追加54.72万元落实新的离休干部护理费标准，先后向各涉老组织追加经费近50万元，为老干部工作的顺利开展提供有力保障；县委主持召开老年工作会议，解决“老字号”机构、经费、场地和人员编制等问题9个，同时先后主持召开老干部迎春茶话会、老干关协工作大会、“钻石婚、金婚”纪念活动工作会议、老干部重阳节座谈会等，会上县委、县政府主要领导出席并作重要讲话；下发《关于进一步加强全县老年教育工作的意见》，进一步推动老年教育工作向基层延伸。全县各乡镇各单位将老干关协工作纳入目标管理考核范畴，坚持同部署、同考核、同表彰，形成县乡（镇）村三级联动，部门共同参与的良好氛围。

【老干部“两项待遇”从优落实】 2013年，老干局先后开展春节、建党节、建军节走访慰问和“传精神、问幸福”走访调研活动，走访慰问老干部近1000人次，看望慰问住院老干部28人，悼念去世老干部12人，给老干部整生祝寿6人。按规定为老干部订阅《老年人》、《长沙晚报》等报刊。组织四大家实职副县级老领导赴株洲、安徽等地开展红色旅游和参观考察活动。按新的离休干部护理费标准，为年满80周岁离休干部每人每月增加600元护理费，并纳入财政预算。老干部各项补贴、费用按月发放，医药费优先报销。针对老年人身体特征，精心选取23个体检项目，为400多名老干部进行健康体检，建立老干部身体健康状况数据库，组织近3000名老同志参加“关爱老人，关注南雅”优惠体检活动。发放特困帮扶专款5.71万元，为18名离休干部及遗孀解决实际困难。与省医保中心沟通，为接管国企改革移交离休干部确定4家县内医保定点单位。

【老干部“两项建设”得到加强】 在全县离退休人员党员中，开展学习党的十八大精神“五个一”主题实践活动；举办“学习党的十八大，共建幸福新宁乡”“中国梦·我的梦”“老干部讲传统”等主题征文活动；组建老干部网宣队伍，举办“唱响主旋律、传递正能量”千名老干部网络签名承诺活动。全县离退休人员党组织和党员以创建“五好”党支部、争当“四好”老干部和优秀离退休人员党员为抓手，广泛开展“争先创优”活动，年内有39个离退休人员党组织、86名离退休人员、党员荣获市、县表彰奖励。

【全县老干关协工作大会召开】 5月3日，全县老干、关协工作大会在宁乡县行政中心会议中心一会议室召开，会议高度肯定2012年工作，对102个先进集体和190名先进个人进行表彰。会议由县委副书记邓杰平主持，县委常委、组织部部长、统战部部长汤智斌作大会工作报告，县委常委、常务副县长刘亮通报全县经济工作情况，县委常委、县委办主任陈永高宣读表彰决定。市政协原主席、市关工委主任董学生，市老干局副局长邓国强及县委书记黎春秋等市、县领导出席大会并讲话。

【开展“钻石婚、金婚”纪念活动】 在全县2.4万多对“钻石婚、金婚”老人中，开展“赠送一本纪念证书、赠送一件有意义的纪念品、组织一次免费体检、开展一次照相、旅游等形式的集体活动、开展一次特困慰问帮扶活动”的“五个一”活动。以历经铺乡为主会场，县领导亲自为10对“钻石婚、金婚”老人颁发纪念证书、送上鲜花和节日祝福，并进行文艺汇演。

【开展老干部“献余热、比贡献”活动】 2013年，全县有4102位“五老”捐筹资金942万余元支持新农村建设，有2847位“五老”参与当地中心工作，协助调处纠纷478起，落实计划生育254例；全年共扶助特困学生2415名，奖励优秀学生1904名，共计捐款744.3万元。

【纵深推进“五老四教”主题教育活动】 县委常委先后4次开会研究“五老四教”主题教育活动，调整活动领导小组，召开全县“五老四教”主题活动常态化工作大会，下发《关于推动“五老四教”主题活动常态化发展的意见》，将“五老四教”工作纳入全县绩效考核；调整优化“五老”宣讲员、“五老”志愿服务者队伍，县金牌讲师团成员由5人增加到111人，“五老”宣讲员发展至1251人，“五老当五员”志愿者队伍达9941人，所有志愿者到村（社区）入组进网格；全年有“五老”作报告、讲故事、谈感受达3391场次，5万多青少年受到教育；深化青少年普法工作，开展“零犯罪”学校摸排，完成县一中等9所“零犯罪学校”申报工作；创建流沙河镇合兴村等3个市级“发挥五老作用”示范阵地；在全县“五老四教”主题活动常态化工作大会上，60名优秀“五老”、28名优秀工作者及22个先进集体获表彰。

【民营经济关工委成立】 5月23日，召开宁乡县民营经济关心下一代工作委员会成立大会，市关工委副主任唐得之，县委常委、组织部部长、统战部部长汤智斌等市、县领导出席，县民营经济关心下一代工作委员会正式成立，加加集团等10家民营企业建立关工委组织。

【县老年教育事业快速发展】 2013年,县委调整县老年教育工作领导小组,印发《关于进一步加强全县老年教育工作的意见》。县老年大学规模不断壮大,全年开班70多个,招收学员2000余人,建成乡镇老年大学分校3所,社区老年学校挂牌4所;举办“学习宣传党的十八大精神”专场文艺晚会和为期两天的宁乡县首届老干部象棋比赛暨老干部书画展;组织学员参加全县“廉政文化周”文艺汇演,歌伴舞《甘于清贫》获得二等奖,参加长沙市第一届老干部运动会,其中门球、象棋获一等奖。

【涉老协会活动丰富多彩】 县老年保健协会全年发展30个分会,成立一支12名的专家讲师团,赴乡镇单位进行保健知识普及讲座24堂次;明确2名专干对全县20多处健身广场进行规范管理;组织推荐25名老同志为“长沙市健康长寿老人”,2人获“省健康长寿之星”,开展“关爱高龄老人”走访慰问活动,共慰问百岁老人、特困老人200多名,慰问资金15万元。县老年体协争取县委重视,投入200多万元对院内门球场进行提质改造,建成3个风雨门球场和2个露天塑胶门球场,年内多次承接省、市、县大型门球比赛。

(戴娇龙)

机构编制工作

县机构编制委员会办公室

主　　任　戴晓成
副 主 任　周光仕
　　　　　何志文(女)

【概况】 2013年,县机构编制委员会办公室紧紧围绕县委、县政府“四比四抓争先锋”活动总体部署,以服务全县经济社会发展为己任,积极稳妥推进各项改革;全面推进实名制管理,规范机构编制程序;建立健全机构编制管理制度,强化机构编制监督检查,机构编制管理规范化、法制化,建设成效显著、亮点纷呈。先后获得县委、县政府授予的绩效考核先进单位、四好领导班子、计划生育先进单位等荣誉称号。

【事业单位分类改革】 根据中央、省、市关于事业单位改革的文件精神,对全县事业单位现状及承担的主要职能进行摸底调查和分析,根据事业单位的社会功能,将宁乡848家事业单位划分为三大类,即承担行政职能的事业单位、从事公益服务的事业单位、从事生产经营活动的事业单位。其中承担行政职能的事业单位3家,从事公益服务的事业单位842家(公益一类703家,公益二类139家),生产经营类的事业单位3家。认真抓好全县事业单位岗位设置管理工作,推动事业单位人员编制管理的科学化、规范化和制度化建设。

【行政审批制度改革】 落实国务院《关于第六批取消和调整行政审批项目的决定》,认真组织实施行政审批事项的清理、取消和调整工作。按照市委、市政府关于市级经济社会管理权限下放的有关要求,对全县涉及行政审批的职能部门进行拟请求市级行政审批权限下放的情况摸底,涉及92项市级权限事项,其中请求直接下放的61项、请求委托下放的31项;对市审改办下发的《市直部门拟主动下放的权限事项》(86项)、《区、县(市)拟请求下放的市级权限事项目录》(有争议类)、《区、县(市)拟请求下放的市级权限事项目录》(不列入类)与相关的职能部门进行衔接,收集反馈意见,汇总上报市审改办。对国家级、省级园区的经济社会管理权限授权到位,对园区涉企行政事业性收费、经营服务性收费推行减免制度,明确宁乡经济技术开发区可直接实施的县级行政许可事项35项、非行政许可事项及内部审批事项25项,联合会审事项3项。

【政府部门机构改革】 公路体制改革稳步推进,市县交接顺利完成,县机构编制委员会办公室根据市公路体制改革实施意见,结合宁乡实际,突出大部制管理,对交通局和公路局主要职能职责进行梳理整合,制定了《宁乡县公路体制改革实施意见》(草案),人员清理审核完成,后续工作有序推进。动物防疫体制改革进一步深化,管理体制进一步健全,动物卫生监督所人员实现竞争上岗。深入调研,积极筹划卫计、食药监、工商体制改革工作,根据省市有关要求,暂时冻结食药监、卫生、计生等涉改部门的机构人员编制事项。

【机构编制实名制】 认真贯彻落实省、市编办机构编制实名制管理相关要求,围绕“机构编制底数明晰、编制人员性质明晰、财政供养人数明晰、主管部门归属明晰、分类管理责任明晰”五个明晰的标准,按照“单位填报、编办初审、单位公示、编办终审”四个环节逐步推进。6月20日组织召开全县机构编制实名制业务培训会;11月底完成对全县机关事业单位机构及人员编制审核,完善机构编制实名制数据库,建立包括机构、编制、实有人员、内设机构等类别的机构编制台账资料,做到全面、准确、及时、系统地反映全县机关事业单位的机构编制情况;12月完成数据输机入库工作。

【事业单位登记管理】 深入贯彻落实《事业单位登记管理暂行条例》和《实施细则》,建立健全事业单位登记管理的各项规章制度。一是认真做好年检工作。严格规范年检程序,严把审验项目关,全面推行网上登记管理。采取召开部门联席会议、下达催办单等方式,加大登记管理力度,完成登记年检任务。全县事业单位2012年度应年检数567个,已年检数567个,年检率达100%,年检合格率达100%。二是规范管理日常工作。逐步将工作的重心转移到完善登记管理程序、加强事业单位监督管理上，不断完善法人证书使用管理的规章制度，努力营造法人证书使用的良好环境，事业单位登记管理水平不断提高。全年办理变更登记215家，涉及变更事项1164项，接受各类咨询600多人次，为法院、检察院、统计局、人社局等单位提供各类服务300多人次。

【专项治理】 省、市专项治理工作会议后，宁乡迅速行动，深入开展专项治理工作。一是领导重视。县委常委会议专题学习省、市专项治理工作有关政策文件和会议精神，并就专项治理工作进行专题研究和安排部署。成立全县专项治理工作领导小组，由县委常委、县纪委书记胡德强任组长。8月25日召开全县专项治理工作会议。二是制定方案。先后下发《关于印发〈全县干部人事和机构编制领域突出问题专项治理工作方案〉的通知》（宁纪发〔2013〕14号）和《关于印发〈宁乡县规范机关事业单位工作人员管理的若干规定〉的通知》（宁人社发〔2013〕35号），全面指导和推进专项治理工作。三是自查自纠。截至9月20日，全县各部门单位全部按要求完成自查自纠阶段性工作任务。四是复核检查。县专项治理领导小组组成5个联合督察组，从9月23日–10月24日，对全县33个乡镇和79个县直单位（均包含二级单位）进行全面的清理和排查，基本掌握全县干部人事和机构编制的现状和存在的突出问题，11月27日，宁乡县委常委会议专题听取专项治理工作汇报，明确专项治理中涉及吃空饷、借调、停薪留职、改非内退、长期离岗等人员的具体整改措施。11月28日，省专项治理督察组到宁乡县督察专项治理工作，充分肯定宁乡前阶段专项治理工作，并提出明确要求。11月29日召开全县紧急会议，传达县委常委会议决定的整改措施和省督察组的相关要求。五是效果明显。专项治理工作开展以来，全县各级各部门干部人事和机构编制意识全面提升，自纠整改各类问题407个；县专项治理办针对重点问题下发整改通知书300多分，约谈重点单位31家。2013年，12个单位的60名治理对象到县财政局上缴空饷资金63.5万元；48名限期退休对象全部办理退休手续，辞退长期旷工和违纪违法人员2人；改非内退人员按要求上岗。

【机构编制管理】 一是注重宣传，机构编制法制意识全面提升。连续四年召开全县机构编制管理工作大会，组织乡镇、县直单位主要负责人参加机构编制政策法规的培训；编印《机构编制工作资料选编》5000多册，分发到全县各级各类机关事业单位。二是严格政策，机构编制总量实现只减不增。严格“四个严禁、三个一律”机构编制工作纪律，从紧从严控制机构编制，规范管理机构编制，严格实行集中统一管理。积极探索机构编制工作的新方法，探索变“养人”为“养事”的管理机制，取得良好的控编效果。有效地防止盲目进人、逆向进人。通过严控入口、自然减员、内部调整和培训转岗等多种途径和举措，2013年全县机构编制总量和财政供养人员比2012年底实现双下降。三是整章建制，机构编制工作程序日臻规范。组织拟订《宁乡县机构编制委员会议事规则》《宁乡县机关事业单位借调人员管理办法》《宁乡县机关事业单位聘用临时工作人员管理办法》。认真执行机构编制事宜统一由县编办一个部门承办、编委主任一支笔审批、县编办一家行文的“三个一”审批制度；严格核编准入制度，全县党政群机关及事业单位人员的招录、招聘、调任、选拔、选调均实行核编准入制度，凡未经核编招录（聘）的人员，一律不予办理上编手续。四是完善机制，机构编制管理合力日益加强。健全协调制约机制，加强组织、编制、财政、审计、人社等部门的协调沟通、密切配合，各负其责，形成合力。只有在机构编制部门审核同意设置的机构和核定的编制范围内，组织、人社部门才能配备人员和核定工资，财政部门才能列入预算并核拨经费。

【机构编制监督检查】 健全监督管理机制，以网站、公示栏等形式，将机构编制管理政策法规、制度规范、工作程序以及行政管理体制改革等重大决策事项面向社会公开，自觉接受外部监督；设立举报电话，受理违反机构编制纪律的举报。健全监督检查机制，制定《宁乡县机构编制监督检查办法》，采取以机构编制核查为载体的定期检查、平时抽查以及专项检查相结合方式，加强对机关事业单位机构编制执行情况监督检查。健全绩效考核机制，就相关考核评分标准进行具体化，重点考核是否按程序办理机构编制事项，是否按要求做好机构编制相关工作。

【服务县域经济社会】 在严格控制机构编制总量的原则下，促进机构编制工作服务全县发展大局。一是服务经济建设，搭建发展平台。主动对接上级机构编制部门，积极争取机构升格和行政编制，全年新增党政群机关行政编制73名，为相关单位顺利开展工作创造良好的条件；解决金洲新区、沩管会、炭河里遗址管理处、县应急办、县文产办等单位的机构升格问题。按照“设一撤一”原则，成立沩东新城管委会、金玉集中区管委会，引领县域经济发展新的主战场。二是服务社会事业，提供发展保障。为强化文化市场管理，保护劳动者合法权益，增强安全生产监管，推动新农村建设等，积极争取上级支持，按需设立相应的工作机构或调整部分单位职能职责。加强编制资源调控，对教育系统、卫生系统的人员编制进行重新核定。创新机制，盘活现有编制资源，全力破解人才瓶颈，积极参与干部素质提升“四五”工程；科学分析制定医卫人员、中小学教师、公务员招录（选调）等人才招聘计划并全程参与招聘工作，全年招录各类人员600多名。

【机构编制干部队伍建设】 一是思想建设上台阶。结合科学发展观和创先争优活动，制定党建工作规划，开展“忠诚履职”主题活动，每月对党员干部进行学习教育，坚持“三会一课”制度，认真组织召开民主生活会，开展党员民主评议。加强党风廉政建设，完善党风廉政建设责任制，组织学习《中国共产党党员领导干部廉洁从政若干准则》，增强党员干部廉洁意识，形成风清气正的良好环境。二是素质建设提层次。加强机构编制工作人员的基本功训练，通过参加市县组织的培训活动，让工作人员熟练掌握业务知识、法规政策、基本技能。制定编办业务知识学习考试计划，每季度进行业务知识测试检验工作人员学习成果，督促工作人员积极学习，主动学习。积极开展调研活动，有针对性地选择专题，深入基层破解机构编制工作的重点、难点，切实提高机构编制队伍管理能力。三是作风建设树新风。创新管人管事机制，不断完善机关管理制度，推进机关效能建设，促进干部作风不断改进，工作效率不断提高。

（喻国栋）

事业单位登记管理局

局　　长　杨　艳(女)

史志档案工作

县史志档案局

局　　长　谢仲舒

副 局 长　喻先占(1月免)

姜政军

张合民(1月任)

【概况】 2013年，宁乡县史志档案局内设办公室、党史科、年鉴科、档案科、业务指导科、法制教育科六个科室，核定编制20名，实有22人。是年，县史志档案局坚持以科学发展观统揽档案工作，以提升档案工作水平、服务宁乡经济社会发展为主线，以档案法制建设、信息化建设、档案资源建设、档案基础业务建设和档案干部队伍建设为重点，不断解放思想、开拓创新，认真履行对档案的管理、保管、利用职责，促进全县档案事业持续健康发展。2013年，宁乡县史志档案局获评长沙市档案工作先进单位、党史工作先进单位、志鉴工作先进单位。

【党史工作创特色】 2013年4月，经过一年多的资料收集、编撰，60余万字的《宁乡百年人物风云录》正式出版。正文所收录的人物年代，上限为辛亥革命前夕，下限至2012年。深入研究周南女校、望麓园、云山书院、宁乡师范等重要遗址的人文历史背景，追溯清末个别典型人物，因此编撰工作难度大，任务繁重。在本书收集和编撰过程中，走访了陈家鼎、周震鳞、刘少奇、何叔衡等一大批人物故居，先后拜访朱仲丽、王定国、李昭、廖时光等一批革命老人，并与陈家鼎、刘少奇、谢觉哉、欧阳钦、周光召等名人后裔或身边工作人员进行交流和探讨，收集大量珍贵的历史资料。最后在广泛听取省、市、县有关领导和党史专家、方志专家以及社会各界人士的意见之后，进行大量的内容完善工作，经多次编辑校对，成功出版发行。该书出版以来，受到社会各界的高度关注与好评，充分发挥社会教育的作用。

【志鉴工作出成果】 高质量、高标准完成《2013宁乡年鉴》的编纂工作，由方志出版社出版发行。全书72.3万字，设24个类目、另设附属资料板块6个，征集彩页140个，印刷1000册。为方便读者检索，该书前有目录，后有索引。该书的出版为各级领导决策提供参考依据，为开展对外交往、招商引资以及全民创业提供窗口和平台。同时，开展《地方志工作条例》学习宣传活动，在县行政中心大型电子屏幕上推出《地方志工作条例》宣传标语，组织有关单位工作人员学习《地方志工作条例》。完成长沙市志和县经开区、金洲新区志初稿。

【档案工作上台阶】 深入开展档案行政执法检查和业务指导工作。2013年，县档案局以学习宣传贯彻《中华人民共和国档案法》《中华人民共和国档案法实施办法》《湖南省档案管理条例》为重点，认真组织学习《中华人民共和国行政许可法》《湖南省档案行政处罚裁量权基准》等法律法规。积极参加长沙市档案局组织的档案执法培训班，进一步提高档案法律意识，不断规范行政执法行为。落实档案登记备案制度，依法查处档案违法行为，有效提高依法行政水平。为了切实做好2013年度各类文件材料的立卷归档工作，确保档案的完整和安全，上半年对全县33个乡镇档案室和大部分科局档案室进行全面执法检查，对12个省一级档案室进行全面复查，促进全县档案工作整体上台阶。通过全方位的执法检查，同时，通过加强档案工作规范化管理，档案室升级达标取得新成效，有财政局、法院、城建投3家单位的档案室顺利晋升省特级档案室。该项工作得到市档案局领导和专家的高度肯定，树立宁乡县档案工作新典范。

【民生服务上水平】 牢固树立全心全意为人民服务的宗旨，认真履行对全县各种行业、各种门类、各种载体档案的安全保管和利用的职责，不断强化服务理念，完善服务措施，将史志档案局查档利用室打造成一流的县人民政府信息公开点，先后为3600人次提供土地、林权、民生、社保等内容的查阅利用，查找档案6200余卷(册)，查找率为98%，为推进项目工程、招商引资工作及重大民生提供一系列服务，尤其是在处理信访矛盾纠纷中发挥重要作用，受到查阅群众的普遍赞扬，为惠民便民树立良好的窗口形象。

（吴　英）

信访工作

县信访局

局长、党组书记
赵龙希(12 月任)

局长、副书记
赵龙希(12 月免)

书记、副局长
欧阳定良(12 月免)

副书记、副局长
欧阳定良(12 月任)

副 局 长 黄菊彬 冯伏坚
颜志强(1 月免)
谢 文
唐 华(1 月任)
张勇波(4 月任)

【概况】 2013 年，宁乡县信访局认真贯彻省、市信访工作的总体要求，采取切实有力措施，开展“信访积案化解”“领导干部接访下访”“群众工作十百千万工程”“六个走在前列”大竞赛及忠诚履职主题教育活动等一系列活动，扎实做好各项工作，完成各项工作任务。全年共接待来访群众 1856 批 5698 人次，其中集访 205 批 3213 人次，个访 1643 批 2477 人次；共处理国家投诉中心交办件 63 件，省长信箱交办件 25 件、网上信访 38 件、上级交办案件 62 件，登记信访复查 25 起，受理并答复 9 起，办理初信 134 件，重信 62 件，均已按时办结。宁乡县群众工作被评为 2013 年度长沙市红旗单位。

【县级领导接访】 2013 年，县级领导到信访局公开接待群众 635 批 2178 人次，接待总量比 2012 年批次增加 64%、人数增加 68%。所有县领导接待批示交办的问题各责任单位均如期办结，办结率 100%。

【非正常上访处置】 2013 年，发生到市访 321 批 504 人次、赴省访 267 批 598 人次、进京访 226 批 243 人次；县领导高度重视，多次召开会议分解责任，研究解决问题，县联席办、县信访局积极做好协调、处置工作。

【信访积案化解】 信访积案的化解是检验信访工作成效的关键。2013 年，宁乡县抓重点、讲方法、有步骤地开展信访积案化解工作，并取得良好效果。一是成立化解信访突出问题工作领导小组，县委、政府主要领导先后 3 次专题听取工作组情况汇报，参与工作组组织的信访问题化解会议数十次，并组织全县 33 个乡镇及 28 个重点单位召开任务布置会，向各责任单位交办信访积案 58 个。二是县联席办对全县 2013 年进京上访的 51 名对象逐一上门走访，重新见面约谈，对其案件重新进行研判、重新定位、重新制定解决方案。三是重点问题重点解决。根据宁乡工作实际，对征拆问题、涉军问题重点研究、重点化解。组织召开协调会议 112 场次，化解信访问题 89 个，68 人对处理结果非常满意，一系列群众反映的群体性问题得到有效化解。四是依法处理非法闹事者。2013 年，共训诫重点人员 32 人，治安拘留 21 人。县维稳办、县信访局还对乡镇非法闹事者处理情况进行专项督察。五是对信访人“法度之外、情理之中”的诉求，启动信访救助资金帮助解决实际困难，以情动人，以情息访。对 20 名信访对象实施信访救助，救助金额计 139.8 万元。

【信访联席会议】 2013 年，县委、县政府领导不定期召开重大信访问题研讨会议，定期召开信访工作联席会议，讨论重大信访问题的处理，研究当前信访工作，部署后段工作。年内县委书记黎春秋，县长周辉，县委副书记邓杰平，县委常委、常务副县长刘亮，县委常委、县纪委书记胡德强，县委常委、县委办主任陈永高，县委常委、政法委书记刘平，副县长钟利仁，副县长、县公安局局长漆曙光等 9 名县领导分别主持召开联席会议 20 多次，研究解决企业下岗志愿兵岗位援助、金洲镇水管员历史遗留问题、煤炭坝农网改造、一中校办工厂问题等重点突出问题。

【信访事项复查】 2013 年，县信访事项复查委员会办公室受理信访复查 25 起，通过集体办案、组织法律专家会诊等形式，对 9 件信访事项进行复查，作出 16 起不予受理决定，解决信访争议，提高行政效率，推动信访案件依法终结。

【网上信访】 2013 年，县信访局办理国家信访局网上直转信件 63 件，省长信箱信件 25 件、市信访局网上信访件 38 件、上级交办案件 62 件，办结率 100%，切实做到网络畅通，查询方便，办理迅速。

【“一推行四公开”工作】 2013 年，宁乡县群众工作严格按照《长沙市“一推行四公开”群众工作要点》要求，统筹谋划，高效落实，积极创新，全年全县群工队员共走访群众 37.2 万户次，收集群众反映问题 1.52 万件，化解矛盾纠纷 8837 件，为民办实事好事 1.51 万件，提供帮扶救助资金约 520 万元，切实解决一批广大人民群众最关心、最直接、最现实的利益问题，进一步转变干部作风，密切党群干群关系，营造和谐稳定的发展环境。

（马 莹）

宁乡县人民代表大会常务委员会

宁乡县人民代表大会常务委员会

主　任　贺应辉

副主任　周泽祥

谢文军

熊志扬　闵志平

彭曦明(女)

委　员(以姓氏笔画为序)

王春林

王碧玲(女)

朱红玉(女,10月免)

刘义军　刘信群

刘晴明　刘骥扬

杨　振　肖水平

吴　彪　宋志宏

张　莹(女)

赵建华(女)

钟　鑫

袁国华(10月免)

夏国勋

陶文英(女)

彭晓静(女)

释贤心

曾子文　詹亮明

蔡跃武

黎卫华(女)

【概况】 2013年,县人大常委会紧紧围绕县委提出的"打造省会次中心,构建幸福新宁乡,建设全国一流现代经济强县"的奋斗目标,践行科学发展主题,贯穿民主法治主线,突出关注民生重点,认真行使宪法和法律赋予的职权,为促进宁乡经济社会又好又快发展,充分发挥地方国家权力机关应有的职能作用。

2013年,县人大常委会在推动科学发展上找准定位,在促进民生事业上选准支点,依法行使法定职权,为推动经济社会发展积极作为。全年,依法召开常委会会议8次,认真听取和审议"一府两院"专项工作报告,审议通过《宁乡县人民政府提请审议撤销玉潭镇等四个乡镇相应设立街道的议案》《宁乡县人民政府提请审议撤销宁乡县设立宁乡市的议案》等涉及宁乡经济社会发展的重要议案;协助省、市做好《长沙市炭河里遗址保护条例》的立法工作,成为宁乡县继《长沙市灰汤地热资源保护条例》之后又一立法成果;依法任免"一府两院"和人大常委会机关领导150人次,顺利实现各项人事安排。2013年,县人大常委会着眼于民生民本,依法履行监督职能,密切关注专项资金和政策性重大投资项目资金的管理和使用,较好地把好财政监督关;根据代表议案和建议,人大常委会在整治西部非法采砂和挖山洗砂、水库山塘退出投肥养殖、食品安全、禁毒、城乡环境、整治铝塑分离非法企业、县城区退出养殖等方面开展专题式、跟踪式监督,并组织县人大代表十余次深入一线进行调研、视察,经过一年的各项整治行动,宁乡的环境得到有效改善。新华社在《宁乡治砂治水中的人大力量》一文中对宁乡人大常委会在整治环境过程中的监督实效给予充分肯定。2013年,县人大常委会先后组织人大代表对县环境保护局、司法局、农业局、工业和信息化局、城市管理和行政执法局、卫生局等六个部门单位开展视察评议活动,进一步推进依法行政,促进全县政风行风的转变;组织开展《中华人民共和国食品安全法》《中华人民共和国禁毒法》等法律法规的执法检查;全年共受理群众来信来访百余件次,解决和化解一些关系群众切身利益的问题和矛盾,维护群众的合法权益。县人大常委会始终把密切联系代表、发挥代表作用作为重要基础工作,支持和保障代表依法履行职责,努力增强代表工作实效。2013年,"创先争优""代表向选民述职"等主题活动继续深入开展,全县各级人大代表联系敬老院活动继续实施,"双联"活动的内涵不断丰富、影响不断扩大。各乡镇人大主席团高标准建设人大代表活动室,结合实际整章建制、精心开展代表活动,为充分发挥代表作用提供坚实的保障。是年,县人大常委会继续加大代表建议重点督办工作,督促县人民政府建立主管县长签发制、承办单位责任制的代表建议办理制度,推广面对面答复代表的建议办理模式,具体明确代表建议办理工作见面率、满意率和解决率,代表建议得到有效办理。2013年,县人大常委会始终坚持高标准、严要求,一手抓内部管理,一手树外部形象,切实加强自身建设,通过抓制度建设、作风建设,进一步健全履职机制,提高工作效能,人大常委会及人大机关的工作作风进一步改善。

【宁乡县第十六届人民代表大会常务委员会会议】 2013年1月10日,召开县十六届人大常委会第一次会议。审议《2013年宁乡县人大常委会工作要点》(草案);审议《宁乡县人大常委会组成人员守则》(草案);听取和审议县人民政府关于2012年宁乡县国民经济和社会发展计划执行情况及2013年国民经济和社会发展计划草案的报告;听取和审议县人民政府关于2012年宁乡县财政预算执行情况及2013年财政预算草案和部门预算草案的报告;审议《宁乡县人民政府关于提请审议大屯营乡撤乡建镇的议案》;审议《关于提请设立宁乡县第十六届人民代表大会常务委员会代表资格审查委员会的议案》。

1月22日，召开县十六届人大常委会第二次会议。会议进行有关人事任免。

3月1日，召开县十六届人大常委会第三次会议。听取和审议县十六届人大二次会议大会筹备方案(草案)；听取和审议县十六届人大二次会议人大常委会工作报告(草案)；听取和审议县十六届人大常委会代表资格审查委员会关于邓作平等三位代表资格的审查报告。

4月28日，召开县十六届人大常委会第四次会议。听取和审议关于2012年上半年常委会会议审议意见落实办理情况的汇报；听取和审议县人民政府关于城市重点工程建设情况的汇报；听取和审议县人民政府关于《中华人民共和国食品安全法》贯彻实施情况的汇报；听取和审议县人民政府关于"三乡一镇"撤乡(镇)设街道办事处、撤县设市的汇报；会议进行有关人事任免。

6月27日，召开县十六届人大常委会第五次会议。听取和审议2012年财政决算(草案)的汇报；听取和审议2012年宁乡县同级预算执行审计工作情况的汇报；听取和审议县人民政府《关于提请审议县国资公司发行企业债券的议案》的汇报；听取和审议县人大代表视察评议县环保局工作情况的汇报；听取和审议县人大代表视察评议县农业局工作情况的汇报；听取和审议县人大代表视察评议县司法局工作情况的汇报；补选长沙市第十四届人民代表大会代表；听取和审议《关于提请许可对周光信采取刑事强制措施的议案》的汇报；听取关于暂停县十六届人大代表周光信代表职务的报告。

8月23日，召开县十六届人大常委会第六次会议。听取和审议2013年上半年宁乡县财政预算执行情况的汇报；听取和审议2013年上半年宁乡县国民经济发展计划执行情况的汇报；听取和审议县人民政府关于推进城乡生态环境一体化工作情况的汇报；听取和审议县人民政府关于《中华人民共和国禁毒法》贯彻实施情况的汇报；会议进行有关人事任免。

10月28日，召开县十六届人大常委会第七次会议。听取和审议2013年1月至9月县财政预算执行情况及2013年财政预算调整(草案)的汇报；听取和审议关于2012年同级审计报告涉及问题整改情况的汇报；听取和审议县人大代表对县工业和信息化局视察评议工作的汇报；听取和审议县人大代表对县卫生局视察评议工作的汇报；听取和审议县人大代表对县城管局视察评议工作的汇报；听取和审议县人民政府《关于实施水库退出投肥养殖保护全县饮用水安全的议案》办理情况的汇报；听取和审议2012年下半年常委会会议审议意见落实办理情况的汇报；听取和审议《关于提请审议决定补选张帅为长沙市第十四届人大代表的议案》；听取和审议《关于提请审议决定接受洪瑞强等同志辞去宁乡县第十六届人民代表大会代表职务请求的议案》；听取代表资格审查委员会关于黄奂果等代表资格终止的报告；听取和审议《关于提请审议决定增补8名宁乡县第十六届人大代表的议案》；会议进行有关人事任免。

12月25日，召开县十六届人大常委会第八次会议。听取和审议县人民政府关于2013年国民经济和社会发展计划执行情况及2014年国民经济和社会发展计划(草案)的汇报；听取和审议县人民政府关于2013年宁乡县财政预算执行情况及2014年财政预算(草案)的汇报；听取和审议县十六届人大三次会议大会筹备方案(草案)；听取县十六届人大三次会议人大常委会工作报告(草案)；听取和审议"一府两院"关于代表建议办理工作情况的汇报；听取和审议《关于提请审议决定接受虢正贵辞去长沙市第十四届人民代表大会代表职务的议案》；听取代表资格审查委员会关于邓建长等8位代表资格的审查报告；会议进行有关人事任免。

【宁乡县第十六届人民代表大会第二次会议】 2013年3月7日至9日，宁乡县第十六届人民代表大会第二次会议在县城召开。会议共进行六项议程：一是听取和审查县人民政府县长周辉关于政府工作的报告；二是审查县发展和改革局局长蒋鹏海关于宁乡县2012年国民经济和社会发展计划执行情况与2013年国民经济和社会发展计划草案的报告(书面)；三是审查县财政局局长谭启良关于宁乡县2012年预算执行情况与2013年预算草案的报告(书面)；四是听取和审查县人大常委会主任贺应辉关于县人大常委会工作的报告；五是听取和审查县人民法院院长张帅关于县人民法院工作的报告；六是听取和审查县人民检察院检察长刘伟东关于县人民检察院工作的报告。

会议认为，2012，全县上下高举科学发展旗帜，紧紧依靠全县人民，坚定信心、迎难而上，凝心聚力、真抓实干，经济实力跃上新台阶，产业发展形成新优势，城乡面貌展示新气象，项目建设注入新活力，民生事业实现新发展，政府建设得到新加强，较好地完成县第十五届人大第六次会议确定的各项任务。

会议指出，2013年是贯彻落实党的十八大精神的开局之年，是新一届政府工作的起步之年。政府工作要以党的十八大精神为指针，按照县委十一届三次全会的总体部署，着重抓好新型工业、现代农业、第三产业、城乡统筹、生态保护、项目建设、民生实事和社会管理八个重点，进一步加强自身建设，改进工作作风，务实高效，创业有为，全力推动县域经济社会又好又快发展。

会议号召，全县上下要紧密团结起来，在中共宁乡县委的领导下，锐意进取、开拓创新，埋头苦干、顽强拼搏，为"打造省会次中心，构建幸福新宁乡，建设全国一流现代经济强县"而努力奋斗。

(喻　波　黎　宇)

县人大常委会工作机构

办公室

主　　任　詹亮明

副 主 任　姜夕兰(女)

杨望伟(9月免)

黎　明　喻　波

内务司法工作委员会

主　　任　夏国勋

副 主 任　李金龙

财政经济工作委员会

主　　任　曾子文

副 主 任　童铁军(1月免)

刘南科(1月任)

选举任免联络工作委员会

主　　任　刘信群

副 主 任　王京湘(女)

教育科学文化卫生工作委员会

主　　任　赵建华(女)

副 主 任　邬明华

农业工作委员会

主　　任　钟　鑫

副 主 任　刘南科(1月免)

李文杰(1月任)

城乡建设环境与资源保护工作委员会

主　　任　彭晓静(女)

副 主 任　欧阳练兵

宁乡县人民政府

宁乡县人民政府
县委副书记、县长
周　辉
县委常委、常务副县长
刘　亮
县委常委、副县长
龚　畅
吴文海(挂职,3月任)
副 县 长　钟利仁(女)
王湘云　刘俊武
漆曙光　冯智君
副调研员　周明山
吴国强(1月任)
孔秋生(12月任)
县长助理　刘润乾
主任督学　杨旭东
督办专员　喻东武
督 办 员　姜汉明(1月免)
曾伯奇(1月解聘)
喻孝礼(1月解聘)
彭　辉(1月解聘)
李新铭
刘　卫(1月解聘)
王伯乾　丁诗远
姚普良　王导成
胡明德　文金凤
戴向军(1月聘任)
周进军(1月聘任)
黎成吉(1月聘任)
王社平(1月聘任)

【县政府常务会议研究事项】 2013年，县人民政府共召开常务会议15次,主要研究事项如下:

1月6日,县长周辉主持政府常务会，研究2012年全县财政预算执行情况及2013年财政预算安排、2012年全县国民经济和社会发展计划执行情况及2013年国民经济和社会发展计划、食品安全工作等。

1月21日，县长周辉主持政府常务会，研究2012年退伍兵安置工作、人民医院购置多层螺旋CT、国土项目财政管理办法、土地变性、安全监管体系建设、机关食堂管理工作等。

2月27日，县长周辉主持政府常务会，研究政府工作报告、控建拆违、炭河里遗址保护、土地变性等。

3月26日，县长周辉主持政府常务会,研究《宁乡县政府工作规划》、政府性合同监督管理暂行办法、金林时代广场招商、新闻中心建设、机构编制实名制、公园小学和示范性综合实践基地项目合建工作等。

4月19日，县长周辉主持政府常务会，研究县城总体规划2010年-2020年的修改、县2013年度旧城改造项目计划、县农村公共资源交易实施办法(试行)等。

5月23日，县长周辉主持政府常务会,研究企业安全生产标准化、第三次全国经济普查、土地变性、委托百灵鸟小学办学等。

6月14日，县长周辉主持政府常务会,研究审议《城乡环境综合整治行动方案》、殡改工作、审议《县保障性住房建设管理实施办法》、审议《政府投资建设项目审计监督办法》和《县党政主要领导干部和国有企业领导人员离任经济事项交接暂行办法》等。

6月24日，县长周辉主持政府常务会，听取2012年财政决算(草案)汇报、听取县2012年预算执行和其他财政收支审计结果汇报、研究经济运行情况等。

7月14日，县长周辉主持政府常务会,研究审议县政府性合同监督管理暂行办法、审议首轮特色县域经济重点县宁乡农副产品加工业实施方案、审议基层医疗卫生机构标准化建设三年行动方案及基层中医药服务能力提升工程实施方案、研究工伤保险费率调整和未改制企业老工伤问题。

8月21日，县长周辉主持政府常务会，研究2013年有关工作考核奖励项目、公路项目建设相关工作、基准地价更新工作等。

9月23日，县长周辉主持政府常务会，研究人社相关工作、河道采砂、义务教育均衡县国检工作、金洲关山创业园、土地变性等。

10月23日,县长周辉主持政府常务会，研究2012年同级预案审计整改情况、管道燃气特许经营、人民医院购置放射治疗设备、财政预算调整、加快市场化改革促进民间投资发展工作等。

11月14日,县长周辉主持政府常务会,研究审议信用体系建设暨诚信宁乡创建实施方案、关于促进小额贷款公司规范健康发展意见和成立阜湘小额贷款公司相关事项，研究烟花鞭炮安全生产,研究2014年烟叶生产发展计划,研究征地补偿标准调整相关工作等。

12月19日,县长周辉主持政府常务会，研究政府工作报告、干部人事和机构编制相关工作、审议《关于加强道路交通安全工作的实施意见》等。

12月24日,县长周辉主持政府常务会，研究政府投资项目计划、2013年财政预算执行情况及2014年财政预算(草案)。

【县长办公会议研究事项】 2013年,由县委副书记、县长周辉主持召开县长办公会议16次，主要研究事项如下:

1月21日，周辉在县公安局主持召开公安工作办公会议。

3月2日,周辉在灰汤镇主持召开灰汤工作办公会议。

3月27日，周辉在九环紫荆城项目部会议室主持召开九环紫荆城项目建设工作办公会议。

4月2日,周辉在春城万象广场项目部会议室主持召开春城万象广场项目建设办公会议。

4月11日，周辉在县水务局七楼防汛会商室主持召开2013年防汛抗旱工作会商会议。

4月22日，周辉在花明楼镇主持召开花明楼·刘少奇故里景区创建国家AAAAA景区工作办公会议。

5月21日，周辉在县政府常务会议室主持召开学生用车安全管理工作办公会议。

5月31日，周辉在双江口镇主持召开大河西农产品物流中心项目建设办公会议。

6月4日,周辉在县行政中心12楼会议室主持召开安全生产工作会议。

6月5日,周辉在夏铎铺镇主持召开园区建设办公会议。

6月8日,周辉在菁华铺乡主持召开玉菁公路建设办公会议。

6月14日，周辉在县行政中心16楼会议室主持召开肖凯初等集资活动性质进行行政认定工作的办公会议。

6月28日，周辉在县行政中心12楼会议室主持召开南太湖自来水厂项目建设办公会议。

11月21日,周辉在县行政中心12楼会议室主持召开交通运输工作办公会议。

11月29日,周辉在双江口镇主持召开长沙大河西农产品物流中心项目建设办公会议。

12月3日，周辉在行政中心1201会议室主持召开沩山密印景区开发建设工作会议。

【经济研究工作】 2013年，县政府经济研究室坚持服务领导、服务中心、服务发展,认真履行职能职责,积极主动开展工作,扎实做好经济研究、报告起草、综合调研、信息收集等工作,圆满完成各项目标任务。

一是做好各类文字材料的起草工作。全年撰写政府工作报告、经济形势分析及各类汇报、讲话、论文、演讲等材料305篇,撰写各地到宁乡考察的情况介绍及经验总结30余篇。特别是政府工作报告的起草，周期长达一个半月,通过深入基层一线调研,征求社会各界意见,十易其稿,字字斟酌,报告字数由1万多字精简不到9500字,政府已经做了什么,今后还要做哪些事,件件清清楚楚,做到既精炼又务实,得到领导的高度肯定和代表委员们的一致好评。

二是不断提高调研写作水平。坚持以全县工作重点为方向,抓住事关全局、事关发展、事关民生的大事要事难事以及领导的关注点,积极主动开展调研。在调研中,强化超前性调研,为领导决策提供依据;强化策略性调研，为领导决策完善思路;强化问题性调研,为领导决策提出建议，形成一批有情况、有分析、有见地的综合调研成果,如成功推介宁乡农田水利的工作建设成果,得到省市领导的高度关注，重点研究各分线2014年工作思路，为领导决策提供参考,这些调研成果得到主要领导的高度重视和重要批示。

三是高效完成领导日常交办的工作。全年共推出《领导专供消息》20期,为领导提供最新的县域内外消息;推出《政府工作简报》50期,把领导的讲话精神及时传达到各乡镇和各部门单位;推出县领导每周工作计划及推进情况报表,为县领导碰头会做好会务材料工作。

【人防工作】 2013年，县人民防空办公室以继续保持“战区一流、全国领先”为目标,始终把人民防空建设融入经济发展、融入城市建设、融入民生事业,把面向基层、重心下移作为2013年人防工作的重点,创造性地开展工作,人防工作取得一定成效。

一是积极完善人防通信警报系统。2013年,宁乡县新增4台电声警报器，在城区共配备18台警报器,实现城区警报鸣响率、覆盖率100%。组织“11·1”防空警报试鸣演习,圆满完成“双百”任务要求。定期对各警报点进行检测维护，确保整个警报系统的联络畅通，警报社会化管理率达100%。组织警报点操作人员的技术培训,配备人防移动指挥车辆。参与市办组织的指挥通信培训,不断提高业务能力。

二是大力加强人防工程建设与维护。其一严格人防建设标准。县人民防空办公室严格按照人防法要求,在审查县城规划区新建项目时,严格把关,坚持“以建为主”的原则,对高层建筑和面积较大居住小区，一律要求建设人防地下室。严格按照《人民防空工程战术技术要求》,对各报建单位从设计、施工、监理、质量、竣工验收等环节严格把关。全年经审查同意立项报建防空地下室项目21个，报建面积3.94万平方米，同比增长17.7%;全年共收取人防易地建设费312.6万元。其二认真开展安全检查。对全县人防工程进行全面检查,不断完善维护检查记录、备案制度。重点对容易引起火灾的线路设备、易燃易爆物品、通风排水设备进行检查，排除火灾事故隐患;对容易遭到洪水侵袭的人防地下工事采取加固措施,对部分工事漏水、裂缝进行封堵、排水、抽湿、维修等。对个别工事已过期的消防器材及时更换,全年无任何安全责任事故发生。其三全面落实防空袭疏散接收工作。组织专门人力物力，细致调查研究，多次召开会议商讨,制定《宁乡县城区防空袭疏散预案》,组织专家召开方案评审会,并顺利通过评审;与岳麓区人防办组成联合工作组,开展防空袭疏散接收对接工作,要求乡镇制定好防空袭接收预案,并落实到村、组、户。

三是全面优化行政审批程序。2013年，宁乡县对政务中心窗口审批业务进行全面的优化调整,人防审批授权进一步到位,审批程序进一步精简优化,审批效率大大提高,人防行政审批权限已全部归口到政务中心窗口。

四是深入推进人防宣传工作。广泛开展人防法律法规和知识的宣传教育，大力推动人防宣传教育进学校，联合县教育局在各乡镇中心学校、县直学校、民办学校、幼儿园开展人防知识教育，取得良好的效果。结合11月1日全省防空警报试鸣日，开展“关爱生命，关爱人防”宣传活动。以悬挂横幅、摆放宣传板报、开设咨询台、接受现场咨询等方式进行宣传。出动宣传车，沿县城主要干道宣讲人防相关知识。开展人防宣传进社区活动，广泛发动社区居民踊跃参与，提高群众人防意识。充分重视网络平台的人防教育宣传，在宁乡县政务信息公开网上发布人防宣传相关内容，在防空警报试鸣日、防灾减灾日、国防教育日等特殊时段，开展主题宣传，及时发布有关人防新闻和资讯。

五是严格落实人防财务管理制度。认真执行《人民防空财务管理规定》，坚持“收支两条线”“专款专用”的人防预算外资金管理制度，认真执行《人民防空会计制度》，2013年，没有出现任何违法违规的现象。

【政府法制工作】 2013年，县政府法制办公室紧紧围绕县委、县政府的中心工作，全办人员以推进依法行政、建设法治政府为己任，团结协作，开拓创新，勤勉履行政府法制工作职责，有序推进依法行政工作，依法行政指导监督、立法、规范性文件管理、政府合同审查管理、行政复议应诉等各项业务工作平衡发展，政府法制工作迈入一个规范、高效的发展轨道。

一是认真做好立法工作。其一全面完成《长沙市炭河里遗址保护条例》的立法工作。在《长沙市炭河里遗址保护条例》的起草中，法制办工作人员在认真研究、充分征求意见的基础上，确立立法的指导原则、重点问题和基本框架，收集大量的立法资料和相关情况，形成初稿，五次召开会议进行逐条讨论研究。《长沙市炭河里遗址保护条例》已由长沙市第十四届人民代表大会常务委员会第五次会议通过，湖南省第十二届人民代表大会常务委员会第三次会议批准，自2013年10月1日起施行。其二做好《大屯营地区生态环境保护办法》的起草工作。根据市县要求，《大屯营地区生态环境保护办法》的立法进度要与“1211”工程建设进度基本一致，县政府法制办公室工作人员组织召开三次论证会，并组织起草人员赴重庆学习考察立法经验。

二是加强规范性文件管理。法制办严把规范性文件管理的“五个关口”，即严把制定程序关、“三统一”关、审查备案关、工作效率关、文件效力关，切实提高规范性文件制定质量。2013年，宁乡县共向市政府、县人大报备规范性文件10件，无一件退回件；各乡镇和县直单位报备规范性文件24件，登记编号并公布24件。

三是加强依法行政指导监督。其一发布行政执法指导案例。法制办组织开展行政执法指导案例的选择和编纂工作，经县政府研究同意，在水务、工商、农业、公安、质监、环保6部门选择发布了6个行政执法指导案例(宁政办发〔2013〕66号)，并在宁乡县公众信息网上公布。其二完善行政裁量权基准。经摸底，宁乡县有9个单位的基准为“暂行”“试行”，4个单位相互合并，8个单位上位法有修改或执法范围有变动，还有2个单位更名，经修订后的21个单位行政裁量权基准重新公布在宁乡县公众信息网上。其三组织开展依法行政示范单位创建活动。按照省市要求，下发宁政办函〔2013〕48号“关于开展依法行政示范单位创建活动的通知”，要求各创建主体对照创建标准，积极开展创建活动。其四完善行政处罚权行使。市法制办在9月抽查宁乡9个单位的行政许可和行政处罚案卷各5个，肯定相关单位执法工作成绩。其五完善行政执法人员资格信息化建设。完成第四轮集中行政执法和新版行政执法证件的换发工作，全年共组织培训3次，各单位自行组织培训10场次，重点学习《湖南省依法行政工作手册》。2013年，共培训人员1619名，发放执法证件1619本。在6月30日前完成执法人员数据库核对清理工作，实现行政执法人员网上在线管理，方便公众查询。

四是加强行政复议应诉工作。制定贯彻《湖南省行政复议规范化建设实施意见》的具体方案。4月，制定宁乡县行政复议工作规范化建设实施方案，并在宁乡县公众信息网上发布。明确规范行政复议受理、审理、决定、指导监督、基础等5项工作的总体目标以及完成各项工作的具体期限。认真做好行政复议和应诉工作。2013年，共收到行政复议申请36件，不予受理4件，立案复议32件，经复议后审结31件(含2012年2件)，其中维持24件，撤销4件，调解1件，撤回申请2件，法定时间结案率达到100%。同时，创新行政复议审理方式，引入行政复议调解机制，成功调解争议1起。办理行政民事案件12件，代表县政府出庭当被告，与原告当事人一起直面行政和民事争议，公民依法解决争议的意识明显增强。在南洋公司诉县政府沩水特大桥合同违约案中，二审在最高人民法院县政府出庭应诉胜诉，为其避免经济损失1.97亿元。深入推进行政司法互动。共组织行政司法互动会1次，代表县政府应诉1件，为其他部门提供应诉支持3次，均取得较好的实践效果。

五是加强政府合同审查管理。为保证财政资金和国有资产的安全，避免政府合同权益遭受损失，经县政府常务会议研究审议通过《宁乡县政府性合同监督管理暂行办法》(以下简称“办法”)，于2013年9月1日正式实施。合同管理制度成为新一届政府重点建设的“四项制度”中的重要内容。自《办法》实施以来，县政府法制办共参与合同谈判和合同草稿征求意见会议10余次，对县政府及乡镇部门单位拟签订的30余份合同进行法律审查，提出合同修改意见200余条,涉及标的超过100亿元,合同审查有效维护政府作为签约方的合法权益。

【政务督查工作】 2013年,县政府督查室以政府决策事项、会议决定事项、《政府工作报告》目标任务、省市和县交办事项、为民办实事、建议提案办理等方面为督查重点,共编发《政府工作督查》31期,《督查专报》6期,另与县委督查室联合编发《宁乡督查》9期;受理市长信箱161件,红网问政湖南宁乡县政府留言61件,办复率100%。

一是以督查《政府工作报告》目标任务完成为核心。县政府督查室在年初按照《政府工作报告》要求,制定工作要点,对全年工作目标任务进行责任分解,明确负责领导和责任部门,以"四比四抓"竞赛活动为载体,全年紧紧围绕这条主线积极主动地开展督促检查和反馈工作。要求部门单位的各项工作目标按季度分段,认真督促检查完成情况,及时写出材料,及时反馈,加强时效性。对"四比四抓"竞赛活动开展情况每季度进行督查、讲评、通报,半年一评比,有力地推进全县各项工作的开展。

二是以督查落实省、市为民实事工作为重心。起草下发宁政办发〔2013〕33号文,明确责任单位,层层抓落实,加强对项目的督促检查。截至年底全县37项(其中省24项、市13项)实事任务中超额完成任务指标11项,全面完成任务指标21项。

三是以督查会议议定事项和领导批示件落实为重点。县政府督查室坚持把落实会议决定事项、领导批示件和交办事项作为常规性督查工作来抓,做到抓重点突难点,抓大事促小事,分轻重缓急,抓实抓细,坚持做到批则必查,查则必清。同时建立健全督办机制,坚持特事特办、急事快办和上门督办,在督办和查办过程中,讲究速度和质量,严格按照领导批示认真办理,及时办结。全年督查落实政府常务会会议纪要14期41件,县长办公会会议纪要21期48件,督查效果良好。

四是以督查建议提案办理工作为亮点。2013年,县政府收到市建议提案9件,在6月底已全部办复,办复率100%;县人大代表建议272件,县政协委员提案304件,均已全部办复。至9月,全部提案议案办结率、见面率达到100%,满意率达到95%。

五是以抓住日常督查与绩效考核为关键。坚持重点工作一月督办一次,日常工作一季度督办一次,对目标任务落实过程中存在的问题,及时反馈。1-11月,政府督查室共牵头组织大型决策督查38次,督查调研5次,下发"督办函"152份,办复市长信箱161件,红网问政湖南宁乡县政府留言61件。

六是以紧密联系市政府督查工作为主导。宁乡县以市委市政府开展的"六个走在前列"竞赛活动为指导,密切加强与市政府工作的联系,及时分解、督查市政府工作报告部署的任务,全年政府督查室对市政府工作报告部署任务专项督查3次,市重大项目、重点工程专项督查8次,城乡综合整治专项督查5次,确保年初制定的各项目标任务完成。

【驻广州办事处工作】 2013年,驻广州办事处全力以赴抓招商信息发布,竭尽心智做招商项目对接,不断推进湘粤两省的经济文化互动,在加强联络沟通,展示宁乡形象,推介宁乡项目,推动宁乡经济发展,维护在粤宁乡人权益等方面做出应有的贡献。

一是抓基础,通过日常事务加强与广州的融合度。其一坚持做好接待和联络协调工作。全年完成接待宁乡方面的人员共29批次210人次。在春节、清明节、端午节、"五一"劳动节、中秋节、国庆节期间,接待回湘乡友共47批次370人次。其二充分发挥"桥梁"和"纽带"作用。全年,参加和组织各类活动26场次。其三积极配合广州构建和谐社会的各项中心工作。全年累计接待来访人员239人次。落实解决实际问题和疑难事件96件,挽回经济损失近2000万元。2013年,驻广州办事处做好各类疏通解释工作近500人次。

二是抓核心,以永续经营的理念不断促进湘粤两地经济文化合作。始终把抓项目抓招商引资作为所有工作的出发点和落脚点,招商网点进一步完善,招商力度进一步加大,招商实绩进一步突破。2013年,与23家重点企业建立沟通和联系,湘妹食品、沁湘鑫门业和喻家坳油茶种植合作社正式落户宁乡,全年实现投入2.28亿元,加上碧桂园山湖城、山水桃园、富豪山庄盛翠豪庭等原有项目的新增投入,全年实现招商投入8.69亿元。

三是抓自身建设,努力塑造办事处良好形象。驻广办全面完善办事处的各项规章制度,坚持发挥党员的先锋模范作用,认真遵守各项法律、法规,深入贯彻落实中共宁乡县委、县人民政府和广东省人民政府、广州市人民政府以及广州市协作办、天河区协作办的各项指示和要求,经常性开展学习教育活动,全年,没有发生违纪违法行为。努力抓好办事处内外环境卫生、庭院绿化、亮化和安全防护等各项工作,使办事处形象获得了较大的改观,受到上级和乡友的一致好评。

【安全生产职能职责督查工作】 2013年,根据县委、县政府的工作安排,按照《宁乡县安全生产监督管理职责规定》宁政发〔2011〕11号文件、2013年度安全生产目标管理考核的要求,县安全生产职能职责督查室对全县34个部门、33个乡镇安全生产职能落实进行督查,安全生产呈现良好的工作格局。

一是完善安全生产监管体系。年初,县委、县政府召开安全生产大会,各乡镇随后召开安全生产专题会议,层层签订责任书。督查室联动安监局、发改局、食药监局、食安办等部门一同排查安全隐患,定期指导督查安全工作。

二是规范安全生产秩序。督促

各乡镇按照“四提高、三降低、两增强、一杜绝”的工作方针开展工作，切实加强隐患排查治理，强化行政执法措施，推进“打非治违”专项行动。

三是夯实安全生产基层基础。结合宁乡实际情况，推行高危行业标准化建设，推进示范乡镇创建，创新宁乡学生用车管理模式，打造食品安全品牌，全面强化消防安全管理。

通过开展安全生产专项督查，联合安全监管部门加强监管，全县安全生产形势进一步稳定，安全生产局面进一步改观，全年全县没有发生一起重大安全事故，安全生产工作获省、市先进。

【政务信息工作】 2013年，县信息中心加快硬件建设，健全管理制度，强化管理服务，宁乡县人民政府网站连续6年荣获“中国政务网站优秀奖”，为打造服务型和阳光型政府作出贡献。

一是创新网站建设，提高服务质量。通过打造政务公开窗口，构建公共服务平台，架设政民互动桥梁，信息中心的服务质量进一步增强。2013年，县政府对外公开政务信息2135条，乡镇、县直各单位对外公开政务信息3010条，在市政府网站上公开政务信息2247条。网上办事大厅全年收件4041件，办结4034件。向公众提供各类服务信息1658条，审核发布供求信息3230条。县长信箱共收到来信1760条，信件办结率为100%。建成金洲镇、花明楼镇、双江口镇等乡镇以及粮食局、公路局、黄材水库灌区管理局等大部分县直部门单位的二级子站。下发《关于进一步做好网上政务公开工作的通知》，将网上政务公开纳入县绩效考核的核心指标。

二是加强网络管理，保障安全稳定。其一实现电子政务内网全覆盖。将地税局、国税局、烟草局、人民银行、电力局、邮政局等16家垂直部门、驻宁单位，纳入县电子政务内网，建立横向覆盖所有单位，纵向覆盖乡镇的内网网络。其二规范电子政务外网全监管。5月份，采购网络准入控制系统，对每一台联入宁乡县电子政务网络平台的设备，包括电脑终端、移动终端、交换机等，进行入网前安全规范检查，并对个人用户进行实名认证，做到“违规不入网、入网必合规”，构建高效、智能的网络准入防护体系。其三优化电子政务网络大环境。对不能满足使用需求的UPS、网络安全等设备进行更新置换。将电政办工作人员搬迁到机房监控室办公，并增加两台监控设备，对机房进行“贴身”监管。对机房所有安全、网络、服务器设备管理进行整体外包，按照“调结构、腾空间、清线路”的要求，对机房的电、网络等各种线路进行规整。

三是服务中心工作，推动项目应用。建成全市首个“县、乡”两级电子公文传输系统，长沙公文传输进入数字化时代。开发全省首个“宁乡县城乡环境综合整治网上平台”，有效推动“三城同创”进程。建设宁乡县教育城域网，打造区域教育信息化示范样本。升级宁乡县综合治税平台，确保税收征管提质增效。

【政府财务工作】 2013年，政府财务科以务实严谨的服务态度，圆满完成财务管理、劳动统计、联络离退休人员等工作任务，为县领导和办公室工作人员提供较好的工作环境。

一是做好财务工作。贯彻《中共中央办公厅、国务院办公厅关于党政机关厉行节约若干问题的通知》精神，认真落实县委、县政府关于财政压支增收一系列措施，强化经费监督，做到收支平衡。对经费支出进行详细分析，按科目进行分类统计，以勤俭、节约、高效为原则，建立严格资金支付流程，人员及公用经费实行“先批后支，计划先行”的报账程序，全过程监督预算执行，提高财务管理。进一步规范办公室财务开支报账制度、经费包干制度、纪念品和用餐制度，建立台账，登记到人、到科室。强化节支手段，坚持一支笔审批。及时无误发放退休人员工资、补助、遗属补助、办公室干职工奖励、工资、福利等，准确收付干职工的各项开支发票，兑付转账、公务卡消费。

二是做好联络老干工作。县政府办公室成立领导小组，常务副县长任组长，办公室常务副主任任副组长，年初制定老干部活动安排表，按政策落实各项老干部待遇。每半年一次向老干部通报全县财政税收、招商引资等情况。平时组织老干部开展学习、娱乐活动。

三是做好劳动统计工作。准确及时统计单位从业人员人数及劳动报酬，从业人员人数变动情况，每月、每季、每年度按时准确编报有关资料。

【外事侨务工作】 2013年，宁乡县外事侨务办立足科学发展观，认真贯彻党的十八大精神，不断提升对外开放水平，不断提高外事管理能力，致力于宁乡社会经济发展，致力于侨界稳定安详。

一是开展侨情摸底调查。认真贯彻落实全市重点侨情调查工作培训会议精神，在政府办、外侨办的统一调度下开展县重点侨情调查。本次调查共收到33个乡镇、12个科局的电子和纸质调查表800多份，并作认真核实，对资料加以完善补充。共摸清重点华侨华人181人，归侨5人，侨眷116人，港澳居民14位，港澳同胞眷属2位，侨属121户，归国留学人员及留学生69人。外侨办对这次调查情况进行了全面整理归档。

二是架构“三胞”联络桥梁。深入45家社区广泛宣传侨务政策知识，发放宣传资料210份，让更多群众了解侨务方针、政策、法律法规。加大传统联谊渠道，传统节日向海外发出80多张贺年卡、慰问信。同时，外侨办着力为困难侨胞眷属排忧解难，为涉侨企业协调办事，使侨界大局稳定，安心居家。

三是高效优质做好涉外事宜。其一认真做好国外友人到宁乡的参观考察工作。2013年，宁乡县接待会议四次，接待8批次的国外友人到宁乡参观，如驻华使节考察团、中国海协理事经贸文化考察团等。其二从严把握，做好因公出国事宜。2013年，通过县外办办理因公出国手续11人，较2012年减少近一半，核减三批次9人出国。因公出国做到严格资格审查关，严格量化管理规定关，严格审批流程关。

【应急管理工作】 2013年，县应急办公室按照省市关于加强应急管理工作的要求，做好应急联动平台建设，健全和完善乡镇综合应急救援队伍，加强应急物资储备，修订和完善应急预案，进行应急知识学习培训和应急演练，加强信息报送，为全县经济社会和谐稳定创造了良好的条件。

一是完善应急预案。2013年，县应急办把县总体应急预案和28个专项应急预案修订列为重要工作，对各专项应急预案逐一进行评审，并于8月下发县总体应急预案，确保一旦遭遇突发事件，知道由谁去做，去做什么，怎么实施。

二是开展应急宣传。开展多样性、多层次、全方位的应急知识宣教活动，利用防灾减灾日、119消防日、警民开放日、安全生产月等特殊时段，举办应急知识讲座、张贴宣传海报和标语、出动宣传车等。全年累计举办各类应急知识培训班共120余场次、进行各类应急演练820次，其中部门举办专项应急演练10次，学校举办应急逃生演练682次，各乡镇、部门单位举办地震火灾逃生应急演练120余次，其他应急演练8次，通过演练，增强应急管理队伍的责任感、使命感和应急管理工作人员的主动性。

三是添置应急设备。2013年，宁乡县加大对防汛抗旱、火灾、煤矿和非煤矿山、危险化学品、地质灾害、公共卫生、食品安全、森林火灾等重点领域的救援队伍建设，夯实基层综合应急救援队伍，并进一步增加救援设备、救援器材等应急物资的添置和储备，县政府投入400万元新增、改造市政消火栓800余个，投入30多万元对应急救援大队相关设备装备进行补充和添置。

四是抓好应急值守。坚持24小时值班制，坚持实行值班工作定期抽查制度，尤其在汛期、特护期及突发事件发生期间，加强夜间值班力量，确保24小时信息畅通。同时采取一系列措施规范突发事件信息接收、采集和报送工作，加强对重大突发事件信息的查询、跟踪和汇总，确保突发事件信息不迟报、漏报、瞒报。

五是建好应急平台。按照国务院关于应急平台总体部署和省、市工作要求，全面实现应急联动指挥系统省、市、县处置突发事件的信息、指令、视频的互联互通，县成立由县委常委、常务副县长刘亮任组长，县政府办主任赵光辉任副组长，各相关应急联动单位负责人为成员的政府综合应急指挥平台建设工作领导小组，专人负责工作协调，全县应急指挥平台建设有关工作正在进行。

（王维富）

【2013年宁政发文件目录】

▲宁政发〔2013〕1号　关于进一步加强文物保护工作的通知

▲宁政发〔2013〕2号　关于依法整治非法采砂洗砂行为的通告

▲宁政发〔2013〕3号　（刘凤喜）房屋征收补偿决定书

▲宁政发〔2013〕4号　（潘寿坤）房屋征收补偿决定书

▲宁政发〔2013〕5号　（张贱坤）房屋征收补偿决定书

▲宁政发〔2013〕6号　（潘正华）房屋征收补偿决定书

▲宁政发〔2013〕7号　（张春曦）房屋征收补偿决定书

▲宁政发〔2013〕8号　关于进一步加强内部审计工作的意见

▲宁政发〔2013〕9号　关于进一步加强土地开发管理的实施意见

▲宁政发〔2013〕10号　关于印发《宁乡县财政性资金管理暂行办法》的通知

▲宁政发〔2013〕11号　关于印发《宁乡县政府投资建设项目管理若干规定》的通知

▲宁政发〔2013〕12号　关于印发《宁乡县2013—2015年乡镇(园区)财政体制实施方案》的通知

▲宁政发〔2013〕13号　关于进一步加强建设工程项目联合审批验收工作的通知

▲宁政发〔2013〕14号　关于下达2013年政府投资项目计划的通知

▲宁政发〔2013〕15号　关于严禁非法种植烟叶的通告

▲宁政发〔2013〕16号　关于印发《宁乡县人民政府工作规则》的通知

▲宁政发〔2013〕17号　关于进一步加强爱国卫生工作的意见

▲宁政发〔2013〕18号　关于进一步促进房地产业持续健康发展的若干意见

▲宁政发〔2013〕19号　关于关闭周竞锋铝塑分离生产点等20家非法生产点的决定

▲宁政发〔2013〕20号　关于开展车辆超限超载专项治理的通告

▲宁政发〔2013〕21号　关于维护高考秩序的通告

▲宁政发〔2013〕22号　关于做好贫困残疾人帮扶工作的意见

▲宁政发〔2013〕23号　关于责令湖南双华纸业有限公司停产整治的通知

▲宁政发〔2013〕24号　兵役登记通告

▲宁政发〔2013〕25号　关于宁乡经济技术开发区党校地块旧城改造项目房屋征收补偿方案征求意见的通告

▲宁政发〔2013〕26号　关于通益社区农发行地块旧城改造项目房屋征收补偿方案征求意见的通告

▲宁政发〔2013〕27号　关于认真做好第三次全国经济普查工作的通知

▲宁政发〔2013〕28号　关于禁养区畜禽养殖业退出的通告

▲宁政发〔2013〕29号　关于

规范工程建设领域中介机构服务的意见

▲宁政发〔2013〕30号　关于进一步加强政务服务建设的意见

▲宁政发〔2013〕31号　征兵通告

▲宁政发〔2013〕32号　关于印发《宁乡县保障性住房建设管理实施办法》的通知

▲宁政发〔2013〕33号　关于政府投资项目中介机构备选库的征集通告

▲宁政发〔2013〕34号　关于全面推进财政预算绩效管理的意见

▲宁政发〔2013〕35号　关于加强殡葬管理推进殡葬改革的通告

▲宁政发〔2013〕36号　关于做好2013年烟叶收购工作的通告

▲宁政发〔2013〕37号　关于依法取缔肖凯初及其企业非法集资活动的通告

▲宁政发〔2013〕38号　关于依法整治黄材水库库区管理秩序的通告

▲宁政发〔2013〕39号　关于宁乡经济技术开发区党校地块旧城改造项目房屋征收补偿方案(征求意见稿)修改情况的通告

▲宁政发〔2013〕40号　关于保护电力设施维护供用电秩序的通告

▲宁政发〔2013〕41号　关于宁乡经济技术开发区党校地块旧城改造项目房屋征收决定的通告

▲宁政发〔2013〕42号　关于进一步深化计划生育利益导向机制建设的意见

▲宁政发〔2013〕43号　关于印发宁乡县突发事件总体应急预案的通知

▲宁政发〔2013〕44号　关于侯旨亭广场东南侧道路拓宽改造的通告

▲宁政发〔2013〕45号　关于进一步加强控建拆违工作的意见

▲宁政发〔2013〕46号　关于进一步加强价格调节基金征收管理使用的通知

▲宁政发〔2013〕47号　关于印发《宁乡县人民政府行政问责办法》的通知

▲宁政发〔2013〕48号　关于通益社区农发行地块旧城改造项目房屋征收补偿方案(征求意见稿)修改情况的通告

▲宁政发〔2013〕49号　关于禁止猎捕野生鸟类的通告

▲宁政发〔2013〕50号　关于表彰2012年度宁乡县科学技术奖励获奖项目的通报

▲宁政发〔2013〕51号　关于取缔关闭六家非法矿山的决定

▲宁政发〔2013〕52号　关于关闭宁乡县大成桥乡花明采石场等八家非煤矿山的决定

▲宁政发〔2013〕53号　关于印发《宁乡县城乡居民基本医疗保险办法》的通知

▲宁政发〔2013〕54号　关于印发《宁乡县人民政府重大行政决策程序规定》的通知

▲宁政发〔2013〕55号　关于依法禁止投肥养殖的通告

▲宁政发〔2013〕56号　关于辞退罗元锭的决定

▲宁政发〔2013〕57号　关于辞退汪志强的决定

▲宁政发〔2013〕58号　关于宁乡县正农路旧城改造项目第二批房屋征收补偿方案征求意见的通告

▲宁政发〔2013〕59号　(周鑫阳)房屋征收补偿决定书

▲宁政发〔2013〕60号　(阿斯派)房屋征收补偿决定书

▲宁政发〔2013〕61号　(蓄电池厂)房屋征收补偿决定书

▲宁政发〔2013〕62号　关于《做好2014年烟叶生产工作》的通知

▲宁政发〔2013〕63号　关于进一步规范土地房屋征收补偿安置工作的若干意见

▲宁政发〔2013〕64号　关于宁乡县朝阳溪治理及周边棚户区改造工程建设项目房屋征收补偿方案征求意见的通告

▲宁政发〔2013〕65号　关于依法整治河道非法采砂的通告

县人民政府办公室

主　　任　赵光辉
副主任(常务)
周铁军(1月任)
副 主 任　文　剑(兼,4月免)
黄建海(兼,1月免)
胡以红(兼,9月任)
赵龙希(兼,4月免)
喻强辉(兼,1月免)
何宇雄(兼,4月免)
胡胜长　蒋平波(兼)
江海斌(兼)
周旭文(兼,9月任)
唐朝晖　叶　辉
罗桂华(1月免)
刘寄华(兼,1月免)
邹志平
刘孟乾(9月免)
黎正明(9月任)
刘宇雄(1月任)
刘跃华(兼)
熊海军(9月免)
朱汉洪(1月解聘)
陈　浩
姜佳宏(1月任)
范建强(1月任)
杨向东(兼,1月任,4月免)

县人民政府应急管理办公室

主　　任　何立辉(9月任)

县人民政府督查室

主　　任　胡以红(1月免)
欧阳立(4月任)
副 主 任　黄胜男(女)
蒋建华(1月任)

县人民政府研究室

副 主 任　贺俊军
江　波(1月任)

县人民政府法制办公室

主　　任　罗桂华
副 主 任　吴泽平　黄俊峰

县外事侨务办公室

主　　任　杨文斌
副 主 任　欧志雄
刘　霞(女)

县人民防空委员会办公室

主　任　欧阳立(9月免)
　　　　隆志申(9月任)

县人民政府驻广州深圳联络处

主　任　陈　健

县电子政务管理办公室

主　任　姜佳宏(1月免)
　　　　徐　文(1月任)

政务服务中心

县政务服务中心

主任、党组书记

　　　　蒋平波

副 主 任　汤明星(1月免)
　　　　杨红秀(女)
　　　　周永清
　　　　青小华(1月任)
　　　　易鹏志(1月任)

【概况】 宁乡县政务服务中心与县优化办、收费管理中心、行政效能监察中心、治理经济环境110中心联合办公,对外合称“一办四中心”,是宁乡县促进政务公开、实现审批提质增效、优化经济发展环境的综合政务服务平台。中心内设办公室、“县长热线”服务科、业务指导科、政务公开科和优化环境科。政务大厅经过两次调整,共有26个窗口,171项审批服务事项进驻。中心及大厅现有干职工89名(其中本中心14人、三中心9人、大厅66人)。

2013年,中心在县委、县政府的正确领导下,以“打造全省一流政务服务中心”为目标,以“四比四抓争先锋”“三查三比”等活动为载体,通过强化“三集中,三到位”,审批流程有效精减,审批方式有效创新,日常管理不断加强,审批事项不断增加。政务大厅共接受咨询1.4万人次,受理办件2.9万件,办结2.9万件,比2012年大幅增长。收费中心共收取建设环节行政事业性收费1.6亿元。行政许可在线审批系统共受理事项4200件,办结事项4200件,办结率100%。

2013年,中心各项工作全面推进。“态度好、服务优、效率高”成为载体单位、项目业主等服务对象对中心服务的主要评价。特别是中心推出的政府投资项目和工业招商引资项目“模拟审批”机制,得到张剑飞市长的高度肯定,其经验在全市“发展环境优化年暨政务公开政务服务工作会议”上推介。浏阳市、醴陵市、南县、邵东县、石家庄市新华区、内蒙古赤峰市敖汉旗、湘乡市等10多个县市区政务中心到宁乡政务中心实地考察交流“模拟审批”工作。

通过不懈的努力,县政务中心荣获宁乡县2013年度绩效考核先进单位(综合类第一名);2013年度五好领导班子;2013年度“两帮两促”先进单位;2013年度综治维稳工作先进单位;2013年度反腐倡廉建设先进单位;2013年度推进新型工作化先进单位;2013年度文明创建先进单位,2013年度人口和计划生育工作先进单位等荣誉。

一、以“三集中三到位”为核心,提升“一站式”服务水平。

一是审批服务集中化。为确保政务大厅工作有效开展,建立“三集中三到位”专项督察制度,对于授权不到位的,严格追究行政一把手和分管领导责任;同时,为保持窗口人员相对稳定,中心出台《关于调换大厅工作人员的通知》。2013年1月,政务大厅扩建提质,25家单位将所有职能科室的行政审批事项集中归并到行政审批服务科,并整体进驻政务大厅,进驻大厅审批服务事项136项。5月,经反复考证和多方协调,中心根据功能定位和实际情况、再一次优化大厅窗口,设有26个窗口,共171项审批服务事项进驻政务大厅。为推进授权到位,中心专题召开窗口单位主管领导会议2次,全体窗口负责人会议6次,中心班子成员与窗口负责人座谈50多人次,中心主要领导上门与职能单位主要领导对接20多次。

二是“模拟审批”经验化。中心出台《宁乡县“模拟审批”实施办法》,在全县推行“模拟审批”。政务大厅于2013年7月10日设立“模拟审批”专窗,统一负责“模拟审批”项目的确认、受理、告知及有关资料的催缴、数据统计、信息报送、进度通报、跟踪反馈等日常工作统计。模拟专窗对所有“模拟审批”的项目建立完整的档案资料,并通过窗口询问和电话回访的形式对项目手续办理进程进行记载。2013年共为16个项目41项审批手续进行“模拟审批”。如花明楼至东湖塘公路改扩建项目,7月25日开始立项,进入“模拟审批”,8月29日该项目完成招投标。这是手续办理速度最快的一个项目,从立项到施工仅30多天时间。

三是代办队伍专业化。通过择优推荐,在全县各部门单位和33个乡镇明确47名项目审批代理员。8月1日,中心组织召开宁乡县第一次项目审批代理员会议,并对47名项目审批代理员和大厅窗口负责人进行专题业务培训,重点学习“模拟审批”及全程代办流程等业务知识,每位项目审批代理员发放通讯录和工作证,建立工作QQ群,同时要求代理员在每月底上报本单位“项目审批手续办理进程表”,及时了解审批中的亮点和审批中存在的问题。

四是中介服务规范化。中心牵头对工程建设领域中的中介服务事项逐步削减、合并,压缩中介服务时限,降低中介服务收费。建立中介机构库,并对其进行动态化管理,以确保中介诚信服务,培育中介机构做大做强。2013年完成中介服务机构建库工作,中心将全部资料移交县公共交易资源中心进行管理。

五是管理服务精细化。其一实行全程代理。中心组织国土、工商、规划、安监等窗口对长沙博鑫出口烟花有限公司项目立项手续进行联合审批,组织国土、工商等窗口对宁乡鑫美有限公司工商注册手续进行联合审批，组织发改、规划、林业、国土、水务等窗口对南太湖自来水厂项目立项手续进行联合审批，对华都丽景、汽车南站、百宜华府、豪德商务酒店等项目进行联合验收。其二推行痕迹管理。中心对1000万元以上的进窗口项目、在窗口项目、出窗口项目进行一周一调度，对重大项目实行电话回访跟踪服务。调度情况于每周星期一报县长和常务副县长。其三实施“一单两书”制度。对未按承诺时限办结的窗口，由县效能中心进行效能监察。六是办事流程简单化。其一组织各部门进一步简化审批，对171项审批事项逐一进行梳理和流程再造，审批时间在承诺时限的基础上再减少20%，建设项目审批时间从158天提速到57天；环评等中介机构服务时间从123天压缩到100天。同时，通过报纸、网站、电视台等多种途径将所有进窗事项向社会公示。其二按照政府投资项目、房地产项目、备案项目、核准项目等四类，精心制作审批流程图。

二、以“千人测评”为主线，打造“洼地型”投资环境。

一是精心组织政风行风千人测评。2013年对政风行风测评进行改进和完善，着力加强对各参评单位平时工作的监测和评议。其一召开发展经济环境座谈会，全年组织各种形式的座谈会12场，座谈企业代表、工商业主代表、政府工作人员代表、群众代表等200多人次，搜集整理问题、意见和建议60多条；其二广泛组织问卷调查，全年共发放调查问卷900多份，搜集整理问题、意见和建议50多条；其三扎实组织评议员评议，上半年和下半年分两次组织聘请的评议员对相关部门单位进行评议，把从座谈会、调查问卷、环境监测点搜集以及评议员平时掌握了解的相关问题、意见和建议反馈到各单位，并就如何改进进行沟通和交流，下半年的评议还对整改落实情况进行回访；其四创新开展服务对象测评，对60个参评单位根据其服务对象的性质分成5类，搜集建立1200名服务对象的数据库，从中选取500名分5场次组织服务对象测评会议；其五严密组织政风暗访，在全县范围内开展政风行风暗访暗拍。其六成功组织现场测评，12月31日，经过精心组织，政风行风千人测评大会圆满成功，当场测评，当场统计，当场公布、当场表态，取得良好的效果。

二是扎实开展经济环境监测。2013年在全县首次开展经济环境监测，确定首批经济发展环境监测点30个，聘请12名经济环境监督员，适时掌握和解决全县环境问题，实时监控全县经济发展环境状况。2013年共搜集意见、建议57条，反馈到17个部门单位。各单位对照意见建议认真整改，收到明显成效。

三是有效规范涉企检查行为。认真贯彻落实《湖南省规范涉企检查若干规定》（湘办发〔2010〕23号）文件精神，出台关于规范涉企检查制度文件，明确规定每月1日至20日为“宁静日”，对各项必需的涉企检查实行备案制度。

四是重拳打击阻工闹事。结合“发展环境优化年”活动要求和安排，在全县范围内组织开展为期三个月的整治阻工闹事专项行动，实行“三打两建一追究”，共查处各类涉企案件80起，刑事拘留41人，逮捕20人，行政拘留76人，严厉打击项目工地阻工闹事行为，净化了周边环境。

三、以“政务公开”为重点，完善“全方位”服务网络。

一是推进乡镇政务中心标准化建设。对全县乡镇政务中心全面摸底，掌握各乡镇政务服务中心运行情况，出台《宁乡县2013年示范性乡镇政务服务中心评选方案》。同时，根据《长沙市人民政府办公厅关于推进乡镇（街道）政务（便民）服务中心标准化建设工作的通知》（长政办函〔2013〕114号）精神，结合宁乡县实际，向市政务服务中心申报夏铎铺等7个标准化乡镇政务服务中心。

二是全面完善电子政务服务平台。出台关于网上政务公开工作要求，特别是对重点领域和涉及公共服务领域的单位，从公开时间、内容、项目作了明确要求，政府各项信息以网络载体全面公开。特别是在建立行政审批平台（即在线审批和电子监察系统）的基础上，2013年进一步加强沟通协调，梳理非行政许可目录，建设非行政许可在线审批系统。

三是加强政府信息公开工作。2013年，县人民政府印发“宁乡县2013年度重点领域政府信息公开工作任务分解表”，明确任务到相关单位，重点推进保障性住房信息公开、食品安全信息公开、环境保护信息公开、招投标信息公开、生产安全事故信息公开、征地拆迁信息公开、价格和收费信息公开。另外，针对全县依申请公开政府信息工作量的快速增加，县政务服务中心着手规范依申请公开办理答复规程，根据政府信息公开条例等规定和要求，制定依申请公开答复办理程序，全年共办理依申请公开事项139个。

四是畅通“县长热线”服务通道。县长热线共接听来电7000多个，办结率为99%，群众满意率达到100%。解决了大量群众关心的热点难点问题，如协调城管局和环保局共同解决好城市噪音问题。

五是建立“12345”市民服务热线工作平台。按照全市统一部署，中心迅速启动“12345”市民热线平台对接工作，完成110个成员单位信息采集、数据库录入、人员培训等前期工作。11月26日，“12345”热线试运行。2013年，共接到市平台转来的“工单”233件，均按照“属地管理”和“职能职责管理”原则予以交办，办结件满意率100%。

（熊　毅）

机关事务

县机关事务管理局

局长、副书记
刘寄华
书记、副局长
王智琦(女,1月免)
何春章(1月任)
副 局 长 肖知义
胡铁文
朱红斌(女)
胡　晓(兼)

【概况】 2013年,县机关事务管理局紧紧围绕“打造省会次中心,构建幸福新宁乡”宏伟目标,坚定“市样板、省示范、国一流”的工作目标,自觉强化“五精”理念,着力打造服务精品,以“四比四抓优服务,忠诚履职创国优”为抓手,全面落实管理职能,为机关各项工作的正常运转提供强有力的后勤保障。成功创建全国公共机构节能示范单位、全国物业管理示范大厦、省级巾帼文明示范岗;获评省两型示范单位、省机关事务工作先进集体、省级文明单位;公共机构节能工作连续三年保持市对县考核排名第一,文明创建与公共机构节能工作被中央和省级主流媒体专题推介。

【公共机构节能】 县机关事务局紧紧围绕“市样板、省示范、国一流”的目标,坚持示范带动,鼓励先行先试,积极创新管理模式,扎实有效地推进全县公共机构节能各项工作。在干部职工中普及节能知识,提高能源忧患意识、节约意识和环保意识。在县电视台、报纸开设专栏,在宁乡机关事务网上设立专题,采用标语、横幅、宣传画、显示屏等方式大力开展节能宣传,组织开展多种形式的节能环保公益活动,营造节能工作良好的社会环境和舆论氛围。将县行政中心作为全县公共机构节能样板工程打造,坚持典型引路,榜样示范。一方面,坚持精打细算,积极做好水电等日常管理工作。另一方面,率先进行节能改造项目示范。以合同能源管理的模式与湖南证通三联光电科技有限公司合作,投入100余万元在会议中心大楼建设了装机容量为50.54千瓦小时的光伏并网发电站,年发电量约5000伏安。同时,进行了能耗监测、玻璃贴膜等节能示范项目改造。向上级部门及各级财政争取节能专项资金200多万元。采取以奖代补的形式对一批节能项目给予补助和奖励,有效调动了各单位的积极性,推动公共机构节能由点向面铺开。6月18日,作为全省唯一的节能先进代表,湖南卫视、《湖南日报》等主流媒体对县机关事务管理局公共机构节能工作进行专题推介。11月,成功创建全国公共机构节能示范单位。

【机关文明创建】 创新活动载体,合力打造全国文明机关。坚持把文明机关创建作为机关作风建设的重要抓手,将文明机关创建与机关作风建设有机结合,创新活动载体,开展“重务实、崇节俭、改作风、讲文明”主题活动,着力提升机关干部服务发展、服务群众的能力,打造文明机关。通过组织读书竞赛和“重务实、崇节俭、改作风、讲文明”主题演讲比赛等系列活动,有效促进了学习型机关的建设,激发了机关党员干部队伍的凝聚力、战斗力。一年内,通过明察暗访和定期通报,对所发现的问题及时进行提醒、纠正和解决,全年共发放温馨提示98条。通过积极协调,将文明机关创建情况纳入县年度绩效考核,提高各单位的重视力度,浓厚创建氛围,收到显著成效。机关文明创建工作经验,4次在国家级刊物《精神文明导刊》进行专题推介。

【机关服务管理】 围绕“五精”模式,努力创建“全国物业管理示范大厦”。紧紧围绕“四个零”优质服务目标,“五精”服务模式(即高效服务零障碍、优质服务零投诉、用心服务零失误、安全服务零事故,目标精准、管理精细、服务精心、方法精巧)。着力提升服务水平,打造服务精品。一是物业管理不断优化。引入企业售后服务管理模式,以客户满意度为标尺,将绩效考核与物业管理经费支付直接挂钩;坚持日督察、周讲评、月考核、季满意度测评,并将考核与测评相结合,有力地提升物业管理服务水平。二是会务服务高效优质。坚持会前准备充分,会中服务周到,会后清整有序,每一次会务接待任务完成后,请服务对象就服务满意度进行评价,有效提升服务质量。全年共接待各类会议1900多场次,参会者30多万人次,实现“零失误”。2013年,会务部荣获省级“巾帼文明示范岗”。三是保洁绿化常抓不懈。严格按照标准监管物业公司、花卉公司做好行政中心保洁、绿化,定期聘请技术专家指导绿化工作,确保办公场所整洁、舒适。8月,湖南经历持续高温达52天的最大旱情,在持续高温干旱的天气下,为了确保近10万平方米绿化带依然生机盎然,该局机关干职工与物业公司绿化班的同志们,每天工作都在13个钟头以上。四是第二办公区管理规范有序。服务范围大幅拓展,原县政府机关装修后正式启用,先后有县城管局、畜牧局、农业局等20家单位约600余人进驻办公。机关事务局为进驻单位提供高效优质的服务保障,使第二办公区的服务精细规范、和谐有序,得到领导、进驻单位和宿舍区住户的一致好评。五是机关干职工食堂满意度不断提升。借鉴市政府机关食堂管理经验,对食堂运行给予适当补贴的基础上,实行委托管理。实行基础补贴、激励补贴和综合考核补贴相结合的管理办法。2013年,在满意度测评中,干部职工对食堂的满意率从2012年的70%增加至85%以上。2013年12月,行政中心顺利通过全国物业管理示范大厦验收。

【机关综治安保】 创新社会管理,

坚持“常抓四态”、突出“四项创新”，有效地破解了机关安保工作中普遍遇到的难题，着力打造安全和谐党政机关。一是创新思路，加强联系，及时掌握不稳定因素动态。积极推进情报系统建设，通过搭建情报平台，整合各类信息资源，对不稳定因素进行有效管控。为行政中心及周边安全稳定筑就一道“防护网”。二是创新意识，筑好防线，正确把握上访人员心态。针对日益增多的上访事件，机关事务局积极应对，按照“优质服务、积极引导、主动疏通、分类处理”四个步骤，及时做好秩序维持和矛盾疏导，引导群众文明上访、正确表达诉求。面对群体性上访，我们第一时间掌握和反馈情况，置身一线配合维护秩序，安排专门场所进行接待，协助上访群众选派代表，消除不满情绪。针对“5·9”专案特殊情况、城南嘉园住户群访等事件制定了详细的应急预案，积极协助政法委、公安局引导人民群众合理维权、文明上访，确保行政中心正常秩序。三是创新举措，加强培训，激发安保队伍工作热情。通过定期和不定期学习培训，有效提升安保人员的责任意识和工作能力，安保人员做到24小时不离岗、不脱岗、夜间进行不间断巡逻；规范来访人员登记、出入物品检查确认、引导车辆停放等工作，有效排除安全隐患。四是创新机制，强化硬件，确保安保机制常态化。积极争取领导重视，不断改善硬件装备，新增行政中心入口身份证电子识别系统、对行政中心消防报警系统、安全监控系统进行维护和升级改造，有效提高防范治安事件和应对事件与群访事件突发的能力。

【中心工作】 注重自身建设，确保中心任务完成。一是加强队伍建设。以深入开展党政干部学习《廉政准则》活动为契机，积极开展机关作风建设“六个不让”和“十个一点”主题活动，狠抓机关作风建设，局班子全体成员坚持团结协作、民主决策，在服务大局和工作细节上以身作则、争当表率，形成和谐共事、合力谋事的良好氛围。坚持每周例会制度，全局工作计划性、程序性得到强化。深入开展忠诚履职大讨论，积极参加各类业务培训，干部职工思维层次和服务能力得到全面提升。二是加强党性教育。组织在岗和离退休党员、入党积极分子，开展以“瞻仰革命圣地，感悟井冈山精神，推进忠诚履职”为主题的学习活动。让大家接受一次生动的党性教育，全体党员通过亲身感悟历史，体验革命先烈对理想信念的追求，学习他们艰苦奋斗的革命精神。三是加强群众工作。积极响应县委、县政府号召，认真落实市委关于“一推行四公开”活动要求，扎实开展群众工作，当好民情信息员、村组工作的协调员和服务员。2013年，机关事务局“一推行四公开”所联村为南田坪乡横田、宜坪等4个村。机关干部职工先后多次下乡帮扶困难户，共计捐送爱心款万余元。在旱情严重的8月，局领导组织全局党员干职工参加抗旱救灾支农活动，帮助当地群众开展抗旱救灾工作，并赠送一批抗旱救灾物资，包括12千瓦柴油发电机1台，3千瓦潜水泵4台，¢300水管500米，三相专用电缆200米和部分油料等。局长、书记亲自带领10多名干部职工组成的抗旱小分队，帮助村民开展抗旱工作，受到当地群众的热烈欢迎。11月，局领导组织干部职工在南田坪乡开展冬修水利和基地植树等活动，完成工作任务。四是招商引资、项目工程超额完成。始终把“两个唯一”摆在重要位置，通过主动协调，成功引进湖南吉永胜汽车零部件有限公司落户金洲新区，项目投资1亿元；跟踪服务龙仙寺旅游项目落户枫木桥乡，项目投资2000万元；跟踪服务键桥投资有限公司花明国际文化旅游度假城项目，2013年累计到位资金7500万元，招商引资工作超额完成。

（李　洁）

政协宁乡县委员会

中国人民政治协商会议宁乡县委员会

主　　席　喻亚军

副 主 席　喻立明
胡日新　程万谋
李　纯(女)
杨志武

秘 书 长　何雨春

常　　委(按姓氏笔画排名)
于子长　王乔明
王泽良
邓红梅(女)
邓跃平　左志华
刘　颖　刘瑞山
汤亚平
许　晖(女)
许东山
李　纯(女)
李述初　李曙光
杨红秀(女)
杨志武　杨瑞祥
何志文(女)
何雨春　邹庆林
张　奇
张彩霞(女)
欧志坚　易　勇
周国勇
周常青(女)
周朝阳
胡　宇(女)
胡日新　胡强辉
贺　敏　贺永中
秦　硕　秦友良
袁志青
袁雪梅(女)
夏汗青
唐风华(女)
唐志强　唐春明
唐春艳(女)　黄立志
彭建宗　喻立明
喻亚军　喻国军
喻昭强　程万谋
曾含玲(女)
廖蓉燕(女)
谭　震　谭强凯
黎正明　黎伟明
潘继斌
戴　琼(女)
戴克难　戴事雄

【概况】 2013年，政协宁乡县委员会坚持围绕中心、服务大局，扎实开展“三服务”主题活动，牢牢把握团结和民主两大主题，切实履行政治协商、民主监督、参政议政职能，各项工作都取得新的成绩。一年来，县政协共召开全体会议1次，主席会议14次，常委会议4次，政联处主任会议5次，各类专题座谈会近30次。围绕社会各界关心的热点、难点问题进行广泛深入的协商讨论，促进有关工作的落实，各乡镇定期邀请政协委员列席相关会议，协商讨论地方发展大计，乡镇政协工作活跃有序。

【政协宁乡县第十一届委员会第二次会议】 政协宁乡县第十一届委员会第二次会议于2013年3月5日至3月8日在玉潭镇召开。这次大会在中共宁乡县委的领导下，通过全体委员的共同努力完成各项议程。会议听取和审议喻亚军代表政协宁乡县第十一届常务委员会所作的工作报告，听取和审议杨志武代表政协宁乡县第十一届委员会所作的关于十一届一次会议以来提案工作情况的报告。与会委员列席宁乡县第十六届人民代表大会第二次会议，听取并协商讨论《政府工作报告》及其他有关报告。委员们提出很多有益的建议和意见，统一思想，达成共识。会议指出，2013年是全面落实党的十八大精神的开局之年，是“十二五”期间发展承前启后的关键之年，也是新一届政协全面履职的第一年。人民政协作为推进改革、促进发展、维护稳定的一支重要力量，要不负时代使命，就经济社会发展重大问题和涉及群众切身利益的实际问题广泛协商，广纳群言、广集民智，增进共识、增强合力，更好地协调关系、汇聚力量、建言献策、服务大局。会议号召全体委员和社会各界人士要以中共十八大精神为指导，在中共宁乡县委的正确领导下，高举科学发展旗帜，弘扬务实高效作风，朝着省会次中心、幸福新宁乡宏伟目标奋勇前进。

【政协宁乡县第十一届常务委员会会议】 2013年2月25日，县政协十一届一次常委会议在县政协常委会议室召开，会议由县政协副主席喻立明主持。会上，协商确定县政协十一届二次会议日程、议程；协商讨论县政协常委会工作报告和提案工作报告；协商讨论有关人事任免。县政协主席喻亚军就政协全会的召开提出了几点具体要求。2013年7月9日，县政协十一届二次常委会议在县政协常委会议室召开，会议由县政协副主席喻立明主持。会上，听取县委常委、常务副县长刘亮关于全县上半年经济运行情况的通报；协商讨论委员增免事宜；协商确定民主评议部门单位和“双百”活动实施方案；部署2013年县政协专题调研工作。喻亚军主席对上半年政协工作进行回顾，对下半年工作进行安排部署，要求全体政协常委进一步创新政协工作；要抓好调研、视察、评议及“三服务”工作，进一步推进经济社会发展；要统筹做好相关工作，进一步确保全年工作任务顺利完成。2013年10月15日，县政协十一届三次常委会议在县电力局会议室召开，会议由县政协副主席喻立明主持。会上，组织全体常委进行专题学习；通报“双百”活动开展情况和十一届三次会议委员大会发言的相关事宜；协商确定人事任免有关工作。2013年12月23日，县政协十一届四次常委会议在县政协常委会议室召开，会议由县政协副主席喻立明主持，会上，县委统战部副部长黎卫华通报政协委员增补人选的相关情况；协商确定县政协十一届三次会议议程、日程；协商讨论县政协常委会工作报告和提案工作报告。县政协主席喻亚军要求全体常委认真学习贯彻中共十八届三中全会精神，不断提升政协工作科学化水平。

【提案工作】 县政协十一届二次会议以来，共收到政协委员提案333件，立案327件，县政协主席会议专题研究，确定7件提案为2013年的重点提案。县委、县政府主要领导牵头领办重点提案，县政协主席会议成员专题督办重点提案，积极推进办理工作由重视答复向注重落实转变。截至2013年11月底提案全部办理完毕，办复率100%，满意率97%。《关于切实加强物业监管、共建和谐小区的建议》等20件提案被评为优秀提案；县住房保障局、县水务局、县财政局、县交通运输局、县规划局、县教育局、县电力局、县林业局、县卫生局、县农业局、县城管局、县爱卫办等12家单位被评为提案办理先进单位。

【调研视察】 2013年宁乡县政协组织开展以“推进新型城镇化”为主题的专题调研活动，共收到调研报告60多篇，择优在《宁乡政协》会刊上刊发。民进宁乡工委、农工宁乡总支、县工商联和广大无党派人士积极参政议政，认真调查研究，撰写的《关于恢复建设文庙的建议》、《重视中药材产业，精心培育我县新的农业品牌》等调研文章为县委、县政府科学决策提供重要参考。2013年，县政协先后组织委员对全县烟叶生产、医疗保险、宗教工作和县城污水处理进行专项视察，其中《关于全县医疗保险工作的视察报告》引起县委、县政府主要领导的高度重视，切实解决相关问题。

【民主评议】 2013年8月份，县政协启动民主评议全县农村危房改建工作，在县住建局、县民政局等部门以及33个乡镇的积极配合下，县政协主席会议成员带队，组织部分政协委员和政协工作者分成5个评议小组，历时3个月，调查走访了全县33个乡镇，200多个村（社区），500多个重点援建户、支持新建户和特殊困难家庭，召开不同形式的座谈会80多场次，掌握大量一手资料，形成近8000字评议报告。评议活动得到县委、县政府的充分肯定，黎春秋书记批示，县政协组织的民主评议活动工作扎实，评议客观，总评报告很有分量，请住建部门研究落实，切实改善农村困难群众的住房条件。周辉县长批示，县政协评议报告极具指导性、针对性、操作性，并请政协在更多的领域对政府的专项工作进行评议。县委副书记邓杰平、副县长王湘云等领导对评议组提出的相关问题第一时间进行现场交办，切实保障民主评议的工作成效。

【联络联谊】 2013年以来，县政协接待全国政协常委、湖南省政协副主席杨维刚等省、市政协领导以及溆浦县、桃江县、湘潭县等兄弟县(市)政协30多批次到宁乡指导和交流工作。5月31日，县政协组织召开民主党派、工商联、无党派人士代表“四比四抓争先锋”座谈会，密切同党外人士的沟通联系，动员各民主党派、工商联和广大无党派人士为促进县域发展聚合正能量。先后举办迎春茶话会和中秋联谊会，邀请各界人士欢聚一堂，组织委员进行文艺表演，庆佳节、话和谐、谋发展。7月，县政协组织委员和政协工作者积极参加长沙市首届“政协杯”男子篮球赛，取得全市第2名的佳绩，充分展示宁乡政协良好的精神风貌。

【文史宣传】 广泛开展文史资料的征集整理，启动《宁乡政协志》的编辑工作，出版《宁乡文史》《德润沩宁》等文史专刊。精心办好《宁乡政协》会刊，并在《人民政协报》《湘声报》《长沙政协》等国家、省、市报刊发表宣传宁乡的文章24篇，其中《宁乡县政协提升“软实力”、支撑“硬发展”》的报道在《人民政协报》新闻版头条刊发，《“五个注重”做好提案工作》在省政协组织的调研征文活动中荣获三等奖。

（沈迪斌　文　勇）

政协宁乡县委员会工作部门

办公室

主　　任　沈迪斌
副 主 任　周　立(女，1月免)
　　　　　　李雨璇(女)
　　　　　　罗　杰(1月任)

提案法制委员会

主　　任　汤命强(4月免)
　　　　　　颜曙琦(女，9月任)
副 主 任　王笑佳(女)

经济科技委员会

主　　任　张小平
副 主 任　李德良

文化教育卫生体育委员会

主　　任　夏汗青
副 主 任　贺小平

群团联络委员会

主　　任　陈美莲(女)
副 主 任　严配坤(女)

人口资源环境委员会

主　　任　肖建辉(1月免)
　　　　　　王智琦(女，1月任)
副 主 任　严国元

中共宁乡县纪律检查委员会

中共宁乡县纪律检查委员会

书　　记　胡德强

副 书 记　袁德强

蒋益明(女,1月免)

肖水平

纪委常委　胡德强　袁德强

蒋益明(女,1月免)

肖水平　高波良

李　杰(4月免)

胡利元　孙意谋

张　毅

易建芳(女,9月任)

县监察局

局　　长　袁德强

副 局 长　胡　宇(女,1月免)

刘望平(9月任)

县预防腐败局

局　　长　袁德强(兼)

副 局 长　胡　宇(女,兼,1月免)

郑香平(女)

【概况】 2013年,宁乡县纪检监察系统认真贯彻落实中央、省、市和县委、县政府部署要求,深入推进反腐倡廉建设和作风建设,各项工作取得新的进展。

【作风建设卓有成效】 严格落实中央"八项规定"和反对"四风"的要求,把"比作风、抓实干"作为作风建设的重要平台,作风建设实现由单一责任主体向多元责任主体转变,由治理表象问题向解决深层症结问题转变,由阶段性整治向构建长效机制转变。开展"大操大办"专项治理,在全市率先出台《关于禁止机关事业单位工作人员大操大办婚丧喜庆事宜的实施办法》,严肃查处典型案件5起。开展"反奢靡、降四费"专项治理,全县年度"四费"支出总额与2012年度同比下降34.85%。开展公务用车专项治理,收缴违规购置车辆27台。开展简报内刊专项治理,取消38种简报内刊。组织开展办公用房专项清理,取得阶段性成果。组织开展政风行风暗访暗拍,制作并播放暗访专题片,收到良好的警示效果。建立作风建设日常管理调度机制,坚持一月一报告、一检查、一碰头、一通报,开展常态化明察暗访。建立问题收集处理机制、奖惩考核机制,组织开展"作风监督随手拍"有奖征集视频活动,完善作风投诉受理办结及责任追究制度。全县共查处各类干部作风问题285个,给予党纪政纪处分32人,问责28人。

【发展环境更加优化】 组织对政务服务、"两帮两促"、治砂、治超、控建拆违等工作开展专项效能监察。持续开展优化经济发展环境暨政风行风评议活动,加大平时工作测评力度,增加分类测评环节,确保了评议效果。选聘经济环境监督员,设立经济环境监测点,逐步实现对县域经济环境的实时监控。制定出台行政问责办法及实施细则,全年共办理各类行政问责案件32起。长沙电视台新闻频道问政长沙栏目以《宁乡效能提速经济》为题,对宁乡县优化效能工作进行推介。

【惩腐纠风力度加大】 充分发挥反腐败协调小组作用,实施反腐败工作联席会议、大要案件专题协调会议等制度,增强办案工作整体合力。落实行政执法单位移送党员、国家工作人员违纪案件线索制度,各行政执法单位共移送案件线索135件,其中106人受到党纪政纪处分。开通网上信访举报平台,规范信访举报程序,推行直查快办。加强案件审理和监督管理工作,提升依纪依法办案水平。全年共受理群众信访举报134件次,办结违纪案件178件,其中大要案件4件,移送司法机关13人。督促有关部门对全县村级财务进行了全面彻底清理。针对涉农收费、食品安全监管、中介机构服务、社会办学、非法营运、超限超载、干部人事和机构编制等重点领域开展纠风专项督察,查处一批群众反映强烈的突出问题。

【预防腐败深入推进】 廉政宣传教育打造特色。成功举办第四届"廉政文化周",集中开展"少奇廉政思想讲堂"、基层干部勤廉榜样表彰等八大主题活动;举办"楚沩清风讲堂"110场次,受教育党员干部达3万多人次;鼓励创作一批本土廉政文艺作品,精心编印廉政教育读本《镜鉴》;扎实推进廉政文化"六进"工作,评定12家廉政文化建设示范点;在《今日宁乡》、宁乡电视台开设反腐倡廉专栏专题,重要节日、重要时点进行廉政风险提示。权力运行监督不断深化。确定8名党政正职向县纪委全体扩大会议公开述廉,接受县纪委委员当场质询,提高领导干部公开述廉工作的实效性。推行新提拔科级干部财产申报制度,172人在公示期内申报了财产,县纪委按照10%的比例进行了抽查。建立预防腐败谈话制度,全年共开展预防腐败谈话5900多人次。落实《宁乡县政府投资建设项目管理若干规定》,加强对项目前期工作及标后的监管,加大对工程结算的抽审力度,强化对业主单位、财评中心、审计部门的再监督。健全农村"三资"监管机制,各乡镇全部建立农村公共资源交易中心,全年共计交易项目170个,交易总金额8907万元,节约资金342万元,产权交易项目交易溢价791万元。

【自身建设不断加强】 全县纪检监察系统深入开展“爱岗位、提素质、强能力、激活力”主题实践活动。举办纪检监察业务培训班，建立基层纪检监察干部到县纪委跟班学习制度。坚持正人先正己，完善纪检监察系统内部监督机制，继续开展网上评议纪检监察组织及纪检监察干部活动。加强纪检监察派驻(出)机构统一管理，建立派驻单位、集中管辖单位重要事项月报告制度，在集中管辖单位开展“四抓四提升”活动和党风廉政建设重点巡查工作。推进基层纪检监察组织规范化建设，切实规范乡镇纪委书记职责，组织开展基层纪委书记(纪检组长)公开述职活动。启动“两新组织”的纪检组织建设，楚天科技成立全县首家非公企业纪委。

【召开第十一届县纪委第三次全会暨全县反腐败工作会议】 3月20日召开中共宁乡县第十一届纪委第三次全会暨全县反腐败工作会议。会议贯彻落实中央纪委十八届二次全会及省、市纪委全会精神，回顾总结2012年全县党风廉政建设和反腐败工作，安排部署2013年工作任务。党风廉政建设和反腐败工作将认真贯彻落实党的十八大精神，按照中央、省、市纪委全会和县委的部署要求，坚持标本兼治、综合治理、惩防并举、注重预防的方针，坚决惩治腐败，有效预防腐败，深入推进干部作风建设，着力解决人民群众反映强烈的突出问题。

【举办第四届“廉政文化周”活动】 2013年10月21日－25日，宁乡县成功举办第四届“廉政文化周”活动，以“风清气正、廉洁宁乡”为主题，集中开展少奇廉政思想讲堂、基层干部勤廉榜样表彰、廉政文艺调演、观看廉政警示教育片、反腐倡廉专题巡展、三新人员(新提拔科级干部、新选调公务员、新定编“5127”人才)廉政知识考试、征文比赛、领导干部配偶访贫思廉活动等八大主题活动。同时，各乡镇和部门单位还结合自身实际开展活动154场次。

【全面开展村级财务清理工作】 针对村级财务管理存在的普遍性问题，按照“村自查、乡为主、县指导”的工作方针，县纪委组织经管、审计、财政等部门，指导督促对全县33个乡镇422个村(社区)近5年来财务情况进行全面彻底清查，清查内容重点包括村级工程建设、上级争资收支、集体经济经营等方面。共查实问题11类323个，立案查处52名村干部，收缴违纪资金460多万元，挽回经济损失1800多万元。同时，针对清理发现的问题，重新出台村级财务管理办法。

【建立行政执法单位违纪案件线索移送制度】 为加强和规范案件线索管理，拓宽案件线索来源，加大对党员、国家工作人员违法违纪案件的查处和惩治力度，县纪委针对行政执法单位行政执法处罚实际情况，探索行政执法单位移送党员、国家工作人员违纪案件线索机制，出台《行政执法单位移送党员、国家工作人员违纪案件线索制度》，实行行政处罚和党纪政纪处罚“双轨并行”，取得显著成效，受到中央纪委案管室的充分肯定。《中国纪检监察报》、省纪委《要情专报》等进行专题推介。

【建立“六位一体”预防腐败谈话制度】 县纪委出台《关于建立健全预防腐败谈话制度的意见》，按照突出重点、全面覆盖、层级管理的原则，针对不同人员、不同情况，分别实施日常廉政谈话、任前廉政谈话、关爱提醒谈话、诫勉警示谈话、廉洁从业谈话、征求意见谈话，全面构建预防腐败“六位一体”的谈话机制，有效发挥关爱、提醒、预防的作用。中央纪委网站对此进行了推介。

(张益华)

办公室(调研法规室)
主　　任　张益华
党风廉政建设室
主　　任　姜赛男(女)
宣传教育室
主　　任　陈必文
执法监察室
主　　任　杨旺斌
行政效能监察室
主　　任　周景云
纠正行业不正之风室
主　　任　刘俐华(女)
纪检监察室
主　　任　唐可夫
信访室
主　　任　刘利兵(1月任,9月免)
　　　　夏新华(9月任)
案件审理室
主　　任　杨　中
干部室(监督监察室)
主　　任　易建芳(女,9月免)
　　　　成素芬(女,9月任)

县纪委派出纪工委(县监察局派出分局)
书记(局长)
　　　　罗建宇
副书记(副局长)
　　　　成素芬(女,9月免)
　　　　刘利兵(9月任)
派驻县卫生局纪委书记
　　　　彭立平
派驻交通运输局纪委书记
　　　　张慧明
派驻民政局纪委书记
　　　　姜　伟
派驻教育局纪委书记
　　　　符灿阳
派驻住保局纪委书记
　　　　颜　剑
派驻住建局纪委书记
　　　　孟友良
派驻城建投纪检组长
　　　　欧腊梅(女)
派驻城乡规划局纪检组长
　　　　陈鹏飞
派驻财政局纪检组长
　　　　何　欣
派驻水务局纪委书记
　　　　容胜强

民主党派和工商联

中国民主促进会长沙市委员会宁乡县工委

主　　委　程万谋
副 主 委　夏　时　彭　飞
　　　　　张超明
委　　员　王碧玲　杨红菊
　　　　　姜笑澜

【概况】 2013年，民进宁乡县工委下设4个支部，即宁乡一中支部、玉潭教育支部、宁乡十三中支部、综合支部，会员共61人。

一、以活动为载体，增强会员凝聚力。一是开展了多种学习活动。召开6次主委会议，开展学习、部署工作。宁乡一中支部开展了“爱我宁乡·爱我一中”参观学习活动，玉潭教育支部开展了读书竞赛，张超明参加了中央社会主义学院的专题培训。二是成功升格为工委。为顺应新时期新使命，原民进宁乡县总支升格为工委，于5月28日举行成立大会。10月，宁乡十三中支部成立并配备办公室及办公设施。工委组织多次会员活动，如妇女节活动、教师节活动、重阳节慰问等。三是配合办好了省市重要活动。5月3日，民进省委主办的“文化惠民，同心共进”全省惠民巡演活动在宁乡文体中心启动并演出了首场花鼓戏《接来乡里爹和娘》。5月24日，民进市委组织的“大爱民进、‘六一’献礼”爱心活动在山桥、卫东两所农村小学举行。民进宁乡县工委积极对接，做好配合和服务工作。

二、以发展为己任，提高参政实效性。民进宁乡工委响应民进市委号召，指导会员围绕经济社会发展中的难点、热点问题积极建言献策，反映社情民意。2013年，工委会员中有13人在市县人大、政协中任职。市、县“两会”前夕，工委召开了专题会议，对经济社会发展中的问题进行探讨，发挥总支的整体功能，集中全体会员的智慧，为“两会”撰写议案、提案作充分准备，大大提高了议案和提案的质量。程万谋、夏时等提交《关于成立宁乡书画院建议》，得到书记、县长等领导重视，宁乡书画院挂牌成立并开展5次展览，其中第二届湖南宁乡天津东丽书法交流展展出作品近80件，11月上列作品在天津展出；夏时的《关于文化建设调研报告》得到黎春秋书记的高度重视；县人大常委王碧玲提交的《县直学校绩效工资全额纳入财政预算》；李砺提出的《加强县城停车位规划和建设》等受到政府及有关部门的重视。

以服务为宗旨，推进履职忠诚度。双江口镇山园村是民进省委新农村建设基地。2013年，民进宁乡县工委继续协助民进省委支持该村进行道路硬化及敬老院、学校、村部建设，程万谋主委多次到该村及村校了解发展建设情况，向社会各界争取支持。香港爱心人士梁伟民在宁乡开展“阅读·梦飞翔”计划，连续为宁乡县乡镇学校捐建图书室和高标准厕所，至2013年年底在24个乡镇建成图书室29所、高标准卫生间2个，奖励勤奋好学的学子200多人，直接受益学生达2万人。同时，会员立足本职岗位为社会献力量。如程万谋为全县工商业发展、经济环境优化等做了大量工作；彭飞为格力、洋河等重大项目落户宁乡作出了重要贡献；张超明负责的旅游工作获全省十佳，全市系统考核中排名第一；朱爱英推动节能工作在市考核中排名第一；李砺出版著作《湖南印人传》填补省内空白；姜笑澜连续4年获县政府嘉奖并出版小说集；廖海洋被评为“全国地理科技大赛优秀辅导员”等。

（姜笑澜）

中国农工民主党长沙市委员会宁乡县总支

主任委员　谢文军
副主任委员
　　　　　贺小平　杨曙光
　　　　　陈　胜

【概况】 2013年6月，中国农工民主党宁乡支部升格为总支，设立专门的办公室，制定各项规章制度，设立组织、办公室、宣传、社会服务和参政议政、财务等部，并成立人民医院、中医院、综合支部等3个支部。总支共有党员38名，预备党员2名，所有党员均具有大专以上文化程度，包含医药卫生、政协、农业、乡镇、企业等各界人士，其中副教授以上职称11人、教授职称6人，市县人大代表、政协委员9人。2013年，农工宁乡总支在农工市委和县委统战部的领导下，加强自身建设，发挥政党职能，积极参政议政，开展系列社会服务活动。

【队伍建设】 农工宁乡总支注重培训，提高党员各项能力，每年都要选派一批新老党员参加上级组织的培训学习，选派贺小平参加中央社会主义学院举办的宁乡县党外领导干部培训班；陈胜、边策参加市委党校举办的为期3天的新党员培训班；陈俊、邓红浪等六名党员参加在清华大学举行的为期一个星期的医疗卫生培训班。总支坚持每个季度进行一次集中学习，学习内容包括党章、时事、科学发展观等。

【参政议政】 宁乡总支自成立以来，每年都要组织3次以上专题调研活动，共组织专题调研三十余次，形成调研报告20余份，提交议案、提案、建议100余份，总支组织的一系列调研和撰写的议案、提案都极具参考价值。党员立足岗位尽职尽责，默默奉献，在不同领域做出了贡献。总支主委、县人大常委会副主任谢文军撰写的《关于创立国家级科技创意产业园，推动长沙市产业转型升级的建设》得到省委常委、市委书记易炼红的批示，并交市政府重点落实。他主笔撰写的《关于做大做强宁乡中草药的建议》获县政协提案二等奖，并被认定为第四号重点提案；总支副主委、县作协主席贺小平2013年领导县作协获县文联考核一等奖，贺小平获县统战工作先进个人称号，并有两份调研报告获县政协二等奖；副主委、县中医院院长杨曙光团结带领全院干职工奋力进取，2013年全院业务收入突破1.6亿元，创历史最高成绩。杨曙光获农工湖南省委先进个人；副主委陈胜负责卫生系统业务工作，医疗事故大幅下降，各项成绩可圈可点；总支组织部长张彩霞撰写《启动粮食保护价格，收购农民手中余粮》《关于建立农业主导产业长效发展机制的建议》《完善农技推广体制的建议》等提案，产生积极效果；陈俊获评“2013年长沙市最美护士”，邓红浪入围长沙市最美护士三十强，获评“长沙市雷锋式先进个人”称号；陶文英入选“首届长沙市最美女性”。

【社会服务】 宁乡总支从2007年下半年开始将宁乡横市镇泉柳村作为社会服务点，服务内容包括捐建一所村卫生室、捐赠医疗设备和药品、义诊、培训乡村医疗人员、定点帮扶横市镇卫生院、捐资助学、科技咨询等。启动仪式于2008年11月20日在宁乡举行。7年来，在农工各级党委及社会各界的大力支持下，该村公共基础设施建设上了一个台阶，环境卫生状况从根本上得到了改善。泉柳村的“四级定点服务”模式得到中央、省、市统战部，农工党中央、省、市委的高度肯定，成为全国民主党派进行社会服务活动的样本，在全国得到推广。2013年10月，农工宁乡总支结对帮扶黑金时代职工医院，举行结对帮扶仪式，农工宁乡总支医疗卫生专家亲临现场为数百名患者进行了义诊，发放科普材料，对黑金时代职工医院进行全方位的帮扶。

（罗　芳）

县工商业联合会

主　　席　程万谋

党组书记、副主席

唐志强（兼）

副 主 席　杨香华（1月免）

谢志远　罗新文

秘 书 长　黄献文（9月免）

兼职副主席

尹　俐（女）

罗文亮

罗美元（女）

王新华　王　伟

刘义军　杨　振

廖跃飞　王青山

蔡跃武　熊正明

徐建民

兼职副会长

方忠杰　赵　宇

汤亚平　陈基良

陈小亮　罗赞村

易石洪　贺凯良

胡均平　徐世玉

黄德宏　曾凡云

高中仁　梁晓斌

谢寄彪　谢晓楠

颜桂华

【概况】 2013年，县工商联立足“两个健康”工作主题，积极践行“六个走在前列”和“四比四抓争先锋活动”要求，围绕中心、服务大局，深化创业富民工作，努力推进非公经济创新转型发展，较好地完成各项工作任务。

【组织建设】 一是队伍建设不断壮大。2013年，县工商联按照思想品质优、社会贡献大、公众形象好、参政议政能力强的要求，做好新会员吸纳工作，一年共发展直属会员68个。二是商会建设不断规范。召开乡镇商会会长会议，对乡镇商会各项工作进行专题部署和业务培训，进一步提高各基层商会办事效能和业务水平；指导成立行业商会。2013年，宁乡县成立了企业家商会、百货商会、经开区企业家协会等商(协)会3个。三是机关建设不断加强。制定下发《宁乡县工商联“三联三促”活动方案》《关于切实加强和改进机关工作作风、密切联系群众的规定》《关于贯彻落实“四比四抓争先锋”活动的实施方案》以及《宁乡县工商联忠诚履职主题活动实施方案》等，开展领导干部真诚履职主题活动、党员民主生活会、党员学习教育、党员评议等活动，使机关作风建设不断加强。

【创业富民】 一是完善项目申报机制。从2013年开始，所有创业项目都要通过专项资金管理平台进行网络申报，对项目申报的要求更高，程序更严。宁乡县根据市创业办要求，制定一套规范的申报流程和申报制度，并组织全县各乡镇、各园区初创企业进行项目申报，在第一批项目申报中，共为97家企业争取市级资金337万元。二是发挥资金最大效应。创业富民专项资金集中从县工商联账户拨付，不存在截留、挪用现象，使资金及时足额到位，保障资金专款专用；组织对2012年117家企业开展绩效自评，认真填报自评报告，据统计，117家初创企业共实现年销售收入8.68亿元，解决就业

2360多个；对2009年至2012年所获创业富民资金的304家企业进行了国地税情况统计，四年来，共缴纳国、地税7982万元。三是开展创业专题培训。宁乡就业服务中心举办创业培训班，2013年共举办了各类创业培训班9期，培训学员262人，其中有91人实现成功创业，共开发就业岗位306个；举办初创企业“项目企业绩效评价和财务管理培训班”，组织对2012年度第一、二批获得创业富民资金的117家企业负责人和财务管理人员进行专题培训，邀请宁乡县著名财务老师王新华就财务制度、战略财务管理、绩效评价自评报告的填报等内容进行专题讲座。四是做好创业富民调研。组织11家成员单位参加副县长刘亮主持的调研创业富民工作会议，联合县政府政研室对全县创业富民主要成员单位开展创业富民工作调研，形成调研报告，并提交县级主要领导审阅。五是打造“一地一品”基地。根据长创办通〔2013〕6号文件要求，在全县开展了“一地一品”基地建设工作，其中金洲创业基地被评为长沙市创业示范产业园，并获奖励资金10万元。

【培训工作】 一是举办《中华人民共和国合同法》讲座。组织工商联会员、全县初创企业法人、企业管理人员近200余人，就《中华人民共和国合同法》相关内容，邀请宁乡知名律师邹永生作专场讲座。二是举办“品牌赢未来”专题讲座。在宁乡碧桂园凤凰大酒店报告厅举办“品牌赢未来”专题讲座。诚邀中国第一品牌操盘专业Cherry老师专题授课，工商联会员企业、初创企业近200人参加讲座。三是开展非公经济人士理想信念教育活动。为了引导非公经济人士树立爱国、创新、诚信、守法的时代精神和职业道德，在宁乡一中举办3600多人参加的《德行天下·幸福宁乡》公益大讲堂，让企业弘正道、启善德、做榜样，弘扬中华传统文化，帮助更多企业创造更大财富与价值。四是举办《京湘文化交流高峰论坛》。组织400多人在宁乡通程大酒店举办“品盛名人·京湘文化交流高峰论坛”。财经专栏作家苏小和就中国当前经济形势与李克强总理的经济学理论从城镇化、政府放权让利、金融自由、减税等四个方面，为企业家做出了一番详细的分析与讲解。

【服务工作】 一是拓展经联服务。接待冷水江市工商联、新晃县工商联一行到宁乡县考察，就非公经济发展和新农村建设双方进行交流学习；举行非公经济人士迎春酒会；组织长沙建益新材料、明仕烟花、餐饮商会等23家会员企业赴天津滨海新区、济南等地为期五天的考察学习，先后实地考察应大股份、华明集团、北方创业集团等规模企业。二是做好帮扶服务。开展领导班子（含兼职副主席、副会长）联合32个乡镇商会、10个行业商会，148个执委企业的“三联三促”活动，全年下基层、访企业60多余次。以“两帮两促”活动为契机，为湖南爽洁用品等10多个企业解决各种问题16起；指导常委企业杨智光宁爱商城网开业，帮助一呼百应网开业；指导举办天祺佰潮汇之夜2013快乐男声宁乡答谢演唱会暨宁乡企业家商会成立大会，邀请2013快乐男声全国11强为一万多名观众唱响了“宁乡腾飞梦”；组织企业家商会在宁乡金洲湖湿地公园开展湖南省首届青年汽车越野赛，来自全省的500台越野车和1000多名选手参加比赛。此次活动不但丰富企业家业余生活，而且将活动赞助费用全部捐献给宁乡慈善机构。三是积极建言献策。组织工商联组政协委员召开专题提案工作会议，要求政协委员撰写出一份具有科学性、可行性、操作性强的高质量提案。四是创新融资服务。2013年，工商联多次召开专题银企座谈会为企业搭建融资平台，召开乡镇商会会长会议，组织商会会长与招商银行宁乡分行和农商银行宁乡分行负责人面对面交谈，协助湖南百顺复混肥料有限公司在省股权交易所挂牌上市，通过融资服务共为企业融资2.48亿元；引导宁乡银汇通担保有限公司挂牌成立，为小微企业、“三农”、初创企业、个体工商户等提供优质的金融服务平台。五是深化维权服务。进一步发挥民营企业投诉处理中心作用，接待和解决各类投诉事例5起。引导企业构建和谐劳动关系，联合县人社局成立劳动人事争议仲裁委员会，受理劳动人事争议案件和劳动合同纠纷。

【文明单位创建】 积极推动会员加强企业文化建设，引导会员重视企业文化品牌，推荐湖南长河机械、星港家居成功创建县级文明单位，推荐长宁碳素成功创建市级文明单位，通过创建提升了企业文化品牌。

【光彩事业】 四川雅安地震发生后，县工商联行动迅速，第一时间向全县非公经济人士发出倡议，全县广大非公企业、各基层商会积极参加抗震救灾募捐活动，为灾区捐献爱心款达600多万元，其中，圣得西为灾区捐助现金及物资200万元，青年企业家商会组织书法、字画义卖，筹集的41.3万元现金全部送往灾区，充分体现广大非公经济人士扶贫济困，回馈社会的光彩事业精神。

【中心工作】 群众工作、“一推行四公开”、计生、抗旱、“三城同创”等中心工作取得实效，招商引资和项目建设取得突破，新引进投入3000万元的火宫殿项目1个，湖南爽洁等项目均实现新增投入，共实现到位资金6000多万元。

（李玉梅）

彩版目录

编辑说明：
一、本年鉴彩版编辑主任杨长生，特邀编辑姜福成、贺龙武、袁红灿、郭美华、陈灵。
二、本年鉴彩版人物未按年度编排。
三、本年鉴封面和彩版均由长沙红日文化传播有限公司编纂、采集、设计、制作。
四、县级几大家彩版由《宁乡年鉴》编辑部编辑，《今日宁乡》信息中心提供了部分图片。
五、排名不分先后。

中共宁乡县委

宁乡经济技术开发区工委书记、县委书记黎春秋

2013年7月4日，宁乡县召开上半年经济形势分析暨“四比四抓争先锋”活动讲评会议，宁乡经济技术开发区工委书记、县委书记黎春秋（前右一）向现场观摩人员解说项目。

2013年7月10日，宁乡经济技术开发区工委书记、县委书记黎春秋（前右一）和县委副书记、县长周辉（前左二）等领导调研宁（乡）梅（溪湖）大道线形走向。

2013年7月26日，宁乡经济技术开发区工委书记、县委书记黎春秋（前右二），县委副书记邓杰平（前右三）到双凫铺镇调研企业情况。

2013年8月1日，县委书记、县人武部党委第一书记黎春秋（前左）到县干休所看望慰问军队离退休干部。

2013年8月5日，县委书记黎春秋（左一）到花明楼镇调研农村工作。

2013年11月24日，中国人民解放军总后勤部政委刘源上将（前左三）参观考察宁乡县文体中心项目

2013年11月12日，省委常委、长株潭试验区工委书记、管委会主任张文雄（前右）到宁乡调研。

2013年8月17日，省委常委、市委书记易炼红（右一）到宁乡检查指导抗旱工作。

2013年8月12日，市人大常委主任袁观清（左一）到宁乡调研指导抗旱工作。

2013年8月26日，宁乡经济技术开发区工委书记、县委书记黎春秋（前左）到龙田镇石屋村调研村务公开情况。

宁乡县人民代表大会

1、县人大常委会主任贺应辉

2、县人大常委会副主任周泽祥调研环保工作

3、县人大常委会就城区畜禽养殖污染问题召开现场办公会

4、县人大常委会调研西部乡镇禁止非法采砂洗沙工作

5、县人大常委会调研食品安全工作

6、县人大常委会调研禁毒工作

市人大常委会领导到宁调研

全国人大代表潘润兰出席第十二届全国人大一次会议

十二届全国人大代表长沙小组到宁乡专题调研

省人大代表宁乡联组开展代表活动

市人大常委会领导来我县调研代表活动室建设工作

贺应辉主任现场督察水库退出投肥养殖工作

宁乡县人民政府

县委副书记、县长　周辉

县委副书记、县长周辉（右三）与宁乡县首届青少年科技创新县长奖获奖人员合影

县委常委、常务副县长刘亮（前右一）视察道林镇工作

2013年8月9日，县委副书记、县长周辉（左），县委常委、县委办主任陈永高（中）到朱良桥察看旱情。

2013年7月26日，由15个国家组成的发展中国家农业专家一行考察宁乡现代农业，图为发展中国家农业专家们在宁乡关山。

2013年9月2日，县委副书记、县长周辉（前右）和雅居乐地产副总裁薛双有代表双方签约雅居乐投资宁乡综合休闲旅游项目。

2013年11月11日，华润怡宝项目二期落户宁乡经济技术开发区，图为签约现场。

2013年5月3日， 全县新型工业化工作推进大会在会议中心召开，图为会议现场。

2013年3月11日，“全民植树节·美丽宁乡”三年生态建设暨2013年春季义务植树启动仪式在玉潭公园举行。

2014年6月19日，宁乡县举行何叔衡烈士纪念广场敬献花篮仪式。

2013年9月，关山景区通过国家旅游局验收，被评为国家AAAA级旅游景区。

2013年11月，花明楼景区荣膺国家AAAAA级旅游景区。

中国人民政治协商会议宁乡县委员会

1.县政协主席喻亚军作政协常委会工作报告。

2.政协宁乡县第十一届委员会第二次会议在玉潭镇召开。

3.县政协组织召开民主党派、工商联、无党派人士代表"四比四抓争先锋"座谈会。

4.县政协主席喻亚军与部分政协常委到偕乐桥镇进行"三看三促"服务活动。

5.楚沩大讲堂。

县政协召开政协工作汇报会

政协委员义务植树

县政协主席喻亚军率部分政协委员视察烟叶生产工作

宁乡县政协代表队参加长沙市首届"政协杯"
男子篮球赛获得第二名

县政协主席喻亚军调研保障性住房项目

中国人民解放军
湖南省宁乡县人民武装部

| 1 | 2 |
| 3 | 4 |

1.2013年11月24日，在纪念刘少奇同志诞辰115周年之际，中国人导解放军上将刘少奇之子刘源（右三）在刘少奇故里管理局局长罗雄（中），县人武部部长谢圣彬（左一）等陪同下参观刘少奇《论共产党员的修养》的碑刻展览

2.2013年10月22日，长沙警备区司令员王忠斌（前排中）到宁乡调研武装工作，并与县人武部部长谢圣彬（前排右二），政委田连中（左二）等干部合影

3.11月19日，县人武部干部在宁乡住房和城乡建设局指导该局民兵应急分队点验，演练。县人武部部长谢圣彬（前排左三），副部长黄文钦（前排右三）与全体民兵合影

4.10月，县人武部进行民兵演练

中共宁乡县纪律检查委员会

长沙市委常委、纪委书记李军（前右三）到宁乡县调研党风廉政建设及纪检监察工作

县委常委、县纪委书记胡德强

宁乡县举办第四届“廉政文化周”活动，图为基层干部勤廉榜样表彰

宁乡县开展第四届“廉政文化周”活动启动仪式暨少奇廉政思想讲堂

风清气正·廉洁宁乡　宁乡县第四届廉政文化周文艺调演

风清气正·廉洁宁乡　宁乡县反腐倡廉专题展

宁乡县被长沙市委、市人民政府授予2013年度党风廉政建设工作先进单位

电力部门户外宣传活动

沩山供电所雷锋服务先锋队

宁乡110KV变电站

连接千家万户的丝丝银线

服务于户外　成绩显著

国网宁乡县供电公司是湖南省电力公司下属的县级供电企业，目前公司本部职能部门设置4个，分别是综合管理部、发展建设部、乡镇供电所管理部和电力调度控制分中心；业务机构设置2个，分别是检修（建设）工区、客户服务中心；公司下辖1个集体企业，10个农村供电所，共有主业职工187人，农电员工747人。承担着宁乡县区域面积33个乡镇以及益阳安化县2个乡镇共40多万电力客户的供用电管理任务。

2014年公司截止到11月累计供电量20.54亿千瓦时，预计2014年全年累计供电量为22亿千瓦时。2014年截止11月累计售电量19.17亿千瓦时，预计2014年全年售电量为21亿千瓦时；2014年主网投资5524万，农网投资5074.58万元。2014年共完成3个变电站的新建、改造工程。

2014年，我公司秉承“你用电　我用心”的服务理念，落实科学发展观，用改革的精神抓建设，用创新的成果求发展，持续强化规范化管理，取得较好的经济效益和社会效益，为地方经济的发展做出积极的贡献。

辛勤工作的电网建设者

共产党员服务队为孤寡老人换上新的照明灯

暴雨中抢修

湖南海鑫建设有限公司

HU NAN HAI XIN JIAN SHE YOU XIAN GONG SI

完善职能　优质服务

2014年，是收获的一年。

在这一年，该公司积极整改，调整各部门的职能，努力完善各部门工作流程，缩短流程时间。

为了响应宁乡县委县政府的双百活动，该公司以实际行动，多次走访企业，为客户排忧解难，赢得了客户的高度赞扬。如湖南杉杉新能源有限公司的临时用电，该公司工程部的负责人组织施工队的人员在冒雨施工，在他们规定的时间里顺利完成了送电，杉杉新材的负责人赞不绝口，县委县政府还特的发出表扬信，进行了表扬。还有金洲新区所辖的夏铎铺110KV变电站，因园区企业增多，所需负荷急需增加，公司于4月底与宁乡县金洲新区管委会签订了夏铎铺110KV变电站2#主变增容的合同，合同约定新上一台5万KVA的主变，并确定在10月底前送电。在接到任务后，设计、施工短短的三个多月就完成了送电，大大缩短了预定的期限，为园区企业赢得了时间。

在狠抓工程质量的同时，没有忘记抓优质服务。以客户为中心，准确把握客户需求，正确分析客户的需求，建立与客户沟通的常态机制，主动为客户服务，在技术、质量、后续服务等方面尽可能满足客户要求，积极为客户营造规范、便捷、优质、高效的服务。倡导创新服务理念，树立优质服务的意识，坚持把解决客户当前问题与促进企业长远发展相结合来共同进行分析和处理，在广大客户中产生了较好的影响。在宁乡县域内，以诚信、热情和良好的服务赢得了客户的赞誉。

公司全年共完成130 个项目，年产值 9388万元，缴纳税费365万元。

客户工程现场

变电站调试

现场抢修

金洲新区
GOLDEN OASIS

宁乡金洲新区工业集中区管理委员会

省委常委、长沙市委书记易炼红（前左三）一行视察金洲新区工业集中区企业

市委副书记、市长胡衡华（前左二）一行视察金洲新区工业集中区企业

名列长沙市“五区九园”前茅

2013年，金洲新区工业集中区管理委员会引进项目20个，吸引投资109亿元；实现工业总产值449亿元，比上年增长27.15%；完成固定投资79.2亿元，比上年增长23.46%；金洲国库正式投入使用，实现财政收入15亿元；调度项目81个，新增竣工投产项目23个；“四项费用”大幅下降，机关管理水平进一步提升，创新创业型干部队伍逐渐形成。全年金洲新区工业集中区引进项目、新开工项目总数、新增竣工投产项目个数位居长沙市“五区九园”第一名。

县委书记黎春秋（前左一）和金洲新区工业集中区党工委书记刘永红（右一）向省市县领导介绍新区路网及项目规划情况

县委副书记、县长周辉（前左二）和县委常委、副县长龚畅（前右一）一行在金洲新区工业集中区管委会主任郑旗（前右二）陪同下视察项目规划建设

中国工程院院士、中国科协副主席、省科协主席黄伯云（前左一）一行来我县，就中南大学和金洲新区产学研合作进行专题调研

长沙特耐金属材料科技有限公司系国内第一家专业从事TD覆层处理来料加工的企业

升华微电子生产线紧张有序

星城石墨科技股份有限公司成功上市

长沙族兴金属颜料股份公司成功上市

星邦重工公司技术装备升级

圣得西入选首批国家级工业设计中心，成为运用工业设计促进传统服装企业转型发展的典范

玉潭镇 入选“全国综合

县委书记黎春秋（右一）在玉潭镇年初经济工作动员大会上颁奖

县委书记黎春秋率四大家领导一行视察楚天科技

镇党委书记陈德奇（左一）一行调研新康东路升级改造

镇党委副书记、镇长王海潮（右三）一行出席盛誉科技签约仪式

楚天科技获首届“湖南省十大知识产权领军企业”称号

加大教育投入，建设教育强镇

新康东路竣工通车

实力100强乡镇（街道）”

豪德大市场开张门店1700多家

2013年，玉潭镇实现镇域国内生产总值65.22亿元，比上年增长24.22%，实现工业总产值101.46亿元，增长22.24%，其中规模工业71.55亿元，增长23.36%，实现农业生产总值3299万元，增长1.92%，全社会固定资产投资92.18亿元，社会消费品零售总额65.68亿元，工商税收8.8亿元，城镇居民可支配收入2.8万元，是长沙市“十强乡镇街道”和“文明村镇”、湖南省“最具民生幸福感乡镇”和“新型城镇化建设十佳明星单位”，入选“全国综合实力100强乡镇（街道）”，列第49位。

全镇全年房产建筑面积48万平方米，销售情况良好

新型炭材料有限公司新增EDM石墨生产线

湖南金玉堂被评为中国珠宝协会常任理事单位

城市项目建设快速推进

县财政局

县财政局局长谭启良(前右三)陪同国家农业综合开发办主任卢贵敏（前左二）一行调研双江口镇高标准农田项目区

部署非税收入征管工作

局负责人积极深入基层排解难题

开展“关注留守儿童、关心贫困学子”主题志愿活动

开展“庆三八弘扬雷锋精神”志愿者活动

全年用于教育支出10.38亿元

兑现农副产品加工业项目奖补资金2500万元

直接发放到农民手中的涉农补贴补助4亿元

蓄积创新动力 推动经济发展

支持高标准农田示范项目建设

2013年，宁乡财政工作蓄积创新动力，发挥财政杠杆作用，推动经济发展、收入增长。全县完成财政总收入48.38亿元，比上年增长18.58%，其中财政局完成8.23亿元，比上年增长61.47%。统筹财政政策资金，安排基础设施建设资金4.5亿元，打造工业发展优质平台；落实新型工业发展奖励、企业先进装备购置补助、节能技改专项等资金7494万元，助推企业加快转型升级。全省首轮特色县域经济强县扶持宁乡成功入围，获得省级连续三年每年1亿元的支持，兑现首批农副产品加工业项目奖补资金2500万元，特色产业蓄势待发。民生支出43.7亿元，占公共财政预算支出的75.3%，全年直接发放到农民手中的涉农补贴补助4亿元，与百姓生活密切相关的教育支出10.38亿元，医疗卫生和社会保障支出12.25亿元。

落实新型工业发展奖励等资金7494万元

宁乡启用新一轮财政体制，打破“基数+增长”的沿用模式，明确划分收入范围，据实核定基数比例，合理确定结算办法。升级综合治税平台，税收监控覆盖到所有企业户、个体工商户。实行项目支出项目化管理，对年初下达的部门预算项目支出、预算外追加项目支出实行项目化管理。强力控制“三公”经费增长，总额比上年大幅减少。2013年，宁乡县财政局被评为全省乡镇财政管理先进单位、财政系统新闻宣传工作先进单位、农村危房改造先进单位等。县财政局档案室被评定为省特级档案室。

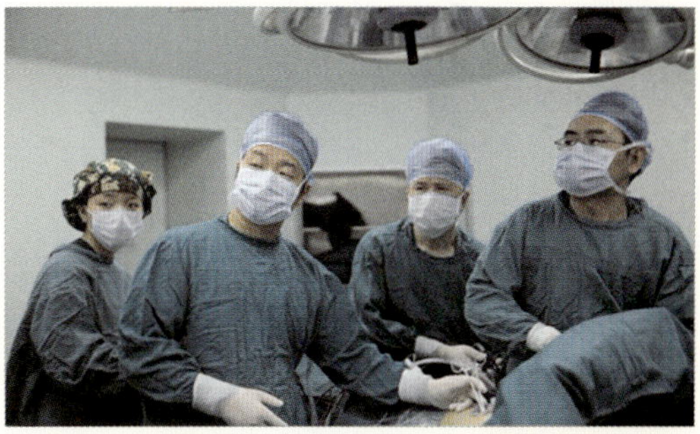

医疗卫生和社会保障支出12.25亿元

安排基础设施建设资金20亿元以上，打造工业发展优质平台

支持农村危房改造和廉租房小区建设

城载价值

宁乡城投集团
NINGXIANG CITY INVESTMENT GROUP

公司董事长贺立权（右一）、总经理杨瑞祥（右二）陪同宁乡经开区工委书记、县委书记黎春秋（左二）等领导视察溜子洲大桥项目建设

宁乡县城市建设投资集团有限公司成立于2000年8月，是宁乡县人民政府直属事业单位，代表政府经营管理城市建设资金和国有城建资产。2013年6月，成功组建集团公司，2014年9月，完成机构改革，内设八部二室，下辖（控股）3家子公司，注册资本2亿元，总资产178亿元，初步发展成为以基础设施建设为主，融政府垄断性资源经营、房地产开发、保障房建设、旅游开发等于一体的大型国有复合型独资公司。公司成立以来，直接投入建设资金45亿元，进行新城区、“沩江两岸三洲”、金洲湖及沩山风景名胜区等4个片区开发建设，建成新城区路网、文体中心、溜子洲大桥等35个重大项目；引进房产企业27家，建成楼盘28个，使宁乡逐步发展成为一个现代化的中等城市。

公司董事长贺立权陪同县委副书记、县长周辉（左三）等领导视察爱琴湾路项目建设

县人大常委会主任贺应辉（前左三）等领导视察城投集团项目

县政协主席喻亚军（左三）现场帮促溜子洲大桥项目建设

投赢未来

状元楼

1、公司大楼
2、公司建设的人民路项目
3、公司建设的沩丰坝大桥项目
4、公司建设的沩山景区项目
5.公司建设的玉潭公园项目
6.公司开发引进的爱琴湾房产项目全景
7.公司建设的状元楼项目
8.公司建设的文体中心项目

县教育局

当好湖南教育第一方阵的排头兵

2013年，宁乡县小学适龄儿童入学率100%；九年义务教育完成率99.9%；初中毕业升学率超过97%；普职比例实现6：4；学前一年入学率100%，学前三年入学率88.2%。在省义务教育均衡县督导评估中，取得“县级人民政府推进义务教育均衡发展公众满意率全市第一，县域内校际间均衡水平全市第一，县级人民政府推进义务教育工作综合评价全市第一”的优异成绩，11月份，顺利通过国家义务教育发展基本均衡县评估认定。此外，宁乡教育还荣获“湖南省教学质量提升示范县”、“湖南省人事管理先进单位”、“湖南省远程教育先进单位”、“湖南省教育信息化试点县”、“湖南省平安校园立项县”、“湖南省义务教育经费预算管理示范县”等殊荣。

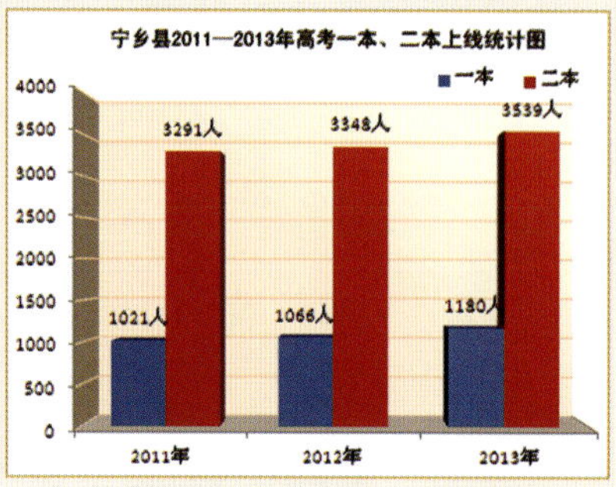

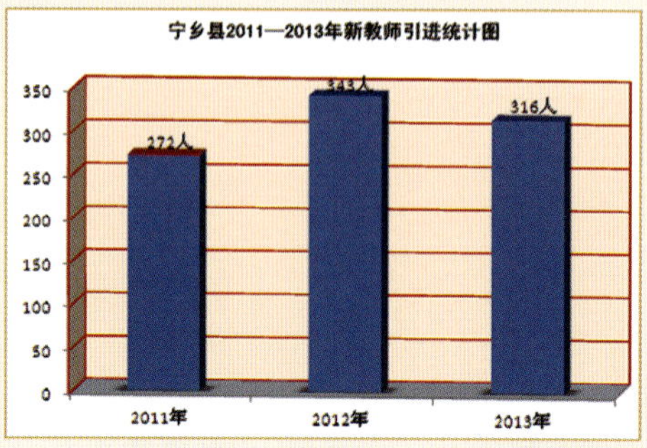

教育均衡国家认定。通过“危房清零”、合格学校建设、薄弱学校提质改造、优质教育资源扩张和构建“五大联合体”等举措，为破解教育均衡发展难题探索出一套“好上学、上好学”的宁乡模式。2013年完成38所，实现校舍、图书、仪器、器材、师资、信息化达到国家、省、市义务教育办学标准的目标。新建16所农村公办幼儿园。宁乡正式成为湖南省首批义务教育发展基本均衡县。

科技创新七夺桂冠。宁乡县率先全省设立青少年科技创新县长奖，就青少年科技普及、师资配备、财政投入、科技成果转化、科技创新激励机制等方面进行升级和优化。8月6日，第28届全国青少年科技创新大赛在江苏省南京市闭幕。宁乡一中唐贝茜的科技创新项目《矿井日光浴光导装置设计》荣获一等奖，并获“茅以升科学技术奖”。宁乡县已连续7年获得全国青少年科技创新成果一等奖。

特教课堂影响全国。2013年，宁乡县共有智障、聋哑残疾少年儿童447名，为切实保障这447名孩子享受教育权利，分三种途径逐一落实：轻微智障少年儿童就近随班就读，生活基本自理的进特教学校就读，生活不能自理的送教上门。宁乡还承办长沙市特殊教育现场观摩会，“流动课堂”办学经验在全省特殊教育会议上作典型推介。

技能大赛国际夺魁。2013年4月，宁乡县举行“银太杯”首届中职学生技能竞赛。县职业中专学生参加2013——2014亚太区创新思维北京国际邀请赛，获中学组第一名。湖南省委常委、长沙市委书记易炼红称赞“宁乡职业中专致力培养实用型人才，思路和举措很好！”

教育质量湖南示范。严格落实教学常规，深化高效课堂教学改革，高考二本上线3539人，一本上线1180人，二本以上上线比上年增加305人，二本以上上线率、上线人数居全省前列；高二学考一次性合格率为95.15%，中考一次性合格率91.14%，均居省市前列。宁乡县被评为“湖南省教育质量提升示范县”。湖南省教育厅在宁乡县实事项目检查验收总结会上评价：“宁乡教育是湖南教育第一方阵的排头兵。”

队伍建设名师辈出。宁乡县被教育部确定为师德建设重点联系县。楼霞小学老师蒋小贵被评为“湖南省十大教育新闻人物”；檀树小学教师陈宋瑜被评为“感动中国之感动湖南”十大人物之一，并在11月份荣登“中国好人榜”；龙田中心小学老师刘小寒被评为“湖南最可爱的乡村教师”；月山完小教师王斌被评为湖南省师德标兵。

平安创建全省率先。2013年，宁乡县改造新增动态危房2万平方米，新修学校围墙4392米，安装监控198所，配备专职保安93名，完成405所学校周边交通设施建设，300所学校安装应急灯，530所学校幼儿园配齐灭火器。省教育厅确定宁乡县为“2013年湖南省平安校园建设先进县（市、区）创建单位”。

信息教育湖南试点。2013年，宁乡县积极推进教育信息化“三通工程”，全县404所学校全部并入教育城域网，学校校园网实现无盲点、全覆盖。宁乡县被评为“湖南省基础资源建设最佳组织单位”。被立项为“湖南省教育信息化试点县”创建单位，系湖南省两个试点县之一。

1.国家督学李东升（前右三）率领的督导团考察桃林桥中学

2.县委书记黎春秋（前左二）陪同督导团观看教育均衡展板

3.副县长钟利仁（右一）和局长黎爱莲（左一）陪同教育考察团

4.宁乡一中荣获“全国德育工作示范学校”、“全国百强中学”等殊荣

5.宁乡四中注重柔道特色发展

6.宁乡十中打造定向越野特色

7.宁乡十三中采用设施+名师、教学+表演等模式进行艺术教育

8.玉潭中学是长沙市青少年摔跤训练一类基地

9.沩山九年制学校编印《沩山茶韵》校本教材，综合实践活动开展得有声有色

10.桃林桥中学成为感恩教育的标杆

11.入选全国校安工程经典案例的大成桥中心小学

2013宁医大事回眸

3月29日，纳入中央预算内投资计划项目的医院5号住院大楼建设工程奠基。项目建成后将使医院病床总数达到1500张。

4月2日，县卫生局党政负责人代表县委、县政府来医院召开专题会议，宣布对医院领导班子成员重大调整决定：刘俊东同志任医院院长，文大志同志任医院党委书记，李梅良同志任医院顾问。

5月9日，首届长沙“十大最美护士”颁奖典礼在省会隆重举行。医院护士陈俊荣荣获“十大最美护士”并被授予“巾帼建功先进个人”荣誉称号、邓红浪获“最美护士提名奖”。

5月11日，第三届（2012）中国医院竞争力排行榜公布，宁医连续三届成功入选中国县级医院最具竞争力百强医院。综合排名由92名上升到73名，并首次进入中部10强，排名第7位。

5月24日，医院以“健康宁乡行、服务走基层”为主题，推出定点指导、专家义诊、业务讲座、医疗护理查房、健康知识宣教咨询、免费低视力白内障筛查、特殊病人上门送医送药等系列活动。

7月6日，肯尼亚国立莫伊医院访问团来医院考察交流。

8月15日，中国医院协会县（市）医院管理分会在北京举行换届会议，医院党委书记文大志当选为中国医院协会县（市）医院管理分会副主任委员。

8月16日，在北京国家会议中心举行的中国医院论坛开幕式上，医院副院长赵竞飞作为全国100名，其中县级医院仅两名的代表，荣获中国医院协会第一届全国医院护理优秀管理奖。

8月30日，由湖南省医院协会主办、宁乡县人民医院承办的湖南省医院协会县级医院管理专业委员会成立大会暨首届学术会议在宁乡凤凰酒店召开。大会进行第一届委员会选举，医院党委书记文大志当选为主任委员，医院院长刘俊东当选常务副主任委员。

11月25日，纳入中央预算内投资计划项目的医院5号住院大楼主体工程顺利封顶。

12月21日，由国家卫生计生委医政医管局支持、《健康报》社主办、中央电视台著名主持人主持的2013年度医院服务“改革创新人物奖”、“改进服务推进人物奖”交流会暨颁奖典礼在北京举行。医院院长刘俊东荣获2013年度医院服务“改革创新人物奖”殊荣。

公司经理王雄辉（左二）和副经理符俊安（右二）、程军（左一）、喻彩斌（右一）

运营收入保持高速增长态势

2013年，中国移动通信宁乡县分公司累计净增通话用户6万多户，拥有客户近70万户，运营收入保持高速增长态势，年贡献税收1400多万元，在提升网络工作精细化、标准化水平，巩固网络优势，提升服务质量等方面开展了大量实效性工作，建立了完整的县、乡（镇）、村三级营销和服务渠道体系。

公司以“正德厚生，臻于至善”的企业文化精神以及创先争优的工作作风，为全县人民提供全面优质的移动通信服务、信息化宽带网络服务。2014年6月，宁乡城区已基本覆盖4G信号，宁乡人民可在城区体验高速高质的4G通信网络服务；另外，全县各行政村主要集镇的4G站点的选址建设工作正大规模开展中。通过信息化服务体系建设，拉消费、促发展、惠民生，为宁乡人民提供广覆盖、多层次、差异化、高品质的信息应用服务。

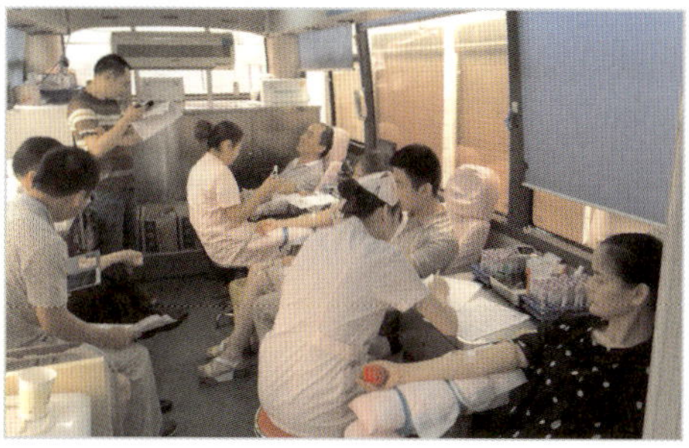

1	2
3	4
5	6

1.公司领导班子召开作风建设民主生活会。

2.公司党支部结对共建枫木桥中心小学乡村少年宫。

3.公司党团员开展文明劝导活动。

4.组织公司党团员开展无偿献血活动。

5.5.17电信日开展大型促销活动。

6.公司员工参加县政府组织的春季马路赛。

县烟叶生产指导管理办公室

国家烟草专卖局副局长赵洪顺(左二)调研宁乡现代烟草农业建设工作时视察喻家坳乡金醇烟叶专业合作社

省长助理袁建尧（前左一）视察宁乡烟叶生产工作，察看烟叶精益生产示范片区建设

市委顾问、市两烟领导小组组长余合泉（前中）视察黄材镇富源烟叶合作社

县委书记黎春秋（右一）、县人大常委会副主任闵志平（左一）、副县长刘俊武（左二）听取县烟办主任黄建海（右二）现场汇报情况

县委书记黎春秋（右）为烟叶生产工作先进单位和先进个人授奖

县委副书记、县长周辉（左一）深入田间地头调研烟叶生产备耕情况

烟叶生产服务标兵获奖

组织烟叶专业化分级竞赛

烟叶质量实现大提升

2013年，全县种植烟叶7266公顷，较上年增加593公顷，其中种植烤烟5666公顷、晒黄烟1600公顷；收购烟叶1501.5万公斤，比上年增加113.5万公斤，稳居全省第二；实现烟农总收入4.22亿元，比上年增加9600万元；烟叶税收7540万元，比上年增加1590万元。始终把品质作为烟叶产业持续发展的关键和核心，在规模扩张的同时更加注重品质提升，扎实开展“烟叶质量效益年”主题活动，通过现场示范推进会、烟叶质量大竞赛等方式，积极引导乡村和烟农树立向质量、向管理要效益的意识，烟叶质量实现大提升。烤烟上等烟比例为57.85%，比上年提高5.6%；中部叶比例为53.77%，比上年提高3.8%。省工商交接验收合格率69%，比上年提高2%；国家工商交接验收合格率达66%，比上年提高6%。全县烤烟亩均收入3268元，比上年增加475元，晒烟亩均收入5938元，比上年增加1100元。喻家坳金醇、黄材富源两家烟叶专业合作社被评为“省级示范社”。县烟办先后获得县“烟叶生产特殊贡献奖”、“绩效考核突出贡献单位”、“五好领导班子”、“先进基层党组织”，烟水项目获“重点项目工程二等奖”。

全年完成烟草项目基础投入1.13亿元

大力实施烟叶标准化生产

推广先进实用技术

始终把品质作为烟叶产业持续发展的关键和核心

县总工会

市、县领导慰问省劳动模范

围绕四项重点 创新项目管理

2013年，县总工会以“党的忠诚履职”教育活动为总揽，认真落实“四比四抓争先锋”活动，紧扣“服务型工会建设年”，围绕四项工作重点，创新项目管理，推动服务型工会建设，工会组织的凝聚力和影响力再创新高。年内引导推荐经开区机关工会荣获全国模范职工之家、玉潭镇工会联合会荣获全国百家示范乡镇称号，先后荣获“湖南省先进县级工会”、“湖南省女职工芙蓉杯竞赛百优集体”、“长沙市星城杯劳动竞赛先进单位”等殊荣。

工会组建跃新台阶。全国非公数据库建设完善非公企业数3195个，职工14.99万人，建会率89.89%，职工入会率88.91%，两项指标均全市领先。女职工组织规范化建设同步推进。全年新创国家、省、市、县级模范职工之（小）家30家。

工资集体协商再创品牌。纵深推进工资集体协商工作，以行业职代会为重要抓手，坚持维权与维稳并重，续保全市乃至全省的标杆。全年共签订行业（区域）性工资集体协议137份，覆盖企业1065家，涵盖职工5万余人。

劳动竞赛成绩斐然。推荐刘健获长沙市“最美劳动者”称号，评选表彰了第二届“工人先锋号”班组和职工标兵，参加全市“星城杯”劳动技能竞赛，四名选手包揽全市焊工前四强，成功组织举办了全县文秘人员电脑写作与操作竞赛、“宁乡梦”演讲比赛、“红心向党”大合唱和健排舞大赛等活动。

职工普惠服务创新亮点。金秋助学活动再升温，共筹集爱心助学款32万元，新增“1+1”结对帮扶学子6名，共援助122名困难学子圆梦大学。“四送”活动规模再扩大，投入30万元专项经费用于项目和建筑工地开展“暑送清凉”活动。互助医疗活动再扩面，加大对工会芙蓉卡和互助医疗活动的宣传和服务力度，共发放工会芙蓉卡2.5万张，共有260名职工享受医疗互助费用达42万余元，年内慰问各类困难对象2200余名。

1.县领导带队深入建筑工地开展“暑送清凉”活动
2.工资集体协商春季要约行动启动仪式暨培训班
3.县领导慰问一线环卫职工
4.与农民工共度中秋——关爱农民工志愿服务活动
5.宁乡县工会系统庆祝五一国际劳动节表彰大会
6.文秘人员电脑写作与操作技能竞赛颁奖仪式暨2013年金秋助学捐助仪式

群众团体

工会工作

县总工会
主　　席　钟利仁(女,兼)
党组书记、副主席
　　　　　刘晴明
副 主 席　文　珍(女)
　　　　　陈桂荣
纪检组长　贺立军

经费审查委员会
主　　任　秦晓燕(女,1 月免)
　　　　　邹利红(女,1 月任)

女职工委员会
主　　任　戴　琼(女)

【概况】　2013 年，宁乡县共有基层工会组织 3195 个、工会会员 14.99 万人。县总工会现有机关干职工 19 人，离退休人员 11 人,下辖二级事业机构工人文化宫。县总工会以“党的忠诚履职”教育活动为总览,认真落实“四比四抓争先锋”活动,围绕服务型工会建设、工会形象优化、绩效考核改革、工作作风改进四项重点，积极推进工会十大服务项目。工运事业得到全面发展,工会工作取得新的业绩。年内,推荐宁乡经开区机关工会荣获全国模范职工之家称号、玉潭镇工会联合会荣获全国百家示范乡镇称号。宁乡县总工会获“湖南省先进县级工会”“湖南省女职工芙蓉杯竞赛百优集体”“2012 年度长沙市星城杯劳动竞赛先进单位”“红心向党长沙市职工合唱比赛决赛优秀奖”等殊荣。《宁乡县总工会用项目化管理的理念,推进工会工作落实的创新做法》先后在《湖南工人报》《工人日报》“中工网”等予以报道和转载。

【工会组建领先推进】　为确保“工会组建全覆盖”，加大工会组建和规范工作力度,县总工会采取召开组建工作会、举办专干培训班、外出学习交流、分组分片广普查、强化目标管理绩效考核等方式,使县乡两级工会认识上有提高、行动上有落实。全国非公数据库建设完善非公企业数 3195 个，职工 14.99 万人,建会率 89.89%,职工入会率达 88.91%,两项指标均全市领先。全县女职工组织规范化建设做到同步推进。切实加大模范职工之家的创建工作，全年新推国家、省、市、县级模范职工之(小)家共 30 家。

【行业协商续保品牌】　将工资集体协商工作作为维护职工合法权益的重要抓手,纵深推进。县总工会高度关注职工体面劳动,积极履职维权。坚持维权与维稳有机结合,以行业性职代会为抓手,结合和注重宁乡实际,继续保持工资集体协商工作在全市乃至全省的标杆作用。宣传贯彻《湖南省企业工资集体协商条例》，组织举办工会主席专干、劳保站长、企业行政方负责人三方面人员培训班。全年全县签订行业性、区域性工资集体协议 137 份,单个企业工资集体协议 50 余份，共覆盖大小企业 1065 家,涵盖职工 5 万余人。集体合同、女职工权益保护专项合同的协商签订工作同步推进，任务同步完成。认真做好职工来信来访、劳资争议调解工作,接待职工来信来访 72 次,调处劳资纠纷 14 例,形成良好的职工利益诉求表达机制。

【劳动竞赛成绩斐然】　2013 年，县总工会进一步完善劳模管理服务工作。积极组织劳模开展体检、疗休、考察活动,制作劳模宣传画册，对劳模群体进行典型宣传报道,在全县广泛宣传劳模的光辉风采和感人业绩，营造学习劳模、争当劳模的浓厚氛围。推选刘健为长沙市“最美劳动者”,成功启动全县第二批县级劳动模范的评选。“五一”前夕,组织开展宁乡县第二届“工人先锋号”班组、职工标兵的评选表彰,选树一大批先进班组和优秀职工典型。组织参加长沙市“星城杯”劳动技能竞赛,推荐的四名选手包揽全市焊工前四强;组织开展全县文秘人员电脑写作与操作竞赛活动、全国《女职工劳动保护特别规定》网络知识竞赛、“宁乡梦”演讲比赛、“红心向党”大合唱等系列竞赛活动,成绩斐然。以“春送岗位、夏送清凉、秋送助学、冬送温暖”活动为平台,切实为广大职工服务,进一步彰显工会的服务品牌。

【女工工作创新亮点】　继续加大工会女职工组织的组建和规范化建设力度,确保与工会组织同步组建、同步规范、同步发展。女职工工作荣获湖南省女职工芙蓉杯竞赛百优集体。全面开展“金秋助学”暨“关爱单身职工行动”,金秋助学共筹集爱心助学款 32 万余元，援助 122 名困难职工子女圆梦大学,其中新增“1 + 1”结对帮扶学子 6 名。全方位关爱女职工身心健康,为加加、楚天科技、新城建筑材料、青岛啤酒等非公企业女职工赠送价值 8 万元的特殊疾病保险和 5000 套健康知识读本。动员全县女职工参与疾病保险近 20 万元。在全县开展“女职工素质教育大讲堂”活动，动员广大女职工投身经济建设主战场。

【帮扶维权再上台阶】　着力完善职工维权帮扶服务功能,做好扶贫帮困工作,继续深入推行"面对面、心贴心、实打实"服务职工在基层活动,热情为职工群众排忧解难。继续推进工会服务卡的续约工作,共发放工会·芙蓉卡近2.5万张,年内新办卡约4000张,为3名领卡职工办理了非工伤意外险和家庭财产(火灾)保险共9000元。深入拓展在职职工医疗互助活动。全县职工医疗互助活动涵盖单位200余家,覆盖职工人数1.65万余人,260名职工享受医疗互助费用达42万余元。加大"两节"送温暖工作力度,春节送温暖资金达30余万元,先后慰问特困企业以及困难职工、困难劳模、一线环卫工人等,为全县682名困难职工送去党政的关心、工会的温暖。着力实施"领导干部联系困难职工"活动,构建信息平台。全县各级工会组织共投入约132万元,慰问各类困难对象2200余名。

【服务中心成效显著】 县总工会历来把"两个唯一"作为一项重要的工作来落实,"双三十"联系项目——迎春钢板仓项目10月10日顺利竣工投产;县总工会主动联系省重点工程灰汤职工疗养院项目建设,年内到位资金8000万元,完成了项目的报批、征地、拆迁、图纸审查,项目顺利进入招投标阶段。招商方面,共完成招商引资到位资金1亿元,除灰汤职疗投入的以外,县总工会还新引进长沙市泰鼎投资有限公司,投资2000万元。

(文　珍)

青年工作

共青团宁乡县委员会

书　　记　唐　正(1月任)
副 书 记　唐　正(1月免)
　　　　　严　玲(女)
　　　　　周海滨(1月任)

【概况】 2013年,全县共有青年38.3万人,其中共青团员18.5万人。有专职团干部8人,兼职团干部1702人,基层团委81个,团总支60个,团支部1462个。共青团宁乡县委坚持以党的十八大精神为指导,以"让党放心,让青年满意"为目标,按照"从基层入手,从小处着力,从长远突破"的原则,以争当四个先锋为抓手,着力打造一支"心系群众,务实作为"的团干部队伍,引领全县广大团员青年为建设"活力宁乡、美丽宁乡、幸福宁乡"献策献力,完成全年各项工作任务,荣获"长沙市五四红旗团委"、"宁乡县五好班子"等荣誉称号。

【党的助手作用】 2013年,团县委始终紧扣县委、县政府工作思路,积极担当、主动作为,有效服务县域发展大局。一是在经济建设中创新突破。策划和组织"青年节,我们一起买房去"大型团购活动。在4天时间内销售房子近200套,比2012年增长370%,有效激活房地产市场,帮助部分青年实现安居愿望。创新开展"我为宁乡发展出点子"主题征文活动。围绕新型工业化、新型城镇化、城乡一体化建设向社会征集好点子。活动共收到省内外好点子175篇,网络评论近百条。组委会评选和整理"金点子"10个、"银点子"20个,其他好点子60个,编印和发放《凝聚发展正能量 共建幸福新宁乡——"爱琴湾"杯"我为宁乡发展出点子"征文集》。积极参与招商引资、项目帮扶等中心工作,有力助推县域经济发展。二是在文明创建中勇敢担当。创建"雷锋号"志愿者工作站,全年创建市级"雷锋号"志愿者工作站1家、县级"雷锋号"志愿者工作站4家。组织全县志愿者工作站负责人赴长沙廖家湾社区学习先进经验,提升全县志愿者工作站的工作水平。深入开展"文明宁乡共建共享"志愿服务活动,招募千群志愿者2000多人定期参与文明清扫、文明劝导等集中行动,为"三城同创"工作做出积极贡献。务实开展青年文明号创建工作,全年创建省级青年文明号1家,市级青年文明号5家,县级青年文明号8家,通过开展创前培训,创中暗访、群众满意度调查等验收形式,提高青年文明号的创建水平,确保优质服务的常态化。全面启动全民保山、护水、添绿志愿行动,积极开展"共青林"建设,引导广大青少年参与生态文明建设,在楚江流域种植树苗4600多棵,绿化面积13.3公顷。三是在促进和谐中积极作为。扎实开展群众工作,深入走访、慰问困难群众20户,发放慰问金近2万元,积极整合各方资源,为群众解决抗旱设备维修、烟叶收购等具体问题5个,支持资福乡群众工作经费2万元。积极参与抗旱工作,号召动员广大青年志愿者投身抗旱一线,基层团组织积极响应,在抗旱工作中发挥突击队作用。

【青年成长就业】 2013年,团县委创新载体、整合资源,服务引导青年取得新成效。一是教育引导常抓常新。注重学习交流,先后组织开展宁乡各界青年学习习近平总书记"五四"讲话精神暨"凝聚青春正能量·共筑伟大中国梦"座谈会、贯彻团的十七大精神暨"争当四个先锋·办好四件实事"座谈会等活动,通过学习交流广大青年干部的政治素养得到加强,工作能力得到提升。注重活动引领,以重大节日和纪念日为契机,开展"实现青春诺言,共创和谐宁乡"成人仪式、"中国梦·我的梦"主题征文比赛、"我爱读书"学习竞赛、"德行天下·幸福宁乡"公益大讲堂等活动,传递社会正能量,为广大青少年营造积极健康的成长环境。组织开展"青少年远离毒品"宣传教育活动,举办消防安全、交通安全、食品安全等讲座,有效地提高中小学生的自护能力。此外,组织开展"忠诚履职"主题教育活动,通过"忠诚履职争创一流"主题演讲比赛、"宁乡十大杰出青年"评选等活动,广大青年干部立足岗位长才干、作贡献的氛围进一步浓厚。二是帮扶就业成效显著。联合举办"传递正能量·铸就青春梦"就业招聘会,提供岗位

1000多个，帮助500多人达成就业意向。新成立就业见习基地25家，新增见习岗位820多个，为青年提供熟练技能、促进就业的平台。成立宁乡县青年创业者协会，为创业青年搭建一个学习交流、互帮互助、共赢发展的平台。三是服务维权深入开展。积极开展共青团与人大代表、政协委员面对面活动，以“如何加强学校教育、家庭教育和社会教育，共同促进留守儿童健康成长”为主题深入走访调研、交流座谈、听取各方意见，所提出的“关爱留守儿童健康成长”的建议被列为2013年县人大督办重点建议。开展“法制宣传周”活动。以宣传未成年人保护法和预防青少年违法犯罪法为重点，在全县各乡镇开展法制宣传活动，引导青少年自觉遵守社会秩序，依法维护自身权益。活动期间，全县共上法制课242堂，听课人数达9200多人。四是希望工程品牌彰显。全年开展“青春暖楚沩·关爱留守儿童”“关爱烟农子女”“关爱建筑学子”“圆梦行动”等助学活动30多次，发放爱心款127.6万元，援助贫困学生462名，援建希望小学2所，其中，组织爱心团队开展“大爱宁乡·情系雅安”大型公益活动，共募集爱心款55万多元，所有爱心款用于援建一所雅安地区“大爱宁乡”希望小学。积极参与长沙市爱心公益项目博览会，共青团宁乡县委荣获“支持青少年公益事业爱心标兵单位”。

【基层团组织建设】 2013年，团县委创新管理基层组织建设，基层基础不断夯实。一是覆盖面不断扩大。乡镇实体化“大团委”建设稳步推进，村（社区）团建不断加强。团中央组织部副巡视员刘勇敏到宁调研时用“震撼”“振奋”等词语，高度赞许宁乡团员、青年干部干事创业的激情和共青团工作取得的突出成绩。大屯营镇梅湖村团支部获评湖南省五四红旗团支部。两新团建扩面提质，成立个体私营经济组织团工委指导全县个体私营经济组织团建工作，依托乡镇、园区等平台指导非公企业团建工作，全年新建两新团组织60家。加强与社会组织的联系，“暖心义工”、“青年创业者协会”等组织吸引了越来越多的爱心人士和有志青年。二是组织活力不断彰显。以创新课题增添组织活力。全县16个单独课题、2个联合课题成功结题。“优化读书活动奠定青年名师成长基石”“青少年被害现象实证调查及预防对策研究”等5个课题被评为优秀创新课题。以文体活动激发组织活力。策划和组织“幸福宁乡梦想开唱”全民歌咏大赛，以脍炙人口的歌曲展示宁乡文化，以全民参与的形式挖掘本土人才。板块联组开展篮球赛、婚恋交友、关爱空巢老人等活动，营造积极向上、幸福和谐的社会氛围。各单位团组织结合青年特点开展读书学习、岗位练兵等一系列特色活动，基层团组织吸引力和凝聚力不断增强。三是干部队伍不断优化。拓宽学习渠道，每期争取30名团干部参与县委中心组学习，同时定期整理发放团干部学习资料，进一步提升队伍素质。启动宁乡青年大讲堂，邀请省演讲协会蒋维老师帮助青年干部提升演讲水平。开展重点工作培训，组织团干部观摩学习“青年文明号”“雷锋号”志愿者工作站、农村团建等工作，拓宽团干部视野，提升团干部的业务水平，促进各项重点工作的有效开展。

（刘　瑛）

妇女工作

县妇女联合会

主　　席　张　莹（女）
党组书记　颜曙琦（女，9月免）
　　　　　李　庆（女，9月任）
副 主 席　杨桂香（女，11月免）
　　　　　周常青（女，11月任）
　　　　　王　书（女）

【概况】 2013年，宁乡县有33个乡镇妇联会、75个县直科局和驻宁单位妇委会、8个私营企业妇委会、383个村妇代会、37个社区妇联会，基层网络健全。全年全县各级妇联围绕发展要务，关注妇女民生，维护妇女合法权益，促进社会经济和谐发展，为建设幸福新宁乡作出了应有的贡献。宁乡县妇联获“湖南省宣传工作先进单位”“长沙市妇联系统绩效考核先进单位”。

【美家美妇共建美丽宁乡活动】 2013年，县妇联结合宁乡县“三城同创”工作，引导广大妇女开展“美家美妇共建美丽宁乡”系列活动：一是以“家”为单元，组织开展城乡妇女“清洁家庭”大行动。妇女对庭前屋后进行卫生大扫除，各乡镇组织评比验收，全县80%的家庭达到“清洁家庭”标准。活动不但促进城乡卫生面貌焕然一新，也大大提高群众卫生健康意识。二是倡导文明低碳绿色生活，举行“垃圾分一分，宁乡美十分”垃圾分类比赛。组织了巾帼队、村民队、老年队等队伍参赛，活动参与人数达1200余人，倡导环保理念，提高群众节能环保意识。三是通过电视、报纸等媒体广泛宣传，各乡镇妇联、县直妇委会充分发动，全县广大女性积极参与，由宣传部牵头，评选出宁乡县“十佳美丽女性”“十佳和美家庭”。此次评选活动中，分级召开评选会议62场次，全县5万多妇女参与。活动不仅挖掘典型，树立榜样，更引发全县妇女姐妹对于“美丽女性”“和美家庭”内涵的大讨论，在倡导家庭美德、树立良好社会风尚方面起到积极的引导作用。

【召开宁乡县第十一次妇女代表大会】 12月24日－12月25日，宁乡县第十一次妇女代表大会在玉潭镇召开，会期两天，出席大会正式代表301人，列席代表72人。会议审议并通过张莹作的《争做时代女性，同建美丽家园，为加快建设幸福新宁乡贡献智慧和力量》的工作报告，选举张莹为宁乡县妇联主席，周常青、王书为宁乡县妇联副主席，选举39名宁乡县妇联第十一届执行委员会委员,其中执委常委15人。

【巾帼文明岗创建】 2013年,县妇联加强巾帼文明岗创建和管理工作。全县创建市级巾帼文明岗3个,申报全国、省巾帼文明岗4个,4个县级巾帼文明岗在县精神文明大会上授牌。在义务植树绿色宁乡活动中,组织巾帼志愿者、巾帼文明岗负责人种植"巾帼林"、义务清扫等活动。

【城乡妇女创业就业】 县妇联搭建就业平台,促进女性就业。2月17日,与县人保局、县总工会联合举办"春风送岗位,才聚宁乡"新春招聘会。为鼓励广大妇女创业,妇女小额担保贴息贷款工作继续推进。女企业家黄运英被评为长沙市"十佳创业女性"。在农村,继续实施"农村女性素质工程",在煤炭坝、双江口等乡镇举办妇女劳动技能培训班4期,集中培训246名妇女。推荐雄丰养殖基地、湖南林盛林业发展公司申报长沙市巾帼示范基地,推荐长沙丰源油茶林专业合作社申报湖南省巾帼示范基地。

【维护妇女合法权益】 发挥信访接待窗口和"12338"维权热线作用,2013年共接待来信来访案件235件,接处率100%,回访率100%,有效处理率达82%。9月,市人大常委会对宁乡实施"一法一办法"情况进行执法检查,督察组对宁乡合力推进执法工作给予好评。

【多部门合作预防和应对家庭暴力】 在全国妇联、全国反家暴网络的推荐下,宁乡县被选定为全国反家暴工作纪实片的唯一拍摄点。7月,英国诺丁汉大学傅洛达教授、东京大学Erik教授两位反家暴专家到宁乡县白马桥派出所拍摄反家暴网络工作纪录片,向国际推介宁乡警察反家暴工作的成功做法。10月,中央电视台《天网》栏目到宁乡拍摄反家暴专题片,陕西省组织妇女考察团到宁乡学习反家暴经验。

【农村妇女防治"两癌"宣教活动】 6月26日,在金洲镇关山社区举行湖南省宁乡县乳腺癌防治"远离乳腺癌,关爱女性健康行动"现场宣教活动。全国妇联、美国高盛集团、哈佛大学、省市妇联等领导及专家对活动给予高度评价,中央四台对此次活动进行宣传报道。

【关爱贫困妇女儿童】 2013年,县妇联着手对全县贫困妇女儿童全面摸底,建立县、乡两级档案和救助台账,进行跟踪管理。各级组织关爱贫困妇女儿童,一是在县领导的重视下,组织建筑、房产两个系统的企业为特困妇女、儿童献爱心。春节前夕,为35名特困妇女、30名特困女童送去2000元/人的慰问金,共计捐资13万元,慰问面覆盖全县33个乡镇。二是与县委宣传部、县教育局、团县委等单位联合举办关爱留守儿童志愿服务活动,春节前,组织爱心人士为隔山小学捐建价值3万元的图书室,组织爱心妈妈为留守儿童赠送礼物,与留守儿童结对帮扶。三是关爱留守儿童,为资福中小20名贫困留守儿童申请到长沙市妇联每人1000元的爱心捐赠,组织留守儿童参加长沙市妇联爱心活动,带孩子们参观长沙野生动物园,让留守儿童倍感温暖。四是开展走访慰问贫困离任村妇代会主任、贫困妇女活动。五是继续做好救助贫困"两癌"妇女工作,组织黄材镇100多名妇女、儿童参加了由市卫生局、市妇联组织的"关爱妇女儿童健康义诊"活动。2013年,为6名女性争取到1万元/人,为10名女性争取到3000元/人。

【领导干部配偶访贫思廉活动】 组织县摄影协会对部分特困户进行专题拍摄,图文并茂制作访贫思廉活动倡议书,发放给全县副科级以上的领导干部配偶。全县192名领导干部配偶募集资金10万余元,救助特困家庭82户。启动仪式上,廉内助代表为父母双亡身患白血病的18岁女孩王李斯娜捐赠2万元。为第一届县道德模范孙林武捐赠1.38万元。启动仪式结束后,廉内助代表们带着爱心款分6组赴各乡镇走访慰问贫困群众。10名领导干部配偶还与贫困户建立了"一对一"帮扶关系。

【《妇女儿童发展规划(2011-2015年)》中期评估】 县妇联召开了妇儿工委全会,各成员根据自身职责开展中期评估工作,各项指标都达到《长沙市妇女儿童发展规划》指标值。7月,《规划》中期评估工作接受长沙市妇儿工委督察,赢得好评。

【文明家庭创建工作】 把平安家庭、文明家庭、书香家庭、廉洁家庭等特色家庭创建活动有机结合起来,进一步提高活动实效。在全县精神文明大会上,表彰100户五好文明家庭。开展"两型"示范家庭创建,灰汤镇喻利人家庭、花明楼镇罗利君家庭、偕乐桥镇陶秋香家庭、坝塘镇唐桂香家庭、双江口镇刘建国家庭被评为长沙市"两型"示范家庭,推荐花明楼镇罗利君家庭创建湖南省"两型"示范家庭。继续推进巾帼文明岗创建。

【妇联基层组织建设】 开展妇女之家标准化建设。全县33个村(社区)妇女之家被授予宁乡县示范妇女之家。花明楼镇花明楼社区、龙田镇七里村、南田坪乡军里村、双江口镇白玉村成功创建长沙市示范妇女儿童之家。历经铺乡金南社区成功创建长沙市反家庭暴力示范妇女之家。夏铎铺镇夏铎铺社区妇女之家成功创建湖南省示范妇女之家,成为全市仅有的两个之一。

(喻胜华)

残疾人工作

县残疾人联合会

理 事 长 刘要军

副理事长 张宗藩

姜艳阳（女）
喻灿平

【概况】 2013年，宁乡县残疾人联合会加速推进残疾人保障体系和服务体系建设步伐，为改善残疾人生活状况和维护社会稳定发挥了积极作用。宁乡县获全国白内障无障碍县，宁乡县残疾人联合会获中残联全国宣传工作先进单位、湖南省残疾人信访（维权）工作先进单位。

【助残事业环境优化】 宁乡县人民政府将残疾人工作纳入政府工作报告和为民办实事工程内容，并出台宁政发〔2013〕22号《关于做好贫困残疾人帮扶工作的意见》。各乡镇、部门“结对认亲、排忧解难”活动联系残疾人家庭900余户；政协“双百”、妇联“春蕾女童”等活动将残疾人列为帮扶重点；住建、规划、城管等部门推动县城无障碍环境建设，铺设盲道、坡道17公里；人社、民政、卫生、工商、税务等部门及各乡镇依托各自职能优势，落实富残惠残政策。2013年，宁乡县残疾人联合会向上争资1006万元。

【残联协会基层组织建设】 认真抓好基层残联协会分会的组建工作，加强残疾人五个专门协会建设，33个乡镇五个专门协会分会建立健全。组织专门协会分会开展活动，肢残人协会组织志愿清洁活动、盲人协会组织盲人定向行走培训，定向行走培训模式获省市残联推广。入户调查残疾人基本情况2.5万人次。分批分期培训基层工作者、就业指导员和康复协调员501人次。发放专职委员补助42万元。残疾人证办证率达34.9%，较2012年同期上升4%。创建9个市级“明星乡镇”、13个“明星社区”、24个县级“温馨之家”和“示范温馨之家”。

【宣传工作】 加强农村残疾人工作调研，《农村残疾人就业创业情况调查报告》在经济日报出版社出版的《中国三农工作研究》上刊载。开展“人人享有康复服务”“扶残助残，有你有我”“生命不息、奋斗不止”“心的呼唤·爱的奉献”“我的人生我做主”五个主题板块宣传活动；在主流网站、纸媒、电视报道残疾人事迹137次。残疾人政治地位提升，2名残疾人当选为县人大代表、政协委员；谢朝晖等5名残疾人被评为县道德模范，肢残人欧云辉被选入中国好人榜候选名单；残疾人喻锦辉创作、表演的灰汤杂技入选湖南省非物质文化遗产。

【扶贫解困】 开展无障碍设施改造进家庭项目活动，成功改造55户。引进、建设怡智家园托养机构，日间照料40人。湖南省为民办实事居家托养160名。重残补助9988人，补助标准每人每月提高20元；13名个体工商户获得养老保险补贴；扶残助学292人；残疾人危房改造290户；机动轮椅车燃油补贴231人；实施“连千村帮万户”“农村基层党组织助残扶贫”工程，结对帮扶380户残疾人。春节、助残日期间慰问残疾人5200余户，慰问资金108万元。

【康复实事】 供应辅具1032件，辅具适配进家庭36户。开展助行入户45例。“光明·关爱”低弱救助272例。实施人工耳蜗康复救助9例。引进澳大利亚华侨魏基成“天籁列车”项目适配助听器300例。实施湖南省为民办实事“0~6岁贫困残疾儿童抢救性康复”项目55例。开展康复健康行活动，筛查、义诊、咨询服务2万人次。

【残疾人就业培训】 康复扶贫贷款贴息补助66万元，为365名残疾人提供就业创业机会；争取创业富民资金30余万元；投入资金100万元，扶持35名残疾人自主创业，扶持沩滨养殖、楚兴能源等6个残疾人就业扶贫基地，带动300名残疾人就业；扶持黄材镇蛋鸡养殖、巷子口镇李子种植两个残疾人产业带；开展职业技能实用技术培训502人。

【稳定与维权】 县、乡、村残疾人法律救助中心（站、所）受理残疾人法律救助案件51件，其中跨市维权4起、跨省维权1起，妥善处理历史遗留问题6起，为残疾人挽回经济损失180万元。2013年没有发生一起残疾人非正常上访事件，宁乡县残疾人联合会获评宁乡县社会治安综合治理工作先进单位。

（姜　涛）

军　事

人民武装

中国人民解放军
湖南省宁乡县人民武装部
部　　长　谢圣彬
政　　委　田连中
副 部 长　黄文钦

【概况】 2013年，宁乡县人民武装部(以下简称县人武部)遵循“固牢根本、狠抓中心、夯实基础、积极作为、安全发展”的思路,扎扎实实开展工作，圆满完成年度各项工作,全面建设取得新的发展被长沙警备区评为党管武装先进单位,安全管理先进单位,征兵工作先进单位,被长沙市人民政府评为绿化工作先进单位,所属军事科及后勤科分别评为先进军事科、先进后勤科。部长谢圣彬被长沙警备区评为优秀团级单位主官，部长谢圣彬、政委田连中被长沙警备区评为军政主官一对好搭档,省军区对谢圣彬部长任期内财务审计获好的等级。

一、狠抓党的建设。县人武部充分发挥党委班子核心领导作用,组织班子成员反复学习《党委工作条例》《党委议事规则》《民主集中制辅导读本》，增强班子成员集体领导能力。按照“抓工作先抓班子、强素质先强班子、用工作成效检验班子”的思路,狠抓党委班子自身建设,党委核心领导作用不断增强。

二、思想建设成效明显。县人武部深入开展“赞颂科学发展成就、忠实履行历史使命”“讲政治、顾大局、守纪律”两项重要主题教育活动,大力加强党史、军史和革命传统观教育。12月,编制《革命老区——宁乡》兵要地志录像片，对广大官兵进行爱国传统教育收到良好效果。不断强化作风纪律养成。结合宁乡特点,持续开展学雷锋活动，县人武部组织200名军民,在金洲镇南洲村进行“保护湘江母亲河，绿色崛起美丽乡村”的大型植树活动,共植树4000多株。

三、安全管理工作正规有序。县人武部坚持把抓安全管理作为第一要务,摆上重要议程,常抓常议。结合宁乡实际,大力开展“安全稳定年”活动,严格车辆管理与派遣，开展安全行车专项教育整顿，严格落实保密制度，坚持正规秩序。与驻地玉潭镇派出所建立信息互通和联防联治机制。营区内新添置24个安全摄像探头，共有摄像头32个，可监视到营院内每个角落。对武器弹药库监视系统进行升级改造。

四、党管武装工作进一步加强。县人武部围绕发挥职能作用,进一步营造党管武装和双拥共建的良好氛围。狠抓《关于加强新形势下党管武装工作的意见》和《党管武装绩效考核实施办法》两文件的贯彻落实。5月,组织新一轮乡(镇)党委书记述职,6月,协调组织召开县委常委议军会,切实解决人武部家属安置、库室建设、经费保障等实际问题,提出具体措施办法。大力开展拥政爱民活动,持续开展军民共建、文明创建及社会治安综合治理等活动。

五、国防动员工作上新的台阶。5月15日,宁乡县召开国防动员委员会会议,县委副书记、县国防动员委员会主任、县长周辉,县委常委、人武部部长谢圣彬,县委办主任陈永高,人武部政委田连中等出席会议。与会人员充分认识做好国防动员工作是建设强大国防的必然需要。国防动员按照“军民兼容、军地共用”的原则,在新上的交通、能源、通信、物资储备以及城市建设等项目中贯彻国防需求,把国防功能植入重大基础设施建设中。加大宣传教育力度,将国防教育纳入全县宣传教育总体规划。县委党校在干部教育培训中,增强国防教育理论课,并组织开展形式多样的国防教育实践活动。在国防动员演练、民兵整组、训练征兵等活动期间,充分运用各种媒体,加强对民兵预备役人员进行形势战备和战斗精神教育,对广大人民群众进行国防和战时防护等知识宣传,营造全社会关心、支持、参与国防建设的浓厚氛围。

六、积极服务地方经济建设。2013年，县人武部党委紧紧围绕县委政府提出的“挺进50强,提速过百亿”奋斗目标,牢固树立“有为”“有位”思想,发动和组织民兵预备役,在建设活力宁乡、美丽宁乡上下功夫,见成效。积极帮助大屯营乡、老粮仓双舞村抓好基础设施建设,帮扶湘核华府、星邦重工、东鑫环保等企业搞好项目建设。组织广大复员军人开展“双带双促”活动,大力宣传复退典型,培养李海军等一批退伍兵致富能手。为预防森林火灾,洪涝地质灾害等突发情况,部党委坚持把抢险救灾工作作为年度工作大事来谋划,随时做好出动准备,与地方机关部门建立24小时联络机制，积极收集各种灾情,主动请缨,历次救灾都奔赴在第一线。如:2013年夏季,宁乡遭遇50年不遇的旱灾，部党委主动把工作重心转移,及时召开抗旱救灾协调部署会,成立民兵抗旱送水分队,要求各乡镇武装部长和民兵深入田间地头和抗旱一线,保持两台消防车24小时在位，先后为回龙铺敬老院及华田村、历经铺大湾岭小学、菁华铺送水40天共计

360吨，支援大屯营乡抗旱资金4万元，受到当地政府和人民群众高度赞扬，相关情况得到《战士报》《湖南日报》《长沙晚报》的跟踪报道。

【征兵工作】 自2013年起，征兵时间更改为8月1日开始征兵，9月1日起批准新兵入伍，9月30日征兵工作结束。这是中国征兵史上的重大改革，实现征兵时间与各级各类院校学生结业时间同步，开通优秀青年从校门直接迈向军营的直通车。最大限度地征集高学历高素质青年入伍。6－7月，人武部就征兵工作进行宣传发动，印制征兵公告，下发《廉洁征兵手册》2000多套。全年按质按量完成应征青年入伍任务。长沙警备区领导对县人武部的征兵工作给予高度肯定。

【战备训练】 2013年，县人武部严格落实战备工作。一是扎实做好民兵整组工作，强化基层阵地建设，在横市镇、夏铎铺镇武装部召开全县基层正规化建设现场会，警备区转发县人武部《紧贴形势，加快推进民兵基层正规化建设》经验材料。二是认真抓好现役干部、专武干部和民兵军事训练，民兵及专武干部训练完成8批次，整体应急能力不断提高。三是组织民兵进行为期8天的训练，训练内容包括理论学习、体能、队形、消防灭火救援等。磨炼出成果，在人武部干部半年军事考核训练中，县人武部成绩在警备区排名第三。县人武部由参谋张易才率队参加长沙警备区森林防火分队比武竞赛，取得第一名的好成绩。

【开展作风纪律教育整顿】 7月15日，县人武部制定“作风纪律教育整顿活动安排表”，7月下旬进行动员部署。7－8月进行三项学习和三项教育。整改提高，12月前检查讲评，总结梳理活动成果上报长沙警备区。紧接着县人武部召开干职工大会，开展“四比四抓争先锋”主题活动，贯彻落实关于作风建设的12条措施。

【制作《革命老区——宁乡》录像片】 根据长沙警备区指示精神，宁乡县人武部于12月份着手制作《革命老区——宁乡》兵要地志录像片。该片分七个部分：宁乡概况、社会经济、地形交通、气象水文、动员潜力、担负任务、驻宁军事单位。片中穿插温家宝、习近平等党和国家领导人到宁乡视察调研等图片，编制组由谢圣彬任组长、黄文钦任副组长、黄祖同负责文字编辑。该片深入浅出、用事实说话、寓教于图像中，受到有关专家的高度肯定和赞誉。

（黄祖同）

军事科
科　　长　黄文钦（兼）

政工科
科　　长　罗向东

后勤科
科　　长　曾佑良

武装警察

中国人民武装警察部队黄金十一支队
支 队 长　蔡有良（上校）
政治委员　刘　晔（上校）
副支队长　郭建彬（中校）
　　　　　　段　智（中校）
副政治委员
　　　　　　余彦忠（中校）
总工程师　张建国（中校）
参 谋 长　李元兴（中校，3月转业）
　　　　　　杨运生（中校，3月任）
政治处主任
　　　　　　杨应斌（中校）
后勤处处长
　　　　　　杨天胜（少校）

【概况】 中国人民武装警察部队黄金第十一支队（简称武警黄金第十一支队），其前身为湖南省冶金地质二三七队。1980年4月，湖南省冶金地质二三七队整编为中国人民解放军基本建设工程兵第五一六大队。同年大队改团，番号不变。1985年1月1日，改为中国人民武装警察部队黄金第十六支队。2002年4月1日，改为武警黄金第十一支队。部队主要任务是黄金地质找矿和维稳处突。2013年以来，支队围绕建设现代化国家地质野战军目标，按照指挥部、总队党委总体部署，聚焦转型抓中心，凝心聚力抓建设，改进作风抓落实，班子建设进步明显，调整转型推进有力，全面建设稳中有升。

一、围绕主线抓教育，政治建警富有成效。按照教育铸魂、典型引领、干部示范的思路，大力加强和改进思想政治工作。一是狠抓理论武装。采取开办“干部讲堂”、外聘专家授课、蹲点领导宣讲、组织原文学习等形式，抓好三级党代会精神宣传普及，系统掌握基本思想、基本理论、基本观点。组织开展“强国梦、强军梦、我的梦”群众性大讨论活动，举办专题演讲比赛，切实用强军强警目标统一思想、凝聚力量。二是扎实开展主题教育。内容上，把调整转型作为重点，将5个大专题细化为12个小专题，政工干部集体办公，撰写授课教案，反复组织试讲，制作教学光盘；方法上，采取常委上大课与“流动课堂”相结合、支部深化与班组讨论相结合的方式进行；形式上，配合开展参观见学、歌咏比赛、知识竞赛和评选第四届“感动支队人物”等活动，增强教育的针对性和实效性。三是认真做好经常性思想工作。召开庆功暨出队动员大会，开展“挑应战”活动，重奖先进典型，安排现身说法。扎实开展逐级大谈心和婚恋观、消费观、正确看待荣誉等教育，每季召开干部、士兵、职工座谈会，下发思想工作骨干联系卡，做好思想工作和心理工作，抓好“法律服务到基层”活动，帮助2名同志解决家庭涉法问题。四是着力抓好干部队伍建设。认真开展政治工作调研练兵活动，每月组织基层政治主官授课视频评比，两次举办“四会”优秀政治教员比武;机关每周二、四开展业务学习,提高干部队伍综合素质。扎实开展“树立正确比较观”教育活动,强化干部队伍事业心、责任感。五是大力加强警营文化建设。持续抓好总队和区矿调任务部队团队精神学习宣扬,广泛开展“多读书、读好书”活动,每月组织测试,提升文化育人层次。投入10万余元,开通警营广播,建好警营网吧、业余军乐队、锣鼓队和广场舞蹈队,配齐指导员工作箱、流动图书箱、简易文体器材;定期开展“周末大舞台”活动,先后与刘少奇管理局、湖南省歌舞剧院组织联谊会,举办庆“八一”歌咏会和综合运动会,积极参加宁乡经开区运动会,与宁乡县委宣传部合作的“青铜魂”音舞诗画节目被选送参加长沙市文艺汇演;二大队以编印《雪域之路》简报、撰写高原日记、开展“三学一唱”等为主要内容的雪域文化,丰富官兵的精神生活。重视做好新闻宣传工作,专题片《杰措湖边的玛尼堆》荣获第七届“记录中国”创优评析活动节目类奖。深入开展“雷锋故乡学雷锋、驻地武警当先锋”活动,组织官兵义务植树、献血、敬老院做义工等,四中队被评为武警部队学雷锋先进单位。

二、聚焦转型抓中心,履行使命成绩突出。一是进一步优化找矿布局。落实“收缩战线、转型西进”要求,分别在中西部三省区部署4个、3个、2个中队,将56%的技术力量主攻“两调”;加大矿权梳理评价力度,抓好安徽、湖南等省矿权注销工作,在中西部省区新登优质探矿权5个,部队转型发展有力推进。二是严密组织地勘作业。出队前,两次召开施工生产论证会,统一思想认识和方法措施。出队后,党委每季分析中心工作形势,轮流安排部门以上领导到一线指挥,出台《地勘作业量化管理办法》,将年度地勘任务量化分解到每个单位、每个月份,每周交班会、每月首长办公会通报讲评各单位完成任务情况。基层单位严格落实支部每月议中心、矿区每周技术研讨、作业组每天碰头会等制度;西藏区矿调项目实行定框架、定目标、定标准、定责任、定进度“五定”管理办法;五中队试行目标绩效管理,采取人员“双向选择”、浮动野外津贴、工作量定额和成果风险奖惩等措施;精心组织钻探施工,改进激励办法,落实“开二备一”,九中队自架6400米索道创新机台搬迁方式,提升作业效益。三是着力提高遂行任务能力。认真开展专业技术训练,举办钻探、地质、内燃工、驾驶等10个培训班,培训技术骨干460人次。充分发挥3名挂职专家作用,与15名技术骨干结成师徒对子,手把手传帮带;持续开展行政干部拜师、技术干部轮岗、士兵“一专多能”岗位练兵和“优秀地质组”评比活动。2013年,区矿调能独立带组作业的技术骨干比2012年增加10名,“一专多能”战士达到40%,工作效率比进藏初期提高2倍,圆满完成黄金部队“五种力量”建设区矿调工作野外现场演示任务。抓好化验室扩项认证工作,年末,ICP-MS、X荧光仪已安装到位。四是狠抓地勘质量管理。组织全员学《地质勘察工作规范规程汇编》,强化行规工作意识。健全三级质量管理体系,组织2次专项检查,将3名机关工程师编配到基层大队负责现场帮带、质量检查等,施工质量明显提高。

三、建章立制抓管理,正规化建设水平不断提升。按照严格精细抓管理、居安思危抓防范的思路,狠抓部队正规化建设。一是抓好落编工作。严格按新编制配备干部,瘦身机关,充实基层,机关人员由原来的63人降为53人。二是抓好软件建设。修订《支队标准制度汇编》,细化《基层单位季度考核细则》《目标绩效管理办法》等23项措施。扎实开展“条令学习月”和“军事训练强化月”活动,落实管理教育日调度汇报、周讲评通报制度,每周下发周交班会议纪要,督导部队抓好问题整改。三是抓好安全管理。狠抓安全教育,举办班长和安全员培训班,开展安全工作巡考、巡展、巡查,制作下发毒蛇咬伤、工程作业事故等自救互救教学光盘,组织观看军队保密警示教育片。扎实开展安全大检查和“百日创安”活动,排查整改95处安全隐患。4月15日三中队成功扑灭驻地山火,做法被总队转发。加强零散人员管控,签订安全责任书,建立“跟踪管理卡”,落实每周调度登记制度;防范毒蛇咬伤,依托驻地医院建立血清库,统一配备护腿和蛇药;突出抓好车辆管控,完善车辆档案,落实GPS查勤、强制安全检测等制度;突出防范失泄密,落实“十条禁令”和办公电脑、存储介质外带审批制度,加强密码动静态管理。注重激励与问责,及时兑现安全奖,从严处理超速行驶、违规使用手机等问题。四是抓好战备工作。完善各类预案,补充应急物资,组织战备演练,举办“藏区防袭击工作现地演示观摩会”,结合部队即将搬迁进藏,冬训期间,组织防暴队演练。五是抓好士兵复转退工作。11月14日,支队召开士兵代表座谈会。208名复转退对象思想总体稳定。

四、紧贴任务抓保障,后勤综合保障效能不断增强。按照标准化建设、精准化服务、社会化保障的思路,着力加强现代后勤建设。一是加强经费管理。坚持党委(支部)理财,每月首长办公会审定基层经费开支,并下发月经济运行通报;实行经费指标包干和奖惩责任制,科学制定不同类型中队成本标准和管理办法。二是搞好综合保障。投入125万元,购配地勘装备35台(套),检修车辆和各类设备132台(套),为野外一线输送246吨物资材料,坚持基层装备物资供应优先原则,保证了施工生产所需。伙食保障上,严格落实“五项制度”,提高伙食满意率。卫勤保障上,抓好禽流感预防,加强高原病防治,聘请解放军41医院医生和安排随队医师每月到一线巡诊,畅通紧急情况下病员后送渠道,高原病预防有了保障。三是做好职工工作。每季组织职工座谈，修订《职工管理办法》，进一步优化定岗，明晰职责，激发活力。2013年，一中队11名职工4个月自营槽探3846立方米，节省费用15万元；机关营区绿化职工分队自己动手、内部移栽，节约经费10万余元。

五、着眼经常抓基层，部队建设质量稳步提升。按照强化能力、规范秩序、建强组织的思路，下大力抓基层打基础。一是狠抓学习培训。认真贯彻落实指挥部抓建基层讲评会精神，严密组织参加黄金部队四级主官暨三级机关《纲要》网上集训，举办支队《纲要》应用性培训，依托岗位实践抓好成果转化。地勘准备期，每月开展"指导员之家"活动，集中学习业务，组织研讨交流。二是着力规范抓建秩序。领导机关层面，坚持用"三会一线"统筹抓建基层工作，制定《年度按纲服务指导基层计划》，先后下派3批次工作组下基层蹲点帮建，安排17名团以上领导和机关干部下部队蹲连当兵，出收队前后，对所有基层党支部逐个考察帮建一遍。基层层面，认真学习贯彻总队《基层单位、大中队主官和三大组织经常性工作规范》，强化职责意识，掌握工作标准；制定《关于加强大队建设的意见》，明确大队一级的责权利，督导基层单位做好年计划、月分析、周安排和"双创双争"活动4个载体，每出收队一个单位，及时指导规范一个单位，提高经常性、基础性工作质量。三是加强基层组织建设。选准配强基层主官，优选8名责任心强、素质全面的干部担任大中队主官；健全5人以上党支部委员会，强化基层组织功能。扎实开展党支部班子岗位练兵活动，制定加强基层主官队伍能力素质建设措施，每月选择一个主题比练基本功，部门以上领导与挂钩单位党支部建立活动联系点，机关干部与支委成员结成帮扶对子，坚持每周一沟通、每月一检查、每季一交流。四是扎实抓好试点工作。认真总结区矿调任务部队按纲抓建特点规律，制订试点方案，积极探索加强作业组管理模式，取得初步成效。

六、突出作风抓班子，党委班子建设进步明显。按照强学习、重决策、转作风、树形象的要求，狠抓党委班子自身建设。一是抓学习。持续推进学习型党委建设，采取集中组织和召开视频会议两种形式，领导班子理论素养进一步提升，提交调研报告11篇。扎实开展"学习贯彻党章、弘扬优良作风"和"树立正确理念、明辨是非界限"教育活动，在集中学习整改的基础上，形成长效机制。二是严制度。狠抓民主集中制原则，研究事关部队建设发展重大问题，坚持领导、专家、群众相结合，问计于民，集中民智，党委议事决策质量进一步提高。研究干部调整使用、大项工程招标、大宗物资采购等敏感事项，严格按程序办事，坚持"四公开"，实行"阳光操作"，部队风清气正。三是重团结。加强班子成员深度磨合，开诚布公交流，主动补台补位，班子团结质量不断提高。四是转作风。制定《加强支队党委作风建设的十条规定》，班子成员坚持带头学习训练，带头勤俭节约，带头较真碰硬，带头深入一线，每两月下基层蹲点1个月，下基层时不带公车，不在外住宿，严格与基层官兵实行"五同"。截至年底，常委人均下基层80天，共帮助基层解决难题30个。

【参加宁乡县山火扑救任务】 12月30日8时40分，宁乡县双凫铺镇迴龙山发生森林火灾，应宁乡县武装部请求，经三总队批准，武警黄金第十一支队出动官兵52人，动用车辆3台，行程50多公里，赶往火灾现场，开展扑救工作，经过干警村民的齐心努力，14点15分山火全部扑灭。

（殷　明）

武警消防

宁乡县公安消防大队

大 队 长　肖云峰
教 导 员　丁德局
副大队长　申俭生（7月任）
　　　　　黄　昊（4月转业）
副教导员　陈志斌（6月另任）
　　　　　周志钢（11月任）

【概况】 宁乡县公安消防大队正式组建于1996年，现为副团级编制，下辖宁乡县消防中队、蓝月谷消防中队。2013年，大队共有官兵92人，分别来自湖南、湖北、云南、贵州、广西、江苏、河南、河北、山东9省（区），其中，大队干部6人、中队干部8人、战士30人，政府专职消防员42人、文职人员6人；配备行政执法车2辆，消防车12辆，现代化器材装备2900多件（套）。

2013年，大队共接警出动672次，抢救被困群众450人，挽回财产损失价值6000多万元。年内，宁乡县公安消防大队被公安部消防局评为公安消防部抗洪抢险先进集体、被湖南省消防总队评为"全省消防部队先进基层党组织"和"全面建设先进大队"，被长沙市消防支队评为"全市消防部队全面建设先进大队""后勤工作先进单位""执法质量先进单位"；宁乡县公安消防大队被宁乡县人民政府评为"消防工作先进单位""绩效考核优胜单位"。

【队伍建设显特色】 2013年，宁乡县公安消防大队党委坚持以人性化管理为引领，以精细化管理为精髓，深化执勤岗位大练兵；大力开展铁军中队达标建设，全力锻造忠勇为民的钢铁队伍。一是以作风建设为根本，不断夯实队伍发展基础。以党的群众路线实践教育活动作为加强和改进作风建设的根本，强化实践教育，强化制度约束，强化监督检查，强化考核评议。开展警容风纪、纪律作风整顿，全体官兵的法制观念、廉洁意识、责任意识明显增强。二是以精细化管理为抓手，不断提高队伍管理正规化水平。大队全面规范队伍管理、执勤备战、思想教育、综合保障和执法监督等制度标准和工作秩序，制定

《大中队精细化管理手册》,严格对照手册规定实施精细化考评和奖惩;编写基层基础工作指导手册,编制基础业务工作台账索引表;部队管理严格落实“谁主管谁负责,谁组织谁负责,谁指挥谁负责”的责任制;严格落实一日生活制度,确保部队秩序正规稳定。三是以铁军建设为亮点,不断增强官兵灭火救援战斗能力。坚持理论知识、体能和装备技能一手抓,保证每天1小时体能训练、每周2次队列训练,集中开展市政消火栓专项摸底排查工作,人员密集场所、高层地下建筑等场所的消防救援演练,重点单位灭火救援预案修订工作。全年制定灭火救援预案140份;严格值班备勤和执勤保卫制度,始终瞄准“练为战”目标,完成全省消防部队正规化建设任务,铁军中队达标验收成功,完成重大节假日、重大活动等消防执勤保卫任务26次。尤其是2013年夏天,大队官兵多次参与抗洪抢险救援的英勇事迹得到了中央电视台新闻频道、湖南卫视、《潇湘晨报》《长沙晚报》、人民网、中国新闻网等中央、省、市媒体广泛报道,大队获得“全国抗洪抢险先进集体”荣誉称号。四是以警民共建为桥梁,不断增进驻地军民鱼水情。以“向雷锋同志学习”题词50周年为契机,深入开展“雷锋在行动”系列活动:大队官兵从个人有限的津贴中,拿出部分捐助特困家庭,为朱良桥、流沙河等乡镇特殊困难户捐款2万余元;为宁乡县一中、夏铎铺敬老院送水65吨,以解群众燃眉之急。同时,驻地群众也把官兵当成自己的亲人,老年人文艺队载歌载舞向消防官兵们拜年慰问,辖区特福莱汽车修理厂、宁乡宏泉置业有限公司等单位领导和被救援的村民自发为大队送上饱含感激和崇敬之情的锦旗等,使官兵深深地感受到群众的支持和理解,为官兵安心服役、积极工作奠定基础。

【铁军打造显成绩】 2013年,宁乡县消防工作以“四比四抓争先锋”战略部署为牵引,紧紧围绕“法纪消防、科技消防、人文消防”的这一发展理念,以打造人民满意消防铁军队伍为目标,深化火灾防控体系和消防基础设施建设,全县消防工作和部队建设取得新的发展。一是加大执法力度,清除一大批火灾隐患。全年,相继开展除火患、保平安、打非治违、火灾隐患大排查大整治等各类专项整治行动,有效维护宁乡社会消防安全环境。全年,消防大队和各公安派出所共计检查单位1.20万家,发现并督促整改火灾隐患7.26万处,处罚款47.12万元,行政拘留67人;二是加大消防宣传力度,提高全民消防安全意识。2013年,县委县政府以全面贯彻落实《国务院关于进一步加强消防工作的意见》为准绳,创新消防工作社会管理机制,推动《今日宁乡》、宁乡县电视台等辖区主流媒体开辟消防报道专栏、制作专题节目、滚动播放消防宣传公益广告;工商、教育、安监、旅游等部门发挥各自优势,将消防知识纳入日常教育之中,消防宣传力度和效果显著提升;同时,以县消防大队为主导,社会单位消防安全培训、演练和自查自纠工作全面纵深开展,社会化消防机制逐步形成。

【火灾防控显成效】 2013年,宁乡消防大队强化多警联动机制,发动社会网格化排查力量,全面铺开排查整治大网络,一是部门联动,动真碰硬,消防安全环境有效净化。2013年,宁乡县消防大队、各公安派出所、相关职能部门先后联合开展了“除火患、保平安”、火灾隐患大排查大整治、校园安全、“两会”期间消防安全、消防产品推介、在建施工工地消防、高层地下建筑及劳动密集型企业消防等20余次联合检查和专项治理行动。全体执法人员秉着火患必除、违法必究的态度,对各类火灾隐患和消防违法行为发现一例,整改一例,有效打击各类消防安全违法行为。二是积极创新,以点带面,消防宣传教育全面覆盖。宁乡县率先在全市启动由公安民警主导的派出所工作培训机制,由经验丰富、业务精湛的主管消防工作所长担任主讲师,全县33个乡镇84名社区民警参加培训;此举得到市、县有关部门的高度评价与肯定。组织培训班7次,培训乡镇、社区工作人员、重点单位消防安全管理人、负责人、重点岗位人员1000余人。深入市场、学校等重点防火单位、公众聚集场所和一些消防车难以进入的区域宣讲消防知识11次,组织疏散演练60余次,发放消防宣传资料近2000余份,赠送“消防三分钟”光盘1000余张。三是源头把控,规范执法,群众满意度和规范化建设水平全面提升。2013年,在全县优化经济环境、政风行风动态考评的大环境下,大队从保障民生、服务经济的角度出发,实现消防行政许可和执法向服务的转变。以各类培训为切入口,强化消防监督员和文职雇员的培训,提升队伍整体综合素质。严格依照法律法规,做到明示事项、依法取证、程序规范、合理裁决,确保执法环节合理规范。重新调整并监管240家消防安全重点单位,80%以上的重点单位完成“户籍化”信息录入工作,重点单位“四个能力”建设和消防安全隐患自查、自改工作开展成效显著;同时,实行建设工程消防质量终身负责制和消防安全不良行为公示措施,着力提升消防管理水平。

【后勤保障强基础】 2013年,宁乡县公安消防大队按照“保障有力”的总体要求,围绕基层消防保障、强化基础设施建设两大重点,将消防规划编制、消防安全“网格化”“户籍化”管理、火灾隐患排查整治常态机制、消防安全教育普及等列入财政预算。同时,大队严格缩减“三公”开支,将有限的经费投入到灭火救援力量提升中,配齐、配足消防设施、器材装备,2013年,新配备灭火救援防护装备700余件(套)。宁乡县第二消防站于11月16日驻兵投入使用;全县800个市政消火栓建设工程第一期已完工,第二期正在建设之中;宁乡县第三消防站已纳入政府议事日程,将于2014年重点推进。

(夏 维)

政 法

政法综治工作

县委政法委员会
书　　记　刘　平
副书记(常务)
　　潘顺秋(1月任)
副 书 记　蔡立军(1月免)
　　周定兴(兼)
　　向觉前　徐鹏飞

县社会管理综合治理委员会办公室
主　　任　蔡立军(兼,1月免)
　　潘顺秋(兼,1月任)
副 主 任　成江林(1月免)
　　刘克强　刘宁湘
　　杨建兵(4月任)

县维护稳定工作领导小组办公室
主　　任　徐鹏飞(兼,1月任)
副 主 任　谢启明(1月免)
　　杨文杰
　　邓铭心(1月任)

【概况】 县委政法委员会与县社会管理综合治理委员会办公室及县维护稳定领导小组办公室合署办公,担负着全县政法、社会管理综合治理及维护稳定等职能。2013年,宁乡县被长沙市评为稳定工作先进区县,花明楼镇被评为市综治维稳工作红旗单位,南田坪、偕乐桥、沩山、历经铺、城郊被评为市先进单位,县评出综治维稳工作红旗乡镇4个,先进单位41个,记三等功人员9人,嘉奖人员38人,先进个人96人,见义勇为先进个人5人。

【社会管理综合治理】 全县综治工作进一步推进社会治理,进一步提升人民群众的安全感和满意度。全年开展了消防安全大检查、道路交通安全大检查、禁毒“百日会战”、流动人口与出租屋“三治三防三优”、整治摩托车打伞、信访积案化解等专项治理行动。专项行动中,全县共破获涉毒刑事案件111起,捕诉涉毒犯罪嫌疑人123人,行政拘留184人,查处涉毒娱乐场所3家,查处易制毒化学品案件2起,打掉涉毒团伙18个;共收缴摩托车遮阳伞393把,暂扣违法摩托车2214台;发放交通安全宣传卡片3万余张,清理流动人员2000余人,清理房屋出租户3000余户,查处办理非法出租户案件900多起。县公安局开展“楚沩金盾”行动、共破刑事案件1412起,抓获各类违法犯罪人员3932名,刑事拘留937人,查处治安(行政)案件3665起,治安(行政)拘留1970人;查破涉毒案件480起,缴获毒品折合海洛因41.2公斤,抓获处理犯罪嫌疑人745人。12起现行命案全破;打掉食品安全犯罪团伙2个,打掉侵财团伙55个,打掉8个恶势力犯罪团伙。成功侦破“12·15”横市幼儿园爆炸案、“亮碧思”特大传销案、煤炭坝杀人抢劫案等60余起大案要案。在城区共安装摄像头2432个,投入使用2320个,建设视频监控点位1853个,由专人负责监控管理。基本完成“天网工程”建设,开展“红袖章万人巡防促平安”活动,健全各单位内部保卫制度,城区网格化治理模式基本形成,有效降低案发率,全县刑事立案数较2012年同期下降13.82%。治安案件增长率下降62%,全县社会治安秩序进一步优化。

【维护社会稳定】 全县维稳工作落实党政领导一把手责任制,进一步完善预防和处置群体事件、突发事件等一系列工作机制,进一步健全社会稳定风险评估机制。通过加强情报信息工作,全年共收集不稳定因素情报信息624条,排查掌握不稳定问题347个,调处化解矛盾纠纷1315起,防范化解群体性事件53起,处置群体性事件29起。在全县划分民情责任区,推行分片包干,实行一月一主题,为民办实事、解难题、调纠纷。预防和化解各类群体性事件184起,及时调处各类矛盾纠纷1.98万个,调处成功率达99.4%。各重大节假日及重大敏感特护期平安稳定。顺利完成在宁乡县承办和举办的全国自行车山地赛、沩山公益慈善系列活动、快乐男声答谢演唱会、“城投集团”杯业余篮球赛湖南总决赛、少奇诞辰115周年庆典等各类重大活动安全保卫工作。实施3起社会稳定风险评估,没有发生因未经社会稳定风险评估而引发群体性事件或个人极端行为事件。快速有效处理湘乡籍居民车祸堵路、温氏公司堵门等突发事件,第一时间控制事态发展,维护全县大局的平安稳定。

【服务经济发展】 政法系统大力开展“一包双联”活动,致力服务经济社会发展。全县政法系统班子成员共包案22个,联系社区78个,联重点困难户759户。县委政法委帮助所联“红宇耐磨”等企业解决各类问题17个;县法院、县检察院、县公安局、县司法局各单位共联系重点企业、重点工程、重点项目84个。深化政法干警“百日大走访”活动,全年累计提供法律服务156次,解决企业纠纷243起,提供法律知识讲座42堂,进行法律宣传48次,办理法律公正32次,依法参与对招商引资企业和项目的背景调查12次;开展整治阻工闹事专项行动,打击强装强卸、强揽工程、敲诈勒索、非法阻工、恶意诉讼等不法行为，出动警力1310人次，参与依法拆违25次，办理影响经济环境的案件96起，打击处理146人，为全县经济建设保驾护航。

【平安建设】 开展“四十佳”评选活动，深化“平安宁乡”主题。年初全县政法工作会全面部署并实施“平安乡镇”“平安村(社区)”“平安园区”“平安车站”“平安医院”“平安学校”“平安市场”“平安交通”等创建活动，县综治办每季度进行检查督导，全面推进平安创建活动。召开校园周边及环境综合治理专项整治会议，对全县摸排的143个重点问题进行统一交办，全部得到妥善处理。宁乡县被评为2013年度湖南省平安校园建设先进县，宁乡一中《筑牢平安“三墙”确保平安分秒》平安校园创建成果获国家三等奖。

【法治建设】 进一步强化监督管理，规范执法行为，提升执法公信度，积极稳妥推进涉法涉诉信访改革工作。开展刑事涉案财物处理、清理纠正久押不决及超期羁押案件、对监外执行(保外就医)及取保候审人员的重点对象突击检查和涉党政机关执行人民法院生效裁判积案清理等专项执法检查活动。就人民群众反映强烈、有可能存在执法问题的涉法涉诉信访案件组织开展集中评查活动，对发现的问题梳理归纳，剖析原因。加强考评力度，建立健全长效机制，有力促进政法机关办案质量的提高，使执法、司法行为得到进一步规范。组织县直政法各单位、人社局、乡镇等单位进行协调联合，加大对拒不支付劳动报酬行为的打击力度，县公安局依法查处和移送拒不支付劳动报酬犯罪案件，及时解决一批存在重大隐患的拖欠农民工工资问题。为宁乡的发展营造一个公平、公正的法治环境，推进法治宁乡的建设。

【政法队伍建设】 全县政法系统领导干部和政法干警分批参加政治教育轮训，开展以“忠诚、公正、廉洁”政法核心价值观教育活动，开展“为民、务实、清廉”为主题的群众路线教育实践活动，开展“百日大走访”活动，不断提升政法干警的政治素质和职业素养。编发《机关干部岗位职责及机关管理制度手册》，发放《关于重务实、崇节俭、改作风、讲文明的倡议书》，严格按照机关制度认真抓好落实工作，由办公室负责对各项制度的落实定期或不定期进行检查、总结和考评。由纪检监察室经常性开展作风建设督察。坚决整治散漫奢华等不良风气，不断提升队伍拒腐防变能力。加大经费保障力度，坚持力量向基层一线倾斜，进一步强化基层基础保障，提高基层政法干警的积极性和主动性。同时，政法各单位均实行中层岗位竞聘，加大对青年干部的培养与任用。

(蒋　婧)

防范和处理邪教工作

县委防范和处理邪教问题领导小组办公室

主　　任 周定兴
副 主 任 程再强(1月免)
姜婕华(女)
杨旺兴(1月任)

【概况】 县委防范和处理邪教问题领导小组办公室有干部8人。2013年，宁乡县防范和处理邪教工作充分发挥组织、指挥、协调的工作职能，社会面防控工作扎实，基层基础进一步夯实，教育转化攻坚硕果累累，警示教育平台不断拓展，防范处理卓有成效，队伍建设不断提升，开创防范和处理邪教工作新局面，确保全县社会政治大局稳定。

【防控措施】 2013年，县委对防范和处理邪教工作采取严密的联防联控措施。一是摸底排查调研工作。制定并下发宁乡县《关于开展邪教问题大调研工作方案》，发放调查问卷1.3万多份，全面掌握邪教动态和人民群众对防范和处理邪教问题的要求和建议。重新摸排各类涉邪人员，建立涉邪人员日常管理和重点管理2个动态数据库，进一步夯实基层数据信息资料。二是加强对重点人员、重点部位的管控。按照动态管理的要求，将涉邪人员分类管控；将99名重点管控对象纳入全县社会治安维稳名录，严格落实“包保”防控责任制；在依据调研数据的基层上，加大对24名跨县外出务工涉邪人员的异地交控管理力度，有效落实异地管控措施。三是开展回访帮教工作。累计对涉邪重点人员上门帮教248人次，其中对“全能神”“门徒会”等重点对象上门帮教训诫100余人次。四是追逃查失工作。充分整合国保、国安、刑侦等政法单位力量，切实加大对失踪失控邪教“法轮功”人员的追逃查失力度。将朱良桥乡龙某、坝塘镇周某追回，并及时落实管控措施。

【打击处置】 2013年，县委采取多种方法对各类邪教组织违法犯罪行为进行打击和整治。一是严厉打击各类邪教组织违法犯罪行为。共破获各类邪教违法破坏案件6起，处理涉案人员10人。1月14日，宁乡成功破获湘潭籍邪教“法轮功”首要分子杨某、刘某一案，并于5月24日进行公开庭审。9月2日将“法轮功”邪教组织反动宣传品地下制作窝点捣毁，抓获涉案人员3名，其中1名系外来省督办案涉案人员。二是整治“全能神”非法活动参与人员。对参与“全能神”滋事活动人员重新进行摸底，5月13日，与长沙市雨花区一道，对“全能神”外出务工人员郑某实施联合训诫教育，及时办理异地管控移交手续。9月23日，依法处理“全能神”成员喻某一案，并积极展开帮教工作，对其成功实施教育转化。三是清缴反宣品。全县共清理反宣标语40余条，收缴各类反宣品1764份(件)，反宣币2223张计2470元，及时消除反宣品对社会的不良影响。

【警示教育】 2013年，县委防范和处理邪教问题领导小组办公室牵头组织一系列形式多样的警示教育活动。一是开展主题宣传实践活动和普法教育。各乡镇相继组织12场次法制教育学习和大型广场反邪教宣传教育活动。6月24日，在县反邪教实践活动帮扶社区——夏铎铺镇夏铎铺社区组织开展以“确保安全、热爱人民、服务小康”为主题的教育实践活动，通过开展群众喜闻乐见的文娱活动，发放各类科普资料，宣传学习防邪禁毒、防灾减灾等知识，有效服务广大群众的生产生活。6月26日，玉潭镇、城郊乡分别在人人乐广场和东沩广场开展大型广场宣传活动。同时，办公室向各乡镇、县直（驻宁）单位、村（社区）、学校发放3000余本反邪教科普读物，800多张反邪教警示教育光盘，印发1.5万份“防邪知识进家庭”明白卡。发挥手机短信平台教育优势，不定期开展短信防邪、识邪知识的宣传教育，全年共发送宣传教育短信8.9万余条，有效遏制邪教的蔓延。二是推进反邪阵地建设。全面巩固全县33个乡镇、422个村（社区）、300余所学校“一橱一窗”反邪教警示教育阵地建设，城郊、白马桥、历经铺、菁华铺等20多个乡镇建设户外广告牌及电子宣传屏。落实大中型企业反邪教宣传阵地建设，重点引导企业将反邪教警示教育纳入企业文化建设，填补企业反邪宣传教育的空白。三是开展“无邪教活动”示范单位创建工作。于5月、8月分5个片区对全县专干进行“创建”工作培训，10月9日在历经铺乡召开业务培训暨“创建”工作经验交流现场会，力促“以点带面”推动全县反邪教警示教育向纵深发展。宁乡县13个乡镇、单位、学校、村（社区）成功创建为市“无邪教活动”示范乡镇、单位、学校、村（社区）。

【帮教转化】 2013年，办公室始终坚持“以人为本”的帮教理念，把对邪教人员的教育转化工作作为防邪反邪的治本之策。一是开展教育攻坚。成功转化“法轮功”邪教组织对象龙某、刘某2人，有效转化县中医医院痴迷人员左某。对现行抓获和有违法嫌疑的邪教人员，在未进羁押场所组织实施转化教育。如：对有重大违法嫌疑的人民银行胡某，选送集中转化班成功实现转化；对制作反宣品的违法人员彭某，实施先行送班教育转化。二是开展巩固教育。8月，先后分片组织自主办班6期，巩固教育各类涉邪人员226名，动员社会力量和各届热心人士，大力开展家庭帮教，累计上门帮教269人次，全面有效巩固帮教成果。

【基层基础】 2013年，县委防范和处理邪教工作基层基础工作不断加强，队伍建设不断提升。一方面，完善反邪情报信息网络建设。依托专干队伍为骨架，建立覆盖乡、镇、村、组、街道、居委会的情报搜集网络，及时掌握涉邪人员的动态，开展调研工作，及时发现新情况、新问题，采取新对策，将问题处置于萌芽状态。另一方面，加强基层防邪队伍建设。全年组织举办4次业务培训班，全面提升专干业务素质，鼓励机关干部职工向凯风网、中国反邪教网、岳麓红枫网积极投稿，相继发表专业文章45篇。

（*石爱兵*）

公安工作

县公安局

局长、党委书记
漆曙光

副书记、政委
陶　述

副书记、常务副局长
肖学强

副书记、副政委、政工室主任
刘海波（女）

副局长　罗继元
肖文亮（1月任）
沈新宇　刘志良
丁新军（兼，1月免）
曾宁汉
唐朝阳（1月任）

纪委书记、工会主席
张文辉

【概况】 2013年，宁乡县公安局内设科室5个：指挥中心、政治工作办公室、纪委、法制科、后勤保障科；设直属大队10个：国内安全保卫大队、刑事侦查大队、治安管理大队、交通警察大队、巡逻警察大队、禁毒大队、经济犯罪侦查大队、人口与出入境管理大队、网络安全保卫大队、单位内部安全保卫大队；设监管场所2个：看守所、拘留所；设行政派出所34个。2013年，全局有干部职工676人，其中女民警职工66人、职工7人，副科职以上干部147人。

2013年，宁乡县公安局紧紧围绕市公安局深化“五大警务”和县委、县政府“四比四抓争先锋”的部署要求，全局上下奋勇担当，顽强拼搏，用忠诚和汗水谱写一幅“保平安、赢民心、促发展”的壮丽篇章！六项工作荣获全国优秀：宁乡县消防大队被评为“全国公安消防部队抗洪抢险先进集体”；宁乡县公安局刑事科学技术室成功创建全国示范刑事科学技术室；宁乡县公安局获评全国“缉枪治爆”专项行动成绩突出集体、全国公安国保战略支撑点等光荣称号；流沙河派出所、梅家田派出所成功创建公安部一级派出所。十个全省优秀：全省侦破命案工作先进单位；全省公安监所管理工作先进集体；拘留所被授予全省监管场所社会矛盾化解先进单位；全省消防部队先进基层党组织；部督“亮碧思”特大传销案被评为全省十大精品案件第一案；全省深化打击整治网络违法犯罪专项行动先进集体；全省市级道路交通安全管理工作优秀单位；湖南省公安工作档案规范管理一级单位；看守所通过省二级达标验收；入境接待窗口通过省厅示范验收（省级示范窗口）。三个全市第一：打击食品安全犯罪工作、打击毒品犯罪和涉黄涉赌违法犯罪打击处理数、视频侦查全市第一。十四项工作全市先进："天网工程"建设全市先进单位；网安大队荣获政务信息工作先进单位；人境大队荣获全市公安实有人口管理工作先进集体；经侦大队、交警大队行政中心执勤岗亭荣获市级"青年文明号"；金洲派出所荣获"全市公安机关雷锋式警队"；交警大队荣获全市交通管理优秀集体、目标管理优胜单位、车管所荣获"雷锋号窗口"；梅家田派出所荣获综合警务指挥室建设先进派出所；看守所荣获全市公安监管部门"双安"创建工作先进管教组；流沙河派出所、煤炭坝派出所荣获长沙市文明卫生单位；"2012·8·8网络诈骗案专案组"被长沙市公安局记三等功。公安业务综合考评进入全市优秀行列，县政府绩效考核一等奖。

【李文英一行莅临县公安局调研人口与出入境管理工作】 3月5日，公安部三局十二处处长李文英一行在省厅人口与出入境管理局户政工作处处长陈喜方、市局人口与出入境管理支队副支队长赵萍，宁乡县人民政府副县长、县公安局局长漆曙光陪同下，深入县公安局机关业务大楼人口与出入境接待大厅、黄材派出所户籍室等地调研人口与出入境管理工作。李文英一行察看了机关业务大楼人境接待大厅各项软硬件设施，仔细查阅相关台账，细心询问办证、服务等情况，在照相、受理、指纹采集、核验指纹等各个环节，全程察看并予以指导，还现场征询多名办证群众意见和建议。调研组在接待大厅会议室召开座谈会。县公安局局长漆曙光作专题汇报。省厅人境管理局户政工作处处长陈喜方表示，宁乡二代证登记指纹信息工作走在了全省乃至全国前列，取得成效，摸索经验，做出样板。李文英处长对宁乡在人境工作尤其是二代身份证登记指纹信息工作中取得的成绩给予充分肯定。李处长指出，湖南无论是在无底卡制证、人像比对，还是在二代证登记指纹信息工作方面都始终走在全国前列，宁乡经验更是值得全国推广。

【省示范工程创建推进会在县公安局召开】 6月28日，全省"210工程"建设暨"五十百千"示范工程创建推进会在县公安局召开，省厅党委副书记胡旭曦，省厅警保部主任邹安宝，长沙市公安局局长李介德，宁乡县县长周辉等领导莅临指导，省厅警令部、政治部、纪委、治安总队、监管总队、警务督察总队、法制总队负责人出席会议，市局副局长何正良，警令部、后装部负责人，全省各市区公安机关分管后装工作局领导、后保科长等领导干警100余人参加了会议。会议由省厅警保部副主任孔群主持。县长周辉致辞。长沙、株洲、永州市局、龙山县局在会上作经验介绍。省厅警保部主任邹安宝安排部署工作。会上，市局局长李介德、省厅党委副书记胡旭曦作重要讲话。会议期间，与会代表深入宁乡县公安局机关业务大楼参观装备及基础设施建设情况。

【谭和平一行莅临县公安局视察指导工作】 11月22日下午，省公安厅党委委员、副厅长谭和平一行莅临宁乡县公安局视察指导基层派出所建设工作。县局党委成员陪同视察，并参加座谈会。会上，县局常务副局长肖学强就宁乡县局基层基础工作进行汇报。副政委刘海波、副局长肖文亮等局领导、部分派出所负责人、基层民警代表谈各自的想法，提出很多建设性意见和建议。副县长、县公安局局长漆曙光以"早""实""效"三字生动概括县局在派出所建设方面的特色和经验。谭和平副厅长听取大家的汇报发言后，充分肯定宁乡基础工作的建设新面貌，尤其是对白马桥派出所开展社区民警专职化竞争上岗印象深刻。谭副厅长指出，这不仅是宁乡的首创，也是湖南的首创，代表社区警务的突破，是社区警务的标杆。

【虢正贵一行莅临县公安局视察指导工作】 3月6日，市委常委、政法委书记虢正贵，市政法委副书记周琼芝、政治部主任李丽萍率市委政法委机关全体女干部，莅临宁乡县公安局。虢正贵一行在县委常委、政法委书记刘平，副县长漆曙光、刘俊武，县政法委副书记向党前，县公安局政委陶述、常务副局长肖学强、副政委刘海波等领导陪同下，深入公安局110指挥中心，亲切看望和慰问110全体工作人员，详细了解110指挥中心的指挥、调度工作情况并与女民警座谈交流，送上节日前最美好的祝愿。

【颜文明一行到县公安局考察交流】 12月17日至18日，醴陵市人民政府副市长、市公安局局长颜文明带队一行7人到宁乡县公安局参观考察。县人民政府副县长、县公安局党委书记、局长漆曙光，局领导陶述、肖学强、罗继元、肖文亮及指挥中心、政工室、后保科、法制科、灰汤派出所等部门负责人陪同考察交流。

【召开全县城乡社区警务工作现场观摩会】 12月11日，宁乡县公安局召开全县城乡社区警务工作现场观摩会。全体局党委成员，正科级派出所所长，机关各科、所、室、大队一把手参加此次观摩会。观摩人员先后参观白马桥派出所正农警务室，玉潭派出所通益警务室，梅家田派出所东沩警务室，菁华铺派出所桃林桥警务室。观摩结束后，召开社区警务工作经验交流会。白马桥派出所副所长李宏伟就如何开展社区警务工作进行经验介绍。漆曙光副县长在会上指出，现场观摩和经验交流会的召开，就是要进一步提升社区警务工作思想认识，凝聚抓好基层基础工作共识，进一步理清工作思路，明确发展方向，落实工作措施，扎实推进宁乡县城乡社区警务工作取得新成效。

【加强队伍建设】 坚持严优并举的方针不动摇，公安队伍得到健康发展，涌现一大批先进单位和个人。2013 年，宁乡县公安局单位和个人共获评荣誉 268 个，其中 77 个为市级或市级以上荣誉。县局党委班子连续 4 年获评全县“五好领导班子”。一是突出党建引领。大力推进基层党组织规范化建设。深入开展“忠诚履职”主题教育实践活动，选树典范引路，涌现出勤钻业务、苦练本领的全国打击传销犯罪先进个人程波；执法为民、忠诚奉献的全县十佳共产党员、全市第三届“优秀人民满意警察”曾尧；扎根山区、一心为民的长沙“交警之星”文亮东等一批先进典型。坚持用人导向，推出“两推三定四评”竞争性选拔干部新模式，出台中层干部任职资格竞争选拔办法，完成了 53 个正、副科职及局管干部公开竞职选拔工作。二是狠抓作风建设。加强党风廉政建设，严格执行中央、省、市、县有关纪律作风规定，切实加强专项督察，特别在“五涉”治理上明底线、严查处、正警风，动真碰硬，全年禁闭 2 人，停止执行职务 2 人，诫勉谈话 7 人，行政处分 5 人，免职 3 人，辞退 1 人，开除 1 人，主动查处并移交刑事处理 1 人。抓实内部审计工作，全面完成办公用房清理。三是着力爱民惠警。深入开展支部联点、党员结对、“大手拉小手” 等主题爱民实践活动，共走访慰问困难群众 520 户，送去慰问金 15 万元，“警爱民、民拥警”蔚然成风。落实从优待警，成立警察协会，对 7 名在职民警实施经济救助。建成警察文化沙龙和心理服务咨询中心，有效缓解民警思想压力。落实民警子女助学奖，定期家访，合理轮休，打造“家庭式”警营。

【国内安全保卫】 全年收集各类情报信息 1050 条，上报 420 条，其中省厅采用 137 条，市局采用 276 条，采用数据居全市第一。超前掌控情报预警，成功处置各类突发群体性事件 57 起，依法打击处理违法人员 31 人。捣毁“法轮功”邪教组织 1 个，抓获反宣分子 9 人，没收反宣资料 4000 余份。“4·23”专案侦查推进有序，网上掌控成效显著。确保全国传统节假日及特护期的社会大局稳定。大型活动安保工作组织有力，确保全国青年越野车赛、“快乐男声” 宁乡演唱会等 51 场次安保活动的绝对安全。2013 年国保工作全市第一，再次夺得全国公安国保战略支撑点。

【刑事侦查】 扎实推进“打盗抢保平安”“扫毒害保民安”“星城金盾”“楚沩金盾”“清霾行动” 等一系列专项行动，专项行动考评位居全市前列。全年共破刑事案件 1672 起，查处治安案件 4394 起，抓获违法犯罪嫌疑人 4659 名。14 起现行命案全破，县局荣获全省侦破命案工作先进单位；打掉恶势力犯罪团伙 9 个，判决团伙成员 46 人；打掉侵财团伙 62 个，抓获团伙成员 212 人；打掉食品安全犯罪团伙 2 个，抓获团伙成员 14 人，捣毁黑窝点 3 个，打击食品安全犯罪工作全市第一。打击经济犯罪成效显著，成功侦办部督陈某侵犯著作权案、央批“葛兰素史克”系列贿赂案等一批大要案件。侦办的“5·9”肖某专案，涉及宁乡县及长沙、湘潭、株洲、邵阳、深圳等地，涉案金额大，通过 40 多名专案民警近九个月的日夜奋战，完成从非法吸取公众存款向集资诈骗的定性转变；侦办的部督“亮碧思”特大传销案，涉及湘、粤、鄂、桂四省，涉案金额达 3.3 亿元，被评为全省十大精品案件第一案。

【禁毒严打】 查破涉毒案件 652 起，收缴毒品折合海洛因 39.5 公斤，抓获犯罪嫌疑人 745 人，打击处理数全市第一。侦办的部督孙才团伙贩毒案，收缴毒品 K 粉 28.2公斤，斩断流入宁乡的一条重要毒源。

【扫黄禁赌】 办理涉赌案 23 起，抓获涉赌人员 87 人（其中治拘 50 人、捕诉涉赌人员 7 人）；办理涉黄案 9 起，抓获涉黄人员 36 人（其中治拘 19 人、捕诉 5 人）。

【打击食品安全犯罪】 2013 年 5 月，宁乡县公安局率先在治安大队成立全省第一个负责侦办各类食品安全案件的县一级公安食品安全中队。共侦办各类食品案件 2 起，捕诉涉案人员 2 人，宋某侵犯喜之郎注册商标罪案得到了县委、县政府及广东“喜之郎”集团有限公司的高度称赞。

【缉枪治爆】 加强对涉危场所的清查，有效整改各类安全隐患，震慑涉危违法犯罪活动；相继举办四次涉爆人员培训班，提高涉爆人员法律素质和安全意识；全面启动烟花爆竹运输许可证网上办理程序，强化对烟花爆竹运输的管控工作；9 月 17 日完成全县近 3 年内 “打非治违”收缴的废旧烟花爆竹销毁行动。

【“三治三防三优”专项行动】 加强流动人口和出租房屋的清理管控工作。共登记流动人口 3.09 万人，登记出租房屋 6330 户，办理非法出租屋案件 1025 起。强化网吧等行业场所管理，查处案件 200 余起。

【巡逻防控】 不断完善网格化巡逻、立体化防控机制，配置移动警务车 3 台，设置岗亭 3 个，进一步完善街面、社区、内部单位和四个卡口防控网络，有力压减发案率，侵财案件同比下降 3.6%，街面两抢案件下降 17 个百分点。开展社会治安重点地区整治，严格落实重点乡镇刑事发案情况通报机制，引导广大群众参与“红袖章”工程建设，群防群治氛围日趋浓厚。

【交通管理】 现场查处交通违法行为 2.25 万起，治安拘留 280 人、刑拘 24 人；侦破重大交通事故逃逸案件 15 起、一般逃逸案件 101 起。检查出站客运车辆 8000 多台次，及时消除 325 台车辆的安全隐患，金洲大道、煤双公路等 28 条危险路段得到有效治理。交警大队车管所被推荐为全国优秀车管所,行政中心执勤岗亭荣获市级“青年文明号”。交警大队综合考评再次位居四县第一,荣获全市交通管理优胜单位。

【优化经济发展环境】 深入开展项目工程施工环境专项整治行动,办理“4·19”花明楼恶意阻工闹事等案件96起,打击处理146人;出动警力1310人次,参与依法拆违25次,有力维护了重点项目工程的正常秩序。经济“110”深化“三跑”措施,走访、服务企业、项目工程800多家次,解决问题150多个,调处纠纷200多起。人境部门主动优化服务,开通绿色通道,快捷办理涉外劳务手续,积极维护劳资权益。金洲所、白马桥所等单位及时办结工程恶意欠薪案件,受到务工人员好评。

【人口与出入境管理】 受理出国境证照申请3.99万人次,办理居民身份证3.34万张,出生登记1.49万人,死亡注销1.15万人,户口迁移3.36万人(市县迁入4209人次),办理主项、辅项变更157.86万次,相片相似人员核查处理1156人,16周岁以上无图像人员核查处理2.92万人,新登记录入流动人口9703名、房屋出租户2740户,新建工作对象4057人,其中重点人口134人。境外人员临住登记1.80万人次,收集情报信息75条,办理涉外案事件14案14人次,遣送出境1人次,有效地对境外人员进行了管控。人境大队接待窗口成功创建省级示范窗口、荣获长沙市公安人口与出入境管理“示范窗口”,大队被评为长沙市公安人口与出入境管理正规化建设先进集体,宁乡县集中处理涉外涉诉信访问题工作先进单位,大队支部被评为“全县优秀基层党组织”。

【消防管理】 扎实开展消防安全“打非治违”、除火患保平安、大排查大整治行动,高强度专项整治沙河市场火灾隐患,挂牌整治金满地商业街等4个行业场所,不间断开展“零点”夜查行动,共检查单位1.20万家次,督促整改火灾隐患万余处,临时查封单位12家,“三停”10家,拘留67人。消防部门全年出警672次,抢救、疏散被困人员共1692人,挽回财产损失4000多万元,实现了火灾事故零死亡。消防大队被评为“全国公安消防部队抗洪抢险先进集体”“全省消防部队先进基层党组织”。森林防火工作有力推进,未发生重特大森林火灾。

【基层基础建设】 推行派出所勤务改革,创新推出派出所“一二三四”勤务模式。加强社区警务建设,合理划分85个社区,社区民警每月800元的工作经费落实到位。17个社区警务室开通了“双网”,建立了网上警务室、警民QQ群,开通了手机微信群,整合资源,信息应用得到发挥。县局社区民警“一日工作法”、梅家田所东沩社区管理信息化、白马桥所正农社区管理网格化等工作经验得到省、市推广应用。

【基础项目建设】 公安机关业务用房顺利竣工使用,全省“210工程”建设推进会在县局召开,工作经验全省推广。成功创建全国示范刑事科学技术室、全省公安机关一级档案室,县局人境接待窗口通过省厅示范验收。完成基层所队执法办案区域规范化建设验收,沙田所业务用房投入使用,枫木桥所、花明楼所及县监管中心启动选址规划建设。建成县局应急警用装备仓库,新购20台警用车辆全部配置到基层所队。

【信息化建设应用】 县局荣获全市“天网工程”建设先进单位,视频侦查全市第一。建成运行2832支摄像机,投入使用7个监控室。全年利用视频技术侦破刑事案件190起,抓获犯罪嫌疑人96名,查获肇事逃逸车辆15辆,解决群众求助200多起。图侦工作服务实战日益凸显,在侦破“7·18”拦路抢劫案、“10·14”坝塘杀人案等多起重大疑难案件中发挥了突出作用。情报部门不断探索应用全新技战法,主动服务基层、服务实战,抓获网上逃犯34人、临控预警66人、其他犯罪嫌疑人77人,协助破案60多起。建成运行宁乡公安情报信息网,推动社会信息归集工作纳入政府议事日程,共归集整合公安业务和社会信息78类3000万条,基本实现区域情报信息数据协作共享。

【执法规范化建设】 县公安局2013年荣获全县“司法公正长沙行”实施奖,6起精品案件受到表彰奖励。深入开展取保候审突出问题专项督察,完成600多案、700多人的取保候审清理、整改工作。完成上级交办的信访案件20起,办结群众投诉件125件,及时化解李某案等多起复杂信访案件。严格加强监所管理,确保全县3000多名被监管人员的绝对安全。县看守所通过省二级达标验收,荣获全省公安监所管理工作先进集体。拘留所被评为“全省监管场所矛盾纠纷调处先进单位”。

【案件举要】 一、2013年7月,县公安局抽调人员参与侦办公安部督办案件——葛兰素史克(中国)投资有限公司涉嫌商业贿赂案件,主要负责药品外包经销商泰凌(上海)医药信息咨询有限公司涉嫌单位犯罪的侦办。泰凌(上海)医药信息咨询有限公司因涉嫌单位行贿于2013年7月20日被立案侦查,泰凌公司法人吴某于2013年7月27日抓获归案,公安机关于2013年7月27日对犯罪嫌疑人吴某指定场所监视居住,经过近6个月侦查,初步查实:2007年,葛兰素史克中国投资有限公司(以下简称GSK公司)从公司战略发展角度出发,为规避自身贿赂销售带来的法律风险,降低公司运营成本,将公司已经在市场没竞争力、过了专利期的产品复达欣、西力欣等发包给第三家公司代理推广。泰凌(上海)医药信息咨询有限公司(以下简称泰凌)法人吴铁以行贿的方式，通过GSK公司总裁黄秀美及商业发展总监陈洪波取得复达欣的全国部分医院的推广服务权，并签订一年的推广服务协议。GSK公司按照协议在制定泰凌公司的采购、销售目标的同时支付泰凌公司采购金额26%的市场推广服务费。泰凌公司为了完成GSK下达复达欣的销售指标，延用照搬GSK公司之前自己销售复达欣的贿赂销售模式，并制定销售、报销政策，每销售一支复达欣由泰凌公司的医药代表向处方医生行贿8元，医药代表以科室会等会议费形式从公司套取现金对医生进行贿赂。2009年开始，泰凌公司取得复达欣的全国代理推广权。GSK公司遵循时任总裁马克锐的“销售为王”的理念，在逐年提高复达欣的销售目标的同时支付给泰凌公司的推广服务费比例逐年递增，复达欣在这种贿赂销售模式下，销量得到大量提升。2007年至2013年6月，泰凌公司共向GSK采购复达欣3161.82万支，采购金额14.38亿元，从GSK得到推广服务费5.51亿元，2009年至2013年6月，目标医院销售复达欣2187.41万支，向医生行贿金额达1.25亿元。通过侦查，一个跨国药企的商业贿赂利益链逐渐清晰，将药价推向虚高的幕后黑手开始浮出水面。公安机关于2014年1月9日对犯罪嫌疑人吴某变更强制措施为取保候审。年末，该案已移送检察机关起诉。

【部督“亮碧思”特大传销案】 2012年12月以来，县公安局经侦大队先后接到多名群众报案，称被亲戚朋友以到珠海、香港做外贸生意赚大钱为诱饵骗至亮碧思（香港）集团有限公司名下的“胜利光辉团队”从事传销活动。该传销组织涉案人员多达数万人，涉案地遍及湖南、湖北、广东、广西、香港、澳门、台湾等全国各省市和地区，其中最为突出的是宁乡县的十多个乡镇及长沙、浏阳、益阳、湘潭、岳阳等地市。2013年6月9日，公安部经侦局明确“亮碧思传销案”全案由宁乡公安局侦办，广东珠海市经侦支队全力配合侦办。2013年8月11日，在公安部经侦局直属三总队的统一指挥调度下，专案组在广东珠海、湖南长沙、湖北随州、广西南宁四地开展集中收网行动并取得丰硕战果，该案成功抓获并逮捕包括黄某、叶某等主要传销头目在内的犯罪嫌疑人18名，网上追逃4人，端掉传销窝点13个，解救、教育、遣返一般参与传销人员3000余人，查封冻结资金2000余万元，扣押保时捷、奔驰、宝马等涉案车辆十二台。致使该传销组织在中国内地的传销体系基本摧毁，公安部督办、湖南宁乡县公安局主办的“香港亮碧思传销案”成功侦破。部督“亮碧思”特大传销案，涉及湘、粤、鄂、桂四省，涉案金额达3.3亿元，被评为全省十大精品案件第一案。县局经侦大队中队长程波被公安部评为全国“打传销反欺诈促和谐”执法行动成绩突出先进个人。

【部督陈某侵犯著作权案】 2013年3月14日，宁乡县公安局治安大队获取一条网上非法从事“私服”经营的线索，经初步调查发现，这是一起以黄某、陈某等人为首开设私服网站，非法经营“传奇”网络游戏，涉嫌侵犯上海盛大网络公司热血传奇游戏著作权的新型网络犯罪案件。3月17日，公安局要求治安大队将此案列为“扫黄打非”重点案件立案侦查，并从相关科所队抽调精干警力成立专案组展开侦查。侦查过程中，专案组民警协同市局网技部门克服涉案人员虚拟网络身份抓捕难、电子证据固定取证难等实际困难，经过缜密侦查，逐步摸清了黄某、陈某、唐某等人涉嫌侵犯上海盛大网络公司热血传奇游戏著作权的犯罪情况。3月29日，专案组对该案涉案人员展开统一抓捕行动，共抓获陈某、唐某、黄某等主要犯罪嫌疑人9人，扣押作案用电脑20余台，冻结、扣押、追缴非法所得250余万元，追缴其用非法所得购买的轿车3台，价值100余万元。至年末，该案9名犯罪嫌疑人均已移送宁乡县人民检察院起诉。

（刘巧玲）

检察工作

县人民检察院

检察长、党组书记
刘伟东（4月去世）
罗　斌（10月任）

副书记、副检察长
张罗文

副检察长　易为志
李　闽　喻昭强
陈卓平

纪检组长　周文武

工会主席　余晓玲（女）

政工室主任
章　洪（女）

【概况】 2013年，宁乡县人民检察院（以下简称县检察院）主动服务全县大局，检察工作实现新发展。

一、依法履行审查批捕、审查起诉职责。全年共受理审查批准逮捕案件712件1003人，审查起诉案件769件1222人，依法批准逮捕各类刑事犯罪嫌疑人654人，提起公诉977人。一是严厉打击严重刑事犯罪。依法批准逮捕故意杀人、抢劫、绑架等重大刑事犯罪嫌疑人69人、提起公诉71人；批准逮捕涉毒犯罪嫌疑人119人、提起公诉124人；批准逮捕破坏环境资源及食品安全犯罪嫌疑人22人、提起公诉25人。对涉案金额3亿余元的“亮碧丝”集团传销案等多起有重大影响的刑事案件依法提前介入、引导侦查取证；罗某生产、销售有毒食品，导致他人食用后造成轻伤，县检察院在审查该案时依法快捕快诉，建议法院从重从快判决并得到采纳，通过有效打击震慑犯罪。二是依法处理轻微刑事犯罪。对轻微刑事犯罪案件，共不批准逮捕217人、不起诉52人。其中对当事人达成刑事和解的案件，不批准逮捕54人、不起诉31人;对未成年人犯罪、老年犯罪等特殊群体,不批准逮捕87人、不起诉20人。涉嫌盗窃罪的高三学生欧某,其犯罪情节较轻且系未成年人,经过社会调查和走访,对其依法作出不批捕和不起诉决定,帮助其回归学校;未成年聋哑女孩苗某,被他人骗至本地后无钱回家而实施盗窃,在联系其家人并进行社会调查后,依法作出不起诉决定。三是确保无罪人员不受刑事追究。对不构成犯罪的案件依法不批准逮捕12人、绝对不起诉19人;对事实不清、证据不足的案件依法不批准逮捕96人、存疑不起诉19人;启动非法证据排除程序8次,排除非法证据12份。在审查王某等11人非法经营烟草制品一案中,发现其中有7人系被聘请加工烟丝的当地村民,依据法律规定不是直接参与并起主要作用的人员,不应当以犯罪论处,县检察院对7人进行法制教育后到当地公开宣布不起诉决定,得到群众认可。

二、履行查办和预防职务犯罪职责。全力贯彻党和国家坚决惩治腐败的决心和部署,坚持“老虎”“苍蝇”一起打,全年共立案侦查职务犯罪案件18件23人,大要案件比率达到83%;移送法院审判11件14人,法院判决10案14人(含往年积案),均为有罪判决。一是突出查办贪污贿赂案件。查办对社会有影响和震动的贪贿案件,共立案14件17人。依法查处市检察院交办的处级干部3人,查办宁乡县职务犯罪案件5件6人。查处的长沙经开区原副主任卜某(正处级)犯受贿罪被判处有期徒刑五年。2013年办理的宁乡县征地拆迁系列案,涉及国家机关、村(社区)基层组织和拆迁农户多人,涉嫌行、受贿和滥用职权等多项罪名,给国家造成巨额经济损失,检察院通过依法办案提出检察建议,进一步促进宁乡县征地拆迁工作规范有序进行。二是全力加大渎职犯罪查处力度。注重拓展渎职犯罪查办领域,在税务、社会保障、征地拆迁、林业等部门共查办渎职犯罪案件4件6人,立案数、起诉率、判决率等各项业绩均位居全市前列,不断促进行政机关运用法治思维和法治方式进行社会治理。县国税局花明楼分局副局长贺某、税收管理员李某因工作不负责任,造成他人骗取出口退税114万余元,县检察院以玩忽职守罪对两人立案查办,法院作出有罪判决。该案作为促进依法行政的警示案例,得到省检察院的肯定。三是深入开展职务犯罪预防。深化预防职务犯罪,不断创新和改进预防方法。开展预防调查2项、警示教育10次。配合县纪委、县预防腐败局在“风清气正、廉洁宁乡”系列活动中开展职务犯罪预防,组织全县公职人员参观,并到5个乡镇进行巡回展览;成立县委领导为顾问的预防职务犯罪宣讲团,深入机关、企业、乡村、学校、社区进行预防宣讲,在县城建投等单位举办预防宣讲9场,进一步推动宁乡社会化预防大格局的发展。

三、履行诉讼监督职责。强化法律监督,不断增强对司法活动的监督实效。一是加强刑事诉讼监督。全年立案监督9人,其中监督该立案而不立案4人、不该立案而立案5人。追捕漏犯8人,追诉漏犯14人、漏罪103笔。向县公安局、县法院发出纠正违法通知书14份,向县法院发出量刑建议508份。受理刑事申诉复查案件4件,建议再审1件、提请抗诉1件,均已由法院再审改判。在审查陈某非国家工作人员受贿案中,追诉受贿事实36笔,追诉犯罪金额达71万元,全部得到法院判决认定。二是加强刑罚执行监督和监管活动监督。认真贯彻“司法公正长沙行”活动关于加强刑罚执行监督的要求,全年审查提请减刑案件55件;向县看守所发出纠正违法通知书3份,受理在押人员控告申诉68件,全部得到有效处理;纠正监外执行中的脱管、漏管16人;加强财产刑执行监督,监督18名罪犯依法补交罚金。县检察院在对监外罪犯进行考察中,对违反规定的社区矫正人员钟某、魏某提出收监执行检察建议,均被法院采纳并作出收监决定。三是加强民事行政检察工作。全年立案审查民事、行政申诉案件21件,办理违法行为调查案件3件、执行监督案件2件,办理督促行政机关起诉和履职案件13件,建议市检察院提请抗诉1件被采纳。督促县财政部门履职,起诉追回灰汤紫龙湾公司拖欠5年之久的土地出让金、税金等500余万元,避免国有资产的流失。

【县检察院服务经济社会发展】 一是通过开展主题活动找准服务大局的切入点和着力点。积极参与县委“四比四抓争先锋”、全市检察机关“六个走在前列”大竞赛和“忠诚履职”等主题活动,在调研走访中倾听基层声音,在积极履职中展开讨论剖析,增强服务意识、明晰服务重点、改进服务方法。县检察院结合自身职能,积极参加沩水特大桥建设合同纠纷案、肖某非法集资案、集中治理非法采砂等专案、专项行动,为县域经济健康发展建言献策、提供法治保障。二是通过执法办案维护良好的经济发展环境。通过及时有效打击来维护经济发展秩序,通过营造宽松执法环境来支持企业生产经营,通过提出检察建议来协助政府规范经济秩序。在办理长沙经开区系列案中,注重加强与发案单位的沟通协调,尽可能地减少对发案单位的负面影响,得到园区的肯定和支持;在办理长娄高速相关工作人员职务侵占案时,依法追诉漏犯、积极责成涉案人员退赃,切实保障企业合法权益。三是通过服务帮扶促进经济社会平稳发展。积极参与“两帮两促”“一推行四公开”“百日大走访”等中心工作,帮助解决具体问题179个,救助特困刑事被害人5名、资助贫困学生15名。积极开展检察联络室、检务进社区(村组)工作,全力化解社会矛盾,调处各类纠纷112起,息访罢访19人次,成功息访14年持续上访的李某申诉案。

县检察院连续3年安排干警到县工商联为企业业主进行法律培训，广受各界好评。

【创新工作机制】 一是强化内部机制创新。县检察院率先运用案件管理机制推行全程网上办案、促进规范化执法，得到市检察院推介，多家省内外同行到院参观考察；在全院建立科学化管理与考核机制，对干警实施日常量化考核，收到明显效果；从加强理念建设、制度建设、设施建设入手，全面提升律师接待工作服务水平，得到最高人民检察院的肯定。二是探索参与社会管理新途径。立足检察职能，继续加大行政执法与刑事司法的有效衔接，在食品安全等领域监督行政机关移送案件6起，参与制定《宁乡县行政执法与刑事司法相衔接工作实施细则》，全力确保监督效果；针对宁乡县社区矫正人员不断增多且难于监管的现状，通过完善矫正网络等有效措施，逐步建立沟通有序、监督到位、帮扶及时的社区矫正监督机制。县检察院社会管理创新工作得到省检察院和市人大的肯定。三是紧扣社会热点加强法治保障。积极服务生态文明建设，针对宁乡环境资源破坏日趋严重的现状，充分发挥法律监督职能，不断推动环境保护规范化，省政法委、省检察院对此进行经验推介。重视未成年人保护工作，从宽从轻处理各类未成年人犯罪24人，根据新刑诉法规定积极开展附条件不起诉工作，对5人作出附条件不起诉。全力防控毒品对青少年的侵蚀，加大打击、宣传和保护力度，对14名涉毒青少年联系家长、老师进行帮教。

【检察队伍自身建设】 一是主动接受人大及其常委会监督。及时向县人大及其常委会报告工作，积极组织开展人大部署的“司法公正长沙行”活动。加强与人大代表联系，深入部分乡镇向人大主席报告检察工作，走访各级人大代表120余人次，主动征求人大代表的意见、建议和批评，提请监督评议案件2件，开展听庭评庭活动3次。二是自觉加强内部管理和监督。在全院扎实开展党风廉政和纪律作风教育活动，建立健全改进工作作风、加强公车管理等6项制度规定，采取明察暗访相结合的方式进行督察，以“零容忍”态度加强队伍教育管理。三是着力提升干警规范执法能力。以全面施行新刑诉法、民诉法为契机，深入开展以“加强人权保障、防范冤假错案”为宗旨的转变执法理念教育活动。全年230人次参加各类培训学习，其中选派33人参加最高人民检察院和省检察院培训，邀请业务专家授课6堂，全体干警轮训2次。在“两法”学习的闭卷考试中，县检察院干警优秀率达到87%。

（罗善芝）

法院工作

县人民法院

院长、党组书记　张　帅

副书记、副院长　姜灿辉　陶力成

副 院 长　贺永中　张　示　刘舟舟（女）

纪检组长　胡敬阳

工会主席　石克家

政工室主任　谢细珍（女）

【概况】 2013年，宁乡县人民法院设有政工室、纪检监察室、办公室、研究室、刑庭、民一庭、民二庭、审监庭、行政庭、执行警务局、非诉执行局、立案庭、审判管理办公室、法警大队14个庭室局队，下设金洲、花明楼、双凫铺、流沙河、黄材、灰汤6个基层人民法庭。法官及其他工作人员238人，其中政法编制干警149人，中层正职20人，副职20人，研究生以上学历24人，本科以上学历102人。

2013年，宁乡县人民法院围绕“建一流班子，带一流队伍，创一流业绩”工作思路，扎实开展“忠诚履职”“四比四抓争先锋”和“司法公正长沙行”等主题活动，依法履行审判职责，不断强化司法管理，努力提高队伍素质，各项工作均取得可喜成绩。在长沙市法院系统年度工作考评中名列全市第一，并获得全国模范职工小家、全省文明窗口示范单位、全市优秀法院、县廉政文化进机关示范单位等多项国家和省市县级荣誉。

【依法履行审判职责】 2013年宁乡县人民法院立足执法办案第一要务，精心做好各项审判执行工作。一是加强刑事审判，维护社会安全稳定。坚持“宽严相济”刑事政策，严厉打击严重刑事犯罪、“黄赌毒”犯罪和食品安全犯罪。依法治理非法采砂，并在审理中引导督促被告人恢复被破坏的耕地山林。强化法制宣传教育，组织集中宣判大会、开展案件庭审直播、邀请群众旁听庭审，达到“宣判一案、教育一片”的良好效果。二是加强民商审判，督促案结事了人和。积极参与综治维稳，深化推进诉调对接，对婚姻家庭、邻里纠纷、劳动争议和社会保障纠纷开通“快立、速调、快处”绿色通道，注重矛盾纠纷化解。三是加强行政审判，推进“法治宁乡”建设。协调化解行政争议，积极引导涉诉行政相对人与被诉行政机关理性沟通、缓释矛盾。依法监督纠正违法行政行为。注重增进良性互动，积极邀请行政执法人员旁听案件庭审，针对行政机关执法中暴露出的问题予以充分说明。四是加强执行工作，维护司法裁判权威。开展“执行阳光年”专项活动，公开执行热线电话，公布失信被执行人名单，邀请媒体跟踪报道集中执行活动。开展小额民生案件专项执行行动，对追索劳动报酬、医疗费、赡养费、伤残赔偿金等案件统一调度、集中执行。强力推进非诉行政执行，发挥土地征收非诉行政执行对项目建设的攻坚清障作用，耐心进行法律释明和法制教育，促成被执行人自动履行义务。积极开展执行救助工作,对遭受重大侵权损害、生活较为困难、被执行人确实无力履行的申请人发放司法救助金。

【积极强化司法管理】 2013年,宁乡县人民法院积极开展"审判管理与制度建设年"主题活动,不断强化司法管理,着力提升司法水平,积极推进司法服务规范化、优质化、高效化。一是强化制度管理,推进司法服务规范化。组织对76项法院管理制度逐个进行梳理、修改、完善,建立以制度管权管事管人管案的工作机制。出台案件排办排期制度,统一由立案庭轮序排办案件、排期开庭,杜绝当事人、律师和法官挑案的可能,构建防范关系案、人情案、金钱案、超审限案件的"防火墙"。出台法庭直接立案制度,明确各人民法庭接待群众咨询、就地审查立案的服务规范和流程,方便群众诉讼。建立小额民事案件速裁机制,实行快立、快审、快结,大大降低群众诉讼的时间和经济成本。二是强化流程管理,推进司法服务优质化。每月考核通报司法绩效,每季度召开司法绩效分析调度会进行综合讲评、重点部署。对普通审限内未能审结的案件实行院长督办,逐案落实责任、明确审限。对发回重审、改判案件逐案进行原因分析和责任追究,对案件质量中普遍性问题进行定期讲评。通过强化流程监控、实施动态管理,案件普通审限内结案率、当庭宣判率、调解撤诉率和案件质量平均得分等多项主要司法绩效指标均位居全市第一,案件上诉率、法改率同比下降,司法的公正度、公信力和服务质量得到明显提升。三是强化分类管理,推进司法服务高效化。一方面以"突出法官主体,明晰审判权责,强化绩效管理"为主旨,对审判执行部门的法官实行定员、定岗、定责。大力充实一线办案力量,实现各业务部门法官与辅助人员1∶1比例配置。另一方面,将"四比四抓争先锋"活动细化为法官业绩考评机制,将司法绩效指标直接考核到法官个人,制作司法绩效公示栏,每月将每名法官的司法绩效指标完成情况进行排位公布,通过营造浓厚的"比、争、赶、超"氛围,极大地调动法官快办案、办好案的积极性。

【大力加强队伍建设】 2013年,宁乡县人民法院扎实贯彻群众路线,始终坚持从严治院,努力建设一支过硬法院队伍。一是扎实开展主题活动,依法忠诚履职。认真落实县委部署,扎实开展"忠诚履职"等党建主题活动和"四比四抓争先锋"活动,启动"资深法官进园区联企业"活动,选派资深法官"一对一"联系经开区、金洲新区重点企业,并以点带面辐射全县企业,帮助企业预防和化解经营风险,审执结各类涉企案件2695件,为企业挽回经济损失5.35亿元。二是加强法官素质培养,提升司法能力。组织法官及其他工作人员参加"道德讲堂"学习,深化社会主义法治理念与司法核心价值观教育,努力塑造法官公平、公正的司法品质。与中南大学法学院联建"卓越法律人才教育培养基地",邀请专家就司法管理、审判实务等问题为法官授课,在全院营造浓郁的学习之风,宁乡县法院被评为全市学习型党组织建设示范点。三是弘扬廉政勤政文化,强化作风建设。深入推进廉政文化建设,定期向全体法官及其他工作人员发送廉政短信,在内网刊载廉政典型案例等。认真落实上级关于作风转变、喜庆限宴、公车管理等工作部署,以强化队伍作风和规范司法行为为重点,加大对上下班考勤、接待当事人、开庭、调解等的日常巡查和突击检查力度。积极开展案件回访工作,认真听取群众意见建议。

【深入推进司法公开】 2013年,宁乡县法院在加强内部管理的同时,自觉接受人大、政协、检察及社会各界的监督。一是主动接受人大及其常委会的监督。建立全面工作定期报告、主要工作专题报告、人事任免事先报告、重大案件及时报告等工作机制,认真落实人大常委会审议意见,邀请人大常委会领导和人大代表视察法院工作、旁听评议庭审,积极争取监督实效。二是自觉接受民主监督、诉讼监督和社会各界监督。认真听取政协委员对法院工作的意见建议,邀请政协委员评议庭审、监督执行。邀请检察长列席审判委员会,主动接受检察机关的诉讼监督。三是深入推进司法公开民主。加强门户网站建设,开通法院微博,组织案件庭审网络直播,通过互联网向社会公开裁判文书,增进公众对法院工作的了解。启动人民陪审员"倍增计划",报请人大常委会任命人民陪审员92人,普通程序案件人民陪审员参审率达100%,群众有序参与的司法民主机制得到进一步深化

(邓梦曦)

司法行政工作

县司法局

局长、党组书记

喻友明

副书记、副局长

邓永红

副 局 长 张桂华

周学清(女,1月免)

许利军 钟海君

程再强(1月任)

工会主席 眭 佳

【概况】 2013年,宁乡县司法行政工作全面贯彻落实"四比四抓争先锋"活动要求,创新社会管理,提升队伍素质,强化工作职能,多管齐下,整体发力,各项工作齐头并进。荣获国家"人民调解宣传先进单位"(连续十一次获得)、县"一推行四公开"群众工作红旗单位、县妇联工作红旗单位、县信访工作先进单位。陈奇山获评全国模范人民调解员,县交通事故人民调解委员会获评市十佳调委会。

【司法干部队伍建设】 2013年，宁乡县司法局为了充分调动干部职工工作积极性，规范干部职工行为，相继出台《宁乡县司法局机关管理制度》《宁乡县司法局2013年岗位目标考核办法》，并与各科、室、处、中心签订“目标管理考核责任书”，把干部职工半年、年度考核与各项规章制度有机统一起来，将考核结果作为干部职工评先评优的重要依据，形成以考核促工作，全体干部职工实干巧干、你追我赶的工作局面。

【人民调解与信访援助】 2013年，全县各级调解组织通过一月一排查、重要时段重点排查的方式，共排查各类矛盾纠纷8055起，成功调解7976件，调解成功率达99%，使得一些重大矛盾纠纷得到有效化解。完善婚姻家庭矛盾纠纷调委会，成立房产物业市场经营纠纷调委会。2013年各专业调委会共调处各类纠纷667件，成功化解黄材造纸二厂淘汰落后产能奖励资金纠纷、张某与周某重大交通事故纠纷等一批重大复杂疑难纠纷。积极开展信访援助工作，通过11名信访援助工作队员的努力，成功化解老粮仓谭某、夏铎铺贺某等4件信访积案，一批信访积案得到妥善解决。

【法制宣传教育】 2013年，县司法局与各部门单位签订“订单式”“针对性”普法协议65份，制作便携式法制宣传展板52块，组织普法讲师团成员深入全县33个乡镇和相关单位扎实开展“订单式”“针对性”普法。组织律师、法律工作者在人社局、近城乡镇和城区人口密集区定时定点开展普法宣传及“法律咨询”42场，免费发放宣传资料3.5万余份，普法书籍1.4万余册，接受法律咨询2300人次，解决法律问题930个。将发生在群众身边带有法律普遍意义的个案制作成宣传资料，利用LED视频宣传车在大润发、崇尚百货广场、沿江风光带等人口密集区进行法律巡回宣传50次。

【社区矫正与安置帮教】 全县累计接收社区矫正人员1250人，累计解矫576人，在册651人。2013年，进行审前社会调查评估428件，录入社区矫正人员信息1176人，核实、督促458名社区矫正人员接受入矫教育，对183名社区矫正人员实施警告，督促207名社区矫正人员报到，对5名不服管教的社区矫正人员提出收监建议，收监3人；对868名刑满释放人员、57名解除劳教人员实行一对一帮扶，绝大部分实现重新就业。

【法律服务管理】 2013年，县司法局继续开展旁听法庭审理和案卷评查工作，全年共听庭340次，回访当事人336人次，组织对200件案卷抽检评查。制定群体性案件备案制度，对律师和基层法律工作者代理的4件群体性案件进行备案。为方便群众，在玉潭学庵、历经铺金南等社区建立21法律服务室。加大对投诉案件的处理力度，及时查处违法、违规、违纪行为8件。

2013年，全县律师和基层法律服务工作者担任政府、企事业单位法律顾问167家，办理各类诉讼代理案件1865件，办理非诉法律事务1062件，解答法律咨询2150人次。

【法律援助】 2013年，共计受理法律援助案件496件，其中民事416件、刑事63件、行政5件、非诉12件；登录咨询1518件，为受援人挽回直接经济损失2285.8万元。畅通受理渠道，进一步发挥乡镇工作站和绿色通道的作用，建立宁乡县残联、妇联、老龄委、看守所及宁乡县务工人员法律援助工作站，并在全县20个社区建立法律援助工作室，形成“申请不出乡镇，咨询不出家门”的便民利民法律援助申请平台。

【公证工作】 2013年，公证处立足于服务县域经济发展，强化公证职能，拓展公证业务，实现办证数量、质量和效益新突破，全年共计受理并办结各类公证事项8540件。为长韶娄高速公路建设、滨江学校建设、伟特源项目建设等重点工程建设办理公证32件次，确保项目如期进行；为帮助上市公司加加集团股份有限公司解决融资难题，公证处为该公司向兴业银行、民生银行融资办理股权、股票质押合同公证三件，使该公司的基地建设、对外并购等重大运作得以顺利进行。

（熊　凯）

经济综合管理

县发展和改革局

县发展和改革局
局长、党组书记
蒋鹏海(12月任)
局长、副书记
蒋鹏海(12月免)
书记、副局长
邓干平(12月免)
副书记、副局长
邓干平(12月任)
副书记、纪检组长
刘亚娟(女,1月免)
左志华(1月任)
副 局 长 刘文辉(1月免)
陈小文
隆石桥(1月免)
吕大伟
何春章(1月免)
田奇晖(女)
李 明(1月任)
胡 浪(1月任)

县资源节约型和环境友好型社会建设综合配套改革领导小组办公室
主 任 蒋鹏海(兼)
副 主 任 胡 浪(1月免)
文 强(1月任)

【概况】 2013年,县发展和改革局(加挂县物价局牌子,以下简称县发改局)有正式干部职工51人。内设办公室、国民经济运行综合科、政府投资管理科、"两型社会"建设科、产业发展科、行政审批服务科、价格管理科、项目综合监管和稽查科和资源环境管理科等9个科室,及公共资源交易中心、价格监督检查局、能源局和价格认证中心等4个归口管理单位。县发改局紧紧围绕县委、县政府的总体部署和发展主题、转变经济发展方式主线,积极投身"六个走在前列"大竞赛及"四比四抓争先锋"活动,以改革为动力,以两型社会建设为重要着力点,狠抓规划创新灵魂、重大项目关键、向上争资重点、物价平稳大局、能源生态基础,强化宏观统筹,积极开拓进取,创造性开展"六比六抓"活动,各项工作取得较好成绩,重点工作取得较大突破。

【重大战略谋划与体制改革】 2013年,县发改局突出抓好县域发展重大谋划。统筹或主笔制定宁乡全面建成小康社会、加快转型创新发展和两型社会建设走在前列、落实市重大项目推进、宁乡"三倍"指标体系、建设全国生态健康产业试验区、宁乡农副产品加工业三年发展纲领等战略发展方案;制定省支持重点产业重点企业发展二十条、省十大重点扶持产业规划等重大政策对接措施;全面探索加快市场化改革促进民间投资发展、政府投资项目放开领域等投资体制改革路径;报批出台政府投资项目管理若干规定等重大文件;参与编制新型城镇化研究报告。敏锐把握上级重大政策动态,深入调研县域经济运行关键点、新业态、总趋势,高质量完成每季度经济形势分析,为县委、县政府提供有价值的参考。认真研究和预测小康社会年度计划主要指标,认真编制国民经济和社会发展年度计划及重大专项计划,坚持半年、年度制定和报告计划执行情况。实现由微观管理向宏观统筹的重要转变,为县域经济好中求快发展做出积极贡献。发改局确保主要指标平稳增长,承担市对县考核六大项共计17分的考核任务。为全面落实考核任务,县发改局加强研究指导、密切监测预警、落实分解责任、定期通报情况、加强向上协调,2013年实现固定资产投资608亿元、同比增长38%,总量居全市县市区第二,增幅第三,连续三年荣获全省投资工作先进县称号,节能降耗考核已连续两年获得全市第一;省市重大项目稳步推进、两型社会建设获得省市充分肯定。

【政府投资管理】 2013年,县发改局全面有序落实政府投资项目管理制度要求,项目计划合理性、前期工作意识性、招投标规范性、合同约束性、项目建设规划性显著加强。项目现场监管力度不断加大,实地踏勘项目100余次,工程随意变更现象得到有效遏制,减少工程变更款项1亿元以上。扎实推进重大项目前期统筹,"1121"工程已基本完成安置区与路网前期工作;长娄高速、沪昆高铁、石长铁路复线加速建设;宁韶株(长株潭外环线)、益娄衡高速即将开工建设。全力推动重大项目报批,对宁梅大道(宁乡段)完成县内立项批复并指导项目开展省市批复前期工作;成功争取铁冲水库、金朱公路、城区污水处理厂获省发改委批复,推动炭河里遗址公园成功获评及部分建设项目纳入中央预算计划备选,南横线(宁乡段)、花明水库、八家湾水库等项目正在报省市发展与改革部门批复中。

【"两型社会"建设】 2013年,县发改局出台并落实"两型"建设规划、计划、标准;组织实施示范单位创建,楚天科技、沩山乡已接受省级两型示范单位验收;指导花明楼镇申报"探索形成两型城镇发展模式项目"成功获批2013年度市重大改革项目；指导花明楼申报省级两型综合示范片区，通过市级评审。科学铺排社会事业项目，推动2013年薄弱学校改造投资计划下达；做好民生项目争资，人民医院综合大楼（1930万元），公共卫生服务中心等重大项目争取中央资金计划近8000万元；基层就业服务中心、文体中心、农村教师周转房等项目纳入2014年中央预算内投资计划。

【产业发展】 2013年，县发改局紧盯上级政策动态，率先启动前期工作，牵头推进宁乡县省首轮特色县域经济重点县创建，成功获选省农副产品加工业重点县，连续三年每年争取省财政支持1亿元。健全工作体系，加强项目策划，对全年重大项目、重大立项、重大品牌、重大政策、重大资金争取工作进行责任分解、统筹调度、跟进落实。全县到位上级资金27.4亿元以上，其中县发改局直接争资5.37亿元，撬动社会投资50亿元以上。全力推动经开区项目投资12亿元和城建投城镇集合债券发行工作。建立全县重大项目策划和前期工作计划库，建立完善第一产业、第二产业、第三产业、社会事业、环境资源、节能减排、战略性新兴产业等项目库，牵头做好“省进一步支持重点产业重点企业”和“省重点支持十大产业”的对接。抢抓大众落户长沙契机，协调上级主管部门促成金洲新区与相关配套企业合作；积极将长沙西机场，地铁12号线等重大项目争取进上级项目计划；推动三一集团花明楼风电项目完成前期工作；积极推进港中旅开发灰汤，推动国电集团金洲新区天然气分布式能源项目前期工作开展；报批金朱公路、金城大道、老梅双公路和樊周公路、流沙河集镇公路、X106线（沙田集镇段）、普洛斯仓储物流中心、金洲湖国家湿地公园获省、市发改委批复；申报并跟进了南横线、南东公路、煤双公路等重大项目争取省发改委审批，积极服务宁梅大道的报批工作。加强企业科技创新。指导红宇新材申报国家级企业技术中心，推动族兴等3家企业成功认定省级企业技术中心，推动松井等3家企业认定为市级企业技术中心。指导楚天等企业申报战略性新兴产业结构调整、节能环保和技术改造项目中央专项资金18980万元。推动重大平台升级，成功推动金洲新区获批省级工业集中区；推动经开区获评国家级再制造产业基地；宁乡成功列入国家级重点开发区域；推动宁乡争创国家生态健康产业试验区及示范区工作。

【行政审批服务】 2013年，县发改局在确保优化审批的前提下，致力以审批促进转型创新发展，对项目产业政策、用地规划、投资强度、建设容积、保护耕地红线、环境容量、群众利益等予以充分把关。创新推行“模拟审批”模式，进一步优化审批流程，将原来200天以上的审批日程缩短至不足两个月，坚持贯彻落实“三集中三到位”制度，审批项目240个，完成立项、可研、能评、招投标核准、备案等审批事项700多个，估算总投资120亿元；审批窗口以优质服务赢得业主好评，产业发展、政府投资监管、两型、能源等科室积极服务项目和企业，在“三查三比”项目建设竞赛活动中多次上榜，在省、市发改系统创造“宁乡发改”品牌。

【能源建设管理】 2013年，县发改局不断加强能源管理，强化能源执法，注重能源服务，能源管理能力建设日益增强。实施固定资产投资项目节能审查工作，全年共对193个项目进行节能审查；全面完成年度节能目标任务，在市对县节能目标考核中成绩位居全市第一；探索开展夏季温控执法、零点执法及重点用能单位节能监察，首开全市能源执法先河；长沙市首个风电场项目三一集团花明楼风电项目在宁乡落户，湘电龙田风电项目、企业屋顶光伏发电项目、亮之星5000千瓦稻壳发电联产碳基复合肥综合利用项目等新能源项目取得重大突破；开展“践行节能低碳，建设美丽家园”为主题的节能宣传“七个一”活动，全面提高全民节能意识；牵头组织推进长沙市节能减排财政政策综合示范工作，年度共争取上级各类节能减排资金1亿元以上。

【公共资源交易管理】 2013年，县发改局严格落实前期工作不到位、资金来源不落实、拆迁安置不到位的项目坚决不准招投标的“三不准”制度，招投标环节节资率由原来的1.31%提高到1.5%；加大稽查和惩处力度，通过标前检查、标后督察，对“先动工后招标”、资质挂靠、转包和违法分包等行为进行重点打击，招投标管理取得突破。

【价格监督监测】 2013年，县发改局深入开展“发展环境优化年”收费专项检查，对9家单位及二级机构开展检查，切实解决一批涉农、涉企收费问题，通过自查自纠和取得市政府及市监察、物价部门支持，依法取得罚没收入7831.8万元，宁乡县的经济秩序得到稳定。大力整顿规范市场秩序，确保节假日和特殊时期市场稳定；积极开展卫生、物业、涉农、教育等重点领域收费专项检查，共查处价格违法案件12起，为人民群众减负5000万元以上。

【价格管理】 2013年，县发改局严格审批收费标准，换发许可证，共对52家行政事业性管理单位进行年检年审，检审金额2.2亿元；对113家服务收费单位进行年检年审，检审金额14.7亿元，年检年审率均达到100%。深入开展收费清理和收费公示，对全县33个乡镇、主要园区的所有行政村制作价格公示牌并发放到位，共取消和降低行政事业性收费27项，减轻企业和社会各界负担300多万元。

【价格认证与调节基金】 2013年，县发改局加强价费检查与管理。价格认证工作取得新进展,完成涉税、涉案、交通事故车物损失鉴定、资产和价格评估近1000件。加大价格调节基金征收力度,完成价调基金征收入库1100余万元。

(罗开来　邓浪舟)

县公共资源交易中心
主　　任　吕大伟

县价格监督检查局
局　　长　李大志
党支部书记
　　　　　高开程

县能源局
局　　长　朱爱英(女)

人力资源和社会保障

县人力资源和社会保障局
局长、党组书记
　　　　　蔡立军(12月任)
局长、副书记
　　　　　彭曦明(女,1月免)
　　　　　蔡立军(1月任,12月免)
书记、副局长
　　　　　黎国希(1月免)
　　　　　丁　健(1月任,12月免)
副书记、副局长
　　　　　丁　健(12月任)
副 书 记　陈再强
副 局 长　欧文辉(1月免)
　　　　　张四清　夏美善
　　　　　李鸽飞(女,1月免)
　　　　　李启智　刘魁佚
　　　　　姜安民
　　　　　孙　树(女,1月任)
纪检组长　孙　树(女,1月免)
　　　　　谭菊初(1月任)
工会主席　张炎波(1月免)

【概况】 宁乡县人力资源和社会保障局(以下简称县人社局)系原人事局、劳动和社会保障局合并而成,主要履行就业服务、职业培训、社会保障、人事人才管理、劳动监察维权等职能。2013年内设办公室、财务管理科、社会保障科、公务员和事业单位人事管理科等10个职能科室,下辖9个二级单位(其中实职副科级单位7个)和1个园区派出机构。

2013年,县人社局坚持"民生为本、人才优先"的工作主线,狠抓就业促进和培训服务,狠抓社保扩面征缴和基金管理,狠抓和谐劳动关系构建,狠抓人事人才工作规范管理,各项工作取得了显著成绩,为全县经济发展、民生改善和社会管理创新作出了贡献。荣获"湖南省就业工作先进单位""湖南省新农保经办管理服务工作优秀单位""工资集体协商工作先进集体""长沙市妇女小额担保贷款工作先进集体"、首批"长沙市诚信人力资源服务机构"等多项省市荣誉,绩效考核、领导班子考核、组织、政务信息化、宣传思想、信访、人口和计划生育、社会管理、两帮两促、安全生产、企业上市、一推行四公开、党风廉政建设、文明机关创建、提案议案办理、社保基金决算报表等16项工作获得全县先进单位称号。

【就业服务】 2013年,县人社局把就业工作放在突出的位置,深入落实各项积极的就业政策,顶压负重推进就业工作,就业规模持续扩大,就业结构不断优化,全县就业局势稳定。全县新增城镇就业1.14万人,完成市任务的128%;农村劳动力新增转移就业1.28万人,完成市任务的120%;职业技能培训1.2万余人,完成市任务的150%,失业人员再就业2997人,其中就业困难对象再就业1177人;城镇登记失业率控制在3.5%以内,零就业家庭实现动态清零,动态就业援助100%。一是人力资源市场工作常态化。全年共组织"逢十"招聘会36场,入场招聘企业达2403家,共搜集到各类用工岗位信息1.99万个,登记求职达3.81万人,达成就业意向1.42万人。利用"春风行动""就业援助月""农民工春运"等集中活动,组织多次专场招聘会,解决步步高、华天大酒店等企业的员工紧缺问题。二是职业技能培训实用化。组织送教下乡,开展育婴师、电工、厨师、营业员等实用性培训,提升农民工就业水平,共培训农民工2070人;以创业促就业,开展10期创业培训班,培训学员274人。三是就业援助重点化。牵头开展企业下岗志愿兵就业援助工作,统筹提供230个援助岗位,保证就业援助工作效果,维护县域稳定大局。

【社会保障工作】 2013年,全县社会保险基金征缴不断扩面,社会保障体系不断健全,社保待遇水平不断提升。社会保险(包括城镇职工养保、城镇职工医保、工伤保险、生育保险、失业保险、城乡居民养保和城乡居民医保)基金总额达16.6亿元,比2012年增长20.13%,向上争资和各级政府补贴达6.4亿元。一是社保征缴持续扩面增量。认真贯彻实施《中华人民共和国社会保险法》,深入推进"五险统一"征缴,参保扩面增量明显。2013年,"五险统一"征缴新增参保单位281家,单位新增参保人数11.97万人次,完成全年目标任务的156%。"五险统一"征缴参保34.97万人次。城乡居民养老保险缴费率达96%,共发放养老金2.18亿元。城乡居民医疗保险参保119.8万人,参保率达96%,年度基金总额4.08亿元,基金报销支付3.99亿元,居民医保待遇补助39.5万人次,受益面达33%。二是基金监管注重创新举措。通过设置基金监审科、强化医疗监管、稽核养老金领取、开展基金清缴等举措,采取定期监管和不定期监管相结合、现场监管和网上实时监管相结合、内部业务监管和社会监督相结合等方式,切实保障了基金的安全运行。三是特殊群体参保取得突破。被征地农民参保工作成功突破多年瓶颈,全县5275名被征地农民纳入社保体系。建筑行业、高危行业农民工,未改制企业"老工伤"人员,机关事业单位工作人员纳入工伤统筹，保障受伤害职工的合法权益。四是群众待遇水平不断提升。企业退休人员养老金连续9年上调待遇，全县1.72万名企业退休人员的人均养老金达1467.02元，与2012年同比提高12.17%；城镇职工养老保险参保人员非因公死亡待遇办理办法出台，支付金额人均增长3万元以上；城乡居民养老保险连续三年上调待遇，由原每人每月60元上调至90元；2013年失业生活金待遇提高至840元/月；城镇职工医疗保险和城乡居民医疗保险最高支付限额由8万元分别提高到20万元和10万元。城镇职工医疗保险的省市医院和县级医院的住院费用结算报销比例分别达到78%和80%。

【劳动监察维权】 2013年，县人社局着力加大依法行政力度，加强劳动保障监察执法，创新劳动争议调解和仲裁手段，维护劳动者的合法权益，保障全县劳动关系整体和谐稳定。一是劳动监察"两网化"建设有序推进。重点对乡镇网格化和网络化的"两网化"建设进行硬件完善建设，33个乡镇人社站的依法行政、劳动监察水平得到提升。二是日常巡视与专项督察结合。全年完成60家企业单位日常巡视工作，开展人力资源市场清理整顿、节假日前建筑领域农民工工资支付排查、园区企业走访服务和"服务企业百日行"等专项活动，把劳动执法督察与服务紧密结合起来。三是强力推进建筑领域欠薪治理。2013年解决假日摩洛哥、南国水乡等建筑项目拖欠工资的老大难案件，全年受理案件166起，移送公安机关14起，对8人采取了强制性措施，开创了全省先河。共为劳动者追回工资2015万元，建筑领域工程款清欠37[illegible]万元。四是着力创新劳动[illegible]争议调解和仲裁手段。成立[illegible]县务工人员法律援助工作[illegible]由县法律援助中心指派律师[illegible]提供免费援助。经法律援[illegible]作站接待咨询300余人次，[illegible]代理案件65件，共计处理劳动争议案件386起，到期结案率为100%。坚持早发现、早参与、早调解、早裁决的"四早"原则，坚持立案前调解、开庭前当面调解、开庭后单独调解的"三个调解"方式，多举措化解劳动人事争议和矛盾。

【人事人才工作】 2013年，县人社局强力推进人事人才工作改革，进一步规范机关事业单位人员的招录、调配、交流、考核、培训，为全县经济社会发展提供人才保障和智力支持。一是全面实行"阳光"招录。在公务员和机关事业单位人员队伍建设方面，坚持"凡进必考"，严把"入口关"。所有招录程序清晰、操作规范、纪律严明，真正做到公开、公平、公正。全年共招录选调机关事业单位工作人员606人。强化年度考核，严把"管理关"。严格标准要求，落实考核责任。完善各项机制，凝聚考核合力。强化平时考核，激发考核活力。突出工作主题，增强考核实效。切实加强培训，严把"教育关"。二是扎实开展全县干部人事和机构编制清理工作。对全县干部人事和机构编制进行专项清理，摸清底子，清查到龄不退休、随意借调人员、长期病休和长期离岗等8类问题，制定专项治理解决问题的时间表和具体办法。三是着力加强公职人员职业技能和素质培训。举办"两提高一促进"、专业技术人员继续教育、工勤技能人员考工定级、参公人员及文秘人员培训等30期主题培训班，共培训5026人次。组织全县机关事业单位工勤技能岗位考核（考试）工作，涉及21个行业150个工种，共1452人。四是加强高层次人才引进和引智服务。力促楚天科技博士后科研工作站获得人社部批准，落实一次性奖励经费10万元；成功上报了21个引智项目，获得77.5万元引智项目经费，项目和经费为历年之最。

【机关内部管理和中心工作】 2013年，县人社局注重内部管理，科学规划，以人为本，从严内控，从高要求，各项工作齐头并进。向上争资、两型社会建设、精神文明建设、"三城同创""四比四抓争先锋"、党风廉政建设、综治安全、优化经济发展环境、一推行四公开、两帮两促、计生、工青妇团等综合工作与业务工作同部署落实，同检查考核，整体推进。向上争资（含财政配套及转移支付资金）到位6.4亿元；深入开展"两帮两促"工作，选派业务能力强、服务意识强的党员干部到企业联点，为企业排忧解难；扎实落实"一推行四公开"驻村联点工作，开展"结对认亲、排忧解难"活动，派出工作人员40余名深入花明楼镇6个村，与24户困难群众结对帮扶，送去慰问金10万余元；开展"抗旱救灾促发展"活动，为结对村组抗旱救灾提供物资帮助；全年组织春节联欢会、机关文化建设颁奖活动、庆祝建党92周年活动、瑜伽培训、演讲比赛、篮球赛、趣味运动会等系列活动，丰富干部职工的文化生活；积极抓好道德讲堂、遵德守礼、文明餐桌、帮扶玉潭实验小学少年宫、志愿服务等专项活动；进一步加大政风行风评议力度，聘请特约评议员，每月进行4次以上巡视暗访；强化"三公经费"管理，成效显著。2013年度全县政风行风千人测评大会获得排名第四位的好成绩。

（邱国华）

县人才交流服务中心
主　　任　吴瑞华（女）

县劳动保障监察大队
大 队 长　谢宴朋

县就业服务中心
主　　任　王遏飞

县城乡居（村）民养老保险中心
主　　任　陈春枚（女）

县城乡居（村）民医疗保险中心
主　　任　向灿芳

县城镇职工养老保险中心

主　　任　黄建良(1月免)
　　　　　喻铁强(1月任)

县城镇职工医疗保险中心
主　　任　向　前

质量技术监督

县质量技术监督局
局长、党组书记
　　　　　潘志武
副书记、副局长
　　　　　洪建良
副 局 长　魏　忠
　　　　　罗剑斌
纪检组长　刘万祥
工会主席　彭冬莲(女)

【概况】 宁乡县质量技术监督局(以下简称县质监局)是全县质量工作主管部门,担负全县产品质量综合管理、行政执法、技术检验三大职能。2013年,县质监局共有干职工56人,内设办公室、政工科、监督科、计量科、标准质量科、食品安全监管科、特种设备安全监察科7个科室,下设宁乡县质量监督检验及计量检定所、宁乡县质量技术监督局稽查大队2个直属事业单位。

2013年,坚持"强质量、促发展、保安全、强技术"的发展思路,紧贴地方各项中心工作,"质量兴县"工作进一步深入推进,宁乡县在2013年全省产品质量监督工作会议上作先进单位典型发言。2013年,县质监局被省质监局授予"全省产品质量监督工作先进集体",被长沙市质监局授予"目标考核先进单位",被县委、政府授予2013年度"绩效考核先进单位""反腐倡廉先进单位""政务公开先进单位""人口与计划生育工作先进单位""行政执法先进单位""消费维权先进单位"等多项荣誉。

【质量振兴及名牌战略】 2013年,县质监局以深入推进"质量提升"活动为契机,大力加强质量兴县工作。一是深入开展"质量强企"活动。8月份,举办卓越绩效导入暨质量管理高级研修班,吸引长沙市共计39家规模以上企业100多人参加,受到企业界的热烈欢迎。二是在"六个走在前列,质监深入企业走基层"的活动中,由局领导带队,深入走访调研10家机械制造、计量、食品等行业的大型企业,对企业的质量管理、名牌培育、标准化建设、认证认可、技术检验等方面进行现场指导。三是加强培育服务,打造"品牌宁乡"。2013年有华良电器实业有限公司、长城型材有限公司、邦普循环科技有限公司、楚天科技股份有限公司、伟特家居股份有限公司、长沙拜特生物科技研究所有限公司6家企业的7个产品获得"湖南名牌",数量在长沙市居第一位。

【标准化工作】 2013年,县质监局标准化战略深入实施,楚天科技有限公司、长沙族兴新材料有限公司、湖南赛福资源有限公司、湖南星邦重工有限公司4家企业成为2013年中小企业标准化战略工程优秀企业。楚天科技、星邦重工、千壶客酒业创建标准化良好行为企业。企业标准备案60个,国家、行业标准登记27个,发放标准实施证书16家。盛鸿机械、星港家居、忘不了服饰等企业参与制修订国家标准13个,行业标准23个,地方标准2个。组织企业参加GB/T1.1标准化工作导则、烟花鞭炮强制性标准宣贯等培训班5期,190多人参加培训。积极为烟叶种植、烤晒、收购提供标准化服务,推动烟叶产业发展,县质监局被评为2013年服务烟叶生产先进单位。

【计量管理】 2013年,县质监局继续全力推进计量"四进"活动,抓好计量监管工作。一是全面完成计量器具强制检定工作。全年共完成计量器具检定3279台(件),其中衡器668台次,压力表289块,大衡器检定80台,检定定量包装商品150批次,其他砝码、天平等1029台次。对宁乡县在用交通信号设施进行100%计量检定服务,切实保障交通安全。二是持续深入实施"民生计量"工程。为保障医疗安全,对县城各大医院和33家乡镇卫生院、社区的医疗器械进行了检定。对全县100多家加油站的915台加油机,和城区368台出租车计价器完成调试检测任务。三是加大节能减排工作的计量监管。加强对重点用能企业的计量监管,对全县近100家重点用能企业的计量器具进行强制周期检定,帮助企业节能减排。

【检验检测能力建设】 2013年,县质监局积极与省计量院沟通协调,开展定量灌装机建标拓项工作,增加检定项目,提高服务地方发展的技术能力。增强技术机构内部管理,完善、修订《计量质量管理手册》等制度规程,顺利通过省局组织的技术机构能力达标考核,被评为二类技术机构。加强对专业技术人员的业务教育和培训,共派42人次到省、市局学习食品检测、计量检定等业务知识12次,有1人获得高级工程师职称,5人次获得中级职称,队伍结构进一步优化。

【质量监督】 2013年,县质监局进一步强化质量监督工作。一是严格实施质量监督抽查制度。县质监局全年共完成产品监检883批次,委托检验746批次。其中工业产品质量监检224批次,合格率达86.1%,食品监检659批次,合格率达82.7%。二是在产品质量监管方面,突出抓好民生领域和重点工业产品的质量监管,先后开展农资(化肥、农药、农机具)、建材(水泥、红砖、铝合金门窗、防水卷材)、电线电缆、消防器材、强制认证产品等产品的专项执法打假,重点组织了"春雷护农""治超"、打击制售假冒伪劣浏阳烟花等专项执法行动,全年立案527起,其中立案70起,现场处罚452起,做到零复议和零诉讼。三是积极处理质量投诉。共受理群众计量、食品等方面的投诉

57起，投诉处理率100%，为社会挽回经济损失30余万元。四是创新监管机制。积极推进分级分类监管，全年完成55家核心工业企业摸底建档、信息收集、分级分类和录入网上系统工作，在省局抽查验收中获得省市领导肯定。为建立长效、科学的质量监管机制打下坚实牢固的工作基础。

【食品安全监管】 2013年，县质监局在食品安全监管上采取四项措施。一是严把源头关。加强对食品企业办证的指导和服务，全年新发食品生产许可证13家，换证19家，全县共有201家获证企业。二是加强日常监管巡查。共计巡查企业500余家次，发现安全隐患近2000条，提出整改意见800余条，严格不合格产品后处理程序，下达责令改正通知书67份。三是扎实开展专项整治。针对重点产品、重点区域、重点时段开展食品安全专项整治，先后开展食品添加剂、米粉、酒类产品、肉类制品、面粉熟食、豆制品、食用槟榔、食品标签专项整治、散装油、校园食品、桶装饮用水等专项整治行动。立案28起，涉及货值金额200余万元，为群众挽回经济损失40余万元，捣毁无证生产米粉和制售假冒百威啤酒2个黑窝点，对质量违法行为形成了震慑，整顿了市场经济秩序，维护了消费者的权益。四是举办免费培训班。开展食品企业集体约谈指导和举办食品包装、标签标志免费培训班1次，参加人数共计30多人。

【特种设备安全监管】 2013年，县质监局加强对特种设备安全的监管。1.深入开展安全大检查。在全县范围内持续深入开展“打非治违”行动，共组织集中执法专项行动22次，出动执法人员74人次，检查105家特种设备使用单位和千余台特种设备，发现安全隐患16处，下达安全监察指令书24份，立案7起，确保宁乡县特种设备安全零事故。2.开展重点行业、重点领域的特种设备安全专项整治。开展电梯、大型商业场所的自动扶梯开展安全专项整治。开展锅炉安全专项整治，对全县54个学校的锅炉进行安全专项检查，确保锅炉安全使用。开展液氨专项整治，对全县8家冷库、4家液氨储罐(冶金行业)进行检查，对10家存在不同程度的安全隐患的企业坚决做到100%整改到位。开展气瓶、液化气充装站专项整治，共检测过期钢瓶8466个，加快“螺丝瓶”退市工作。3.加强教育培训。举办起重机械、锅炉司炉操作人员取证复审、场内机动车、安全管理员等培训班共7期，参训人员496人次。

【烟花鞭炮质量安全监管】 2013年，县质监局认真开展了烟花爆竹质量安全和标准执行情况进行巡查；加大对烟花鞭炮产品质量的监督检查，共实施产品抽检88批次，对黑火线、茭粉、高氯酸钾等花炮原辅材料质量安全进行了风险排查，对6家标签标志不合格、引燃时间过短的生产企业进行了立案查处。举办了一期烟花鞭炮标准宣贯班，全县36家烟花鞭炮生产企业负责人全部参加此次培训班。

【质量技术监督队伍建设】 2013年，县质监局始终注重提升队伍整体素质，狠抓作风建设，规范队伍行为，打造“服务质监、和谐质监、高效质监”。一是加强党员队伍的思想建设。积极开展党员春训活动和“质监大讲堂”活动。完成机关党支部换届选举工作，机关48名党员公开投票选举出了新一届机关支部委员；深入开展“忠诚履职”主题教育活动和“四比四抓争先锋”活动，严格红白喜事报批制度、领导干部一岗双责制度和重大事项报告制度，共有3名干部职工向纪检部门报备家属红白喜事和生日办酒事宜。9月份，《长沙晚报》对宁乡县质监局预防腐败方面的工作进行宣传报道。二是狠抓作风建设。制定《关于违反改进工作作风有关规定责任追究办法》等一系列规定，自觉接受政协民主监督和食品专项评议，聘请7名政风行风监督员和5名食品专项评议员。通过发放调查问卷300份、召开面对面民主评议座谈会2次，查摆问题、限时整改。强化监督，促进规范。坚持工作日工作人员去向公示，自觉接受社会和群众的监督。对政务中心窗口、执法执检岗位进行效能专项监察。三是服务全县中心大局。县质监局“两帮两促”工作组全力对接长沙科美机械有限公司，为企业解困献计出力。深入开展“一推行四公开”活动，为联点的乡镇困难户送去2万多元的慰问金。支持联点乡镇人口与计划生育工作1万元，社区建设1万元。派出5人工作组，到横市镇驻村半个月组织抗大旱工作，并支持经费1万元。服务宁乡县“经济普查”“依法治税”工作，安排专职人员负责工作联络和数据报送。

（李亚群）

审计工作

县审计局

局长、党组书记
洪瑞强（女，12月任）

局长、副书记
朱见明（1月免）
洪瑞强（女，1月任，12月免）

书记、副局长
杨伟斌（12月免）

副书记、副局长
杨伟斌（12月任）

副书记 刘抒

副书记、副局长
邓光辉（1月任）

副局长 彭自立（1月免）
叶剑军

副局长、工会主席
彭国良（女，1月任）

纪检组长 廖华中

【概况】 2013年，宁乡县审计局(以下简称县审计局)机关有在职干部职工56人，具有中级及以上专业技术职称人员30人。机关内设办公室、财政金融审计科、行政事业审计科、农业与资源环境审计科、综合法规科，下设全额拨款事业单位审计局政府投资审计中心(副科级）和自收自支事业单位审计师咨询服务所（有工作人员3名)。宁乡县领导干部经济责任审计办公室挂靠县审计局。2013年，县审计局共计完成审计和审计调查项目35个，审计查出主要问题金额33.57亿元（其中违规金额1.16亿元、管理不规范金额32.41亿元)。移送案件3起。提出审计建议83条。审计期间即查即改督促被审计单位整改问题金额270万元。编制《审计要情》五期。完成政府投资结算审计项目522个，总计送审金额12.35亿元，审计审减金额3.22亿元，审减率26.06%；对县重点工程项目城建投负责建设的溜子洲大桥、国资公司负责建设的滨江公园建设项目进行全过程跟踪审计；共完成10万元以下政府投资建设项目审计备案336个，建设单位内审后总造价总计2005万元。年内完成协助纪委进行四费检查、基金监管检查，工业项目投入、生猪养殖大户的奖励核实，城建投、玉兴公司等政府性公司的负债核实，市审计局对县决算审计、县主要领导经责审计的整改情况汇报，地质沉陷办、采煤沉陷办有关情况审计和问题整改督察，动物防检站的财务清理审计，国家开发银行贷款审计的问题排查，三项制度的落实情况督察，“5·9”非法集资清理专案组的工作支持，村级财务清理，两税化债清理，中介组织清理，县委、政府交办的项目督察协调会及政府投资项目清算等工作任务。

2013年，县审计局首次出台宁乡县审计项目计划编制办法，提高审计计划科学性，全面实现审计领域全覆盖。首次出台宁乡内审工作地方性规章。首次出台宁乡县领导干部经济责任审计制度。首次实行整改联合督察制度。首次开展“审计大讲堂”活动。全面启动审计追责程序。全面监管政府性投资项目。审计干部队伍喜报频传，有3人通过高级工程师综合评审，9人通过水利造价师考试，1人通过审计署计算机中级考试，1人考取国家公务员。2013年，县审计局审计理论研究成绩斐然，在《人民日报》《中国审计报》等全国重要媒体发表学术论文10篇，其他媒体发表论文、信息32篇。2013年县审计局开展的“五提五比五建争先锋”活动经验在全国审计系统得到推广。

【财政预算执行审计】 2013年，县审计局按照“预算完整、收入准确、支出合法、资金安全、家底清晰”目标，把好资金源头审计关，对中央、省市、县级的专项资金(含切块资金）总体规模进行解和分类，并对其使用安排情况进行审计。特别是对县财力安排的专项（切块）资金的项目预算编制、资金拨付情况进行重点关注。同级审报告披露预算编制管理、收入预算执行、支出预算执行、财务管理等四个方面22大问题。同时，加大对部门预算执行审计的力度，披露县交通局成品油价格改革财政补贴资金管理、县农业局下属实体单位的拆迁资金使用、城建投项目开发和投资管理等存在问题。审计中共编制三期《审计要情》，上报县主要领导，其中1份县委书记批转督办，审计报告得到县委书记、县人大常委会主任、县长的高度肯定。

【政府投资审计】 2013年，宁乡县人民政府出台《宁乡县政府投资建设项目管理若干规定》(宁政发〔2013〕11号),《宁乡县政府投资建设项目审计监督办法》(宁政办发〔2013〕56号)，用制度和办法来约束和规范政府投资审计行为，真正做到把权力放进制度的笼子里，充分发挥好资金使用效益。全年共计完成政府投资结算审计项目522个，占全年计划任务300个的174.0%，总计送审金额12.35亿元，审计审减金额3.22亿元，审减率26.06%；对县重点工程项目城建投负责建设的溜子洲大桥、国资公司负责建设的滨江公园建设项目进行全过程跟踪审计；共完成10万元以下政府投资建设项目审计备案336个，建设单位内审后总造价总计2005万元，为政府节约大量建设资金。

【党政领导干部任期经济责任审计】 2013年，中共宁乡县委制定下发《宁乡县党政主要领导干部和国有企业领导人员经济责任审计联席会议制度》(宁办发〔2013〕3号),《宁乡县党政主要领导干部和国有企业领导人员经济责任审计规定》(宁办发〔2013〕4号)和《宁乡县党政主要领导干部和国有企业领导人员离任经济事项交接暂行办法》(宁办发〔2013〕14号)。这些制度涵盖经责审联席会议制度、领导干部离任经济事项交接等方面，形成审前事项共商、审中有机配合、审后结果运用的经济责任审计大格局。推行阳光交接，对领导干部任职期末财政财务及重要经济事项实行离任、到任交接鉴证，使离任干部“走得清楚”，继任者“接得明白”。2013年共计完成领导干部经济责任审计项目16个，共查处主要问题金额1.15亿元，其中违规金额7075万元，管理不规范金额4391万元。县审计局组织的“宁乡县交通运输局原局长吴利民同志任期经济责任审计项目”在长沙市审计局组织的区县经济责任项目讲评中荣获二等奖。

【政府性公司审计调查】 2013年，县审计局结合同级预算执行审计，对宁乡县城市建设投资公司2011－2012年公司运行和财务状况进行审计，揭示征地拆迁、项目工程、对外投资、土地出让、财务管理等方面存在的问题；对白马桥乡、道林镇、东湖塘镇、夏铎铺镇、朱良桥乡、煤炭坝镇、喻家坳乡、黄材镇、龙田镇、沙田乡10个乡镇人民政府的2012年财政运行和管理情况进行专项审计调查；对道林麟靳公司、夏铎铺开发公司、夏铎铺金夏公司、朱良桥开发公司、煤炭坝新煤城公司、黄材青羊公司、龙田边城公司、白马新兴公司8个公司的运行情况进行延伸审计。揭示政府性公司亏损严重、负债较多，或将形成新的财政风险的问题。一是公司普遍亏损，负债运行，8个公司中有6个公司亏损；二是账务管理不规范，各公司采用的会计报表形式不一，科目设置不尽相同，账务处理不规范不及时；三是违规列支相关费用，规避财政监管。

【政府性债务审计】 2013年，县审计局结合政府性债务审计，对33个乡镇所有政府性债务进行审计，揭示政府性债务管理不规范、举债规模控制不严等问题。在此基础上对玉潭镇、夏铎铺镇、灰汤镇、花明楼镇的债务规模结构、债务原因、偿债能力进行调查分析。县审计局荣获“2013年湖南省政府性债务审计集体三等功”。

【民生项目和民生资金审计】 2013年，县审计局把群众关注度较高的社会保障资(基)金、房屋维修资金、教育基金、福彩公益金和慈善基金、残疾人就业保障金、价格调节基金、育林基金和森林植被恢复费等民生资金和民生项目作为审计的重点。审计揭示欠缴失地农民保障金、欠缴改制企业养老保险和失业保险、违规列支开支、部分旅游景点未征价格调节基金、房屋维修资金的保值增值还有上升空间、房屋维修资金未完全归集到位等问题。

（银姗姗）

县领导干部任期经济责任审计办公室

主　任　黄义龙(1月免)
　　　　邓　红(女，1月任)

县政府投资审计中心

主　任　庞建新(1月任)

国土资源

县国土资源局

局长、党组书记
　　肖庆喜(12月任)
局长、副书记
　　肖庆喜(12月免)
书记、副局长
　　罗亿清(12月免)
第一副书记、副局长
　　罗亿清(12月任)
副 书 记　钟炳权
副 局 长　龙俊武　邓四红
　　周伏良　彭宏献
　　喻　尚
纪检组长　彭德强

【概况】 2013年，县国土资源局机关有在职干部职工51名，内设办公室、计财科、人力资源科、用地科、规划耕保与节约集约用地科、土地供应科、地籍与测绘管理科、政策法规科、征地拆迁管理科、监察室、信访办、政务服务中心12个科室。下设国土资源交易中心、测绘队、土地开发公司、执法监察大队、地质矿产站、征地拆迁管理所(原征地拆迁事务所，2013年4月更名)、土地整理中心、土地储备中心、信息中心、经开区分局、金州新区分局共11个二级单位，并在全县33个乡镇均设立国土资源所，全系统共有干部职工351人(含退休人员44人)。

2013年，上报项目用地145宗1034.2公顷，审批用地220宗957.53公顷；启动灰汤镇、花明楼镇、沩山乡、流沙河镇四个小城镇规划修改工作，争取新增建设用地规模1000公顷。为上述乡镇用地提供规划保障，促进区域经济发展；继续探索集约节约用地机制，总结节约集约用地先进经验，其中经开区、金洲新区获得2013年度市级先进单位。全年获得市局年度绩效考核一等奖、市局信访工作先进单位、全县政风行风评议第二名、县年度绩效考核先进单位、五好领导班子、服务项目工程红旗单位等一系列荣誉和称号，肖庆喜被国土资源部评为2013年度全国土地市场动态监测监管工作先进个人荣誉称号。

【国土资源保护】 2013年，县国土资源局更加重视土地资源的保护。一是抓耕地保护。全年新开垦耕地330.74公顷，实现连续14年耕地占补平衡。二是抓土地综合整治。争取资金1.11亿元，实施4043.66公顷土地整治；今年是宁乡确定为全省25个十万亩连片推进农村土地综合整治示范县第二年；2013年前所有土地整治项目均已通过验收，全市最快，效果最好。三是抓项目用地清理。查清2006年以来479宗1253公顷出让土地的用地建设情况，共11宗涉嫌闲置，其中督促开发建设5宗16.34公顷；协议收回土地使用权1宗0.16公顷；重新约定动工时间4宗49.99公顷，进入收缴闲置费处置程序1宗1.05公顷。四是抓规范矿产管理。全年延续(变更)采矿登记共计35家，没有一起违规出让、违规发证行为；坚持矿山企业年检年审制度，应参加的143家矿山企业年检年审率100%；强化资源补偿费征管，全年共征收矿产资源补偿费602万元，价款556万元；向执法大队移送涉嫌超深越界矿山企业12家。五是抓违法行为的打击。全年共开展动态巡查2万余人次，下达“责令停止违法行为通知书”1200余份，组织行政强拆60余次，拆除违法违章建筑610宗5.54万平方米，关停、取缔、制止非法采矿行为155宗，羁押留置6名当事人，查扣运输车辆6台、挖机5台，摧毁采砂设备55套，没收矿产品2万余吨。全年立案查处土地违法案件65宗，矿产违法案件20宗，均已全部结案，收缴罚没款706.3万元，移送涉嫌犯罪违法案件5宗，其中已批捕1人，在追逃1人，有效遏制土地、矿产违法行为。

【资源交易市场】 2013年，县国土资源局科学编制和执行土地供应计划，制定季度供地与特殊情况即时供地相结合的供地原则，合理控制综合用地供应规模。出让土地使用权一律采用网上招、拍、挂方式，全年共出让土地94宗，面积243.63公顷，成交总价款21.3亿元，土地纯收益9.43亿元，全部招拍挂出让。协收契税8520万元，代收新增费、开垦费和防洪保安费三费合计3.43亿元。严格落实矿权有偿使用制度，新发采矿许可证招拍挂率100%，矿权延续登记有偿使用率100%。加大土地储备力度，全年储备土地1200公顷，其中实质储备面积93.33公顷，争取土地融资10亿元，为财政创收做出了突出贡献。

【地灾防治】 2013年，县国土资源局着力地灾防治工作一是着重机制完善。编制《2013年地灾防治预案》，建立和完善汛期值班、险情巡查、灾情速报、应急处置等方面的工作机制。二是着力宣传发动。全年发放防灾避险明白卡1100多张、防灾宣传资料5000余份，发送预警短信1950多条，设立警示牌，防护墙等326处。三是着力减灾。成立防灾办公室，严格汛期24小时值班制度，积极开展巡查和预警预报，全年全县共发生山体滑坡47处、崩塌2处、泥石流3处、地面塌陷20处，均无人员伤亡，1次成功预警避免大成桥镇老集镇刘桂香家4人的人员伤亡。四是着力避险。精心组织地质勘察，积极向上争资，为煤炭坝镇60户涉灾安置户争取应急处置资金120万元。耗资近75万元对12个地质灾害点进行应急处置。

【征地拆迁】 2013年，县国土资源局各项目征地拆迁严格按照“三公告一登记”程序进行，发布各类公告340余份；启动征地拆迁项目86个，征用集体土地749公顷，拆迁房屋1558户36.19万平方米。

【土地矿产卫片执法】 2013年，县国土资源局对宁乡土地矿山进行卫片执法检查，涉及土地图斑139个76.54公顷，矿山卫片图斑4个，经核算问责比例仅为2.04%，总评获105分的高分，连续四年顺利通过土地矿产卫片执法检查验收。

【地籍测绘与基础工作】 2013年，县国土资源局进一步加强基础工作。一是加强地籍测绘服务。全年完成土地登记1.61万宗，完成农村集体土地确权登记发证外业调查，宁乡县农村集体土地所有权地籍调查成果通过省级外业预检。建立完善全县数据库建设，确保该项工作“确实权，颁铁证”。积极开展第一次全国地理国情普查工作，基本完成了外业调查和核查以及数据资料的整理和处理工作。完成15个乡镇的县级验收；全年受理测绘业务1500余宗，煤炭坝集镇地形测量获省优秀测绘工程二等奖。二是加强政务公开。全年收到群众来信、来电100件，接待群众来访125批249人次，其中集体访8批77人次，息访比例93%，收到并办结省、市各级交办信访事项38件。

【国土队伍建设】 2013年，县国土资源局重视队伍建设工作。一是注重以制度管人。进一步完善对科室、二级单位、国土资源所的考核办法和财务制度管理，以及县对乡镇国土资源工作的考核办法。二是注重业务培训。举办2期“提素质树形象”系列培训班，采取专家讲座、知识竞赛等方式提升工作人员业务能力和综合素质。三是注重奖优罚劣。评选和表彰“五好单位”10个、“局先进单位”10个及“局先进个人”68个。四是注重廉政教育。落实廉政责任，与各科室、二级单位、乡(镇)国土所签订廉政建设责任书，相关负责人作了公开廉政承诺；抓实廉政教育，请县纪委、党校领导进行专题廉政讲座，开展廉政警示谈话活动，在全县政风行风千人测评大会上，获得单位第二名。五是注重寓教于乐。全年安排机关迎新春茶话会、“学雷锋树新风”植树活动、“七一”党员红色教育活动、系统业务知识竞赛、“提素质树形象国土杯”羽毛球赛、“清风杯”篮球赛文体活动，以活动为载体，凝聚了人心、激发全体干部职工工作热情。 (罗　寅)

统计工作

县统计局

局长、党组书记　邓新华(1月免)
　王东波(1月任)

副 局 长　张吕兵(1月免)
　杨瑞兰(女，4月免)
　闵爱辉(女)
　黎新知(1月任)
　刘志扬(4月任)

【概况】 2013年，宁乡县统计局(以下简称县统计局) 共有干职工31人，内设办公室、法规科、一产业科、二产业科、三产业科5个科室，下设普查中心、经济调查队2个二级机构。2013年，县统计局认真贯彻落实省市统计工作会议精神，紧紧围绕全县经济社会发展大局，秉承“统计既要反应地方经济发展现状，又要促进地方经济发展”理念，抓住县级统计自身建设和统计基层基础建设两个基本点，坚持把目标分解成指标，把重点打造成亮点，把产品包装成精品，把活动转化成活力，改革创新，务实精进，忠诚履职，服务发展，取得八大工作亮点。一是人口普查数据开发和调研课题获得市局好评。二是经济普查有序推进，单位核查效果很好，普查组织、准备工作走在全市前列。三是畜禽监测、粮食抽样调查和城乡一体化改革住户调查接受国家、省、市调研考核获得好评，年度工作被评为省优。四是统计业务工作创先争优。各项专业统计得到市局高度肯定，综合评比被列为一类单位，24项业务工作全面获奖，其中13项获得一等奖。五是统计调研量增质优，全年共撰写统计分析32篇，分别在国家、省、市各级网站和刊物上发表。六是“双基”建设不断夯实，县级统计基础工作规范化建设接受省局验收；部门和乡镇统计更加规范，纸介质报表管理得到加强，联网直报成果得到巩固，直报率达到100%。七是中心工作更有起色。“四比四抓”活动有声有色，连续2年获得市级文明单位称号；“一推行四公开”倾听民声，记录民情，帮扶民生，效果良好。八是认真做好金融创安、依法治税、经济强县、新型工业化、节能减排、为民办实事、全面小康、“四比四抓”等考核指标数据的监测评估；积极为企业创牌、园区升级提供优质服务；全面完成招商引资、计生工作联点（帮扶资金6000余元）、“三城”同创工作任务；切实落实全局社会治安综合治理和安全生产责任；积极做好县委、县政府2014年工作思路及全面小康、“三量齐升”目标定位指标预测调研分析，为“打造省会次中心，构建幸福新宁乡”提供坚强的统计保障。

【统计基础工作】 2013年，县统计局按照规范化建设要求，定岗定责，理顺关系，加强对统计基础工作的统筹管理，加大人财物投入力度，增强业务人员配置与培训，积极推进社区(村)统计服务窗口建设。坚持统计普法与业务督导、统计调查并进，乡镇统计站实现“六有”目标。实现社会化大统计，建立首席统计员制度，乡镇、部门、企业的统计基础工作更加规范，各级对统计工作的重视程度不断提高，配合程度大幅提升。白马桥、玉潭、夏铎铺3个乡镇成为省级示范站，县统计基础工作规范化建设接受省局验收。

【统计服务】 2013年，县统计局不断强化统计创新，确保服务提速提质。一是提升分析水平。以服务县域发展为根本，不断提升分析研究水平。紧紧围绕“六个走在全列”和县委、县政府“四比四抓争先锋”等中心工作及一些重大经济、社会问题，扎实开展统计调查分析研究；二是增强监测力度。以提供决策支撑为目标，不断增强监测评价力度。围绕县域经济社会发展大局，主动与省市统计部门对接，积极为新型工业化统计考核、县域经济基本竞争力考核、市对县绩效考核、文明县城指数测评、全市乡街考核等提供了优质、高效、快捷的协调服务，为宁乡粮食大县、生猪大县的认定、百强县的进位、特色农产品加工县的成功申报、“十强十快”乡镇评定提供了有效的统计支撑；认真做好节能减排、为民办实事、全面小康等考核指标数据的监测评估；积极为企业创牌、园区升级提供优质服务；积极做好县委、县政府2014年工作思路及全面小康、“三量齐升”目标定位指标预测调研分析，为“打造省会次中心，构建幸福新宁乡”提供了坚强的统计保障；三是丰富服务产品。以多元需求为导向，不断丰富统计服务产品。致力于“打造统计精品”，及时编印《统计年鉴》《经济月报》《统计公报》《宁乡统计》《文化产业发展报告》和《百强宣传画册》等资料，适时推出《数据解读》《统计专报》系列。为全县领导谋划宁乡、社会公众了解宁乡提供了翔实的统计资料。

【统计队伍建设】 2013年，县统计局通过强素质、树形象的措施，打造出一支精干的统计队伍。首先内强素质，举办全县干部队伍素质“四五”提升工程首期统计理论与实践高级研修班；举办了首期规模工业企业培训班和季度乡镇工业统计业务讲评班；认真组织统计从业资格证认定和继续教育工作等多项措施，有效提升统计干部队伍素质。其次是外树形象。全面落实党风廉政建设责任制。认真贯彻落实县委关于党风廉政建设工作的安排部署，提出“抓班子带队伍谋发展，把方向、找规律、抓大事、下基层、打基础、盯落实”的工作方针，局长与各科室长签订党风廉政建设目标责任书，形成一级抓一级，层层抓落实的党风廉政建设工作格局。切实加强机关作风建设。严格考勤考核工作，建立上下班签到制度和局班子成员每天工作去向公示制度。在工作和生活中，要求干部做到“讲组织原则、讲个人修养、讲道德规范；树目标意识、树绩效意识、树竞争意识”。结合“三个提高”“四比四抓争先锋”活动和忠诚履职教育，加强统计行风建设，在干部队伍中开展上一堂党课，读一本好书，献一份爱心，开展一次点评，进行一次交心“五个一”系列活动。通过活动，凝聚人心、激发活力，形成讲大局、讲团结、比学习、比贡献、比作风、比进步的良好风尚。

【统计执法】 2013年，通过加强执法，取得明显成效.一是广泛宣传。利用报刊、电视媒体、统计信息网站、短信群发等形式加大新《统计法》和《统计违法违纪行为处分规定》的宣传面，使新统计法等统计法律法规家喻户晓；结合“9·20”统计开放日、“12·4”法制日和各项专项调查开展广泛宣传。二是加强执法。将统计执法与统计业务有机结合，加强统计日常稽查工作；加大统计执法检查力度，切实提高政府统计调查工作的权威性。全年共检查统计调查单位32家，其中立案查处1家，规范责令整改3家，纠正了部分单位的统计违法行为，进一步规范统计依法行政。

（李熙明）

县统计普查中心
主　　任　邹曙光

食品药品监督

县食品药品监督管理局
局长、党组书记
何赞兵（12月任）
局长、副书记
何赞兵（12月免）

党组书记、副局长
何友良(12月免)
副书记、副局长
何友良(12月任)
副 局 长 邓启洪
童羽飞(女)
詹罗辉
纪检组长 曹金花(女)

【概况】 2013年度,宁乡县食品药品监督管理局在职干部职工32名,内设办公室、法制监督科、保健食品化妆品监管科、药品医疗器械监管科四个科室,县药品检验所为县食药监局管理的副科级事业单位。主要承担宁乡县行政区域内的药品、医疗器械行政监督和技术监督责任及保健食品、化妆品行政监督责任,监督实施药品和医疗器械研制、生产、流通、使用过程的质量管理规范,承担查处制售假劣保健食品、化妆品、药品、医疗器械及药品包装材料和容器的责任,承担药品、医疗器械、保健食品广告监督责任,组织拟定保健食品、化妆品、药品、医疗器械安全事故应急预案并监督实施,贯彻实施国家、省、市、县食品、医药产业政策,组织全县保健食品、化妆品、药品、医疗器械相关从业人员的教育培训等。

【"走进基层,服务群众"活动】 2013年,县食品药品监督管理局开展"走进基层、服务群众"实践活动,在全县设立75个基层工作站。基层站负责食品药品安全知识的宣传,对监管单位日常排查,指导群众合理用药等工作,局干部作为指导员派驻到基层站业务指导,每周到基层工作站指导,密切联系广大群众,增强干部亲民为民的意识,促进企业的合法经营,提高群众对食品药品监督的满意度,在群众"最盼"上赢得民心,在群众"最急"上见到真情,在群众"最怨"上改进作风。

【药械风险排查】 2013年,县食品药品监督管理局采取"一完善、两注重、三加强"扎实开展药械安全风险管控工作;修订和完善《宁乡县药品(医疗器械)安全事故应急预案》《宁乡县药品(医疗器械)安全事故应急预案操作手册》;加强日常监督检查和各项专项检查、和负责人约谈,对企业基本信息录入备案等多种监管措施,树立"安全责任第一人"意识,实现风险排查、控制;采取加强药品抽验、加强药品不良反应监测、加强宣传教育等措施,形成人人参与药械安全风险管控工作的良好氛围。

【"三品一械"专项整治】 2013年,县食品药品监督管理局落实监管山银花质量、非药品冒充药品、定制式义齿、药械市场秩序专项整治行动;突出重点开展对保健食品"打四非"专项行动,立案查处11起,处罚金额9万余元;开展药品"两打两建"专项行动,完成73批次药品抽样工作,查出不合格药品21批次,立案查处21起,货值3万多元,依法处罚12万多元;在打击药械违法犯罪方面,协助公安机关办理经营假药"冬虫草蝮蛇胶囊"案;加强部门协作,向县工商局移送违法广告22个,并依法对其进行处理;在税务部门和公安部门配合下依法查处某气体公司无证经营医用氧案。持续保持无源发性食品药品安全事件发生。

【强化抽检和风险监测】 2013年,县食品药品监督管理局制定食品药品监督抽验、保健食品经营环节监督抽验、化妆品安全风险监测等工作实施方案,完成县级抽验计划103批次(其中保健食品21批次、化妆品9批次、药品73批次),完成省级抽检计划40批次,市级抽检计划48批次,抽检完成率达到100%,对抽验不合格的21批次药品涉及单位依法立案查处,是全省唯一保健食品、化妆品同时列为风险监测县。

【药械不良反应监测】 2013年,县食品药品监督管理局与卫生部门联合下发监测方案文件,举办培训班,开展督察指导,全年上报总数904例,其中ADR738例(一般的648例,占87.80%;严重的90例,占12.20%);MDR166例(一般的126例,占75.90%,严重的40例,占24.10%)。开展ADR及MDR县级初审工作,完成427例ADR初审、86例MDR初审。ADR与MDR的监测上报任务完成率100%,数量和质量走在全市前列。2013年度是全省同时开展ADR及MDR县级初审的唯一县。

【食品药品安全知识宣传】 2013年,县食品药品监督管理局以县政府门户网站搭建"党政宣传"平台,以宁乡电视台构建"电视宣传"平台,利用《宁乡手机报》健全手机短信平台,与《今日宁乡》《当代商报》合作建立纸媒体宣传平台,食品药品安全知识宣传真正做到"报刊有文、网站有稿、电视有影、手机有声"。依托乡(镇)村(社区)、行业基层工作站举办"食品药品安全知识大讲堂"、通过QQ群宣传普及食品药品安全知识,营造全社会关心、支持食品药品安全的良好氛围。2013年度,被国家、省、市采用信息48篇,县电视台播出新闻6条,手机发布信息40多条,《今日宁乡》报道20多次,《当代商报》报道18次,发放食品药品安全知识手册2万余册、音像宣传碟片近100套、播放安全用药公益广告40多次、食品药品安全公益片300多场次。

【服务中药材产业发展】 2013年,县食品药品监督管理局为帮助农民致富、调优农村产业结构,深入青山桥、流沙河、龙田、沙田、黄材等乡镇开展调研,形成《宁乡县中药材产业发展建议》和《宁乡县中药材产业发展情况调研报告》;编印并发放《中药材培植与加工》近万册,指导全县药农掌握对中药材的种植、加工、贮藏、保管和中药材GAP实用技术操作技能;选调业务骨干到青山桥、龙田、喻家坳等乡镇开展中药材种植技术的培训;在选种、栽培、病虫害防治等方面给予技术支持,定期或不定期的组织业务骨干到种植现场进行指导,确保质量。宁乡县已形成青山桥镇白洋村中药材专业合作社、湖南云深农业科技发展公司、湖南然润堂中药有限公司、宁乡县腾辉中药材有限公司、龙田镇白花中药材专业合作社等为龙头的中药材种植基地。 (唐玉林)

工商行政管理

县工商行政管理局

局长、党组书记
宋登红

副局长、副书记
杨国华(6月免)
尹　俐(女,6月任)

副 局 长　尹　俐(女,6月免)
付　宏
彭可忠
郑　强(6月任)
卢　波(6月任)

纪检组长　郑　强(6月免)
刘　勇(6月任)

【概况】 2013年,宁乡县工商行政管理局 (以下简称县工商局)内设14个科(室)、2个直属分局、2个挂靠社会团体(个体劳动者私营企业协会、消费者委员会),17个派出机构(含15个工商所、经开分局、豪德工商办)。全局系统共有干部职工315人,其中在职201人。2013年,县工商局荣获全国个私协工作先进单位、省消委系统工作先进单位、全市文明单位、全县绩效考核先进单位,并有反腐倡廉、“两帮两促”、人口计生、文明测评、宣传思想、依法行政、企业上市、服务工业发展等8个单项工作获全县先进单位称号。

【工商行政管理服务】 2013年,县工商局坚持以服务促进发展。一是政务环境持续优化。坚持“三集中、三到位”,将注册、广告、食品流通、动产抵押等审批登记事项进行整合,组建行政审批服务科,统一进驻县政务中心集中办公,实行一审一核,一条龙服务。二是市场主体稳步发展。新登记企业、个体工商户5180户,较2012年增加822户,增长18.86%;办理股权出质登记70起、动产抵押登记63起,帮助企业获得抵押贷款19.36亿元。三是商标培育取得突破。成立经开区商标品牌指导中心,举办商标国际注册培训班。对全县商标和商标注册企业分类确定培育名单,形成梯队培育结构。全年全县申请注册商标265件,新培育4件商标参加驰名商标评审,亮之星米业成功获评驰名商标。培育推荐28件商标参加省著名商标评审。四是“两帮两促”扎实推进。抓好对口企业——邦弗特公司的帮促扶植,协调企业解决注册资本延期、报建报监、著名商标申报等具体困难和问题。该公司二期工程投资1000余万元,已于9月底正式投产,全年税收突破450万元。

【市场监管】 2013年,县工商局坚持强化监管,保护群众利益。一是确保食品安全。组织16次大规模的专项整治,收缴“三无”、过期和不合格食品7000余公斤,取缔无照食品加工窝点14处,抽样送检食品108个批次,快速检测食品2700个批次。查办食品安全案件457起,罚没200余万元。全面落实“三城同创”,整顿规范小食品店3800余户。二是深化专项整治。开展“十大亮剑”行动。查办制售假冒伪劣商品案件24起,案值50余万元;办结传销案件4起,罚没17万元;开展“红盾护农”行动,抽检农资产品61批次,查处农资案件68起;监测电视、报纸广告200多条次,清理违法广告27条,责令停止发布虚假违法广告27条次,办结广告违法案件16起;开展市场主体普查和查处取缔无照经营专项整治,普查市场主体3.43万户,查处无照经营239起;开展打击“霸王条款”专项整治,查处合同违法案件20起。三是严查大要案件。办结处罚3万元以上案件23起,10万元以上案件7起,最高个案处罚达60万元。向市局报送典型案例20件。假冒“喜之郎”和假冒“联塑”排水管案引发社会广泛关注。四是创新监管方式。持续深入推行“市场主体监管责任制”,实行重大案件专案组制度,切实提高案件发现能力和执法办案水平。开发专门软件系统,对全县1500个食品、农资和高危行业经营户实行电子巡查,将全县4450户涉网市场主体纳入网络监管平台,运用科技手段实现监管“痕迹化”,提高监管效能。在大中型超市、主要旅游景点推广使用食品安全电子查询机,基本实现食品“来源可溯、风险可控、责任可查”。

【消费维权】 2013年,县工商局通过拓展维权网络、强化维权监督、务求维权实效措施,消费者满意率迅速提高。推进12315“五进”活动,坚持“八个一”的标准,新建维权服务站108个,方便消费者就近投诉、就近维权。对商场超市、网络经营行业进行了评议;通过电视、报纸等媒体公布典型消费维权案例,发动消费者参与监督。规范申诉举报受理、分流、督办、反馈工作流程,着重考核消费者申诉举报的办结率、消费者满意率、回访率、申诉调解成功率等指标。全年共受理消费者申诉269件,已办结256件,为消费者挽回经济损失33万余元。消费者申诉回访率100%,满意率达98%。

【工商行政管理基层基础建设】 2013年,县工商局通过夯实基层基础工作,工作后劲得到加强。一是强化主题教育。将2013年定位为“岗位责任制建设年”,干部年度考核推行“末位待岗制”,激发创先争优活力。全系统23个支部开展“忠诚履职”大讨论,进一步强化履职责任意识和依法行政观念。二是强化作风建设。召开全系统队伍作风建设大会,举办预防职务犯罪知识讲座,开展“一把手”讲党课活动;组织“千人测评”基层工商所活动,加强明察暗访。落实“一推行四公开”,全系统到4个联点村走访200余人次,捐款捐物价值4万余元。四是强化基础建设。3个工商所屋面、水电线路进行改造,机关进行维修,完善正常使用功能。建成了建筑面积800余平方米的新玉潭所,并配齐办公设备设施。投入经费20余万元,新增配电脑17台、档案柜28个、工商e通41台,研发了市场监管电子巡查系统,提升工商工作信息化水平。

(罗晓林)

食品安全管理

县食品安全管理办公室

主　　任　周旭文

副 主 任　王建新　何章武

【概况】 2013年,宁乡县食品安全管理办公室(以下简称县食安办)内设办公室、执法协调科、宣教科、业务科等4个科室,下设宁乡县食品安全检验检测中心,共有干部职工17人。2013年,县食安办以创建“食品安全城市”为载体,牢固树立科学监管理念,全面加强机制能力建设,深入推进食品安全监管整治,食品安全案件查处打击力度稳居全市第一,全县未发生重大食品安全责任事故,食品安全形势继续稳定向好。县食安办被评为宁乡县2013年度“食品安全工作先进单位”“党风廉政建设工作先进单位”。长沙市人民政府授予宁乡县人民政府、县食安办“长沙市2013年度食品安全工作先进单位”荣誉称号。

【食品安全体制建设】 2013年,县食安办创新工作思路,完善食品安全体制机制,构建科学监管平台,基础工作得到全面夯实。一是加强检验检测能力建设。建立并完善质量管理体系文件,坚持工作与练兵相结合,完善检验规程,规范文件文本,推行食品安全评价性检验检测,实现工作和能力双提升,为县检验检测中心资质认定奠定坚实基础。着眼于更高更好,积极推进与经开区共建食品安全检验检测平台建设,完成相关论证、规划工作。二是强化行政与刑事高效衔接。成立全省首家县级食品安全公安执法队伍——宁乡县公安局治安大队食品安全中队,中队常驻食安办,与部门协同一致,专司食品安全违法犯罪的侦查打击。三是健全联防联动责任机制。建立县、乡(镇)、村(社区)三级联动联防机制,做到分级负责,逐级落实。实行网格化管理,坚持领导联乡(镇)联片区,干部联村(社区)联校,目标到人,责任到人。四是完善监督考评机制。实行月抽查、季督察、年考核工作机制,全面考查乡镇食品安全工作情况。推行联席会议制度,按月对食品安全委员会成员单位食安工作进行督导与讲评。实施食品安全政风行风评议和行政约谈制,力促工作责任的落实。

【食品安全监管整治】 2013年,县食安办紧扣食品安全热点、难点问题,扎实推进食品安全整顿治理,严厉打击食品安全违法犯罪,各项工作卓有成效。一是强化日常监督检查。组织各监管部门、乡镇对全县生产经营行业进行全面摸排,进一步健全食品安全动态台账。严把市场准入关,全年共办理各类许可证件、备案登记650份。实现巡查监管全覆盖,全年累计巡查监管农资经营门店900多家次、兽药饲料经营企业300多家次、食品生产企业600多家次、经营店铺3500多家次、餐饮服务单位1000多家次。超额完成检验检测任务。全年累计开展食品检验检测1.91万批次(其中定量检测3252批次,定性检测1.58万批次),食品合格率达98.19%。二是强化食品安全专项整治。开展打击非法添加和滥用食品添加剂专项行动、学校及周边食品安全专项治理、肉类和饮用水、米粉、酒类、散装食用油、食盐等食品安全专项整治共计12次,没收、销毁不合格食品及原料2万余公斤,关停潲水油非法提炼点10个,没收销毁潲水油5吨多,学校商店“5毛、1元”面筋食品基本下柜下架。三是强化食品安全违法犯罪打击。全年先后成功破获文某等人制售假劣兽药案(该案被列为2013年公安部深化“打四黑除四害”工作督办案件),贺某等人非法生产、销售有毒有害食品案,宋某生产、销售假冒“喜之郎”果冻案,罗某生产、销售不符合安全标准食品案,潘某、胡某使用假冒注册商标案等食品安全重大案件5起,刑拘11人,判决4人,有效震慑了食品安全不法分子。四是强化重点环节食品安全保障。认真落实农村集体聚餐申报备案和现场指导工作,确保申报及时、备案详尽、指导细致,全年累计备案指导100人以上农村聚餐1万余例。圆满完成高考、中考、小升初会考、“全国山地自行车冠军赛”“德行天下、幸福中华”大型公益活动、“两节”“两会”的食品安全保障任务。

【食品安全宣传教育】 2013年,县食安办进一步加大食品安全宣传教育工作力度,多渠道、多形式加强食品安全法律法规及科普知识宣传,持续强化食品安全从业培训,着力营造人人参与、协同共治食品安全的良好社会氛围。成功组织2013年“社会共治,同心携手维护食品安全”主题宣传周活动,有序开展食品安全知识“五进”活动,编制食品安全警示教育片,制作展板73块,悬挂标语1200多条,印发各类宣传资料近3万份。省市县各类媒体报道宁乡县食品安全信息、新闻150余条。组织食品生产经营企业参与长沙市“诚信守望”大型宣传活动,万家春米业、湘茗茶业、美丽人生餐饮三家企业被评为“长沙市2013年食品安全诚信企业”,省、市、县多家媒体进行专题报道。强化业务培训。组织开展监管部门、乡镇机关工作人员、村组干部、信息员及食品生产经营业主、从业人员食品安全法律法规和业务知识培训16堂次,培训人数8000人次。

【食品安全规范建设】 2013年，县食安办全力开展食品安全示范创建，狠抓园区规范化建设，各项工作成果丰硕。一是示范建设领跑争先。金洲、资福、大屯营3个乡镇成功创建市级食品安全示范乡镇。二是规范建设稳步推进。按照“政府引导、市场运作、政策扶持”的原则，逐步引导县域内食品生产加工小作坊等小微企业入园规范生产，取缔全县所有无证米粉小作坊，成立3家持证规模米粉企业，其中有2家落户在园区。三是农产品基地建设成效显著。秀山美地、金太阳等9个蔬菜生产基地建立同步上传数据的农残速测室；沩山有机茶正式进入欧美市场，资福乡建成湘菜食材基地。

（刘　畅）

安全生产监督

县安全生产监督管理局

局长、党组书记　周铁军（1月免）
　　邓新华（1月任）

副 局 长　丁新军（1月免）
　　刘赞清　刘朝晖
　　刘腊明　秦泽强
　　刘志良（兼，4月任）

【概况】 2013年，宁乡县安全生产监督管理局（以下简称县安监局）有工作人员40人，其中班子成员7人，内设办公室、烟花爆竹安全监管科、非煤矿山安全监管科、危险化学品安全监管科、职业安全健康监管科、法规科、行政审批服务科、安全生产应急救援指挥中心8个科室。2013年，县人民政府荣获市级安全生产先进单位，县安监局被评为省、市安全生产监管先进单位。在安全生产责任险推广、安全生产标准化创建、职业健康安全监管等方面分别受到省市安监部门通报表彰。全县全年未发生较大及以上安全生产事故，烟花爆竹、非煤矿山、交通运输、消防安全、校车安全事故起数同比2012年均大幅度下降。危险化学品领域连续4年无死亡事故。

监管机制逐步健全，责任体系不断完善。一是安全监管体系初步建立。2013年，县委、县政府大力实施安全发展战略，落实科学发展、安全发展理念，在全县开展“十大安全监管体系”建设。县安监、公安、住建、交通运输等部门相继出台各行业安全监管体系建设实施方案，宁乡县的安全监管工作机制逐步得到完善。二是安全例会制度更加完善。2013年书记和县长亲自组织并出席召开的安全生产会议10次。每季度召开两次以上安全生产例会，专题研究全县烟花爆竹安全监管、非煤矿山整顿关闭、工贸行业标准化建设、乡镇安监站建设等突出问题，推动宁乡县安全生产领域的各项工作。三是安全责任体系不断健全。县人民政府出台《宁乡县安全生产监督管理职责规定》，对33个乡镇和40个县直单位的安全生产监管实施“横向到边、纵向到底、权责清晰”的安全生产责任体系。

考核力度持续加大，考核体系不断深化。一是强化控制安全生产事故的考核。进一步完善事故控制奖惩制度，对未发生安全生产责任事故的乡镇奖励10万元，对发生事故且超县安委下达的控制指标的乡镇处罚20万元。黄材、道林、白马桥等27个乡镇成功实现全年零死亡事故。二是科学量化考核指标。加大企业标准化创建、作业场所职业病危害因素检测、隐患自查自报自改等专项工作的考核权重，减少主观因素对考核结果的影响，使考核工作更规范、更有针对性。三是注重安全生产日常考核。县安全生产职能职责督查室和县安委办每季对各乡镇、县直有关单位开展一次暗访督察，将整改落实情况列为日常考核内容，使考核情况更全面、更真实、更有效。通过考核，喻家坳乡、资福乡、横市镇、夏铎铺镇、城郊乡、老粮仓镇和县交通运输局、县公路局、县财政局、县公安局被评为安全生产先进单位。四是严格奖惩兑现。严格执行奖励和“一票否决”、黄牌警告制度。

日常监管取得实效，监管水平不断提升。县乡安监工作人员认真开展日常安全监管，将近年发生安全生产责任事故或者群众反响强烈的单位列为重点执法对象，实行领导带队督办，加大监管频率，加强跟踪督促，确保隐患整改到位。严格实行主办监察员制度，严厉处罚各类安全生产违法行为，县乡安监部门2013年累计行政处罚立案68起，罚款130.2万元。

2013年，县安委办在第4次全县安全生产例会上，组织参会人员进行“一岗双责”知识的书面考试，该工作在《中国安全生产报》上宣传报道；湖北、山东等地的安监部门来电来函获取经验，较大地提高宁乡安监工作的知名度；创新推行的“三项工作方法”（一线工作法、典型带动法、暗访督察法）方面，宁乡县受到《中国安全生产报》的专题采访报道。

【安全生产大检查】 2013年，县安监局全面开展安全生产大检查。一是部署。国务院在6月7日的全国安全生产电视电话会议上部署开展安全生产大检查，县安委办在第二天即召开专题动员会议。安全大检查期间，宁乡经济技术开发区工委书记、县委书记黎春秋两次主持会议调度部署工作，明确提出要铁腕整治，以超常规的举措和力度抓好此项工作。二是措施。宁乡县委副书记、县长周辉多次带队对煤矿、非煤矿山、烟花爆竹、消防、建筑施工等行业单位进行安全调研督导；副县长冯智君率监管部门亲临第一线对各行业开展安全生产检查；乡镇、工业园区和负有安全监管职责的部门认真落实“一岗双责”，按照“6个100%”扎实开展大检查工作，即检查企业100%到位、清查企业的隐患100%发现、发现的隐患100%整改、该立案的100%立案、该罚款的100%到位、该停产整顿的100%停产整顿。三是检查。大检查开展至年底，全县各行业共检查企业2483家次，发现隐患4584条，责令立即整改的3375条，限期整改的1209条，责令24家企业停产停业整顿，立案8起。

【“打非治违”工作】 2013年，县安监局“打非治违”成效明显。煤矿领域：以打击非法违法开采为重点，工信局加强对8家在产煤矿的监督检查，大力推进煤矿的兼并重组以及整顿关闭工作。非煤矿山领域：取缔非法采矿窝点12处，依法关闭不具备安全条件的矿山8家，责令10家存在安全隐患的非煤矿山停产整顿，立案调查19起，罚款20.8万元。烟花爆竹领域：取缔无证无照经营烟花爆竹门店40多家，对41家证照到期的生产企业予以查封，办理12起非法运输烟花爆竹案件，治安拘留14人，刑事拘留5人。危险化学品领域：对擅自启封的中和加油站责任人予以行政拘留，对不具备安全条件的太古加油站实行查封，并督促其投入25万元进行油罐更换和HAN阻隔防爆技术改造；责成明兴水务投资39万元落实了其液氯储存场所(重大危险源)的监控措施。2013年长沙市安全生产“打非治违”现场会在宁乡县召开，副县长冯智君代表宁乡县在会上作典型发言，宁乡县“打非治违”工作得到市政府的高度肯定。

【专项整治工作】 2013年，县安监局采取六个方面的专项整治工作。一是标准化和示范创建工作成效显著。县政府常务会议专题研究工贸行业安全生产标准化创建工作，制定奖励扶植政策，县政府和经开区、金洲新区管委会共奖励创建达标企业189万元，全县共有279家企业通过三级以上标准化评审，特别是工贸企业标准化创建工作实现历史性突破。标准化创建提高企业安全意识，改善企业安全生产条件，有效落实企业主体责任。宁乡县充分动员各乡镇开展安全生产示范创建，城郊乡、白马桥乡积极创建省级示范乡镇，已顺利通过市级验收，大屯营、金洲、坝塘3个乡镇成功创建为市级示范乡镇。二是非煤矿山整顿关闭工作稳步推进。根据《长沙市2013－2015年金属非金属矿山依法整顿工作实施方案》进行一次全面的摸底排查，县直部门联合执法，打关并举，整顿关闭工作实现稳步推进，县人民政府行文关闭和取缔非煤矿山14家。三是企业隐患治理系统全面推广。建立“职责明确、标准清晰、企业负责、科技支撑、社会参与”的企业隐患排查治理工作机制，在三大高危行业和工贸行业全面推广，推动企业由被动接受安全监管向主动开展安全管理转变。事故隐患治理系统录入企业982家，生产经营单位自查1839次，通过系统上报1106条一般隐患，上报隐患全部整改到位。四是职业卫生监管工作深化。5家企业通过职业卫生“三同时”审查，168家企业通过职业病危害专项治理验收，229家企业进行职业病危害项目申报，177家企业开展作业场所职业病危害因素检测，健康检查从业人员9719人。五是涉氨涉氯专项行动取得实效。深刻汲取吉林宝源丰禽业公司特大事故教训，县安委办制定并印发《宁乡县非化工企业使用液氨安全专项检查活动方案》，县质监、安监和消防等部门开展两轮联合行动，对全县的涉氨、涉氯企业进行详细排查，并督促整改25条隐患。六是事故风险防范机制不断完善。督促851家生产经营单位购买安全生产责任险，高危企业安全生产责任保险适时覆盖率达99.3%。加强对乡镇政府和生产经营单位安全生产应急管理，督促完善应急救援预案，配置救援装备，加强应急演练。在振邦氟涂料有限公司举行一次危险化学品综合应急演练，总结经验，提高应急处置能力。

【宣教工作】 2013年，县安监局加大安全生产宣传力度。一是建立常态化宣传工作机制。重新设计编排县安全生产信息网，在《今日宁乡》和宁乡电视台设立安全生产专栏，专版刊登《宁乡县安全生产监督管理职责规定》《宁乡县三级安全标准化创建情况的通报》，反复播放安全生产“打非治违”专题片，在城区出租车的尾部屏幕滚动播放安全提示或警示，有效提高群众的安全意识。二是认真组织安全生产月活动。租用县城区中心——人人乐广场的大屏幕播放安全生产警示教育片；组织政府干部、企业员工、建筑工人、学校学生和社区居民代表开展千人安全集中承诺活动；县安监、住建、消防、交通、工商、质监、教育等安委会成员单位设立安全生产咨询台，摆放展板82块，免费发放各类安全宣传资料1.6万册，现场接待咨询群众3000多人；印制4万册日常安全预防与应急处理知识宣传册发放到企业职工；向各生产经营单位发送各类安全提醒短信10万余条。三是强化安全生产教育培训。每月组织乡镇安监员开展一次业务培训，切实提高属地监管水平；督促企业主要负责人、安全管理员、特种作业人员参加培训，实行执证上岗，组织培训班22次，培训相关人员2.8万名；为进一步规范全县烟花鞭炮零售经营市场，派专人进驻相关乡镇开展安全生产培训，培训零售门店负责人716人。

【“科技兴安”战略】 2013年，县安监局在烟花爆竹生产企业推广涉药工序机械化改造，共安装使用鞭炮装药机60台，烟花和药机19台，自动插引机械100台，礼花弹敷球机械8台，改造烟花厂亮珠烘房12栋，率先在全省完成烟花爆竹机械化改造。地下矿山全面开展安全避险“六大系统”建设，至2013年年底已全部建成投入使用，行业本质安全大幅提升。

(李志鹏)

城建环保

城乡建设

县住房和城乡建设局

局长、党委书记
陈伟平（12月任）

局长、副书记
陈伟平（12月免）

书记、副局长
潘立强（12月免）

副书记、副局长
潘立强（12月任）
何昊强

副 书 记 左志华（1月免）

副 局 长 胡小锋（1月免）
褚宏甫 匡乐红
许东山（1月任）

工会主席 姜达颗

【概况】 2013年，宁乡县住房和城乡建设系统共有干部职工318人（其中局机关139人），局机关内设办公室、财务计划科、政工人事科、监察审计科、建设工程管理科、行政审批科、公用事业科等7个职能科室；下设企事业单位16个，其中事业单位13个（质监站、安监站、招投标办、城建档案馆、造价站、试验检测中心、交易中心、市政公司、测绘队、建规所、执法大队、建管站、燃气办），企业单位3个（楚沩污水处理有限责任公司、城市路灯维护建设有限公司、新型城镇开发建设投资有限公司）。2013年，县住建局突出民生项目建设、建筑行业管理、市政公用服务、新型城镇建设，不断优化经济发展环境，各项工作取得显著成效，荣获2013年度县“五好领导班子”“项目工程建设先进单位”“重点项目工程三等奖（背街小巷改造）”“综治维稳工作先进单位”“反腐倡廉建设先进单位”“政务公开工作先进单位”“文明程度测评工作先进单位”“现代农业项目建设和帮促推进工作先进单位”“人口和计划生育工作红旗单位”“老干工作先进单位”和“湖南省县级墙体材料革新工作优秀单位”等一系列荣誉称号。

【建筑市场管理】 2013年，宁乡建筑市场管理成效显著。县内建筑企业实现建安产值51.4亿元（其中外拓产值6.3亿元），比2012年增长27.8%；发放建筑施工许可证132份，总造价46.37亿元，建筑面积246.76万平方米；完成建设工程施工图审查备案项目116个，总建筑面积271.6万平方米；完成招标项目236个，其中施工招标191个，监理招标37个，勘察设计招标8个。新办建筑企业3家，6家建筑企业实现资质增项，6家企业实现资质升级。完成建设行业各类岗位培训3239人次，其中完成建设职业技能岗位培训与鉴定1112人，累计创建建筑工地农民工学校78所，其中新创建25所，以农民工学校为平台开展农民工教育培训2040人次。加强对建设领域“两个清欠”纠纷的协调处理，接待群众来访450余人次，召开协调会19次，受理投诉29起，共计清欠工程款5700余万元，其中农民工工资860余万元，现场监督发放136万元。强化建筑市场执法，认真贯彻落实《2013年宁乡县依法行政工作要点》《2013年市住建委建设法制工作要点》，全年共执法检查在建工程项目242个（不含部分乡、镇开发项目），审发施工许可证项目155个，下发整改通知书40份，停工令10份，不良行为记录告知书7份，有关法律法规宣传资料、文件120份，行政处罚工程项目9个，处罚建设、施工、监理单位30个。

【建设工程质量安全管理】 2013年，宁乡县建设工程质量安全生产继续保持平稳发展态势，建设工程质量水平稳步提升，安全生产和文明施工水平进一步提高。严格落实住房和城乡建设部5号令要求，加强对建设工程各方责任主体质量行为的监督检查，针对在工程质量监督检查过程中发现的各种问题，制定措施努力提高施工企业和监理企业的质量保证能力和纠错能力。以县委、县政府“三城同创”为契机，下发《宁乡县建筑工地环境卫生整治工作方案》和《宁乡县工程建设文明施工通用标准》，开展对主城区、经开区、金洲新区在建的60多个项目环境卫生“百日”整治行动，对建筑工人下发《致建筑工人朋友的一封信》，组织施工单位开展以创卫生文明工地为主题的农民工夜校培训讲座。全年累计受监项目163个（其中新受监项目100个），总建筑面积458万平方米，总造价38亿元；办理安全生产合格项目66个，面积127万平方米，未发生一起重大质量安全责任事故；创省优良工程1个（楚天科技综合楼），创市优良工程47个，建筑面积达126.6万平方米；创省质量安全标准化示范工地12个，创建“长沙市建筑施工绿色工地”10个，申报芙蓉奖项目1个。新型墙材产量3.2亿块标砖，比2012年增长41%，获评“省墙体材料革新优秀县级单位”。

【房地产开发管理】 2013年，宁乡加强房地产开发管理工作。全年完成房地产开发投资43.02亿元，新开发建设面积194万平方米，竣工面积183.7万平方米，累计完成住房和商铺销售面积108.1万平方米，其中销售住宅8984套102.4万平方米、商铺5.7万平方米。截至年底，全县共有房地产开发企业109家，其中当地注册企业98家，外地入宁备案企业11家，其中二级企业4家、三级企业45家、四级企业8家、暂定资质企业52家，有9家企业获得长沙市金牌诚信企业称号。

【市政公用事业管理】 2013年，宁乡市政公用事业管理良好。一是供水供气污水处理工程稳步推进。南太湖水厂完成可研立项选址、土地利用规划调整、设计等工作；天然气储气站工程主体设备安装到位；县城污水处理双回路电源项目完成资金评审，污泥深度脱水装置安装到位，污水处理技术改造项目可研通过省评。全年完成售水2400万立方米，其中工业用水742万立方米；销售天然气1870万立方米，其中工商业用气1495万立方米；销售液化气5535吨；年度处理生活污水1440万立方米，削减COD4125吨。二是“四溪一渠”截污工程加快推进。完成八一西路截污管网工程建设和白马大道、民兵渠、朝阳溪截污管道建设的工程扫尾以及东沩溪截污管网建设的启动工作。三是强化市政设施全天候巡查，发现问题及时通知相关单位和人员进行维修。全年共采集信息1565条，拍摄相片3565张，下达工作督办函59份，督促修复城区破损路面4200多平方米，人行道1700多平方米；更换各类井盖352块，确保城区市政设施的有效使用。四是加强城区消防栓、盲道、花坛等市政设施的建设和维修，新建72个消防栓，楚沩路、玉潭路、人民路等路段的盲道建设全面竣工。

【新型城镇化建设】 2013年，宁乡县新型城镇建设稳步推进，申报“全省第一批省级新型城镇化示范县”获批准。花明楼荣获“国家发改委第三批全国发展改革试点城镇”；沩山成功申请绿色低碳小城镇资金补助200万元；灰汤、花明楼、煤炭坝、双凫铺获污水管网建设补助910.92万元；老粮仓、夏铎铺、煤炭坝、龙田、青山桥等乡镇获路灯节能补助338.2万元；灰汤、花明楼、流沙河、沩山、金洲5个乡镇项目纳入长沙市“以奖代补”范围。建立城镇基础设施建设“以奖代投”项目库，申报确定64个项目入库，总投资11亿元。5月，成立宁乡县新型城镇开发建设投资有限公司，主导除县城规划区外的新型城镇开发建设。公司与流沙河镇合作开发的商业街项目正式实施；朱良桥水果公园入园大道人行道工程、老粮仓珠宝产业园道路配套工程、何叔衡广场周边立面改造如期竣工，完成投入逾1000万元。

【政务服务】 2013年，县住房和城乡建设局全面落实县委、县政府行政审批“三集中、三到位”的工作要求，完善“一个窗口对外”的服务运行机制，将26项建设行政审批手续授权窗口受理办结，进一步简化审批程序，优化审批环节，缩短审批时限，不断提高工作效率和服务水平。全年共受理办结各类审批服务事项2014件，接待各类咨询815起，发放一次性告知单736份，所办事项实现零差错、零失误、零投诉目标，两次被县政府评为“三查三比”项目建设竞赛活动英雄榜审批服务优秀部门。大力开展“两帮两促”服务活动，主动深入企业、项目、工地，协调解决项目报建、供水供气手续办理等问题。完成省、市下达农村危房改造任务1200户，其中重点援建480户，一般援建720户。 （袁剑敏）

2013年湖南省建筑施工安全质量标准化示范工程项目名单

表1

序号	工程名称	施工单位	监理单位
1	绿地中央花园二期14—17、20—24号楼	上海云峰建设有限公司	湖南天福项目管理有限公司
2	湘核华府10、11号栋及地下室	湖南高岭建设集团股份有限公司	湖南建科工程项目管理有限公司
3	先导电子陶瓷公司厂房、宿舍、办公楼	长沙桐木建设股份有限公司	湖南建科工程项目管理有限公司
4	先导电子陶瓷公司厂房、宿舍、办公楼	湖南固尔邦幕墙装饰有限公司	湖南建科工程项目管理有限公司
5	美景华府商业综合楼工程	湖南海通建设有限公司	湖南天福项目管理有限公司
6	金域蓝湾6-8#楼	长沙富然工程建设有限公司	株洲市新凯工程建设监理有限责任公司
7	宁乡县城郊乡政府综合用房及后勤服务楼	长沙恒楚建设工程有限公司	湖南中昊工程监理咨询有限公司
8	金色夏威夷2-4#	长沙玉潭建筑安装有限公司	湖南中昊工程监理咨询有限公司
9	加加食品科技工业园1#厂房三合同段	长沙金洲建设工程有限公司	湖南长顺工程建设监理有限公司
10	加加食品科技工业园2#厂房	湖南衡洲建设有限公司	湖南天福项目管理有限公司
11	湖南宁乡经开区创业服务中心大楼	湖南湘荣建筑工程有限公司	湖南省华誉建设工程监理咨询有限公司
12	星恒·国仕汇工程6#栋	湖南省第四工程有限公司	湖南方圆工程咨询监理有限公司

2013年度"长沙市建筑施工绿色工地"项目名字

表2

序号	工程名称	施工单位	监理单位
1	美景华府商业综合楼工程	湖南海通建设有限公司	湖南天福项目管理有限公司
2	金色夏威夷2-4#	长沙玉潭建筑安装有限公司	湖南中昊工程监理咨询有限公司
3	绿地中央花园二期一批14#—17#楼,20#-—24#楼及地下车库	上海云峰建设有限公司	湖南天福项目管理有限公司
4	东城首座宅小区一期二标	长沙白马桥建筑有限公司	湖南省通信建设监理有限公司
5	加加食品科技工业园1#厂房三合同段	长沙金洲建设工程有限公司	湖南长顺工程建设监理有限公司
6	富豪山庄盛翠豪庭1、2、4座	长沙华程建筑工程有限公司	长沙华冠工程造价咨询服务有限公司
7	天祺·佰潮汇商业中心项目	湖南楷程建筑工程有限责任公司	长沙市鸿业工程监理有限公司
8	美域中央1、3#楼	长沙富然工程建设有限公司	湖南建科工程项目管理有限公司
9	金色夏威夷二期5#、6#、8#栋	长沙玉潭建筑安装有限公司	湖南中昊工程监理咨询有限公司
10	水木清华17-27号栋	湖南省湘天建设工程有限公司	湖南建科工程项目管理有限公司

城乡规划

县城乡规划局

局长、党组书记
姚福平(12月任)

局　　长　冯智君(1月免)

局长、副书记
姚福平(1月任,12月免)

书记、副局长
曾继平(12月免)

副书记、副局长
曾继平(12月任)
刘寿华(1月任)

副 局 长　谢宇波
张慧明(女,9月免)
李　淼(女)
何　鹏(9月聘任)

【概况】 2013年,宁乡县城乡规划局(以下简称县规划局)有在岗干部职工73人(含二级机构),内设办公室、人力资源财计科、行政许可服务科、总工室、建设用地规划科、建筑工程规划科、村镇规划科、市政景观规划科、法规监察科(监察室)等8个科室,下辖宁乡县规划监察执法大队、宁乡县规划信息中心、归口管理的宁乡县规划设计有限公司。2013年,县规划局先后获得县"党风廉政建设工作先进单位""组织工作先进单位""提案办理先进单位"等荣誉称号。

【城乡建设发展】 2013年,县规划局通过组织开展规划编制和指导乡镇规划建设,引导全县乡镇健康、有序地建设发展。一是开展城乡规划编制。组织完善《宁乡县城总体规划(2010-2020年)》,并报请长沙市人民政府审批。设立宁乡县规划设计有限公司,扎实、高效地进行县城文化教育卫生专项规划、绿地系统规划、旧城区控制性详细规划、沩东新城前期策划、凤凰山国家森林公园总体规划(修改)、双凫铺镇中部鞋都战略规划、金玉乡镇工业集中区控制详细规划、大关山城乡一体化建设规划、1121配套工程建设规划等城乡规划的编制。二是指导和服务乡镇的规划编制、修改、审查和实施。重点指导灰汤、花明楼、沩山、流沙河四个中心镇以及道林、坝塘、沙田、菁华铺、朱良桥等其他乡镇进行规划的编制或修改,进一步完善全县城乡规划体系,服务城乡建设和发展,促进全县城乡规划意识的增强和规划管理水平的提高。

【行政许可服务】 2013年,县规划局努力创新行政许可服务,促进行政审批效率。一是认真实施"三集中三到位"(行政审批职能向一个科室集中、承担审批职能的科室向行政服务中心集中、行政审批事项向电子政务平台集中)。将"一书三证"(选址意见书、建设用地规划许可证、建设工程规划许可证、乡村建设规划许可证)行政许可事项向县人民政府电子政务平台集中,统一由局政务服务窗口集中受理并进行流程管理和协调监督,行政许可和技术审查均实行限时办结制度。二是加强行政许可服务的制度建设。认真推行政务服务窗口局领导轮流值班制、首问责任制、服务承诺制,进一步健全建设工程设计方案的县规划委员会集体审查和局内设科室联合评审制度,对重点建设工程实行方案审查提前介入和"模拟审批",缩短行政许可办理期限。三是严格实施城乡规划"一书三证"制度。共解答城乡规划业务咨询和办理规划行政许可1796件,其中核发"选址意见书"15份、"建设用地规划许可证"114份、"建设工程规划许可证"102份、"乡村建设规划许可证"29份,出具选址意见150份,审查并下达建设工程设计方案总平面图批复88份,出具建设工程竣工规划验收通知单38份。在办理行政许可过程中,实行"谁主管,谁负责",坚持科学论证和依法依程序审查,杜绝盲目决策和暗箱操作,所有行政许可事项做到受理及时、审查准确、按时办结。

【市政基础设施建设】 2013年，县规划局着力推动市政基础设施建设。一是开展城市规划专题研究。设立城乡规划研究室，开展县城旧城区私房联建、绿地建设、停车场建设，以及城市空间结构、建筑风格与色彩等规划理论与实务课题的初步研究。二是坚持"以人为本"，服务和组织部分重点市政项目施工。就县城背街小巷公共厕所建设、溜子洲大桥建设等市政基础设施建设，进行科学论证与规划选址；根据县人民政府要求，组织实施县城行政中心周边的亮化建设和二环东路立面景观改造，以及脏乱地块、"空坪隙地"的整治。启动县城绿地系统规划的实施，严格落实绿地率等规划条件，努力构建舒适优美的人居环境。

【规划监察执法】 2013年，县规划局通过加强法制宣传和教育、开展规划监察执法来实施严格的规划批后管理，有力打击违法违章建设行为。一是加强法制宣传和教育。组织干部职工参加行政执法知识培训和年度普法学习考试，结合工作实际，开展与《中华人民共和国城乡规划法》有关的法规、规章和规范性文件的专题学习，努力增强干部职工依法办事的能力。贯彻依法行政的要求，设立法制工作小组，加强法律对全局工作的驾驭和指导，依法规范政府信息公开、信访事项答复处理工作机制，认真开展行政诉讼应诉和行政复议应对，效果良好。二是成立规划监察执法大队开展巡查和执法。报请县编委批准成立县规划监察执法大队，专门负责建设工程规划审批后的监督检查，对建设工程规划坚持网格化管理和日常巡查，查处违反建设工程规划许可证规定进行建设的行为。由规划监察执法大队牵头，会同局有关内设科室组织建设工程定位放线、验线和竣工规划验收305宗，查处违反建设工程规划许可证规定进行建设的行为72起。

【规划信息化建设】 2013年，县规划局继续推进规划信息化建设进程。一是加强一站式规划信息化平台建设和局域网改造，将一站式规划信息化平台统一接入长沙市规划信息服务中心接口，与长沙市及其他县(市)、区实现信息共享，逐步实现规划数据采集和办公政务的信息化。二是装备并启用规划三维仿真决策辅助系统和湘源控制性详细规划编制软件，开展县行政中心周边1.36平方公里的基础数据制作，完成CAD成果管理系统的验收，城乡规划信息化稳步推进。

【打造"阳光规划"】 2013年，县规划局认真听取和落实人大代表、政协委员的意见和建议，倾听和回应群众诉求，主动做好政府信息公开，努力打造"阳光规划"。一是认真办理建议提案。共计办理县人大代表建议和政协委员提案13件。高度重视并进行动员部署、分解，明确工作目标、工作进度和责任科室，实行行政首长负总责、分管领导具体抓、科室认真落实的工作模式，以高度的政治责任感和认真负责的工作态度，承办人员分别与人大代表、政协委员联系沟通，查找资料、调查研究，积极寻找答复办理的途径和方法，实现办结率100%、满意率100%。二是认真办理来函来访。及时办理有关部门来文23件，答复处理信访事项30件，重点办理县城水木天城、东方明珠、百宜华府、富豪山庄等小区的业主或者相邻人提出的信访事项。三是做好政府信息主动公开工作。及时公开、更新局政务服务网站信息，制作、更新局政务公开栏，通过《今日宁乡》向社会进行27项建设项目的规划许可批前公示，回复网上群众投诉、留言8次，接待媒体采访1次，《今日宁乡》就该局有关活动进行17篇次的新闻报道，在县人民政府公众信息网上发表14篇新闻报道，召开规划行政确认听证会7次。四是加强和优化依申请公开政府信息工作。全年共对25件政府信息公开申请进行答复、处理，并减免相关费用，及时答复办结率达100%。

(陈畅 喻霞)

城市管理

县城市管理和行政执法局

局长、党委书记

丁新军(12月任)

局长、副书记

陶志高(1月免)

丁新军(1月任,12月免)

书记、副局长

杨文辉(12月免)

副书记、副局长

杨文辉(12月任)

副书记、纪委书记

戴雪良(4月免)

胡思佳(4月任)

副局长 周意明(1月免)

曾尚明

程再文(兼)

张建良

黄红卫(兼)

宋建国(4月任)

【概况】 2013年，县城市管理和行政执法局（以下简称县城管局）以"六个走在前列"为指导，紧紧围绕"三城同创"(全国文明县城、国家卫生县城、国家园林县城)目标，以"四比四抓争先锋"(比力度，抓机制，在控建拆违上争先锋；比强度，抓重点，在三城同创上争先锋；比精度，抓长效，在创新管理上争先锋；比硬度，抓规范，在树立新形象上争先锋)活动为抓手，按照"城镇管理要规范精细"的要求，充分发扬"白加黑"(24小时投诉机制)、"5+2"(节假日无休)的工作精神，为成功创建"国家卫生县城"，进一步提升城市宜居水平作出了应有的贡献。2013年，县城市管理和行政执法局先后获得"四比四抓争先锋"活动暨绩效考核工作先进单位、"文明程度测评工作先进单位"等9项荣誉。

【创新工作体制机制】 2013年，

县城管局努力创新工作体制机制，将城区分片区建立6个分局，实施全职全能管理执法，形成“事事有人管，人人有事做”的氛围；打破一贯的8小时工作制和双休日制，实施“错时工作制”，休息时间安排轮班巡管，加强重点时间、重点地段、重点问题的管理，形成全天候、不间断的管理网络；成立数字化城市管理监督指挥中心，实施数字化管理，第一时间发现城市管理问题，第一时间传递到相关责任单位及时处理，并对处理过程实施跟踪、监督和绩效评估；在环卫清扫保洁、垃圾清运、市政水域保洁和绿地养护等方面，探索市场运作，推进管理和服务分离，其中，环卫清扫保洁市场化已全面启动；开展“城管进社区”活动，推进社区网格管理，实现重心下移。城市问题发现、处理的速率更快更高效，市民投诉比前两年同期减少20%。

【突出控建拆违】 2013年，县城管局扎实落实全县控建拆违工作会议精神，建设全县控建拆违信息平台，建立日常巡查台账和信息报送机制，在步行街、南站等设置宣传栏，建立违章建筑有奖举报制度，错时休节假日加大巡控力度，第一时间发现和制止在建违法建筑。全年共控违297户，面积3.7万平方米，拆违3401户，面积14.1万平方米，节约开发成本3亿多元。尤其是联合相关乡镇、单位，开展“拆除违法建筑，打通消防通道”专项行动，对杉木桥市场、白马桥水果市场、玉潭商贸中心、沙河市场和工贸街等处，占用消防通道私搭乱建的违章建筑进行集中拆除，面积3万多平方米。积极配合党校新址、格力空调、城中村改造、二环路连接线等“双三十”重点项目，以拆违助拆迁，加快项目进程，优化发展环境，控建拆违取得良好成效。

【专项治理扬尘污染】 2013年，县城管局查清造成扬尘污染的五大原因，并强化扬尘污染治理举措，针对扬尘污染“晴天漫天灰，雨天满街泥”“哪里出问题就整治哪里”的无序状况，采取一系列措施，狠抓源头治理。督促城区项目工地围挡、硬化进出口路面、配备净车设施；加强对渣土公司的培训管理，制定相关制度等，要求158台渣土车安装GPS系统，严格控制少装慢跑；要求混凝土运输车辆安装防污吊袋或吊斗，杜绝混凝土洒落；协同部门、乡镇、载体单位对城乡主次干道、背街小巷未硬化的20处道路对接口进行硬化，治理社会车辆带泥污染路面；开展扬尘污染专项整治行动，查处未覆盖的砂卵石、煤炭运输车辆，基本确保覆盖运输。全年共整治占道施工、围挡行为30多处，查处扬尘污染400多起，清理道路污染1万多平方米。通过规范源头管理，扬尘现象得到有效控制，解决了环卫工人“路难扫”的“老大难”问题。

【市容市貌整治】 2013年，县城管局认真规范市容秩序。一是全力整治马路市场。联合相关乡镇、部门单位，对全县18个市场开展专项整治行动，彻底解决部分市场脏乱差的问题，杉木桥市场整治前穿雨鞋难走，整治后能穿布鞋买菜，变化最明显。同时有效治理影响环境卫生和交通秩序的304、马家巷、新城社区等马路市场。二是专项整治户外广告、标志牌。针对户外广告长期以来档次低、参差不齐的“乱”“散”状态，集中拆除指示牌、路灯杆广告、灯箱、破损广告、横幅1万多处，尤其是对杉木桥、华都丽景的广告拆除和规范，起到很好的示范效应。明确广告设置标准，严控大型户外广告增量，2013年没有新批一块户外广告。三是开展城乡治理。对纳入长沙市城乡结合部综合整治重点的乡镇和片区开展摸底调查，制定整治方案，指导落实整治任务。先后派出500多人协助各乡镇开展环境整治10多次，尤其协助大成桥、坝塘等乡镇清除墙体广告工作，效果显著。四是整治经营秩序。坚持店外经营“一刀切”，精减经营摊点180多个，着重整治邮政报刊亭店外经营、超范围经营行为，取缔影响市容观瞻的历史性经营亭棚18个；将流动摊贩归集入市，查处流动摊贩1500多人次；归集夜宵摊点，以清洗路面、铺油布等治理夜宵污染。五是规范车辆停靠。劝导纠违人行道车辆乱停乱靠、占盲道停车行为1万余台次，城区主次干道车辆停放秩序明显规范，市民有序停车、车辆不压占盲道意识明显增强。

【清扫保洁管理】 2013年，县环卫局采取机械化为主、人工保洁为辅的作业模式，维护城区393万平方米主次干道和背街小巷的环境卫生；落实“一把尺子量到底”，接管二环线、市场和物业小区周边的清扫保洁及金洲新区的垃圾清运；新建6座公厕、垃圾站并投入使用，新增分类式垃圾收集容器1000个；承接白马桥、历经铺等12个乡镇生活垃圾的清运；实施立面洗脸工程，清除主要路段、背街小巷、居民楼道、桥梁护栏的“牛皮癣”27万多张。

【绿地维护管理】 2013年，县园林局在百年一遇的特大高温干旱期间，不分昼夜为城区70万平方米绿化苗木浇水，日浇水量2000余吨。对苗木、草坪定期修剪、除杂、保洁，适时施肥、刷白和防治病虫害，绿地养护管理实现常态化。及时补植缺损苗木80余万株，换植节日花卉累计23万多盆，维修更换绿化护栏2000余米。精细管理沿江风光带，开展便民志愿服务活动，塑造文明窗口形象。

【服务发展大局】 2013年，县城管局全力服务发展大局。一是认真办理涉民事项。认真落实“一推行四公开”，每月两次下乡走访联点巷子口镇，捐资支持民生项目建设和慰问特困户。同时，全年办结各类信访投诉400多件，及时解决市民群众反映的热点疑难问题。二是全力助推项目发展。积极投入“两帮两促”活动，协调处理企业、项目工程各类环境问题125起，保障项目工程建设顺利进行。三是突出搞好节会维护。全年共承担各类重要节会活动执勤100多次，为节会期间创造优良的城市环境。

(朱颖珍)

县市容环境卫生管理局
局　　长　黄红卫
党委书记　戴雪良(4月免)
　　　　　　胡思佳(4月任)

县园林管理局
局长、副书记
　　　　　　程再文
党支部书记、副局长
　　　　　　姚建武

县城市管理综合执法大队
大 队 长　宋建国

爱国卫生

县爱国卫生运动委员会办公室
主　　任　杨向东(1月任)
副 主 任　喻国军(兼)
　　　　　　黄红卫(兼)
　　　　　　秦品南(1月免)
　　　　　　张胜全

【概况】　宁乡县爱国卫生运动委员会办公室（以下简称县爱卫办）是宁乡县行使行政职能的全额拨款事业单位(参照公务员管理)，主要负责卫生创建、城乡环境卫生整治、农村改厕、除害防病、健康教育等工作。2013年，县爱卫办有在岗在编工作人员6人，内设综合科。全县爱卫工作取得较好成绩，成功创建国家卫生县城，获国家荣誉特别奖。

【宁乡被命名为"国家卫生县城"】　2012年，宁乡县委、县政府把创建国家卫生县城作为提升城市形象、美化城市环境、促进民生改善，推动经济发展的重要举措，纳入县城发展规划。同时，提出创建全国文明县城、国家卫生县城、国家园林县城"三城同创"目标。2013年，宁乡县全面启动国家卫生县城创建工作。4月，县人民政府向湖南省爱国卫生运动委员会办公室递交创建国家卫生县城申请；调整创建国家卫生县城工作领导小组；召开创建国家卫生县城工作推进会；制定发放2013年创建国家卫生县城工作计划；邀请省、市专家对宁乡县创建国家卫生县城工作进行指导和评估。随后，全县各单位以创建国家卫生县城为契机，大力完善城市基础设施建设，全方位提升城市品位，开展责任路段义务清扫、文明劝导、日常监督、健康教育等活动，大幅提高干部职工卫生意识，营造了全民参与创卫的良好氛围。同时，加强脏乱地块、背街小巷、建筑工地、小区社区、车站、学校、医院等地方的环境卫生整治工作。集中综合整治城区12个集贸市场的脏乱差和美化城区脏乱地块80宗。创卫期间，在县城区范围内新建15座垃圾收集站、4座压缩式垃圾中转站、13座公共厕所，更换14辆环卫工作用车，安装180个太阳能分类式垃圾桶、400个双桶式分类废物箱和5000个密封可移动式果皮箱，无害化垃圾处理场投入使用，环卫设施设备完好率达98%。全年全县植树100万棵，其中县城植树30万棵，并实施城区主干道绿化提质，绿化覆盖面积921.6万平方米，绿化覆盖率37.25%，人均绿地面积近40平方米。积极开展除害防病、健康教育工作。加强公共场所卫生管理，实施放心饮用水卫生工程。在县城花明路设立健康教育宣传一条街，各建筑工地制作创卫宣传文化墙、医疗卫生机构设置健康教育专栏和咨询台、中小学校开设健康教育课、社区居委会设立健康教育专栏等多样的宣传，有效提高了市民卫生意识，使县城变得更干净美丽。2013年12月29日，全国爱卫办发文，命名宁乡县县城为"国家卫生县城"。

【城乡环境卫生整治】　2013年，根据《长沙市持续开展城乡环境卫生整洁行动(2013-2015年)方案》和《宁乡县"全民清整·美丽宁乡"环境卫生整洁行动(2013-2015年)方案》相关要求，深入发动群众参与，大力开展城乡环境卫生整治工作。4月，组织召开"全民清整·美丽宁乡"环境卫生整洁三年行动启动仪式，制定下发《宁乡县"全民清整·美丽宁乡" 环境卫生整洁行动方案》。城区环境卫生整治以国家卫生县城创建、脏乱地块整治等活动为载体，全面深入推进，卫生面貌显著改善。乡镇环境卫生整治以开展垃圾分类减量、环境卫生评比为重点，整治工作模式和整治效果取得长足进展。集镇垃圾处理创新推出"坝塘模式"，建设环保焚烧炉，解决垃圾处置困难的难题；村垃圾处理积极推广"竹田模式"，开展农户垃圾分类减量，分散处理，有效解决全县农村垃圾清运成本高的问题，同时，每个季度联合县委督查室、政府督查室、农办、环保局、城管局等单位开展环境卫生督察，对全县33个乡镇环境卫生整治情况进行排名，促进环境卫生面貌持续改善。2013年度，偕乐桥镇、沩山乡等2个乡镇被评为长沙市城乡环境卫生整洁行动十佳乡镇；东湖塘镇牛山村、黄材镇崔坪村、夏铎铺镇兴旺村等3个村被评为十佳村；灰汤镇、资福乡、老粮仓镇、黄材镇等4个乡镇被评为优胜乡镇；偕乐桥镇水南村、东湖塘镇牛山村、沩山乡沩源村、白马桥乡白马社区、沙田乡堆资村、资福乡河泉村等6个村被评为优胜村。

【农村改厕项目工程】　2013年，宁乡县农村改厕工作继续坚持"民办公助，多方筹资，因地制宜，形式多样"的工作方针，以社会主义新农村建设示范村与血吸虫病疫区为改厕重点，以点带面，全面推进，农村无害化卫生厕所使用率进一步提高。全年共争取中央、省、市、县财政农村改厕项目经费452万元，新建、改建三格式无害化卫生厕所5000座，覆盖全县21个乡镇

36个项目村。改厕过程中，县爱卫办按照“五统一模式”（统一技术图纸、统一现浇方式、统一钢制模具、统一施工队伍、统一验收标准）推进改厕项目，确保改厕数量与质量，在省、市爱卫办组织的考核验收中，宁乡县改厕质量合格率、接入使用率、污水分流率等考核指标居全省前列。

【开展卫生创建】 2013年，宁乡县卫生创建工作采用乡镇、单位、村自主申报，县爱卫办指导方式推进，成效显著。卫生村创建走在全市前列，灰汤镇、沩山乡成功创建市级卫生乡镇；历经铺乡紫云村、大屯营镇韶光村成功创建省级卫生村；灰汤镇泉江村、沩山乡沩水村、夏铎铺镇兴旺村、黄材镇崔坪村、东湖塘镇牛山村等5个村被评为市级卫生村。文明卫生单位创建工作有序推进，菁华铺乡桃林桥中学顺利通过“省级文明卫生单位”考核验收，县公安局、黄材镇派出所、花明楼镇人民政府机关、回龙铺镇人民政府机关、偕乐桥镇中心卫生院、朱良桥乡国土资源管理所、湖南紫龙湾温泉度假有限公司等7家单位成功创建“市级文明卫生单位”。

【除害防病】 2013年，宁乡县人民政府办公室下发《宁乡县2013年春季统一灭鼠实施方案》的通知，根据“四害”（老鼠、苍蝇、蟑螂、蚊子）消长规律，县爱卫办认真组织开展春、秋两季统一灭鼠和夏、秋两季灭蚊、灭蝇、灭蟑活动。县财政安排资金141.9万元，通过统一招标，聘请科力、中立、天网三家专业公司，在城区、乡镇全面开展灭蟑、灭鼠工作，“四害”密度得到有效控制。

【健康教育工作】 2013年，县爱卫办积极组织各单位、各乡镇、村（社区）开展健康教育，以及“无烟单位”“无烟家庭”创建活动。在春城路设置健康教育一条街，加大健康教育宣传力度。历经铺乡中心完全小学成功通过长沙市爱卫办“无烟单位”的审核验收，刘志红、周乐群、严和平等3个家庭荣获“无烟家庭”荣誉。 （代香顺）

项目工程建设

县项目工程建设办公室

主　　任　喻强辉

副 主 任　李命文（1月免）
张新华　卢志平
吴建龙

【概况】 宁乡县项目工程建设办公室（以下简称县项目办）是由县人民政府授权，主管全县项目工程建设的全额拨款的事业单位，核定编制13名。2013年，县项目办内设办公室、项目管理科、项目督导科、项目协调科4个科室；有在编干部13名（领导干部4名），无退休、停薪留职人员。2013年，县项目工程建设办公室紧扣年初目标任务，健全半月一专报、半月一调度、半月一督察、半月一交办、一季一讲评、半年一考核的“六个一”机制。创新开展查项目前期工作，比谁的项目准备做得好；查项目审批工作，比谁的项目服务效能高；查项目推进工作，比谁的项目建设进度快的“三查三比”项目建设竞赛活动，完成各项工作任务。年终被县委县政府授予“五好领导班子”“绩效考核先进单位”“项目工程服务先进单位”“党政办公室系统先进单位”等荣誉。

2013年，全县共有计划投资1000万元以上项目721个，其中新开工项目257个、前期准备项目166个、续建项目298个，完成投资504.7亿元，比2012年增加40.6亿元，增长8.7%。

按项目类别分：工业项目249个，其中新开工87个、前期准备68个、续建94个，完成投资123亿元，占全县项目投资的24.4%；民生项目163个，其中新开工76个、前期准备26个、续建61个，完成投资102.6亿元，占全县项目投资的20.3%；基础设施项目93个，其中新开工33个、前期准备26个、续建34个，年度计划投资87.3亿元，完成投资90.9亿元，占全县项目投资的18%；房地产项目80个，其中新开工12个、前期准备12个、续建56个，完成投资132.5亿元，占全县项目投资的26.3%；三产业项目106个，其中新开工38个、前期准备31个、续建37个，完成投资43.4亿元，占全县项目投资的8.6%；农业项目30个，其中新开工11个、前期准备3个、续建16个，完成投资12.4亿元，占全县项目投资的2.4%。

按项目规模分：总投资1000万元－5000万元的项目240个，完成投资63.2亿元，其中工业项目85个，完成投资18亿元；总投资5000万元－1亿元的项目153个，完成投资65.5亿元，其中工业项目67个，完成投资23.3亿元；总投资1亿元－5亿元的项目234个，完成投资196.2亿元，其中工业项目75个，完成投资43.1亿元；总投资5亿元以上的项目94个，完成投资179.8亿元，其中工业项目22个，完成投资38.5亿元。

【项目管理及督导工作】 2013年，县项目办进一步深入开展项目管理及项目督导工作。一是创新定期报告制。根据年初下达的目标任务，对各载体单位项目推进情况和投入构成情况，及时跟进，及时掌握，每月30日前及时编制当月报表，分类整理综合，形成简单分析报告，与报表一起送县领导阅示，供领导决策参考。二是创新调度交办制。全年共组织召开项目协调会、调度会、办公会等100多批次，集中交办问题20多批次，解决一大批重点难点问题。三是创新调研观摩制。牵头组织县四大家主要领导进行项目调研活动10多次，现场讲评会和观摩活动2次，督促项目加速启动建设。四是创新项目储备制。及早动手，认真策划、包装、提前部署来年项目工程储备工作，为来年项目建设持续健康发展奠定坚实基础。五是创新项目督察制。实行季度督察与暗访督察相结合的方式开展项目督察,先后对城区30个重点政府投资项目,采取不打招呼、不要陪同的方式进行暗访督察,共印发《政府督察通报》9期,如实记载通报项目施工情况,反映项目建设动态,

【项目协调工作】 2013年,县项目办创新服务方式,项目协调全面到位。一是践行日常调度。深入开展"两帮两促"活动,办公室严格执行"六个一"工作制度,形成一套效果明显的抓项目推进的长效机制。坚持每半月印发一期《专报》。二是实行专项协调。组织相关县领导多次就资金、用地、用电、拆迁等问题进行专项协调,着力破解项目"瓶颈"制约;针对"双三十"重大项目和"两帮两促"重点项目,相关县领导定期调度,确保一大批项目顺利推进。三是细化日常管理。继续开通网上信息平台,上报领导帮促活动台账,详细记录入点调研、排查问题、解决问题、项目进展等情况,定期统计数据,分析形势,准确掌握帮扶工作动态。利用电子商务平台,每周给县级领导、县直部门和乡镇主要领导、"两帮两促"联络员和专职工作人员发送"温馨提示"。四是实施限时交办。针对项目建设中存在的重点难点问题及有关会议明确事项,及时甄别梳理,向责任单位下达《限时办结通知》20多批次,建立交办台账,跟踪督办。全年各"两帮两促"工作组累计开展帮促活动5229天次,排查资金、拆迁、环境、水电气等几大类问题797个,协调解决742个,问题解决率93%。

【华润饮料项目一期竣工投产】 华润饮料项目于2012年12月开工建设,一期工程于2013年7月运行调试,8月竣工投产。此项目是2013年"三十"重大产业项目之一,是宁乡经开区五年内引进的第一家大型央企、世界五百强企业,也是宁乡经开区三年内从签约到动工耗时最少、推进效率最高的一个项目。该项目位于宁乡经开区车站东路,占地10公顷,2013年投资3亿元,总建筑面积5万平方米,主要生产"怡宝""麒麟"系列饮料;设计总产能72万吨/年,其中纯净水50万吨/年、饮料22万吨/年,年产值20亿元,年税收1.5亿元。

【春城万象商业广场一期建成运营】 2013年11月16日,步步高超市春城万象广场店隆重开业,一期其余商业部分年底开街营业。年末,项目二期征地拆迁工作已经启动,整个项目计划在2015年底全部建成。春城万象商业广场位于宁乡县城老城区商业中心,东临县城步行街,南临319国道。项目用地由319国道、花明路、八一西路和汽配大市场围合而成,规划用地6.13公顷。该项目由湖南春城置业有限公司开发建设,规划业态为大型超市、百货商场、品牌零售、特色餐饮、娱乐休闲、儿童乐园、巨幕影院、酒店式公寓等,计划总投资6亿元,规划建筑面积23万平方米。项目一期工程于2012年1月启动建设,2013年底已完成10.7万平方米建筑施工。

【普洛斯金洲物流园将建成湖南最大物流枢纽】 湖南唯一、品牌最大、世界一流的物流枢纽于2013年底在金洲新区建成并投入运营。普洛斯金洲物流园是普洛斯公司在中部六省继安徽合肥后布局的第二个项目,占地37.33公顷,总投资10亿元,规划建筑面积36.8万平方米,其中仓储面积20万平方米,是宁乡2012年引进的最大外商投资项目。项目定位于大型消费品电商的配送、长株潭各大园区企业原材料和产品的仓储配送、第三方物流,一期投资5亿元,用地20公顷,规划建设8栋单层标准仓库,仓储面积11.3万平方米。年末,一期工程进入主体施工收尾阶段,与易迅商城、上药集团、德邦物流等企业达成合作意向,2014年5月将入驻,年吞吐量达2000万吨,年税收2亿元。 (潘海军)

重点工程

县重点工程建设办公室

主任、党组书记
何宇雄(12月任)

主任、副书记
何宇雄(12月免)

书记、副主任
周进军(1月免)
严万军(1月任,12月免)

副书记、副主任
严万军(12月任)

副 主 任 潘兆丰
张明智(1月免)
杨正军 喻征兵
童铁军(1月任)

【概况】 宁乡县重点工程建设办公室(以下简称县重点办)成立于1996年12月,属全额拨款的事业单位,负责国家、省、市在宁乡的重点工程项目的组织、管理、协调、服务工作。2013年,县重点办有干部职工26名,机关内设综合科、征地拆迁科、工程技术协调科等3个科室。年内,县重点办全力衔接省、市及相关部门,努力确保长韶娄高速、沪昆客运专线、石长铁路复线、溪洛渡左岸—浙江金华±800千伏特高压直流输电线路、益娄高速等国家、省级重点工程项目顺利建设。

【益娄高速公路建设项目】 益娄高速公路宁乡段总投资28亿元,途经宁乡横市、老粮仓、流沙河、青山桥、黄材、喻家坳等6个乡镇21个村,宁乡段全长37.47公里,设3个互通、1个服务区,3个互通连接线9.9公里,路幅宽26米,双向四车道,征地246.67公顷,拆迁370多栋。该项目是原益娄衡高速演变而来,2010年10月开工后因湖南省计划调整停工近3年。2013年,为确保该项目尽快复工,县重点办

做了大量细致的协调和具体工作，确保该项目重新征地、重新开工。年底，该项目已进入大协议之前的前期准备工作。

【长韶娄高速公路项目】 长韶娄高速公路宁乡段总投资31亿元，途经道林、花明楼、东湖塘、偕乐桥、灰汤等5个乡镇，双向四车道，2013年年底，进入底基层和地方道路水系顺接阶段，为确保2014年10月底前竣工的目标，重点办总体攻坚，全力协调。

【石长铁路复线项目】 该项目由于铁路施工单位资金链脱节曾停工半年，2012年4月恢复施工。2013年，为确保该项目施工顺利推进，县重点办积极协同县指挥部做了大量工作。一是及时实地察看处理全线共20多处道路和水系的影响问题，要求施工单位进行限期恢复，对永久性被破坏设施进行临时顺接；二是对红线外影响施工的房屋，摸清情况做好相关准备工作；三是督促项目施工单位与当地乡村续签临时用地协议，解决具体问题，保证正常施工；四是全力维护施工环境，对因地材供应矛盾而无理阻工，强行包运砂卵石的不法分子进行教育，全力打击强揽、强卖等违法犯罪行为，确保正常施工环境。

【溪洛渡左岸—浙江金华±800千伏特高压直流输电线路项目】 溪洛渡左岸—浙江金华±800千伏特高压直流输电线路工程全长1670.8公里。其中宁乡段设计塔基28座，途经菁华铺、朱良桥、双江口等3个乡镇7个行政村，征地1公顷，拆迁房屋8884平方米，拆迁28户，建塔28基，宁乡段投入12.8亿元。2012年9月3日，宁乡县人民政府成立国家±800千伏特高压直流输电线路宁乡段工程建设指挥部。9月24日，宁乡段召开动员大会，全面启动该项工程建设。10月20日全线实现腾地。至2013年年底，该项目主体工程全部完成，正在进行原宅基地复耕等扫尾性工作。宁乡夺得征地、拆迁、安置和建设速度全省4个第一。宁乡指挥部被评为“省先进指挥部”。

【沪昆客运专线项目】 沪昆客运专线铁路项目进展较为顺利，宁乡段总投入12亿元。途经道林、大屯营等乡镇，全长10公里。2013年年底，全面完成征拆扫尾工作，完成19栋红线外第二批房屋拆迁，全部完成铁路在线施工主体工程，进入设备调试运行阶段，预计将于2014年10月底竣工。

【储备项目】 2013年，宁乡有两个储备项目。一是长益常城际铁路，该项目已进入工可阶段，县重点办加强协调，捕捉信息，促使该项目尽快实施；二是长株潭环线高速公路长沙(益阳)段，该公路经宁乡境内东湖塘、南田坪、坝塘、回龙铺、菁华铺等5个乡镇。年末，该项目工可阶段已经完成，正在进入实施前的铺排工作。 (谭瑞清)

征地拆迁

县人民政府征地办公室

主　　任　江海斌

副 主 任　罗亿新　贺佳芝

【概况】 宁乡县人民政府征地办公室(以下简称县征地办)成立于2009年3月，属全额拨款事业单位，核定编制10名。2013年，县征地办内设办公室、征拆科、社保科和财务科等4个科室，有在编干部职工10名。县征地办严格执行湘政办发〔2009〕43号和市人民政府103号令征用集体土地，执行国务院590号令拆迁城市房屋，坚持把依法拆迁作为立足点，把阳光拆迁作为出发点，把公平拆迁作为关键点，把和谐拆迁作为落脚点，攻坚克难，强力推进，搞好征地拆迁工作。全县全年涉及征拆补安项目151个，其中新增征地项目86个，协议征地面积749.4公顷，涉及拆迁的项目102个，全年集体土地上房屋拆迁1558户，拆迁总面积46.19万平方米，补偿金额12.77亿元，动迁人口4729人，国有土地收回16.45万平方米，拆迁面积3.99万平方米，补偿金额3.05亿元。县征地办加大“两帮两促”的帮扶力度，完成天祺阿波罗20户、玉潭东路12户、冠源爱琴湾二期4户、金海中学9户、榴子洲大桥4户、格力电器185户、二环南路延伸线43户、党校新址24户、回龙铺侯旨亭广场拓宽项目6户等项目用地的拆迁扫尾工作，确保项目顺利开工。

【失地农民社保工作】 2013年，为落实长沙市人民政府103号令要求，全县城市规划区内被征地农民必须转为城镇居民纳入城镇居民社保体系，让被征地农民老有所养，病有所医，原有生活水平不降低，县征地办负责牵头组织实施宁乡县失地农民社会保障工作。县征地办通过科室人员联点，乡镇落实任务，建立考核机制等多条途径紧锣密鼓地进行办理，让更多的失地农民尽快享受到这一政策带来的待遇。年末，宁乡社保已转户并登记参保5209人，完成待遇发放4628人。2013年全年应收社保金总额19.87亿元，已收11.13亿元。

【重点项目工程工作】 2013年，为加大对项目工程特别是重点项目工程建设的服务力度，县征地办按照“超前服务”的理念，提前介入、现场办公、服务到位。在实际工作过程中，领导带头深入项目一线，积极指导协调支持征拆；挑选专业人员到重点项目现场办公，加大对重点项目工程现场监督和跟踪服务；采取“及时审批”以及与相关职能部门“联合审批”的方式，提高审批效率；按照“急事领办、特事特办、难事帮办”的服务理念，加强对重点工程、重点项目的服务；注重与部门之间的协调工作，主动制定协调工作制度、沟通例会制度和联系制度。对于县征地办负责的项目工程爱琴湾房地产，主任带队亲力亲为，多方协调，推动项目良性发展。

【依法牵头强制拆违工作】 2013年，为建立全县良好的征拆秩序，维护县域经济发展的大好势头，县征地办先后组织司法强拆5次，大型拆违6次。通过对党校地块旧城改造、沙河市场、白马桥仿古街、侯旨亭广场等项目的拆违，有效地控制违章建筑的产生，维护拆迁的正常秩序，推动征地拆迁工作的正常进行，确保项目工程建设腾地的需要。在征拆过程中实施风险评估制度，对征拆过程中发生的问题进行预测，针对性采取措施，化解矛盾，做好各种预防工作，大大降低强拆风险。（李建华）

住房保障

县住房保障局

局长、副书记

王碧泉（1月免）
陈杰文（1月任）

党委书记 易胜礼

副书记 唐　军

副局长 樊放军（1月免）
姜叔林　刘　华
严和平
彭海波
谢继韩（4月免）
王　军

工会主席 黄志恒

【概况】 2013年，县住房保障局机关内设6个科室、15个二级机构；共有干部职工436人。其中：在职375人，离退休61人；局领导班子成员11人，中层骨干63人；具备大专以上学历237人，本科以上学历70人；有工民建、房地产评估、经纪、经济师、档案管理等各类专业技术人员100余人，其中高级职称6人。该局行使县人民政府授权的工作机构职能，负责全县房产市场领域的行政管理和住房保障工作。2013年，宁乡白蚁防治获省“白蚁防治行业2013年度先进单位”；房地产开发经营公司获“长沙市文明单位”“长沙市开发企业诚信金牌单位”；信息管理中心被省房协评为“信息化建设先进单位”；和诚担保公司获市级“重合同守信用单位”，并被市中小企业融资担保协会评为“2013年度先进单位”；县住房保障局获县“工作绩效考核先进单位”“五好领导班子”“反腐倡廉建设先进单位”“向上争资先进单位”“项目工程服务先进单位”“文明程度测评工作先进单位”“人口和计划生育工作先进单位”“提案办理先进单位”“2013年度基金（专款）管理工作先进单位”“固定资产投资决算报表编制工作先进单位”“部门决算报表工作先进单位”“群众工作红旗单位”“老干部工作先进集体”等；局办公室被评为全县“党政办公室系统先进单位”；行政许可科被评为县“政务中心红旗窗口”。

全县全年共完成房地产开发投资43.02亿元，开工面积381.34万平方米，建成商品房（批准预售）190.11万平方米，新建商品房销售10595套125.1万平方米，销售金额51.91亿元；外向度20.13%。全年房地产税收入库9.82亿元，连续五年占到地方财税的45%以上，拉动GDP增长超过6个百分点，提供劳动力就业岗位12万个-15万个。5月至11月，举办第三届宜居文化节，争取县委、县政府出台优惠政策，分别在5月、6月启动式期间及11月、12月交易展示会期间对首次购买新建商品房（含普通二手商品房）的自然人实行契税减半；加大宣传力度，在武广高铁、长益娄、长张高速等户外开展域外“宜居宁乡”整体宣传，提振市场信心，激活消费需求。

2013年，全县共有保障性住房项目21个77万平方米。其中：城市棚户区改造952户，超任务252户，完成率136%；新增公共租赁住房2500套，超任务400套，完成率119%；新增廉租住房租赁补贴280户，超任务100户，总户数达到2980户，超任务70套，完成率102.4%；全年争回中央、省、市住房保障资金2.13亿元，超目标任务6300万元，有效缓解了县级财政支持保障性住房建设的压力。11月，顺利接受中央审计署驻长沙办事处的年度审计；保障性安居工程工作获全省先进。

【房政服务】 2013年，县住房保障局主动服务产业，房政业务渐次突破。一是定权发证全面铺开。全年完成房屋登记1.27万宗，登记面积333.81万平方米；其中农村发证2418本，发证面积88.72万平方米。二是房产测绘精细准确。严格按行业标准进行测绘业务，全年完成测绘业务3326宗，测绘面积548.77万平方米，测绘技术连续多年获评省级先进。三是白蚁防治全国领先。白蚁防治从城区向农村拓展，在全县14个乡镇站所成立白蚁防治点，全年共签订白蚁预防合同300份，完成施工240宗，施工面积220万平方米。荣获中国物业协会“全国白蚁防治单位二级单位”“湖南省白蚁防治行业2013年度先进单位”。四是征收管理严格到位。全年启动国有土地上房屋征收项目9个，完成征收项目4个，征收面积1.03万平方米，征收户数24户。五是“平安物业”全面创建。以县政协1号提案为契机，争取县委、县政府高度重视，初步确立“政府指导、部门监管、属地责任、市场主体”的工作机制，形成了“一健三改”（即建立健全物业管理机制，改变思想观念、改进工作方法、改观工作面貌）、处理两种关系（即处理好物业企业与开发企业、物业企业和业主之间的关系），实现三个满意（即达到政府满意、社会满意、业主满意）的物管思路和“部门合力、上下联动”的工作格局；深入开展“平安物业”创建，全年指导成立业主委员会10个；严格物业维修资金归集，全年归集物业维修资金1亿元，为物业后期管理创造条件。

【队伍建设】 2013年，县住房保障局依靠党建带动，提升全局的综合素质和创新水平。班子成员群策群力，集中决策，达到决策民主化，议事规范化的效果。开展“忠诚履职”主题教育活动，提升服务水平，提高办事效率。加强党风廉政建设，积极开展廉政主题教育活动、效能监察活动，落实好党风廉政建设责任制的各项目标。加大学习培训力度，组织参加省、市业务培训和县委组织部培训学习14期次100余人；鼓励干部职工自学，全局各单位和科室自行组织学习12次，参加人员1000余人次。积极开展工、青、妇等群团活动，丰富干部职工业务生活，落实老干部福利待遇，工会、共青团、关协工作有序开展。按时办结信访交办件及舆情回复，确保政令畅通。 （陈洪波）

住房公积金管理

长沙住房公积金管理中心宁乡县管理部

主任、党支部书记 何玉树（女）

副 主 任 谭建明

【概况】 2013年，长沙住房公积金管理中心宁乡县管理部（以下简称管理部）有在编人员7人、临聘人员3人。管理部在市中心授权范围内，负责宁乡县行政区域范围内住房公积金的归集和使用计划；审核职工住房公积金提取、转移、贷款的申请；记载职工住房公积金的缴存、提取、贷款等情况；提供住房公积金对账、查询、政策咨询等管理。

2013年，管理部以“科学发展观”重要思想为指导，根据“做大做强做优”的工作思路，围绕“四个争创一流”目标，狠抓“省级文明标兵单位”创建工作举措，严格按照管理中心的决策运作，努力扩大住房公积金覆盖面，提高归集率，不断强化管理、服务、保障功能，各项管理工作圆满完成。

全县全年归集住房公积金2.77亿元，累计归集额11.83亿元；归集余额为7.47亿元，比2012年增加1.83亿元；新增开户汇缴6357人，累计归集汇缴5.18万人；全年办理职工各类支取1.35万人次，支取公积金9313万元。全年为885人发放贷款2.04亿元，累计向6171户职工家庭发放11.89亿元贷款帮助解决住房问题；全年提供廉租住房建设补充资金450万元，累计提供廉租房建设补充资金1850万元。

【公积金管理建设】 2013年，随着市中心“四个争创一流”活动的深入开展，管理部狠抓管理建设。一是严格遵守内部管理规范，加强责任追究，依规做到机关效能建设常抓不懈；二是规范业务审批流程，努力实现管理规范化和制度化，进一步规范、强化内控制度，牢固树立“零差错、零风险、零失误、零违规”的“四零”安全意识，切实将风险防控关口前移、责任前置；三是狠抓岗廉风险防控和风险排查工作，坚持业务工作周小结点评，月集中汇报，使岗责全员化、风险明示化、管理规范化；四是狠抓电子政务建设，率先在全中心实行电子档案政务管理，旨在为缴存人提供更有序、更透明、更便捷地管理服务。

【公积金宣传】 2013年，管理部始终将住房公积金的宣传作为一项重要工作来抓，多管齐下，全方位并进，使住房公积金制度在全县范围内的影响力获得进一步增强。一是做了一次公积金新政专访，在县电视台循环播出，详细解读住房公积金新政的有关规定，进一步增强住房公积金的影响力。二是上门宣传，深入大成桥镇、夏铎铺镇等乡镇园区企业，共计下发催建通知书94份、催缴通知书67份、责令整改通知书49份，力争做到应建必建、应缴必缴；三是召开住房公积金制度推进会。3月夏铎铺工业园区管委会下发《关于执行住房公积金制度的通知》。4月由县政府办公室组织召开宁乡县住房公积金制度协调会，各园区、乡镇、职能部门、媒体等主要负责人参加会议，下发《关于做好2013年住房公积金归集扩面的通知》（宁政办发〔2013〕37号），文件明确相关部门职能的联动责任及各乡镇归集扩面目标任务表。

【党风廉政建设】 2013年，管理部党支部把党风廉政建设工作与具体工作紧密结合起来，与业务管理工作一起部署。一是积极参加中心组织的学习会、廉政党课、专题讲座等会议，强化理论学习和业务培训，结合管理部集中学习、个人自学、组织讨论等形式，认真组织学习贯彻党的十八大精神及市里相关文件规定，同时采用观看警示教育片及红色电影、撰写学习体会等形式，开展党风廉政和业务知识培训活动；二是利用中心办公内网、微信、短信等信息平台，在节日期间向党员领导干部发送廉政警示语，宣传国家、省、市反腐廉政理论，增强党风廉政宣传教育的时效性和广泛性；三是将履行党风廉政建设责任与年度考核、评选“雷锋式服务明星、优秀共产党员”相结合，严格兑现奖惩。 （赵　洁）

城市建设投资开发

县城市建设投资集团有限公司

董 事 长 贺立权（1月任）

副董事长、总经理 杨瑞祥（1月任）

监 事 长 陶晓红（1月任）

经理、副书记 戴向军（1月免）

书记、副经理 李联明（1月免）

副 经 理 杨瑞祥（1月免）
周兵才
许东山（1月免）

陶　泉
张天日(4月免)
谢继韩(4月任)
吴麒麟(4月任)
工会主席　吴素婵(女)

【概况】 宁乡县城市建设投资开发有限公司（以下简称县城建投）成立于2000年8月18日,是经宁乡县委、县政府批准成立的国有独资公司,依据现代企业制度运作的企业法人。2013年6月,成功组建集团公司,注册资本2亿元,总资产114亿元,内设办公室、总工室、经营管理科、征地拆迁科、工程技术科、人力资源科、监察审计科、招商融资科、财务科、安保科、综合科等2室9科,下辖长沙同兴房地产公司、长沙金湖投资开发股份有限公司、长沙万佛灵山文化旅游有限公司、开元发展(宁乡)投资有限公司、宁乡御园房地产有限公司、宁乡县城区棚户区改造公司等6家子公司,初步发展成为融政府垄断性资源经营、房地产开发、保障房建设、旅游开发等于一体的大型国有复合型独资公司。2013年,公司先后获得湖南省档案工作规范化管理特级、诚信百强品牌、诚信企业、"城投杯"贺龙业余篮球联赛冠军,县四好领导班子、党报党刊发行工作先进单位、人口和计划生育工作先进单位、捐资助学模范单位、第四届"廉政文化周"文艺调演二等奖等荣誉,沩山密印景区成功创建国家AAAA级景区,《长沙晚报》、湖南新闻频道、湖南卫视等主流媒体均对公司经营业绩进行深度报道。

【项目建设】 2013年，县城建投建立日调度、周安排、旬总结的重点项目紧密调度机制,出台《项目工程管理暂行办法》等项目工程规范性管理文件，管理更加规范,推进更加有序。全年完成项目工程投入13亿元,启动项目15个,县城脏乱地块整治、南郊小学、玉潭东路、文体中心、金湖嘉园、花明楼中心广场等6个项目完成建设;溜子洲大桥、二环南路、龙江路、爱琴湾路、金洲水电站、站前路、春城北路、文体路、花明北路、龙桥御园等9个项目顺利推进。花语王朝、优雅新城、福临门·名都、鼎华大酒店、东方现代城等房产项目有序推进。

【征地拆迁】 2013年，县城建投坚持阳光拆迁、文明拆迁、和谐拆迁,全年完成11大项目征拆工作,拆迁152户,拆迁面积4.5万平方米,征地86公顷,安置163户,组织8次大规模拆违控违行动,拆除房屋18栋，完成零星地块腾退工作,成立拆迁工作遗留问题处理小组,及时处理公司拆迁、安置遗留问题40起，有效保障项目工程用地需要,维护项目工程施工环境。

【融资工作】 2013年，县城建投成功突破瓶颈制约,全年实现融资审批资金25亿元,到位资金21亿元,审批额度、到位额度创历史新高。与国家开发银行合作更加紧密,促成国家开发银行与县人民政府签订新型城镇化战略合作协议,3年100亿元支持宁乡新型城镇化建设,国家开发银行湖南省分行将宁乡列为新型城镇化建设试点县,组织县政府办、县城投集团等部门单位完成宁乡新型城镇化规划研究工作,为宁乡新型城镇化建设提供指导性纲领。积极与各级发改部门及中合担保公司对接,推动债券发行工作。与农业银行签订15亿元战略合作协议，实现历史性突破。

【经营模式升级】 2013年，县城建投改变以往坐等客商上门的招商模式,聘请中介机构"走出去"招商,改变以往单纯出让土地的经营模式，通过土地出让带动项目落户，改变以往单块地块的开发模式,推动片区开发、城市综合体建设,取得良好的效果。全年推出土地10宗,面积56.18公顷,出让土地49.67公顷,实现土地销售收入5.3亿元;新增报批用地205公顷,完成融资办证84宗，面积308.17公顷;完成零星地块拍卖,实现收入2300万元;包装项目7个,签约4个,利和集团大型城市综合体项目和绿城文化城项目顺利落户;成立土地遗留问题处理工作小组,处理土地经营遗留问题35个。

【文体中心交付使用】 宁乡县文体中心项目于2009年上半年启动建设，由县城建投负责承建,2013年11月竣工投入使用。文体中心位于县城二环西路南侧,春城北路西侧,占地面积13.33公顷,规划建筑面积为3.2万平方米,总投资3亿元，包括文化活动中心大楼、多功能体育馆、影剧院、中心田径场,以及配套的功能用房、道路、绿化、市政管道管网设施等。11月8日至14日，在文体中心成功举办"城投集团"杯贺龙中国业余篮球公开赛湖南赛区省篮球联赛,县城投集团夺得冠军。11月17日,文体中心整体移交给县文化体育广播电视局管理。

【溜子洲大桥建设】 溜子洲大桥位于白马桥乡浅水村和历经铺乡南太湖村之间,全长720米,宽30米,共24跨,双向6车道,投资2.2亿元,采用简支预应力混凝土小箱梁结构,大桥与沩江东西两岸沿江路的交通联系采用互通式立交处理，与溜子洲采用匝道交通连接。项目于2012年10月启动建设，2013年年底完成大桥主体建设，附属工程建设有序推进。大桥建成后,将成为连接沩江两岸的重要节点,对于拉近宁乡至长沙的时间和空间距离,提升宁乡的区位优势和区域竞争力有着极其重要的意义。

(谢亚辉)

环境保护

县环境保护局
局长、党组书记
黄立志(12月任)
局长、副书记
黄立志(12月免)
书记、副局长

张　波（5月去世）
副书记、纪检组长
周汉文
副 局 长　黄红耀
喻毅章
周亿平（1月免）
张　杰
任永霞（女）
陈絮飞（1月任）
工会主席　洪志军

【概况】 2013年，宁乡县环境保护局（以下简称县环保局）有在编干部81人，内设办公室、污染控制和生态建设科、政务审批服务科、法制宣教科等4个科室，宁乡县环境保护局经开区分局（副科级）派驻机构1个，下辖宁乡县环境监察大队（副科级）、宁乡县环境保护监测站2个二级事业单位。2013年，该局以改善环境质量为出发点，大力实施污染减排，强化执法监管，突出宣传教育，扎实推进实施新环保三年行动计划项目，环保服务创新发展，环境执法强势突破，环境监测稳健提质，法制宣教形式多样，环境质量明显改善，圆满完成年度目标任务。

2013年，宁乡县环境空气质量达到国家《环境空气质量标准》GB309—1996II类标准要求，其中，可吸入颗粒物日均浓度为0.084毫克/标立方米，二氧化硫日均浓度为0.078毫克/标立方米，二氧化氮日均浓度为0.022毫克/标立方米。县内重点河流水环境质量实现持续改善，沩江、靳江等主要河流水质、出境断面和集中式饮用水源地水质达标率均为100%，城区大气优良率96.1%以上。

【主要污染物总量控制】 2013年，县环保局严格总量控制，全面完成年度主要污染物减排任务。一是污染减排齐头并进。加快产业结构调整，关闭长沙宁辉建材、长沙特种建材、宁乡洋沩造纸、宁乡恒辉纸业、长沙盛海生物等5家企业；全面推进工程减排，启动县城污水处理厂提质改造，全面完成天宁热电大气污染防治、南方水泥烟气脱硝、6.67公顷水产养殖生态修复试点、化龙朝阳二溪综合整治、青岛啤酒中水利用、海纳新材含氨废水治理等工程，督促飞翼电器、红宇耐磨完成清洁生产认证，金洲新区2万吨/年污水处理厂主体工程完成设计、征地等工作，督促煤炭坝大成桥采煤沉陷区治理工程基本完工；启动大气污染防治，湘宁耐火材料、花明楼石山耐火材料窑炉升级工程完成改造，经开区燃煤锅炉清洁改烧和集中供热工作全面完成；积极推动机动车尾气治理，启动环保标志发放，圆满完成黄标车年度淘汰任务。二是深入实施生态补偿和初始排污权交易制度，积极开展环境信用评价体系建设。完成30家企业的初始排污权核定购买，和22家新改扩建项目的排污权交易，实现初始排污权购买和排污权交易额度90余万元；组织加加集团、楚天科技、邦普循环科技、三一起重机等20家企业进行环境信用评价。三是强化重金属减排，进一步深化重金属污染防治，淘汰关闭天润颜料铬黄生产线和花明楼镇3家电镀厂，龙田镇白花萤石矿水污染综合治理工程顺利通过验收。

【环境监管执法】 2013年，县环境保护局严把环保审批关，加强环境执法监管，县域环境状况明显改善。一是严把环保审批关，依法否决“两高一资”（高耗能、高污染、资源性）新建项目20多个。二是联合国土、水务、电力等部门，关闭非法采、洗砂场77家；深入开展专项行动，牵头组织在6个月时间内关闭分布于12个乡镇污染严重的非法造粒、铝塑分离企业55家；开展城区生猪养殖户和重点湖库投肥养殖强制退出工作，取缔排污口5个，重点水源涵养区水质持续改善；制定和组织实施《宁乡县湘江支流沩江、靳江流域环保专项执法行动工作方案》《宁乡县环境污染隐患大排查工作方案》《宁乡县2013年整治违法排污企业保障群众健康环保专项行动工作方案》等11个专项行动，检查企业2000多家次，下达环境违法相关文书395份，立案查处28起。三是勤征细管，圆满完成环保收入年度任务。全年征收排污费970多万元，罚没收入112万多元，监测站完成检测收入220多万元。四是认真办理环境信访投诉，畅通环保热线，规范办理流程，全年共受理各类环境信访案件338起，处理率、见面率和办复率均达到100%。

【农村环保】 2013年，县环保局以创建生态县为目标，以农村环境整治为主线，全面展开生态建设工作。一是向上争资3000多万元，为生态建设项目奠定坚实基础；二是治理畜禽栏舍面积8.7万平方米，超额完成畜禽治理任务；在已建8家乡镇污水处理厂基础上，新建6家，年末全部投入试运行；探索并树立竹田村垃圾分类减量、韶光村垃圾农户收费、保安村畜禽治理“一改三化”（改猪粪肥料为沼气原料，粪便资源化、垃圾减量化、运营市场化）和坝塘集镇垃圾焚烧处置等农村垃圾治理先进典型；三是积极参与国家卫生县城、国家文明县城、国家园林县城的“三城同创”创建，国家卫生县城创建成功，文明县城创建顺利入围；四是“细胞工程”创建成效明显，指导黄材、城郊、历经铺和大屯营4个乡镇通过国家级生态乡镇环保部验收，推荐沩山乡入围“中华宝钢环境奖”。

【政务服务】 2013年，县环保局注重强化服务意识，提升服务能力，提速服务效率，为县域经济发展做出应有贡献。一是按照“三集中三到位”要求，将业务咨询、环评审批、试生产申请、竣工环保验收等行政许可事项有机地结合在一起，在政务中心窗口组成一条龙办公体系；二是优化审批事项，简化审批程序，及时审批本级项目339个，协调省、市审批项目32个；三是注重招商引资，捕捉招商信息8条，引进阿瑞食品、兴邦重工等8

个项目,累计到位资金2.15亿元,超额完成年度招商任务;四是开展两帮两促,妥善解决升华微电竣工验收等问题,协助洁美鞋业、长宇科技等单位完成“两型”企业申报,帮助绿色再生资源公司通过国家、省、市三级对24万余台资料不全的废旧电子产品的审核确认,协助格力公司到环保部补办新增的废旧电子产品拆解线环评手续,为企业挽回损失共计3000余万元;五是推进平台建设,主动提前介入沩东新城、金玉乡镇工业集中区、双凫铺鞋业园等新兴经济平台建设,提供优质服务。

【环境监测】 2013年,宁乡县环境监测工作围绕服务和监管两大主题,加强监测能力建设,提高监测水平。一是常规监测更加全面细致。加大对饮用水源地水质的监测力度,监测项目增加到26项;对城区集中式饮用水源地鳝鱼洲断面进行63个指标的全面监测,对沩水其他断面分级定期监测,分析数据1700多个;完成对乡镇集中式饮用水源地的两次专项监测,监测数据“及时、准确、有效”;大气自动监测站运行稳定,自动监测站对可吸入颗粒物、二氧化硫、氮氧化物、臭氧及相关气象参数(如风速、风向、污染指数等)进行监测,实现全天候、连续性、自动化监测,提升环境管理的信息化水平;监测降水54场,出具相关数据108个。二是污染源监督监测合法有序。对237家企业进行委托监测,实施监管监测156次,共分析水样1260个、废气监测104次、噪声监测120家,获得有效数据1.5万多个,出具监测报告500余份;对宁乡县污水处理厂实施月监测12次,对加加、青啤、南方水泥等重点企业、风险企业实施按季监测4次。三是建设项目“三同时”(同时设计、同时施工、同时投产)验收监测严密规范。制定规范的验收监测程序,根据监测对象具体明确监测方案,完成30个建设项目的“三同时”验收监测。

【环境法制宣教】 2013年,宁乡县环保法制宣教工作形式有创新、影响更深远。一是推进政务信息公开,把环境质量、环评审批、工作动态等政务信息纳入主动公开范围。二是强化媒体宣传作用,在《今日宁乡》开辟“保护青山绿水共建美丽宁乡”环保专栏,刊发环保方面新闻报道120篇次,国家级刊物《中国环境报》发表4篇,竹田村垃圾分类减量、坝塘“一改三化”、畜禽养殖退出等农村环境治理典型经验得到《中国环境报》等刊物的报道和推广。三是注重行动引领,组织开展全县环境应急演练、“6·5”环境宣传、垃圾分类比赛、志愿者沩江踏勘等活动,提高机关、企业、群众的应急处置和救援能力,宣传环保知识,打击环境违法,营造环保氛围。四是环境行政执法日趋规范,认真组织全局干部职工报名参加国家工作人员学法用法考试,组织执法人员参加县法制办执法培训,不断提高监察人员的执法水平。全年共审查案件32件,下达“行政处罚事先告知书”30份、“行政处罚决定书”20份,结案13件;案卷质量稳步提高,环保执法案卷入选宁乡县2013年度行政执法指导案例。

(马　华)

农 业

农村工作

县农村工作领导小组办公室
主任、党组书记
姚鹤舜(12月任)
主任、副书记
姚鹤舜(12月免)
书　　记　陈新德(12月免)
副书记、副主任
陈新德(12月任)
副 主 任　肖正良　蔡石皎
刘利文　黎金华
罗顺民

【概况】 2013年，全县农业经济运行总体保持平稳，实现农业总产值139.76亿元，农业增加值90.73亿元，农民人均可支配收入1.79万元，比2012年同期分别增长4.4%、4.4%、11.4%。成功入选"湖南省首轮特色县域经济重点县"；县域经济基本竞争力由2012年的第61位跃居全国第56位；再创全省产粮第一大县，荣获全国粮食生产先进县荣誉；生猪调出量继续保持全国前列，家禽生产全省第一；晋升全省唯一"率先基本实现气象现代化示范县"；水利建设蝉联全省"芙蓉杯"水利建设竞赛先进单位，获全省河道管理先进单位；林业工作荣获"全省营造林工作先进单位"；农村能源工作被评为全省先进；经营管理工作获全省农村经营管理工作先进单位、全省农民专业合作社建设先进单位；民政工作获全国3A婚姻登记机关，作为全县唯一的行政单位，参加全国"人民满意公务员集体"评比。

突出质效双增，主导产业稳步做大。严格控制抛荒，落实粮食面积13.19万公顷，比2012年增加2800公顷，总产90万吨，卫红"粮食银行" 正式面市。年出栏生猪230万头，出笼家禽4000万羽，成功创建"湖南省畜禽水产品安全监管示范县"。"宁乡花猪"产业着力整章建制，实现深度开发。制定"宁乡花猪"证明商标授权及规范使用管理办法，启动"宁乡花猪"质量追溯体系建设，政企联手加大开发。精品茶园加快建设，湘茗茶叶获评中国驰名商标，金洲茶叶拓宽海外市场，获莫斯科国际食品展金奖。绿色蔬菜基地建设迈开步伐，18家基地入选长沙市标准化专业蔬菜基地。全县种植水果8400公顷，总产1.5万吨，长沙赤龙岛湖泊水果庄园完成投资过亿元，"百橘园""百果园" 标准化水果示范基地基本成形，与巷子口奈李"一东一西"示范影响力更加深远，朱良桥柑橘、沙田板栗、枫木桥梨子等一批小水果基地加快扩展。中药材产业园快速推进，全县中药材种植面积突破2000公顷，效益可观，即将成为宁乡的新兴农业产业。以金朱公路为轴线，金洲、双江口、朱良桥为基础，启动216平方公里现代农业示范区，致力打造国家级现代农业发展平台、全国一流的现代农业改革试验区和全国一流的产业发展示范区。

突出项目带动，发展要素加快积聚。招商引资实质突破撬动农村实现大投入。新引进：港越食品、双胞胎饲料、湖南省生态文化示范基地、浙江青莲公司项目、大河西农产品物流中心和雅居乐等55个农业项目，其中，亿元以上项目25个，合同引资150亿元，实现到位资金19.5亿元；长沙赤龙岛水果庄园、绝味、湘菜食材产业园等投资1亿元以上的20个农业项目如期开工；加加二期、洽洽食品、沃尔德等5个投资1亿元以上的项目，顺成养殖等10个投资2000万元以上的项目顺利竣工。精心组织参加长沙小城市(中心镇)建设暨现代农业发展投资洽谈会，实现签约项目32个，合同引资突破134亿元，其中现场签约项目9个，合同引资78.5亿元。对项目进行一对一帮促，重大现代农业项目高质高效推进。沃尔德新建项目主体建设全面封顶，12月建成投产；宁乡花猪产业有限公司高标准对青龙寨花猪文化园进行装修，新建花猪博物馆、花猪运动场等配套设施；浙江青莲正式加盟青龙养殖公司，合作推动宁乡花猪产业发展；沙龙畜牧流沙河花猪产业园一期原生态花猪养殖园项目正式启动；以秀山美地、天源蔬菜等基地为核心的宁韶线绿色蔬菜走廊加速提质，新扩面积267公顷；湘茗茶叶、乐福来、喜地等宁乡农产品加工企业建设顺利推进；农机机电大市场实现投入1.2亿元，入驻商户140多户；长沙大河西农产品物流中心正式启动；凤凰山森林公园9公里道路年底完成改性沥青路面，金洲湖湿地保护与恢复等配套项目加快推进。

突出民生改善，农村基础有力夯实。2013年，全县通过"一卡通"发放惠农补贴4.07亿元。全面启动农村田间水利工程扩容提质建设，自8月8日动员会至年底，全县共完成山塘清淤2936口，新建山塘231口，改善和增加蓄水面积1466.67公顷，完成沟渠疏浚2483公里，完成农村河道整治1143公里，完成田间工程改造2.93万公顷，更新改造河坝267座，完成大小水毁工程修复138处，建设规模为近年之最。完成小二型水库除险加固41座,农村饮水安全工程21处,解决8.51万人口的不安全饮水问题。铁冲水库启动征拆,八家湾水库完成前期工作,黄材灌区主干渠78.5公里、沙河支渠16公里、煤衡干渠27公里渠道全线清淤,峡山支渠4公里改造等建设正在推进,田坪、洞庭、韶灌花明楼片干渠全线疏通。西部采砂得到遏制,77家非法砂场全部拆除。“全民护水·美丽宁乡”沩江流域治理三年行动正式启动,完成楚江青山桥段和沩江巷子口段9.2公里河道整治,楚江全线49公里治理基本成形,田坪水库、洞庭桥水库退出投肥养殖。高标准农田示范工程等土地治理项目高效推进。“全民植树·美丽宁乡”生态建设三年行动深入实施,新建义务植树基地36个,新增植树200多万株,绿化公路120公里,河岸28.5公里。农村能源建设稳步发展,新增户用沼气1658口。全面落实农民减负,“一事一议”筹资973.5万元,筹劳2.23万个,惠及群众69.7万人。深入推进为农服务基础体系建设,被列入全省唯一“率先基本实现气象现代化示范县”。面对持续强降雨和持续3个多月的严重旱情,农口单位积极组织防汛抗旱和生产自救,实现平安度汛,确保大旱之年无大灾。

突出精品打造,统筹格局加速构建。4个中心镇(小城市、特色镇)共启动项目97个,完成投资117.86亿元。灰汤镇整合温泉资源,加强旅游营销,成功签约雅居乐。华天城大酒店、龙熙温泉、金太阳度假村、温泉商业街等项目同步推进,灰汤旅游开发进入全新时代。花明楼镇与少奇纪念馆成功创建国家AAAAA级旅游景区。优化景区交通、完善外部网络、打造景观亮点等三大工程建设相继启动。流沙河镇启动道路提质改造、老集镇外立面改造等建设,集镇形象大幅提升。沩山乡扎实推进基础设施、特色景点、绿色集镇建设,实现投入16.75亿元。3个县级示范点建设强势推进,煤炭坝镇生态新城启动白石寺广场、月牙湖主题公园等项目,朱良桥赤龙岛水果庄园园区主干道全面竣工,两园建设、民居立面改造等项目整体推进,黄材炭河里生态旅游商贸中心、青洋路综合开发等项目加速建设,展现新姿。在示范点建设引领下,朱良桥集镇、沙田集镇等一批经济繁荣、功能完备、环境优美的特色镇和中心镇逐渐涌现。

【现代农业项目建设】 2013年,全县重大现代农业项目建设工作成效显著。长沙市赤龙岛湖泊水果庄园等22个市级重大现代农业项目全部启动建设并稳步推进。伟特家具新建生产基地、长沙洽洽食品宁乡基地项目和沃尔德易址新建项目年内如期竣工,正式投产;其他项目12月底均按计划完成年度投资和建设任务。特色水果基地建设、生态绿道建设、双江口高标准农田等17个县级重大现代农业项目和城乡一体化项目12月底全部完成年度工作目标任务。

【扶贫开发】 2013年,全县完成向上争资938万元,比2012年增加340万元,为历年争取资金最多的一年,较好地保障了扶贫重点乡(镇)村新农村建设和城乡一体化建设、基础设施建设及产业开发。省、市扶贫村共拓宽新修村组公路130公里,硬化61公里,涵管20处,桥梁12座,护砌水渠5000米。建设33.33公顷以上农业产业化基地15个,发展种养大户30个,种植中药材233.5公顷,茶叶133.5公顷,烤烟1200公顷,蔬菜400公顷,楠竹400公顷,水果基地233.5公顷,养殖大户70户。组织技能培训和实用技术培训50多期,培训农民4500人次。

【现代农业领军人才培训】 2013年,宁乡现代农业领军人才培训工作在全市排名前列。共选送95个现代农业企业代表分三批次赴中国农业大学进行集中培训,每期培训时间10天;并成功组织举办200多人次的县级现代农业领军人才培训班,培养造就一批能引领宁乡现代农业发展、带动农民致富的领军人才队伍。

【农村党风廉政建设】 2013年,县农办统筹推进农村基层党风廉政建设,为全县农村经济社会各项事业又好又快发展提供保障。把“阳光三农网”作为农村党风廉政建设工作的重要抓手,1个县级网站、33个乡镇网站、422个村网站全部开通,涉农信息全部进行公开公示;积极引导乡(镇)、村稳步推进农村集体资产资源交易平台建设,全县共计交易项目170个,交易总额8907万元,节约资金342万元,产权交易项目交易溢价791万元;对全县422个村(社区)开展“地毯式”财务清理,共清查发现11类问题,收缴违纪资金460万元,挽回经济损失1800多万元。

【组织参加长沙小城市(中心镇)建设暨现代农业投资洽谈会】 2013年11月4日,宁乡组织企业代表、乡镇负责人和相关部门负责人参加在长沙举办的小城市(中心镇)建设暨现代农业投资洽谈会。为确保工作成效,县农办高标准制作整体宣传和项目推介两个宣传视频,印发招商推介手册1000份。共实现签约项目32个,合同金额134.48亿元,其中会上当场签约项目9个,合同金额78.5亿元。

【承办湖南省第五期新农村建设示范村村干部培训班】 2013年8月27日–30日,由湖南省委农村工作部主办、宁乡县农村工作领导小组办公室承办的湖南省第五期新农村建设示范村村干部培训班在宁乡举行,来自全省14个地、州、市的相关人员参加培训。省委农村工作部部长、省农办主任蔡建和出席开班仪式,县委书记黎春秋代表宁乡发言。与会人员实地参观灰汤、沩山、花明楼、关山等地。

(齐晓霞)

种植业

县农业局

局长、党委书记　肖年富（12月任）

局长、副书记　肖年富（12月免）

书　　记　黄春光（4月去世）

副书记、副局长　梁朝晖（1月任）

副书记、纪委书记　易秋军（1月免）
黄建龙（1月任）

副 局 长　陈德新（1月免）
易福乔（兼，1月免）
杨志良（1月免）
余良培
黄小明（1月任）
唐文强（兼，1月任）

工会主席　何文姣（女）

总农艺师　陈德新（1月任）

【概况】 2013年，宁乡县农业局内设办公室、人力资源科、财务审计科、产业发展科、农业保险科、法制科、农业企业管理科、改革改制办、监察室、机关工会等10个科室，下设县农业技术推广中心（正科级）、农广校（副科级）、沙河市场管理处（副科级）、县农业执法大队（种子管理站）、县农产品质量安全检测中心、县种子技术推广服务站、原种场、农业服务公司、种子公司等9个事业单位。全系统共有干部职工624人，其中，在职457人、退休167人。有专业技术人员166人，其中，高级农艺师46人，高级会计师1人，农艺师、会计师、经济师、政工师、工程师共49人。2013年，县农业局紧紧围绕发展现代农业的总体要求，加快推进现代农业发展，各项工作均取得较好成绩。宁乡被评为"全国粮食生产先进县""全省水稻集中育秧先进县"。县农业局被评为"全市文明单位"，获得县"五好领导班子""四比四抓争先锋暨绩效考核先进单位""食品安全工作先进单位""一推行四公开群众工作红旗单位""政务信息化工作先进单位""优化经济发展环境模范单位""人大代表建议政协委员提案办理工作先进单位""党风廉政建设工作先进单位"等。

2013年，全县农作物种植面积20.37万公顷，比2012年增加6150公顷。粮食作物播种面积13.2万公顷，比2012年增加2860公顷。其中，水稻播种面积12.32万公顷；优质稻播种面积9.64万公顷；高档优质稻播种面积2.72万公顷。经济作物播种面积3.19万公顷，比2012年增加1386公顷。其中，水果种植面积8043公顷；茶叶种植面积3867公顷；中药材种植面积2000公顷；蔬菜种植面积3.37万公顷。全县粮食总产量为85.16万吨。水果总产量1.46万吨，茶叶总产量5653吨。全县经济作物总产值为13.58亿元，比2012年增加2.18亿元。其中，水果总产值6581.4万元；茶叶总产值1.32亿元；中药材总产值1.57亿元；蔬菜总产值12.8亿元。

全县农产品加工业总产值305亿元，比2012年增长28%。全县农产品加工企业1617家，其中规模企业119家、国家级龙头企业2家、省级龙头企业9家、市级龙头企业61家、上市公司1家。全县有中国驰名商标18件、湖南省著名商标21件。全县休闲农业企业295家，其中市休闲农业协会会员单位14家，国家级五星农庄1家，省级五星农庄1家，省级四星农庄4家，省级三星农庄3家。全年接待游客340万人次，农民人均增收1200多元。

县农业局全年完成固定资产投资5.15亿元，完成入库建安税163.6万元。承担新开工规模项目11个，已竣工项目3个；完成规模项目15个，其中1000万元－5000万元规模项目12个、5000万元－1亿元以上规模项目3个。积极招商引资，全年实现到位县域外资金3.9亿元，其中向上争资到位资金1.47亿元；包装开发产业项目15个，提供招商信息11条，并组织21家企业多次参加农博会、台商会等主题招商活动。

【粮食生产保障与服务】 2013年，宁乡县农业局加快实现粮食产业由传统模式向现代科学模式转变。一是健全粮食生产长效机制。强化领导机制，明确粮食生产行政问责制；建立联动机制，各部门、各乡镇凝心聚力共谋粮食生产发展；健全奖惩机制，签订粮食生产责任状，提出"五个严禁"和"五个取消"的奖惩措施，实行共性与个性考核指标相结合；创新督察机制，采用书面和短信通报相结合的通报方式，分别从重视粮食生产情况、集中育秧情况、早稻种植面积落实情况、水田季节性抛荒情况、晚稻栽插情况等方面进行全县粮食生产督察；完善投入机制，按照"谁种粮谁得补贴，种一季补一季"的原则，按实发放各类补贴。加大财政投入力度，全县粮食播种面积亩平均投入103元。二是构建新型经营体系。以推进土地流转为基础，加大对新型主体的项目支撑、综合服务和财政奖补力度，引导种田能手向种粮大户、新型经营主体转变。培育社会化服务组织，探讨研究财政补贴粮食生产全程社会化服务试点工作，推进合作社对水田实行代耕、代育、代抛、代管、代收、包产量的"五代一包"社会化服务。2013年全县种粮合作社68家，2公顷以上种粮大户6342户。创新特色基地发展模式，在回龙铺现代粮食产业示范区发展"合作社＋基地＋农户"经营模式，实行优质稻双季生产"五统一"，即统一品种、统一耕作方式、统一测土配方施肥、统一病虫害专业化防治、统一订单收购；在沙田万亩富硒有机稻基地推行有机标准化生产综合配套技术，与盛湘集团开展深度战略合作，实行种植在户、服务在社、收购在企的方式，年末示范区面积达413.33公顷，其中核心示范区80公顷，粮食收购价为7.6元/公斤；在东湖塘特色功能稻基地走产加销一体化粮食产业化发展道路，积极对接卫红米业,实施“粮食银行”产业服务新模式,通过“大流转,小承包”的经营模式,为粮食生产者提供生产技术、市场信息、粮食烘干、保价存储、商品兑换、担保融资服务。三是落实推广关键技术。坚持科技兴粮战略,实施水稻高产创建、湘米振兴、绿色防控、测土配方施肥等农业项目,推广集中育秧、绿色防控、测土配方施肥等技术。早稻集中育秧共发展育秧主体1037个,新建工厂化育秧大棚2.4万平方米,落实秧田面积736公顷,抛栽大田1.61万公顷。全县病虫害专业化防治面积5.47万公顷,每公顷成本降低30%。水稻病虫专业化统防统治与绿色防控融合项目落实面积2866.67公顷,全县测土配方施肥技术的覆盖面积6.26万公顷,配方肥推广2.7万吨,面积4.28万公顷。四是优化创新技术服务。优化基础服务,创新技术服务平台,开辟网络、报纸、电视、手机短信、热线服务五大现代信息传媒平台,全方面、多层次为农民提供政策和技术信息。接听“12316”“12396”服务热线,为农民实时解决难题。开展农民培训,培训农民近5万人次,发放技术资料200多万份。

【经济作物产业发展】 2013年,全县以蔬菜、水果、茶叶、中药材为主导的经济作物产业发展良好。一是规划和引导产业布局。蔬菜产业加强“一片两园”建设,以宁韶线为主,在夏铎铺建立万亩蔬菜示范走廊,在坝塘建立明德和龙马千亩蔬菜标准园;水果产业构建“一东一西”特色示范格局,东为巷子口的万亩李世界,西为朱良桥赤龙岛湖泊水果公园;茶叶产业以沩山茶叶观光走廊和金洲生态休闲茶园为主;中药材产业以青山桥等西部乡镇为主。二是加快标准化生产示范基地建设。严格按标准为蔬菜、水果、茶叶、中药材生产示范基地的建设在项目申报、基地建设和管理、项目验收及材料准备等方面进行支持与服务。全县有9家蔬菜基地进入长沙市蔬菜标准化基地价格调节基金扶持范畴,有18家(包括前9家)进入长沙市蔬菜产业扶持的标准化建设基地。水果标准化生产示范基地有9家。茶叶产业全面推广无公害标准化生产,抓好无公害茶、绿色食品茶、有机茶生产基地的建设和转换认证工作。三是加强技术指导与服务。县农业局通过技术人员下乡、开展培训讲座、发放技术资料、在报纸开辟专栏,制作电视专题报道等手段向全县蔬菜、水果、茶叶、中药材等种植户传授生产技术。全年技术人员下乡500多人次,开展培训班26期,授课200场次,印发资料3.1万份,培训农户7200人次,制作“兴农富民”专题50次,发表技术文章136篇,手机短信1000余条。

【农产品加工业与休闲农业】 2013年,宁乡县农业局指导和服务农产品加工业与休闲农业发展。一是组织调研,指导产业发展。编辑整理企业基本信息,开展湖南省农业产业化龙头企业融资情况、乡外埠农业企业统计、家庭农场、现代农庄等专题调研,为制定政策和争取上级支持提供依据。二是培育品牌,提高企业影响力。组织9家省级农业产业化龙头企业的运行监测,组织8家企业申报省级农头企业,组织休闲农庄参加星级农庄测评,深入推进品牌发展战略,增强企业市场竞争力。三是申报项目,争取资金支持。组织农产品加工企业申报2013年百千万产业农庄、特色县域经济重点县、农业中小企业扶持发展资金、农产品固定资产投资财政补贴等项目,使企业加大技术改造和建设力度,不断增强发展后劲。四是抓好展销,加大宣传力度。积极组织开展对外经济技术交流与合作,切实抓好企业产品展销工作,组织8家企业参加农博会,并在宁乡农业信息网上开辟农业企业专栏,扩大企业知名度。

【农业执法与农产品质量安全】 2013年,宁乡县农业局重视农业执法与农产品质量安全工作。一是抓好农产品农残检测和三品认证工作。完成蔬菜农残检测5300批次,合格率99.8%,协助金太阳、明德等14个蔬菜生产基地建立农残速测室。全县无公害农产品产地认定5.74万公顷,已完成无公害农产品认证20个,绿色食品认证15个,有机食品认证20个。二是开展农资打假专项整治行动。组织开展“春、秋两季农资打假集中整治行动”“种子经营门店清查工作”“农药市场监管年活动”“农产品质量安全监管”及“宁乡县集中开展重点区域、重点市场、重点商品专项整治”等专项活动。加强对种子、农药、肥料等重点产品的市场监管,重点打击种子未审先推、不合格肥料、违禁农药和经营各类假劣农资产品的违法行为。全县共检查农资业主、门店645家次,查处不合格农资产品17.25万公斤,立案30起,为农民挽回经济损失900多万元。三是加强农产品质量安全执法。以标准化建设基地,蔬菜、水果、茶叶生产企业和农民专业合作社为重点对象,对甲胺磷等禁用高毒农药和克百威、氧乐果、水胺硫磷、氟虫腈等限用农药开展农药使用专项整治;严厉打击无资质的单位和个人擅自从事研发、生产、销售高毒农药行为,加大对生产环节非法添加和使用高毒禁限用农药行为的处罚力度;加强对农产品生产记录、包装标志、产品质量的日常监管;抓好节假日期间的农产品质量安全执法检查。四是加强法制宣传。利用电视台、报刊、网络等媒体在全县范围内报道、发布专项行动信息,开展“放心农资”下乡进村宣传活动;举办农资从业人员培训班7期,培训人员4785人次,发放《农业投入品经营人员培训手册》《如何辨别真假农资》《国家禁限用农药名录》等资料2万多份。

(郑小玲)

县农业技术推广中心

主　　任　肖年富(兼)

副 主 任　肖　军　喻永芳

县沙河市场管理办公室
经　　理　易福乔(1 月免)
　　　　　唐文强(1 月任)

农业广播电视学校

【概况】 2013 年，湖南省农业广播电视学校宁乡分校(以下简称宁乡农广校)有教职工 5 人、退休教师 4 人,聘请兼职教师 20 人。学校坚持围绕支柱产业和优势产业发展需要,加大对农民的职业培训力度,努力把劳动力成本转化为素质和技能优势,着力培育和建设一支热爱现代农业、生产能力强、经营效果好的职业农民队伍,全年共培训各类学员 1 万多人次,发放技术资料 2 万多份。切实提高农民的科教文化素质,收到良好的效果。先后获得省农广校“2013 年度农民教育培训先进单位”；市农广校“2013 年度农民教育培训先进单位”等荣誉。

【农民教育培训】 2013 年，宁乡农广校以现代农业发展和农民科技需求为导向,以培养职业农民为目标,多层次、多渠道、多形式开展农民教育培训。一是新型职业农民培训。根据现代农业和城乡一体化建设的要求,宁乡农广校在 9 月至 11 月举办 3 期新型职业农民培训班,共培训家庭农场主、农业专业合作社负责人、农业龙头企业负责人、休闲农业负责人及种养大户 300 人。二是水稻产业专项培训。为进一步解决新形势下水稻种植中的突出问题,全面促进粮食生产稳步持续发展,宁乡农广校在全县 10 个乡镇累计举办水稻集中育秧和水稻种植专项培训 16 期，培训农民 1434 人。三是农资从业人员培训。培训采用集中到县城培训,分组讨论交流的方式，组织全县 710 家农资经营户分 7 期轮训,提高他们的素质,更好地确保农业生产安全和农产品质量安全,对服务农民、助推农业、稳定农村起到非常重要的作用。四是农业实用技术培训。根据宁乡农业产业发展实际，有针对性的就蔬菜、茶叶、水果、中药材和畜禽养殖方面开展技术指导和培训工作，全年培训 40 多期,培训学员近 7000 人次。五是开展双送活动。学校以农业部“双送、双带、双促”活动为契机开展“送科技下乡,送文化进村”活动,全年共组织各类科技下乡活动 6 次,发放农业实用技术资料 2 万多份,科技光碟 500 多张。

【农民教育培训示范基地建设】 2013 年，为进一步巩固农民教育培训阵地，推动示范基地建设,强化培训服务功能，宁乡农广校 2013 年投入资金 20 万元,对部分培训示范基地进行条件建设完善设备设施。有效地发挥培训基地的示范带动作用，共培训各类学员 4000 多人次。　　　　（丁　强）

湖南省农业广播电视学校
宁乡分校
校　　长　余良培

烟叶生产

县烟叶生产指导管理办公室
主任、党组书记
　　　　　黄建海(12 月任)
主任、副书记
　　　　　黄建海(12 月免)
书记、副主任
　　　　　陶兴武(12 月免)
副书记、副主任
　　　　　陶兴武(12 月任)
副 主 任　龙宇开　何建武

【概况】 宁乡县烟叶生产指导管理办公室(以下简称县烟办)是宁乡县政府直属行使行政职能的全额拨款事业单位,是政府管理全县烟叶生产的职能部门。主要负责落实上级烟草部门下达宁乡县的烟叶种植计划;组织、管理和指导全县烟叶生产;协调好烟农、企业、政府三者之间的利益;监督烟基工程建设。2013 年,县烟办有在职干部职工 15 人,外聘人员 2 人,其中党员 13 人,专业技术人员 2 人。内设人秘科、生产科、财务科等 3 个科室。全县烟叶工作取得较好的成绩。喻家坳金醇、黄材富源两家烟叶专业合作社被评为“省级示范社”。县烟办先后获得县“烟叶生产特殊贡献奖”“绩效考核突出贡献单位”“五好领导班子”“先进基层党组织”,烟水项目获“重点项目工程二等奖”。

全县全年种植烟叶 7266 公顷,较 2012 年增加 593 公顷,其中种植烤烟 5666 公顷、晒黄烟 1600 公顷;收购烟叶 1501.5 万公斤,比 2012 年增加 113.5 万公斤,稳居全省第二；实现烟农总收入 4.22 亿元，比 2012 年增加 9600 万元,烟叶税收 7540 万元，比 2012 年增加 1590 万元。

【烟叶生产保障与服务】 2013 年,县烟办积极主动做好烟叶生产保障和服务工作,成功克服“三大灾害”(水灾、旱灾、病灾);合力推进“三大转变”(制止外烟、优化结构、散叶收购);最终实现“三大突破”(烟叶规模、生产质量、烟农和财政收入)。

烟叶质量实现大提升。始终把品质作为烟叶产业持续发展的关键和核心,在规模扩张的同时更加注重品质提升。一是抓氛围营造。扎实开展“烟叶质量效益年”主题活动,通过现场示范推进会、烟叶质量大竞赛等方式,积极引导乡村和烟农树立向质量、向管理要效益的意识。二是抓标准生产。完善质量管理和科技推广体系,建立季节未到抓培训、季节到了抓示范、示范过后抓落实、落实过后抓督察的“四抓”工作方案,大力实施烟叶标准化生产，推广先进实用技术,提高关键环节技术到位率,烟叶生产逐步走上品质特色和结构优化道路。三是抓优化结构工作。扎实推进烤烟优化结构工作,开展优化结构竞赛活动,严格按照“下 3 上 1”

的处理标准，全县完成不适用鲜叶处理面积5666公顷，处理下部不适用鲜叶1445万公斤，折合干烟125万公斤，上部一片弃烤鲜叶680万公斤，折合干烟90万公斤。四是抓服务指导。县烟办、县烟草公司针对育苗期冰雪天气，积极采取措施，加强育苗管理，开展抗冰护棚工作，培育优质壮苗。针对5月和6月的三次强降雨，7月的严重旱灾，老烟区的病灾，制定落实防灾救灾预案，调整生产方案、烘烤工艺，紧急拨付救灾资金和物资；国家烟草局局长凌成兴亲笔回信大屯营镇党委、政府，表示将重点支持受灾烟区，鼓舞基层科学发展烟叶产业；县长周辉亲赴浙江中烟争取烟叶灾补资金，最大限度弥补烟农灾害损失。深入开展烟农帮扶活动，及时帮助烟农解决烟田、资金、劳动力等问题，保障烟农种烟效益。五是抓质量考核。建立标准化生产考核体系，量化标准化生产考核指标，实行分段部署、检查、考核、奖罚和乡镇分类排名，严格奖优罚劣，促进工作落实。烤烟上等烟比例为57.85%，比2012年提高5.6%；中部叶比例为53.77%，比2012年提高3.8%。省工商交接验收合格率69%，比2012年提高2%；国家工商交接验收合格率66%，比2012年提高6%。全县烤烟亩均收入3268元，比2012年增加475元，晒烟亩均收入5938元，比2012年增加1100元。

项目争资实现大突破。县烟办、县烟草公司紧盯烟草项目，全年争取烟草项目总投入2.23亿元，完成项目投入1.13亿元。完成育苗工场、烤房、烟水烟路、烤房烟夹改造等项目1941个；配套烟用农机具260台(套)；烟叶仓库加快建设步伐；沙田烟草站启动征地工作。烟区水源工程项目正式启动建设，行业补贴资金9360万元。争取2014年育苗工场、烟区土地整理、烟水烟路、烟用农机具补贴等烟基项目资金3400万元。省烟草科研中心落户大屯营镇河西村。争取订单农业项目、特色烟叶开发、科研经费、烟叶灾补、工作经费等资金3035万元，完成建安税323万元。

烟叶合作社发挥大效益。坚持以烟叶专业合作社为载体，积极探索符合实际、具有特色的现代烟草农业生产组织模式。一是在服务模式上创新。全县组建烟叶专业合作社17家，配备生产机械851台，发展专业服务队42支、服务队员1449名。合作社成立劳动力服务中心，建立管理信息平台，为入社烟农提供各生产环节的精细化服务，一家一户的分散型生产模式逐步向"生产在户、服务在社"的专业化服务模式转变。喻家坳金醇、黄材富源两家烟叶专业合作社向国家烟草局申报国家级烟叶专业合作社示范社。二是在技术应用上创新。在服务烟叶生产的同时，合作社综合利用育苗工场、烘烤工场种植有机果蔬，发展循环农业，增强内生动力，实现烟农增收。金醇合作社成功研制烟叶移栽用肥和育苗基质。

收购观念取得大转变。2013年，烤烟全面实行散叶收购，散叶收购是宁乡传统烟叶收购方式的重大变革。县烟草公司坚持人性化和促进发展的收购理念，较好地保护和发展烟农种烟积极性。各乡镇始终把收购工作摆在突出位置，积极参与，全程服务，确保收购工作顺利进行。烟农充分认识到散叶收购体现好烟收好价的收购理念，逐步接受散叶收购模式，收购眼光和标准也逐步回归正常，实现收购观念有效转变、方式顺利转型。

【组织党建工作】 2013年，县烟办领导班子以建设"五好领导班子"为目标，认真学习党的十八大、十八届三中全会精神，写出学习笔记12篇，并结合工作实际深入基层调研，写出高质量的调研文章3篇。定期召开领导班子和支部组织生活会，扎实开展党员春训、民主评议工作。积极开展反腐倡廉教育活动，以党建推动产业发展，荣获县先进基层党组织。全年党员及时足额缴纳党费3910元，支部结合"一推行四公开"和"结对认亲"活动，组织人员对青山桥镇上流村、桥北村困难党员和群众开展慰问活动，共送去慰问金4.92万元。

【国家及省级领导调研宁乡烟叶工作】 2013年3月5日，省烟草公司副总经理、市烟草专卖局(公司)局长(经理)徐文军一行到宁乡调研烟叶工作。徐文军一行先后察看走访喻家坳乡三民玉山核心示范区、黄材村育苗工场、富源烟叶专业合作社，深入田间与烟农交流生产情况。徐文军对示范区标准化起垄、移栽前各项准备工作的到位、烟苗管理情况给予充分肯定。并要求宁乡烟叶切实优化等级结构，提升内在质量，发展烟农专业合作社，提高烟农满意度和工业企业需求满意度，确保产业健康稳定持续发展；要不断完善有效的合作社组织机构，建设一支好的生产、管理队伍，选准合作社发展模式，形成严密的管理体制，利用和维护好合作社的基础设施等方面进行探索。

8月5日，国家烟草专卖局副局长赵洪顺率调研组深入宁乡调研现代烟草农业建设工作，专程视察喻家坳乡三民玉山核心示范区和金醇烟叶专业合作社及其烟叶工场，特别详细了解金醇烟叶专业合作社运作模式，对以金醇烟叶专业合作社为代表的宁乡模式给予高度评价，称赞宁乡创造了现代农业的典范，表示将在全国烟草系统予以重点推介。在听取烟农的情况介绍后，赵洪顺表示，虽然烟叶生产通过专业合作社服务，生产方式和劳动强度有所改变，但烟叶产业还是用工最多、程序最复杂、劳动强度最大的产业，金醇烟叶专业合作社运行机制好、思路创新，为农民增加了收入，是全国烟叶合作社的杰出代表，也是全国现代农业的典范，代表着中国现代农业的大方向。并提出要将喻家坳乡金醇烟叶专业合作社所覆盖的种烟村做成示范村，进一步将合作社做成模范社，在基础设施、补贴标准、培训工作等方面先行先试，向全国烟叶专

业合作社作出示范。　　（喻　雯）

养殖业

县畜牧兽医水产局

局长、党委书记

杨正文（12月任）

局长、副书记

杨正文（12月免）

书记、副局长

谢合光（12月免）

副书记、副局长

谢合光（12月任）

副书记、副局长

李芒华

副 局 长　邓跃平（1月免）

周建华　岳　伟

王　娟（女，1月任）

纪委书记　何　平

工会主席　何炳霞

【概况】 2013年，宁乡县畜牧兽医水产局（以下简称县畜牧局）内设办公室、畜牧科、科教与法规科、兽医医政科、人力资源科、财务科、统计监测科、质量安全科等8个科室；下设县动物卫生监督所（县兽药饲料监察所）、县动物疫病预防控制中心、县渔政监督管理站、县水产工作站、县水产技术服务中心（渔业公司）、县鱼苗鱼种繁殖场、县鱼类良种场、县牧工商公司、县种鸡场、县蛋鸡场、县种猪场、县畜牧兽医技术服务中心、县畜牧水产技术推广站、县畜禽水产品质量检测中心等14个下属单位。全系统有干部职工364人，其中，在职人员93人、离退休人员93人、下岗178人。2013年，县畜牧兽医水产局各项工作取得显著成绩，先后获得省"重大动物疫病防控工作目标管理优胜县""畜禽水产品质量安全监管示范县""水产渔业工作先进县""畜禽水产品质量安全监管与兽药管理工作先进县"，市　"养殖业工作先进单位""畜牧及标准化创建工作先进单位""畜禽水产品质量安全监管工作先进单位""渔业渔政及水产养殖工作先进单位"，县"五好领导班子""先进基层党委""反腐倡廉建设先进单位""两帮两促工作先进单位""综治维稳工作先进单位""现代农业项目建设和帮促推进工作先进单位""人口和计划生育工作目标考核先进单位""老干部工作先进集体"等多项荣誉。

全县全年出栏生猪241.69万头，在全国生猪调出大县中位居前列；家禽出笼4125.5万羽，居全省首位。出栏牛6.17万头、羊5.85万头，水产品总产量3.1万吨，圆满完成年初目标任务。协同环保部门治理500头以上生猪规模养殖户21户，治理500头以下生猪、家禽规模养殖户522户，总治理栏舍面积34万平方米，超额完成年初下达的目标任务；全年申办无公害产地认定和认证4个，申报有机产品认证1个。

全年共计完成招商引资任务2.52亿元，超出年度任务68%，完成项目工程投入2.57亿元，超出目标任务157%，超额完成县委、县政府规定任务，实现新的突破。县畜牧局以花猪产业为载体，顺利申报湖南省首轮特色县域经济重点县项目。花猪产业共计有36个子项目进入该项目2013年实施计划；青龙寨装修全面完成，顺利接待副省长张硕辅等各级领导30余批次前往参观考察；青龙投资公司引进浙江青莲集团，合同投资6亿元，建设宁乡花猪精深加工产业链；沃尔德公司在朱良桥征地5.33公顷，投资过亿元，厂房占地2.6万平方米，建设宁乡花猪现代化加工生产线及宁乡花猪的研发、展示、体验中心，研发出宁乡花猪精深加工产品近30种；港越集团在金玉工业园征地20公顷，资金到位2000万元，12月动工，预计2014年可初步投产；沙龙畜牧投资4000万元，在金玉工业园征地13.33公顷，建设宁乡花猪精深加工厂，年前完成初步规划；乐福来、百人忆、资源等企业也纷纷加大投入。正大二期项目、佳和农牧生态养殖场项目、楚鸿高端肉牛养殖基地项目、大屯营匙吻鮈繁育基地项目进展顺利。

【养殖业生产】 2013年，宁乡养殖业加快转型升级步伐，紧紧围绕"生产专业化、养殖规模化、产品安全化"目标，强化措施，狠抓落实，实现生产指标保持平稳，主导产业加速提质的总体目标。

一是花猪产业再上台阶。2013年，宁乡花猪产业深度开发被列为县委、县政府重点督办的九件大事之一，县农业领导小组先后5次召开专题推进会，7月、12月，县委书记黎春秋、县长周辉2次专题听取宁乡花猪产业深度开发情况汇报，现场查看青龙投资新村养殖场及青龙寨养殖文化园，对产业的深度开发给予高度评价。3月，沙龙畜牧公司在深圳、海南两地新开专卖店12家，产品供不应求；5月，花猪公司投资2000万元，在广州注册成立宁乡花猪销售分公司，高薪聘请"土猪一号"的营销总监，组织186人的团队，新开体验店1家、门店20余家，在长沙开店15家，宁乡1家，成功进入广汽集团、南方电网等大型国企的集中采购，产品销量日益增长，单日销量达到40头；4月23日，宁乡花猪公司与麦德龙上海总部成功签署中国区战略合作协议，9月12日，宁乡花猪顺利进驻长沙麦德龙商场，均价140元/公斤，日销售额上万元；12月，青龙投资与浙江青莲集团合作，在上海举办"膳博士·宁乡花猪"供沪新闻发布会，在青莲集团300家专卖店内进行上柜销售。

二是标准化建设全面推进。规模场标准化创建工作卓有成效。利用国家、省市项目，引导养殖企业积极进行标准化栏舍改造，2013年共计标准化改造101个场，改造栏舍2万平方米。其中创建国家级生猪标准化示范场1个、省级生猪标准化示范场1个、市级生猪标准化示范场7个、县级标准化养殖场92个。粪污治理逐步巩固。配合县人民政府制定禁养区退出养殖方案,三乡一镇在年前要全部退出养殖,其他禁养区要在2014年全部退出;对全县投肥养鱼情况进行调查摸底,为县人民政府制定并实施退出投肥养鱼相关计划奠定基础;对适养区内规模场加大整治力度,全年共计对400余个养殖场进行粪污治理设备升级,整改栏舍面积17万平方米,培育沙龙畜牧资源场、曾氏宁乡花猪扩繁场等一批粪污治理示范场,有效降低养殖污染。12月,湖南省省委常委、省两型办主任张文雄现场查看曾氏宁乡花猪养殖场粪污治理设施,给予高度评价。大力推广玻璃钢纤维化尸池的新技术,至年末全县已有近30家养殖场使用该产品,普遍反应良好。

【水产和渔政】 2013年,宁乡水产和渔政发展良好。一是面上指标。全县放养水面面积1.02万公顷,放养鱼苗2亿尾,重7900吨,比2012年增加100吨,水产品产量3.1万吨,进入省渔业大县行列,孵化鱼苗15亿尾,其中名特优鱼苗2亿尾,发展名优水产养殖面积2000公顷,发展稻田养鱼面积1333公顷,网箱养鱼4.13万平方米。建立水生动物疫病测报点6个,测报面积200公顷。二是渔业资源保护。查处电力捕鱼案件15起,收缴电鱼机22台,处理违法人员20人。捣毁非法制售电鱼机窝点6个,收缴制造材料200公斤,罚款3000元,立案查处渔业污染案件13宗,挽回经济损失20余万元。办理养殖证216本,办证水面面积133.33公顷。开展人工放流工作,在沩江河段放流各类鱼苗150万尾。三是实体运转。县鱼苗鱼种繁殖场和县鱼类良种繁殖场资产按要求归入财政专列账户保管,渔业公司药械经营部门销售药品25万元。

【畜牧安全监管与执法】 2013年,县畜牧局加大执法力度,严厉打击食品安全犯罪行为,查处案件39起。一是强化养殖投入品监管。在夏铎铺查处加工假兽药的基地一处,没收两条非法生产线的加工设备,罚款30多万元,全部上缴国库;在回龙铺成功捣毁一个制售假兽药的黑窝点,没收生产假兽药的原料、辅料共计4吨, 5个涉案嫌疑人被公安机关刑事拘留。二是加大动物检疫执法力度。在检疫收费降低的情况下,完成检疫费收取超过300万元,做到应检尽检。重点打击经营、加工、屠宰和贩运病死动物的行为,对农贸市场、超市、屠宰场、冷库等单位进行严密监管,特别是冷库,派驻检疫员实行24小时值班,全程监控,严堵病死动物进入流通环节。配合食安办重点查处历经铺加工病死鸡黑作坊案件,有力打击不法分子的嚣张气焰。三是开展瘦肉精及药物残留专项整治。全县共抽检生猪尿样6430个,瘦肉精检出率为零;抽检畜禽水产品样868个,进行违禁药物、药物残留检测,产品合格率100%,确保动物及其产品的质量安全。被省局授予"湖南省畜禽水产品安全监管示范县"称号,12月上旬,在县食品安全监管组成单位的民主评议活动中,取得现场评议第二名的好成绩。 (陈慧敏)

县牧工商公司

经　　理　王斌强

县动物卫生监督所

所　　长　肖　觉(女,4月任)

县动物疫病预防控制中心

主　　任　张英杰(4月任)

林　　业

县林业局

局长、党委书记

贺建勋(12月任)

局长、副书记

贺建勋(12月免)

书记、副局长

陈小平(1月免)

蒋益明(1月任,12月免)

副书记、副局长

蒋益明(12月任)

副书记、纪委书记

喻曼丽(女)

副 局 长　蒋志刚(1月免)

李曙光　郑泽良

贺随超　李文斌

刘志成(1月任)

工会主席　张嫦娥(女)

【概况】 2013年,宁乡县林业系统共有干部职工130人,其中在职72人(局机关33人、局属二级单位39人),离退休58人。有高、中级职称专业技术人员18人。局机关内设办公室、计财科、政工科、造林绿化科、森保科、行政审批服务科(资源林政法规科)、山林权属管理办公室等7个科室,下辖森林公安局、金洲湖湿地公园管理处、林业技术推广中心、龙田竹木检查站等4个二级机构。2013年,全县林业系统按党的十八大提出的生态文明建设目标要求,认真落实县委、县政府"四比四抓争先锋"活动总体部署,以"建设绿色宁乡,打造美丽家园"为主题,改革创新机制,强力推进城乡造林绿化,狠抓资源管护,有效促进森林资源稳步增长,全县森林覆盖率47.49%,森林蓄积量476万立方米。宁乡县被评为全省"营造林工作先进单位""公益林管护工作先进单位",获得长沙市"第三届森林消防技能比武实战演练综合特等奖""第三届森林消防技能比武实战演练组织优胜奖"。县林业局荣获长沙市"依法办事示范窗口单位""绿化工作先进单位";在全县政风行风测评中荣获"行政执法类单位第一名"。

全县全年共实施林业生态建设项目10个,投入资金1.5亿元,向国家、省、市争取林业项目资金7400万元,招商引资实现到位资金1.24亿元,林业总产值17.5亿元。世界银行贷款"湖南省森林资源恢复与发展"项目正式实施,完成333.33公顷的新造及改培。全县全年共完成营造林8800公顷。

其中人工造林2133公顷，油茶、楠竹低改800公顷，封山育林3200公顷，中幼林抚育2667公顷。宁乡县代表湖南省顺利通过重点工程国家营造林综合核查，取得5个100%的佳绩。为转变林业经济发展方式，县林业局科学引导全县大力发展林下种植和林下养殖，实现年产值8000多万元。积极协助林业专业合作上报项目，争取省级扶持1户，市级扶持4户。全年共审核办理用地项目116个，面积307.91公顷，林业用地额居全省县级第一位。

【启动“全民植树·美丽宁乡”生态建设】 2013年3月11日，“全民植树·美丽宁乡”生态建设三年行动暨2013年春季义务植树活动启动仪式在玉潭公园举行，湖南省林业厅副厅长胡长清、长沙市林业局局长周庆年、宁乡县全体县领导及各乡镇和县直部门单位负责人、企业家代表、中小学生代表、老年朋友代表、妇女代表等1100余人参加活动，栽植桂花、樟树、栾树、合欢、银杏、红叶石楠、垂柳等绿化大苗2000多株，在全县起到示范带头作用，全县上下掀起造林绿化大热潮，以植树建绿为主体的全民绿化行动全面铺开，义务植树、荒山造林、道路绿化、河岸绿化、村庄绿化、庭院绿化蓬勃开展。全年城乡植树207.4万株，绿化公路120公里，绿化河岸28.5公里。东湖塘镇燕山村、偕乐桥镇竹田村、菁华铺乡嶂山村、沙田乡堆资村、沩山乡沩山社区、玉潭镇花明社区成功创建为市级绿色村庄和绿色社区，同时创建3个省级生态家园示范村和3个市级花园式单位。

【森林资源管护】 2013年，全县森林资源管护力度继续加强，保障措施有效落实。一是加强林木采伐限额管理。全县商品材主伐计划按省林业厅要求，实行阳光分配制度，通过电视、报纸及网络平台进行公示，入村到户率100%，全年实际执行商品材主伐指标4222.7立方米。县内旅游风景名胜区范围内实行全面封山育林，沩山风景名胜区范围全面禁伐。二是有效加强公益林管理。为县内所有公益林购买森林保险，总保费123.6万元。三是加强有害生物监测预报及防控，扎实做好苗木产地检疫工作。林业有害生物灾害成灾率控制在3.4‰以下，无公害防治率85%以上，测报准确率90%以上，种苗产地检疫率100%，松材线虫病监测和普查率100%，对外地调入的松科植物及其产品检疫复检率100%。四是依法进行野生动物保护和管理，建立候鸟等野生动物资源保护体系，在大屯营、南田坪、夏铎铺、青山桥、巷子口、灰汤、朱良桥等7处候鸟栖息地成立护鸟队。五是加强湿地保护和管理，开展“珍爱金洲湖，保护母亲河”湿地保护宣传活动，公布第一批湿地保护名录，湿地保护率达到75%以上。六是顺利启动“十二五”期间森林资源二类调查。七是森林防火工作不断加强。全县各乡镇主要领导责任上肩，通过加强防火宣传、强化火源管理、加强监督检查、加大火案查处力度等各项措施，确保全县森林资源和人民生命财产安全。八是严厉惩处涉林违法犯罪行为。通过开展砂场整治、火案查处、天网二号、打击破坏野生动物资源违法犯罪、候鸟迁徙保护、打击盗伐、滥伐、非法运输等一系列专项行动，共查处各类涉林案件110起。其中刑事案件25起，破获10起，采取刑事强制措施19人；受理治安行政案件10起，行政拘留5人；查处林业行政案件75起，林业行政处罚75人，共收缴木材22立方米，收缴活立木210株，放生野生动物1100尾(条)，就地保护国家重点保护的野生植物15株，补种树木665株，为国家、集体和个人挽回经济损失50余万元。

【林业技术推广及科研】 2013年，县林业局采用定点育苗的方式在苗圃培育造林用苗，为全县提供优质造林苗木100多万株，良种使用率为100%。培育良种油茶穗条300多万个芽。在历经铺长沙林盛林业科技开发有限责任公司建设一个标准化的珍稀乡土树种育苗基地，高标准培育优质珍稀苗木20多万株。在菁华铺乡高标准建设一个13.33公顷的香榧试验基地，采用不同培育管理办法进行对比试验(嫁接与实生、不同造林密度、不同施肥，营养钵与裸根苗、荫棚与不搭荫棚)，总结出香榧最适宜的培育方法。在巷子口镇培育出优质香榧苗木2万多株、楠木1万多株。3月17日-4月3日，湖南省“十二五”期间森林资源二类调查技术培训班在宁乡举办，全省14个地、州、市的林业调查人员700多人参加培训，宁乡县林业调查设计队全体人员及部分乡镇林业专业技术人员参加此次培训，为宁乡森林资源二类调查工作的圆满完成打下良好基础。省林业厅于11月12日在宁乡举办一期珍稀乡土树种技术培训班，这是省林业厅专门为宁乡林业技术人员和林农举办的技术培训，在全省首开先河。

【城乡一体化建设】 2013年，宁乡县林业局积极服务城乡一体化建设，投入390万元，对朱良桥左家山赤龙岛湖泊水果庄园百果园进行建设，修建游道1400米，观光亭1座，栽植石榴树、杨梅树、桃树2000多株，栽植柚子树1200余株，架滴灌管道3000米，铺草皮2000余平方米，并在公路两旁播种草花组合种子100公斤。煤炭坝镇城乡一体化绿化项目投入230万元，对玉煤大道、煤城大道进行高标准绿化，栽植樟树、红叶石楠、红叶李、楠木、木槿等5000余株，插植小灌木1000余平方米，铺草皮1.2万平方米。按期高质完成沙田乡何叔衡广场绿化项目。

【西部挖山洗砂治理】 2013年，县林业局组织对西部10个乡镇52家砂场进行关停，并安排6名工作队员驻守西部乡镇开展一个月的清理打击行动，全天候进行排查，防止挖山洗砂行为死灰复燃。

投入20多万元，对挖山洗砂破坏的林地进行植被恢复,栽植耐瘠薄的杜英、栾树1万多株,撒播草籽100多公斤,并与相关乡镇衔接落实后期管护措施,建立长效机制。

【组织开展抗旱工作】 2013年8月–9月连续高温干旱天气,林业系统干部职工取消双休,积极组织开展抗旱保苗工作,提早对全县所有育苗户和造林大户进行科学抗旱宣传并现场进行指导,督促各乡镇抓好区域内造林绿化苗木抗旱保苗,切实将损失降到最低。同时,按县委、县政府要求,安排16名工作队员到流沙河镇10个村驻村半个月帮扶抗旱,调处化解用水矛盾纠纷,指导村民自救,并资助13万元购买抗旱设备。（刘　平）

县森林公安局

局　　长　肖文亮(1月免)
　　　　　黄求文(1月任)
政　　委　刘伯辉(1月免)
　　　　　刘伟文(9月任)

金洲湖国家湿地公园管理处

主　　任　郑泽良(兼,1月任)

水　务

县水务局

局长、党委书记
　　　　　吴利民(12月任)
局长、副书记
　　　　　闵志平(1月免)
　　　　　吴利民(1月任,12月免)
书记、副局长
　　　　　刘新良(12月免)
副书记、副局长
　　　　　刘新良(12月任)
　　　　　杨正清(1月任)
副 书 记　刘奋强(1月免)
　　　　　邹正良
副 局 长　曾海清(1月免)
　　　　　胡思佳(4月免)
　　　　　王智勇
　　　　　朱拥政(4月任)
工会主席　邓志宏

【概况】 2013年，宁乡县水务系统共有干部职工895人,其中在职722人(局机关68人、局属二级单位654人)、离退休173人。有高、中级职称专业技术人员103人。局机关内设办公室、防汛抗旱指挥部办公室（内设水建办）、财务审计科、政工人事科(内设计生办)、水务法规科、规划建设科、监察评审科、水务管理科、质量安全监督管理科、中心办公室等10个科室。下设田坪水库管理所、洞庭水库管理所、韶山灌区花明楼管理所、水土保持预防监督局、水利建设投资开发有限公司、河道堤防管理站、机电排灌堤垸城市防洪管理站、水利水电建设总公司、水利水电勘测设计院、沩溪水电站、滩山铺电站、防汛抗旱服务中心等12家二级机构。

全县共有大中小水利工程7.6万处。其中:大型工程2处,即黄材水库(总库容1.49亿立方米,正常库容1.26亿立方米)、韶山灌区;中型工程3处,即田坪水库(总库容4414万立方米,正常库容4176万立方米)、洞庭桥水库（总库容1268万立方米,正常库容1044万立方米)和沩丰坝灌区;小一型水库31座,小二型水库129座,总库容3.11亿立方米，调洪库容4593.6万立方米，有效灌溉面积5.11万公顷。有河坝7000余处,山塘6.5万口，机电排灌站1365处2.8万千瓦,灌溉面积2.52万公顷,其中55千瓦以上机埠80处7850千瓦。全县蓄、引、提总水量7.58亿立方米，其中蓄水量6.29亿立方米,有效灌溉面积6.67万公顷,旱涝保收面积3万公顷。县境内长5公里的河流有162条。境内主要有沩江、靳江、乌江、楚江,即“宁乡四水”。县内有新民、群英、闸坝湖、回龙4大堤垸,防洪大堤总长73.2公里,涵闸160处。

2013年，县水务局谋划大中型水闸除险加固、农村河道综合治理、田间水利工程建设、铁冲水库扩容升型等一批重大项目。全年实现招商引资到位资金3亿元以上,较2012年的2.65亿元增长13.2%,为目标任务2.8亿元的107%。2013年，宁乡县水务局被评为2013年度全省河道管理先进单位;湖南省水土保持监督管理示范单位。

【水利建设】 2013年，宁乡县水务局坚持项目兴水思想,不断加大项目建设投入力度,全年完成水利建设投入6亿元,其中中央投资2亿元、省级投资2932万元、市级投资6187.6万元,县级财政投入1.6亿元，群众及社会各界投入1.97亿元,较2012年相比增加12.1%。一是中央投资项目全面完成。投入7940万元,高标准完成30座小二型水库除险加固工程；投入1167万元完成韶花泵站更新改造;投入5665万元完成农村安全饮水工程，彻底解决了8.51万农村人口饮水不安全问题；投入3810万元完成沩水巷子口黄材段等地的中小河流治理。投资2.09亿元完成田间水利扩容提质工程第一阶段工程。二是县域重点项目全面竣工。为服务县域经济发展,优化经济发展环境,根据县委、县政府的统一安排，县水务局投入5598万元建成一批服务县域经济发展的重点生态水利工程,如楚江河全线治理、闸坝湖防汛应急通道建设、煤炭坝楷树村水利工程建设等。三是农田水利扩容提质工程效果显著。宁乡县在全省率先启动实施农村田间水利扩容提质工程。按照政府主导、村组主力、群众主体的工作思路,根据以奖代补、生态实用的原则,全县总动员,全民大会战,自2013年8月正式启动到2013年年底共清淤山塘2920口、新建248口，改善和增加蓄水面1733.33公顷，疏浚沟渠2876公里,整治河道1151公里,改造田间渠系2.12万公顷，更新改造河坝371座，修复大小水毁工程447处,掀起近三十年内最大的水利建设高潮。

【防灾减灾工作】 2013年4月–6月，宁乡县遭遇三轮强降雨以及一轮特大暴雨袭击。6月底开始又遭遇连续53天的干旱，打破宁乡有气象记载以来的最长纪2012上年同期的1454毫米减少24%，7月全县有效降雨仅2.4毫米，已达宁乡近六十年内同期干旱极值。县水务局积极应对，科学把握，共派出8个督查组进行昼夜督察和技术指导，对重点干旱地区进行有效调度，实现水资源的合理配置。组织抗旱经费1400多万元用于疏通渠道、水毁工程修复和购置抗旱设备。发放各型号提水设备1.19万台，维修提灌设施210台次，受益农田达到4033万公顷，确保特殊之年没有发生大的灾害损失。

【水生态治理】 2013年，宁乡县水务局制定周密的西部砂场关闭工作方案，派出工作人员分河段摸底、守护，分砂场逐个下发法律文书，配合乡镇一次性关闭77家西部砂场；投入120万元解除田坪水库、洞庭桥水库两个水库的承包合同，两个水库整体退出投肥养殖；联合公安等部门对沩水河段非法采砂活动严厉打击，非法采砂得到有效遏制。为落实省政府"一号重点工程"的要求，县水务局制定《宁乡县"全民护水·美丽宁乡"沩江流域治理三年行动方案》，规划三年完成沩楚乌靳四江治理。其中楚江治理于11月全线启动，将于2014年3月完成。 （罗 芳）

县防汛抗旱指挥部办公室
主 任 喻起宏
县水土保持预防监督局
党支部书记
周湘赣
局 长 周光明

韶山灌区宁乡县花明楼管理所
所 长 黄学良

田坪水库管理所
所 长 谢建新（1月任）

洞庭水库管理所
所 长 唐喜华（1月任）

黄材水库灌区管理

长沙市黄材水库灌区管理局
局长、副书记
谭强斌（7月免）
廖金鹏（7月任）
党委书记、副局长
饶世坤
副书记
黄泽平
副 局 长 朱拥政（4月免）
苏剑波 姜念东
易福乔（1月任）
戴雪良（4月任）
纪委书记 罗文斌

【概况】 长沙市黄材水库灌区管理局为副县级事业单位，主要负责黄材水库的检查、观测和养护；组织黄材水库的防汛抢险和抗旱；负责统一调度灌区内的用水，努力确保灌区内农业灌溉、工矿企业和居民生活用水的供水；组织灌区内干渠的维修、养护、管理和巡查处险工作。2013年，长沙市黄材水库灌区管理局机关内设办公室、人事科、财务科、工程科、计生办、水资源管理科（执法大队）共6个科室，下设大坝管理所、横双灌区管理所、煤炭坝灌区管理所、沙河灌区管理所、水利经济中心、电站等6个法人单位。总人数667人，其中在职干部职工449人、离退休134人、遗属伤残人员84人。局机关获"湖南省2013年度大型灌区建设和管理先进单位"，青洋湖枣庄获"长沙市农业化产业龙头企业"，青洋湖水产养殖有限公司获"有机生态渔场认证"和"无公害农产品产地认证"。

【项目工程】 2013年，长沙市黄材水库灌区管理局项目工程主要是大型水库灌区续建配套与节水改造工程，该项目系2000年4月，由省水利水电勘测设计研究院编制的灌区续建配套与节水改造规划，当时总规模计划投资4.39亿元，其中主体工程2.59亿元，田间工程1.8亿元。于1998年启动，已下达7批投资计划，主体工程到位资金1.4亿元，未到位资金6700万元，计划在2015年年底前分批到位。2010年，由湖南省长沙水文水资源勘测局编制黄材水库水资源保护规划文本。投资规模为13.6亿元。规划近期为2009年－2020年，远期为2020年－2030年，通过设置水源保护区，加强水质监测，实施水域纳污总量控制，修复河库的生态环境，水质达到国家规定的生活用水标准。2013年，长沙市黄材水库灌区管理局接受工程、财务、纪委和参建各方对2012年续建配套项目建设的初步验收，完善工程竣工验收的所有准备工作。2013年续建配套项目建设工程已完成年度实施方案设计；鸡子湾等病险水闸已初审，并报省水利厅审查；沩丰坝水闸招标设计合同已经签订；陶公坝水闸在初步设计；灌区防汛公路进入规划阶段。贺家冲渡槽项目如期如质竣工。长沙市黄材水库灌区管理局还主动抽调人员参与八家湾水库建设，积极为推动"引黄入玉"（引黄材水库的水进入玉潭镇，也就是建八家湾水库）工程作出贡献。

【产业发展】 2013年，长沙市黄材水库灌区管理局实行产业再投入，产业结构再优化，着力打造精品产业，推动产业稳步发展。年底，向黄材库区投放鱼苗10余万公斤，并投入60多万元完善库区养殖基础设施。库区鲟龙鱼养殖基地二期工程已全部完工，并投入使用。横双管理所利用水位较低的有利时机，进行一次大型捕捞，共捕鱼2.5万公斤，创造经济效益80余万元；充分利用春季雨水多，水位较高的有利时机，主动与沩山旅游线对接，扩大库区旅游影响力，打造水利旅游风景区，实现收入近30万元。煤炭坝管理所新建成投资200万元的连栋钢结构大棚，并积极聘请多名省林业科技大学专业技术人员指导枣林的挂果维护技术，全年产量2.5万公斤，实现收入近20万元。沙河所积极推动蔬菜基地建设,初见成效。电站充分利用雨季水源充沛的有利时期,严格安全生产,全年发电实现收入300多万元。

【防汛抗旱】 2013年，黄材水库最大蓄水1.2亿立方米,是历史上蓄水最好的年份之一。全年库区累计降雨1360.9毫米，其中汛期降雨1209.8毫米，坝址最大日降雨量为185.2毫米，水库最高水位164.26米（2013年7月2日),相应库容为1.14亿立方米；最大日入库水量为1506.8万立方米。4月－6月控制发电,蓄水保水,7月2日库水位达到164.26米,7月－8月出现连续50多天的高温无雨的极端天气,在宁乡县超过历史极限,尽管这样黄材水库不仅保持渠道高水位灌水,而且还每天向沩江补水60万立方米，保证沩江两岸生产和县城居民自来水供水。农村安全饮水工程每天向黄材、横市、双凫铺、大成桥集镇供水近5000吨。制定比较合理的轮灌计划,并严格按计划实施，采用分段负责制,组织200多名干部职工上渠道连续奋战50多天，保证灌区2.7万公顷农田的灌溉,做到大旱无大灾。汛前组织对各类防汛设备设施进行全面检修、调试,确保都能正常运转。汛前检查处险到位。共投入资金近200多万元,维修和更换部分涵闸及启闭设施,对部分险工险段及时组织处置。积极利用春灌时机,科学调度,在抗旱轮灌期间对朱婆塘滑坡、道林灌滑坡、北干渠付家塘滑坡进行处险加固;对干渠桃源冲、周家冲、天平、万家坳、燕子坡、段家桥、袁家坝等多处险工险段及时进行处置,更换和维修部分涵闸及启闭设施;对沙河左干渠刁子潭电排进行突击建立,确保灌区抗旱工作的胜利和灌区农业生产的丰收。储备砂卵石1420立方米、编织袋3.2万只、彩条布1.6万平方米、木材12立方米等防汛物资,随时应对突发险情;全系统按要求组建5支防汛抢险队伍,随时进行防汛抢险。

【清淤扫障】 2013年，长沙市黄材灌区管理局针对干旱中出现的主干渠和沙河左干渠淤塞严重,渠道内外两岸杂草杂树丛生,阻水障碍多，过水能力大为降低的问题,全面组织对总干渠和沙河左干渠进行大规模清淤扫障。10月下旬开始，局领导班子成员和科室、二级单位主要负责人近30人的队伍徒步走完78.5公里主干渠，对渠道沿线滑坡、堵塞、险情、涵闸毁损情况进行全面摸底登记。10月25日,县委召开县委办公会议,将渠道清淤扫障作为冬修水利重点,及早安排部署,深入宣传发动,集中人力、物力、财力,对淤塞严重的渠道进行高标准疏通。长沙市黄材灌区管理局共投入资金400万元,动用大小挖机17台、铲车4台、吊车2台;大小运输车辆63辆,投入人工1.2万个工日。12月底完成主干渠78.5公里和沙河左干渠16公里的清淤扫障工作,是自主干渠建成以来最为彻底的一次清淤扫障。

（谢术安）

办公室主任
喻振军(9月免)
谢术安(9月任)
人事科科长
刘爱平(女)
财务审计科科长
孙小莲(女)
水利管理科科长
姜炼武

水利经济中心
主　　任 隆命洪(12月免)
廖大典(12月任)

横双灌区管理所
所　　长 陈逸民(12月免)
李尚彪(12月任)

煤炭坝灌区管理所
所　　长 廖大典(12月免)
隆命洪(12月任)

沙河灌区管理所
所　　长 李尚彪(12月免)
陈逸民(12月任)

大坝管理所
所　　长 熊　胜(9月免)
喻振军(9月任)

农业机械管理

县农业机械管理局
局长、党委书记
戴合清(12月任)
局长、副书记
戴合清(12月免)
书记、副局长
文建华(12月免)
副书记、副局长
文建华(12月任)
副 局 长 李祖武
鲁建河(1月免)
袁庆阳(4月任)
副局长、纪委书记
张建良(9月任)
工会主席 龙汉兵

【概况】 2013年，宁乡县农业机械管理局（以下简称县农机局)内设办公室、政工科、管理科、科教科、财务科、农机化服务中心等6个科室，下设农机安全监理站、农机化学校、农机研究所等3个下属单位。全局共有干部职工134人，其中在岗49人、下岗84人。担负着全县农业机械化发展规划制定、实施,农机监督管理,农机安全监理,农机技术推广,农机驾驶人员培训等重要职能。

全年全县农机总动力达到159.8万千瓦，农机化综合作业水平达到69.6%,农机对农民增收的贡献率达到17.2%;共有各类农业机械24.24万台(套),其中:联合收割机4302台，大中型拖拉机2084台，小型拖拉机7350台，插秧机416台,大型履带式耕田机204台。

【推广机插秧技术】 2013年,宁

乡继续机插秧推广工作。全年共投入400万元，推广插秧机及成套设备152台（套）、推广机插秧面积3000公顷，推广育秧硬盘36万多个，新建育秧联栋大棚14座2.82万平方米。一是强化行政推动。县委常委陈永高亲任机插秧推广领导小组组长，农机、财政、农业及各乡镇单位密切配合，全面负责组织水稻机插秧推广工作。县政府下发文件，把机插秧推广工作纳入政府对部门和乡镇目标考核记分内容。二是强化技术培训。在育秧环节上，结合阳光工程培训行动，在全县22个乡镇培训机插秧育秧技术能手1080人；在机械操作上，对每个机插秧示范点都要组织培训3次以上，集中对示范户进行理论和临田操作培训；在责任明确上，实行1个成员负责1个示范点，1名农技干部和1名农机干部负责1个示范户，保证各项技术措施落实到位。全年共组织机插秧现场技术培训30场次，举办县级培训班5次，乡村级培训班22个，发放技术资料1.3万份。三是组织跟踪指导。成立水稻机插秧推广领导小组和技术实施小组，实行任务到人、跟踪服务到位的工作制度。派出两名年轻干部在坝塘育秧中心全程跟踪2个多月，与农民同吃、同住、同劳动。全局24名工作人员，组成5个指导组，从3月10日起赴各乡镇、村、点、户负责抓好各项技术措施的落实到位，开展临田技术培训和田间技术指导。

【推进农机大市场项目】 2013年，县农机局将建设湘中南农机机电大市场作为2013年度的一项重点工作。该项目全年完成投资1.5亿元，年底基本完成征地拆迁、“三通一平”、管网、路网、电力基础设施建设。第一期于10月15日销售完毕，141空门面抢购一空，并开始土建。县城内12户规模较大的农机经销商和40多户农机机电经销商入驻市场，在市场购买门面100多空，有利于市场发展。一是争取各级领导重视和支持，为市场建设提供组织保障，多次深入市场，进行现场调研、解决具体问题。9月底县人民政府出台关于加快建设湘中南农机机电大市场的文件，推出扶持政策，支持项目建设；二是利用购机补贴、土地优惠等政策和优化机车上户等服务措施推动市场建设；三是广泛宣传发动，动员县城各农机机电商户积极入驻市场。

【农机安全监管】 2013年，宁乡农机安全监理工作平稳运行，无一例重特大农机安全事故，无一例死亡事故。一是春运安全生产大检查。在节前和春运期间，多次组织监理执法人员开展安全隐患排查行动，两个外勤组共出勤100多人次，积极配合公安交通管理部门维护农村公路交通秩序，严肃查处拖拉机载客、超速行驶、酒后驾车等严重违法行为。二是安全生产集中行动。共组织开展“打非治违”“安全生产大检查”“重大节假日安保行动”“三城同创”“平安农机”“安全生产活动月” 等专项行动6次；出动执法车辆487台次，人员892人次；纠正农机违法行为253起。三是搞好农机年检。根据省、市2013年下发的农机检审工作的文件，制定工作细则，召开年检动员大会，提出具体要求。全年共有拖拉机4200台参检，参检率95%。四是平安农机安全村建设。投入资金20万元，创建1个“平安农机”示范乡、10个“平安农机”示范村、200户“平安农机”示范户。五是严把上户、培训、考证关。全年受理拖拉机注册登记773台、收割机注册登记247台；受理拖拉机、收割机驾驶员培训考证615人，共培训各类农机驾驶员2300多人，阳光工程学员1200多人，复训拖拉机驾驶员3200多人，总培训人数比2012年增长12%，为农机安全生产提供人员和技术保障。

【农机购置补贴】 2013年，是改革购机补贴拨付方式后的第二年，操作程序和核查环节更加合理、更加规范。全县全年共获得购机补贴1723.67万元，补贴大型机具2000多台套。改革购机补贴拨付方式后，资金流向更加合理，农机装备结构继续优化，大中型机具和插秧机数量逐步增加，农民满意度大幅提升，购机补贴工作走在全省前列。补贴办本着为民服务的思想，尽快将补贴资金发放到群众手中上半年自启动补贴工作以来，共安排5批次的打卡到户工作，共计资金753.35万元，群众反映非常好。资金发放中无挤占、截留、挪用补贴资金行为，无暗箱操作、串通合谋骗取套取补贴资金等行为。

【完成县委中心工作】 2013年，县农机局全面完成县委中心工作。一是农机抗旱工作。宁乡遭遇近五十年内最严重干旱，为减轻旱灾造成的损失，确保全县粮食丰收，农机局共派出维修、安装等技术人员150人次，分成8个抗旱机具维修小组，分赴资福、朱良桥、偕乐桥、大屯营、道林、花明楼、枫木桥等乡镇组织指导抗旱机具维修、安装和安全使用等工作。在旱情最严重的朱良桥、资福、大屯营、偕乐桥等抗旱第一线，农机局为当地的种粮大户送去抗旱柴油机水泵机组、大功率电泵等抗旱机具100多台(套)，总价值20多万元。二是开展“结对认亲，排忧解难”帮扶活动。7月29日，农机局50多名党员干部在局领导带领下，分别到资福乡的龙马和窑里两个村，开展“结对认亲，排忧解难”活动。这次活动中共有20余户贫困家庭与农机局党员干部“结亲”，大家为他们捐献慰问金7500元，并留下彼此的联系方式，成为常来常往的好亲戚。三是两帮两促工作。“两帮两促” 工作是县委、县政府交办的一项重要工作，农机局所联项目为“中国建筑材料科学总院高科技人才产业基地”，局领导高度重视，专门成立以工会主席龙汉斌为组长，实体办主任肖玲为副组长的“两帮两促”工作小组，并在车辆安排和人员安排上优先保障,保证每月4次以上到现场调研和其他工作的服务。至年底,该项目前期规划设计、电力、路网、"三通一平"等基础设施得以及时完成,保障项目顺利开工。

(陈紫高)

县农机安全监理站

站　　长　周立军

农村经济经营管理

县农村经济经营管理局

局长、副书记　周兵山

党组书记　黎成吉(1月免)

副 局 长　张国强

谭正文

曾曙光(1月免)

成江林(1月任)

纪检组长　邓建良

【概况】 2013年,宁乡县农村经济经营管理局(以下简称县经管局)共有在岗干部职工19人,内设办公室、农村经营体制科、村级财务管理科、农民负担监督管理科等4个科室。县经管局坚持以科学发展观为指导,严格按照"协调服务、创先争优"的原则,依法依规认真做好村级财务管理、指导农民专业合作社发展、农民负担监督管理、引导农村土地规模流转等工作。2013年,县经管局荣获省"农村经营管理工作综合先进单位""农民合作组织建设工作先进单位",市"农村经营管理工作先进单位""农经集体经济审计工作先进单位"等荣誉。

【稳定农村发展环境】 2013年,县经管局制定《财务审计工作规划》和《财务审计规程》,明确审计重点,进一步规范审计工作流程,确保审计质量。年初,县经管局督促乡镇全面开展农村财务专项清理,对33个乡镇的村级财务规范化工作进行督察,按照要求对各乡镇按财务规范化的要求现场点评、整改,规范基层财务管理、提高基层民主水平。全年重点审计的21个村中查出的违纪违规资金419万元,其中收缴财政73.81万元,受到组织处理或纪律处分的干部37人。由县经管局制定的《宁乡县农村公共资源交易实施办法(试行)》(宁政办发〔2013〕49号文件),对农村公共资源交易行为进行规范,全年通过交易平台进行的交易项目102个,交易金额4644万元,为村集体节约资金310余万元,节约率6.68%。

【助力农业经济发展】 宁乡县农民合作社服务内容涵盖农产品生产、加工营销、技术服务等多个产业领域,在推动现代农业发展中发挥重要作用。2013年,全县已注册农民专业合作社1101家,比2012年同期新增283家。其中,腾飞养猪专业合作社等6家被农业部确定为示范合作社;振兴茶叶专业合作社和曾氏养猪专业合作社被确定为2013年省为民办实事示范社项目;白洋中药材种植专业合作社等16家专业合作社、菁华铺乡民联土地专业合作社等8家土地专业合作社和喻家坳星安农场等3家家庭农场被确定为市级示范项目,争取到上级扶持资金249万元。同时,在农民合作社带动下,全县有8446.67公顷土地通过流转进入合作社,合作社根据当地的优势主导产业统一经营,形成区域化布局、规模化经营和集约化生产,极大地提高土地利用率和生产效益。

【切实减轻农民负担】 2013年,县经管局严格按照国办发〔2012〕22号和湘政办发〔2012〕69号文件精神,进一步健全工作机构,健全审核、公示、处访机制,认真落实惠农补贴、规范义务教育收费、严禁搭车摊派收费、实行报刊征订限额、严格"一事一议"制度,延伸监管范围,开展专项治理,强化财政审计,做好确保惠农政策落到实处、推动农民负担持续减轻工作。全县"一事一议"项目按照标准共筹资973.5万元,筹劳2.23万个,争取省、市补助资金2000万元,有效改善村级公路、山塘、渠道等农村基础设施,惠及群众69.7万人。

【打造农村经济经营管理队伍】 2013年,县经管局贯彻落实"四比四抓争先锋"的活动要求,以作风建设为契机,以忠诚履职活动为抓手,完善机关制度、改进工作作风,全面提升干部职工的综合素质。一是强化制度约束,年初制定《关于改进机关工作作风的规定》,严格请休假制度,实行干部职工工作去向签到制,并成立作风建设督查小组加强对各项规章制度执行情况的督察;二是加强党风廉政建设,制定廉政风险防控机制,主动排查岗位廉政风险点,建立起覆盖职能行使全过程的预防监控机制,促使党员干部廉洁自律,提高预防腐败工作的科学化和规范化水平;三是切实转变工作作风,领导干部率先垂范,在抗旱救灾工作中由班子成员亲自带队连续半个月吃住在联点村,协助村上开展抗旱救灾工作,处理用水纠纷40多起。通过严格制度执行和领导干部带头示范,形成一支严纪律、优作风、高素质的农经干部队伍,为做好新形势下农经工作打下良好基础。

(石玉英)

农村能源

县农村能源办公室

主　　任　蔡石皎

副 主 任　邓孝明(1月免)

刘瑞山

周学清(女,1月任)

【概况】 2013年,宁乡县农村能源办公室内设办公室、财务科、项目管理科、科教科等4个科室,下设自收自支事业单位1个(宁乡县能源技术服务中心);共有在册干部职工27人,其中机关15人、县能源技术服务中心12人。

全县全年新增农村沼气用户

1658户，新增太阳能热水器用户2142户，新增高效生物质炉灶(含节煤炉灶)用户907户；新建宁乡县偕乐桥镇双盆村可再生能源服务站等3处。截至2013年12月30日，宁乡县中央投资农村沼气项目建设任务按时如质完成。2013年中央预算内投资农村沼气项目获农业部批准，项目任务包括建设户用沼气池700口，乡村服务网点15个，大型沼气池1处，中央预算内投入资金337.1万元。荣获"2013年度省农村能源建设先进单位""2013年度市农村能源建设先进单位"。

【农村能源建设】 2013年，县能源办采取有力措施进一步加强农村能源建设。一是通过抓沼气综合利用特色，结合乡村环境整治，大力发展户用沼气，结合整县推进禽畜养殖场粪污沼化治理，稳步推进大中型沼气，沼气建设稳步推进；二是通过抓太阳能利用普及，坚持走太阳能综合开发利用，省柴节煤炉(灶)推广等多能互补、综合开发、多元化发展的路子；三是通过项目带动，引导太阳能热水器市场化推广，通过示范带动，加大太阳能光伏路灯推广力度，新安装太阳能光伏路灯289盏，综合提高清洁能源利用率，不断提升新能源利用水平。 (杨春辉)

气　　象

县气象局

局长、党组书记

戴科良(11月免)

黄正才(11月任)

副 局 长 张果军

纪检组长 崔剑峰

【概况】 2013年，县气象局共有干部职工32人，其中在职25人、离退休7人。机关内设综合管理办公室和防灾减灾科等2个科室，下辖气象台、气象服务中心、防雷中心、人工影响天气中心等4个直属业务单位，其中气象台为副科级直属业务单位。县气象局全体干部职工以提高预报预测准确率和公共气象服务全覆盖为中心，以气象工作政府化，气象服务社会化，气象业务现代化为抓手，圆满完成年度目标管理任务，先后荣获"湖南省气象部门廉政文化示范点"，宁乡县"'四比四抓争先锋'活动暨绩效考核先进单位""烟叶生产优质服务单位"等荣誉称号。

【气候综述】 2013年，宁乡县平均气温18.5℃，较历年平均偏高1.4℃，除2月、9月偏低外，其余月份均偏高，特别是3月、7月、8月气温偏高较多，3月平均气温为建站以来第二高值年，7月、8月平均气温为建站以来第一高值年。年极端最高气温39.8℃，出现在8月11日，年极端最低气温-3.8℃，出现在1月4日。年降水量1434.7毫米，较历年同期偏少16毫米，除4月、5月、6月、9月偏多外，其余月份均偏少，特别是7月、10月降水量异常偏少。7月降水量为建站以来第一低值年，10月降水量为建站以来第二低值年。年降水日数121天，较历年平均偏少35天。年日照时数1966.6小时，较历年同期偏多284.1小时，特别是6月中旬日照时数为119.6小时、7月日照时数364.5小时，均为建站以来第一高值年。

综观全年：气温正常偏高，降水正常略偏少，日照偏多。气候对农作物生长有利有弊，年景偏差。1月上旬、2月上中旬出现低温雨雪天气，对油菜和蔬菜等农作物生长发育不利。3月上旬气温异常偏高，为建站以来第一高值年，日照偏多，利于油菜开花结荚及作物生长。4月4日，全县普降暴雨，本站降水量51.8毫米；18日，双江口镇、朱良桥乡遭受大风、冰雹天气袭击。5月上旬降水异常偏多，日照偏少，不利于作物生长。5月6日-10日，夏铎铺、沙田等4个乡镇大暴雨；14日下午3点开始至16日，宁乡境内普降暴雨，5个乡镇达大暴雨以上，尤其是大屯营乡24小时雨量216.6毫米。6月26日、27日，全县普降大暴雨，9个乡镇雨量达到200毫米以上(本站降水量达241.4毫米)，尤其是双凫铺镇降雨量达到352.4毫米。受副高控制，7月10日-20日，出现连续11天日最高气温≥35℃高温天气，达到中度高温热害标准，7月22日-8月16日，出现连续26天日最高气温≥35℃高温天气，达到重度高温热害标准。6月29日-8月18日，50多天基本无雨，加上连续高温，达重度气象干旱。9月3日-6日，日平均温度≤20℃，达到轻度寒露风标准，25日-28日日平均温度≤20℃，且25日-27日日平均温度≤17℃，达到重度寒露风标准。9月下旬降水量82.1毫米，为建站以来第一高值年，上旬和下旬寒露风天气过程对农作物生长有一定影响。9月中旬至10月上半月，气温高，降水少，日照充足，利于一季稻收晒和晚稻灌浆成熟。11月、12月气候条件较好，利于冬季作物生长。

【汛期气象服务】 2013年，宁乡汛期的气候特点是：降水时空分布不均，前多后少，4月-6月强对流和强降雨等灾害性天气频发。4月18日，双江口镇、朱良桥乡经历冰雹大风天气，县气象局提前做出预报预警。汛期出现4月4日、4月30日、5月7日、5月14日、6月26日-7日五轮暴雨或大暴雨过程。县气象局通过预警平台发布各类农业气象服务短信及预警信息近200多期150万余人次，制作《汛期气象服务》(17期)、《农用天气预报》(15期)、《农业气象灾害预警》(8期)等专题服务材料。每次强对流和强降雨开始前，县气象局都通过短信平台、电子显示屏、气象大喇叭、《天气预报》节目等渠道迅速将各类气象信息和预警短信传递到县、乡、村、组各级防汛责任人和农业大户等相关人员手中。

【人工增雨缓解旱情】 2013年，宁乡遭遇历史上罕见的持续高温干旱天气。从6月29日到8月18日，连续51天全县没有出现有效降水，期间，连续27天出现35℃以上的高温，这是宁乡自1959年有气象资料纪录以来夏季干旱最为严重、高温日数持续时间最长的一年。7月初，县气象局出动两门“三七”增雨高炮、3架车载增雨火箭，20名作业员，6名技术保障员，24小时彻夜值守，先后在全县33个乡镇进行流动增雨作业40余次，发射增雨火箭124枚，增雨高炮650枚，先后投入抗旱资金100多万元，为全县增水400万立方米以上，有效缓解全县旱情，抗旱工作得到各级领导和社会各界的肯定。8月3日，长沙政法频道对宁乡人工增雨实况进行现场直播。

【“三农”气象服务】 2011年－2013年，宁乡县连续3年列为全国气象“三农”服务专项建设示范县。县气象局紧扣特色农业产业，通过整合部门资源优势，细化服务内容，采取以点带面，点面结合的方式，积极开展气象“三农”服务工作。2013年，县气象局与长沙农业气象试验站合作，建立早(晚)稻、油菜、蔬菜、烟草等农作物的气象指标体系，完成水稻的农业气候区划，撰写《2013年宁乡县回龙铺基地早稻气候条件评价》，并在回龙铺天鹅村优质稻基地和喻家坳玉山村烟叶基地各设立2公顷的水稻、烟叶试验田，安装配备梯度观测系统和实景观测系统，并在水稻试验田进行《适时晒田控制水稻无效分蘖技术》和《早稻幼穗分化增温技术》的农业气象适用技术的实验与示范推广，受到各界肯定和好评。

【气象现代化建设】 2013年9月，湖南省气象局应宁乡县人民政府的申请，批准宁乡为全省唯一“率先基本实现气象现代化示范县”。县气象局按照“一流装备、一流技术、一流人才、一流台站”的目标要求，紧紧围绕县委、县政府“打造省会次中心、构建幸福新宁乡、建设全国一流现代经济强县”的宏伟目标，积极推进气象工作政府化、气象业务现代化、气象服务社会化。年底，气象灾害预警中心业务办公楼通过半年的精心规划和设计，已建成并投入使用；综合气象监测中心建设项目进入选址、规划设计阶段；县气象灾害防御中心成立，部分地方编制工作人员的选拔招聘工作基本完成；《宁乡县率先基本实现气象现代化实施方案》顺利通过省、市专家组评审。

（刘亚华）

工　业

工业经济

县工业和信息化局
局长、党委书记
　　刘建斌(12 月任)
局长、副书记
　　刘建斌(12 月免)
书记、副局长
　　王社平(1 月免)
　　谭放平(1月任,12月免)
副书记、副局长
　　谭放平(12 月任)
副书记、纪委书记
　　谢晓玲(女)
副 局 长　赵光辉　刘文军
　　李小明　肖　敏
　　魏　民
　　戴克难(1 月任)
工会主席　雷淑芳(女,1 月免)
　　陈湘楹(1 月任)

【概况】 2013 年，县工业和信息化局(以下简称县工信局)机关共有干部职工 198 人，其中在职 63 人,离退休 135 人,内设办公室、财务科、人事科、经济运行科、产业发展科、项目招商办、改制办、综治维稳办、计生办、煤炭行业办、中小企业服务中心、电力能源科等 12 个科室,下设宁乡县工信产业投资有限公司、宁乡县矿山救护队等 2 个直属二级机构。2013 年,县工信局荣获省“加速推进新型工业化一等奖”;市“加速推进新型工业化工作红旗单位”;县“先进基层党委”“五好领导班子”“推进新型工业化突出贡献单位”“优化经济发展环境工作模范单位”“四比四抓争先锋活动暨绩效考核先进单位”“招商引资工作先进单位”“项目工程服务先进单位”“综治工作先进单位”“信访工作先进单位”“人口和计划生育工作先进单位”“党报党刊发行工作先进单位”“老干部工作先进集体”“工会工作先进单位”“党风廉政建设工作先进单位”“政务公开先进单位”“重点项目建设先进单位”等 18 项荣誉。

2013 年，全县实现工业总产值 1751 亿元，比 2012 年增长 18.6%;实现规模工业总产值 1464 亿元,比 2012 年增长 21.7%,规模工业总量保持全省县级城市第二;实现规模工业增加值 358 亿元,比 2012 年增长 19.4%，增速位居长沙市第二。工业经济对县域 GDP 增长的贡献率为 78.4%。实现工业税收 19.62 亿元，比 2012 年增长 19.6%,其中规模工业企业实缴税金 12 亿元,比 2012 年增长 3.2%。实缴税金 500 万元以上的工业企业 39 家，其中税收过 1 亿元企业 2 家、税收过 5000 万元企业 6 家、税收过 2000 万元企业 13 家、税收过 1000 万元企业 24 家。三一汽车起重机上缴税收 1.41 亿元,加加食品上缴税收 1.39 亿元。

【园区建设】 2013 年，国家级宁乡经济技术开发区强力推进国家再制造产业示范基地建设,荣获全省加速推进新型工业化园区二等奖，在招商引资和项目建设上,走在全省的前列。金洲新区打造中国(湖南）科技成果转化和知识产权交易服务中心、高校科技成果产业化基地,荣获市“创新型园区”。金玉工业集中区致力打造全省产业集聚集约发展样板平台,已签订入园项目 20 个，洽谈招商意向项目 74 个,预计总投资 16.8 亿元。夏铎铺机械工业园内企业突破 100 家，紧紧围绕配套、先进装备制造、主体园区、汽车产业做活文章。煤炭坝 13 个门业项目成功签约,“中部门业”基地高起点规划之中。双凫铺鞋业园 11 家企业签订入园合同,6 条鞋业生产线上马生产。老粮仓珠宝产业园日加工黄金、白银 50 多公斤。大成桥工业园的特步、奔地圣等运动鞋业初步聚集,规模工业产值比 2012 年增长 28.7%。“两区五园”共完成规模工业产值 1003 亿元，比 2012 年增长 22.5%,占全县规模工业总产值的 68.5%;上缴工业税金 15 亿元,比 2012 年增长 21.5%，占全县工业税金的 77.8%。以国家级经开区、省级金洲新区、金玉乡镇工业集中区,夏铎铺机械工业园、双凫铺鞋业产业园、煤炭坝门业产业园、老粮仓珠宝产业园、大成桥工业小区为主体的“三区五园”工业发展载体平台已初步形成。

【企业发展】 2013 年，县工信局采取有力措施促进企业发展。一是抓装备强实力。以企业装备升级为切入点，全年带动 47 家企业引进设备 255 台（套)，新增技改投入 4.6 亿元，认定先进装备 88 台(套),发放补贴 1082 万元,其中红宇耐磨获得首批最高补贴 141.5 万元。通过装备升级,宏全公司引进意大利先进设备实现产能翻番;楚天科技引进德国设备材料节省率提高 20%；倍康卫生用品有限公司上缴税金比 2012 年增加 33.6%；长高集团投入 4000 多万元拥有国际先进的生产线;中材化建、星港家居、恰恰食品、海纳新材、星邦重工、精量重工、易达塑业、金鹰印务、湘沩彩印等数十家企业装备全面提升,产品畅销。二是抓科技强活力。圣得西成功获批国家级工业设计中心；飞翼股份、红宇新材承建院士工作站;松井新材全年完成销售8.2亿元、税收5200余万元；邦普循环开始进军新能源汽车领域；族兴新材、盛泓机械、搏浪沙获批省级企业技术中心；爱晚亭家纺、沙龙畜牧等3家企业获批市级企业技术中心；恒瀚高新等5家企业荣获市技术创新示范企业；天和钻具、三星机床等3家企业成为市级工程技术研究中心建设单位；忘不了引进众多博士，与东华大学共建研究中心；洁美鞋业加大研发力度，开辟时尚鞋业新领域。三是抓管理强内力。加加集团通过品质赢得市场，产销量在全国同行中稳居前列；青岛啤酒积极探索和实践新的管理方法、管理手段、管理模式，优化资源配置，实现组织目标；西诚制造、千壶客酒业、炎羽茶业、建益新材、百川超硬、星城微晶石墨、沁和健康产业、同翔机械等企业参加省、市管理升级擂台赛，提升团队凝聚力和执行力，增强企业盈利能力。四是抓品牌强张力。楚天科技成功上市，募集资金7.3亿元；亮之星荣获中国驰名商标；三一汽车起重机远销巴西等国，全年出口销售收入近20亿元；精量重工成为德国、法国等全球知名机床制造公司合作伙伴；顺泰钨业、邦弗特新材、涌金铝业、伟特家具、新新纸塑、沃尔德农产品、沩山茶叶、子航农产品等企业努力扩大知名度，获批湖南省著名商标；华良电器、长城新材、拜特生物等6家企业产品质量信誉度、用户满意度均居湖南省同行业前列，荣获湖南名牌。

【服务中小企业】 2013年，县工信局为全县400余家中小微型工业企业提供600多次服务；组织企业参加银企对接和“1+N”融资沙龙，融资总额为9.15亿元，县内63家企业新增担保贷款2.7亿元；协助加加集团等单位争取中小企业发展资金、节能资金等各级资金近4000万元；建立“宁乡县工信系统信息服务平台”。新组建“工信产业投资有限公司”，服务改制招商工作。全年启动锦秀兰亭、水木天成、颐和园、跃嘉机械、大兴山庄、岭南酒业、人民路九号、春城商业广场、氮肥厂棚户区改造（润和家园）项目、宁乡中宇塑业有限公司项目等10个项目，累计完成投入8.58亿元。

坚持“严管重罚”，开展煤矿安全监管执法，全年对12家煤矿进行67次监管执法，责令停产整顿9矿次，暂扣相关证照3矿次，实施行政处罚30万元。完成煤矿兼并重组工作，组建宁乡县宗源矿业管理有限公司和大盛矿业管理有限公司，推进全县乡镇煤矿企业规模发展。全县乡镇煤矿共发生死亡事故3起，死亡3人。

【全县工业经济大会】 2013年5月3日，宁乡县召开新型工业化工作推进大会。会上，县委、县政府拿出1200多万元奖金重奖先进企业集体和优秀企业家个人，拿出5000多万元专项资金支持工业发展。加加食品集团2012年税收过亿元，荣获100万元“税收台阶奖”；红宇新材于2012年成功登陆深圳证券交易所创业板，荣获100万元的“上市融资奖”。同时受到表彰的有86家工业企业、133名发展工业个人。奖励内容涵盖“十强企业、十快企业、上市融资、工业投入、质量技术创新、产业服务平台、广纳人才、管理升级、优秀企业家、创业明星、突出贡献职业经理人”等方面。此外，还布置“走向辉煌——2012年宁乡工业成果展”，邀请省、市主要媒体采访报道宁乡工业，在省、市、县主要媒体上重点宣传推介宁乡企业，在《湖南日报》专版刊发《龙抬头处千帆竞——宁乡工业逆势而上解读》专题报道，邀请全县人大代表调研视察宁乡工业企业。 （许　岗）

电力工业

国网宁乡县供电分公司
总 经 理　谭　震
党委书记　杜　宏
营销副经理　罗　宁
生产副经理　冷　志
工会主席　周建斌
纪委书记　蔡　荣

【概况】 宁乡县供电公司是国网湖南省电力公司下属的县级供电企业。2013年，公司本部设置综合管理部、发展建设部、乡镇供电所管理部和电力调度控制分中心等4个职能部门和检修(建设)工区、客户服务中心等2个业务机构；公司下辖1个集体企业、10个农村供电所，共有主业职工198人、集体职工39人、农电职工791人，承担着宁乡县区域面积33个乡镇以及益阳安化县2个乡镇共40多万电力客户的供用电管理任务。截至2013年年底，公司共有35千伏及以上变电站24座，其中110千伏变电站11座、35千伏变电站13座，35千伏－110千伏架空输电线路41条，总长605千米；10千伏公用配电主干线路202条，总长3877千米。全年公司累计售电量22.25亿千瓦时，比2012年增长11.53%。城镇供电可靠率99.95%；农村供电可靠率99.96%，综合电压合格率99.99%。2013年，主网投资1亿多元，累计完成35千伏道林变电站、密印变电站主变增容工作，投产220千伏通益变电站、110千伏堆资变电站和灰汤变电站、35千伏流沙河变电站和资福变电站等五个变电站改扩建工程。而220千伏通益变电站建成后，宁乡成为全省首个拥有4个220千伏变电站的县。农网升级改造总投资8200万元，新建改造10千伏线路126.52公里，新增、改造配电台区78个61850千伏安，新建、改造低压线路803.95公里，改造户表1.57万户，解决部分农村用电的质量，社会用电需求矛盾得到一定的缓冲。

2013年，国网宁乡供电公司秉承“你用电我用心”的服务理念，落实科学发展观，用改革的精神抓建设，用创新的成果求发展，持续强化规范化管理，取得较好的经济效益和社会效益，为地方经济的发展作出积极的贡献，先后荣获2013年度企业文化优秀成果（案例）一等奖、湖南省电力公司“电费回收先进单位”、中共宁乡县委“先进基层党委”等荣誉。

【行风建设】 2013年，宁乡县供电公司行风建设全面提升。一是变被动服务为主动服务，全面提升优质服务水平。持续开展走进园区、走进社区、走进小区、走进乡镇、走进部门、走进村组的“六走进”活动，主动走访和广泛听取政府、部门、园区、企业、居民的意见，针对意见和建议切实改进落实，变被动服务为主动服务。在电费缴纳方面，推行非现金缴费，通过银行代扣、自助终端缴费等方式，极大方便企业和居民。二是推进社会服务创新，提供便捷便民服务。为尽可能的方便广大居民客户需求，宁乡县供电公司在社会服务创新上不断谋求新的突破，创建并不断完善供电服务网，通过网站快速发布停电信息、安全用电知识等电力信息，设置论坛及留言板块及时了解客户需求，实时在线解答客户难题，实现与客户网络交互式沟通。三是健全供电服务调度体系，切实履行供电服务承诺。为更好服务群众，宁乡县供电公司整合资源，成立供电服务调度中心和雷锋电力服务队，负责处理“95598”投诉，组织故障抢修，接待上门反映的问题并进行跟踪督促，使预防服务事故能力不断提升。对于群众来信来访，做到事事有答复，件件有回音，圆满完成春节保电、抗旱排灌和县委、县政府交代的重大会议及社会活动的保电任务。

【农电管理】 2013年，宁乡县供电公司以标准化供电所建设为主线，全面推进农村供电所的规范化管理和精细化建设，积极推进生产、营销向农电延伸管理，全面构建与主业统一规范的管控体系。在农电安全方面宁乡县供电公司着重加强配网隐患的整治工作，专项清理“光头杆”2.4万根，完成10千伏线路隐患98项，隐患消除率92.5%，消缺电杆204根，有效提升农配网安全能力。

【安全用电宣传】 2013年，宁乡县供电公司坚持“安全第一、预防为主、综合治理”的方针，通过深化严抓严管，促使安全管理水平稳步提升。全年共出动宣传车辆80余次、发放各种宣传资料2万多份，安装警示标牌6000块，拆除废旧电杆2.22万根，及时消除各类安全隐患并在全县逐步形成良好的安全用电、护电意识。在农业生产用电高峰期间，用电服务小分队主动走向田间地头，摸查农村用电情况、排查用电安全隐患，切实指导和帮助农民朋友解决用电疑难问题。

【内部管理】 2013年，宁乡县供电公司内部管理进一步规范。一是在人、财、物方面实行集中管理，挖潜生效，优化内部资源，在全公司范围内建立“工作责任机制、监督闭环机制、激励考核机制”，实现企业稳健经营、健康发展。二是强调生产精益化，实施“二十四节气表”，突出抓好执行力建设，增强工作的计划性、主动性和实效性。三是进一步加强用工等方面法律风险防范，认真梳理生产、经营等方面的薄弱环节，及时辨识、防范和化解各类法律风险。（刘 卉）

园区经济

国家级宁乡经济技术开发区建设

宁乡经济技术开发区管理委员会

工委书记	黎春秋
主　　任	戴中亚
副 书 记	刘永红
副 主 任	陈海波　张君来
纪工委书记	刘　辉
工委委员	王子进
	喻锦东
	袁　钊
调 研 员	刘剑良
副调研员	詹大贵

【概况】 2013年，是宁乡经济技术开发区(以下简称园区)推进“蛇年起步、五年成龙”和“三年三大步、产值过千亿”战略的起航之年，也是园区正式实行国家级开发区体制运作的开局之年，更是园区发展史上极具亮点的丰收之年。园区经济实现较好较快发展，主要经济指标在复杂多变的经济环境中实现高位增长，全年完成工业总产值558亿元，比2012年增长18.12%，工业增加值167亿元，比2012年增长22.8%；实现财政总收入12.62亿元，比2012年增长36%。

一是招商引资强势突破。园区坚持立体化招商，重点强化全员招商，注重战略项目引进，突出全产业链招商。2013年引进项目20个，合同引进县外资金169亿元，比2012年增长69%；实际到位县外资金68亿元，比2012年增长50%。尤其是战略招商取得历史性突破，中联重科、格力电器、洋河酒业、华润饮料华中总部、红星美凯龙等国际国内龙头企业纷至沓来。

二是产业升级全面推进。园区荣获全省加速推进新型工业化一等奖。加速培育安全食品、先进装备制造及再制造、绿色建材、商贸流通服务业等特色产业。深入创建全国首家“安全食品示范园区”，深耕液态食品、休闲食品、农副产品加工产业；正式获批全国再制造产业示范基地，形成工程机械、药械等5个再制造产业；获批长沙市首批文化产业示范园区；启动总投资超过50亿元的未来方舟城市综合体建设。成立园区企业家协会，有序推进企业升级三年计划，根据龙头型、骨干型、成长型、整改型、淘汰型五个等级，按照一企一策原则，以分类指导的方法激活企业增量，盘活企业存量。

三是项目建设全线发力。园区优化项目服务流程，强化项目联系责任制度，狠抓项目分级调度实效，深入开展“一季度开门红”“项目攻坚月”等主题活动，全年新竣工项目22个，新开工项目36个，在建项目64个，实现固定资产投资85亿元，比2012年增长41%。加加食品工业园、华润饮料一期、绿色再生、迎春钢板仓、格力区域销售中心等重大产业项目竣工投产；创业大楼、三环东路、茶亭寺路等基础配套项目竣工；绝味食品、六和通食品、联塑建材、马克菲尔、金洲西线等重点项目全速推进。

四是要素瓶颈逐步破解。通过创新征拆补安模式，全年征地362.13公顷，腾地478.07公顷，创下征拆指标历史新高。格力电器综合生产基地项目和宁乡大道旧城改造项目发挥县区合力，创新工作方法，创造时间最短、效果最好的征拆效率之最。尤其是通过开展“征拆大冲刺”活动，奋战40天，完成征地133.33公顷、拆迁103户，确保洋河酒业、松德机械等重大项目的用地需求。全年共批回土地290.13公顷，办理土地权证166.67公顷，园区集约节约利用土地评估成绩位列全省国家级开发区前列。

五是园区环境得到改善。20多个项目成功申报大河西先导区生态文明建设重点工程；组织拆除燃煤锅炉烟囱，全面完成园区清洁能源改造工作。社会管理切实加强，组织拆违行动60多次，妥善解决历史遗留信访问题。完善网格化警务管理，建立优化经济环境快速反应机制。组织大规模食品安全专项整治活动，深挖追查假冒喜之郎等侵权案件。搭建企业劳务用工平台，全年举办各类招聘会40余次，劳资纠纷非诉解决成功率达90%。

六是管理体制有效创新。市委、市政府正式明确园区管理体制，县委、县政府将60项县级审批事项授权园区；2013年机构升格的“三定”(定机构、定编制、定人员)工作基本完成，三年一届的全员竞聘和人员招聘顺利完成。管委会内部项目化管理模式深化创新，ISO 9001质量管理体系认证顺利推进。

七是作风建设显著加强。园区以“四增四比”(增强执行力，比谁转作风最快；增强创新力，比谁解难题多；增强洞察力，比谁抓关键最准；增强凝聚力，比谁见实效最好)活动确保四项经费同口径下降21%，其中公务接待费用比2012年下降40%。严格政府采购、公务用车等管理制度，坚决扼杀公款送礼、奢侈浪费等不正之风。建立作风建设一月一报常态化机制，定期开展民主生活会和忠诚履职主题活动会，进行自查自纠、自我剖析、查摆问题。坚持有案必查、查处必严，查处违反作风规定事件5起，行政问责8名当事人。机关推行马上就办的工作作风，增强执行力，塑造公信力。

八是创先争优亮点纷呈。园区成功获批湖南省文明标兵单位，加快“全国文明单位”创建进程，广泛开展道德讲堂走进企业，志愿者服务和学雷锋活动，第五届园区运动会、“经开梦”征文比赛、文明读书活动等；机关工会成功创建全省园区首家“全国模范职工之家”；工会联合会组建县内首家职工服务维权帮扶中心；蓝月谷集团公司获评“市级青年文明号”。

九是公司运作加速提质。全年启动项目建设95个，其中启动路网建设13.17公里，竣工通车11.1公里；完成电力线路架设和改迁8千米，完成水网安装6千米，路网亮化提质19.6千米。新增银行融资17.6亿元，比2012年增长76%。公司首期企业债券发行工作进入国家发改委审批流程。公司成功收购蓝色港湾房地产，开始多元化发展的成功试水。蓝月谷集团公司成功组建以来，集团与子公司、参股公司的治理架构逐步明晰，整章建制迅速完成，经营模式不断创新，公司资产加快积累。

【长沙食品饮料产业（郑州）招商推介会】 由长沙市人民政府主办，宁乡经济技术开发区、长沙市商务局、宁乡县人民政府承办，河南省食品工业协会、郑州市平江商会协办的“长沙食品饮料产业招商推介会”于2013年5月19日在河南郑州召开。宁乡经开区作为全国首家“中国食品工业示范园区”，第一次专程到食品工业大省——河南进行招商推介，吸引了包括国内休闲豆制品龙头企业——漯河平平食品、郑州豁达食品集团等河南省60余家食品企业参加。

【承接产业转移（深圳）推进会】 2013年6月20日，宁乡经开区承接产业转移（深圳）专场推介会在深圳举行，包括亿和控股、台湾萤茂集团、美盈森环保等12家境内外上市公司在内的涵盖食品饮料、机电、新材料新能源和现代服务业等产业的近50多位企业家参会。推介会上，宁乡经开区与深圳华广投资集团有限公司、宝湾物流控股有限公司、深圳市磊鑫合成科技有限公司分别签订湖南观光农业及影视文化基地项目、中部电商物流平台项目、金融安全支付设备产业园项目的框架协议书，总签约资金22亿元。

【四大项目集中签约】 2013年9月29日，在宁乡经开区“项目攻坚月”集中签约仪式上，红星美凯龙宁乡国际家居商场项目、湖南力天世纪矿业有限公司钨材料循环经济产业园项目、宁乡经济技术开发区与永升建设集团有限公司战略合作项目、湖南正昊置业发展有限公司“新康·玛依拉山庄”4个重大项目成功签订合作文件，总投资金额超过28亿元。

【红星美凯龙国际生活广场开工】 2013年10月9日，宁乡红星美凯龙国际生活广场项目在宁乡经开区正式开工，红星美凯龙是中国家居行业第一品牌，也是中国家居流通业的开创者和领导者。该项目是宁乡经开区与长沙润怡城乡开发建设有限公司合作开发的宁乡党校地块旧城改造工程内的首个开工项目，也是宁乡经开区引进的最大现代商贸物流单体项目。“宁乡红星国际生活广场”总建筑面积约6万平方米，固定投资超过5亿元，项目建成后，国内外一线家居品牌和红星美凯龙全国战略合作伙伴均将随之进驻，可以容纳商家近500家。

【格力电器生产基地落户宁乡经开区】 2013年，格力在宁乡经开区建湖南最大的家电生产基地。10月13日，副省长何报翔率副市长何寄华、省市及宁乡经开区相关负责人赴珠海格力电器总部，会见格力电器董事长董明珠，格力电器综合生产基地项目正式落户宁乡经开区。项目计划投资50亿元，规划用地133.33公顷，设计年产值350亿元，税收15亿元以上。该基地涵盖商用空调、家用空调、冰箱、空气能热水器、净水器等产品的研发和生产，将建成湖南最大的家电生产基地。

【华润怡宝项目二期落户宁乡经开区】 2013年11月11日，宁乡经开区工委副书记、管委会主任戴中亚与华润怡宝饮料（中国）投资有限公司董事、总经理刘洪基代表双方正式签订华润怡宝（长沙）项目二期落户宁乡经开区的协议书。县委副书记、县人民政府县长周辉，华润集团副总经理、华润创业有限公司董事会主席陈朗以及区县其他领导出席签约仪式。此次签约后，连同已经建成投产的项目一期在内，华润怡宝（长沙）项目总投资将达15亿元，项目整体设计年产量100万吨，预计年产值30亿元。

【洋河酒业湖南基地项目签约】 2013年12月7日，宁乡经开区工委副书记、管委会主任戴中亚与江苏洋河酒厂股份有限公司总裁、党委副书记王守兵代表双方签订洋河股份湖南生产基地落户宁乡经开区的协议书，签约仪式由长沙市委常委、副市长张迎春主持，江苏省宿迁市委书记蓝绍敏，洋河股份（苏酒集团）董事长、党委书记张雨柏等公司领导，湖南省省委常委、长沙市市委书记易炼红及其他省、市、县、区领导出席签约仪式。

（饶洁琳）

工会联合会主席 曾阳明
招商合作局局长 曾阳明
常务副局长 彭　飞
办公室（党群工作局）主任（局长） 高旻玲（女）
纪检监察室主任 朱见明
社会事业局局长 彭欣荣
财政局局长 谭启良
常务副局长 陶　鉴
规划建设管理局局长 李金光
常务副局长 严柏军
经济发展局（知识产权局）局长 鲁劲松

金洲新区开发建设

宁乡金洲新区管理委员会
党委书记 刘永红
副书记、主任
廖非平
副书记、纪委书记
欧立新
副 主 任 曾 辉 张阳生
刘 颖
朱文祥(1月免)
张学秋

【概况】 2013年，宁乡金洲新区管理委员会（以下简称金洲新区）引进项目20个，吸引投资109亿元；实现工业总产值449亿元，比2012年增长27.15%；完成固定投资79.2亿元，比2012年增长23.46%；金洲国库正式投入使用，实现财政收入15亿元；调度项目81个，新增竣工投产项目23个；"四项费用"大幅下降，机关管理水平进一步提升，创新创业型干部队伍逐渐形成。

招大引强强势突破。金洲新区重点聚焦电子信息产业，外出招商80批次，引进招商项目20个，合同引资109亿元，实际到位内资49亿元、外资7100万美元。新引进项目个数在全市"四区十园"名列第一，新引进10亿元以上项目6个、1亿元以上项目12个；新引进高新技术企业6家，国家科技进步二等奖企业2家，其中赛恩斯环保项目2013年11月4日接受了习近平总书记的检阅；"无地招商"取得良好成效，通过鼓励收购盘活现有企业、租赁现有闲置厂房、企业扩资增产等方式，节约用地13.33公顷。

财政融资良性运转。新区下属新城公司参股担保公司、种子基金等，拓展投资途径，放大资本效应；全年新增融资12.97亿元；金洲新区国库正式投入运营，实现财政收入15亿元；财政"双控"制度建立并不断完善，有利于提高资金使用效率。

党风廉政扎实有效。组织"四优四强"颁奖典礼、资本运作高层论坛等活动；扎实开展内审工作，全年审结项目40多个，节约资金2000多万元；出台公车管理、公务接待等制度，"三公经费"较2012年同期下降20%；全年撰写总结汇报、调研报告等重要文稿180余篇，接待重要上级检查、重要调研、安排会议等60余批次，在《人民日报》等中央、市、县主流媒体刊发文章150余篇。

项目建设加快推进。金洲新区完成拆迁140户，安置309户，报批89.47公顷，批回133.82公顷，摘牌项目33宗共计50.67公顷，保证了项目建设用地；8月开展东部片区拆迁，一次性拆迁120户，拆迁面积3.27万平方米，新增可用土地73.33公顷；以"三城同创"为契机，提高物业管理水平和标准，环境卫生工作在全县园区中排第一；推行网格化管理，强化拆违控违工作。新区调度项目81个，其中工业项目42个，基础设施项目31个，民生及三产项目8个；新开工项目个数位于全市"四区十园"第一名，星邦重工等23个新增竣工投产项目，在全市"四区十园"位居第三位。

产业发展创新驱动。新区引进培育高新技术企业31家、省市级以上企业技术（工程技术研究）中心15家，红宇新材成立院士工作站，圣得西入选中部六省唯一的国家级企业工业设计中心；天和钻具、先导电陶等4家企业获得长沙科技进步奖，获奖企业总数位居全市第三；获批长沙市创新型园区、湖南省低碳试点园区。

【"三定"方案获批】 2013年，金洲新区工业集中区"三定"方案获批。9月5日，根据省编办《关于中共金洲新区工业集中区工作委员会金洲新区工业集中区管理委员会机构规格的批复》(湘编办复字〔2013〕31号)精神，长沙市编制委员会按照"小机构、大服务、高效率、少层次"和精简、统一、效能的原则，批准设立中共金洲新区工业集中区工作委员会、金洲新区工业集中区管理委员会，分别为中共长沙市委、长沙市人民政府派出机构，合署办公，为副处级机构，委托中共宁乡县委、宁乡县人民政府管理。金洲新区工业集中区党工委、管委会负责规划范围内的规划编制实施、指导企业经营、招商引资、征拆安置、财政审计、党群工作、纪检监察以及中共宁乡县委、宁乡县人民政府及上级有关部门交办的其他事项。金洲新区工业集中区党工委、管委会内设办公室、经济发展局、招商合作局、规划建设局、社会事务局和财政分局、纪检监察室等机构，均为副科级架构。金洲新区工业集中区党工委、管委会机关开发区专项编制35名，其中党工委书记1名、管委会主任1名(副处职)、党工委副书记兼纪工委书记1名、副主任3名(正科职)。

【创新型科技园区建设】 2013年，金洲新区工业集中区党工委、管委会突出推进创新型科技园区建设，稳步实施"三区四化"战略，组织开展一系列活动。一是组织全体党员、干部职工围绕单位和个人的具体职能职责，开展忠诚履职大讨论活动；二是新城公司完成三年一度的新一轮人事聘用，所有员工均通过上台演讲公平竞聘，竞聘成功的16名人员与管委会全体员工均作出忠诚履职的公开承诺；三是通过"送出去、迎进来"，加强干部交流，开拓干部视野，提升干部能力，选送2名同志去乡镇、2名同志去沿海企业锻炼；四是选送选手参加县总工会组织的"中国梦、宁乡梦、金洲梦"为主题的演讲比赛；五是倡树一批好典型，深入挖掘一批勤奋敬业的好典型，代表金洲新区参加宁乡十大杰出青年、十佳劳动模范、十大杰出企业家、十大道德模范、十佳人民公仆的评选。

【圣得西入选首批国家级工业设计中心】 2013年11月25日，工业和信息化部印发《关于2013年国家级工业设计中心名单的通告》，认定32家首批国家级工业设计中

宁乡县畜牧兽医水产局

Ningxiang Animal Husbandry-Veterinary&Fishery Bureau

省委常委、长株潭两型社会建设综合配套改革试验区工委书记张文雄（右一）一行来宁乡调研养殖场粪污处理

市委副书记、市长胡衡华（前右二）和副市长黎石秋（前右一）在县委书记黎春秋（前左二）、局长杨正文（左一）等陪同下考察青龙寨

在转型升级大道上阔步迈进

2013年，宁乡养殖业加快转型升级步伐，紧紧围绕“生产专业化、养殖规模化、产品安全化”目标，强化措施，狠抓落实，实现生产指标保持平稳，主导产业加速提质的总体目标，全年出栏生猪241.69万头，在全国生猪调出大县中位居前列；家禽出笼4125.5万羽，居全省首位。出栏牛6.17万头、羊5.85万头，水产品总产量3.1万吨，圆满完成年初目标任务。全年共计完成招商引资任务2.52亿元，超出年度任务68%，完成项目工程投入2.57亿元，超出目标任务157%，超额完成县委县政府规定任务，实现新的突破。

以花猪产业为载体，顺利申报湖南省首轮特色县域经济重点县项目。花猪产业共计有36个子项目进入该项目2013年实施计划；青龙寨装修全面完成，青龙投资公司引进浙江青莲集团，合同投资6亿元，建设宁乡花猪精深加工产业链；沃尔德公司在朱良桥征地5.33公顷，投资过亿元，建设宁乡花猪现代化加工生产线及宁乡花猪的研发、展示、体验中心。

县畜牧兽医水产局各项工作取得显著成绩，先后获得省“重大动物疫病防控工作目标管理优胜县”“畜禽水产品质量安全监管示范县”“水产渔业工作先进县”“畜禽水产品质量安全监管与兽药管理工作先进县”等多项荣誉。

县委副书记、县长周辉（前左二）一行在流沙河调研宁乡花猪养殖时听取局长杨正文现场介绍情况

局党委谢合光书记带领渔政监督管理人员来到沩江金洲湖等地段进行护渔执法行动

宁乡花猪入沪新闻发布会

宁乡花猪产品进驻麦得龙超市销售

200万尾鱼苗放入母亲河沩江之中

宁乡县交通运输局

团结协作的局领导班子

全省首创的交通信息服务中心和电召中心

民主测评暨竞争上岗大会

便民的农村公交站亭

金朱公路

强力推进交通项目
服务县域民生发展

2013年，宁乡县交通运输局紧紧围绕全县打造省会次中心、构建幸福新宁乡、建设全国一流现代经济强县的宏伟目标，以“四比四抓争先锋”“忠诚履职”活动为载体，强力推进交通项目建设和公共交通发展，服务宁乡发展和民生。金朱公路完成建设，于11月18日竣工通车，为沿线乡镇开发、县城产业向周边转移、国家级农业示范园建设提供了平台保障。争取调整中期国省干线公路计划100公里，完成宁梅等干线公路前期工作。白滩大桥、长滩大桥、师合大桥等7座省规桥梁启动建设。完成农村公路建设计划300公里，改造中小危桥27座。按计划完成农村公路大中小维修养护和安保处险。规划选址玉煤公交首末站和停保场，新建公交招呼站178个。新增公交线路3条、里程70公里。开展电召服务，成立信息服务中心，加强交通信息化管理。交通线全年争取省市补助资金2个多亿，用于公路建设和交通事业发展，同时融资1个亿保证建设基本需求。

2014年，县交运局将按照“便捷交通，幸福宁乡”的工作思路，积极谋划和强力推动有关宁乡发展和民生的交通项目建设，启动枫林西路、宁梅公路等融城干线建设，力促长韶娄、益娄衡、长株潭外环线等高速公路加快建设，争取长益常城际轻轨项目早日启动，推进大屯营机场项目，完成横雷、横益、花石、流大公路等县域干线建设，筹划建设金洲综合交通枢纽、玉煤公交首末站，改造建设农村公路300公里、危桥30座，充分利用现有和规划的1个机场、5条高速、3条铁路、21条干线、12个互通、6个枢纽站场、20个农村客运站场，构建对外开放、对内通畅、组织优化、功能多样的现代立体交通体系。

县住房和城乡建设局

突出民生项目等建设重点

2013年，县住房和城乡建设局突出民生项目建设、建筑行业管理、市政公用服务、新型城镇建设重点，不断优化经济发展环境。县内建筑企业实现建安产值51.4亿元（其中外拓产值6.3亿元），比上年增长27.8%；发放建筑施工许可证132份，总造价46.37亿元，建筑面积246.76万平方米；完成建设工程施工图审查备案项目116个，总建筑面积271.6万平方米；完成招标项目236个，其中施工招标191个，监理招标37个，勘察设计招标8个。全年完成房地产开发投资43.02亿元，新开发建设面积194万平方米，竣工面积183.7万平方米，累计完成住房和商铺销售面积108.1万平方米，其中实现住宅销售8984套，面积102.4万平方米，商铺5.7万平方米。荣获2013年度县“五好领导班子”、“项目工程建设先进单位”、“湖南省县级墙体材料革新工作优秀单位”等荣誉称号。

县委副书记、县长周辉（右六）一行调研县城旧城改造项目

局党委书记、局长陈伟平（右二）在流沙河镇新城商业街项目建设开工典礼上讲话

支持农村危房改造

局领导视查绿地中央花园项目工地

组织建筑企业负责人赴江浙观摩优秀施工现场

督促对被损毁的人行道及时进行修复

局党委副书记、副局长潘立强（右二）率队开展“干群心连心、共建新家园”活动

成立民兵应急分队

县公路管理局 XIAN GONG LU GUAN LI JU

上级领导视察中心养护站驻点

局长喻晓（左一）调研公路建设

助力幸福宁乡 争当开路先锋

县公路管理局担负着宁乡县境内1条国道、4条省道及14条重要县道的建设、养护、管理工作和代管金洲大道的日常养护保洁工作。2013年，管养里程500.58公里，其中国道24.72公里，省道172.70公里，县道291.99公里，金洲大道11.16公里。其中城市干道11.16公里，二级公路189.37公里，三级公路155.88公里，四级公路144.20公里；管养桥梁113座，拥有机械设备120台（套）。养护里程、职工人数均居湖南省公路系统前列。该局助力幸福宁乡，争当开路先锋，全年公路建设成效显著，养护管理科学规范，各项工作亮点纷呈，圆满完成各项工作目标任务。养鱼塘中心养护站荣获交通运输部“全国交通运输行业文明示范窗口”和湖南省总工会“模范职工小家”；县局荣获省交通运输厅“全省交通运输行政执法评议考核优秀单位”、长沙市委、市政府“文明标兵单位”、宁乡县“工作绩效考核先进单位”、“五好领导班子”等荣誉。

路政春季培训

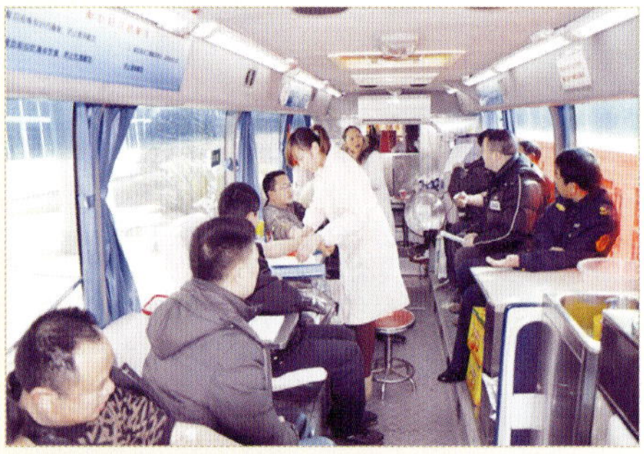

局干部职工踊跃参加无偿献血活动

开展超限运输集中整治行动

山体滑坡抢险

公路养护技能比赛

严格查处超限超载车辆

抗冰雪保畅通

烈日下安装防护栏

出动车辆清理路障

劝导维护公路环境卫生

局工会慰问公路建设、养护一线的职工们

提质改造后的东花公路

切实完善安保工程

完成老宁横公路路面大修

开展宁灰线和宁横线环境示范线建设

开展县道071宁乔线两型引领示范路创建

高标准完成国道319线夏铎铺段大修提质

县工业和信息化局

宁乡经开区工委书记、县委书记黎春秋（中）在局长刘建斌（右）陪同下视察工业企业

县委副书记、县长周辉（前右一），县委常委、常务副县长刘亮（右二），副县长冯智君（左一）一行走访企业

县委副书记、县“双百”服务企业组组长邓杰平（右二）一行走访企业

洋河股份湖南工业园落户宁乡，省、市、县领导出席签约仪式

举行简朴而热烈的租住房合同签订仪式

为企业举办管理、上市、融资等各类培训班

工业经济

对县域GDP增长贡献率达78.4%

2013年，国家级宁乡经济技术开发区强力推进国家再制造产业示范基地建设，荣获全省加速推进新型工业化园区二等奖，在招商引资和项目建设上，走在全省的前列。金洲新区打造中国（湖南）科技成果转化和知识产权交易服务中心、高校科技成果产业化基地，荣获市“创新型园区”。金玉工业集中区致力打造全省产业集聚集约发展样板平台，已签订入园项目20个，洽谈招商意向项目74个，预计总投资16.8亿元。“两区五园”共完成规模工业产值1003亿元，比上年增长22.5%。以国家级经开区、省级金洲新区、金玉乡镇工业集中区，夏铎铺机械工业园、双凫铺鞋业产业园、煤炭坝门业产业园、老粮仓珠宝产业园、大成桥工业小区为主体的“三区五园”工业发展载体平台已初步形成。全县实现工业总产值1751亿元，比上年增长18.6%；实现规模工业总产值1464亿元，比上年增长21.7%，规模工业总量保持全省县级城市第二；实现规模工业增加值358亿元，比上年增长19.4%，增速位居长沙市第二。工业经济对县域GDP增长的贡献率为78.4%。实现工业税收19.62亿元，比上年增长19.6%，其中规模工业企业实缴税金12亿元，比上年增长3.2%。实缴税金500万元以上的工业企业39家，其中税收过亿元企业2家、税收过5000万元企业6家、税收过2000万元企业13家、税收过1000万元企业24家。三一汽车起重机上缴税收1.41亿元,加加食品上缴税收1.39亿元。

县工业和信息化局采取有力措施促进企业发展。如以企业装备升级为切入点，全年带动47家企业引进设备255台套，新增技改投入4.6亿元。同时抓科技强活力，圣得西成功获批国家级工业设计中心，飞翼股份、红宇新材承建院士工作站等。并为全县400余家中小微型工业企业提供600多次服务；组织企业参加银企对接和“1+N”融资沙龙，融资总额为9.15亿元。新组建“工信产业投资有限公司”，服务改制招商工作。全年启动氮肥厂棚户区改造（润和家园）项目、宁乡中宇塑业有限公司项目等10个项目，累计完成投入8.58亿元。荣获省“加速推进新型工业化一等奖”、市“加速推进新型工业化工作红旗单位”和县“先进基层党委”、“四比四抓争先锋活动暨绩效考核先进单位”、“五好领导班子”等18项荣誉。

湖南三星集团成为科技型机械制造企业

宏全公司引进意大利先进设备实现产能翻番

加加食品自动化生产车间

和德家园廉租房小区

天和钻具宁乡基地高标准的生产车间

圣得西入选首批国家级工业设计中心

县城乡规划局

县规划委员会研究城乡规划工作，县委书记黎春秋和县委副书记、县长周辉等领导出席

县人大代表在局长姚福平（左二）陪同下，视察规划工作

县城乡规划局荣获全县“‘三查三比’项目建设竞赛活动项目服务英雄榜优秀部门”称号

企业工作人员送来绣有“感谢县规划局倾力相助解决困扰企业多年难题”的锦旗

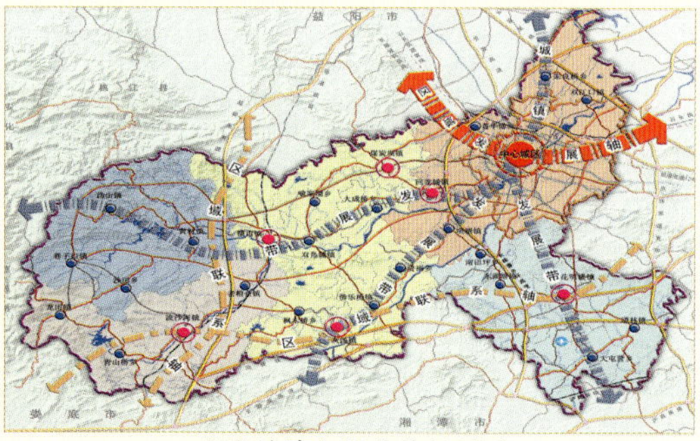

县域村镇空间结构规划图

浓墨重彩描绘城乡新画卷

2013年，县城乡规划局通过组织开展规划编制和指导乡镇规划建设，引导全县城乡健康、有序地建设发展。组织完成《宁乡县城总体规划（2000—2020年）》的修改，并报请长沙市人民政府审批。指导设立宁乡县规划设计有限公司，扎实、高效地进行县城文化教育卫生专项规划、绿地系统规划、旧城区控制性详细规划、沩东新城前期策划、凤凰山国家森林公园总体规划（修改）、双凫铺镇中部鞋都战略规划、金玉乡镇工业集中区控制详细规划、大关山城乡一体化建设规划、1121配套工程建设规划等城乡规划的编制。同时指导和服务乡镇的规划编制、修改、审查和实施，重点指导灰汤、花明楼、沩山、流沙河四个中心镇以及道林、坝塘、沙田、菁华铺、朱良桥等其他乡镇进行规划的编制或修改，进一步健全全县城乡规划体系。认真履行城乡规划行政审批、监督检查等职责，打造民生规划、阳光规划，服务城乡建设和发展，先后获得县“党风廉政建设工作先进单位”“组织工作先进单位”“提案办理先进单位”等荣誉称号。

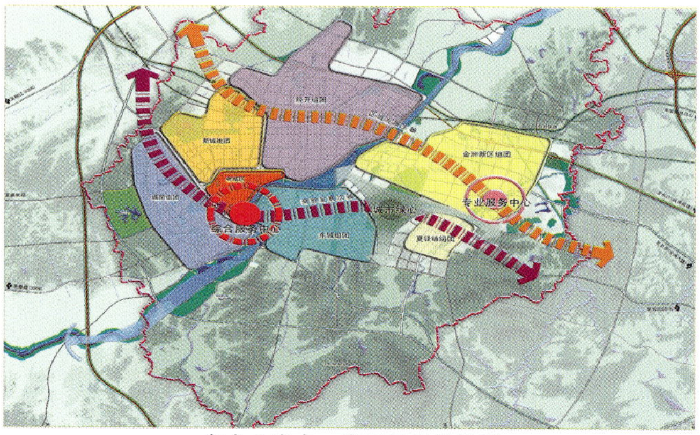

宁乡县城中心城区规划结构图

县商务局

建设流通强县　工作全省领先

2013年，县商务局致力商通天下，建设流通强县，实现招商引资10亿元,实现项目投入9亿元，新引进规模项目4个；全县实现社会消费品零售总额171亿元，比上年同期增长12.6%;实现进出口总额3.53亿美元，比上年同期增长18.5%，实现加工贸易2.8亿元，比上年同期增长40%；全县实现外派劳务1300人，为农民创汇增收1.5亿元，外经、外贸、流通再造和农家店信息化改造、中小商贸流通企业服务平台建设等工作全省领先。

商务部流通司副司长吴国华（前右二）一行现场听取县商务局局长熊正明（前左二）汇报关山生态特产园示范点工作

市委常委、副市长张迎春（前左三）在县委副书记、县长周辉（前左二）等陪同下视察我县建设中的长沙大河西农产品物流中心项目

县委书记黎春秋（左一）和县委副书记、县长周辉（左三）等领导出席春城万象广场盛大开盘仪式

首届长沙青岛啤酒节在宁乡文体中心举行，丰富市民文化生活并促进消费增长

县商务局牵头帮扶的大河西农产品物流中心项目顺利奠基，长沙市人大代表深入工地视察

组织优秀技术人才参加外派工作

举行首届名优农特产文化交流会

举行名车展和土特产博览会

全省农田水利建设现场会在宁乡县召开，省委副书记孙金龙（前右三）和省水利厅厅长詹晓安（前右一）一行在县委书记黎春秋（前右二）陪同下现场了解农田水利建设情况

县水务局

县委副书记、县长周辉（右三）一行调研水利项目建设

田间水利提质扩容工程推进会

局长吴利民（右）现场调研水利工程建设

坚持项目兴水　加大投入力度

2013年，县水务局坚持项目兴水思想，不断加大项目建设投入力度，全年完成水利建设投入6亿元，其中央投资2亿元、省级投资2932万元、市级投资6187.6万元，县级财政投入1.6亿元，群众及社会各界投入1.97亿元，较上年增加12.1%。谋划大中型水闸除险加固、农村河道综合治理、田间水利工程建设、铁冲水库扩容升型等一批重大项目。全年实现招商引资到位资金3亿元以上，较上年增长13.2%。县水务局被评为2013年度全省河道管理先进单位；湖南省水土保持监督管理示范单位。

1	2
3	4

1. 联合公安等部门对沩水河段非法采砂活动严厉打击
2. 群众齐动手山塘扩容提质现场
3. 投入7940万元高标准完成30座小二型水库除险加固工程
4. 修复大小水毁工程447处，掀起近30年来最大的水利建设高潮

水法宣传暨保护沩江母亲河万人签名活动

大旱之年组织抗旱夺丰收

投入5665万元完成农村安全饮水工程

县招商合作局 ZHAO SHANG HE ZUO JU

宁乡经开区工委书记、县委书记黎春秋（中）率县四大家领导参观招商项目

商贾云集 潮涌楚沩

县委副书记、县长周辉（前排右一)现场与雅居乐签约

2013年，在县委、县政府的正确领导和科学决策下，商界精英云集宁乡，资本巨鳄相继落户，战略项目捷报频传，宁乡招商引资工作再谱新篇章、再创新辉煌！**突出目标责任意识，指标任务超额完成。**全年累计新签规模合同280个，其中投资1亿元以上的项目105个，投资10亿元以上的20个。合同引资860亿元，同比增长169%；实际到位县域外资金240亿元，引进市外境内资金80亿元，引进省外境内资金51亿元，实际到位外资2.1亿美元，增幅位居全市前列。**突出招大引强战略，重大项目成功落户。**成功引进了格力电器、洋河酒业、雅居乐地产、江苏宇业地产、三一风电、红星美凯龙、新辉开科技、港越集团等一批成长性好、投资规模大、预计经济贡献度高的重点项目，特别是格力电器、洋河酒业、雅居乐地产等战略项目的成功引进，为我县二三产业的新一轮发展注入强劲的动力。**突出节会活动组织，各类活动精彩纷呈。**认真策划并组织实施了一系列重大招商节会活动，成效显著。4月25日，率先以市人民政府名义举办了2013宁乡重大项目投资发布会暨重大项目集中签约仪式，发布重大投资项目39个，集中签约项目35个，签约总金额达165亿元。5月17日至19日，巧借第八届中博会平台，举办长沙市食品饮料产业招商推介会。6月18日至20日港洽周活动中，花明楼特色小城镇建设项目作为全省城镇化重点发布项目的第二个隆重推出，市场反响强烈。同时，组团参加“宁乡（深圳）承接产业转移专场推介会”“2013湖南长沙·上海招商推介会”“长沙市小城市（中心镇）建设暨现代农业发展投资洽谈会”等节会活动，客商云集，成果丰硕。

格力电器签约现场

洋河股份签约现场

2013年宁乡重大投资项目发布会

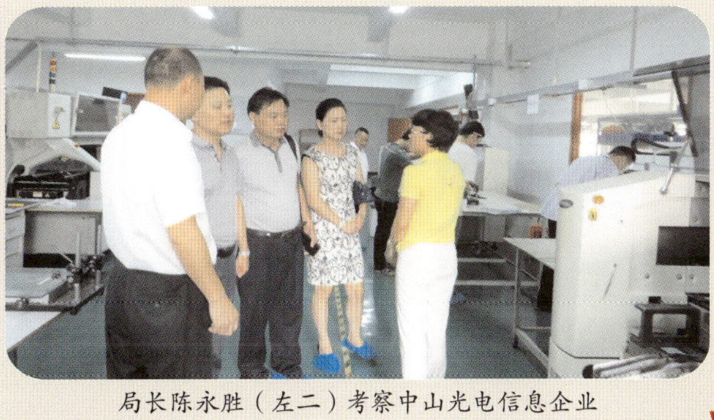

局长陈永胜（左二）考察中山光电信息企业

宁乡县项目工程建设办公室

宁乡经开区工委书记、县委书记黎春秋（左三）察看格力电器综合生产基地

宁乡经开区工委书记、县委书记黎春秋主持召开雅居乐项目现场办公会

健全项目推进常态机制　凸显七个到位六个增加

县委副书记、县长周辉（中）调研雅居乐项目

县委副书记、县长周辉在楚天科技调研

县委副书记邓杰平（左三）深入大河西农副产品物流园指导项目建设

2013年，县项目办始终强化项目帮促服务，健全项目推进常态机制，创新推出“六个一”“三查三比”“暗访督查”“集中开工”“限时办结”等工作机制，重点帮扶163个“双三十”重大项目和“两帮两促”重点项目，破解了难题，助推了项目，全县项目工程建设呈现“七个到位、六个增加”的特点。

“七个到位”：一是调度交办到位。全年共组织召开各类项目协调、调度、观摩讲评会等112次，集中交办问题23批次，解决了一大批重点难题问题。二是暗访督察到位。不打招呼、不要陪同，如实通报项目施工情况，原汁原味地反映项目建设动态，全年印发《政府督查通报》10期。三是半月专报到位。定期印发《项目服务专报》18期，每期都有新的亮点，每期都有新的帮促进展情况。四是开工落实到位。坚持每月组织一次项目集中开工，先后组织煤炭坝等八个乡镇的项目集中开工仪式，抓好跟踪督察。五是竞赛评比到位。扎实开展“三查三比”项目建设英雄榜评比工作，先后评出七期“项目建设英雄榜”，及时对外进行公开公示。六是模拟审批到位。创新推行“模拟审批”，共为16个项目41项审批实行模拟审批，项目审批时间较常规审批缩减80%左右。七是问题解决到位。深入开展帮促服务活动，收集问题797个，协调解决各类问题742个，解决率93.1%。

“六个增加”：一是投入总量增加。元至12月，全县完成投入504.7亿元，同比增加40.6亿元。二是工业投入增加。一年来工业项目投资呈增加趋势，共完成工业投入123亿元，比2012年（120亿元）增加3亿元。三是重大项目增加。计划投资1亿元以上项目330个，同比增加62个，完成投入376亿元，同比增加16亿元。四是新开工项目增加。全年新开工项目257个，同比增加15个。五是竣工项目增加。全年竣工项目214个，同比增加12个。六是财税贡献增加。项目工程建设对地方财政收入的年均贡献率逐年增加，特别是建安综合税2014年入库4.5亿元，比2013年同期2.9亿元增加1.6亿元。

县人大常委会主任贺应辉（右一）等领导察看重大项目建设

县政协主席喻亚军（右二）现场帮促农机机电大市场项目建设

县委常委、常务副县长刘亮（左二）察看溜子洲大桥项目建设

县委常委、常务副县长刘亮主持召开重大项目限时办结调度会

县项目办主任黄立志（中）深入未来方舟项目工地为农民工派送防暑降温物资

黄立志主任代表班子成员向县督导组汇报党的群众路线教育实践活动工作情况

黄立志主任带领班子成员深入六寨坑村开展党的群众路线教育实践活动

全办干部职工踊跃参加宁乡县第25届马路赛

宁乡县重点工程建设办公室

省委常委、市委书记易炼红（中)视察长韶娄高速宁乡段项目

县重点工程建设办公室主任喻强辉（右）、党组书记严万军（中）陪同县委副书记邓杰平（左）视察重点项目工程

县重点办主任喻强辉陪同县委副书记邓杰平现场调研长韶娄高速公路建设

县重点办主任喻强辉陪同县政协主席喻亚军（中）视察重点工程建设

县政协主席喻亚军听取重点工程项目建设情况汇报

县重点办主任喻强辉陪同县委常委、副县长龚畅（左）在灰汤调研长韶娄高速连接线建设

推动转型升级
实现跨越发展

——县重点办服务重点项目工程助推县域经济发展

长韶娄高速公路宁乡服务区热火朝天的施工场面

2013年，宁乡县重点工程建设办公室始终紧扣全县“四比四抓争先锋”活动要求和“打造省会次中心，构建幸福新宁乡，建设全国一流现代经济强县”战略目标，同频共振，拼搏进取，拉高标杆、强化举措、狠抓落实，推动了重点工程建设整体态势持续向好，为全县经济社会的蓄势腾飞增添了内生动力。

2013年，宁乡县境内国家、省、市重点工程项目主要有长韶娄高速宁乡段、益娄高速宁乡段、沪昆高铁宁乡段、石长铁路复线宁乡段、80万伏特高压电力线路宁乡段等。县重点办积极协调、统筹安排、群策群力，主要重点工程项目全年累计完成投资37.434亿元，占市年度任务23.64亿元的158%，占县年度计划35亿元的107%。此外，县重点办2013年度招商引资共计17.575亿元，完成了年任务3亿元的585%，并完成了城际铁路和益娄高速两条招商信息和两个项目的包装，超额完成了县下达任务。

石长铁路与长常高速交汇处

年内，县重点办坚定不移地强化重点工程建设在拉动投资增长和带动经济发展的重中之重地位，通过建机制，形成上下联动、齐抓共管的良好氛围；抓管理，形成责任明确、管理规范的良好机制；强服务，形成服务良好、环境优良的建设氛围，以重点工程的持续建设实现全县经济的稳定健康发展。同时，认真梳理所有重点工程，结合实际，有针对性地制定具体方案，进一步加大各种资源要素投入，并紧密跟踪，加强与各有关部门单位的协调与沟通，重点解决建设项目在征地拆迁、施工环境等方面存在的问题。为此，上年，80万伏特高压电力线路宁乡指挥部被评为省先进指挥部，县重点办被评为市重点工程建设目标管理先进单位。

正在进行沥青摊铺的长韶娄高速公路项目现场

长韶娄高速宁乡段

石长铁路复线宁乡段

宁乡县人民政府征地办公室

平稳有序抓征拆　高效推进促和谐

2013年，宁乡县人民政府征地办公室全面统筹，高效调度，全县征地、拆迁、安置、社保工作平稳、有序推进，确保项目用地需求，确保拆迁环境的平稳和谐。2013年全县涉及征拆补安项目151个，涉及34个乡镇、载体单位，涉及拆迁的项目102个，全年集体土地上房屋拆迁1558户，拆迁总面积46.19万平方米，补偿金额12.77亿元，动迁人口4729人，国有土地收回16.45万平方米，拆迁面积3.99万平方米，补偿金额3.05亿元。全县社保工作已转户5209人，已登记参保，完成待遇发放4628人；应收社保金总额19.87亿元，已收11.13亿元。

加大“两帮两促”的帮扶力度,全年完成天祺阿波罗20户、玉潭东路12户、冠源爱琴湾二期4户、金海中学9户、榴子洲大桥4户、格力电器185户、二环南路延伸线10天完成43户、党校新址7天完成24户、回龙铺侯旨亭广场拓宽项目两天完成6户等项目用地的拆迁扫尾工作，确保项目顺利开工。

强力推进拆迁，全年组织司法拆迁五次，大型拆违六次。通过对党校地块旧城改造、沙河市场、白马桥仿古街、侯旨亭广场等项目的拆违，有效地控制违章建筑的产生，维护拆迁的正常秩序，推动征地拆迁工作的正常进行，确保全县项目工程建设腾地的需要。

市国土资源局副局长罗国良（中）调研宁乡征地拆迁工作

主任刘旺球（右二）主持召开康师傅项目征拆调度会

征拆工作联席会议

县征地办全体班子及科室成员研究征拆工作

党的群众路线教育实践活动动员会

重点项目拆迁现场

县民政局

县委书记黎春秋（右二）率县民政局局长陶文良（右一）等实地了解花明楼镇一新村换届选举工作情况

湖南省农村危房改造会议代表现场参观宁乡

改善民生 落实民权 维护民利

2013年，县民政局开展“五抓五促创五型民政”活动，切实履行改善民生、落实民权、维护民利的基本职责，解放思想，深化改革，实现民政事业新发展，被评定为长沙市民政工作目标考核第一名，并被评为全国3A婚姻登记机关、湖南省农村危房改造工作先进单位、全省慈善工作先进单位、全省社会组织管理工作先进单位、全省福利彩票发行工作先进单位、市级文明单位，宁乡县“四好领导班子”“绩效考核先进单位”；县殡仪馆、婚姻登记处、救助管理站被评为全省社会事务管理优质服务先进单位。

县老年协会被评为“全国敬老文明号”。该会走访慰问全县46名100岁老人、198名特困高龄老人

农村危房改造前后对比

“九九”重阳大戏台欢庆老年节

在县殡仪馆西侧新建成宁乡烈士陵园

全县建成农村幸福院35所

救助护送缅甸迷路少女美玲（中）回国

县爱国卫生运动委员会办公室

市爱卫办常务副主任成菲菲（主席台右二）出席宁乡县城乡环境卫生整洁行动推进会

县委书记黎春秋（前左一）一行对农村环境卫生工作进行督查

县委副书记、县长周辉（左三）组织开展城乡环境卫生整洁行动观摩活动

喜添“国家卫生县城”金字招牌

宁乡县委、县政府把创建国家卫生县城作为提升城市形象、美化城市环境、促进民生改善，推动经济发展的重要举措，纳入县城发展规划。同时，提出创建全国文明县城、国家卫生县城、国家园林县城“三城同创”目标。随后，全县各单位以创建国家卫生县城为契机，大力完善城市基础设施建设，全方位提升城市品位，开展责任路段义务清扫、文明劝导、日常监督、健康教育等活动，大幅提高干部职工卫生意识，营造全民参与创卫的良好氛围。同时，加强脏乱地块、背街小巷、建筑工地、小区社区、车站、学校、医院等地方的环境卫生整治工作。集中综合整治城区12个集贸市场的脏乱差和美化城区脏乱地块80宗。2013年12月29日，全国爱国卫生委员会发文，命名宁乡县为“国家卫生县城”。

县委常委、副县长龚畅（右三）组织调研城乡环境卫生整洁行动工作

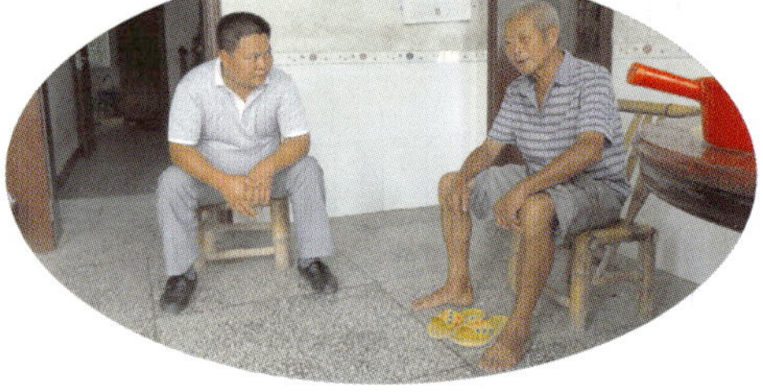

县爱卫办主任杨向东（左）深入农家调研环境卫生整治工作

大屯营镇石家湾村环境卫生示范片区

朱良桥乡槎梓桥村环境卫生示范片区

环境卫生整治后的宁灰公路面貌一新

县市容环境卫生管理局

XIAN SHI RONG HUAN JING WEI SHENG GUAN LI JU

以党委书记、局长肖村安（左三）为首的局领导班子

市容环卫季度考核评比 蝉联全市第一

2013年，县环卫局以城市干净整洁为核心，以打造幸福宜居城为定位，着力提升管理水平。对城区393万平方米的道路保洁面积实施市场化运作，三家有资质、有实力的保洁公司取得了环卫作业权。对城区377处垃圾网点清运方式进行改革，由分片包干制向调度制改变，工资收入与清运量直接挂钩，多劳多得，清运车组从以往的“要我干”向“抢着干”转变，城区垃圾网点全面实现日产日清，清运率达到100%。布局在经开区、财富金座的2座高标准站厕建成并投入使用，15座站厕全面升级改造；新增清洗车、垃圾清运车7辆；主城区增设1000个垃圾箱和2000个分类果皮筒；重点地段更换敞开式垃圾容器，加装封闭式垃圾桶。环卫设施质量的改善，充分彰显县委、县政府关注民生、为民务实的理念，受到市民群众的广泛称赞。市容环卫季度考核评比蝉联全市第一；政风行风平时考核测评名列全县前茅，开创宁乡市容环境卫生管理工作的崭新局面。

第十九个环卫工人节庆祝大会

开展群众路线教育实践活动

对“五乱”行为进行执法监管

新建标准化公厕

机械化清运垃圾

交通护栏刷漆翻新

逢“十”之日开展全城大清洗活动

水域垃圾打捞

局长江海斌（左一）陪同市环保局局长王小平（左二）等领导一行参观宁乡县耐火材整治现场

县环境保护局

注重生态建设　突出污染减排

2013年以来县环保局以改善环境质量为出发点，突出污染减排，全面完成年度主要污染物减排任务；强化执法监管，关闭非法造粒、铝塑分离企业55家，取缔小瓦窑58家，完成34家耐火企业集中整治，其工作经验得到环保部通报表扬并在全国推广；注重生态建设，打造偕乐桥镇竹田村垃圾分类减量和坝塘镇保安村“一改三化”等农村环境整治先进经验，成功创建黄材、历经铺、城郊乡、大屯营等4个国家级生态乡镇，指导沩山乡获评“第八届中华环境奖”。城乡生态环境逐步好转，县内重点河流水环境质量实现持续改善，沩江、靳江等主要河流水质、出境断面和集中式饮用水源地水质达标率均为100%，城区大气优良率达到96.1%。

市环保局局长王小平一行在保安村调研

市局领导调研保安村再生资源回收中心

环保站授牌——金洲镇

环保站授牌——双江口镇

1	2
3	4
5	6
	7

1.政协委员视察农村环保工作

2.政协委员视察企业污水处理设施

3.局长江海斌深入青山桥镇指导污水处理厂建设

4.湖南新闻联播“两塑”拆除报道

5.经视新闻两塑取缔报道

6.宁乡县环保局庆祝“六五”世界环境日暨“加加杯”垃圾分类比赛现场——环保快板表演

7.取缔“两塑”企业现场

县人力资源和社会保障局

宁乡县军人退役养老保险转移接续工作经验在全国推广，局长蔡立军（主席台右）在会上作典型发言

逢五、逢十招聘会大厅里人头攒动

参保群众在领取医保资金

举办多期公职人员培训班

民生为本　人才优先

2013年，县人社局坚持“民生为本、人才优先”的工作主线，扎实工作，取得了显著成绩，为全县经济发展、民生改善和社会管理创新作出了积极贡献。2013年全县新增城镇就业11429人，农村劳动力新增转移就业12800人，城镇登记失业率控制在3.04%以内，零就业家庭实现动态清零。覆盖全县城乡的社会保障体系不断健全，社会保险待遇不断提升，一大批人民群众关心的焦点、难点问题得到解决。社会保险基金征缴总额达16.6亿元，比上年同期增长20.13%，向上争资和各级政府补贴达6.4亿元。加大依法行政力度，创新劳动争议调解手段，切实维护劳动者合法权益，保障全县劳动关系整体和谐。强力推进人事人才工作改革，进一步规范机关事业单位人员的招录、调配、交流、培训，为全县经济社会发展提供了人才保障和智力支持。该局先后荣获了“湖南省就业工作先进单位”“湖南省新农保经办管理服务工作优秀单位”“工资集体协商工作先进集体”“长沙市妇女小额担保贷款工作先进集体”、首批“长沙市诚信人力资源服务机构”等多项省市荣誉。

农民工兄弟领到了被拖欠的工资

事业单位招录考试阳光公正

宁乡经开区工委书记、县委书记黎春秋（前左一）等领导观摩宇业·东方红郡项目建设

县国有资产经营有限公司

团结拼搏展宏图 招大引强建新城

2013年，公司实施筹融资计划，积极拓展融资渠道，全年融资到位资金13.69亿元，完成任务率的114.12%；注重招商实效，利用项目和向上争资实现招商引资到位资金13.67亿元；积极梳理归集资产，壮大融资平台，归集整理资产122宗，估价13亿元以上；升级优质服务，征拆工作进度一再刷新，拆迁房屋218户，征地300亩；启动债券发行工作，公司评级为AA级。

公司作为城市建设的主力军之一，2013年先后启动并完成县城核心区滨江公园一、二期建设、何叔衡广场、金鑫南路、八一西路等多个基础设施项目的建设；采用合资、出让土地等方式快速推进大玺门、春城万象广场、人民路9号、天祺佰潮汇等10个旧城改造项目。积极对接央企和集团公司，成功引进宇业集团，投资100亿元对东城新区核心地块2000亩用地实施整体合作开发，并全面铺开滨江公园、东城大道、东城安置区、二环南路连接线等配套设施项目，为实现宁乡东进融城战略注入强劲动力。诸多项目的实施，为公司取得了良好的经济效益和社会效益，增添城市亮点，助推县域经济的健康、快速发展。

1
2
3
4

1.县委副书记、县长周辉（右四）等领导调研滨江公园项目建设

2.县委常委、常务副县长刘亮（右五）调研东城新区建设

3.宁乡县旧城龙溪片区改造效果图

4.滨江公园商业景观工程

县国土资源局

寸土寸金　守土有责

宁乡经开区工委书记、县委书记黎春秋（左二）调研经开区国土工作

宁乡经开区工委书记、县委书记黎春秋调研新城区路网项目用地等工作

县委副书记、县长周辉（左二），县委常委、常务副县长刘亮（左三）调研国土资源局工作

县人大常委会主任贺应辉（右四）等领导调研煤矿工作

2013年，县国土资源局更加重视土地资源的保护。一是抓耕地保护。全年新开垦耕地333.33公顷，实现连续13年耕地占补平衡；跨7个年度129个733.33公顷的项目在历年耕地占补平衡专项督察中评价为“质量最优”。二是抓土地综合整治。争取资金1.17亿元，实施4466.67公顷土地整治；争取宁乡确定为全省25个十万亩连片推进农村土地综合整治示范县之一，可获省级投资2亿元。三是抓项目用地清理。查清2006年以来479宗1253公顷出让土地的用地建设情况，为今后更加合理供应土地提供参考依据。四是抓规范矿产管理。全年新发、延续(变更)采矿登记共计25家，没有一起违规出让、违规发证行为；坚持矿山企业年检年审制度，应参加的124家矿山企业年检年审率100%。五是抓违法行为的打击。全年立案查处土地违法案件76宗，矿产违法案件12宗，已结案83宗，收缴罚没款522.7万元，移送涉嫌违法犯罪案件12宗，有效打击土地、矿产违法行为。

2013年完成项目工程2.2亿元，实现招商引资2.64亿元；积极主动上报审批项目用地，出让土地3635.6亩，及时保障县域发展用地需求；启动征拆项目10余个，征用集体土地293.33公顷，拆迁房屋857户18万平方米，收缴社保资金8.5亿元，为项目落地和建设提供强力保障；热情服务项目业主和群众，全年土地登记发证17853宗；继续推行集约节约用地，获得“省级土地集约节约利用模范县”荣誉称号；积极开展地质灾害预防与治理工作，确保全年我县“因灾零伤亡”；规范测绘行业管理，顺利完成宁乡县测绘行政执法检查。2013年获得市局年度绩效考核一等奖、市局信访工作先进单位、全县政风行风评议第二名、县年度绩效考核先进单位、四好领导班子、服务项目工程红旗单位等一系列荣誉和称号。

县委常委、常务副县长刘亮调研灰汤镇项目用地工作

第25个土地日活动现场

国土资源工作专题讲座

1	2	5
3	4	

1. 庆祝中国共产党成立92周年暨“七一”表彰大会
2. 安全生产工作动员会
3. 汛期地质灾害防治动员会
4. 业务能力培训会议
5. 局干部职工同当地农民一道卸载抗旱设备

党组书记、局长肖庆喜（右二）下乡调研

党组第一副书记、副局长罗亿清（左二）下乡调研

党组副书记钟炳权（左二）调研金洲镇国土工作

宁乡县农村能源办公室

NING XIANG XIAN LONG CUN NENG YUAN BAN GONG SHI

创新思路 真抓实干
宁乡农村能源建设取得新成效

2013年，在县委、县政府正确领导下，县能源办创新思路，真抓实干，全力推进农村能源建设，取得新成效，荣获2013年度省市农村能源建设先进单位。

1、农村能源建设稳步推进。一是中央预算内投资农村沼气项目900口户用沼气，17处养殖小区联户沼气工程，30处服务网点建设任务圆满完成；宁乡花猪产业园及湖南佳和原种场大中型沼气项目实现竣工投产。二是巩固退耕还林成果农村能源项目333台太阳能热水器安装任务按时如质完成。三是为民办实事工作稳步推进，2013年全县新增农村沼气用户1658户，新增太阳能热水器用户2142户（其中太阳能光伏路灯289盏），新增高效生物质气化炉灶用户907户。

2、农村能源使用效益不断提升。2013年，组织示范性服务站创建单位和新建网点对2003年以来中央投资建设的沼气项目近2000口沼气池进行回访复查。分类解决一些目前农村沼气建设和使用中存在的困难和问题，同时因地制宜，解决好一部分户用沼气原料供应紧缺问题。通过回访复查和服务，提高现有农村沼气产气率和使用率，巩固农村沼气建设成果，实现持续利用和可持续发展。

3、农村能源服务体系不断健全。一是2013年全县新建了乡村服务网点30处，其中示范性环保服务站3处。与此同时，积极开展技术员培训，进一步增强后续服务网点服务水平。全年共开展培训班二期，培训技术人员100人次。二是规范技术员服务行为，制定技术员服务准则。三是强化措施，确保农村能源建设与使用安全。全年共举办沼气用户安全使用知识培训班四期，培训农户1000余人次，发放安全知识挂图及使用手册近3000份；其次是统一购买技术员意外伤害险，最低限度降低技术员施工安全风险；再次是强化安全工作责任制。与沼气技术员和沼气用户签订沼气建设合同，明确沼气安全施工和使用责任，强化技术员、沼气用户安全责任意识。

省市能源办主任调研宁乡乡村服务网点建设

县农办副主任、能源办主任蔡石皎（右四）等领导深入项目农户调研

县农办副主任、能源办主任蔡石皎深入联点乡镇解决实际问题

县农办副主任、能源办主任蔡石皎带领班子成员走访慰问老同志伍守真

县农办副主任、能源办主任蔡石皎在喻家坳乡神武村开展“千池回访复查”活动

副主任刘瑞山（左三）、周学清（左一）深入开展“结对帮扶”

技术员年终总结会

技术员胡正坤等组队代表长沙市参加全省沼气技工比武

技术员现场观摩学习大中型沼气工程建设

农村能源后续服务车下发

宁乡县食品安全管理办公室

NING XINAG XIAN SHI PIN AN QUAN GUAN LI BAN GONG SHI

2013年度食品安全工作先进单位

2013年度党风廉政建设工作先进单位

主任周旭文（左一）陪同县人民政府副县长钟利仁（左二）带队开展食品安全执法检查

勇担使命　砥砺奋进

全面开创食品安全工作科学监管新局面

2013年县食安办以创建“食品安全城市”为载体，牢固树立科学监管理念，全面加强机制能力建设，深入推进食品安全监管整治，严打食品安全违法犯罪，全县食品安全形势持续稳定向好，未发生重大食品安全事故。县食安办被评为2013年度“宁乡县食品安全工作先进单位”、“宁乡县党风廉政建设工作先进单位”。长沙市人民政府授予县人民政府、县食安办“长沙市2013年度食品安全工作先进单位”荣誉称号。

2013年5月31日宁乡县公安局治安大队食品安全中队正式成立

销毁假冒伪劣食品现场

长沙市政府授予县政府、县食安办“长沙市2013年度食品安全工作先进单位”荣誉称号。

1	2

1、大型户外广告视频播放食品安全警示教育片

2、县食安办组织召开学校食品安全行政约谈会

心，金洲新区企业圣得西成功入选，并成为中部六省唯一一家获评企业。圣得西作为国内率先引领时尚商务的男装品牌，始终走“整合世界资源，打造全球品牌”的道路，通过突破地域限制的国际化设计、开展对苎麻面料的特色研究、自主研发三维数字化设计、开展中国时尚商务男装设计大赛等，在创建自主品牌、开拓消费需求、提升核心竞争力等方面取得丰硕的成果，成为运用工业设计促进传统服装企业转型发展的典范。

【工业集中区企业科技创新走在长沙市前列】 2013年9月23日，根据《长沙市科学技术奖励办法》（长政发〔2013〕16号），2013年度长沙市科学技术进步奖的评审已完成申报受理、形式审查、网络初评、评审委员会评审复审，面向社会公布。在2013年度长沙市科学技术进步奖中，金洲新区共占4个席位，其中一等奖1项、二等奖2项、三等奖1项，在全市“四区十园”中仅次于长沙高新区和长沙经开区，位居第三位。其中，三一汽车起重机有限公司的“Sac3500全地面起重机”项目荣获一等奖，湖南邦普循环科技有限公司的“废旧锂电、镍氢电池定向循环关键技术研究及产业化”以及长沙天和钻具机械有限公司的“TS系列潜孔凿岩钻具”项目荣获二等奖，湖南先导电子陶瓷科技产业园的“一种钛酸盐系列电子陶瓷纳米晶体材料合成方法”项目荣获三等奖。这些获奖项目成为新区企业通过自主创新实现跨越发展的新一轮“加速剂”。

【美国新视野光电项目落户金洲新区】 2013年11月10日，在2013中国（长沙）科技成果转化交易会上，美国新视野有限公司携手金洲新区建设光电信息产业园，成为本届科交会开幕式上八个代表签约企业之一。该项目是金洲新区在光电信息产业方面引进的一个龙头企业，项目总投资4亿美元，将建设金洲新区光电子全产业链生产厂区30万平方米。美国新视野有限公司为专业研究、开发和生产小型液晶显示器、液晶显示模块、触摸屏模块的高新技术企业，拥有一流的小型液晶显示器自动生产线及液晶显示模块装配线，主攻车载中控台及医疗用高档显示屏，同行业内排名全国第四位。同时，该公司还拥有数十项专利，建立了具有国际水平的质量保证体系和环保体系，在制造、物流、采购、设计等领域具有极大的市场竞争力。

【金洲新区工业集中区“无地招商”】 2013年，金洲新区坚持“土地资源是第一资源”的理念，探索开展“无地招商”，在不占用新增国有用地的基础上，盘活现有闲置厂房、收购低效利用资产，有效提高园区土地利用效率和土地投资强度，成为新区建设创新型科技园区的强大引擎。为了推进“无地招商”工作，金洲新区采取四大举措，首先是与中南大学、国防科技大学建立战略合作关系，以恩吉创业园为载体，促进科技成果孵化；第二是盘活闲置厂房，以供新进项目租赁或购置使用；第三是鼓励优质企业收购原有企业，通过追加投资、技术改造等方式实现“腾笼换鸟”；第四是鼓励现有发展态势的企业追加投资，扩大规模，提高项目建设的容积率。（邵宝胜）

湖南宁乡农业科技园区

湖南宁乡农业科技园区管理委员会

主　　任　陶向荣
党组书记、副主任
何立辉（9月免）
陈小平（9月任）
副 主 任　黄建龙（1月免）
卢浩明
蒋志刚（1月任）

【概况】 2013年，是宁乡农业科技园区体制转换之年，根据中共宁乡县委、宁乡县人民政府《关于明确宁乡经济技术开发区管理体制及职能权限的意见》（宁发〔2013〕10号）第10条的决定，从10月起，宁乡农科园的人、财、物、事等全部管理工作由经开区负责，但人员不占用经开区管委会编制。园区共有干部职工14名，其中中级专业技术人员7名。园区管委会坚持以推进园区又好又快发展为核心，按照强化项目工程建设，打造产业发展平台，加快体制转换的总体工作思路，坚持务实、高效的工作原则，实现园区整体发展的有效突破，项目工程建设全面推进。园区在年度考核中荣获长沙市科技进步目标管理考核二等奖。

2013年，宁乡农业科技园各项工作取得较好成绩。一是项目建设强力推进。全年完成项目工程建设资金投入4.5亿元。金洲西线连接线第一标至第四标全部竣工验收，第五标完成土方清填、施工便桥以及桥梁探桩等工程。石泉路用地30.37公顷，道路土方工程基本完成。永佳路西延线用地25.47公顷，道路土方工程有序推进。石泉安置区项目征地2.33公顷，一期建设第九栋至第十二栋总面积4.49万平方米，完成全部桩基建设，地下车库施工完成工程量的90%。二是产业发展平台建设有效突破。采取市、园区、县合作共建的方式启动，中国（长沙）农产品加工物流园建设，总规划面积10平方公里，致力打造集农产品生产加工、质量检测、冷藏保鲜、仓储运输、物流配送、电子商务、信息服务于一体的多功能现代化大型综合物流中心，形成辐射全国、接轨世界的现代农业物流网络和信息平台。年末着手进行规划编制面积333.33公顷的一期建设。三是园区环境有效优化。机关组织和作风建设全面加强，人员精神面貌明显改观。服务发展意识全面提高，赢得业主们的一致肯定。全年园区征地100公顷，拆迁房屋105户，坚持依法依规、公平公正、和谐拆迁的原则，确保无一例拆迁户上访、无一起群体性阻工。（张曙光）

交通·邮政·电信

交通运输

县交通运输局

局长、党委书记

文　斌(12月任)

局长、副书记

吴利民(1月免)

文　斌(1月任,12月免)

书记、副局长

龚正山(12月免)

副书记、副局长

龚正山(12月任)

唐国平

副 书 记　周新华(1月免)

副 局 长　刘毅之　陈　骁

谭强凯　殷文肆

工会主席　刘望平(1月免)

【概况】 2013年,宁乡县交通运输局(以下简称县交通局)局机关及下属事业单位共有干部职工439人,其中局机关59人,运政管理系统241人,公路管理系统40人,路政管理系统39人,质量监督系统9人,公共客运系统51人。

县境内石长铁路、长常高速公路、319国道横贯东西,洛湛铁路连通南北,省道206、省道208、省道209和省道311贯穿县境,金洲大道、枫林西路(国道319)直通省会长沙市,长花灰韶公路被省政府收购升级为高速公路并全线启动,城际铁路、京珠复线、益娄衡高速等项目全面实施。从县城到省城,实现"半小时"交通圈,从县城到乡镇,基本实现"一小时"交通圈,全县交通网络结构基本具备。全县拥有各级公路3972.4公里,其中国道(含高速公路)39.8公里,省道172.7公里,县道504.21公里,乡道424.33公里,村道2831.35公里。按公路技术等级分,拥有高速公路15.08公里,一级公路51.5公里,二级公路168.96公里,三级公路128.6公里,四级公路608.93公里。按公路分布密度分:每100平方公里拥有公路里程136.7公里,每万人拥有公路里程30.1公里。按等级公路分布密度分:每100平方公里拥有等级公路里程30.5公里,每万人拥有等级公路里程6.71公里。

【交通项目建设】 2013年,县交通局强力推进交通项目建设,支撑发展,改善民生。金朱公路于11月18日实现竣工通车,工程质量考核荣获全省第一,从根本上提升金洲、双江口、朱良桥三个乡镇的交通区位,为社会主义新农村——关山和国家级农业示范园的建设搭建更大的平台。争取调整中期国省干线公路计划100公里,为全省之最。积极协调跟进,完成宁梅等重点干线公路前期工作。启动建设白滩大桥、长滩大桥、师合大桥等7座省规桥梁,白滩大桥建设成为全省农村危桥改造学习样板,全省现场经验交流会在此举行。完成农村公路建设400公里,改造中小危桥27座。积极开展农村公路大中小维修养护和安保处险,农村公路管养里程达到3800多公里,对新竹线、桐界线、夏高线、夏黄线等线路进行大中修维护。

【运输市场监管】 2013年,县交通局全面加强运输市场监管,优化市场,提高服务。严格落实《政府通告》精神,整治公交、班线车混线经营,维护市场稳定。成立打非治违执法大队,专门打击黑车、黑摩的、黑公司,共查处黑车400多台、摩的300多台,取缔黑公司(宁灰线)1家,非法营运有效遏制。按照"逢车必检,逢超必卸"的要求,开展超限超载联合治理,共查处超限超载车辆700多台次,卸载货物1.9万多吨,运输环境逐步规范。加强公路建设质量监管,监督检测项目200多个,里程240多公里。围绕"三城同创"工作,按照"五个一"要求,对公交车、出租车进行标准化管理,服务水平得到较大改观。加强运政市场管理,做好驾培、维修、检测等工作,达到规范、严格、便民的要求,引导长沙科玺公司在沩山投入16台专业旅游客车,引进起亚、江淮2个汽车品牌4S店。新增公交线路3条、里程70公里。成立信息服务中心,开展电召服务和网络化办公,推行交通信息化管理,接听电召电话2000多起,成功1000多起,成功率50%。突出抓好"两会""八一""十一"等重要特护期的综治维稳工作,系统大局稳定和谐。落实安全生产责任制,强化行业安全生产督察及整治,全年未发生任何安全生产责任事故。

【体制机制创新】 2013年,县交通局改革创新体制机制,加强管理,创造业绩。实行"两规范、四加强",规范建设管理,严格按照《政府性投资项目管理办法》的要求,把好质量关、安全关、程序关、预结算关;规范执法管理,按照"执法主体单一化、执法功能综合化、执法活动经常化、执法队伍专业化",改进执法工作;加强基层基础、统筹整合、体制创新、服务为民。对所有科室长、交管站长实行竞聘上岗,激活正能量。加强督察考核,按照"一天一报告,一周一计划,一月一督察,一季一评估"的要求,严格日常管理和奖惩兑现。加强制度建设,确保审核、许可、处罚和计划安排等制度都在阳光下运行。创新筹融资体制，多渠道组织资金，交通线全年争取公路建设（含桥梁）资金1.5亿元、油补资金4600万元、农村公路养护资金1600万元、站场建设资金270万元、其他资金1200万元，共计2亿多元，全部用于公路建设和交通事业发展，同时融资1.5亿元保证建设基本需求。收购16路公交线路和车身、站亭、站牌广告经营权，试行公司化经营。

【交通运输党建工作】 2013年，县交通运输局不断强化党建工作，夯实基层，提供保障。按照“围绕经济抓党建，抓好党建促发展”的工作思路，用“力”加强阵地建设，用“心”提高队伍素质，用“情”凝聚系统人心，用“绩”体现堡垒作用，不断夯实党建基础。深入开展“四比四抓争先锋”活动，比产业、抓转型，比平台、抓提质，比民生、抓保障，比作风、抓实干。按照“抓落实、全覆盖、增活力、受欢迎”的要求，认真落实基层组织建设年安排部署。积极举办廉政讲座，加大对关键岗位的监管力度，不断提高全体党员干部的廉洁自律意识。扎实推进“一推行四公开”工作，为帮扶的沩山乡沩水村、八角溪村、陈庆村、双龙潭村支持解决公路建设资金20万元，慰问困难群众10万元。抓住“三八”“五一”“五四”“七一”等时间节点，充分发挥工、青、妇组织作用，广泛开展形式多样、寓教于乐的活动，形成党内带党外、党员带群众，齐争共创的生动局面。

（曾必武）

县路政执法局
局　　长　王志华（1月任）
党支部书记
　　刘毅之（兼）

县交通运输管理所
所　　长　周　勇
党总支书记
　　刘海燕（女）

县公路管理站
站　　长　邹海洋
党支部书记　陶湘军

县公共客运管理局
局　　长　戴石坚
党支部书记　张　鹏

县交通建设质量监督站
站　　长　刘建明
党支部书记　吴　娟（女）

公路管理

县公路管理局
局长、副书记
　　邓作平
党委书记、副局长
　　余振斌
副 局 长　肖立红　孙建国
　　黄友良　唐　华
纪委书记、工会主席
　　黄蓉晖（女）
副局长、主任工程师
　　邹庆林

【概述】 宁乡县公路管理局担负着宁乡县境内1条国道、4条省道及14条重要县道的建设、养护、管理工作和代管金洲大道的日常养护保洁工作。2013年，管养里程500.58公里，其中国道24.72公里、省道172.70公里、县道291.99公里、金洲大道11.16公里。其中城市干道11.16公里、二级公路189.37公里、三级公路155.88公里、四级公路144.20公里。管养桥梁113座，拥有机械设备120台（套）。全局共有干部职工533人（含代管人员21人），其中在职职工308人、退休职工225人，拥有专业技术人员45名，其中高级职称3人、中级27人、初级15人，党员104人。养护里程、职工人数均居湖南省公路系统前列。

2013年，宁乡县公路建设成效显著，养护管理科学规范，各项工作亮点纷呈，完成各项工作目标任务。养鱼塘中心养护站荣获交通运输部“全国交通运输行业文明示范窗口”和湖南省总工会“模范职工小家”；县公路局荣获省交通运输厅“全省交通运输行政执法评议考核优秀单位”、长沙市委、市政府“文明标兵单位”、宁乡县“工作绩效考核先进单位”“五好领导班子”等荣誉。

【公路建设】 2013年，宁乡县公路建设以优化路网结构、促进城乡一体化建设为抓手，更好地促进区域经济发展。全年公路建设实施项目14个，里程92.6公里，投入资金3.5亿元，创历史新高。以“三城同创”为契机，进一步对县城出入口公路进行提质改造：高标准完成宁朱公路以及赤龙岛水果庄园段公路建设，高标准完成国道319线夏铎铺、养鱼塘6.81公里大修提质，高标准完成省道208线喇叭口2公里，县道091线13.5公里提质改造；积极服务花明楼争创国家级AAAAA景区和刘少奇诞辰115周年庆典，优质高速完成花明大道建设和县道087东湖塘至花明楼提质改造任务，提供良好的道路环境；配合城乡一体化建设要求，沙田、巷子口、枫木桥等4个集镇提质改造全面完成；优化路网结构，完成益阳至宁乡横市干线公路招投标工作，同时推进宁乡东南部国道354、省道218岳麓区莲花至宁乡花明楼改建工程和省道328、省道218宁乡林塘至东湖塘改建工程项目；加大桥梁改造，对国道319线夏铎铺桥、鲁家桥、长石桥三座桥梁进行改建维修。开展县道071宁乔线两型引领示范路、县道087东花线红色文化示范路、国道319线交通安全工程示范路的创建，着力提升“一路一文化，一路一品位”的真实内涵。

【养护生产】 2013年，宁乡公路养护把提升服务水平、不断增加广大人民群众的满意度作为奋斗目标,确保日常养护更加符合“两型”要求。一是加大日常巡查,及时处置问题。二是加强病害处治和预防性养护,改善路面状况。积极开展雨季养护百日竞赛活动,确保雨季公路畅通;抓住6月至10月高温季节压浆、清灌缝,全年中修换板2.2万平方米,填补热沥青100多吨;路面保洁进一步加强,路面清扫常态化,挖反坡、清边沟等工作及时有序;积极参加“美丽宁乡”行动,完成公路沿线植树2.4万株。三是迅速处理公路突发险情。清理省道311、县道104等线水毁塌方达1000多立方米。四是以优化管理结构为出发点,加大推进流沙河、龙田、洪仑山、宁横中心养护站修缮建设力度。

【路政管理】 2013年,宁乡路政管理瞄准建设和谐公路的目标,以省局“路域环境建设年”和市委、市政府“城乡环境整治”活动为抓手,锤炼队伍,规范管理。一是队伍素质更提升。通过积极开展丰富多彩的集中培训学习,路政执法人员文明执法、依法行政、热忱服务的水平和能力进一步提高,打造“人员素质强、执法水平高、管理效果佳、社会反响好”的路政执法队伍。二是管理体系更完善。通过优化机构设置及岗位职责,结合实际要求,巡查工作实行路政人员驻站制,治超工作实行流动卸载点辅助固定检测点,管理机制高效运作,工作思路明晰,路政执法保持零投诉。三是日常巡查更全面。克服宁乡公路线长、点多、面广、情况复杂等困难,有效规范和加强对公路控制范围的管理,设置宣传点6个,发放、张贴宣传通告近4000份,路政巡查覆盖率100%,及时发现和制止在公路上乱挖、乱堆、乱占等妨碍公路畅通的违法行为110多次,取缔马路市场6处,拆除非公路标志510块,清除在公路水沟范围内种植的作物约580米,查处损坏公路及公路设施案件49起,办理行政许可11起。四是综合整治更高效。2013年上半年积极参加非法采砂治理行动,县域中西部山区路域环境、群众生活环境得到极大改善;扎实开展超限运输集中整治行动,将治超工作作为重中之重来抓,以养鱼塘治超站为依托,增设南芬塘、横市两个治超卸载点,全面开展超限治理,共检测各类货运车辆6.7万台次,其中查处超限车辆721台次,实施卸载和转运的超限车辆273台次,卸载和转运的货物1.08万吨,与驾驶员、车主和货主签订承诺书和告知书3697份。五是公路环境更和谐。利用信息中心电子显示屏积极开展公路法律法规宣传,及时反馈路况信息;路政管理加强与政府及各职能部门的横向联系及沟通,实行先行介入机制有效管理涉路施工,加大公路两侧建筑控制区的管理力度,形成齐抓共管局面;安全委员会对全局道路施工、车辆和站队的安全、消防进行全面督察治理,做好体制改革时期的稳定及安全维护、来信来访等工作。

【特色工作】 2013年,县公路局工、青、妇、团组织活动有声有色。围绕中心、服务大局,活动开展灵活多样,端午和中秋前后先后3次看望坝塘敬老院老人,慰问黄材镇45名贫困留守儿童,多方筹措2.5万元支持巷子口南轩中学青少年宫建设,组织全局性的无偿献血活动,积极开展访贫思廉活动,积极参与“三城同创”活动,专职劝导员坚持上路进行劝导,为全年目标任务完成作出了贡献。 (谢 美)

汽车客运

湖南龙骧交通发展集团有限责任公司宁乡分公司

经　　理　洪乃安(8月免)
　　　　　喻小石(8月任)
总支书记　喻小石

【概况】 湖南龙骧交通发展集团有限责任公司宁乡分公司(以下简称宁乡分公司)系湖南龙骧交通发展集团有限责任公司下属二级企业,是宁乡最大的客运企业。2013年,宁乡分公司共有员工503人,离退休人员310人,分公司下设东城、白马桥、豪德3个县级车站和9个乡镇客运站、6个运输车队以及修理厂、广告装潢分公司等基层单位,拥有各类营运车辆457台,其中营运客车230台,城市出租车138台,校车89台,已开通营运线路115条,其中省际班线11条,市际班线35条、县际班线69条,运输网络遍布湖南省各地、州、市以及广东、江西、湖北、江苏等9个省、直辖市。三个县级车站日发班次1131次,平均日发送旅客2.27万人次,共接纳司属建制车以及成也、花明、嘉年华等多家公司的各种营运客车651台。2013年,分公司向运管部门申报关山—长沙(1台车)、宁乡—黄材(3台车)、宁乡—青山桥(4台车)、宁乡—巷子口(1台车)等4条县际县内线路行政许可;申报宁乡—西冲山(4台车)、宁乡—南坝(6台车)、白马桥站—东城站(4台车)、宁乡—泉塘(7台车)等4条公交线路,全年共完成24台车的报废更新和线路延续经营工作。分公司被宁乡县交通运输局授予年度“文明诚信企业”、被长沙市公共客运管理局评为年度安全生产工作“先进单位”;东城汽车站在2013年湖南省客运站质量信誉考核中,荣获“湖南省道路客运二级甲等站”。

【整章建制优化管理】 2013年,宁乡分公司结合实际,修改完善补充一系列规章制度,制定出《公营车油胎料管理办法》“借用公车顶班申报程序表”“车辆转包申请审批”“承包车辆任务调整申报审批表”“各项成本费用报批流程”等,重新修改《公营车稽查管理制度》;制定一系列控制费用开支管理办法,有效地控制成本费用;分公司质量监督科协同相关部门制定各单位的年度和月目标任务,并定期检查和不定期抽检，及时通报相关情况，落实整改。9月，分公司针对上半年各单位目标任务的完成情况，再次重新核算，出台新的考核办法，并与各单位重新签订“目标管理责任书”，考核结果严格与考核单位的月奖、年终奖励以及干部的绩效挂钩，以此作为领导干部任用的重要依据，增加干部的危机感和使命感。

【运输生产管理】 2013年，宁乡分公司面临道路旅客运输业受高铁、民航运输飞速发展的影响，以及道路客运班线开发、审批极其困难的现状，在努力立足运输主业的前提下，把发展公交运输作为主攻方向，10月，宁乡至长沙城际公交线路成功取得公交运输行政许可，为分公司发展公交创造先决条件。同时，分公司在强化公司化管理方面，加大对公营车的精细化管理力度，进一步加强成本管控，将运输成本直接与驾驶员工资挂钩；逐步整合公营运输，将原6车队旅游车辆、18车队流沙河线车辆整合到公营30车队，对驾乘人员实行统一调度，压缩非生产管理人员。为最大限度地提高分公司旅游车运营效能，分公司开通通勤车，承接宁乡高考、中考接送业务，以及宁乡政协、人大等大型会议接送运输，使旅游运输与通勤运输实现互补。

【车站服务管理】 2013年，车站积极创新工作思路，推行特色服务，争创一流窗口。积极“走出去，引进来”，到大型学校、厂矿上门服务，推出站外车票代售点、开通电话订票、远程售票、送票上门等服务，并利用分公司网站（网址：www.nxqcz.com）和集团公司“96228”服务平台，为旅客提供更方便、快捷的服务。车站作为对外的服务窗口，在规范管理、提升服务以及配合政府创建全国文明县城和行风建设工作上，分公司加大对车站的投入，各车站为此做大量细致的工作，得到政府的肯定和广大人民群众的认可，提升了品牌，产生了良好的社会效益。东城汽车站在2013年度湖南省客运站质量信誉考核中，获“湖南省道路客运二级甲等站”，同时荣获全县唯一“文明示范窗口”。

【安全管理】 2013年，分公司加强安全队伍建设，完善责任安全员分片包干管理模式，强化安全责任，实现分公司安全工作分级管理的联动和互补。一是健全《GPS监控管理制度》《24小时值班制度》《GPS上线及维护制度》，尽最大努力发挥高科技手段对车辆运营的动态进行监管。二是严格执行跨省长途班凌晨2:00～5:00进规定服务区休息制度，GPS监控上线率98%以上。三是切实做好安全生产标准化建设的基础工作，使安全基础管理日臻完善，在年度国家首次安全生产标准化达标检查中，东城汽车站顺利通过国家县级一级站场、分公司国家二级考核，安全管理工作得到检查组的充分肯定。分公司全年营运车辆总行驶里程2554万公里，与2012年同期相比，事故次数下降60%；受伤人数下降65%；事故费用较2012年减少70%，无一起负主责的死人事故，责任安全行车事故频率0.1次/百万车公里，安全行车事故次数频率0.2次/百万车公里，事故责任死亡率0.02人/百万车公里，均控制在指标范围内，实现站场、综治、消防、劳动用工零事故。

【文明创建】 2013年，是宁乡县“文明创建”“三城同创”的开局之年。分公司作为宁乡县最大的窗口服务行业，为此投入大量的人力、物力，并根据宁乡县人民政府优化经济环境暨政风行风测评工作的要求，结合创建的达标工作细则采取一系列举措。一是设立文明创建和行风建设办公室，成立相关工作领导小组，在全公司范围内广泛宣传发动，营造良好文明创建和行风建设氛围。二是自建网站（www.nxqcz.com），搭建外界了解公司的平台，增加与顾客沟通的渠道，为人民群众出行提供更多的方便。三是成立质量监督科，加强对分公司工作环境和工作作风的监督力度，将每月3次对各单位、科室的日常检查制度化，将每月15日和30日定为全公司卫生大扫除日，并对每次检查情况及时通报，各单位、科室自查自纠，落实整改。分公司通过一系列行之有效的举措，既优化环境又提升窗口形象，增加顾客的满意度，公司品牌形象也在创建中得到大力提升，做出表率作用，创建工作得到宁乡县人民政府的高度评价。

（龙骧集团宁乡分公司办公室）

邮　政

县邮政局

局长、党委书记

周时兴（10月另任）

书记、副局长

何可文（10月任）

副局长、工会主席

张　丽（女）

【概况】 2013年，宁乡县邮政局共有职工467人，其中在职职工325人，占职工总数的69.59%，离退休（含退养）职工142人，占职工总数的30.41%。局机关机构设置一室两部，即综合办公室、市场经营部、网络运行部。市场经营部下设两个中心，即代理金融中心、邮务类中心，包括储汇专业、代理保险专业、函包速专业、分销专业、通信代理专业、集邮专业、发行专业。全局共有11个农村支局，1个城区支局；邮政综合营业网点35个；邮运车辆8台；城乡自办邮路5条，委办邮路4条；汽车邮路总长853公里/日，城乡投递邮路总里程3959公里/日，通邮率100%。全县全年累计完成业务收入4786.89万元，较2012年同期同口径增长2.59%，增长绝对值为120.69万元。其中包件、电子邮政、发行等专业完成收入任务。

【邮政业务发展】 2013年，宁乡县邮政业务发展稳步推进。一是代理金融业务取得较快发展。深度开展项目营销，强化客户维护，加快邮储、理财、电子银行和中间业务的发展；邮储余额快速增长，全年储蓄余额净增2.08亿元，余额规模达到19.7亿元；代理保险业务在积极做好满期给付工作的同时，大力推广保险产说会和微训营等营销新模式进行专项营销，累计保费在全市名列第一位。二是邮务类业务保持平稳发展态势，通过创新经营理念，转变发展方式，提高营销策划能力，实现邮务类业务收入1340万元。函件专业全力推进文化媒体市场，销售礼品册4800套，圆满完成贺卡计划；报刊发行专业依托校园、第三方订阅、数据库营销等深入开发收订市场，2014年报刊大收订流转额1148万元；集邮专业创新邮品鉴赏会模式，销售邮品115万余元；包件专业深化项目运作，提升服务品质；分销专业突出农资、快销品和农产品三个重点业务板块，以业务叠加为重点，加快渠道建设步伐，着力推进与综合服务平台的对接。

【邮政综合服务】 2013年，宁乡县邮政局加快推进营业网点改造进程，切实搞好服务支撑。先后完成一中、东沩、老粮仓、流沙河等网点选址工作，完成县局综合办公楼食堂改造。整合社会资源，强化渠道建设，全县共建36个通信代办点。以便民、利民、促进居民用邮为出发点，加快便民服务站建设进度，全年新建便民服务站8处，并以代收费为抓手，不断加载新的服务项目，实现代收、代付、代投、助农取款等多重功能，逐步打造便民的公共服务平台。2013年，宁乡县邮政局有22处金融营业网点安装ATM自动取款机，并有15个金融网点配备图形终端机、补登折机等，有效提升邮政营业网点服务效能。

【邮政基础管理】 2013年，宁乡县邮政局精细管控财务，通过强化预算和资金管控、收入计划调整、专业减库、大力追缴业务欠费等方法使得财务运营状况走上正常运转轨道，企业资金缺口逐步减少。优化网络，通信服务质量不断加强，同时加强投诉管理，通信服务质量指标显著提高，用户满意度明显改观。根据业务发展淡旺季和风险薄弱环节，加大日常检查频次和处罚力度，服务质量管理工作到位。贯彻“安全第一、预防为主”的方针，落实安全生产责任制，完善防范设施，健全规章制度。加强网点安全检查力度，通过不定期检查来规范网点安全生产，强化从业人员安全生产意识，全年全县邮政安全形势总体平稳，无安全生产事故。

【企业改革】 2013年，宁乡县邮政局不断加大企业改革力度。一是实施机构整合，将职能部室精简为一室两部，并实施专业化运营。二是扎实稳妥推进“四个压缩”(压缩机构、压缩领导职数、压缩管理人员、压缩从业人员数量)工作，从局机关压缩21人充实到支局、所担任负责人以及保卫等岗位，有效地降低用工成本，保持企业总体平稳运行。三是公开、公正开展优秀劳务工转聘工作，严格把控过程公开合规，标准执行准确到位，通过层层把关审核，择优推荐9名，并顺利完成工作。

【和谐企业建设】 2013年，宁乡县邮政局认真贯彻党的十八大、十八届三中全会、中央和省委经济工作会议精神，按照省、市邮政工作会议的要求部署，先后开展党风廉政建设、党的群众路线教育实践活动、创建青年文明号、“立足岗位学标兵，争先创优践行动”主题大讨论活动等一系列活动，获评长沙市邮政局“先进基层工会组织”。开展送温暖活动，坚持走访、慰问、看望离退休老职工、劳模、先进、军属等，对住院职工、职工家庭困难，身体多病人员坚持上门慰问，对生活困难职工及患大病职工进行帮扶。深入开展“建家”活动，组织开展农村支局(所)创建星级模范职工小家活动，共建设三星级模范职工小家1个，二星级模范职工小家7个，一星级模范职工小家3个。积极响应学雷锋活动，利用墙报等宣传阵地，大力宣传立足本质学雷锋，岗位建功作表率。根据湖南邮政“劳模先进创新工作室”创建活动指导意见，创建劳模“欧有才创新工作室”，并制定制度和实施方案。组织开展多种形式的岗位培训、岗位练功活动，逐支局开展投递员、营业员岗位练功比武活动，有效提升投递人员和营业人员的业务技能水平。 (蒋迎寅)

电　信

中国电信股份有限公司宁乡分公司

经理、党委书记 戴建军(4月另任)
沈郁(4月任)

副 经 理 成亚军
刘志华

经理助理 欧迎春(4月另任)
姜建佳(4月任)

【概况】 中国电信股份有限公司宁乡分公司(以下简称宁乡电信分公司)，是宁乡县最大的基础网络运营商和综合信息服务提供商，是宁乡县内唯一拥有完整的固定网、移动网、基础网、数字网和数据网的通信运营企业，向广大客户提供移动、固定电话、光纤宽带、ITV电视及增值业务等。2013年，公司共有员工299人，其中在职职工有管理人员40人。公司内设综合部、销售部和网络部等三大职能部室。销售部下设政企分部、城区营业部、渠道分部和20个农村支局；网络部下设综合维护调度分部、接入网维护分部。宁乡电信分公司现有北门EWSD交换母局和历经铺CC08交换母局，电话、宽带大小网点1345处，通信网络及能力已覆盖全县每一个乡镇及行政村组。全县电话设备可用容量 28.84 万线，全县宽带设备可用容量 15.09 万线、在网运营 CDMA 基站 260 个，开通 EVDO 功能基站 247 个,3G 开放基站占 95%，覆盖全县面积的 98%。宁乡电信分公司以“新量抢得到、存量守得稳、过程管得住、指标盯得牢”四大核心为目标,通过增强“渠道发展能力、终端运营能力、质量管控能力、存量维系能力”四大经营能力,积极组织各项营销、装维等劳动竞赛活动。同时以“三个面向”“三个一切”为指引,持续推进“1221”工程,深度变革运维支撑模式,注重运维支撑队伍团队建设；快速推进农村能力建设,高度关注网运装维能力;专注打造宽带移动精品网络,提升装维政企精品窗口服务。通过全体员工的共同努力,取得较好的成绩,公司被评为 2013 年度长沙分公司“服务先进单位”。

【经营管理】 2013 年，宁乡电信分公司坚持以效益为中心,以市场为导向,狠抓经营管理工作。一是全面承接省、市公司经营发展计划,将发展目标逐级明确,细化至支局和网格等基层营销单元,制定清晰的发展路径。22 个量收责任单位当中有 11 个单位进行农村支局责任承包,7 个超额完成收入任务。二是组织开展各类营销活动。组织“5·17”电信营销促销,中秋国庆双节促销等全局性促销活动。同时公司组织机关人员、后端人员利用周末对 20 个支局进行集镇沿街入户宣传、营销,成立 6 个队到农村去进行扫村营销,有力支撑农村的业务发展。三是服务基层,积极为农村渠道网点排忧解难。加强支撑、督导、巡检;渠道片区专干对各区域的渠道进行定期与不定期检查、督导、支撑工作。加强指导、培训、评估。针对渠道和社会网点反映的热点难点问题渠道片区专干及时协助解决和协调，特别是平时较为突出的装、移、查,营销和维护不配合的现象,渠道管理员和服务部专管员积极配合,发现一起处理考核一起,对不服从工作调度的网点和工作人员坚决调整和清退,同时加强渠道经理的驻店的帮扶工作。

【农网建设】 2013 年，宁乡电信分公司特别重视农网建设工作,农网建设成效显著。一是农村有线光网、无线网络能力得到双提升。宁乡电信分公司对 20 个集镇光网建设共计投入近 2000 万元，实现集镇及周边 3 千米光纤入户、宽带能力及质量的根本改善和提升。与此同时,宁乡电信分公司在新增补盲 8 个基站外,农村无线基站实现全部的 3G 网络开通,有力支撑和助推公司移动业务,特别是智能机业务的发展。二是加强与政府施工配合，做活各项线路迁移整改工作。先后配合政府进行玉煤大道、金朱公路、金洲西线建设、经开区木佳路、朱良桥水果园、省道 208 公路、黄材大道、沙田卫生院、大成桥集镇、巷子口步行街、青山桥集镇、回龙铺市场线路迁改,花明楼至道林公路、宁朱公路、宁乡大道提质线路迁改,双凫铺鞋业工业园、花明楼 AAAAA 级景区提质改造等多处线路迁改项目，迁改费用 3200 万元。三是实施天网工程,建设平安宁乡。自 2012 年起至 2013 年年底,由宁乡电信分公司承建,耗资 4000 余万元的天网工程在夏铎铺、玉潭、金州、白马桥、梅家田、历经铺 6 个乡镇全面铺开,工程全部竣工，在公安部门的全力协助下，共计安装高清摄像头 2439 个,在 6 个乡镇的派出所建立分监控机房，在县公安局建立中心监控机房,为平安宁乡的建设作出重大贡献。

（龙衡香）

移动通信

【概况】 中国移动通信集团湖南有限公司长沙市宁乡县分公司(以下简称宁乡移动)，位于长沙市宁乡县玉潭镇楚沩中路 82 号,2013 年，公司共有在职员工 203 人,全年累计净增通话用户 6 万多户,拥有客户规模 60 余万户，运营收入保持高速增长态势，年贡献税收 1400 多万元,建立了完整的县、乡(镇)、村三级营销和服务渠道体系,解决就业岗位 1 万多人。公司以“正德厚生,臻于至善”的企业文化精神以及创先争优的工作作风,为全县人民提供全面优质的移动通信服务、信息化宽带网络服务。

一是持续巩固网络优势,为宁乡经济发展提供通信保障。公司结合 4G 通信建设,在提升网络工作精细化、标准化水平,巩固网络优势,提升服务质量等方面开展大量实效性工作,开创宁乡移动通信网络工作的新局面。公司引进建设资金 1.6 亿多元,用于全县 2G 基站、3G 通信及宽带建设。全年建设 2G 基站 30 个，主要改善弱覆盖地区网络问题；建设 3G 基站 180 个，主要覆盖城区以及在城乡交界处主干路口和乡村与集镇的交叉路口,有效提升网络覆盖率,解决乡镇一级 3G 覆盖弱的缺陷,向移动网络全制式无缝覆盖迈进一步。同时,重点推进 TD-LTE(4G)建设，全年建设 4G 站点 160 个，至年底，宁乡城区已基本覆盖 4G 信号,宁乡人民可在城区体验高速高质的 4G 通信网络服务；另外,全县各行政村主要集镇的 4G 站点的选址建设工作也在大规模开展中。

二是全业务项目助力惠农工程,推进城镇信息化进程。宁乡移动大力推进“便民、利民、惠民”的信息化服务体系建设,着力于教育城域信息网、电力数据网、公路监控网等公众信息惠民工程实施应用。同时有效促进电子政务网络、农牧业信息网、食品药品监督网、医疗卫生信息网、社会保障就业信息网的政府信息惠民系统的推广。通过信息化服务体系建设，拉消费、促发展、惠民生,为宁乡人民提供广覆盖、多层次、差异化、高品质的信息应用服务。

三是勇担社会责任,真诚回报社会。公司始终以一种感恩的心态真诚回报社会,全力打造“为民办实事”工程,2013年,公司顺利完成全县33个乡镇乡主镇区3G网络及宽带信号覆盖,为乡镇居民提供随时随地的高速网上冲浪体验的同时真正实现宽带低成本、广覆盖,有效解决居民上网贵、上网难的问题,有效推进农村通信和信息化;同时积极参与宁乡县村级党组织帮扶及学校少年宫建设等公益活动,着力打造勇于担当的企业公民形象。 (罗惠芳)

中国移动通信集团湖南有限公司长沙市宁乡县分公司

经　　理　熊逆波(4月免)
　　　　　吕晓阳(4月任)
副 经 理　汪一兵
　　　　　喻彩斌
　　　　　张　伟

联通通信

【概况】 中国联合网络通信有限公司宁乡县分公司(以下简称宁乡联通)是中国联通在长沙的县级分支机构,负责经营在宁乡县域行政区域内的基础电信业务即2G业务、3G业务、固定电话业务、互联网宽带业务、国际国内长途、IP业务、数据通信业务和增值电信业务。2013年,宁乡联通实施3G突破、集团突破、宽带突破、校园突破“四大突破”营销举措,移网累计完成收入9689万元,移网用户19.8万户,移网开通3G站42个,完成接入网项目立项82个,开通项目82个;完成固网建设投资500万元,固网累计完成收入980万元,互联网用户达1.26万户,上缴地方税收240万元。2013年,宁乡联通对全县网络进行全程全网的优化,有效地提升宁乡的网络质量。落实各项资金、公益性费用3万元;新增营业网点40家,安置就业人数150余人。宁乡联通获得长沙市公安局“单位内部安全保卫集体三等功”。

一是综合管理实时到位。宁乡联通以“管理增效工程”为平台,深入推进党的群众路线教育实践活动,细化和优化会议管理、公文管理、督办管理、呈批件审批、劳动纪律、节能降耗等一系列基础工作;积极推进管理创新,建立准利润中心考核制度;以“协同和谐工程”为平台,开展“争先进、创佳绩”的评先评优活动,实现公司与员工的共同成长,同时,公司工会开展“八大关怀”计划,通过举办丰富多彩的文体活动,开设喜闻乐见的俱乐部,组织职工足球赛、篮球赛、羽毛球赛,各种关心员工的措施深入人心、深受好评。员工满意度较往年又提升两个百分点,员工对公司的归属感和凝聚力得到进一步提升。

二是尽最大努力为客户提供优质服务。宁乡联通始终秉承服务质量是业务发展的根本。2013年,宁乡联通通过“服务优先工程”,系统开展存量经营工作、全网管控工作、流量经营工作,提升客户续约率20个百分点,连续欠费比2012年降低57%,户均流量从2012年的87M提升到171M;重点治理话费赠送不到位、增值业务类投诉,两类投诉分别降低12%和50%;开拓互联网服务新渠道,上线实名制微博在线服务,创新“VIP俱乐部”微信服务,实现电子渠道从“业务分流”到“服务主流”渠道的转变,客户满意度保持在82分以上。

(肖海英)

中国联合网络通信有限公司宁乡县分公司

总 经 理　龚　伟(11月另任)
　　　　　李平维(11月任)
副总经理　郑曙峰
　　　　　汤周宁(女)

贸 易

招商合作

县招商合作局
党组书记、局长
谭放平(1月免)
陈永胜(1月任)
副书记、副局长
刘双知(女,4月免)
曾卉敏(女,1月任)
副 局 长 余菊香(女,1月免)
李贺钊
郭郁姿(女,1月聘任)

【概况】 2013年,县招商合作局有在职干部职工18人,内设办公室、督查科、招商一科、招商二科和外资服务科5个科室。年内,县招商局坚持"招大引强、突出工业",以"大招商、招大商"为工作核心,紧盯主导产业,主攻龙头企业,各项工作齐头并进,取得可喜成绩。先后荣获"湖南省经协工作优秀单位""市招商引资目标管理考核先进单位""县五好领导班子""县绩效考核先进单位"、全县政风行风测评第二名等多项殊荣。

市县各项目标任务全面超额完成。全年合同利用县域外资金860亿元,实际到位县域外资金240亿元,比2012年增长16.3%。新增规模项目280个,投资亿元以上规模项目105个(其中10亿元以上项目20个);实际到位外资2.1亿美元,市外境内固定投资79.68亿元,完成年目标任务的102.15%,到位省外境内资金52.15亿元,完成年目标任务的104.29%,三资企业销售收入36.79亿元,完成年目标任务的104.45%。

战略项目引进取得重大突破。成功引进格力电器、洋河酒业、中联输送泵、雅居乐地产、江苏宇业集团、三一风电、红星美凯龙、新辉科技、港越集团、闽发投资等重点项目,其中雅居乐、格力电器等一大批合同项目相继启动建设;紧密跟进康师傅、海航集团、福马食品、喜之郎、盼盼、九龙仓、巴克斯酒业、利光电子等一批重大在谈意向项目;捕捉一大批重大项目信息,为来年招商引资奠定坚实基础。

主要园区载体相继发力。国家级宁乡经济技术开发区围绕食品产业和先进装备制造业,打造全国有影响力的绿色食品原料生产基地、安全食品示范园和长沙制造工业西线走廊;金洲新区围绕新材料新能源、光电信息等高新产业,打造国家级节能环保材料产业化基地和承接沿海光电信息产业集聚洼地;金玉乡镇工业集中区充分发挥转型发展的探索、经济增长的平台和主体园区的补充作用,启动快,效果好;夏铎铺、大成桥、煤炭坝、双凫铺、老粮仓等5个特色工业小区,围绕汽配、机械、门业、鞋业、珠宝等传统特色产业引进特色产业项目。玉潭镇、城建投、国资公司等单位围绕城市建设主题,组织策划项目,提升包装水平。

【节会招商引资】 2013年,宁乡围绕招商引资开展了一系列活动。4月25日,以市人民政府名义举办2013宁乡重大项目投资发布会暨重大项目集中签约仪式,发布重大投资项目39个,集中签约项目35个,签约总金额165亿元。5月17日至19日,巧借第八届中博会平台,举办长沙市食品饮料产业招商推介会。特别是在省情推介暨现代农业产业项目推介会上,省人民政府重点发布的18个项目中,宁乡大河西农副产品物流中心、经开区肉制品精加工生产基地、金洲新区现代农业园等3个优质项目成功入选,入选项目个数居全省各县市之首。6月18日至20日港洽周活动,花明楼特色小城镇建设项目作为全省城镇化产业重点发布项目在活动中隆重推出,市场反响强烈。6月20日,在深圳举办宁乡承接产业转移专场推介会,20余家企业、50多位深圳商界精英应邀参会。华广集团、宝湾物流、磊鑫合成科技3个项目成功签约。积极承办中国海外交流协会三湘行进宁乡活动,接待印尼中华总商会名誉主席陈大江等海外华侨客商80多人,首次实现宁乡与海外侨商的亲密接触和无缝对接,开拓承接海外投资的新途径。10月29日,积极参加"2013湖南长沙·上海招商推介会",招商活动成果丰硕。博益鑫成、奔地圣鞋业、梦之源门业、台州温岭鞋业园、兆基君城等5个项目成功签约,签约金额22.15亿元。11月4日,长沙市小城市(中心镇)建设暨现代农业发展投资洽谈会上,四川银河、港越投资、卓越投资、双胞胎集团等32个项目成功签约,签约金额148亿元,签约项目个数和金额均走在全市前列。通过积极筹划、精心组织系列招商节会活动,全面推介宁乡优良的投资环境,有效地促成一批重大项目的成功签约;同时结识一大批有投资实力和投资意向的社会贤达,展示宁乡文明开放、合作共赢的对外形象。

(欧阳艳)

商务工作

县商务局
局长、党委书记
熊正明(12月任)

局长、副书记
熊正明(12月免)
书记、副局长
胡新和(12月免)
副书记、副局长
胡新和(12月任)
副 局 长 严秋良(4月免)
李拯民(1月免)
彭志煌 陈敏芳(女)
副局长、纪委书记
孙健强(9月任)
工会主席 曾 艳(女)

【概况】 2013年，县商务局共有在职人员44人、内设机构8个，领导班子成员7人。全年共实现招商引资10亿元，实现项目投入9亿元，新引进规模项目4个；实现社会消费品零售总额171亿元，比2012年同期增长12.6%;实现进出口总额3.53亿美元，比2012年同期增长18.5%，实现加工贸易2.8亿元，比2012年同期增长40%；全县实现外派劳务1300人，为农民创汇增收1.5亿元，外经、外贸、流通再造和农家店信息化改造、中小商贸流通企业服务平台建设等工作全省领先。

招商项目争先领跑，城镇品位日益提升。县商务局牵头帮扶的大河西农产品物流中心项目7月12日顺利奠基，省商务厅正厅巡视员易昌龙，省商务厅商贸服务处副处长赵子瑞等省、市、县领导出席奠基仪式；全球家具行业佼佼者红星美凯龙正式签约落户宁乡；湖南横市农副产品物流园和大河西农产品物流中心项目顺利通过第二批市现代服务业试点项目初审。关山生态特产园、湘中钢材物流园一期、春城万象广场项目年底竣工。宁乡首家电商宁爱商城网项目正式启动；鑫佰加家具博览城盛大开业；步步高超市盛装开启；易呼百应网、宁乡·闽湘茶城正式签约，商贸业态日趋丰富。

内贸市场引导得力，公共服务彰显优越。一是中小商贸流通企业服务平台全国推荐。宁乡县设立中小商贸流通企业服务站，搭建融资平台，优化中小流通企业发展环境，宁乡模式与经验得到省、市领导高度肯定，商务部流通司副司长吴国华亲自率领全国中小商贸流通企业服务体系建设现场经验交流会代表团120余人专程参观考察关山生态特产园示范点工作。二是流通再造与农村信息化工作全省试点。宁乡县承担湖南省百城千镇县乡流通再造工程试点工作，巷子口、沩山、流沙河、花明楼、灰汤为试点乡镇，重点建设县乡流通综合体，打造人气乡镇商圈，同时列入“农村商务信息服务工作省级试点县”。三是电子商务引领消费新方向。宁乡县成立由副县长龚畅任组长的电子商务工作领导小组，力促宁乡本土电商企业宁爱商城网、易呼百应网、金道网上线，构建农村商务信息服务平台，发布宁乡特色农产品信息3000条，为宁乡土花猪、沩山茶叶等农特产品企业树立品牌开拓营销。

外经外贸逆势上扬，外向型经济捷报频传。宁乡县对外贸易进出口总额远远高于全市平均水平，增幅居全市第一，外贸企业有梅花胶木等5家企业在境外设立营销网络，有民湾家具等3家企业在境外注册商标、宣传广告，有双华纸业、金洲茶叶两家企业在境外投资、兴办实业。对外劳务合作，累计输出劳务人员1300人，创收劳务经费近亿元。

市场监管规范有序，社会零售消费稳步增长。县商务局加大政策宣传力度，加大酒类市场、生猪定点屠宰、成品油市场监管力度，确保文明执法，和谐监管，规范市场行为，保障市场秩序。组织和举办大量节会，如金牛、万发家电开业暨家电博览会，鑫佰加家居开业暨家居博览会、长沙首届青岛啤酒节、农特产品展销会、汽车商会成立暨正能量名车博览会、摩托车博览会、电子商务网络销售上线会等，进一步繁荣市场，带动消费，促进社会零售的持续增长。

【长沙首届青岛啤酒节在宁乡成功举行】 由宁乡县委、县政府和青岛啤酒股份有限公司联合主办的“激情狂欢，干杯长沙”的2013长沙首届青岛啤酒节于8月16日晚在宁乡文体中心广场举行。县委副书记、县长周辉宣布啤酒节正式开幕，省工商局巡视员伍作法参加开幕式。该届啤酒节由宁乡县商务局、青岛啤酒湖南销售分公司、青岛啤酒(长沙)有限公司、893汽车音乐电台共同承办，从8月16日至8月25日，历时10天，共有10多个汽车品牌、摩托车参展商和全国各地30多个经营小吃的商户共50多个商户参加这次活动。人流量近10万人次，共销售汽车、摩托车、各类美食及啤酒2000万元以上，使青岛啤酒品牌知名度提升，政企合作效能显现。

【省商务厅到宁乡开展集中教育实践活动】 2013年7月29日，省商务厅党组书记、厅长谢建辉率省商务厅领导班子成员和厅机关全体党员近130人到宁乡开展“五个一”集中教育实践活动，通过走访、调研与服务，实地感受群众生产、生活，提高对开展党的群众路线教育实践活动的认识，把学习所得转化为商务发展的新思路、新举措。县委副书记、县长周辉，县领导刘永红、刘亮、刘辉、刘俊武、冯智君一同参加。谢建辉一行先后考察关山乡村变迁展览馆、葡萄园、村民集居点、生态特产园，对关山创新社会主义新农村建设的成功模式给予高度肯定。

【宁爱商城网开业】 2013年8月8日，宁乡第一家网络综合性购物商城——宁爱商城网开业。宁爱商城网是宁乡本土的综合性网上购物商城和市民一站式城市消费服务电子商务平台，由长沙宁爱科技有限公司创办，经过一年的筹备和试营业，宁爱商城已拥有300多家合作商和上万个知名品牌旗下的数十万种商品。同时还拥有2000平方米的配送仓库，有专业的配送服务团队。作为一家致力于电子商务行业发展的专业运营机构，宁爱商城网将成为宁乡人自己的网上购物、便民生活、吃喝玩乐、优惠团购平台。

【宁乡县汽车贸易商会成立暨正能量名车博览会成功举行】 由宁乡县商务局主办的“宁乡县汽车贸易商会成立暨正能量名车博览会”于2013年10月31日在宁乡县正能量名车成功举行。该次活动不仅圆了宁乡县汽车行业所有老板的梦(成立汽车贸易商会),同时又举办首届宁乡汽车贸易公司名车博览会。“正能量名车博览会”为期4天,活动当天的人流量达到4.3万人,当天成交车辆12台,4天博览会的总成交车量达到30多台,销售总额1000多万元。

【关山生态特产园开园】 2013年1月28日,关山生态特产园开园庆典暨2013宁乡精品土特产品博览会在宁乡县金洲镇龙桥村举行。各入园企业销售业绩红红火火,自1月28日开园到1月30日上午,总销售额为17.32万元,平均每日销售额5.7万余元。其中,关山湘女佳佳、睿创农业、向明生态农业和鑫桃食品4家企业销售量更是突破万元。都友食品、沃尔德农产品等众多企业的商品抢购一空。

(邱爱华)

供销合作

县供销合作社联合社

主任、党委书记

杨皎锋

副书记、副主任

罗清初(1月免)

副 主 任 张喜山(1月免)

陶春雷 夏宏春

唐文兵(1月任)

鲁建河(1月任)

纪委书记 唐也平

工会主席 杨国政(1月免)

【概况】 2013年,县供销社机关有在职干部职工25人,机关内设办公室、合作发展科、综治维稳科、政工科、财计科、新网办6个职能科室。县供销社不断强化为农服务意识,创新服务方式,圆满完成全年各项工作任务,获得“全市供销系统综合业绩考核特等奖”。

一是农资供应量足质优,巩固农资供应主渠道地位。按照市社要求,积极组织资金、多方采购货源、全力做好调运和仓储,积极组织社会力量进行冬储,全县冬储总价值1.2亿元,确保全县农业用肥。同时,紧紧抓住春耕生产有利时机,不断创新经营、优化服务。全年共销售尿素4200吨、钾肥650吨、复合肥4800吨、农药50吨,累计销售收入3336万元,保障全县春耕及全年农资供应,全系统农资供应和保障能力进一步加强。

二是烟花爆竹实现双赢。县供销社烟花爆竹专营公司不断加强销售中转站、特约经销商和合约经销商店的经营管理,紧紧抓住春节、清明等几个节日消费旺季,完成商品销售2832万元,实现安全和经营的双丰收。

三是“网上供销”成效初显。充分利用宁乡农副产品资源,利用便捷的互联网,创建“网上供销社”电子商务平台。开通网络信息渠道,发布产供信息,实现采购和发布信息一步到位,解决农民买难、卖难问题。组建网络销售平台,进行网上销售,拓展宁乡农副产品的销售渠道,扩大宁乡农副产品的影响力。

四是抓好平安系统建设,确保三个责任制的落实。信访工作成果显著。实行信访工作领导带班制,信访问题首问责任制。全年共妥善处理来信来访550件,为职工解决各类问题200多起,创新方法处理企业改制遗留问题23个。抓好安全生产经营目标管理责任制的落实,强化对安全生产经营的管理。县供销社牵头组织对2006年以来各执法部门没收的各类非法生产、储存、运输、经营的烟花鞭炮进行集中销毁,总计3000多件,价值100多万元,消除安全隐患。

五是开展“一推行四公开”工作。由一名班子成员带队,两名干部联系双凫铺粟溪村和双桂村,反映群众诉求,解决群众困难;开展“结对认亲,排忧解难”活动,机关党员与13户特困户结成一对一帮扶对子,帮助群众脱贫致富。在抗旱救灾活动中,党员干部冲锋在前,送去3套抗旱设备和3万元抗旱资金;组织村上干部到巷子口镇等地学习专业合作。

六是狠抓项目争资,促进企业发展。沩山和谐茶叶和楚香源茶叶合作社被列入全国供销总社“产销对接”项目,争取国家资金252万元。完成金洲茶叶有限公司、雪皇粮油有限公司、俏农女水稻专业合作社、彩虹林木种植专业合作社的省社农业综合项目入库工作,全年为企业争资312万元。

【乡镇农资配送站建设】 2013年,县供销社完善农资连锁配送,夯实为农服务基础。完善农资配送网络,降低配送成本和农资价格,减轻农民负担,在2012年完成道林乡镇农资配送站建设的基础上,2013年又全力推进3个乡镇农资配送站的建设。在配送站建设中:一是明确责任人,一把手任总指挥,3名副主任分别联系一个点;二是明确建设标准,配送站的选址和外观、营业大厅的设计和面积、仓库的位置和储量等都必须严格符合条件要求,并统一组织配送站建设负责人到已建的道林配送站进行现场观摩学习,确保建设质量;三是保证资金投入,把配送站建设作为全年最重要的一项工作,千方百计筹措建设资金,确保配送站建设按期完成。至年末3所乡镇农资配送站均已顺利通过上级部门验收并投入使用。 (荣 娜)

粮 食 业

县粮食局

局长、党委书记

李联明(12月任)

局长、副书记　陈杰文(1月免)
　　李联明(1月任,12月免)
书　　记　朱跃辉(12月免)
副书记、副局长
　　朱跃辉(12月任)
副 局 长　王迎开　符朝阳
　　何建文
副局长、纪委书记
　　文　炬(9月任)
工会主席　汤兴武

【概况】 2013年,宁乡县粮食局有在职干部职工37人,下设9个科室,包括党政办公室、产业发展科、监督检查科、统计调控科、财务联络办、财务资产审监科、人事劳资科、群工综治科、招商引资科。

全县全年粮食行业收购粮食38万吨。加工大米27.6万吨,生产白酒200吨,面条1.8万吨,饲料56.7万吨,其他粮油产品5.3万吨,销售总额53.5亿元,实现利税3.1亿元。向上争资2.08亿元。项目工程投入9700万元,招商引资到位资金1.46亿元,完成1000万元~5000万元项目5个。亮之星大米获评"中国驰名商标"。亮之星米业、卫红米业等6家粮食加工企业获批放心粮油"国家级示范企业",花明米业获批放心粮油"省级示范企业",县粮食局荣获2013年度县"五好领导班子""信访工作先进单位""老干部工作先进集体""先进基层党组织",荣获市粮食局"2013年度粮食工作绩效考核先进单位""2013年度粮油食品安全先进单位"。

【粮食收购】 2013年,全县全年收购粮食38万吨,其中最低价收购13.1万吨。新增县级储备粮5000吨。获得产粮大县奖励资金6641万元,比2012年增加239万元;获得超级产粮大县奖励资金1213万元。县粮食局积极采取措施进行粮食收购工作。一是争取早稻最低价收购库点21个,中晚稻最低价收购库点12个,采取"集腾并转修"办法,维修危仓老库21处,空出有效仓容15万吨,方便农民送粮,切实解决农民"卖粮难"的问题。收购期间实行局领导分库点包干负责制度,机关全体干部职工坚守收购库点,宣传政策、监督检查、协调服务、规范行为,确保平安收购。二是为减少送粮农民排队等候时间,创新收购办法,实行中晚稻预约收购,在县内媒体公布"宁乡县中晚稻预约收购办法"、中储粮宁乡直属库等12个最低价收购库点负责人、受理预约人名单和预约电话,最低价收购期间,农民通过预约电话送售粮食。10月20日到12月5日,受理预约电话172个,预约收购粮食3万多吨。长沙市粮食局专门发文,在全市推广预约收购的典型经验。三是组织金霞、亮之星等12家粮食产业化龙头企业以土地流转、种粮合作社等形式,创办基地,签订收购订单3.2万公顷,创办优质稻生产合作社12家,入社面积6000公顷,培植种粮大户121户,基地收购12万吨,带动农民增收2亿多元。

【探索建立"粮食银行"】 2013年,为适应粮食生产规模化、集约化发展,积极探索粮食购销新模式——粮食银行。县粮食局借鉴江苏太仓"粮食银行"的做法和经验,在卫红米业启动"粮食银行"试点。至年末签约入行农户已达3000多户,覆盖宁乡县东湖塘、花明楼、道林等10个乡镇23个行政村,服务面积3466.67公顷。为入行农户提供优质稻种40多吨,信息服务5万多人次,现场技术指导服务800多人次,烘干稻谷2.3万多吨,签约存储早、中、晚稻谷2.5万多吨。

【实施"放心粮油"工程】 2013年,县粮食局以放心粮油进农村进社区为抓手,着力做好"为耕者谋利、为食者造福、为业者助力"三篇文章,确保县域粮食安全和粮油食品质量安全,推进粮油产业的健康发展。一是抓提质改造,培育放心粮油品牌。引导企业加大资金投入,对大米加工设施设备提质改造,引进现代企业管理理念,实施全程质量管理。二是抓基地建设,确保放心粮油原粮品质。三是通过报纸、电视、网络等媒体,积极宣传推介放心粮油品牌,同时,利用食品安全宣传周、"3·15"消费者权益保护日、世界粮食日、稻博会、农博会等节会和传统节日,组织企业开展放心粮油进农村、进社区专项活动,通过发放宣传资料、现场咨询、知识讲座等多种形式,宣传粮油食品质量和卫生标准,指导鉴别真假伪劣粮油产品,增强消费者粮油食品安全知识和自我保护意识。四是抓规范监管,打造放心粮油经营网络。3月,县粮食局与湖粮集团建设的放心粮油店正式开张营业,经营省内200多个知名粮油品种,受到消费者欢迎。7月,在全国放心粮油进农村进社区经验交流会上,宁乡代表湖南省作"实施放心粮油工程,推进粮油产业发展"典型发言。

【健全粮食应急体系】 2013年,县粮食局健全粮食应急体系。全县建立粮食价格监测采价点5个,每周对县内及毗邻地区粮食价格进行监测,并将监测结果上报市粮食局、省粮食局。完善应急供应网络,指定亮之星等6家米业(日加工能力1320吨、年库存量19万吨)、心连心等44家超市、粮店为粮食应急加工厂和供应网点,实现应急供应网点乡镇全覆盖。为提高突发状况时粮食供应能力,确保粮油市场稳定,11月20日上午,由县粮食应急工作指挥部办公室统一组织万家春、亮之星、卫红3个米业有限公司在大润发超市进行粮食应急演练活动,应急加工企业在规定时间内按指定送大米至应急供应网点,演练活动进展顺利。

【严格监督检查】 2013年,县粮食局进一步严格监督检查工作。一是成立粮油食品安全领导小组、监督检查领导小组,制定粮油食品安全工作实施方案、粮食经营企业食品安全工作考核记分细则、打击非法添加非食用物质和滥用食品添加剂专项整治方案。二是开展元旦、春节、中秋、国庆粮油食品安全专项整治6次，对60多家企业开展“九查”行动。全年发放宣传资料3000多份，制作展板5块，组织“五进”活动2次。三是在全县33个乡镇采集早稻样品100个、中晚稻样品100个,为粮食质量与卫生监测提供依据。四是联合县发改局、财政局和农发行对中央储备粮直属库、金霞公司、盛湘集团和亮之星米业等单位进行库存清查工作。五是对全县67家粮食加工经营企业“粮食收购许可证”进行核查清理,核发新证1份,延续办理42份。

【加强党组织建设】 2013年,宁乡县粮食局组织系列活动,加强对党组织的建设。一是根据中央、省、市、县关于加强干部作风建设的若干规定,结合工作实际,局党委制定加强党性修养、严肃党风政纪的6条“铁律”、12个“不准”,违者照章处理,不徇私情。下发4个文件,干部职工人手一册。二是围绕“建设粮食经济强县”的目标,深入开展“四比四抓争先锋”活动和“忠诚履职”主题教育活动,召开“忠诚履职,完善自我”专题民主生活会,开展“忠诚履职”大讨论。在落实最低价收购政策中,教育和引导党员干部把早稻、中晚稻收购作为“四比四抓争先锋”活动的重要载体,“争当先行者、勇做排头兵”,实现平稳有序收购。三是“一推行四公开”工作组8名干部联系老粮仓镇,深入农户,走访党员群众、残疾人员家庭、五(低)保户家庭、复退军人家庭,为镇村发展献言献策、给残疾人进行免费体检、捐赠各类物资、送去慰问金。参与抗旱救灾,打井74口，清理水塘2口，修理渠道8900余米,支援村上抗旱资金4.5万元。四是组织“结对帮亲”和“结对共建”活动。局长带领局班子成员、局机关党小组长及群工队员20人,在老粮仓镇8个村开展“结对帮亲,排忧解难”活动,慰问帮扶困难群众14户，送去慰问金和大米、食用油等物资价值6000多元。局党委书记朱跃辉2次到结对共建联点村老粮仓镇插花村指导,了解村支两委、党员、村党支部建设等情况，并就加强党建提出建议，从有限的办公经费中拿出资金支持发展镇村经济。（徐湘红）

粮食储备

中央储备粮宁乡直属库

党委书记 杨　科
主　　任 曾庆先
副 主 任 贺春祥
　　　　　曹吉南
　　　　　胡　文
工会主席 周建明

【概况】 中央储备粮宁乡直属库是1998年国家250亿公斤中央直属粮库建设的首批项目,隶属中国储备粮管理总公司垂直管理。粮库占地20.62万平方米，固定资产1.3亿元,高大平房仓18栋,浅圆仓4栋，总仓容13.8万吨。2013年,有米厂2座,设计年产大米5万吨;铁路专用线1条,有效长度462米,设计年接送车皮5000个,中转量30万吨。宁乡直属库连续多年被评为“AAA守信用企业”“中储粮湖南分公司优秀直属库”“中储粮湖南分公司仓储工作先进单位”“中储粮总公司先进直属库”,2013年先后被评为省“文明标兵单位”“文明卫生单位”“模范职工之家”“园林式单位”“五四红旗团委”和“巾帼文明岗”,全国“模范职工之家”。

【仓储保管】 2013年，宁乡直属库本部及朱石桥、金洲收储点,加强科技创新，确保库存粮油安全。一是中央储备粮出库严格遵守中储粮湖南分公司出库审批制度,无擅自动用行为。二是按时完成轮换任务3.91万吨，其中早籼稻1.98万吨、中籼稻1.32万吨、玉米6113吨。三是及时完成政策性粮油入库任务。全年入库进口玉米4747吨。临储菜子油4657吨、跨省移库玉米1.9万吨。收购最低收购价粮4.15万吨。四是落实预验收制度和损耗补库制度。基本做到入满一仓(罐),预验收一仓(罐)。库存检查实物工作底稿、扦样检验原始记录、入库凭证等相关资料齐全,对清杂等原因产生的损耗核减库存,及时申报验收申请。对委托收购的最低收购价粮，会同县粮食局、农发行进行验收。五是认真落实春秋季库存自查工作,库存丈量误差均在国家规定范围以内。3月、9月质量普查和中储粮湖南分公司质量抽查,宜存率均在100%,无稻谷黄粒米、玉米霉变粒超标现象。全年分别接受省粮食局和中储粮总公司质量检查。已反馈的检查结果显示,质量合格率100%。全年接受3次审计检查盘底，账实相符。六是基本落实包仓制度和粮库“天天迎检日、栋栋样板仓”的要求。所有中央储备粮油、政策性粮油,均建立统一规范的“账、牌、卡、簿”,原始数据登记准确、真实、及时,清洁卫生、粮情检查、密闭、防虫等日常性基础工作及时到位,每周有正副科长巡查。通风、熏蒸、储粮隐患处理等仓储作业有专业人员统一组织安排，有专人负责组织落实。七是确保储粮安全,特别是确保进口玉米、优质稻的储存安全。优质稻、玉米等储存稳定性低、耐储性差的品种在度夏期间都采用谷冷控温和除湿机控湿措施,保证储粮安全。轮换出库的进口玉米、国产玉米、早晚籼稻,符合国家质量标准。八是落实“四单一证”仓储管理制度。认真落实“四单一证”,严格按规定要求填写“粮食出入仓作业单”“仓储保管检查单”和“中央储备粮质量控制单”“熏蒸作业单”。九是积极开展科学储粮。以四项新技术为中心，以入库质量数量管理、玉米优质稻安全保管为重点，积极开展科学储粮。

【产业发展】 2013年，宁乡直属库根据中储粮总公司、分公司有关精神,结合实际,提出“稳住两块,发展两块”的产业发展思路,取得良好的经济效益。铁路物流和万家春米业是较早投产项目,也是比较稳定的盈利点。铁路专线始终坚持“安全高效、服务一流”的宗旨,不断强化内部管理,挖掘运能潜力,提高服务水平,确保生产安全,进一步增强专线拓展物流业务和“四代”创收能力,全年取送车皮4023个,安全无事故,顺利通过湖南省五星级货场复验。万家春米业注重产品质量,加强品牌推广,推行精细管理,改造老旧设备,产销大米2万多吨,是中储粮湖南分公司米业加工销售量最多的单位。万家春米业获得国家工商总局颁发的“守合同重信用”单位和长沙市食安委颁发的“食品安全,诚信守望”先进单位等荣誉称号,顺利通过长沙市安监局组织的“安全生产标准化三级企业”的验收。 (刘 洋)

烟草专卖

宁乡县烟草专卖局(分公司)

局长(经理)、党组书记 陈道颖

纪检组长 包宗旺

副 局 长 傅俊军

副 经 理 黄松青

谢 静(女)

【概况】 宁乡县烟草专卖局(分公司)内设专卖管理监督股、市场服务分部、烟叶生产经营分部、烟叶基础设施建设办公室、办公室、综合室、监察室、财务室、基建办等9个部门科室;下辖大屯营、横市、喻家坳、流沙河、资福等5个烟草站,共有员工141人,其中硕士研究生28人、高级职称2人。县烟草专卖局(分公司)紧紧围绕“卷烟上水平”方针,准确把握“改革要有新突破,技术创新要有新进步,管理监督要有新目标,队伍建设要有新要求”的重点任务,做精烟叶生产、卷烟营销、烟草专卖三大主营业务,不断夯实基层基础管理,努力建设更加规范、更富效率的宁乡烟草。

【烟叶生产】 2013年,县烟草专卖局(分公司)克难奋进、转型升级,烟叶规模、生产质量、烟农和财政收入取得历史性突破。全县种植烟叶7266.67公顷,其中烤烟5666.67公顷、晒烟1600公顷,收购烟叶1480万公斤,其中烤烟980.5万公斤,晒烟499万公斤。全面推广基地单元管理模式,重点建设资福和大屯营基地单元,成功打造国家“升级版”现代烟草农业基地单元——横市基地单元。全年完成育苗工场、烤房、烟水烟路、烤房烟夹改造等项目1941个,配套烟用农机具260台(套);烟区水源工程项目正式启动建设;烟叶仓库加快建设步伐;沙田烟草站启动征地工作。组建烟叶专业合作社17家,配备生产机械851台,发展专业服务队42支、服务队员1449名。喻家坳金醇、黄材富源两家烟叶专业合作社向国家烟草专卖局申报国家级烟叶专业合作社示范社。8月5日,国家烟草专卖局副局长赵洪顺到宁乡调研烟叶工作,对金醇烟叶专业合作社建设给予高度评价,认为金醇合作社运行机制好,创新思路,为农民增加收入,是全国烟叶合作社的杰出代表。

【卷烟营销】 2013年,县烟草专卖局(分公司)以规范经营、品牌培育为核心,实现卷烟结构的调整优化与零售终端的有力支撑。围绕行业品牌发展战略,把培育品牌与重点品牌持续发展、优化提升结构有机结合起来,重点品牌培育延伸至整个县城。一是分片区打造18条示范街,发展12家“紫荆卷烟零售店”、225家“紫荆卷烟店”。二是针对零售终端的卷烟展示、价格管理、配合程度、规范经营四大难题,坚持以客户为中心,以市场为导向,用“心”做市场,为不同客户提供不同的服务,为719户零售客户办理“烟草E通”手机订货业务,占总客户数的13%。三是设立亲情服务热线,建立“志愿服务小分队”,定向帮扶生活自理能力差的困难客户,为20名困难客户提供协议供货服务,并成功办理金叶贷记卡166张,有效解决客户资金周转难题。

【烟草专卖市场整治】 2013年,县烟草专卖局(分公司)重拳出击、主动作为,以依法行政为基石,实现“两烟”经营秩序的持续好转,构筑市场监管的长效机制。组织开展“春雷3号”等专项整治行动,共查处涉烟违法案件268起,其中卷烟非法流通案件95起,查获涉案卷烟1318.6万支,总案值505.1万元。成功破获1起国际网络案,端掉制假窝点2个,查获烟丝1.1万公斤,烟梗4000公斤,烟叶3000公斤,扣押烟丝生产设备两套,抓获犯罪嫌疑人13名,其中3人被批准逮捕,涉案金额146万元。

【基础管理】 2013年,县烟草专卖局(分公司)全面夯实基层基础工作,持续改进企业管理水平。体系建设、办事公开民主管理、预算管理、安全维稳等工作全面推进。大力推行招标采购信息系统和办事公开民主管理平台,公开招标项目29个,占总金额比例的96.13%。抓好科技创新和先进适用技术示范推广工作,试点烟叶生产GAP管理33.33公顷,承担“湖南宁乡晒黄烟定向栽培调制技术工业可用性研究”等10项科研项目,“组合式烟草晾晒床”等3项专利被授予实用新型专利,累计获得国家知识产权局授权的专利10项,还有3项专利正在审批。成立“636”志愿服务支队,设立学雷锋志愿服务站,组织“帮助受灾烟农生产自救”“圆梦贫困大学生”等系列活动,广泛开展结对帮扶、捐资助学、慈善捐助、义务献血、关爱老人、文明劝导、环境保护等活动,牢固树立为民、务实、清廉的良好风气和社会形象。贯彻落实中央“八项规定”,积极开展“基层组织创先进、共产党员争先锋、服务群众促发展”“忠诚履职”“四比四抓争先锋”“一推行四公开”等实践活动，两名党员荣获县优秀党员，办证大厅荣获县“群众满意窗口”。创建学习型企业和学习型班子，组织开展劳动竞赛、“勤政廉政”主题演讲比赛、评先评优、拓展训练等系列活动。关心关爱离退休老同志，组织门球赛、座谈会等活动。开展“道德讲堂”活动，积极传递正能量。

（周珊珊）

石 油 业

中国石油化工股份有限公司湖南长沙石油分公司宁乡县石油支公司

经　　理　肖治冰(5月免)

张志刚(5月任)

副经理兼党支部书记

刘巧年

副 经 理　叶建军

【概况】 2013年，中国石油化工股份有限公司湖南长沙市石油分公司宁乡支公司(以下简称宁乡支公司)，有正式职工75人，其中内退6人、退休26人、在岗43人，聘用劳务工248人。在营站41座，比2012年新增5座，全年销售油品14.3万吨，其中零售汽油销售6.5万吨，柴油7万吨，基本完成年度目标任务，与2012年同期相比增加1.5万吨，增幅11%，其中汽油增长1万吨，汽油增幅率15.4%，柴油增长0.5万吨，增幅率7.1%；非油营业额898万元，完成年度任务的92%，比2012年增长8%，非油毛利完成140万元，比2012年增长40%。IC卡日均沉淀资金任务1460万元，实际日均沉淀资金1517万元。

【标准化建设】 2013年，宁乡支公司进一步加强标准化建设工作。召开站长会，成立领导小组。所有加油站自行进行摸底整改，填写申报表、自查表、隐患整改表，硬件方面对于难度大的整改项目，迅速报请市公司批准同意后再进行整改，软件方面按照标准化建设的具体要求进行整改，县公司抽调人员对加油站整改内容进行指导、督察。为迎接市、县安监局标准验收，公司领导机关管理人员和加油站站长加班加点做好相关资料，终于得以通过验收。以“标准化建设”为契机，加强加油站隐患治理。加大安全力度，整改难度大的及时报市公司，如宁韶加油站站房与油罐区安全距离不够，偕乐桥、贺石桥加油站立柱锈蚀严重，有垮塌的隐患存在。进一步加大操作井盖防盗设施的整改，防止油料偷盗现象的发生，对加油站的安全加大宣传力度，严禁违章操作。积极配合县消防、安监局的《消防安全户籍化管理系统》《长沙市安全生产化管理系统》，把各加油站的情况，包括地理位置、人员、各种证照、消防预案等情况录入系统，完善各项工作。

【油站建设】 2013年，宁乡县支公司根据市公司的整体布置，油站建设任务艰巨，为此，县公司班子成员思想高度重视，认真理会，积极与商务、规划、建设、安监(消防)等政府职能部门联系，逐站逐点跟进协调，及时汇报项目建设中存在的问题，新建的芳容加油站于4月营业、收购的株宁加油站于5月开业，新建的全民加油站、湘沩加油站于7月正式开业，湘沩气站试营业。

【做好石油服务】 2013年。宁乡县支公司围绕零售中心开展工作，始终贯彻“团结、务实、为民、发展”的方针，增强服务意识，提高工作效率，关心、关爱、关注员工生活，切实为零售一线员工创造良好的工作生活环境，力所能及帮助员工解决实际困难，调动员工肯做事、做好事的主动性，积极引导员工朝健康向上的工作方向发展。以为民服务、创先争优为契机，支部突出“为民服务”主题，将活动全方位覆盖到加油站各个环节之中，通过党员示范带动，激发广大员工的争创热情，打造高效优质服务的品牌，有力地推动加油站各项工作的提升。一是坚持思想先导。牢固树立“服务就是效益、服务就是发展”的理念，自觉增强服务意识，引导员工讲责任，使广大员工从理念、实践层面深化对石化品牌价值观的认识。支部从创先争优、规范履职、联系群众等方面向广大党员群众做出公开承诺，并进行张贴，定期践诺评议、召开民主生活点评会，为员工作出表率，进一步提高党员的服务意识，强化员工的服务责任，提高服务效率。二是服务基层，公司领导主动与员工交流，了解他们在生活和工作中遇到的实际困难，掌握心理动态，及时沟通。力所能及地解决他们提出的问题，确实有困难的向上级公司写出报告，请求解决。三是注重“实效化”，提高窗口服务水平。积极倡导“多一点主动服务、多一点热情服务、多一点优质服务”，对加油站在资金、发票管理、非油管理、安全管理等方面存在的问题，加快督察整改落实到位，为加油站提供服务保证。

（胡俊华）

盐　　业

湖南盐业股份有限公司宁乡县分公司

宁乡县盐务管理局

经理、局长

谭　军

副经理、副局长

周慧忠(女)

毛继湘

【概况】 宁乡盐业公司全称湖南盐业股份有限公司宁乡县分公司(湖南省宁乡县盐务管理局)，2013年公司内设人秘股、财基股、运销股、营销中心等4个部门，全公司在岗职工28人，内退5人，离退休14人，其中在职中共党员14名。全县全年各类盐销售3.41万吨，小包盐销售5950吨（其中新品种盐销售456吨）。实现利润1064万元,比2012年增加115万元,实现税收304万元。

【生产经营】 2013年,宁乡县分公司特别重视生产经营工作。第一,重划辖内片区,创新片区经理责任制。市场营销中心作为公司的核心部门,肩负着为公司盈利创收的艰巨任务。为调动营销人员工作的积极性与主动性,更好地实现员工的自我价值,根据实际情况,取消2012年按照地理方位划分片区的方式,按照市场份额、工作难度等因素,重新将域下市场划为农村、城市、大宗商品、试验四个片区。对每个片区的责任范围、人员分工、销售任务、奖惩机制进行详细明确地规定。特别是试验片区,采取以指标、费用包干为主,公司指导协助为辅的方式经营,迈出片区经理责任制的重大一步。第二,优化考评项目,狠抓基础管理。根据市公司的相关要求,营销中心总结2013年在市场基础建设上的成功经验和出现的问题,把重点放在人上,秉持以人为本的管理理念,对市场基础管理考评项目进行梳理,进一步对各项考评项目进行优化。一是将绩效考核与薪酬挂钩,实现多劳多得,一线营销人员普遍提高0.1的奖金系数,充分调动营销人员的积极性。二是进一步深化专项考核机制,通过定期进行自查自纠,定期整治亮证经营,定期维护生动陈列等办法,解决市场基础管理难点。第三,细化客户管理,提升服务质量。为了更好地服务客户,根据经营规模和辐射面两项指标对零售户进行相应的评价,结合不同地区产品需求差异以及市场季节变化的特点,同时以客户的实际销售能力为主要依据,对零售户进一步细分为A、B、C、D四类,并根据不同的类别提供针对性的服务。针对多数零售户总体经营水平偏低,布局不够合理的现状,通过加强对客户经营情况的跟踪管理,坚持定期对停业、歇业类客户进行集中注销淘汰,同时在坚持严格办证审批的前提下,补充条件较好的新客户,进一步优化客户资源配置。第四,坚持做好主业,拓展多元化经营渠道。首先是在主业上,重点推动单一的盐产品向高附加值盐产品的转变。进一步挖掘市场潜力,优化盐产品销售结构,努力提高高端盐产品的市场份额,丰富市场,提高销售效益。二是大力发展非盐。在稳定原有非盐业务的同时,积极探索实践各种品类非盐市场的经营与开拓,寻求适合合作的企业。三是加强新品盐的市场推广、宣传。公司通过与电视台合作、在各销售网点发放宣传单、在乡镇主干道投放盐品墙体广告、定期召开新品品鉴会等多种宣传手段,对新品盐进行有力地推广。

【综合监管与执法】 2013年,宁乡县分公司为了确保全县食盐市场的稳定,采取一系列措施加强综合管理。一是完善零售网点建设,健全盐政终端管理体系。为落实湖南省盐务管理局《关于开展食盐零售终端网点检查的通知》和长沙市盐务管理局《关于加强食盐零售经营管理的通知》等文件精神,重新制定盐政文案管理办法,并组织人员去市公司(局)进行专项学习,使盐政工作做到有文件、有部署、有记录、有通报。按照省公司(局)统一要求,对全县境内所有网点的"食盐零售许可证"正、副本进行更新。新证件全部采用打印的方式,证件上附有省局统一设计的防伪标志。对全县的零售网点及其销售情况重新进行摸底排查。重新审核经销店的销售资格,废除不合格商铺的销售经营资格,对达到标准的经营点进行备案登记,更新网点资料,查漏补缺。至年底,全县的"食盐零售许可证"更换工作已基本完成,发展终端网点414家,发放货柜52个、托盘444个(共计218户)、拜访卡193份。二是加强执法队伍建设,规范行政执法程序。营销、访销、盐政三位一体,做到监控全方位、联络最便捷、底细最清楚。10月,根据县人民政府要求,组织行政执法人员学习《宁乡县人民政府行政问责办法》及其实施细则,对以往的行政办公、行政执法行为进行自问自查,规范执法人员在涉盐执法时的行为标准。从提高工作透明度和行政效率入手,突出重点和关键环节加大监督检查和问责力度。三是加大宣传力度,扩展盐类知识普及成果。根据不同地区不同情况采取不同的宣传组合策略。利用"3·15""5·15"两个重要的宣传日,在县城人流较多的购物广场开展两次规模较大、影响较深的宣传活动。现场设立咨询专柜、宣传栏,分发宣传资料,悬挂宣传横幅。针对相对偏远的农村地区,则采取以点带面的策略,选取各乡镇货流量比较大的经营网点,张贴宣传海报,设立展示货柜,用口口相传的模式普及食盐知识,宣传新型食盐安全理念。《今日宁乡》、宁乡电视台等报社媒体对活动进行专题采访报道。四是依法行政,努力为全县的食盐安全环境提供保障。2013年,分公司(局)与各职能部门联合执法对碘盐覆盖率、节假日期间食盐供给情况、假盐私盐流通领域等组织7次市场整治专项行动。4月,在东湖塘、夏铎铺、花明楼、道林一带发现有假冒绿色加碘精制盐流入市场,当即组织盐政人员开展为期两个月的市场排查整治。共收缴假冒小包盐112件。6月底,在西冲山查获假冒小包盐200件(4.9吨)。11月,联合长沙市公安局、宁乡县公安局、宁乡县工商局等多家单位协同长沙市盐务管理局,侦破位于长沙火车站附近的生产窝点,公安机关逮捕制假贩假人员10多人,查获制假生产线3条,假冒小包盐40余吨。通过整治行动控制制假源头,净化食用盐市场。

(赵清仪)

旅 游 业

旅游工作

县旅游局

局长、党组副书记

丁　健　(1月免)

局　　长　张超明(1月任)

书记、副局长

王东波(1月免)

书　　记　李　纯(女,兼,1月任)

副局长　王　娟(女,1月免)

欧朝波

谷超俊(女,4月任)

【概况】 2013年,宁乡县旅游局在编干部职工12人,设办公室、行业管理科、规划产业科和市场营销科。旅游局下设旅游质监所,在编干部职工2人。全年,宁乡旅游工作以项目强基础,以创评强品牌,以营销强效益,全县实现接待游客1207万人次,实现旅游收入106亿元,同比分别增长25.4%和34.9%,总量和增速稳居全市各区县(市)第一。

【景区景点开发建设】 2013年宁乡县旅游项目建设投入60亿元。全县在建旅游项目65个,待建项目3个,合同项目6个。灰汤金太阳二期、沩山禅文化广场、紫龙湾泉水乐园、关山古镇景区等项目投入使用;灰汤华天温泉城二期、花明楼鸣源酒店、黄材炭河里青铜博物馆、九折仑航空运动中心等项目快速推进。灰汤雅居乐项目成功签约,青山桥生态漂流、凤凰山漂流、灰汤滑雪场、白马桥汽车文化主题公园、青山桥水上乐园等项目加紧跟进。

【旅游宣传促销】 2013年,宁乡使用财政100万元营销经费,带动市场投入1500万元。成功举办灰汤全国山地自行车赛、灰汤桃花节、沙田油菜花节、沩山新年祈福法会、"6·19"沩山平安福果慈善活动、"9·19"沩山长寿福茶慈善活动、100家旅行社签约西部漂流、千名导游游沩山、紫龙湾泉水乐园开园仪式等10个主题节会活动。向市场响亮喊出"好地方就在宁乡"、"还有湖南人没去宁乡玩过吗"等极具亲和力的宣传口号。全面铺开湖南卫视《宁乡好好玩》节目、卫视天气预报图文广告、高速公路宣传广告牌等基础宣传,"旅游强县、五养之乡"品牌影响深而广,重要旅游景区基准地价节节高升,相关项目争相竞入,地方经济迅猛发展。

【旅游市场管理】 2013年,宁乡五养文化旅游发展有限公司注册成立,为进一步整合旅游资源,加速旅游产品开发提供良好的平台。关山成功创评国家AAAA景区,花明楼成功创评国家AAAAA景区,灰汤创国家级度假区迎国检工作准备就绪,天紫漂流创AAA工作完成省局验收。全年组织7期旅游从业人员培训,参训人员达1200人次,旅游接待服务水平进一步提升。对全县旅游企业开展4次旅游安全生产大检查,重点排查漂流景区安全隐患,确保全县全年旅游安全生产零事故。

【举办"佛临盛世,祈福新年,爱在宁乡"大型公益活动】 2013年1月1日,宁乡县旅游局、共青团宁乡县委联合社会爱心人士,在沩山乡密印寺举行"佛临盛世,祈福新年,爱在宁乡"大型爱心公益活动,爱心企业家代表将前期募集的善款向20名贫困学生每人发放1000元爱心助学金后,当场捐款10069.5元。

【举办"心心相印·情定密印"爱情幸福法会】 2013年2月14日情人节,宁乡县旅游局、沩山风景名胜区管委会、沩山乡政府等单位组织300多对夫妻和热恋中的情人到沩山密印寺,举办"心心相印·情定密印"爱情幸福法会。在密印寺住持贤心法师主持下,前来参加法会的300多对有情人虔诚地许下对美满爱情和美好生活的愿望。大家纷纷表示将珍惜缘分,感恩亲人和朋友,与爱人携手共创美好明天。

【省旅游产业发展年度考核组考察宁乡县旅游产业】 2013年3月7日,湖南省旅游产业发展年度考核组一行在湖南省政府副秘书长王光明、湖南省旅游局副局长熊健的带领下,考察宁乡县旅游产业。考核组在实地考察华天温泉度假酒店、紫龙湖、湘电温泉山庄、金太阳现代休闲农庄、龙熙温泉等旅游景点和企业后,对宁乡县旅游产业给予高度肯定。长沙市政府副秘书长卢兴映,长沙市旅游局局长谭勇,宁乡县领导周辉、龚畅、李纯全程陪同。

【马有明检查指导花明楼文化旅游区】 2013年3月9日,国家旅游局规划财务司规划与资源处专家马有明在省市相关部门领导的陪同下,对宁乡县花明楼文化旅游区创建国家AAAAA级旅游景区进行检查指导。宁乡县委常委、副县长龚畅,以及宁乡县旅游局、花明楼镇等相关部门单位负责人陪同检查。

【旅游专项检查】 2013年3月19日,宁乡县旅游局配合长沙市旅游质监所、长沙市交通行政执法局,在花明楼刘少奇纪念馆对一日游用车情况及旅游团队质量与导游执业规范进行专项检查。当日共检查车辆12辆,其中1辆因涉嫌超范围经营被扣证处理;检查导游10名,1人因行程单旅行社名称与实际不符,被扣证。

【旅游从业人员服务技能培训】 2013年4月18日,宁乡县旅游局、花明楼镇镇政府共同组织花明楼镇55名餐饮经营负责人及从业人员进行为期8天的集中培训,并邀请湖南科技职业学院专业老师进行旅游服务礼仪、服务规范及各种服务实践操作培训。培训后,对通过考试的学员颁发全国通用的餐饮服务员职业资格技能证书和客房服务员职业资格技能证书。

【组团参加中国国内旅游交易会】 2013年4月19日至21日,宁乡县旅游局组织沩山风景名胜区管委会、沩山密印景区以及部分旅游企业参加在贵阳举行的2013中国国内旅游交易会。现场推介宁乡旅游资源,同时发放宁乡旅游宣传资料1万多份,与50多家国内旅行社建立联系。

【旅游协会换届】 2013年5月10日,宁乡县旅游协会召开换届选举大会暨第二届理事会第一次会员大会,来自全县旅游行业和企业的负责人参加会议。希尔登大酒店董事长陈新当选为第二届理事会会长,灰汤华天城温泉度假酒店等11家宁乡知名企业负责人当选为副会长及秘书长。宁乡县人大常委会副主任彭曦明出席会议。

【庆祝"中国旅游日",倡导"爱旅游、爱生活、爱宁乡"】 2013年5月19日,宁乡县旅游局组织各旅游景区(点)、旅行社、星级宾馆在县城人人乐广场和紫金广场设置宣传展板和咨询台,现场发放旅游宣传资料,推介特色旅游线路,开展旅游咨询服务,受理旅游投诉,组织开展"优质服务月"活动,推出景区优惠活动的同时,倡导旅游企业诚信经营、优质服务,推进旅游标准化建设,提升服务质量和水平,引导游客文明旅游、安全出游、理性消费、绿色消费。

【举办漂流节】 6月16日,2013宁乡漂流节暨龙泉漂流开漂仪式在龙泉举行。开漂仪式由宁乡县旅游局主办,龙泉漂流有限公司承办。30余家媒体、200多家旅行社、2000余游客参加体验活动。

【湖南千名导游走进沩山】 2013年6月22日,宁乡县旅游局组织的"湖南千名导游走进沩山"实训活动在沩山密印景区举行,宁乡县旅游局重点推介密印景区、沩山度假山庄、千佛洞景区、龙泉漂流景区、金太阳生态休闲山庄、湘茗茶业等旅游企业,通过此次活动,进一步推介宁乡旅游资源,提高宁乡旅游的知名度。

【举办"平安福果"公益慈善活动】 2013年7月26日(农历六月十九观音成道圣日),由宁乡县旅游局组织的密印寺"平安福果"公益慈善活动仪式在沩山乡举行。当天,沩山有40名留守儿童领到沩山密印寺赠送的爱心助学金和书包、文具、读本等礼品。同时,上万名游客当天享受免费游景区的优惠,还有5000名游客领到一份祈福幸福平安的平安福果和一张"心愿祈福卡"。宁乡县委常委、副县长龚畅等领导出席活动仪式。

【关山景区运营并被评为国家AAAA级旅游景区】 2013年8月15日,长沙市旅行社协会副会长张文与关山景区负责人正式签订合作意向书,长沙市旅游局副局长陈威宣布关山景区正式运营。县领导刘俊武、李纯出席景区运营启动仪式。湖南海外旅游公司、娄底市国藩旅行社等50多家旅行社的代表,游览关山景区。9月13日,宁乡关山景区被评定为国家AAAA级旅游景区,这是全县精品化景区建设的重要成果,对于进一步推动全县旅游强县建设具有十分重要的意义。同时也为关山城乡一体化建设,加速旅游产业发展起到积极推动作用。

【十国驻华使节考察关山】 2013年9月14日,美国、英国、法国、马来西亚、瑞士等10国的驻华使节一行30余人到宁乡县参观考察关山城乡一体化建设,考察团对宁乡乡村旅游业发展及关山城乡一体化建设给予高度评价。长沙市外事侨务办相关负责人以及宁乡县政府副县长刘俊武陪同考察。

【举办"养生乐园·长沙宁乡"旅游推介会】 2013年10月21日晚,由宁乡县旅游局主办,紫龙湾温泉度假区承办的"养生乐园·长沙宁乡"旅游推介会在紫龙湾温泉度假区举行。此次推介会是湖北武汉100余家旅行社到宁乡踩线的活动之一,这100多家旅行社还参观关山、灰汤温泉度假区、密印寺、千佛洞等景区,并对宁乡县旅游资源给予高度评价。

【举办"9·19长寿福茶"旅游文化节】 2013年10月23日,"9·19沩山慈善文化节暨长寿福茶大型公益活动"开启,密印寺广场宁乡土特产展销现场热闹非凡,沩山大戏台连场花鼓戏精彩纷呈,百岁长者和千名老人虔诚祈福,当日游客超3万人,宁乡县委副书记、县长周辉,宁乡县委常委、副县长龚畅,以及其他相关科局领导出席此次活动。

【"相约长沙最美乡村"活动走进沩山】 2013年11月10日,"相约长沙最美乡村"活动走进宁乡县沩山乡。当天,21名《长沙晚报》的拍客和记者,赴沩山乡富硒富锌有机茶科技核心示范基地、千年古刹密印寺等地拍照取材,盛赞沩山乡为"世外桃源"。

【花明楼景区被评为国家 AAAAA 级旅游景区】 2013 年 11 月 22 日,宁乡花明楼景区被评定为国家 AAAAA 级旅游景区,这是全县精品化景区建设的重要成果,对于进一步推动全县旅游强县建设具有十分重要的意义。同时也为刘少奇 115 周年诞辰献上一份厚礼,对于景区进一步打造品牌、加快发展,不断提高游客满意度也将起到积极推动作用。

【长沙市旅行社协会年会在宁乡召开】 2013 年 12 月 10 日,长沙市旅行社协会年会在宁乡县通程温泉大酒店召开,长沙市 200 余家旅行社负责人及代表参加此次年会。宁乡县旅游局组织全县数十家旅游企业,对全县旅游资源和各相关企业进行宣传推介,丰富而又独具魅力的旅游资源深深吸引在场的旅行社代表。宁乡县政协副主席李纯出席活动。

【举办第五届温泉养生节】 2013 年 12 月 28 日,中国·长沙(灰汤)第五届温泉养生节在宁乡灰汤湘电温泉山庄开幕,养生节由长沙市旅游局、宁乡县人民政府主办,灰汤管理局、宁乡县旅游局、灰汤镇政府承办,是温泉旅游业的一次盛会。来自世界各地的中医专家、养生专家、500 多名养生爱好者欢聚一堂,通过全国各大媒体,关注冬季养生,推介灰汤温泉。

(李　霞　刘林凤)

刘少奇故里管理局

刘少奇故里管理局
(刘少奇同志纪念馆)
中共长沙市委副秘书长、刘少奇故里管理局党组书记
　　杨　俊(10 月另任)
　　文　方(10 月任)
局长、馆长、副书记
　　罗　雄
副局长、副馆长
　　易锦君
　　王定良
　　黄　可
　　胡伟平(12 月任)

【概况】 2013 年,刘少奇同志纪念馆按照长沙市委“六个走在前列”大竞赛活动的要求,以“弘扬中华文化、宣传少奇思想、促进旅游繁荣、服务社会发展”为工作方针,以“服务创全优、行业争一流、文明当标兵、研究结硕果”为工作目标,全体员工齐心协力,“115 周年”纪念活动举行,AAAAA 级景区成功创建,国家一级博物馆运行评估领先全国,政府投资公共设施建设项目创历史之最,全年接待游客 350 万人次,接待省部级嘉宾 118 人次,完成讲解 12 万批室,全年向省市派出政府工作形象宣传员 90 人次,纪念馆各项事业得到长足发展和全面进步。

【举办刘少奇同志 115 周年诞辰纪念活动】 2013 年 11 月 24 日,是一代伟人刘少奇同志 115 周年诞辰纪念日。为确保“115 周年”纪念活动圆满举行,7 月 9 日,中共湖南省委常委、长沙市委书记易炼红主持召开市委常委会议,专门听取刘少奇同志纪念馆关于纪念刘少奇同志 115 周年诞辰暨花明楼景区创建 AAAAA 级景区的工作汇报,并印发会议纪要。会议决定,以市委、市政府的名义主办刘少奇同志 115 周年诞辰纪念活动,成立纪念刘少奇同志 115 周年诞辰活动领导小组,由市委副书记张迎龙任组长,张湘涛、李军、张迎春、黎春秋任副组长。会议确定四项纪念活动。11 月 24 日,纪念活动在刘少奇同志纪念馆举行,“向刘少奇同志铜像敬献花篮仪式”“全国刘少奇纪念地联合展览开展”“刘少奇与民生学术研讨会”等系列活动有序进行,刘爱琴、刘丁、刘源、刘潇等刘少奇亲属代表,中央文献研究室主任冷溶、副主任陈晋,中央党史研究室主任欧阳淞,中共湖南省委书记、省人大常委会主任徐守盛,广州军区副政委刘长银,中共湖南省委副书记孙金龙,省委常委、宣传部部长许又声,省委常委、长沙市委书记易炼红,省委常委、秘书长韩永文,长沙市委副书记、市长张剑飞,市委副书记张迎龙,市政协主席范小新,市委常委、宣传部部长张湘涛,市委常委、秘书长陈献春,市委常委、长沙警备区政委李春艳,市人大常委会副主任芮英姿,革命元勋后代周秉德、陈伟华、朱和平、任继宁、刘丽,特型演员刘少奇扮演者郭连文、邓小平扮演者卢奇、王光美扮演者刘岫杰,全国刘少奇纪念地、革命纪念馆、中央和省市新闻媒体、特邀代表 200 多人参加活动。中国人民解放军总后勤部和中央军委委员、总后勤部部长赵克石分别敬献花篮。

【创建国家 AAAAA 级旅游景区】 为了创建 AAAAA 景区,刘少奇同志纪念馆 2013 年年初提出以纪念刘少奇同志 115 周年诞辰为契机创建 AAAAA 景区的工作思路和建设“五路一广场”的奋斗目标,得到中央和省、市、县领导的充分肯定、社会各界的大力支持、刘少奇同志纪念馆员工的积极参与。长沙市政府成立长沙市花明楼·刘少奇故里景区创建国家 AAAAA 级旅游景区工作领导小组,由市委副书记、市长张剑飞任组长,李军、张迎春、黎春秋任副组长。市委办公厅和市政府办公厅印发《花明楼·刘少奇故里景区创建国家 AAAAA 级旅游景区工作方案》。11 月 22 日,全国旅游景区质量等级评定委员会发出公告,正式批准花明楼景区晋升为国家 AAAAA 级旅游景区,向纪念刘少奇同志 115 周年诞辰献上一份厚礼。景区于 2014 年 1 月 7 日被正式授牌。

【“三送六进”】 为了贯彻落实党的文化惠民政策,刘少奇同志纪念馆持之以恒地将流动展览、移动党课、文艺演出送进学校、军营、机关、社区、工厂、农村,2013 年先后在长沙高新区、五强溪企业集团、长沙市政府机关、宁乡县菁华铺乡敬老院、宁乡县横市镇云山书院、武警黄金第十一支队、武警长沙市支队等单位开展“三送六进”活动，丰富基层群众文化生活。

【举行“传承少奇风范　建设幸福家园”清明公祭活动】 2013年4月4日，刘少奇同志纪念馆与宁乡县委、县政府合作在刘少奇铜像广场举行“传承少奇风范　建设幸福家园”清明公祭活动。刘少奇女儿刘爱琴、儿媳魏珍等亲属出席，宁乡县委、县人大、县政府、县政协领导班子成员及县直单位乡镇党政一把手和千多名社区居民、学生向刘少奇铜像敬献鲜花。

【举办“情系花明楼”随手拍微博大赛】 2013年4月12日，刘少奇同志纪念馆与新浪湖南、宁乡县移动公司合作举办“情系花明楼”随手拍微博大赛，通过微博宣传“刘少奇历史上的今天”和“今日刘少奇故里”，成为全国文博界首创。活动邀请全国知名旅游博主、微博达人到馆参加“随手拍微博大赛新鲜之旅”。游客用手机随手拍摄的全国刘少奇纪念地图片和即兴感言、诗文都可上传参赛。

【主办“少奇同志在满洲省委”展览】 2013年5月31日，刘少奇同志纪念馆与哈尔滨“中共满洲省委旧址纪念馆”合作主办“少奇同志在满洲省委”展览。长沙市政协副主席周秋光、市委宣传部纪检组长刘玉龙、哈尔滨中共满洲省委机关旧址纪念馆馆长肖震、刘少奇亲属代表共计200余人出席开展仪式。展览共分三个展厅，展出50余个版面200多张图片，再现刘少奇在东北领导革命斗争的峥嵘岁月，王光美生前题写展名。

【举办讲解员培训班】 2013年6月17日至21日，由湖南省文物局主办、湖南省博物馆学会和刘少奇同志纪念馆承办的湖南省第三期博物馆、纪念馆讲解员培训班在刘少奇同志纪念馆举办，全省博物馆、纪念馆的70余名讲解员参加培训。国家博物馆研究员齐吉祥、湖湘文化研究专家周秋光、上海博物馆宣教部主任郭青生、湖南省博物馆副馆长刘小豹、刘少奇同志纪念馆馆长罗雄等授课，培训内容分为文物工作者社会责任、讲解员基本素质、普通话测试、博物馆礼仪、因人施讲技巧，湖湘文化、湖南旅游、湖南文物知识，讲解员摄影要诀、形体训练、讲解词撰写、景区消防知识等。

【国家一级博物馆年度运行评估领先全国】 国家一级博物馆年度运行评估，是国家文物局在全国爱教基地免费开放之后推行的一项考核举措，对博物馆来说是一场严峻挑战与考验。在2013年公布的2012年度国家一级博物馆运行评估中，刘少奇同志纪念馆以64.4216分的总分，排名95家参评一级博物馆第46位，在参评的全国20家革命人物类国家一级博物馆中名列第一位。　（办公室）

湖南电力职工温泉疗养院

湖南电力职工温泉疗养院
院长、党委书记　宋毅敏
副院长、工会主席　张海燕
副 院 长　丁介群
　　　　沈建军

【概况】 2013年，湖南电力职工温泉疗养院(湖南湘电灰汤温泉山庄)共有在职职工94人，招聘员工296人，退休职工49人。占地面积20公顷，主体建筑群5万多平方米。拥有风格各异，格调高雅的各档次客房330间，600个床位；拥有12个大中小会议室，10个餐厅，可容纳600人就餐；温泉中心占地3万多平方米，拥有功能各异，各具特色的森林温泉池76个，拥有国内一流的室内温泉游泳(跳水、戏水)馆。山庄休闲娱乐区还配备保龄球馆、室内标准网球(羽毛球)场、篮(排)球场、门球场、图书室、歌舞厅、KTV城、户外健身苑等休闲设施，是一所集温泉养生、运动休闲、会议培训、健康体检于一体的现代温泉休闲山庄。

【建设精神文明】 2013年，湖南电力职工温泉疗养院扎实开展党的群众路线教育实践活动，坚持规定动作不走样，自选动作有特色；以创建“电网先锋党支部”为载体，围绕企业中心工作和部门核心业务，开展“党员示范岗”“党员责任区”“党员身边无违章”等活动；以“三严一常”(建立严密规章、发扬严细作风、实施严格管理，做到常抓不懈)为根本措施，狠抓党风廉政建设，全面落实党风廉政建设责任制。企业文化建设不断深化。宣传贯彻社会主义核心价值观，开展企业文化案例分享活动，发布正、反面案例182篇，充分调动员工的积极性、主动性和创造性；开展企业文化墙进班组活动，近两年共建成独具特色企业文化宣传载体14块；编印出版企业文化刊《汤泉明珠》6期。员工队伍素质稳步提升。深入推进学习型企业、学习型党团组织建设，以提高执行力和执行能力为重点，开展管理人员专项培训，以提高服务意识和服务技能为重点，开展全员现场培训活动，增强员工队伍的学习力、创造力和团队精神；开展趣味运动会、唱歌比赛、朗诵比赛、羽毛球赛等员工喜闻乐见的文体活动，每月举办员工生日晚会，营造和谐人文环境，促进员工身心健康，员工生活方式文明，企业氛围风清气正。突出先进典型带动作用。持续开展“诚信之星、责任之星、创新之星、奉献之星”“微笑大使”争创活动，开展道德讲堂、案例分享、座谈讨论，宣传先进人物感人事迹，增强感染力，提高影响力，引导员工学习身边的好人好事，树立正确的世界观、人生观和价值观。共开展道德讲堂活动6次，参加人数240多人。

【建设物质文明】 2013年，湖南电力职工温泉疗养院积极适应市场经济发展需要，立足系统，服务社会，深化经营方式、管理模式转变，推进发展提质、管理增效，促进物质文明建设加速发展。硬件建设增添新亮点。抢抓长韶娄高速建设机遇，加速推进拓新提质建设。户外温泉二期工程等一批新建项目建成投入运行，中医养生楼装修等20余项大修提质工程全面完成，接待条件不断改善，接待功能更加配套，发展后劲不断增强。狠抓市场营销，主攻经营效益，疗养康复、医疗体检、温泉接待三大市场齐头并进，经营收入创新高。安全生产迈上新台阶。推行严抓严管，开展安全培训，定期开展安全大检查，未发生任何安全责任事故。2013年顺利通过安全生产标准化二级评审。内部管理迸发新活力。推行全员绩效管理，使企业运营更加高效。深化依法从严治企，加强预算执行、收入稽核、物资管理力度，使管理更加精细。院区环境呈现新面貌。加强绿化园林专业力量，加大绿化资金投入，院区山水相间，绿树成林，环境优雅，空气清新；实施道路改造、美化亮化工程，院区景色宜人。资源节约推出新举措。积极开展"两型"企业创建活动，倡导绿色办公和低碳生活，以"携手节能低碳，共建碧水蓝天"为主题，组织和参与"小革新、小发明、小改造、小设计、小建议"等"五小"活动，推动员工、宾客在衣食住行游等方面向简约适度、绿色低碳、文明健康的方式转变，形成崇尚节约、绿色低碳的社会风尚；推动设施设备高效、节能、精益运行。

【提升服务水平】 2013年，湖南电力职工温泉疗养院围绕"争系统服务行业排头，创省内温泉行业一流"奋斗目标，遵守《湖南省直和中央机关驻长单位文明服务公约》，以创建四星服务为抓手，开展健康管理、疗养、接待优质服务提升专项活动，紧抓一个中心：以顾客满意为中心；围绕两个目标：争系统服务行业排头、创省内温泉行业一流；强化三项举措：领导为员工服务，后端部门为前端部门服务，全员为宾客服务；实施"四化"管理：管理制度化，工作标准化，服务规范化，操作程序化；推动"四个明显变化"：服务意识明显增强、服务方式明显便捷、服务行为明显规范、服务能力明显提升。品牌提升带动业务拓展，疗休养业务、中医温泉养生等名闻省外、国外，俄罗斯、印度等国外宾客慕名前来。完成省、市、县和省公司系统多次大型会议接待任务，获得各级领导好评，赢得社会各界赞誉，收到锦旗、感谢信、表扬信等200多封（件），在创造经济效益的同时，创造良好的社会效益。

【提高企业管理水平】 2013年，湖南电力职工温泉疗养院开展管理提升活动，修订、新建20余项院级层面规章制度。开展标准化建设，完成管理标准、工作标准的辨识、上线工作。质检体系初步建成。充分挖掘内部能量，开展全员培训。整顿安全秩序，加强收市管理，确保安全局面的基本稳定。克服人员紧张等困难，房务中心正常运行，节约人力资源。集体企业清产核资按期完成。切实抓好民主管理纲要规范化试点工作，健全完善院务公开、职代会等民主管理机制，保障员工参与民主管理权利，构建和谐劳动关系。开展创星工作室创建活动，激发员工的创新潜能和创造活力。加强新闻宣传，挖掘典型事例，推广先进经验。坚持党建带团建，广泛开展青春建功活动。关心员工、退休人员生活，在依法合规的前提下，切实维护好员工权益，稳定退休人员待遇，帮助退休老人解决实际困难。认真落实维稳工作责任制，杜绝不稳定事件，促进企业和谐。（朱平华　张叶军）

沩山风景名胜区开发管理委员会

宁乡沩山风景名胜区开发管理委员会

主任、党组副书记　廖金鹏（7月免）
谭强斌（7月任）

书记、副主任　黎庆华

副主任　喻立新
黄　奎（1月免）
巩德亮（4月任）

纪检组长　杨瑞兰（女，4月任）

【概况】 沩山风景名胜区位于宁乡西部，与安化、桃江两县接壤，区位独特，距长沙市58公里，交通便利，长张高速、319国道、209省道、金洲大道等形成便捷交通网络。景区地处长株潭城市群腹地，规划建设中的二广高速、长韶娄高速、益娄高速将景区与张家界、南岳衡山、毛泽东故居韶山、刘少奇故里花明楼、灰汤温泉等旅游景区连成一线。风景区规划面积190平方公里，景区分千佛洞景区、三关门景区、密印寺景区、炭河里·青羊湖景区等四大景区，是一个集礼佛、度假、休闲、探险于一体的综合性旅游景区。至2013年，风景区内有：AAAA级旅游景区1处、AAA级旅游景区2处；全国重点文物保护单位4个，省级文物保护单位8个，市级文物保护单位1个，县级文物保护单位7个。2013年，宁乡沩山风景名胜区管理委员会有干部职工25人，其中有主任1名、党组书记1名、副主任2名、纪检组长1名（均为正科职）、党组成员1名，内设机构副科职领导6名。管委会内设6个部室：办公室、财务部、经济发展部、资源环境部、规划建设部、综合执法部。全年，沩管会以打造"中国一流风景区、省会长沙后花园、宁乡发展增长极"为目标，以创建国家级风景名胜区和AAAA级旅游景区为平台，严格保护景区资源，深入挖掘景区文化，大力招商引资，高起点推进项目，强化环境综合治理，展示景区美丽形象，沩山风景名胜区呈现出蓬勃发展的良好局面。全年累计游客达120万人次，旅游综合收入5.1亿元，与2012年相比分别增加20%和17%。

【景区服务管理】 2013年，沩管会一是强力推进“四比四抓争先锋”活动。按县委、县政府“四比四抓争先锋”活动的安排部署，制定单位具体方案，认真谋划发展，将景区内8项重要工作和8个重点项目明确责任领导和责任科室，针对每一项目制定详细发展规划，推动蚩尤文化小镇、国家级景区生态文明建设试点等项目落户沩山；协调解决景区漂流开漂、村民拆迁安置等问题，推动景区项目健康、有序发展。二是深入开展“一推行四公开”工作。管委会主要领导召集住建局、安监局、黄材镇现场办公，对黄材镇蒿溪村黄祖沩公路提质改造安置区地基开裂现场办公，提出加固要求，研究改造方案，切实解决严重影响群众生命财产安全的问题。分别在5月28日和6月21日组织国土、公安、环保等职能部门和景区乡镇详细制订方案，对横黄旅游公路横市镇和黄材镇等地的违章建筑进行强制拆除，拆除违章建筑及非法生产企业4处1100多平方米，有效维护大多数群众的利益。同时认真开展“结对认亲，排忧解难”活动，副科级以上领导和机关各科室党员干部在蒿溪村联系14户困难群众予以帮扶，解决群众实际困难。三是深入开展“忠诚履职”主题教育活动。为认真贯彻落实县委、县政府“忠诚履职”主题教育活动相关工作要求，沩管会以提高干部职工能力素质为突破口，组织副科级以上干部赴福建武夷山等景区考察学习，真诚求教，找差距、找经验、找措施，既开阔眼界、提升对景区管理建设的理解，又进一步明晰景区发展思路。

【景区规划编制】 2013年景区国家级总体规划编制启动。2012年10月获批国家级风景名胜区后，景区管委会积极与省住建厅和省建科院协调联系，并积极争取县委县政府重视，通过招投标程序，于2013年8月与省建科院签订规划编制合同，明确由省建科院负责升格为国家级后景区的总体规划编制工作。经过资源调查、深入调研等程序，选定发展方向、划分景区功能、确定规划内容，规划成果基本形成，于11月14日通过总体规划的市级评审。

【景区资源保护】 2013年，管委会深入贯彻落实国务院《风景名胜区条例》和《湖南省风景名胜区条例》，切实加大景区资源保护力度，确保风景名胜资源的永续利用。11月1日，接受省住建厅全省风景名胜区管理执法工作检查，获得检查组领导及专家的充分肯定，沩山风景区被评为全省执法工作先进单位。管委会资源保护意识明显增强。从召开景区工作大会入手，大力宣传《风景名胜区条例》，及时组织各景点，各乡镇广泛进行专题培训学习。5月召开景区乡镇分管旅游、国土、执法的党政负责人和林业站长、国土所长、房管所长参加的工作大会，学习景区相关法律法规。组织专题宣讲5次，张贴标语3000余幅。通过该条例宣传，“保护第一”的观念深入人心，也提高群众、游客的资源保护意识。景区森林资源得到有效保护。林地全部纳入生态公益林管理，补偿标准统一提高到每667平方米15元。景区范围内全面实施封山育林，景区内居民建房用木材不得进山砍伐，实行外购木材林木补贴制度，对符合景区建房风格的建房户每户林木补贴1600元。2013年建设生物防火带18公里，植树造林2623亩，排查火灾隐患194起，全年仅发生小型森林火灾3起，与2012年相比，火灾次数和毁林面积分别降低91%和89%。遏制违规违章建设。在核心景区实行四个严禁，即严禁破坏植被，严禁开挖山体，严禁乱搭乱建，严禁采砂采石。同时，严格实行村民建房联合审批制度，实行建设项目选址论证审批制度。全年共组织国土等相关部门人员实地察看4个乡镇30个村的505户农户建房选址，发布意见505条，为群众办理前置审批手续188户，发放村民建房指导图纸200份。针对景区内局部地区地少人多区域，提出集居的建设方案，动员村民实行小聚居，长期现场指导施工。执法大队积极开展日常巡查，下达停止违法行为通知书45份，立案46宗，结案11宗，与法院协调处理历年集案27起，联合国土、公安、交通、环保等职能部门和乡镇组织大规模集中拆违行动2次，拆除违法建筑2处、违法生产重污染小型黑工厂4家，有效震慑打击破坏景区资源的行为，与2012年同期相比，资源破坏案例明显减少。

【沩管会招商引资】 2013年，沩管会加强宣传和项目策划，组织编印《沩山》招商指南画册，在《东方之旅》等杂志上全年刊登宣传景区的广告，参展中国贵阳旅游交易会、深圳文化博览会，积极宣传推介沩山。安排专项经费，聘请专家和专业公司包装沩山碑林文化园、沩山芦花湖国家森林公园等重点旅游开发项目，深度挖掘沩山旅游内涵，吸引投资商钟情沩山。力促招商引资项目落地，沩管会积极与省住建厅对接，争取到全省仅四家的省级生态文明景区试点项目落户沩山。与中惠旅进行密集项目洽谈，拟引进中惠旅对沩山景区景点进行整体托管运营。积极促成“蚩尤文化小镇”项目，在第九届中国(深圳)文博会上，湖南华夏蚩尤文化传播有限公司、远东中联国际投资(北京)有限公司与宁乡县政府三方签约。争取默宏汽车文化有限公司在沩山风景名胜区举办首届全国赛车文化节暨2014年全国汽车越野锦标赛。积极向上争取将沩山禅文化基地在2012年市级文化产业扶持项目的基础上纳入到省级文化产业扶持项目范围，到位资金100万元；争取将青羊湖生态示范园建设纳入市级文化产业扶持项目，到位资金20万元。

(廖蓉燕)

财政·税务

财　政

县财政局

局长、党组副书记
谭启良
（1月任，12月免）
局长、书记
谭启良
（1月免，12月任）
书　　记　陈正容
（1月任，12月免）
副书记、副局长
陈正容（12月任）
黎正明（9月免）
副 书 记　陶晓红（女，1月免）
副 局 长　宋赤球
彭志强
邓雪辉（女）
邓湘益
何永胜（1月任）
熊海军（兼，9月任）
工会主席　陈拥军

【概况】 2013年，宁乡县完成财政总收入48.38亿元，同比增长18.58%，收入级次情况为：完成一般预算收入30.68亿元，比2012年增长25.27%；完成上划增值税、消费税9.28亿元，比2012年增长5.28%；完成上划营业税、资源税1.95亿元，比2012年增长12.78%；完成上划所得税6.47亿元，比2012年增长12.22%。征收部门情况为：国税局完成15.4亿元，比2012年增长4.8%，地税局完成24.75亿元，比2012年增长17.82%，财政局完成8.23亿元，比2012年增长61.47%。同时，上级补助收入26.8亿元，地方政府债券转贷收入0.99亿元，2012年结余（含结转）7.14亿元，调入资金（国土收入计提教育资金、地方教育附加收入、城市基础设施配套费）1.02亿元。

2013年，全县完成公共财政预算支出58.06亿元，比2012年增长20.66%。支出分项完成情况为：一般公共服务支出8.76亿元，比2012年增长24.91%；国防支出547万元，比2012年增长19.17%；公共安全支出2.95亿元，比2012年增长26.34%；教育支出10.38亿元，比2012年增长2.33%；科学技术支出7700万元，比2012年增长34.59%；文化体育与传媒支出8559万元，比2012年增长37.54%；社会保障与就业支出6.64亿元，比2012年增长6.77%；医疗卫生支出5.6亿元，比2012年增长21.94%；节能环保支出1.47亿元，比2012年增长24.62%；城乡社区事务支出3.98亿元，比2012年增长93.84%；农林水事务支出8.25亿元，比2012年增长20.77%；交通运输支出9723万元，比2012年下降23.7%；资源勘测电力信息等事务支出2.21亿元，比2012年增长89.89%；商业服务业等事务支出7828万元，比2012年下降17.09%；金融监管等事务支出23万元，比2012年下降94.81%；国土资源气象等事务支出2.76亿元，比2012年增长132.54%；住房保障支出8842万元，比2012年下降20.81%；粮油物资储备管理事务支出3393万元，比2012年下降6.79%；国债还本付息支出2555万元，比2012年增长79.05%；其他支出1175万元，比2012年下降54.07%。同时，上划税收支出17.7亿元，上解支出1.33亿元，债券还本支出2730万元，结转下年支出6.86亿元。

完成政府性基金收入23.97亿元，比2012年增长6.69%，上级补助收入1.44亿元，2012年结转1.52亿元；完成政府性基金支出23.74亿元，比2012年下降4.57%，上解支出710万元，调出资金1.02亿元，结转下年支出2.1亿元。

【服务发展】 2013年，宁乡财政工作发挥财政杠杆作用，推动经济发展、收入增长。统筹财政政策资金，支持载体单位发展，促进重点项目落实。安排基础设施建设资金4.5亿元，打造工业发展优质平台；落实新型工业发展奖励、企业先进装备购置补助、节能技改专项等资金7494万元，助推企业加快转型升级。全省首轮特色县域经济强县扶持宁乡成功入围，获得省级连续3年每年1亿元的支持，兑现首批农副产品加工业项目奖补资金2500万元，特色产业蓄势待发。

【保障民生】 2013年，宁乡民生支出43.7亿元，占公共财政预算支出的75.3%，全年直接发放到农民手中的涉农补贴补助4亿元，与百姓生活密切相关的教育支出10.38亿元，医疗卫生和社会保障支出12.25亿元。首次将乡镇公用经费（1万元/人·年）纳入财政预算，新增支出2166万元；提标津补贴、公积金、保险缴存基数等，新增预算8780万元。

【改革管理】 2013年，宁乡启用新一轮财政体制，打破“基数+增长”的沿用模式，明确划分收入范围，据实核定基数比例，合理确定结算办法。升级综合治税平台，税收监控覆盖到所有企业户、个体工商户。实行项目支出项目化管理，对年初下达的部门预算项目支出、预算外追加项目支出实行项目化管理。推进预算绩效管理，对年初预算在50万元以上的和预算外追加20万元以上的项目支出进行绩效评价。强力控制“三公”经费，总额比2012年减少1.35亿元。强化对县直单位和乡镇的审批把关。规范新开账户审批，清理撤并原有账户，财政专户全部纳入国库管理。加强县直属及部门公司“双控”管理，将基本支出户纳入“双控”范畴。对乡镇所属公司全部实行“双控”，对乡镇财政业务按季进行检查。开展会计监督检查和票据检查，收缴违法资金177.2万元。

【财政队伍建设】 2013年，宁乡财政工作落实作风建设各项规定，切实转变作风，密切联系群众，展现出依法、依规、依程序，廉洁、公正、担责任的财政形象。理顺办事办文程序，流程清晰、运转高效。及时公开各类财政信息，理财阳光透明、公平公正。积极深入基层，一对一帮扶困难群众，为他们送去温暖，排解难题。2013年，宁乡县财政局被评为全省乡镇财政管理先进单位、财政系统新闻宣传工作先进单位、农村危房改造先进单位等。财政档案室被评定为省特级档案室。（邓武龙）

县国有资产管理局
局　　长　黎正明(9月免)
　　　　　熊海军(9月任)
副 局 长　廖光明
　　　　　彭　波

县非税收入管理局
局　　长　江志华

县乡镇财政管理局
局　　长　赵文波

县国库集中支付局
局　　长　卢秀英(女)

县财政统发工资中心
主　　任　吴喜梅(女，1月免)

县收费管理中心
主　　任　卜了凡

县农业综合开发办公室
主　　任　周向前

县政府采购监督管理办公室
主　　任　刘　颖

县财政预决算(投资)评审中心
主　　任　张启文

县财政监督检查局
局　　长　罗亿平(1月任)

国家税务

县国家税务局
局长、党组书记
　　　　　张宇新
副书记、副局长
　　　　　彭向荣
副 局 长　姜　楠
　　　　　曹卫平
纪检组长　陈红辉

【概况】 2013年，宁乡县国家税务局有干部职工245人，其中在职166人，离退休及提前离岗79人。局机关设有人事教育科、征收管理科、政策法规科、收入核算科、税源管理一科、税源管理二科、税源管理三科、办公室、财务科、监察室、稽查局、纳税服务科、信息中心、工会等14个科室。县局下辖玉潭、花明楼、横市、煤炭坝、偕乐桥5个税务分局。全年，宁乡县国家税务局牢固树立“聚财为国、执法为民”的工作宗旨，团结一心，迎难而上，大力组织收入，坚持依法治税，优化纳税服务，强化科学管理，加强队伍建设，各项工作取得显著成绩，被县委、县政府评为“绩效考核先进单位”，连续三届被评为省级“文明单位”。

【国税收入】 2013年，宁乡县国家税务局始终突出组织收入中心，面对宏观经济处于低谷、支柱行业和重点税源企业税收减多增少等不利局面，全局上下群策群力、迎难而上，严格执行收入纪律，坚决制止虚收空转、收过头税等虚增收入的行为，围绕控风险、严征管、强评查三大重点，加强税收分析，严格收入考核，改革管理模式，堵塞征管漏洞，确保收入在持续多年高基数高增长下的健康稳定增长。全年入库税收收入15.4亿元，比2012年增收7010万元，增长4.77%。

【国税依法治税】 2013年，宁乡县国家税务局进一步贯彻落实国家结构性减税政策，贯彻“不执行税收优惠政策也是收过头税”的指导思想，发挥税收政策的导向作用，全力助推宁乡经济健康发展。认真执行小微企业税收优惠政策，全年落实小微企业免征收增值税259户次，免征增值税7万余元；落实增值税起征点调高政策，全县有8000余户个体工商户享受起征点以下免税的政策优惠，免征增值税1932万元；落实高新技术、节能环保等税收优惠，全年依法减免所得税7354万元；推进开放型经济发展，加快出口退税进度，全年办理增值税退税1067万元。认真落实“营改增”相关税收政策，8月份首次开票，9月初次申报，确保平稳过渡，“营改增”各项工作走入正轨。截至2013年年底，共计登记“营改增”纳税人374户，全年共征收增值税529万元。组织年纳税500万元以上的企业召开税务稽查会、检查专项情况通报会，帮助企业规避涉税风险，帮扶企业健康发展。从注重案源分析着手，提升办案准确率和处罚率，充分发挥稽查利剑作用，整治税收秩序，营造良好税收环境。全年对45户企业实行稽查，入库稽查收入1175万元，稽查入库率、处罚率及滞纳金加收率均达100%。

【国税税收征管】 2013年，宁乡县国家税务局按照市局要求，结合本局实际，整合资源、再造流程、调整职责、优化配置，全面推进税源专业化管理改革。以“集中统一识别、分级分类应对”为核心，实现管户与管事相分离，评估与稽查相结合，实行分行业的团队管理，突出风险应对，税源专业化管理逐步深化。继续实施分类分级管理，采取“抓住大户，管好中户，规范小户”的税源管理措施，着重加强日常税收检查，加大巡查力度，强化对企业生产经营、固定资产进项抵扣、申报纳税及生产能耗等相关数据的比对分析和日常监控管理，有效管住管好税源。切实加大纳税评估力度，提升评估质量和效率，全年共对27户企业进行纳税评估，取得纳税评估成果1286万元。扎实开展行业税收专项检查活动，对沥青、混凝土等行业进行税收检查，制定行业税收征管办法。以优化纳税辅导、严格数据审核为抓手，扎实做好所得税汇算清缴工作，共补缴所得税3346万元，比2012年增长39.47%。扎实推进个体税收“阳光征管”工作进程，制定个体税收规范管理办法，进一步完善“双定”税额公开评定程序，认真组织开展个体税务登记、个体双定税额、个体建账户等税收清理工作，加强个体税收阳光公示，全年共补办税务登记2700余户，调整双定600余户，县城4600余户个体工商户全部办理并悬挂税收阳光征管公示卡，有力促进个体税收征管的公平、公开、公正。

【国税纳税服务】 2013年，宁乡县国家税务局进一步简化办税流程，合理配置资源，理清业务范围，理顺业务流程，全力打造“一站式”服务窗口，积极落实“免填单”服务，实现管理与服务的双提速，办税服务厅被市局评为“雷锋号示范岗位”。进一步加大纳税服务教育力度，全年共组织以所得税清算、营改增业务等为主要内容的纳税人学校5次培训，累计培训3724人次，对维护纳税人利益、减轻纳税人负担、优化税收环境起到明显作用。创新税收宣传活动，组织“千手同绘·税情画意”主题税收宣传活动，这一活动被评为全省国税系统2013年税收宣传月活动优秀项目。

【国税队伍建设】 2013年，宁乡县国家税务局坚持以人为本，加大年轻干部培养力度，积极鼓励干部职工踊跃报名参加“三师”考试，接受省市局业务培训，提升自身能力。组织中层中副职到上海财经大学、湖南吉首大学等院校开展专业培训，提升综合素质。扎实开展税收分析、税收执法等相关业务培训，全年共计开展各类培训10余次，干部参训率达100%。认真组织开展计算机应用知识全员考试，局团体进入全省国税系统前20名，获得省局全员考试优胜区县单位荣誉称号。认真做好党、青、妇、团、关协等工作，各类组织工作出色。组织老干部开展钓鱼、门球、健康年检等活动，关注老干部身心健康。深切关心老干部生活，全年走访慰问离退休老干部共计50余人次。加强理想信念、道德品质以及岗位廉政风险教育，全年组织开展全局性廉政主题学习讨论共计7次。深入开展“最有创意、最受欢迎、最有效果”的“三最纪检日”活动，深化“两权监督”，围绕“人财物”“征管查”“减免罚”等重点岗位和关键环节，筑牢反腐倡廉堤坝。全年共计有49人次主动上交礼金礼品10.59万元。狠抓作风建设，加大明察暗访及处罚力度，全年共对20起违规违纪行为实施8100元的经济处罚，干部工作作风有效好转。严格控制“三公”消费，2013年度“三公”经费支出比2012年减少36.13%。扎实开展百户企业廉洁问卷调查、“网上评廉”、政风行风建设等工作，广泛接受社会各界和纳税人的监督评议，部门形象进一步提升。 （谢　征）

地方税务

县地方税务局

局长、党组书记　黄京沙（女）

副 局 长　杨万玄

刘志强

王斌辉

副局长、纪检组长　葛　韧

工会主席　刘以人

【概况】 2013年，宁乡县地方税务局（以下简称县地税局）有干部职工186人，其中离退休41人，在职干部职工145人。在职干部职工平均年龄40岁，本科以上学历94人，大专学历38人。下设7个科室，5个税务分局，1个办税服务中心，1个稽查局和1个信息中心。负责全县乡镇和两个园区内7710个纳税项目和单位、3442户纳税个体户的地方税收征管工作。全年，县地税局以“带好队、收好税、服好务”为工作主线，稳步扩大税收收入规模，增强依法治税能力，提升纳税服务水平，队伍建设卓有成效。黄京沙荣获“湖南省五一劳动奖章”、一分局荣获“湖南省模范职工小家”、稽查局荣获“长沙市模范职工小家”等荣誉。县地税局荣获“湖南省依法办事示范窗口单位”“湖南省文明单位”“湖南省档案工作规范化管理省特级”单位“湖南省园林式单位”“长沙市巾帼建功活动先进单位”等荣誉。被县委、县政府评为“绩效考核先进单位”“党风廉政建设工作先进单位”等。

【地税收入】 2013年该局干部职工迎难而上，创新思维，挖潜堵漏，在经济下行压力继续释放、实体经济持续低迷的不利环境中，共计组织各项税费金收入25.5亿元，比2012年增长16%，其中县考核收入24.75亿元，比2012年增长17%，圆满完成各项任务，确保收入规模在高基数上的稳定增长。一是规范重点行业。由于房地产和建筑业在地税收入结构中占70%，该局创新建立房地产项目“四方数据比对”和工业园区厂房建设“先税后证”联席比对机制，全年房地产及建安税收入库达16亿多元，比2012年增长30%。二是强化综合治税。该局在县依法治税办开发的“金网”数据管理平台上，每个分局都配备专人和专用电脑，实现对税源的实时监控和预警监督。通过综合治税平台交流的相关信息,加强对高收入群体和取得股权转让收益投资者的个人所得税征收管理,全年共入库个人所得税3.1亿余元,虽有起征点提高等结构性减税因素影响,但个人所得税仍比2012年增长24%。特别是年内通过稽查局约谈各类高收入个人64人次,入库股息利息红利个人所得税6100万元,比2012年增长30%。三是挖掘税种潜力。该局专项清理房产税和土地使用税,主要清理房地产项目"闲置及建设期间用地应征收土地使用税""未售先用房屋应征收房产税"和"土地价格应计入房产原值征收房产税"的落实情况。全年共入库房产税1.23亿元、土地使用税1.18亿元,分别比2012年增长58%、70%,房产税和土地使用税占税收收入的比重由2011年的4.6%提高到2013年的9.36%,顺利实现"小税种"的"大作为"。

【地税依法治税】 2013年,该局向征管质量要收入,向税收政策要税源,规范征管,防控风险,稳步推进依法治税进程,被评为"2013－2015年全省依法办事示范窗口单位"。一是个体定税有方法。在个体税收的核定上,该局建立分行业的参考标准,比如对足浴、KTV、餐饮等服务行业依据营业面积、从业人数、包厢个数、水电耗用等综合指标核定计税;对采石行业则采取按炸药用量核定。通过专业化和流程化定税,实现公平公正。二是困难减免有标准。针对税收减免浮动幅度大、无有效参考标准的现状,该局成功创建减免税量化评分体系,通过对减免企业的行业属性、纳税信用、生产规模、利润率、税负率等指标进行综合评分,按得分的高低进行相应的减免审批或呈报,既防范执法风险,又确保减免审批公平公正,此项工作得到省局高度肯定,成功促成全省减免税廉政承诺制度的建立。三是税务检查有参数。为了平衡各企业税负,打击涉税违法犯罪,促进税收公平,鼓励平等竞争,实现"赚同样的钱,交同样的税"的目标,该局分行业建立规模纳税人税源参数库。2013年,在房地产业参数库的帮助下,约谈、辅导、检查纳税人60多户次,共查补(包括自查)税款6000多万元,并通过补开建安发票入库建安税收2173万元。

【地税队伍建设】 2013年,该局严格按照中央和省市各级规定,进一步改进工作作风,提升队伍素质。一是抓班子做榜样。该局领导班子以身作则,带头严守中央八条规定和省九条禁令,坚决做到有令必行、有禁必止。班子充分发扬民主,每周一开碰头会,通报和部署一周的工作;重大问题集体研究,会议决定;适时召开局长办公会议和局党组会议,形成纪要,下发安排中心工作。整个领导班子集体领导意识较强,团结务实,风正气顺,勤政廉政,为全局树立良好榜样。二是重文化促团结。该局通过一系列人文活动,增强凝聚力,激发干部职工作为宁乡地税人的荣誉感和自豪感。加强兴趣小组建设,成立摄影、自行车、篮球等兴趣小组9个,并拨付经费支持;坚持升国旗和工间操制度,关注干部职工身体健康;采取邮政EMS送生日祝福的形式,为干部职工送上鲜花和生日祝福;开展青年干部工矿区体验式教育活动,教育青年干部感恩惜福、珍惜生活;通过"道德讲堂",开展道德领域突出问题专项教育和治理活动。三是改学风提素质。该局年内花大力气推行"一月一考",通过按月考试单个税种业务或单项税收法律法规的形式,切实提高干部队伍素质,在浓厚学习氛围的同时,有效治理"慵""懒"作风。年内还组织3次中心组学习、4批次分层次培训,同时鼓励干部职工积极参加专业考评,对通过考试的采取单科奖励。年内有17人报名"注册税务师"考试,11人次通过单科考试。四是严管理保平安。严格落实作风建设各项规定,建立健全管理制度,适时出台该局"禁止大操大办四项规定",及时对超标办公用房进行腾退、合并,规范公务接待、公务用车等,防控作风风险;加强工作督察,成立联合督查组,对是否按标准着制服和迟到早退、串岗溜岗等加强督察;完善内控机制,为干部职工拉起一道权力运行的"警戒线",对所有干部进行风险认定,建立风险防控体系;每台办公电脑安装廉政屏保,节假日县局发送廉政短信,建立廉政文化长廊等,在全县"廉政文化进机关"活动中县地税局被评为样板机关;严格执行礼品礼金登记退还制度,全年主动上交礼品礼金29人次,共计金额5.52万元。

【征纳关系稳固和谐】 服务水平的高低直接决定税务部门在纳税人心目中的形象。2013年,该局创新思路,着力打造三大服务品牌,将纳税服务做出成绩,做出效果。一是打造税收宣传品牌。积极开展"税惠民生　幸福宁乡"系列宣传活动,通过设立税收咨询台、发放宣传资料和调查问卷、创建"税收漫画长廊"、开展"地税工作展示日""税收进荧屏"等活动,提升民众税收知晓度和全社会纳税遵从度;充分利用各级报纸媒体及网站等宣传阵地,加大税收宣传力度;从场地设备、专项经费、师资力量、后勤服务等方面给予充分保障,并坚持免费和自愿培训的原则,年内举办10期纳税人学校培训班,反响良好。二是打造文明地税品牌。坚持"通县办税",力推便民服务平台和"免填单"服务,率先引进身份证识别器,极大方便和简化纳税人办税,成功促成全省大集中系统身份证识别系统上线;利用门户网站、税企QQ群和重点税源短信平台,落实"平时送政策、节假日送祝福、缴税期送提醒"的"三送"服务;连续3年开展"优化经济环境大走访"活动,并召开专题局长办公会对2013年收集的17条意见逐条予以研究,明确责任人限期落实,实现"条条意见有回复,件件建议有回音”，在2013年宁乡县政风行风千人测评中，该局成功保持领先位置。三是打造税惠民生品牌。严格贯彻国家结构性减税政策，能免则免，对于国家规定的减免税政策用足、用好、用活。年内共计办理各类税收减免143户次，减免税额2900余万元，让困难企业轻装上阵、减负前行；在“国五条”公布之后，咨询二手房交易税收政策和办理二手房交易涉税业务的纳税人大幅增长，为了消除纳税人因不了解政策而造成恐慌，该局就二手房交易相关税收政策主动接受宁乡电视台记者的专访，同时，在宁乡电视台房产频道的“购房帮帮帮”栏目中，制作一期指导二手房交易纳税人具体办理缴税业务的专题节目，有效消除纳税人疑惑。

（马彬彬）

金融·保险·证券

县金融证券工作办公室

县金融证券工作办公室
主任、党组副书记
郑小华
书　　记　刘孟乾(兼,9月免)
副 主 任　邹建新
冯　杰(4月任)

【概况】 2013年,宁乡县金融证券工作办公室,按照县委县政府"四比四抓争先锋"的工作思路和年初的工作部署,抢抓发展机遇、丰富金融产品、创新金融服务,为县域经济发展提供坚实的资金保障和良好的金融环境。

【信贷规模扩大化】 2013年,全县实现存款余额324.1亿元,净增45.7亿元,同比增长16.4%;表内贷款余额240.8亿元,净增54.9亿元,同比增长29.5%;新增表内外贷款总计67.3亿元,完成全年任务的116%;存贷比达80.55%。

【银行布局科学化】 银行机构增加,网点铺排稳步推进,至年末,全县共有银行13家,银行网点137个,布局更加合理。各金融机构纷纷在乡镇增设ATM机、POS机等自助终端设备,方便农村群众的生产生活,完善农业支付、流通体系。

【融资部门多元化】 2013年,小贷、担保、证券规模不断扩大,队伍不断优化。新成立小贷公司1家,注册资本2亿元,全县小贷公司总数达3家,总注册资本达4亿元,比2012年扩大一倍;新增农业投资担保公司,注册资本1亿元,融资性担保公司总数达4家,总注册资本4.27亿元;新增证券公司1家。

【基金建设突破化】 2013年,县金融证券工作办公室推动设立宁乡第一支产业投资基金——汉红基金,注册资本1亿元,实现托管资产3000万元;组建宁乡第一支城镇化基金,发挥基金的融资和杠杆拉动效应,实现城镇化资金和项目的有效对接;成立宁乡第一支种子基金,注册资本3000万元,已为园区企业提供担保1000万元,探索中小企业无抵押难题的破解方法。种子基金和股权投资基金运作良好,为园区中小企业融资提供新渠道。

【企业上市集群化】 至2013年末,全县共有上市公司6家,分别是加加食品、红宇新材、长高集团、三一重工、恰恰食品、青岛啤酒。有飞翼股份、族兴新材料、星邦重工、恒翰纸业4家上市后备企业。新三板和四板市场挂牌工作稳步推进,微晶石墨筹备新三板挂牌;百顺肥业成功挂牌湖南股交所,成为宁乡第一家在四板市场挂牌的公司;亮之星、湘茗茶叶、沃尔德等企业积极筹备湖南股交所挂牌。

【银企对接高效化】 2013年,县金融证券工作办公室优化银企合作,为银企双方搭建低成本、高效率的融资对接公共平台。引导经开区、金洲新区两大园区设立风险补偿基金,为中小企业提供免抵押、低成本贷款,有效破解中小企业融资难题;创新银企对接方式,实现银企互利双赢。拉开政府融资平台改革帷幕,重点推进债务统筹、理顺投融资机制、健全风险管理和绩效考核机制等。县经开区15亿元债券发行材料上报国家发改委,城建投5亿元集合债发行前期准备工作已完成,国资公司棚户区建设10亿元债券的发行工作正在筹备。

【金融产品多元化】 2013年,县金融证券工作办公室为解决企业因抵押不足而无法获得贷款的难题,鼓励金融机构创新金融产品,发展订单质押、仓单质押、保单质押、应收账款质押等融资业务,推动林权抵押、知识产权质押、股权质押,实现融资抵押多元化。为满足群众的金融需求,鼓励银行创新金融产品,推出"福祥便民卡""金穗惠民卡""串保信贷""公司+农户""财政贴息""农信银"等面向农户的金融产品,全面扩大"三农"信贷投放。

【金融环境生态化】 2013年,县金融证券工作办公室开展以"净化金融环境、维护金融秩序、增强信用意识"为目标的金融安全区创建,新评县级信用乡镇13个,信用村124个,向上级部门推荐3个市级信用乡镇,35个市级信用村,全县信用乡镇、信用村申报率达90%。严厉打击非法集资,成立专案工作组,查处肖凯初及其神塑科技有限公司、湖南好百宜房地产开发有限公司、湖南一品豪生酒店管理有限公司集资诈骗案件。对群众加强防范和处置非法集资知识的宣传教育,群众风险防范能力明显提高,县域金融环境实现生态化。

(办公室)

中国人民银行宁乡支行

行长、党组书记
罗建明(4月另任)
郑　义(4月任)
副 主 任　周平武

纪检组长兼总稽核

杨新兵

【概况】 2013年，中国人民银行宁乡支行（以下简称人行宁乡支行），贯彻稳健的货币政策，维护辖区金融稳定，提升金融服务水平，强化内部管理和系统自身建设，为地方经济平稳增长做出重要贡献，得到多方肯定与高度评价。先后被宁乡县委、县政府评为2012年度绩效考核先进单位和金融工作先进单位。全年，人行宁乡支行在控制辖内金融机构信贷总量合理均衡投放的同时，优化信贷结构，引导信贷资金更多地投向实体经济，更好地支持县域经济转型升级。截至2013年12月末，全县金融机构各项存款余额为324亿元，较年初增加45.7亿元，增长16.42%；各项贷款余额237.65亿元，较年初增加53.3亿元，增长29%。

【完善宏观调控，促进信贷增长】 2013年，人行宁乡支行按照稳中求进的金融信贷方针，引导县内金融机构把握和落实预调微调措施，加强流动性管理，提高货币政策的针对性、灵活性和有效性，以"抓落实、促发展、推创新、重调研"为工作重点，更好地支持县域经济发展方式转变和经济结构战略性调整，引导各金融机构把信贷资金更多投向实体经济，特别是"三农"和小微企业，更好地服务于宁乡重点产业县建设，保持经济平稳较快发展。一是提升窗口指导效力。人行宁乡支行全年召开4次金融机构主要负责人信贷工作分析会，学习贯彻中央一号文件精神、2013年中国人民银行工作会议精神和中共十八届三中全会精神，为解决全县金融运行中存在的问题，下发多个货币信贷政策文件，落实总行货币政策，对各金融机构信贷投放进行窗口指导，要求其把信贷资金更多地投向实体经济、"三农"和中小微企业。二是严格法人机构监测。对两个地方法人金融机构贷款规模和信贷投放节奏实施有效监测，落实宁乡农商银行、村镇银行信贷投放余额监测日报制度，密切跟踪其信贷资金的投向，引导其自我把握信贷行为、自我约束；向上级行有关部门汇报和反映宁乡地方经济建设方针政策、发展战略，争取上级行对宁乡信贷规模适度调节，新增贷款投放额度5亿多元，支持县域经济的发展和辖内金融业的健康发展；支持村镇银行发放农业加工企业、返乡农民工创业、农村基础设施建设、农村烟叶生产等涉农贷款，向上级行申请5000万元支农再贷款限额。三是规范法人机构管理。人行宁乡支行贯彻总行文件精神，加强利率政策管理和监测，对农商行进行农村信用社改革试点专项票据兑付后续监测考核，督促其完善法人治理结构，加强内部管理，增强可持续发展能力。按照上级行的要求，对县农商行2013年1月至9月主要财务经营数据涉及的19类报表进行数据采集入库，对错误数据进行更正，对缺失数据按规定进行补充，进一步完善农村信用社主要财务经营数据库系统，为全面准确掌握农商行营运状况提供真实统计数据。

【试点金融专项服务】 2013年，人行宁乡支行发挥宁乡作为全省农副产品加工业特色县的优势，合理利用省财政支持资金，支撑和促进县域"三农经济"向现代农业生产方式转型，加快宁乡农村金融产品和服务方式创新示范县创建工作，组织开展多项工作。对辖区内金融机构信贷产品创新、支持现代新型农业发展重点银行和部分涉农企业资金需求情况进行专题调研，并撰写汇报材料，提出相关政策建议。

【金融统计工作】 2013年，人行宁乡支行一是加强金融运行分析。从8月份起，按月编写金融数据统计分析专项材料，涵盖数据分析、图表说明、利率状况、贷款结构、纵横比较等多个方面，关注信贷投放"三农"、中小企业、房地产、政府融资平台公司等重点热点问题，加强监测分析，撰写材料质量逐月提高，报送县委县政府领导，为上级行和县委县政府提供决策参考。二是针对性地开展调研，在加强调研的基础上，撰写多篇相关调研材料和政策解读材料。如《中共中央关于全面深化改革若干重大问题的决定》有关金融改革政策的解读材料，全面分析中央的金融改革思路、改革路径和政策目标；《宁乡县全面实现小康社会金融要素支撑报告》联系宁乡的经济金融工作实际，提出相关工作对策与建议。

【推进金融生态建设】 2013年，人行宁乡支行按照省级金融安全区的目标和要求，继续做好省级金融生态环境示范县的巩固和提高工作。与县政府办、县金融证券办联合制定2013年创建信用乡镇、村（社区）任务指标和考核验收标准及其实施办法，与县金融证券办共同开展年中检查和督察工作，确保信用乡镇、村（社区）创建工作扎实开展。与县委督查室、县金融证券办一道，对全县33个乡镇及所属村(社区)申报创建、原达标乡镇及村(社区)进行现场考核验收，统一制定验收计分标准，并严格审核评分，取得比较满意的考核验收效果：县级信用乡镇达标13个，推荐申报市级3个，原评定信用乡镇摘牌4个；县级信用村(社区)达标181个，推荐申报市级35个，原评定信用村(社区)摘牌25个。

【加强金融风险监测，履行风险管理预警职责】 2013年，人行宁乡支行一是与县金融证券办加强工作协调，合作填报2012年《湖南省金融生态评估指标体系》报表；二是按季度完成对辖内地方法人金融机构的风险监测分析和金融生态监测数据统计，及时上报监测信息；三是按季监测上报地方法人金融机构经营稳健性指标情况数据；四是组织相关银行对宁乡县"神塑"集团非法民间集资的情况进行调查了解，摸清银行贷款方式、金额和期限，有效防范国家金融资产发生新的风险，规避银行的信贷风险，防止社会群体不稳定事件的爆发，避免发生区域性金融风波；五是与县政府办、金融证券办共同组织开展全县打击非法集资宣传活动和督察工作，各乡镇张贴宣传标语、悬挂宣传横幅、出动宣传车辆、发放宣传资料，进行非法集资行为排查，取得一定的效果，对整顿辖区非法集资活动起到一定的教育和警醒作用。

【反洗钱工作】 2013年，人行宁乡支行一是建立“风险为本”的监管理念，推进辖区内金融机构反洗钱风险评估。组织开展对辖区内11家银行机构的现场风险评估评级，对辖内保险、证券机构的自评估，积极引导金融机构提高自我风险控制能力，自觉履行反洗钱义务，推进以“风险为本”反洗钱管理理念的建立。二是加强反洗钱宣传和培训。上、下半年各组织一次全县金融机构反洗钱培训和以警惕洗钱陷阱为主题的宣传活动，不断夯实反洗钱工作基础。

【现金流通管理】 2013年，人行宁乡支行加强在元旦、春节、国庆等节假日期间全县金融机构现金库存和票面结构的关注力度。一是对各金融机构逐家督促，要求金融机构采取有效措施保证现金的及时调运并保持必要的现金库存，确保全县现金供应不脱节。二是针对春节前县内工行、农行原封新券及10元以下小面额人民币在其上级行出库困难的情况，及时与上级行联系供应，有效缓解春节期间现金券别不均衡的情况。三是根据总行文件和全省工作会议精神，督促全县各银行业金融机构落实假币“零容忍”工作要求。四是加强对金融机构人民币收付业务及反假工作监督管理：一方面开展人民币收付及反假业务执法检查；另一方面加强金融机构柜台人员的培训力度及对反假币的宣传工作，提高各金融机构和个人的反假币意识。

【细化支付结算管理】 2013年，人行宁乡支行深入探讨支付结算工作核算质量难以提高，差错事故难以控制的情况，广征民意，找寻问题症结，并采取措施应对。一是做好账户行政许可，完善账户行政许可和执法，规范账户管理工作。全年，共办理账户开立、变更、撤销等许可4795户，账户许可工作进一步规范。二是加强辖区支付结算监督和指导，组织支付结算工作的执法检查，针对账户管理和收单业务方面存在的问题和不足提出整改意见，规范相关行为。三是推进农村支付环境建设，组织辖区内5家银行机构开展助农取款惠农服务，在全县383个行政村布设429个助农服务点，金融服务基本实现全覆盖。四是上门督察督办，推进个人存量账户核实工作。全县银行机构对应纳入核实范围的86.5万多户已全部进行核实，有效推进存款实名制的落实，维护存款人合法权益。

【国库工作】 2013年，人行宁乡支行一是创建“一机三库”模式。在原“一机两库”的基础上，全力配合县委县政府推进“东进融城”战略进程，年初组建成立金洲新区国库，由支行直接经理。“一机三库”运行模式的确立，既是以实际行动助推地方经济又好又快发展的重要举措，也是县级支行国库运行模式的新突破，支库服务和履职能力进一步提升。二是推进代理业务发展。一方面建立健全考核机制，加强对财政国库集中支付代理银行的管理。5月，国库会同财政联合对代理银行进行全面考核评比，在评比表彰大会上拿出70多万元进行考核兑现，有效推进集中支付业务的健康发展。另一方面加强对非税收入业务代收管理。对辖内10家具备代理条件的商业银行进行资格认定，指定其中9家机构代理全县非税收入收缴业务，同时加大对代理非税收缴业务的指导和监督，促进非税收缴业务健康发展。三是加强财政专户管理。按照长沙中心支行的部署，对辖区内银行机构进行财政账户专项检查，了解、掌握财政账户开设和使用情况，针对问题和不足提出整改要求和改进建议，为下一步加强财政专户管理进行有益探索。

【完善金融服务理念，提升消费权益保护水平】 2013年，人行宁乡支行一是完善金融消费权益保护机制。经宁乡县政府研究决定，成立宁乡县金融消费权益保护工作领导小组，并在人行宁乡支行设立宁乡县金融消费权益保护中心，负责处理日常事务。二是加强金融消费权益保护检查力度。组织对辖区内两家银行开展“个人金融信息保护专项检查”，根据检查的实际情况要求提出整改意见。三是拓宽金融消费权益保护宣传渠道。通过走访各金融机构、召开金融联席会议、平面媒体宣传及深入社区乡镇宣传金融消费权益保护知识等多平台、多渠道的宣传方式，提升金融工作者及普通市民的金融消费权益保护意识。

【建设和谐美好基层央行】 2013年，人行宁乡支行一是加强作风建设，夯实作风建设思想基础，领导班子带头认真学习党的十八大报告、“两会”精神及中纪委会议精神，学习习近平总书记关于领导干部作风建设的重要论述，用科学理论武装头脑，指导实践工作。强化责任机制，将党员干部的作风建设作为作风建设的重要内容，切实落实“一岗双责”制度，并把检查考核结果作为奖惩和提拔干部的重要依据。完善监督机制，贯彻执行“权力运行到哪里，监督就延伸到哪里”，建立健全党务公开、政务公开、行务公开制度，拓宽监督渠道，完善监督检查机制。二是加强文化建设。把文化建设与履行人行职责紧密结合在一起。通过开展职工大会、业务知识竞赛等方式，提升基层人行员工的工作效能和履职水平，用文化的力量凝聚、团结、鼓舞干部职工，为支持辖区经济金融健康稳定发展服务。注重文化体系建设的覆盖性和全面性，从道德修养、专业知识、工作氛围等多个方面对全体职工提出要求，通过“争先创优”“忠诚履职”“四比四抓争先锋”等活动，引导干部职工以身边的先进典型为楷模，自觉践行基层人行文化的价值理念。

【支行制度建设】 2013年，人行宁乡支行由人秘股牵头组织各股室进行制度清理，汇编全支行性综合类管理制度，建立全支行制度电子库。各股室新建内部管理制度3个、新建业务和学习制度4个、修订完善制度10个，规章制度随业务的发展而适时更新，有效保障支行各项工作的顺利开展和安全运行，业务风险得到有效监控。

【增加政治理论修养，大兴班子廉洁务实之风】 2013年，人行宁乡支行一是深入开展“忠诚履职”活动，推进班子学习。全年党组中心组集中学习8次，累计14天，围绕12个专题学习理论文章和相关文献60余篇，观看电视讲座及专题片3次，全年累计参学40余人次。二是发扬民主意识，增进班子团结。认真贯彻民主集中制原则，党组议事机制完善，运转高效，班子成员讲团结、顾大局，坚持重大事项事先规划、通报，充分征求班子成员意见，不搞临时动议，不搞各自为政和个人说了算，有效杜绝“一言堂”现象的产生。

【员工培训工作】 2013年，人行宁乡支行一是组织“每月一课”培训活动，制定相关制度，严格奖惩，激发员工学习的积极性和主动性，确保培训的实效性。二是认真抓好各类业务培训。先后组织反洗钱、国库系统应急演练，保卫、发行业务培训等，切实提高干部职工的整体履职水平。

【优化办公工作秩序，规范支行内部管理行为】 2013年，人行宁乡支行一是做好办公基础工作。全年收来文528件、发文84件，公文处理及时、准确，无办文延误现象。与此同时，狠抓信息安全工作，加强保密宣传，开展涉密信息清理，加强档案规范化建设，完成档案室的新建与各类档案的整理工作。二是规范后勤服务管理。组织修订《支行办公楼管理制度》，明确安全管理、节能减排和环境卫生责任人；制定印发《宁乡支行公务卡管理暂行办法（试行）》，明确公务卡消费范围，推行“公务卡”，为减少现金支出、提高财务开支的合理性和透明性进行有益探索。三是做好固定资产管理工作，在人行宁乡支行搬迁前后各组织一次固定资产清理，确保国有资产的完整。四是实行费用开支“一支笔”审批制度，大额开支集体审批，审核各项开支用途和手续，加强财务监督，较好地杜绝不合理开支。五是办好食堂，按照节约的原则，解决职工就餐问题。

【行务政务公开工作】 2013年，人行宁乡支行一是实行信息透明，加强党群沟通。成立党务、行务、政务公开领导小组，制定公开目录，公开领导班子分工及履职、民主生活会、支行重大事项决策、重大事项落实、干部学习教育、精神文明创建、组织建设、行业作风建设、责任制落实、反腐倡廉、行员考核等方面的情况。特别是在重大事项落实方面，着重公开办公楼装修、设备采购等基建重大情况、大额财务费用开支情况等，让干部职工充分知悉党组及支行工作情况。通过党组民主生活会、党员民主生活会以及征求合理化建议、提案等，建立沟通机制，进一步密切党群干群关系，促进支行工作的透明度和高效性。二是加强信息公开，规范政务行为。把推进政务公开与金融宣传、金融服务创新有机结合，加强货币政策导向宣传，正确引导公众预期；全方位开展征信知识宣传、人民币反假知识宣传和反洗钱宣传，定期发行《宁乡金融动态》，在媒体上宣传金融服务创新成果；及时将贷款卡年审公告等业务动态信息在宁乡县人民政府网站以及《今日宁乡》报公开；按月公布辖区内金融统计数据，定期发布辖区金融运行报告等；落实政务公开保密审查要求，完善对外发布政务信息的保密审查机制，规范流程，完善行政许可项目操作规程，明确实施行政许可的依据、内容、程序、需提交的申请材料等，及时向社会公开。

【加大监督力度，强化案件防范】 2013年，人行宁乡支行一是继续推进监督机制建设。加强监督方法的探索，把监督的着力点由事后检查转向事前防范、事中监督、系统性风险防范上，提高监督效果，总结支行监督机制建设情况。根据人少岗多的实际，在落实内控制度的基础上，稳步推进基础业务岗位合理兼岗。二是做好信访举报工作。落实由中心支行统一受理辖区信访举报的工作要求，加强信访材料管理和上报，并及时化解矛盾和问题，营造风清气正、气顺心齐的工作氛围。三是加强案件防范工作管理。制定宁乡支行案件防范指导意见，组织签订2013年党风廉政建设责任书、案件防范责任书。同时制定要害岗位的绩效考核方案，并将其作为员工工作质量的依据来实施奖罚。对各业务股室加强执行制度情况的监督检查，对上半年中支纪检监察检查问题进行整改落实。

【顺利搬迁新址，确保资产增值】 2013年9月29日，人行宁乡支行新办公楼正式对外营业办公，实现干部群众一个新“家”的梦想。支行切实贯彻中央关于厉行勤俭节约的精神，开业仪式不办庆典，不接受礼品礼金，不搞剪彩仪式，只进行一个简单的揭牌仪式。作为湖南省人民银行系统首批与政府进行产权置换的支行，宁乡支行举全支行之力，实现支行国有资产的保值和增值，为全省支行的固定资产置换提供一个可供借鉴的模式。

（办公室）

中国工商银行股份有限公司宁乡支行

行　　长　周志新
副 行 长　陈新俐
　　　　　　周德强
　　　　　　张石良
纪检委员兼工会主席
　　　　　　周继红

【概况】 2013年，中国工商银行股份有限公司宁乡支行(以下简称工行宁乡支行)设有综合办公室、公司业务部、个人金融业务部、小企业金融服务中心、信贷管理分中心等5个内设机构和营业室、水晶城支行、城西支行、玉潭支行、煤炭坝分理处等5个营业网点。截至2013年年末，工行宁乡支行各项存款余额18.43亿元，其中储蓄存款12.98亿元、对公存款5.44亿元；各项贷款余额25.72亿元，其中个人贷款19.21亿元、公司贷款5.15亿元、小企业贷款1.36亿元。个人贷款中，不良贷款余额为106万元，不良率0.05%；公司贷款中，不良贷款余额2128万元，不良率4.13%；小企业不良贷款余额为0。

【工行综合业务】 2013年，工行宁乡支行发放贷款13.7亿元，净增2.06亿元，为盘活规模，实现信贷资产平移5000万元，实际净增2.56亿元。其中发放中小微型企业贷款1.67亿元，发放公司贷款2.93亿元，发放个人贷款9.1亿元。在房地产市场国家宏观调控、总行信贷政策趋紧的形势下，发放开发贷款客户3户、9020万元，发放按揭贷款1744笔、5.02亿元。至2013年末，工行宁乡支行有个人贷款客户8731户，个人贷款余额19.2亿元，发放贷款2397笔，累计发放9.1亿。向中小企业推介工行融资业务，上至老粮仓、横市、大成桥、煤炭坝镇，下至历经铺、夏托铺镇及两个园区，为企业设计融资方案。共发放小企业流动资金贷款53笔、1.67亿元，其中小企业新增信贷客户6户，新增贷款6150万元。与宁乡经开区对接，2013年底已做好经开区的准入工作，经开区“金洲西线”项目1.2亿元的基础设施建设投放已完成评级、授信、和放款核准，取得实质性的营销效果。实现投放的企业，有三谐机械、腾达贸易、湘天磁、三星机械等，还储备一些客户，如伟特家居、天和钻具等。加强与宁乡城建投、新城开发建设投资公司的合作，为配合新城公司能够正常办理融资业务，由工行宁乡支行牵头，其他支行配合，成功将其从政府融资平台中退出，为其能正常融资扫除政策上的障碍。对周边乡镇园区也进行实质性营销。如玉潭镇金玉工业园区的港越集团。在夏铎铺工业园区已对玉潭电器、恒健卫生巾纸业实现投放。突破小微企业融资瓶颈，利用个人经营贷款为小微企业提供信贷支持。全年共发放个人经营性贷款315笔，支持小微企业2.9亿元。信用卡发放1912张，授信约1.5亿元，信用卡分期付款投放4618万元，其中汽车分期付款1937万元。在电子银行建设上，柜面可分流率达28%，在上级行考核中排名第三，选址离行式自助银亭3个。全年缴纳营业税及附加1008万元，缴纳企业所得税1993万元，实现利润总额8049万元。

【工行工作亮点】 2013年，工行宁乡支行与宁乡经开区对接，营销“格力电器”落户宁乡项目，做好金融服务工作，该项目已列入省分行直营项目。个人贷款余额逼近20亿元，在宁乡同业市场中占有绝对优势，在省分行的县域支行中名列前茅。个人贷款不良率仅为0.05%。分期付款业务快速发展，全年共办理分期付款业务4618万元，较2012年的850万元净增3768万元，增幅达443.29%。内控评价工作取得突破性进展，2013年评价结果从营业部上一评价年度的末位跃居第四名。 (办公室)

中国农业银行股份有限公司宁乡支行

行　　长、党委书记
王　建(7月另任)
行　　长、党委书记
黄志光(8月任)
副 行 长　胡华山(8月免)
谢克英(7月另任)
杨　勇(8月任)
周　晓(11月任)
唐小杰(11月任)

【概况】 2013年，中国农业银行股份有限公司宁乡县支行内设5个部门：综合管理部、运营财会部、公司业务部、个人金融部、风险管理部，下辖16个营业网点，5个离行式自助银行。年末在职员工238人，离退休(含内退)人员97人。至年末，存款余额53.80亿元，较年初增加1.12亿元，贷款余额28.42亿元，较年初增加5.22亿元，拨备后利润1.20亿元，比2012年减少53万元。存贷总规模、储蓄存款、利润总额、不良贷款控制等主要经营指标位居全省农行前列，是农总行确定的重点推进支行。全年获得各类荣誉称号6个，支行行长王建被选为宁乡县政协委员。

【农行劳动竞赛】 2013年，农行宁乡县支行4个季度分别开展“春天行动”、“夏日激情”、“收获金秋”、“赢在冬季”竞赛活动，进行综合营销，促进全支行业务的快速发展。企业贷款、项目贷款、个人贷款、储蓄存款、电子银行和客户数等大幅增长，全支行员工始终保持旺盛的工作积极性。

【农行对公业务】 2013年，农行宁乡县支行成功投放县经开区和万佛灵山两大影响较大的项目贷款，新放贷款3.1亿元，其中万佛灵山属县内近年来首笔9年期中长期贷款。建立中小企业客户库，与县中小企业担保公司建立合作关系，为中小微企业拓宽融资渠道。

【农行个贷营销】 2013年，农行宁乡县支行通过创新担保方式，扩大总量投放，农村生产经营贷款、个人消费贷款、商住房按揭贷款、农户小额贷款、商户分期贷款等大幅增长，全年新放4亿元，比2012年增长200%，有效加大农行支持三农业务的力度，推动县域个体私营经济发展，拉动个人消费需求。

【农行网点转型】 2013年，农行宁乡县支行通过为期3年的网点转型导入，网点服务基本实现规范化、标准化、优质化服务，大堂营销功能增强、服务功能完善，为广大客户提供优良环境和优质服务，客户满意度达98.3%，在全县政风行风测评中居第四。此外，全年投资1100万元，对11个网点进行维修和装修改造，提升农行形象。

【农行资本运用】 2013年，农行宁乡县支行经济资本管理水平提高，经济资本理念增强，经济资本应用能力提升，存量经济资本成本下降，至年末信用风险经济资本占用低于营业部限额6149万元。

【农行风险管控】 2013年，农行宁乡县支行的上级行在上年和年内历次检查发现的问题全部整改到位，国家审计署检查该行无底稿。运用多种方式清收不良贷款、信用卡不良透支，不良贷款占比仅0.12%，依法清收信用卡不良透支诉讼案32个。

【农行案防】 2013年，农行宁乡县支行开展"三化三达标"、"三化三铁"、"三化三无"3大主题活动，提升员工服务理念、合规理念、法制理念、安全理念，增强员工防抢、防盗、防诈骗能力，消防安全意识和技能得到加强，视频监控、防护设施等全部达标，确保全年平安无事故。

【农行绩效管理】 2013年，农行宁乡县支行编制下达年度业务综合经营计划、员工个人绩效计划书，按季考核，严格按照绩效计划完成情况兑现，拉大员工收入差距，调动员工积极性。（办公室）

中国建设银行股份有限公司宁乡支行

行　　长　万郑伟
副 行 长　李　扬
　　　　　文彦龙

【概况】 2013年，中国建设银行股份有限公司宁乡支行（以下简称建行宁乡支行）在职员工46人，下设3个网点。坚持规范、稳健和创新经营，以"跑马圈地强基础，抓户增存争收入"主题营销竞赛活动为契机，努力搭平台、拓客户、夯基础。存款余额23.65亿元，比年初增长6.28亿元，其中公司类存款12.76亿元，比年初增长4.69亿元，个人储蓄存款10.83亿元，比年初增长1.59亿元。各项信贷余额20.78亿元，比年初增长4.99亿元，不良贷款990万元，不良贷款比年初压缩1420万元，贷款不良率为0.47%。实现中间业务收入2128万元，利润7238万元，人均利润157万元，实现42年安全营运无事故。

【建行负债业务】 2013年，建行宁乡支行牢固树立存款立行的思想，加快推进负债业务健康快速发展。个人存款稳定增长。一是全面筹划，加强客户维护。多次召开专题会议，积极开展"抓户增存"专项营销活动，分组清街清户赠送福字挂历，重点走访VIP和潜力客户，与客户建立良好的感情联络。以网点经理、个人客户经理、个人业务顾问、大堂经理关键性岗位为牵头人实行分级管理，盯紧客户，抓牢客户，确保存量客户不流失。新年春节前，全支行取消休息，各网点增设窗口，延长服务时间，尽最大努力保证客户需求。二是拓展新客户，确保存款源头。通过"跑马圈地"专项营销活动，在重点产品电话POS、助农取款布点的同时积极营销新开户，注重个人存款的发展，带来一定增长。同时前台加大客户信息维护工作力度，及时申办理财卡，留住客户。三是加强公私联动，实现公私业务协同发展。利用公私联动，积极拓展代发工资客户和优质信用卡客户，并做好高端卡、公务卡及信用卡分期业务的营销工作。通过梳理对公信贷客户负责人和股东在建行宁乡支行的资产情况，精准营销，提高个人产品覆盖。通过制定个性化公私综合服务方案，公私业务相互渗透加强。公司存款高速增长。一是抓住客户源头，抢得业务先机。作为百强县之一的宁乡县，近年来经济快速发展，银行之间的竞争日趋白热化。建行宁乡支行既能做到业务有所分工、各司其职，又能做到团结协作、对外营销。及时、准确把握资金的来源、去向和用途。二是利用特色产品，撬动负债业务。根据宁乡县域经济的特色，在支行领导的带领营销下，与当地政府进行有力对接，大力营销城镇化建设贷款和农业水利建设贷款，加快重点项目贷款的营销推进。为了以快取胜，客户经理合理分工，白天跑客户，晚上写材料。通过以产品为抓手、以项目为突破的营销，成功发放全省建行第一笔城镇化建设贷款1.2亿元，水利建设贷款0.9亿元，房地产开发贷款3亿元，为县域经济的发展提供有力支持。三是维护存量客户，拓展合作空间。建行宁乡支行与某医院在长期合作中建立深厚友谊，该院拟开通诊疗卡系统满足业务发展的需要，支行专门组建业务团队，全力以赴参与系统的建设。该系统开通后，大幅缩短客户排队、候诊时间，较好解决老百姓就医过程中"挂号难、付费难、排队难"等民生问题。进一步巩固与该院的长期战略合作关系。

【建行信贷业务】 2013年，为进一步加大信贷投放，全力支持县域经济的发展，建行宁乡支行扶持一批信誉好、经营好、效益好的优质企业，有效把握房地产贷款与个人贷款优质项目的投放力度，全年各类贷款比年初增长4.99亿元。一是发挥传统优势，做大个贷业务。支行以住房按揭贷款为依托，积极营销新楼盘，大力发展个人消费贷款业务和个人助业贷款业务。为了抢得商机，客户部经常到相关部门捕捉信息，主动对接开发商，寻求合作，累计发放个贷2.74亿元。在支持县域经济发展的同时，加强对个贷业务的风险防范，加大对逾期个贷的催收力度，确保新发个人贷款零不良。二是加强园区合作，实现平台营销。通过各种途径获取尚未在建行开户的园区内企业名单,从中筛选重点营销对象,分片区组建营销团队,支行领导带领客户经理深入市场、了解客户、了解需求,成功营销一批在宁乡当地颇具影响力的优质中小企业客户。三是盯紧重点客户,实现银企双赢。支行主动与上级相关部门联系,将授信转化为发行资产收益型理财产品,既为客户解决供需矛盾,又为客户节约成本,得到客户的信任和认同,为更多的银企合作提供广阔的空间。四是大力创新产品,实现新的突破。保理业务破零,累计发放保理业务 2.4 亿元;国际业务破零,为某食品公司申办建行金星支行 2013 年第一笔贸易融资业务;成功搭建担保公司平台,为某担保公司授信 2 亿元,通过此平台发展宁乡县中小企业信贷业务,给入园企业融资提供支持,为宁乡县中小企业的发展奠定良好的基础;积极营销善融商务业务,已有两家公司实现善融商务平台销售。

【建行内控管理】 2013 年,建行宁乡支行为加强内控管理,坚持合规经营,充分利用周会和晨会学习相关会计制度、文件,做到逢会必讲会计核算和安全内控。坚持从规范化、制度化、标准化入手,按规操作。同时要求全支行员工总结反思各自在日常工作中是否存在违规行为,形成从我做起,人人按章操作的氛围。在人手少,业务量大的情况下,抓好会计条线的员工培训、岗位轮换、账户年检和问题整改,对账率达 100%,有效促进核算质量的提高。通过开展"案件风险排查"和"员工思想行为排查"等一系列的专项整治活动,强化员工的合规意识,促进各项业务的发展,保证支行安全营运无事故。

【建行优质服务】 2013 年,建行宁乡支行为推动"优质服务年"活动的深入开展,进一步规范柜面服务行为,提高柜面服务质量,在全支行营造出一种"人人讲优质服务,个个谋建行发展"的良好氛围,树立良好的企业形象。一是严格按照上级行的要求和部署,成立优质服务领导小组,制定《优质服务年活动实施方案》。对具体措施和实施方案进行安排和布置,加大学习检查力度,严格奖惩,完善网点设施,规范员工服务礼仪。二是扎实开展政风行风评议活动。根据宁乡县优化办有关文件的要求,制定建行《宁乡支行 2013 年民主评议行风工作实施方案》,成立政风行风评议领导小组,通过发放行风评议测评表、宣传单等多种形式,宣传服务承诺。以"神秘人"查访、网点优质服务联查联访、召开行风监督员座谈会等行之有效的方式,主动收集客户和员工的意见和建议,并建立台账,及时处理,跟踪落实,抓好改进。在宁乡县政风行风千人测评大会上取得了较好的成绩。三是两个单点所升格为支行后,开通对公会计业务,使支行服务功能进一步得到完善,服务辐射范围不断扩大,竞争能力不断提升。

【建行团队建设】 2013 年,建行宁乡支行一是进一步加强基层党支部建设。充分发挥支部班子团结奋进和党员先锋模范作用,加强党建工作,壮大党员队伍,组织开展忠诚履职教育实践活动,党员党性修养得到有效提升。同时开展"争当雷锋精神传人,弘扬建行文明新风"系列活动,使党支部战斗堡垒作用和党员先锋模范作用得到提升。二是坚持以人为本,推进关心关爱员工各项举措。为员工搭建学习平台,定期组织开展青年员工培训,业务及综合知识培训。支行班子通过采取个别谈心、家访、座谈等形式,充分了解员工和员工家庭的基本情况和思想动态。通过组织员工开展丰富多彩的集体活动,有效缓解员工压力,增强员工幸福感。开展内容丰富、形式多样的劳动竞赛,增强员工的战斗力和凝聚力。

(办公室)

中国农业发展银行宁乡县支行

行　　长 朱健强
副 行 长 姜　彪

【概况】 2013 年,中国农业发展银行宁乡县支行(以下简称农发行宁乡县支行)内部机构设置为办公室、客户业务部、财务会计部。年末在册正式员工 19 人、聘用员工 4 人。全年,支行紧紧围绕"外树形象、内保平安"的工作目标,坚持"两轮驱动"的营销战略,大力发展业务,实现各项业务指标的稳步提高。

【农发行业务发展情况】 2013 年,农发行宁乡县支行累计发放贷款 8.19 亿元,累计收回贷款 4.7 亿元,贷款余额 17.24 亿元,比 2012 年同期增长 3.08 亿元,增长 20.36%。其中:政策指令性贷款 6.2 亿元(含挂账类贷款 1.82 亿元)、政策指导性贷款 11.2 亿元、商业性贷款 8080 万元;存款余额达 2.86 亿元;全年实现中间业务收入 115 万元,实现账面利润 4420 万元。继续保持不良贷款余额为"零"的良好态势。

【农发行呆账核销】 2013 年,农发行宁乡县支行紧跟总行政策,认真做好呆账清理工作。支行学习领会总行《关于做好粮油附营业务停息挂账占用贷款和 1993 - 1998 年度地方政策性粮食财务挂账占用贷款清收处置工作的通知》的文件精神,对宁乡县粮食局所辖的原 14 个中心粮站贷款进行实地核查,并对认定的 1837 万元呆账进行核销。

【农发行中长期贷款】 2013 年,农发行宁乡县支行在大的经济环境不容乐观、贷款投放受存贷比影响严重的双重影响下,艰难营销,积极寻求发展先机。截至 12 月末,支行累计投放新农村建设中长期贷款 2.6 亿元,其中对经开区投放

6000万元中长期贷款用于新民垸综合整治工程项目,对农基投投放2亿元中长期贷款用于亮月湖水环境综合治理工程项目。此外,还对宁乡县交通建设投资公司关于宁乡县关山互通至朱良桥公路建设1.6亿元贷款项目完成意向受理。

【农发行作风建设】 2013年,农发行宁乡县支行一是转变工作作风,在全体干部职工中开展“带头率先学习、带头真抓实干”的活动;二是加强队伍建设,党支部经常开展员工队伍学习教育活动,增强员工的自律能力、提高职业道德水平;三是响应地方政府号召,开展“政风行风”建设活动,并要求党员签订《忠诚履职公开承诺书》。

（陈　捷）

中国银行股份有限公司宁乡县支行

行　　长 曾利民
副 行 长 易　伟
　　　　　叶　子

【概况】 2013年,中国银行股份有限公司宁乡县支行(以下简称中行宁乡县支行)拥有4家辖属经营性支行、3家多功能离行式自助银行和两处离行ATM机。支行员工75名,其中硕士研究生4名,本科学历近40人。员工平均年龄为34岁。支行内设3个部门,分别为综合管理部、公司业务部和个人金融部。网点4家,分别为支行营业部、八一路支行、宁黄路支行、东沩路支行,营业部为三类网点,已纳入省行大中型网点目标机构;八一路支行为四类网点,宁黄路支行和东沩路支行为五类网点。

【中行业务工作】 2013年,中行宁乡县支行本外币各项存款16.86亿元,较年初增长2.92亿元。其中公司存款8.13亿元,时点新增2亿元,储蓄存款8.73亿元,时点新增0.91亿元。储蓄存款增长稳定在1.2亿元以上,时点最高时达到3.7亿元。存款增长平稳,但日均新增压力大,总体规模偏小。距离全年2.9亿元的时点目标差距较大,加之往年因素影响,日均新增差距较大。特别需要在行政事业存款营销、企业存款拓展等方面下大力气。各项贷款13.67亿元,其中全口径公司贷款5.08亿元、个人贷款8.59亿元。个贷增长达到9000万以上。公司贷款主要投放项目为中国水务项目贷款6000万元、中财化建3000万元、海纳新材料4000万元、吉唯信2500万元、宁乡一中700万元、湘沩彩印1190万元等。票据贴现余额5589万元。各项贷款13.67亿元,公司贷款占比仅37%。贷款持续增长,中型客户发展取得突破,但公司贷款占比低,总体规模小。完成各项业务净收入8402万元,完成计划的96.24%。其中:实现净利息收入6798万元,完成计划的102.75%;实现拨备前利润5507万元,完成计划的93.74%;实现净利润3344万元,完成计划的110.11%。在宁乡同业14家银行机构存款总规模排名第七,市场份额为5.5%。账户拓展完成率高,但账户总量仍然较小,客户提升工作有待加强。拓展对公结算账户325户(其中基本户270户),任务完成率238%,但对公结算账户总量仍然只有1277户,公司客户转化和提升工作有待加强。对公产品取得一定突破,业务下沉逐步启动,但网点对公产品拓展能力有待提高。在省行国内结算部大力支持下,中行宁乡县支行为加加食品投产现金管理平台,成功关联客户近100户并归集沉淀资金近500万元。同时,通过对该公司销售回笼款的大力营销,实现存款新增3600万元。宁黄路支行实现国际结算业务破零,成功叙做国内商票贴现业务;八一路获得签发百分之百保证金银行承兑汇票资格;通过物管通产品,成功归集维修基金600多万元;东沩路成功营销银太纺织对公理财5000万元,并叙做关税保函82万美元。尽管对公产品取得一定成绩,但网点公司产品整体拓展能力仍然较弱,尤其非利息收入进展缓慢。除国内结算条线完成79%外,其他对公条线非利息收入完成均不理想。紧密结合宁乡县域经济的重点产业和重点区域,提高网点业务拓展能力,是提高对公业务收入的关键。

【中行内控合规与内部管理】 2013年,中行宁乡县支行以班子充实为契机,调整分工,明确个金和监保党工等工作由易伟副行长分管,公司与运营内控等工作由叶子副行长分管,提高管理的及时性和精细化水平,提高班子整体管理能力。进一步梳理制度,加强业务流程理顺。加强规章制度清理,按照省行要求,落实每日内控动态自查,反洗钱等日常工作职责。制定内控工作的检查计划和考核办法,按月考核,按季奖励处罚,按年度总体评价。加强内控与操作风险日常管理,及时发现问题。通过专题会议、业务经理例会等方式及时通报日常业务中存在的问题,研究解决办法,并重点督促落实个人身份核查、征信管理制度、档案押品管理要求等。建立和完善风险内控管理架构,成立风险内控委员会,实行每月工作例会制度,及时传达学习上级行风险内控工作要求,通报案例,研究存在的问题,针对考核中的失分项,重点落实整改。加强员工内控与案防教育,通过举办内控与业务发展重要性主题辩论赛、消防知识讲座、出纳知识竞赛等加强员工案防教育,提高内控合规意识。开展服务环境优化整治和服务提质活动,通过地毯式清扫,统一规范物品摆放,简化大堂不必要摆设,加强分区责任落实等方式,对服务和办公环境进行彻底整治,并建立管理制度,每月评比部门和网点流动红旗,通过添置设备,局部调整等方式,优化网点服务细节。通过加强员工服务培训,组织服务座谈,宣传典型事例等方式,提高服务意识和服务能力。

（办公室）

长沙银行宁乡支行

行　　长　孙彬彬
副 行 长　高　尚
　　　　　周　德(5月任)

【概况】 2013年，长沙银行股份有限公司宁乡支行(以下简称长沙银行宁乡支行)贯彻"深化转型年"的工作主题，推动战略转型、改革转型、特色转型、管理转型和创新转型，业务发展稳步推进，风险内控不断完善，管理基础持续夯实，全面超额完成各项工作目标任务。支行在职员工50人，下设2个网点、3家自助银行，各项存款余额23.39亿元，其中个人储蓄存款7.56亿元、公司类存款15.83亿元。各项贷款余额14.14亿元，其中公司类贷款9.87亿元、零售类贷款4.27亿元，贷款不良率为零，实现营业利润近9000万元。年终被宁乡县委县政府评为2013年度金融工作先进单位、2013年度"四比四抓争先锋"活动暨绩效考核先进单位，孙彬彬被总行授予"优秀一级支行行长"荣誉称号。

【业务发展】 2013年，长沙银行宁乡支行抓住存贷基础业务不放松，以重点业务为突破口，各项业务工作齐头并进。负债业务方面，一是积极策划开展储蓄存款营销活动。组织开展"积分多多、礼享生活"等存款积分等营销活动，发行客户积分有效卡4000多张。二是开展多方营销，做好金融服务。为调动组织资金的积极性，根据上级行下达的任务指标，将稳存、增存目标量化分解到支行各个部门，及时与各级单位和企业之间进行衔接和联系，提供优质配套金融服务，确保对公类存款的稳定和拓展。资产业务方面，一是进一步巩固和挖掘个贷客户资源。准确选定信贷资金投放的目标市场和目标群体，以公务员群体为业务突破重点，加大个贷客户的营销力度。二是"走园区，进社区"。支行以"走园区，进社区"为行动指导，充分利用"银企对接平台"和"企业帮扶"的契机，通过举办"金洲园区融资帮扶座谈会""鑫佰加家具广场小微推介会""汽车贸易商会产品推介会"等业务营销活动，与园区、商会等建立起特别的沟通和互助机制。三是小微金融再添新篇。针对全县小微企业和个体工商户无抵押、无担保以及资金需求短、频、急的特点，推出小微企业快速贷款、联合担保贷款、POS贷、个人循环贷款等一系列优质、高效的金融产品服务，有效解决中小微企业融资难的问题。年末支行表内外贷款余额共计20.66亿元，其中表内贷款余额14.14亿元，表外业务余额6.52亿元，较年初增长4.42亿元，中小微企业贷款较年初新增1亿元以上，到期贷款及银票均已按时收回，资产质量继续保持零不良。

【网点建设】 2013年，长沙银行宁乡支行始终把服务政务、服务市民和服务中小作为首要目标和核心定位，大力开展社区银行、自助银行的建设工作。新建驻县行政中心第二办公区自助银行，并对县行政中心内的自助银行设备进行改建，支行第一家社区银行也在年底于楚沩社区开业，以上工作的开展均得到一致好评，为广大客户提供快捷便利的金融服务，也为支行的政务存款、工资代发以及储蓄存款等零售业务发展提供极大的支持。

【内控案防】 2013年，长沙银行宁乡支行围绕业务发展，加强内部管理，控制和化解业务风险。一是强化风险防范，确保安全无事故。定期组织员工学习人行案件通报和风险预警等文件，对照相关流程进行自查自纠并落实整改，配合相关单位、部门的结算、案防检查，对发现的问题及时进行整改和回复。二是加强业务培训，提高结算质量。组织结算条线每周一次理论考试、两周一次技能测试，营销条线每月两次理论考试。力求通过不松懈的业务培训和学习，使员工个人技能和服务水平得到质的提升，人人按章操作，事事有章可循。坚持定期召开会计结算差错分析会议，针对新员工业务不熟悉，易发生业务差错的现象，安排新老员工"一对一"分析辅导，交叉检查传票及日常登记簿，防范结算风险。三是规范信贷管理基础，抓好贷后风险防范。定期组织对所有信贷业务进行全面自查，按照集中整理归档标准做好信贷档案、贷后管理等系列工作。做好到期贷款的监测控制，逐户逐笔监测，督促管户经理落实责任，加强监管。每月月初对当月到期贷款进行公布、每季组织召开支行的贷后管理会议，督促客户经理完成纸质贷后检查记录。四是落实专项整治，开展自查自纠。每月定期开展案件专项治理自查和员工思想行为排查工作，将自查结果形成书面材料及时上报相关业务主管部门。通过与每位员工深入谈话，了解八小时之外的生活状况，杜绝不安全因素。

【安全保卫】 安保案防工作一直是工作的重心之一，2013年，支行领导高度重视安保案防工作，保卫专干做到各类台账齐全并及时更新，相关工作和文件的学习、传达到位，确保支行及客户的安全，也有力地支持县域综合治理工作的开展。按照相关部门要求，年初组织员工签订安全生产责任状、消防安全责任书，工作上严格要求柜员做好"三提示一护送"工作，生活上提醒员工注意人身、财产安全。提高员工安全防范意识，定期对员工进行风险警示教育，组织员工进行防抢、消防实地演练，让每位员工认识风险，了解风险，自觉防范风险，落实安全责任制，全年实现安全无事故。2013年8月，宁乡县公安局对支行网点安全防范建设、落实"三防"措施、开展内部自查自纠和隐患整改等情况进行检查和评估，支行评估得分位居全县前列，受到有关部门的表彰。12月，在支行顺利召开宁乡县2013年度金融机构安全工作会议，支行安保工作先进经验在全县金融机构范围内推广学习，受到各方肯定，支行保卫部被长沙市公安局记“2013年度安保工作集体三等功”。

【优质服务】 2013年，长沙银行宁乡支行把服务品质的提升作为树立品牌形象、提升核心竞争力的重要工作来抓。为加强基础管理，全力创建一支作风好、业务精的年轻队伍，支行先后出台《2013年业务大提升活动实施方案》和《“服务style(风格)”活动实施方案》，根据方案的具体要求，将支行员工的日常优服工作纳入考核依据。活动包括同业走访、客户座谈、电话回访及问卷调查等多个环节，服务内涵得到持续深化，客户满意度得到普遍提高。结合以上两个活动的开展，支行一线员工的专业知识水平获得较大提高，为优质服务水平的提升提供保障。同时，通过有效渠道了解客户的需求和建议，学习先进办法和经验，为支行优服工作的开展提供极具价值的信息，全面提升员工服务意识和服务水平。

【团队建设】 2013年，长沙银行宁乡支行为抓好以制度文化、行为文化、专业文化建设为核心的深层企业文化建设，树立企业公众形象，组织开展丰富多彩的企业活动。一是开展“爱心助学”捐款活动。支行员工为两名贫困学生代表募集学费，支行行长孙彬彬将万余元款项交到贫困学子手中，并对他们提出鼓励。支行长期开展捐资助学行动，并结合“为贫困学子送午餐”爱心存单业务的开展，为回报广大社会尽一份绵薄之力。二是组织并参与行庆16周年路演宣传、“第三届金芙蓉杯零售价值客户羽乒大赛”、硬笔书法比赛、歌唱比赛、第一届运动会等，丰富员工的业余生活，搭建客户交流平台，增进与客户的感情。 （办公室）

湖南宁乡农村商业银行股份有限公司

董事长、党委书记 卢国军
行长、副书记 张 芳
监事长、纪委书记 欧志坚
副行长 李泽义
副行长、工会主席 黄灵芝

【概况】 2013年，湖南宁乡农村商业银行股份有限公司(以下简称宁乡农商银行)坚持以科学发展观为总缆，以提速发展为主题，以提升经营质效为主线，以改革创新为动力，全面强化管理，着力提升市场竞争能力、价值创造能力、风险管控能力、服务“三农”能力和持续发展能力，超额完成目标任务，各项业务保持又好又快的发展态势。各项存款余额121.90亿元，较年初净增18.59亿元，增长18%，完成年初目标的103.22%；累放贷款83.07亿元、累收贷款66.82亿元，分别较2012年增长64%、75%，贷款余额80.78亿元，较年初净放16.25亿元。存、贷款规模稳居县域金融机构榜首，分别占全县市场份额的38%和34%；全年缴纳税收过亿元。荣获省“金融业”宣传展示活动明星单位等4项省级荣誉，市内部审计工作先进集体、市级青年文明号等13项市级荣誉，24项县级荣誉。在宁乡县2013年政风行风评议中，被评定为全县服务行业第二名，社会形象得到更进一步提升。

【服务发展贡献突出】 2013年，宁乡农商银行一是服务“三农”，帮促农民致富。累计发放涉农贷款81.03亿元，涉农贷款余额78.97亿元，较年初净增17.31亿元，增幅28.06%。对农户评级和需贷农户的用信率均达到90%以上。二是抢抓机遇，首推特色产业。宁乡县是省政府首批确定的特色县域经济重点县之一。宁乡农商银行率先组建、并由县政府授牌的全省首家农产品加工专业支行，已对接粮食、生猪等各类农副产品加工企业23家，完成授信3.52亿元，用信2.6亿元。三是支小扶微，助力实体经济。支持园区经济建设及新型产业发展。累计发放中小微企业贷款36.21亿元、余额30.55亿元，占全行贷款总额的37%。四是主动出击，对接中心镇建设。全年共发放小城市、中心乡镇基础设施建设贷款2亿元，重点支持灰汤、流沙河、花明楼等集镇建设。

【业务创新可圈可点】 2013年，宁乡农商银行一是创新信贷服务产品。相继推出“订单贷”“基金担保贷”“中标贷”“园融通”“税融通”等20余种新产品，受到客户青睐，在2013年全省农信系统金融服务和产品创新会议上，宁乡农商银行作典型经验介绍并在全省推广；在长沙市联社组织的金融产品大赛中荣获第一名，其中“基金担保贷”“订单贷”荣获一等奖，“中标贷”荣获三等奖。二是创新信贷服务流程。先后采取贷款审批差别化授权、设立贷款专柜、“一站式”服务等措施，缩短贷款审批流程，提高工作效率。三是创新信贷服务方式。逐步推行战略合作模式，针对园区企业众多、市场潜力大、金融服务需求多样化等特点，积极与园区管委会及园区内企业进行银企座谈，签订战略合作协议，实行全方位对接服务。四是创新结算服务品种。发展电子银行业务，便民卡、贷记卡、公务卡、网上银行业务全面推广，先后开通手机银行、电话银行、自助银行、福祥缴费通业务，全面提升电子银行业务水平。特别是便民卡业务位居全省农信系统第一名，并在省联社电子银行业务经验交流会议上作为典型经验推广。

【有效提高风险管控】 2013年，宁乡农商银行一是加大险控力度。全省农信系统全面风险管理长效机制建设在宁乡农商银行的试点工作已进入第二年，信用风险管理系统在全市顺利上线，为信贷资产管理精细化、日常化奠定基础，行内信用、操作风险管控初见成效。二是加大检查力度。对所辖营业网点进行案件专项治理检查,开展财务收支及资金市场业务检查、账务核对专项检查、不良贷款专项检查,龙田支行整体移位稽核等16项检查,网点检查覆盖率达100%。三是加大技改力度。引入指纹考勤系统,安装柜员指纹登录设备,有效防范柜面操作风险;建设视频会议室,实现与省联社视频会议顺畅对接;启动OA无纸化办公系统;对800多门保管箱进行全面升级;引入移动光纤,对防雷工程全面改造。四是加大安保力度。所有营业网点与公安110实现全面报警联网。建立远程电视监控管理中心,所有营业网点实行电视监控联网。全年无经济案件和安全事故发生。

【基础管理突破提质】 2013年,宁乡农商银行一是财务管理规范提高。编制各类财务收支计划与规章制度10个;认真审核费用支出,规范费用列支;加强会计继续教育、临柜人员业务技能等培训学习;成功开通67个网点远程集中授权;推行主部集中事后监督,有效防范柜台业务风险;继续进行会计达标升级工作,会计基础工作得到进一步规范。二是信贷管理严谨有力。强化贷后管理"四提示,三预警",新放贷款不良率逐年下降;客户信息平台建设圆满完成,两税化债工作效果良好,诉讼保全取得实质进展,同时增加表外清收二、三小组,清收工作由城区支行向全县范围推进。三是网点建设投入加大。增加精品网点8家;加大网点优化布局和转型升级的力度,投入建设费用1.1亿元,新建9处,装修6处,迁并3处;做好各营业网点房屋维修及基础设施改造,改善员工工作、生活条件,26个营业网点完成"五小建设"工作。

【建设队伍迸发活力】 2013年,宁乡农商银行一是强化领导班子建设。强化班子意识,坚决维护团结,坚持弘扬正气,敢于担当责任;通过省联社组织公开竞聘考试选拔行长助理1名,壮大领导班子队伍。二是强化中层队伍建设。通过笔试、面试、业绩考核和公示等,择优选拔2名支行行长、34名委派会计、5名风险经理、6名稽核审计人员,进一步促进老、中、青人才梯队的形成。三是强化企业文化建设。2013年团中央领导对宁乡农商银行团建工作进行专题调研并给予高度肯定。积极开展演讲征文、篮球、乒乓球等比赛和爱心资助等10余项活动;举办宁乡农商银行"成立两周年　年税创亿元"工作汇报会;举办各类业务知识培训20余次;先后冠名、赞助宁乡农商银行杯"我爱读书"征文比赛、快乐男声演唱会等活动;夺得2013年县男子篮球赛冠军。(办公室)

中国人民财产保险股份有限公司宁乡支公司

经　　理　刘　芳(女)
副 经 理　陈志刚
　　　　　王　滔

【概况】 2013年是中国人民财产保险股份有限公司宁乡支公司(以下简称人保财险宁乡支公司)振兴腾飞,实现质的飞跃的关键一年,也是树立形象、打响公司品牌的关键一年,更是公司面临重重压力、攻坚克难的非凡一年。经全体员工共同努力,较好地完成上级下达的任务指标。全年实收保费5389万元,比上2012增长21.9%,完成全年任务的100.92%,赔付率74.21%,上缴税收839.33万元。

【规范经营保险工作】 2013年,人保财险宁乡支公司一是建立健全各项制度。初步形成一套完整的管理制度,使整个客服工作和人的行为均在制度的管控范围之内,做到有法可依,有章可循。二是完善考核机制。保险竞争越来越激烈,面对新形势、新体制、新模式、新战略,公司在管理上全面提升水平,在竞争中发展、在竞争中前进。除了继续巩固和采用过去行之有效的办法外,还按照上级公司有关规定引进和采用科学管理体系,出台一系列管理规章制度、考核办法。

【开拓保险市场】 2013年,人保财险宁乡支公司一是层层落实任务指标。年初针对县域保险市场变化及全年保费收入情况进行综合分析,将上级公司下达的各项指标进行层层分解,把计划分解成月计划,月月盘点、月月落实,有效保证对计划落实情况及时进行监控和调整。在制定全年任务时充分考虑险种结构优化和业务承保质量,明确考核办法。二是加大市场拓展力度。把稳固车险拓展新车市场和非车险市场作为业务工作的重中之重,在抓业务数量的基础上,继续保证业务的优质性。与地方政府有关部门建立联系网络、与汽车销售商建立友好合作关系,通过收集的信息,对潜在的新业务、新市场做到心中有数,主动把握市场,消除因竞争等客观原因带来的业务不稳定因素。三是积极参与竞争。面对外部竞争所带来的业务压力,始终保持沉着冷静,客观面对现实情况,主动寻求对策,与竞争对手展开品牌战、服务战。通过调整业务发展方向,向中小企业提供保险保障,对中小企业必须上门拜访,深入老客户企业,在客户企业中聘请信息员、联络员;对所有新保客户必须当面解释条款并承诺服务项目,与企业进行不断的联络,实行零距离接触,只要客户需要必须随叫随到,提供各方面服务。四是开展劳动竞赛。根据上级公司有关竞赛要求,积极配合开展劳动竞赛活动,并自行组织家财险、货运险、驾意险等竞赛活动,从而营造一种健康活泼、你追我赶、团结奋进的业务发展氛围。特别是在3月,顶住家财险滑坡和保源少的劣势情况,合理分解目标,层层落实,自加压力,跑企事业单位,跑个人家庭,一笔笔、一份份,最终以良好的成绩超额完成市公司下达的任务。五是开展新的业务源农业保险,新的农险承保政策一出台,与政府签约承保,经过共同努力,宁乡人保走入农业保险市场,2013年共收取育肥猪保险保费27万余元。

【做好保险服务】 为广大人民群众服务是保险业发展的根本目的，不断满足人民群众的保险需求是保险工作的出发点和归宿。服务是保险企业的宗旨，是客服中心工作的核心内容。2013 年，人保财险宁乡支公司在对客户服务上力争做到主动、迅速、合理、简捷、周到，急客户之所急、想客户之所想，做到该赔的一定赔到位，不该赔的决不滥赔，不该赔的也力争让客户满意。一是转变服务观念，办活保险服务。为使保户满意，进一步推出“承诺服务”和“限时服务”，实行公司权限以内赔案当天赔付，超公司上报审批案件 10 天赔付。承诺服务制度的建立，使接收的个理赔案件，都有效落实在承诺服务时间之内，平均结案速度提前 5 天左右，受到保户好评。二是转变工作作风，提高工作效率。简化办事程序，将所有工序集中营业大厅，并在营业厅各窗口设明显标志，配大堂经理，引导客户高效办理全部手续。实行办理业务限时制，每笔业务办理最长不超 6 分钟，为客户提供方便快捷的服务。实行大案、疑案跟踪制度，主动为客户到交警部门协助处理事故，为客户提供保险职责以外的服务，给客户提供方便;在事故车辆修理上，实行现场定损，一次性结案。三是树立保险形象，打造人保品牌。下发《营业人员服务规范和管理规定》，制定一系列文明服务、廉政服务规范。广泛开展礼仪服务、文明用语、服务忌语和挂牌服务、持证展业等活动，并对着装、仪表、环境卫生、内务做详细的标准规定，使公司的环境建设和人员的精神面貌焕然一新，为保户创造舒适的投保环境。

【提高保险队伍素质】 2013 年，人保财险宁乡支公司一是加强思想教育。把对党员干部的思想教育放在工作的首位，做到学习有制度、有计划、有记录、有交流。通过学习，进一步端正和提高思想和认识，增强政治敏锐性。注重加强党风政风的建设，定期召开民主生活会，倡导建立民主、团结、积极、向上的干部队伍。二是大力引进人才。公司能不能开展好业务，人是最关键的因素。公司十分重视对人才的选拔，招聘和使用打破用人界限，实际中以事业留人，以感情留人，以待遇留人。采取现招现用、培训提高和人才储备的办法，通过各种渠道，招聘和吸纳理赔人才，从保险同业和应届大学毕业生中优中选优，一批充满活力、热爱保险事业的年轻人走进财产保险行列，保证短期和中长期的人力资源。三是加强人员培训。通过多种形式培养和使用现有人才，鼓励员工自学成才，提高全体员工的专业水平和综合素质。主要的培训内容是:有关法律法规、保险条款、公司规定、保险专业知识、销售技巧等。培训的方式是:集中培训和个别培训相结合，理论培训和实际操作相结合，外请培训和自我培训相结合。每次培训都有测试，每次测试都和业绩挂钩，年终进行综合评价。四是关心员工生活。公司始终把费用向一线倾斜，在思想和经济上对每位职工给予亲切关怀和帮助，每位职工每逢生日都会收到公司送去的祝福，从而调动员工的工作积极性和创造性，进一步增强员工的使命感和责任感，公司上下充满团结、拼搏、进取向上的良好氛围，为公司各项任务的完成打下坚实的思想和人才基础。 （办公室）

中国人寿保险股份有限公司宁乡支公司

经理、党总支部书记 肖　凌（女）
副经理、工会主席 刘喜志
副 经 理 王学良

【概况】 2013 年，中国人寿保险股份有限公司宁乡支公司（以下简称中国人寿宁乡支公司）设经理室、综合管理部、个险销售部、银行保险部、团体业务部、客户服务部 6 个部室，下设个险收展部 1 个、城区营销服务部 1 个、农村营销服务部 13 个。全公司共有人员 665 人，其中，机关人员 46 人（签订劳动合同员工 32 人、退休 8 人、劳务派遣人员 6 人），代理人 580 人、银行保险部理财经理 23 人、客户经理 6 人，团体业务部客户经理 10 人。中国人寿宁乡支公司认真贯彻落实省、市公司保险工作会议精神，以科学发展观总揽全局，以夯实队伍建设为载体，以加快业务发展为核心，以优质服务、规范经营、风险防范为管理手段，以提高经济效益为目的，全面推进支公司健康和谐发展，公司深入改革，系统内引入交流干部 6 人，“扎实作风引领、确保全省第一”是公司工作作风和目标。经过全体员工的团结拼搏，在业务发展、内部管理、风险防范、树立形象等方面取得显著成绩，打造一支过硬的队伍，增强全体员工的主人翁意识，提高经营管理水平，塑造国寿良好形象，促进公司的全面建设，取得良好成绩。全年，全支公司共实现总保费收入 1.9 亿元，其中：首年新单保费 6510.81 万元，短险保费 1684.6 万元，其中短意险保费 1050 万元。在首年新单保费中，期交新单 2350 万元，十年以上期交达 1026.54 万元。支付赔款 1200 万元。与 2012 年同期相比，业务结构更加合理，经济效益大幅度提高。个险位居全省第一，公司保持在宁乡寿险市场的领跑地位，社会影响及公司形象得到进一步提升，被市公司评为“先进集体”。在银保满期给付中支公司被评为总公司专项工作先进集体，另刘喜志被评为“先进个人”，王学良、钟建国、周锋、张海棠、颜靖、龙巧玲、李勇杰被市公司评为优秀员工。

【个险、团险、银保业务】 2013 年，中国人寿宁乡支公司个险渠道紧跟市公司步伐，认真谋划，明确目标，通过共同努力，取得较好的业绩，在 12 月 20 日前达成全年目标十年期交 1628 万元。至年末宁乡个险渠道总保费收入 1.31 亿元，其中新单期交保费收入2201.44万元，十年期交保费收入1697.35万元，完成年度目标预算的104.26%，较2012年分别增长5.95%和64.24%。不管是期交保费收入还是十年期交保费收入，都位列全省第一。团险渠道紧跟市公司步伐，至年末宁乡团险渠道保费收入1190.65万元，完成年度目标的103.53%，较2012年同比增长2.9%，其中计生系列保险132.78万元，完成年度目标的132.78%。业务总体情况：全年共计完成新单保费4113万元，其中期交保费131万元。与2012年相比，新增中行、建行、招行，交行渠道出单满期给付平稳过渡。2013年，共计处理满期7977件，金额1.03亿元。由于年初制定应对措施，遇事积极处理，没有出现群体事件。

【临柜业务数据工作】 2013年，中国人寿宁乡支公司共登记并扫描寿险新单7200余件，短险新单录入并扫描2300件；平台处理各类保全件总件数4.6万多件，复效处理832笔，银邮单扫描5万余件。全年完成系统内回访3.2万多件，保全委托回访7000件，完成CC系统新单回访6480件，催缴回访6377件，失效回访2544件，即将永久失效回访1342件，成功追加新电话1200余件。V8系统和SLBPS系统收费3.5万笔，共收费3400万元；OBPS及NBPS系统共收费6600笔，82万元；年金及万能系统共付费22笔，70万元；打印转账发票1万余笔；养老金发放2万余笔，395万元。对所有档案进行清理，严格按市公司的要求归档上交。完成公司业务的历史档案扫描和档案移交工作。理赔案件短险档案全部扫描，处理理赔案件6500笔，共计赔付671.79万元，拒付和协商案件100多件，共计拒付和协减100多万元，严格控制赔付率，支公司全年简单赔付率40.96%，在公司全年发生几起大赔案的情况下，赔付率比2012年下降0.52%。 （罗 斌）

方正证券股份有限公司宁乡营业部

总经理 李 武
副总经理 许 彬

【概况】 2013年，方正证券宁乡营业部内设营销一部、营销二部、交易部、客户服务部、合规管理部等部门，有员工28人。全年营业部全体员工统一思想、扎实工作，积极提高服务水平，努力开拓经营，促进营业部各项工作的完成。

一、业务经营增强，创新业务开展有条不紊。在证券行业创新发展的大背景下，公司倡导卓越领先的金融服务理念，整合各业务板块打造全方位、多层次的综合金融服务体系，并积极探索综合经营的发展模式。2013年，方正证券宁乡营业部根据公司大力发展金融创新业务的经营方针，积极推进融资融券、资产管理、服务产品化、期货中间介绍业务等创新业务，既盘活存量客户，又吸引一批新客户。

二、重视档案管理，营业部规范客户账户档案工作持续有效展开。按照中国证监会及方正证券公司总部的要求和部署，宁乡营业部拉开扫描电子档案、账户规范工作的序幕，随着此项工作的持续开展，营业部全体员工统一思想，明确责任分工，精心组织，周密部署，有计划、分步骤全面开展电子档案扫描、账户规范工作。李武对留痕工作高度重视，认真负责，重结果更重过程，确保每一个过程都有详细的留痕记录，能够完整、清晰、系统地反映整个规范过程的内容和轨迹。

三、持续开展投资者教育，增强投资者风险意识。宁乡营业部根据中国证监会和公司总部的具体要求，积极开展投资者风险教育工作。营业部成立风险教育领导小组，加强员工和客户培训，一方面使员工深刻了解投资者教育工作的必要性和紧迫性，使各部门加强联系和配合，互通有无，在各自的岗位上力争将投资者风险教育工作具体落实。另一方面在客户中开展投资者教育宣传工作。在营业部的公告栏制作“投资者教育园地”，在大厅显要位置张贴颜色醒目的风险提示标语，宣传栏张贴有关投资者风险警示的投资知识。客户来办理业务时，工作人员认真审核客户资料，保证投资者资料真实、准确和完整，详细解释“风险警示书”，并且做好客户风险能力测评工作，按照不同客户的特点和投资需求，给客户讲解和宣传证券市场基础知识，讲解开户和交易流程、证券投资常识与风险控制，加深与客户的了解和沟通，得到客户及上级部门的认可。

四、依据反洗钱要求，稳步推进各项反洗钱工作。2013年，依据反洗钱“一法五令”及公司反洗钱制度的要求，持续完善反洗钱工作，脚踏实地、勤奋进取，确保全员树立应有的反洗钱意识，从而在实际工作中更好地履行反洗钱义务，切实打击洗钱活动。制定、修改《客户身份识别操作细则》《客户身份资料及交易记录保存管理办法》《反洗钱可疑交易处理与报告流程》《反洗钱客户风险等级划分处理与报告流程》《反洗钱工作资料保存和信息保密制度》等内控制度和流程，并严格依法合规开展反洗钱工作。积极参与反洗钱知识宣传，在人民银行宁乡县支行的指导下，参与两次大型的反洗钱活动，在营业部现场及所在小区中开展反洗钱宣传，让广大市民对反洗钱有一定认识。

五、完善各项规章制度，做好安全保卫工作。宁乡营业部根据公司下发的《关于加强安全保卫工作的指导意见的通知》，制定《方正证券宁乡营业部突发事件应急预案》等，使突发案件工作处置规范化、制度化。根据消防安全防卫工作的需要，建立《宁乡沿河北路营业部安全保卫档案》，逐步完善《断电清场制度》《消防安全管理制度》《用火用电管理制度》《员工消防教育培训制度》《消防设施器材维护保养制度》等一系列制度，2013年无各种案件发生，安全保卫工作中的安防、消防、保卫、人防等一切正常。

（办公室）

科技·教育

科技管理

县科学技术局
局长、党组副书记
唐风才(1月免)
戴金波(4月任,12月免)
局长、书记
戴金波(12月任)
书记、副局长
谭淑君(女,1月免)
唐风才(1月任,12月免)
副书记、副局长
唐风才(12月任)
副 局 长 欧跃武
李 明(1月免)
唐风华
俞 亮(9月免)
孙春华(1月任)
纪检组长 邹慧明

【概况】 2013年，宁乡科技工作在县委、县政府的“创新驱动”战略引导下，把创新作为转变发展方式、提升产业层次的重要手段，完善创新体系建设，推进传统产业改造升级和高新技术产业发展，全县科技创新取得显著成果。年内，共争取国家、省、市各级科技项目167项，转化科技成果200项。新增国家高新技术产业化基地1个、博士后科研工作站1家、国家级企业技术中心2家、省级工程技术研究中心7家、省级企业技术中心14家、省级工业设计中心1家、市级工程技术研究中心12家。全县成功申报国家重点新产品1个。获得省级科技进步奖1项；市级科技进步一等奖1项、二等奖2项、三等奖2项。新增3个市级农业科技示范基地、5个县级农业科技示范基地，创建30个创新型单位和20家科技示范村。全年全县专利申请和授权增长强劲。

【科技发展环境】 2013年，县科学技术局围绕中心，服务大局，营造大科技发展氛围，全县科技创新取得显著成果。一是突出政策引导。先后制定或参与制定《宁乡县企业科技创新三年行动计划》《宁乡县新型工业化三年行动计划》《关于支持企业引进先进装备促进技术升级的通知》等一批推动科技进步与创新的优惠政策措施，极大地提高企业创新创业的积极性。修改《宁乡县科学技术奖励办法》，奖励和扶持的力度进一步增强。二是全力向上争资。三是强化科技宣传。结合科交会、科技活动周、科技助农直通车、科技特派员等活动，开展送科技进社区、进企业、进学校、进农户等社会服务活动，在全县营造科技创新的良好氛围。活动期间，共发放科普宣传资料1万余份，赠送科技、专利书刊5000册，宣传防震减灾、农业技术、知识产权保护、申报专利等科技知识，在社会上引起强烈反响。

【科技自主创新平台建设】 2013年，县科学技术局组织圣得西服饰申报国家工业设计中心，楚天科技、邦普循环申报国家重点实验室，族兴新材料、长宇新材料申报省级工程技术中心，推荐天河钻具等5家企业申报市级工程技术中心。经开区妙盛孵化器升级为省级孵化器，经开区创业服务中心、金洲新区恩吉创业园成为市级孵化器。飞翼股份、红宇耐磨等企业已建成院士工作站。

【科技计划与成果工作】 2013年，县科学技术局组织申报国家、省、市科技计划项目235个，转化成果310项，争取到位资金3000多万元，实现引资7000万元。

【高新技术企业】 2013年，宁乡新增高新技术企业16家，全县高企总数达到73家，实现高新技术产值400亿元，增速达到40.7%，高企增加值104亿元，增速达到24.3%，高新技术产业增加值占地区生产总值比重11.78%；全面推进企业装备升级收效明显，首批共确定13家企业38台(套)先进装备符合补贴标准，核定装备金额7938.58万元，补贴金额510.86万元。

【参加中国(长沙)“科交会”】 2013年，在中国(长沙)科技成果转化交易会上，宁乡签约项目39项，签约金额72.8亿元。其中美国新视野有限公司投资建设金洲新区光电信息产业园项目在大会开幕式上成功会签。县委副书记、县长周辉，县委常委、副县长龚畅，县经开区管委会副主任陈海波率县科技局，政协科教线委员代表，经开区企业代表，金洲新区、农科园有关人员等600余人参加开幕式及中国科学院科技成果长沙推介会、科技成果展示及国家863计划重大成果展等相关主题活动。在科交会上宁乡县共征集技术需求项目102项，企业投融资需求项目50项，发布高端人才需求项目44项，组织实物参展项目34项，往届科交会成果参展项目26项。这些科技项目为提升宁乡县科技产业发展水平、企业自主创新能力，促进科技成果转化注入新动力，对进一步宣传宁乡、推介宁乡、发展宁乡具有十分重要的意义。

【科技特派员工作】 2013年,县科技局建立科技特派员制度,从湖南农业大学、中南林业科技大学等院校聘请专业对口的7名专家、教授担任宁乡科技特派员,新增县科技特派员12名,深入全县11个乡镇开展科技普及、科技服务工作,让专家教授们用自己的专业知识、专利技术为宁乡两型社会建设添砖加瓦,发挥优势。关山的葡萄、巷子口的李子、历经铺的花卉苗木、沙龙畜牧的宁乡猪养殖等项目,在科技特派员的精心指导下,逐步发展,科技特派员为地方经济发展做出很大贡献。

【科技活动周】 2013年,县科技局在科技活动周期间举办宁乡县科技活动周启动式暨大学生创新创业经验交流会、企业专利工作现场会暨园区中小企业专利挖掘专题讲座、地震疏散和救援演练、青少年科技创新县长奖评选、科普基地开放等活动。共悬挂"加强自主创新,建设创新型宁乡""加强防灾减灾,建设美好家园"等横幅标语10多幅,发放防灾减灾、知识产权等相关资料;在宁乡电视台、《今日宁乡》、县公众信息网和宁乡科技网站等媒体中,积极报道活动中的相关新闻,对帮助人民群众增强科学意识、弘扬科学精神,传播科学知识、运用科技成果,构建和谐宁乡产生积极的推动作用。

【知识产权工作】 2013年,全年全县专利申请1040件,同比增长44.24%,高出全市平均增幅37.67个百分点,其中发明专利申请235件,同比增长45.96%;全年专利授权608件,其中发明专利授权93件。忘不了服饰有限公司和飞翼股份有限公司被列入2013年长沙市知识产权"三百工程"中的"知识产权示范企业",楚天科技股份有限公司的立式超声波清洗机项目、长沙族兴新材料股份有限公司的各类铝颜料的制备方法及产业化等项目被评为"知识产权转化优秀项目"。楚天科技股份有限公司李新华成为"知识产权创造领军人物"。《知识产权引领宁乡科技创新发展战略研究》成为市知识产权2013年度软科学研究项目;忘不了服饰、沩山湘茗茶业、搏浪沙水工机械、龙丰铝业4家企业成为首批中小企业标准化战略推进工程优秀企业;湘路机械、建益新材料、五季风生物科技等15家企业成功创建成长沙市中小微企业知识产权战略推进工程第二批试点企业;双江口中学申报成为全市知识产权试点学校。2013年,县知识产权局被评为全省专利工作先进单位。

【打造宁乡两大科技"名片"】 2013年,一是荣获"全国科技进步先进县"称号。按照国家、省厅和市局要求,在宁乡县委县政府的重视和各有关部门单位的支持下,召开迎接2013年全国科技进步考核工作动员部署会,县科技局对照考核手册,将目标任务进行分解,按时准备考核材料,继2009年至2010年获"全国科技进步先进县"称号后,2013年11月,宁乡重获"全国科技进步先进县"称号。二是成功创建成湖南省知识产权示范县。全年开展知识产权培训4次,对接企业与专利机构,强化企业知识产权发展和保护意识,增强核心技术竞争力,成功创建为湖南省知识产权示范县,示范期2013年至2015年。

(办公室)

科技普及

县科学技术协会

主　　席	胡日新
党组书记、副主席	
	陈甘泉(4月免)
	李　杰(4月任)
副 主 席	邓志强
	周常青(女,11月免)
	杨桂香(女,11月任)

【概况】 2013年,宁乡县科协有33个乡镇科协,15个学会协会(研究会)。县科协贯彻落实科学发展观,坚持"三服务一加强"的工作定位,把握主线,突出重点,服务中心,统筹兼顾,超额完成各项目标任务,被评为长沙市科协系统宣传信息工作先进单位。

【科普惠农兴村】 2013年,县科协继续实施科普惠农兴村计划。广泛宣传,坚持标准,严格程序,共评选出先进农村科普示范基地4个,先进农村专业技术协会1个,先进农村科普带头人7名,奖扶资金达20万元。在《今日宁乡》、县电视台开设"科普进万家、惠农兴新村"专栏进行宣传报道。在沩山、关山等示范基地制作科普惠农大型宣传标牌8块。科普惠农项目以点带面,浓厚氛围,树立品牌,扩大影响,促进工作。

【评选青少年科技创新县长奖】 2013年,县科协创新青少年科普工作,在全省率先设立青少年科技创新县长奖,作为全县青少年科技创新活动的最高荣誉奖。县长奖每年评选创新项目10个,每个奖励1万元。严格程序,精心组织,10月10日召开宁乡县首届青少年科技创新县长奖总结表彰大会,市科协党组书记、副主席李范坤,县委副书记、县长周辉,县委、县人大、县政府、县政协相关领导出席会议。总结表彰大会情况被中国科协网站、省市科协网站及《长沙晚报》、长沙电视台新闻频道等媒体宣传报道,产生良好的社会影响。

【举办科普报告会】 2013年8月30日,县科协举行由县政协主办、县科协承办的宁乡县"楚沩发展大讲堂"2013年第1期报告会。此次报告会邀请中国人民大学教授彭真怀主讲"新形势下如何推进新型城镇化"的课题,县领导、县政协常委、乡镇和县直单位党政一把手、"5127"引进人才代表及县级学会、协会、研究会负责人共300多人参加报告会。

【创建科普示范村(社区)】 2013年,宁乡坚持"党建带科建"的原则，整合部门优势资源，由县委组织部、县委宣传部、县财政局、县科协4家单位联合在全县开展科普示范村社区创建工作。创建工作从2013年开始到2015年结束，遵循“自愿申报、政策引导、积极推进、动态管理、常抓常新”的原则，每年选取20个村（社区）进行命名和表彰奖励，并在《今日宁乡》、宁乡电视台开设《齐创科普示范村，共建美好新宁乡》专栏进行宣传报道，授予“宁乡县科普示范村（社区）”牌匾，奖励每个示范村（社区）2万元。

【院士专家工作站授牌】 2013年，县科协科普进园区，服务创新驱动，做好建站需求申报和各项协调工作，搭建产学研平台，在全市首批10家院士专家工作站中，宁乡县湖南红宇耐磨新材料股份有限公司和飞翼股份有限公司2家企业被授牌，每家公司获得市政府20万元的一次性建站资金补助和相关政策支持，为加快企业自身发展、推进园区企业科研搭建良好平台。

【科普宣传】 2013年，县科协发挥科普讲师团和科普志愿者工作热情，深入农村、社区、校园，开展一系列形式多样的科普宣传活动。继5月中旬在夏铎铺、横市、双凫铺镇3所中学开展科普大篷车进校园活动后，在全国科普日期间，又先后联合县卫生局、县司法局、县农业局、县畜牧水产局、县食安办等单位开启科普下乡活动15次，培训学员4200人次，赠送书籍6000多册。

【科普招商】 2013年，县科协洽谈项目4个，即东风本田4S店，石膏干粉砂浆生产基地，浙江久远房地产开发有限公司整体收购县纸厂，深圳桑德集团垃圾处理综合开发。包装项目1个。即与县工信局合作包装县纸厂整体转让项目。引进项目1个，即晨晨牙刷落户金洲新区（湖南欧乐佳科技有限公司）。招商引资实际到位资金3450万元，超额完成年度任务。

【“两帮两促”】 2013年，县政协副主席、科协主席胡日新先后率工作组成员深入“双三十”重大项目（湖机国际机床）和“两帮两促”重点项目（特步鞋业、易达塑业）开展帮扶活动24次，共排查问题3个，全部解决。较好解决特步鞋业的用工问题和易达塑业的用电及国土证问题。

【联村工作】 2013年，县科协联系夏铎铺镇三桥村群众工作，派党组成员张丽群驻村工作，主席和书记每月到村2次以上，机关干部职工每月1次以上到村联系帮扶对象。结对帮扶7户，送去慰问金7400元。支持村级发展农业产业经费2万元，为群众排忧解难42人次。

【提升自身能力和服务水平】 2013年，县科协开展“四比四抓争先锋”和“忠诚履职”主题教育活动，建立健全创先争优各项长效机制，切实加强机关作风建设，着力提升服务水平。干部职工工作责任到人，单位团队意识不断增强，各项工作取得新成效。

（办公室）

教　育

县教育局

局长、党委副书记
黎爱莲（12月免）

局长、书记
黎爱莲（12月任）

书记、副局长
胡志平（1月免）
易　勇（1月任，12月免）

副局长 万志强
谢　繁
潘晓红（1月免）
文玉华（女）
伍学军
喻汉科
曾曙光（1月任）

工会主席 刘国强

县人民政府教育督导室

主　任 彭惠才

副主任 何日阳
周良华（1月免）
李命均
吴水平（1月免）
周汉学（1月任）

【概况】 2013年，宁乡县有各级各类学校551所，其中小学239所、初中67所、普通高中12所、中职学校6所、特教学校1所，幼儿园226所。在校学生19.93万人，其中小学7.83万人、初中4.3万人、高中2.51万人、中职学校6746人、幼儿园4.61万人。共有在职在岗教师1.15万人，其中小学4327人、初中2851人、高中1719人、中职学校384人、幼儿园2170人。小学适龄儿童入学率100%；九年义务教育完成率99.9%；初中毕业升学率超过97%；普职比例实现6：4；学前一年入学率100%，学前三年入学率88.2%。在省义务教育均衡县督导评估中，宁乡县取得“县级人民政府推进义务教育均衡发展公众满意率全市第一，县域内校际间均衡水平全市第一，县级人民政府推进义务教育工作综合评价全市第一”的优异成绩，11月份，顺利通过国家义务教育发展基本均衡县评估认定。此外，宁乡教育还荣获“湖南省教学质量提升示范县”“湖南省人事管理先进单位”“湖南省远程教育先进单位”“湖南省教育信息化试点县”“湖南省平安校园立项县”“湖南省义务教育经费预算管理示范县”等殊荣。

【教育均衡国家认定】 2013年，宁乡县通过“危房清零”、合格学校建设、薄弱学校提质改造、优质教育资源扩张和构建“五大联合体”等举措，为破解教育均衡发展难题探索出一套“好上学、上好学”的模式。为推动教育资源优化组合，宁乡成功组建义务教育五大联合体，乡镇域内创建教育联合体200个、城区教育联合体5个、课改联合体加盟学校109所、特色联合体10个、“三扶两促”联合体100个。为推动标准化学校建设，宁乡县出台

《薄弱学校提质改造三年行动规划》，计划用3年时间完成104所薄弱学校提质改造任务。2013年完成38所,实现校舍、图书、仪器、器材、师资、信息化达到国家、省、市义务教育办学标准的目标。为推动学前教育普及发展,宁乡县将农村公办幼儿园建设列入年度重点建设项目，新建宁乡县幼儿园二园、南田坪竹山幼儿园等16所农村公办幼儿园。10月11日,国家教育督导检查组对宁乡县创建“义务教育发展基本均衡县”工作进行督导检查。10月21日,教育部通报督察结果:宁乡县达到国家规定的义务教育发展基本均衡县 (市、区)评估认定标准,予以通过。宁乡正式成为湖南省首批义务教育发展基本均衡县。

【实名推荐一中上榜】 2013年,宁乡一中全力推动学校改革和发展,先后荣获“全国德育工作示范学校”“全国百强中学”等殊荣。凭借过硬的高考质量,向北大输送王剑英、宋军民、何立波、熊婷婷、杨继周、张莉、陈海强、朱畅、汤帅奇、喻妙群、姜坤、钟妍、张希、彭晓波、易铁慈、欧浪波、李景峰、谢盼、喻磊、李芳、谭蕾、喻旭东、徐双余等二十多名优秀毕业生。11月,北京大学公布2014年度“中学校长实名推荐制”名单,宁乡一中成功入选。在全省县(区)级中学中仅5所入选。

【科技创新七夺桂冠】 宁乡县委、县政府高度重视青少年科技创新教育工作。2013年,全县广大青少年学生踊跃参加各类科技创新实践活动,宁乡县率先全省设立青少年科技创新县长奖,就青少年科技普及、师资配备、财政投入、科技成果转化、科技创新激励机制等方面进行升级和优化。8月6日,第28届全国青少年科技创新大赛在江苏省南京市闭幕。宁乡一中唐贝茜的科技创新项目《矿井日光浴光导装置设计》荣获一等奖,并获“茅以升科学技术奖”；双江口镇初中刘神宝的科技创新项目《家用自控型种子保质烘干装置》荣获二等奖。宁乡县已连续7年获得全国青少年科技创新成果一等奖。

【特教课堂影响全国】 2013年,宁乡县分三种途径,切实保障447名智障、聋哑残疾少年儿童的受教育权利:轻微智障少年儿童就近随班就读,生活基本自理的进特教学校就读，生活不能自理的送教上门。残儿随班就读325名,特教学校就读86名。宁乡县特殊教育学校推出流动课堂,13位专业教师利用节假日，奔赴全县20多个乡镇,行程数万公里,为36位没有接受过学校教育的重残儿童,实施一月一次的“送教上门”活动。人民网对宁乡特殊教育流动课堂进行报道,称赞“宁乡特教采取‘巡回指导’‘送教上门’和‘实践学习’的方式,保障了残疾儿童少年接受教育的权益”。宁乡县还承办长沙市特殊教育现场观摩会,“流动课堂”办学经验在全省特殊教育会议上作典型推介。

【技能大赛国际夺魁】 2013年4月,宁乡县举行“银太杯”首届中职学生技能竞赛。在全市中职技能大赛中，宁乡学生获得6个一等奖、53个二等奖、67个三等奖,金牌数和奖牌数居长沙4县之首;参加第三届“中锐杯”全国职业院校汽车学生技能大赛获二等奖1项、三等奖1项。宁乡县被评为省职业教育工作优秀单位。11月,宁乡县召开职业教育工作大会,成立“宁乡金·经校企合作联盟”，县职业中专探索并形成冠名办班、订单教育、企业支教、送教进厂、挂职锻炼等校企合作人才培养模式,与三一起重机、楚天科技等知名企业冠名办班达15个,订单教育1000多人。县职业中专学生参加2013－2014亚太区创新思维北京国际邀请赛,获中学组第一名。县职业中专学生罗峰作品《增氧·活水喂食一体设备》，获得第三届全国校园发明创意大赛银奖。罗峰、曹聪科技作品《空气能加热器》参加长沙市科技成果转化交易会。正在加速建设中的国家中职改革发展示范校——宁乡县职业中专,10多个省内外考察团到校考察。湖南省委常委、长沙市委书记易炼红:“宁乡职业中专致力培养实用型人才,思路和举措很好！”

【教育质量湖南示范】 坚持立德树人的育人原则,不断创新德育机制。2013年,宁乡县“养成教育县域整体推进”被确定为市德育工作实验项目。推动文明素养测评、成人宣誓、女生教育、心理健康教育,打造40个德育示范基地。严格落实教学常规,深化高效课堂教学改革,高考二本上线3539人,一本上线1180人,二本以上上线比2012年增加305人，二本以上上线率、上线人数居全省前列。高二学考一次性合格率为95.15%，中考一次性合格率91.14%,均居省市前列。全面推进体艺“2+1”活动,组织全县中小学生大课间比赛,举办中小学生田径运动会,体育中考合格率达98.2%,定向越野、柔道、摔跤等项目在全国比赛中获11金、8银、13铜。宁乡一中参加维也纳世界青少年艺术展演获金奖；一中、十三中参加省三独比赛获4个一等奖;一中、十三中、玉潭中学、道林中学参加长沙市艺术展演分获一等奖。分义务教育阶段、高中阶段制定《质量评价与奖励方案》,探索建立“不以分数论英雄”的绿色评价体系,实现全面、客观、科学地评价学校教育质量。湖南省教育厅在宁乡县实事项目检查验收总结会上评价:“宁乡教育是湖南教育第一方阵的排头兵。”

【队伍建设名师辈出】 2013年,宁乡教育系统以美德教育为主题,举行“办人民满意教育大讨论大实践”、千名党员联千班、师德巡回演讲等10大师德主题活动,组建“义务辅导志愿者服务队”,开展“好学校、好校长、好书记、好教师、好家长、好学生、好课堂”七好系列宣传。宁乡县被教育部确定为师德建设重点联系县。加强教师培训。组织54名校长参加北师大高级研修,选拔500名骨干教师,组建10个名师工作室,完成1250名50岁以上教师培训、7221名教师师德和业务考试、6000名教师计算机和普通话培训，对7221名教师进行学分登记。楼霞小学老师蒋小贵被评为“湖南省十大教育新闻人物”,长沙市教育局专门发文,号召全市教师向蒋小贵学习;檀树小学教师陈宋瑜被评为“感动中国之感动湖南”十大人物之一,并在11月份荣登“中国好人榜”;龙田中心小学老师刘小寒被评为“湖南最可爱的乡村教师”；月山完小教师王斌被评为湖南省师德标兵;宁乡县被教育部确定为师德建设重点联系县。

【家庭教育全省推介】 遵照宁乡县委县政府《关于创建湖南省家庭教育工作示范县的实施意见》(宁办发〔2012〕47号),2013年,县财政安排专项经费30万元，乡镇配套安排3万元,设立家庭教育专项工作基金。组建家庭教育督查组,主要督察47号文件落实情况,结果纳入绩效考核。配备家庭教育专职教研员,在《宁乡教育》、宁乡教育信息网开设《教子有方》栏目,免费发放《家长手册》,人手一本。坚持开展万名教师大家访活动,每学期内家校见面交流率达到100%。创建66所家长示范学校，组建家庭教育讲师团,建立家庭教育心理咨询室,完善“一对一”帮学机制,坚持开展关爱留守儿童、“希望工程”、关爱特殊家庭学生、“小手牵大手,家校共建幸福宁乡”等活动。10月份,宁乡县《10大举措推动家长学校建设》经验在湖南省家庭教育工作会议上被介绍推广。

【三大节会落户宁乡】 2013年10月，宁乡县承办长沙市八运会,运动会上，宁乡县学生代表队获45金、30银、21铜，夺得市八运会第一名。11月,宁乡县承办长沙市高效课堂推进现场会。宁乡县新课程改革开始于2011年,“315”课改成果获国家、省、市广泛认同,五里堆中学被评为市课改样板学校,县教师进修学校《走向高效课堂》专著在全国发行量达200多万册。12月,宁乡县承办长沙市女生教育现场会,出台《宁乡县教育局关于进一步加强女生工作的意见》，建立女生教育的长效机制。现场会重点推介宁乡县女生教育管理先进经验。

【平安创建全省率先】 2013年,宁乡县改造新增动态危房2万平方米,新修学校围墙4392米,安装监控198所,配备专职保安93名,完成405所学校周边交通设施建设,300所学校安装应急灯,530所学校幼儿园配齐灭火器,459所学校幼儿园办理餐饮服务许可证,180所学校商店办理食品流通许可证。创新学校安全管理体制,全面落实安全工作责任，培训保安180名、食安管理员237名。开展凉开水进校园活动,全县购买不锈钢水桶2356个。在4所学校开展商店食堂托管试点工作。打造校车管理“宁乡模式”。10月份,湖南省教育厅以排名20个县(区)第一的位置,确定宁乡县为“2013年湖南省平安校园建设先进县(市、区)创建单位”。

【信息教育湖南试点】 2013年,宁乡县积极推进教育信息化“三通工程”，全县404所学校全部并入教育城域网,学校校园网实现无盲点、全覆盖。全县装备移动多媒体255套,班班通668间,配备学生计算机1万2386台。开通宁乡县基础教育资源网,建立宁乡基础教育资源库,为全县教师分配个人网络学习空间8500个，宁乡县被评为“湖南省基础资源建设最佳组织单位”。教育部教育信息化专刊〔2013〕第2期对宁乡县按照不同建设和运营模式,启动县域内“统筹推进三能”建设试点工作进行报道。宁乡县被立项为“湖南省教育信息化试点县”创建单位,系长沙市两个试点县之一。 (办公室)

县职业中专学校

县职业中专学校
校长、党委副书记
　　贺建辉
书　　记　易　勇(12月任)
副书记　赵　欣(4月任)
副校长　沈　平
　　蔡树之(9月免)
　　刘建威(1月免)
　　朱清明(9月任)

【概况】 2013年，宁乡县职业中专学校以国家示范项目建设为中心，以提升教育教学质量为重点，全面实施管理模式改革,学校各项工作迈上新的台阶。学校办学影响不断扩大，办学实力吸引咸阳、津市、华容、安化、澧县等省内外考察团到校考察。湖南省委常委、长沙市委书记易炼红,省教育厅副厅长王键，省中华职教社秘书长杨理平,宁乡县领导汤智斌等调研指导学校工作。《长沙晚报》、湖南教育网、《潇湘晨报》《当代商报》《今日宁乡》《宁乡教育》等70次报道推介学校发展动态和办学成果。2013年,学校获得“全国职工教育培训示范点”“长沙市中等职业学校招生工作先进单位”“长沙市中等职业教育德育工作先进集体”“长沙市中等职业学校学籍管理工作先进单位”“长沙市中职学校学生专业技能竞赛组织奖”“宁乡县校园文化活动先进单位”“宁乡县先进消防重点单位”“第三届‘中锐杯’全国职业院校汽车专业学生技能大赛中职组汽车营销赛项团体二等奖”“2013湖南省技能竞赛中职职业英语技能二等奖”“2013年度全国信息学奥林匹克竞赛湖南赛区组织团体奖”等荣誉。

【创新管理模式,管理水平得到提升】 2013年,县职业中专学校实行专业部责任制，设立机械制造部、汽车综合部、商贸服务部和电子信息部4个专业部,权力与责任下放,分部独立管理,逐步形成你追我赶、齐头并进的良好格局。学校还对校级班子成员的分工进行调整,对中层行政人员实行轮岗竞岗,对行管后勤人员实行选聘,对工会与党支部实行选举组建,对全体教师实施全员目标管理考核,充分调动教师工作积极性。重新调整好的校级班子成员率先垂范,坚持一线任教和行政值周,深入一线听课、评课,及时了解师生工作学习和思想动态,带头落实行政联班、党员“一帮一”、课堂三级督察等举措,工作效率不断提高。贺建辉被评为“第三届宁乡县名优校长”,沈平被评为“长沙市招生工作先进个人”,郑志刚被评为“第三届宁乡县名优教师”。

【强化学生管理,德育管理成效明显】 职业中专学校坚持德育优先,全员育人。2013年,一是组织开展班主任管理高尔夫培训,举行第四届德育论坛活动,加强德育队伍建设和德育经验交流;二是组建德育研究与心理咨询中心,安全教育、心理健康教育走进课堂,加强心理疏导和安全宣讲;三是丰富学生校园文化生活,举行第九届校园文化艺术节、第十七届校运会、主题班会、演讲征文比赛、大课间跑操评比等活动,开展吉他社、武术社、礼仪队等学生社团活动,组织青年志愿者“我捡废纸为他人”、成长心连心等活动,组织学生参加县法院开放日活动、观看残疾人艺术团演出,组织向残疾人捐款2万多元,校青年志愿者获长沙市教育局“雷锋号志愿者服务队”称号,在宁乡经开区运动会中获得“特殊贡献奖”;四是召开高一家长会,启动“家校通”平台建设,加强家校沟通。

【加强师资队伍建设,教学质量稳步提升】 2013年,县职业中专学校新招聘和引进教师35名,聘请部分兼职教师,教师队伍得到充实;鼓励教师参加培训学习和挂职锻炼,共派出60名教师参加国家级培训和省市培训,派出部分专业教师进企业挂职锻炼,组织暑期教师培训和校本培训;对宁乡九中和宁乡十一中进行专业教学指导。教研教改力度加大,学校开展“骨干教师示范课”“新教师汇报课”“推门听课”“师徒结对”“共读一本书”等教学活动,学校老师罗米希、成静、唐娟参加全国专业教师说课比赛获得国家级荣誉。30篇教师论文获国家级荣誉,241篇获省级荣誉,57篇获市级荣誉。全县首届中职学生技能竞赛61人次获一等奖;长沙市中职学生专业技能竞赛,获6个市一等奖,31个市二等奖,团体总分排名全市第四,居4县职校之首。在DI创新思维比赛中,获省一等奖3个、省二等奖2个、国家二等奖1个。在科技创新竞赛中,获市一等奖2个,国家二等奖1个。对口升学成绩有新的突破。2013年高考中,28人上本科线,综合升学率达96.4%。电子、机械、汽修专业的科研课题“中职校企合作共建电子电工类实习实训基地的研究”“教学质量评价与保障信息化”“基于工学结合校企合作的技能人才培养模式与实证研究”被立项为省重点科研项目。机械名师工作室挂牌成立并开展实效性活动。

(谢道远　汤　颖　周　海)

宁乡一中

【概况】 2013年,宁乡县第一高级中学(以下简称宁乡一中)有91个教学班,5000多名学生,359名教职工。全年,宁乡一中以科学发展观统领学校全局,以巩固提高教育教学质量为重点,以奋力打造教育教学品牌为目标,以全力提高教学水平为依托,围绕“三湘领先、国内一流、国际知名”的办学目标,贯彻省、市、县教育教学工作会议精神,围绕县教育局工作任务与目标,大做落实文章,不断开拓进取,各项工作完成。

【一中党建工作】 2013年,学校党委围绕教育教学中心开展创先争优活动,以学习带动专业成长,以示范岗的创建带动青年教师成长,以“三亮三比”推动作风建设,以青年党校活动统筹共青团活动,为学校发展注入活力,丰富内涵,开辟新途。举行建党92周年总结表彰大会,表彰一批优秀共产党员,发展一批党的新生力量,规划党建工作目标。学校将队伍建设视为最基础工程,大力开展“请进来走出去”活动,高水准组织2013年暑假教职工集中培训,聘请复旦大学院长梁鸿到校进行政策知识讲座。组织教师到贵州省新舟中学、益阳箴言中学、安化二中、株洲南方中学等学校交流学习,拓宽视野,借鉴经验,激活工作热情。重视人才培养,加强组织领导,对科室中层和年级委员会人员进行调整,细化部门职责,提高办事效率,激活工作激情。

【一中高考新篇】 2013年,宁乡一中高考工作组织严密,实现零差错,得到省、市高度评价,作为全省4个经验发言单位之一,参加“湖南省招考工作总结研讨会”,经验材料《实施四安工程,确保高考顺利》,得到省教育厅、省考试院高度评价。2013年宁乡一中高考再创历史新高:学校有4名学生正式被清华、北大和香港中文大学录取;一本上线679人,二本以上上线1210人,均超过2012年。

【一中德育教育】 2013年,宁乡一中坚持德育为首,健全德育机制,更新德育理念,完善养成教育模式,优化德育过程,注重德育主题教育,塑造学生高尚情操。广泛开展课间活动,培养学生兴趣特长,促进学生全面发展,用科学发展观、中国梦的思想指导德育工作,形成学校、家庭、社区三结合的德育工作网络,心理健康教育、法制安全教育、女生管理教育,德育常规落到实处。一年一度的学生艺术节、湘都杯口语大赛、美术书法作品评比等活动的开展，极大地丰富校园文化，培养一批优秀艺术人才。荣获长沙市大课间评比高中组一等奖，宁乡县大课间评比特等奖。学校被评为长沙市全民健身先进单位，家长学校被评为省示范家长学校。

【一中艺体风流】 2013年，宁乡一中学校艺术团与哈佛大学鳄鱼合唱团，共同举行主题为“清声雅唱·沩水欢腾”的文艺交流活动，被《湖南新闻联播》等10多家省市级以上媒体报道，产生广泛良好的社会影响。参加维也纳国际青少年艺术节，节目《放风筝》荣获金奖第一名。在省、市三独比赛中成绩突出，影响很大。谢胜男和彭文明辅导的节目《有爱就有光明》荣获长沙市艺术展演一等奖。全年在省级以上赛事中荣获金牌30多枚，培养多名国家一级运动员，成功承办长沙市八运会的举重比赛。

【一中特色建设】 2013年，长沙市女生教育管理推广会在宁乡一中召开，宁乡一中被授予女生教育示范学校称号，经验发言《十年春雨润春蕾，女生教育谱新章》得到一致好评。在第28届全国青少年科技创新大赛中，科技创新项目荣获一等奖，并获“茅以升科学技术奖”，续写连续12年获国家级大奖的佳话。

【一中教学科研】 2013年，宁乡一中组织开展高效课堂建设，组织多种形式教研活动，促进教师业务水平的提高。落实课题研究，老师王致远的课题结题并获国家二等奖，老师黎国之的课题结题并获一等奖。全年，全校共有168篇论文获国家、省级奖励。有多篇文章在刊物上公开发表。王伟民、刘志坚、贺巧敏3位老师，参加宁乡县高效课堂教学比武获一等奖，老师罗定庚获特等奖。老师杨海燕参加五市十校教学比武获一等奖，老师范缅华获二等奖。宁乡一中语文组被评为长沙市优秀教研组。宁乡一中被确认为“北京师范大学高中教育研究基地”。

【一中校园文化】 2013年，宁乡一中校园文化建设成绩突出，魅力四射。国旗下的讲话，是庄严的正面教育。学校坚持每周一的升旗制度，充分利用国旗下的讲话对学生进行正面教育，如爱国主义教育、理想教育、集体主义教育、文明礼貌教育、诚实守信教育等。发挥媒体的作用，营造良好的文化氛围。校团委充分利用好电视台、广播站、橱窗、黑板报等，立足“合格+特长”开展各种课内外活动，搭建个性发展平台。融道德文化、科学文化、活动文化、制度文化、环境文化、精神文化于一体的“六位一体”校园文化建设，很好地发挥育人功能。完善“他律”，倡导“自律”。通过《中学生守则》《中学生日常行为常规》的实施及校规、班规的制定与实施，形成“他律”；鼓励并提倡学生进行自我教育，让学生在实践中学会“自律”。让全校学生共同参与年级、班级文化建设。在文化长廊中开辟专栏展示“教师风采”，并定期召开教师、学生表彰会。学校团委，创设三大主题班会，积极开展主题活动，充分利用广播站、校园电视台等载体，树清风，立正气，活动效果突出。认真开展“优化读书活动，奠定青年名师成长基石”课题工作。学校“击流”文学社成功组织高一、高二年级各班的系列辩论赛。宁乡一中获得“长沙市雷锋号单位”“宁乡县五四红旗团委”等系列荣誉。

【一中奖教助学】 2013年，宁乡一中争取社会爱心人士捐资92万元。与宁乡一中校友总会达成捐资60万元成立“宁乡一中校友会优秀教师奖励基金”的意向协议。全年按照基金会开展“三奖三扶”工作的原则，认真做好基金的使用工作，奖励优秀学生46人，共计奖金14万元；优秀教师148人，共计奖金110万元。认真制定“德教双馨”等10个奖励方案的实施细则，并确保民主评议，奖励到位，极大地激发师生的工作学习热情。落实各项学生资助工作，认真组织并接受省教育厅对校史馆的检查验收，学校校史馆被评为湖南省优秀校史馆。

【一中安保后勤】 2013年，宁乡一中积极开展“创建和谐校园”活动，确保“四考”工作、快男演唱会、市第八届运动会举重比赛、市女生教育管理工作推广会等大型活动的平安顺利。强化校门进出人员车辆管理，学生爬围墙管理，寝室消防安全管理，食堂安全管理等；强化保安工作管理，坚持用制度和情感管理保安，保安队伍素质全县一流，协助大量纪律工作。保持自搬入新校以后，从未发生过任何重大安全责任事故的佳绩。学校被评为县综治工作优胜单位、长沙市无邪教先进单位。

（办公室）

县第一高级中学

校长、党委副书记
欧阳才

书记、副校长
刘朗清（7月免）
蔡桂莹（女，7月任）

副 校 长 刘科中
喻海伦
刘建群
彭建伦

宁乡四中

【概况】 2013年，宁乡四中有教职工204人，在校学生3200余人。全年，全校师生坚守教育理念，端正办学思想，勤奋务实，积极进取，大力改善办学条件，切实加强德育工作，深入推进思想治校和教育教学改革，不断提高教育质量，取得可喜的成绩。

【加大投入，办学条件进一步改善】 2013年，宁乡四中通过自筹资金、争取上级教育部门和当地党委政府重视，累计投入400余万元，先后完成4项工程建设：一是教室、寝室空调建设工程；二是寝室热水工程；三是污水处理及雨污分流工程；四是电化设备改造提质工程，包含校园数字广播系统、高考监控系统。配套的变压器增容工程和会议室改造相应完成并投入使用。使学校办学条件和校容校貌有新的提升。

【强化管理，内涵发展进一步提升】 2013年，宁乡四中一是稳步推进思想治校。明确思想治校的目标和方法，坚持培育学校核心精神，建设师生精神家园。举办教师暑假思想学习培训班，组织开好每周例会，开展教师宣誓和师德教育活动，教育和引导全体教师树立正确职业观，坚守高尚情操，做一个有思想有智慧有担当的教育工作者。在浓厚的思想氛围中，全校教师爱岗敬业，乐于奉献，呈现积极上进的良好风气。二是有效提升教师专业素质。大力开展校本培训，多次举行专题教学讲座，推动相互学习和共同研讨，形成良好的教学教研风气。鼓励和支持教师外出学习交流，扩展视野，提升思想素质。全年有200余篇教师业务论文获得县级以上奖励，有9位教师被评为宁乡县骨干教师，有戴新华等20多名教师获得“宁乡县名优教师”等县级以上荣誉称号。三是理顺内部机制体制。坚持民主治校，完善以教代会为核心的民主治校机制，召开校十届一次教职工代表大会，审议和表决《工资方案》等制度。推进校务公开，按照公开公平、竞争择优的原则，选拔学生科长等中层干部，得到全校教职工拥护。加强创建工作，顺利通过“湖南省模范职工之家”省级复查。强化节能工作，完善节能制度，学校被评为“2012年度长沙市节能示范单位”。

【巩固常规，教育质量进一步提高】 2013年，宁乡四中狠抓教学管理，巩固教学常规，教育质量有新提高。高考质量再创新高，2013年全校一二批本科上线495人，其中重点本科92人，上线人数创造新纪录。学业水平考试全科合格率达到95%以上。一是优化环节，加强过程管理。注重以教育过程的高质量赢得教育的高质量，重视过程管理，优化教学环节，定期进行教学常规检查并作出反馈评价，督促改进和提高。指导教师加强培优辅潜工作，合理确定教学目标和教学方法，努力创造适合教育，促进不同层次的学生获得适合的进步和提高。二是细化课堂，提高教学效益。立足实际，多次开展课堂专题研讨，深化课堂教学研究，提高课堂效率。组织开展全员课堂教学竞赛，引导全体教师钻研课堂教学。鼓励教师听课学习，相互借鉴，共同提高，形成良好的学习氛围。坚持提前候课，加强课堂教学巡查，确保良好的课堂氛围。三是深化教研，推进课程建设。大力开展课题研究，宁乡四中的教育部基础教育课程改革项目“综合实践活动课程的研究与实验”课题的子课题《“八四”模式实施研究性学习的实验》于10月正式结题，并被评为优秀等级。重视课程建设，推进研究性学习和综合实践活动，提高学生综合素质。

【德育为首，德育建设进一步推进】 2013年，宁乡四中坚持“德育为首，育人为本，安全第一”的理念，切实推进德育建设，内涵进一步充实。举办全县中学生“青春情中国梦”成人仪式并得到团县委和县教育局高度肯定。学校是2013年度全国德育科研先进实验学校。湖南教育电视台“最美德育校园”栏目报道推介学校德育成果。一是常规管理更加扎实。以严肃校风校纪、规范学生行为、培养良好习惯为重点，以检查、评价、激励为手段，切实加强常规管理，全面推进序列教育和学生自主教育，大力实施美德教育和养成教育，努力建设高雅、文明、健康、向上的校园环境，提高文明程度，育人环境更加优化。安全工作常抓不懈，定期开展安全隐患排查，健全安全责任机制，确保平安稳定。二是活动建设更加深入。以活动为载体，在活动中培育学生健全人格，陶冶学生情操，寓德育教育于丰富多彩的各项活动之中。女生系列教育活动逐步制度化、常态化，产生广泛影响；积极开展法制教育、学雷锋义卖、文艺汇演、爱心工程等专题活动，进一步激发学生积极性。三是德育科研更加升华。深入开展《家校合作，整体提高教育综合效益》《农村高中养成教育资源的开发与研究》等课题研究，德育科研工作走在全县先进行列并走向全国，学校获得“全国德育科研百所示范校”称号。

【面向全体，学生素质进一步提高】 2013年，宁乡四中坚持面向全体学生，鼓励学生个性发挥，积极推进特色发展，深入开展学科竞赛、体育、艺术等课外活动，提高学生综合素质。一是学科竞赛取得优异成绩。在地理、数学、化学等各科知识赛中，全年共有1000多人次的学生获得县级以上奖励，其中省级以上奖励近300人次。特别是在2013年6月举行的第七届“地球小博士”全国地理科技大赛中，学校获“地理科普教育基地”荣誉称号，副校长叶国辉获“全国科教先进校长”称号，刘颜等10位教师获“全国优秀科技辅导员”称号，黄利等75位同学分别获得一、二、三等奖。二是科技工作再获重要成果，谢珍等三位同学的科技创新成果《减少闯黄灯提高路口通过率方法初探》，在第34届湖南省青少年科技创新大赛中获得一等奖。三是艺体工作取得重要成绩，在2013年全县中小学生运动会上获团体总分第2名；参加湖南省体育传统项目学校运动会获团体总分第4名，杨瑶获女子800米金牌。节目《我的中国梦》参加长沙市中小学生文艺展演获二等奖。四是柔道取得可喜成果，学校获得“中国中学生体育协会柔道分会副主席校”称号，承办长沙市八运会柔道比赛并获金牌8枚、团体总分第1；参加全省中学生柔道比赛获1金5银8铜；参加全国中学生柔道比赛获2金5铜；有4位柔道特长学生被哈尔滨体育学院等高校录取。

【“中国中学生体育协会柔道分会副主席校”授牌】 2013年4月25日，“中国中学生体育协会柔道分会副主席校”授牌仪式在宁乡四中举行。中国大学生柔道协会秘书长、北京科技大学体育部长王瑞平、中国中学生体育协会柔道分会秘书长徐瑞春等专程从北京到宁乡四中参加仪式。县教育局副局长文玉华、普教科长李兰芳等以及宁乡四中负责人一同参加仪式。据了解，宁乡四中是全国第一家被授予“中国中学生体育协会柔道分会副主席校”的学校。

【中南大学“优秀生源基地”授牌】 2013年11月22日，宁乡四中举行中南大学“优秀生源基地”授牌仪式。中南大学校长助理、办公室主任蒋建湘率中南大学招生办、培养办、本科生院负责人等一行9人专程到宁乡四中参加授牌仪式，花明楼镇党政领导、宁乡四中全校师生参加仪式。中南大学本科生院处长、培养办主任吴斌宣读中南大学《关于同意宁乡县第四高级中学为中南大学优秀生源基地的决定》，中南大学本科生院副处长，招生办副主任赵晓霞与宁乡四中校长刘建军共同签署“共建中南大学优秀生源基地协议书”。蒋建湘为学校授予《中南大学优秀生源基地》牌匾。

（办公室）

县第四高级中学

校　　长　刘建军

党委书记　黎卫华（女，12月任）

副 校 长　谢海南

文体·新闻

文化体育

县文化体育广播电视局

局长、党委副书记

贺太泉(12月免)

局长、书记

贺太泉(12月任)

书记、副局长

肖小年(1月任,12月免)

副书记、副局长

肖小年(12月任)

副 局 长 谭光荣

赵胜强

吴 婧(女)

纪委书记 李 平(女)

工会主席 王泰鸿

【概况】 2013年,宁乡县文化体育广播电视局(简称文体广电局)设5个科室:办公室、文化科、体育科、广电科、产业科。下辖9个二级事业单位:文化市场综合执法局(正科级单位,市场科设在执法局)、文物管理局(副科级单位)、图书馆、文化馆、演出管理站、电影公司、剧院、文体中心管理处、文体事业发展服务中心。其中剧院为差额拨款单位,电影公司为自收自支单位,其余均为全额拨款单位。局系统干部职工229人,其中,机关25人。全年,宁乡县文化体育工作机遇好、发展快、突破明显。全局上下以贯彻实施县委、县政府文化强县战略为目标,以创建国家公共文化服务体系示范区为抓手,积极创新思路,扎实干事创业,聚力攻坚克难,各项工作跃上新的台阶。公共文化服务体系示范区顺利通过国家验收,文体广电局获得湖南省体育后备人才重点县、长沙市"扫黄打非"有功集体、县综治维稳工作先进单位、反腐倡廉建设先进单位、文明程度测评工作先进单位、人口和计划生育工作先进单位等荣誉称号。党委书记、局长贺太泉获得全国群众体育工作先进个人荣誉称号。

【公共文化服务体系建设日趋完善】 2013年,宁乡一是公共文化设施不断完善。文体中心正式投入使用并对外开放。完成青山桥等5家乡镇综合文化站和20家示范性村(社区)文化活动室的建设,提质建设10家示范性乡镇综合文化站。成立3个中心:文艺作品创作中心、非物质文化遗产保护中心、花鼓戏传承保护中心。二是群众文体活动蓬勃开展。精心策划、开展"幸福新宁乡·欢乐过新年"春节系列活动、"一镇一品"民俗文化展示活动、第24届春季环城马路赛、"欢乐潇湘"全民展演等大型群众文体活动;承办长沙市第八届运动会柔道、摔跤、举重3个比赛项目,"贺龙杯"中国业余篮球公开赛和全省老年门球赛等大型活动,参与人数超过40万人。文艺创作中心创作的情景歌舞剧《青铜魂》,获"欢乐潇湘"全市金奖、全省决赛三等奖和"观众最喜爱的节目"等荣誉。在八运会中,宁乡县获得金牌109.5枚,名列第一。大力引导和扶持群众文体团队发展,全县共有120支群众文艺团队和12个体育协会。三是公共文化产品和服务供给能力大幅提升。全年组织公益演出57场、公益电影放映5045场、捐赠图书5000余册,投放篮球架113套、乒乓球台145张、室内健身器材6套等。举办文体专干培训和广场舞免费教学等活动,培训、发展文化骨干近2000人。做好"两馆"免费开放,分别在全县建立5个农民艺术培训基地和5家图书分馆,全年"两馆"累计接待、服务15万余人次。投入10万元,通过政府购买服务,面对全县,让中小学生免费游泳。投入近20万元,为各乡镇、村(社区)文化广场免费投放广场舞音响设备100套,向文化站投放器材10套,价值达120万元。

【文化产业初具规模】 2013年,宁乡有印刷厂72家、"三印"企业100余家,年产值12亿元。有网吧、歌厅等各类文娱健身场所300余家,正朝连锁型、规模化发展。文体中心招商有进展。《长沙市炭河里遗址保护条例》顺利颁布实施。

【文化市场管理有序】 2013年,县文体广电局成立宁乡县文化市场综合执法局,建立健全管理制度,严格各项审批程序,着力加强执法队伍业务素质和工作作风建设,大力推行"阳光执法",树立良好执法形象。累计查处违法违规经营文化场所45家,收缴非法出版物2.2万册(张),销毁电游赌博机具460台,没有发生一起因执法引发的信访、复议、诉讼,确保全县文化市场繁荣有序发展。

【文化遗产保护】 2013年,宁乡成功申报何叔衡故居、谢觉哉故居、张南轩墓(含张浚墓)3处国家级文物保护单位,开展何叔衡故居、谢觉哉故居的维修及陈列布展新方案编制。炭河里大遗址公园获得国家批准,青铜博物馆完成主体工程建设。第一次全国可移动文物普查工作全面启动。遴选乡村不可移动文物守护员354名,实现全县文物安全全覆盖。在非遗保护方面,复排《张先生讨学钱》等一批经典花鼓戏剧目并搬上屏幕,开展花鼓戏巡演。开展麻山锣鼓申报国家级非遗产名录工作，公布6个县级非物质文化遗产保护名录。

【文体干部队伍建设】 2013年，县文体广电局组织干部职工参加形式多样的培训，有效增强队伍业务能力。开展"忠诚履职""四比四抓争先锋"主题活动，坚定队伍信念；开展红色教育主题活动。配合县委、县政府"四五"工程，选送年轻干部到乡镇交流学习；在局系统内部进行岗位交流，6名年轻干部得到交流锻炼。有2名年轻文艺骨干进入县政协委员行列。根据系统岗位需求，实施竞争择优，对部分岗位实行公推竞选，有5名年轻人走上中层骨干岗位。

（办公室）

县文化市场综合执法大队

大 队 长 谭光荣（兼，1月任）
副大队长 周剑武
潘 华

县文物管理局

局 长 姚福平（兼，1月免）
李乔生（4月任）

图书发行

湖南省新华书店
有限责任公司宁乡县分公司

经理、书记 郑劲松
副 经 理 杨海斌
杨长海
黄艳红

【概况】 2013年，湖南省新华书店有限责任公司宁乡县分公司围绕工作部署和工作任务，坚持稳中求进、协同发展、全面突破的原则，抓住主营业务拓展，确保规模效益提升；抓住管理规范高效，确保产业持续健康发展；抓住服务社会主义精神文明建设、服务宁乡广大人民精神文化生活宗旨，确保完成各项工作。全年完成销售码洋9880万元，为计划的103.55%，比2012年同期增长12.33%；实现销售净值8756万元，为计划的104.54%，比2012年同期增长13.2%；实现利润801.6万元，为计划的105.2%，比2012年同期增长10.3%。各项经济指标连续20多年保持长沙地区新华书店首位，销售规模、利润指标等在全省县级新华书店中名列前茅。

【教材发行】 新华书店宁乡分公司担负着宁乡全县400余所学校、10多万中小学生学习用书发行的重任，教材教辅发行工作是公司最大的政治任务，是各项工作的重中之重。2013年，公司克服宁乡县学校点多面广，教材发行时间紧、任务重的困难，强化服务意识，细化服务措施，规范业务流程，坚持送书到校，提高服务质量和工作效率，确保"课前到书、人手一册"，确保全县春秋两季顺利开学。公司优质高效的服务，得到教育行政主管部门和广大师生的充分肯定。发行10多万册中央免费《新华字典》，让百姓及时享受党和国家的惠民政策。配合全县未成年人思想道德教育活动，及时做好中小学生《美丽中国梦》和《两型社会读本》等主题教育读本的发行工作。

【一般图书发行】 近年网络书店、数字阅读不断改变读者的阅读习惯和购书习惯，对实体书店构成巨大冲击。但2013年新华书店宁乡分公司一般图书销售达3795万元，比2012年同期增加1962万元，同比增长209%，销售不降反增。主要措施一是坚持社会效益优先，提升服务品质，做好门店销售。整合门店人员和岗位，严格考核落实，强化服务意识和服务水平；对卖场环境进行提质改造，优化硬件设施，提升门店形象；加强进货管理，精选图书品种，优化备货结构；抓好营销活动。公司配合县委宣传部在全县开展读书竞赛活动，在世界读书日和县图书馆一道开展"你读书我买单"活动，配合县教育局在全县中小学生中开展读书竞赛活动。既浓厚全县读书学习氛围，又扩大新华书店影响力。通过努力，全年公司门店完成一般图书零售530万元，同比增长35.4%。数码产品销售283.98万元，比2012年增长40.4%。二是坚持"走出去、抢占市场份额"战略，实现大中专教材发行零的突破。2012年和2013年成功与张家界一所高校、衡阳一所高校签订多年供书合同。全年该项业务实现销售740万元。三是参与市场竞争，开展全员营销。公司制定营销方案，加强考核力度，鼓励发动员工积极开展上门推销活动。全年共推销各类图书185万元，比2012年增长67万元。

【文化用品销售】 2013年，新华书店宁乡分公司重点抓好政府采购招投标工作。通过周到细致的前期准备，凭借国有新华书店的强大实力和品牌影响力，两次中标夺魁，实现销售673万元，这一举措为公司文化用品业务迅速增长奠定坚实基础，增长幅度达3倍。同时通过良好的响应标书速度、优质的售后服务，赢得采购单位的肯定和竞争对手的尊敬。

【新华书店内控管理】 2013年，新华书店宁乡分公司完善制度建设。一是根据省公司安排，按照上市公司的要求，完成宁乡县分公司《内部控制应用手册》和《内部控制评价手册》的编制整理工作，并上报省公司作为全省县级新华书店上市企业内控管理的模板，在全省推广。二是完善修订各项管理制度，并汇编成册，下发到各部门，形成"以制度管事、以制度管人"的管理机制。三是强化绩效考核，激发全体员工的工作积极性、主动性和创造性，实现"管理为经营服务，奖励与业绩挂钩"。加强财务管理，向管理要效益。着力增收节支，增强企业盈利能力。在做好财务管理基础工作之外，首先强化费用预算，其次严格费用开支审批，最后做好货款回笼，确保企业资金安全。推进硬件设施建设,全年,新华书店宁乡分公司向中南传媒股份有限公司争取资金800万元,在宁乡县经开区妙盛国际购买1800多平方米的房产用作教材仓库,切实解决公司教材仓库狭小、出进困难的问题,增强企业发展后劲。

【新华书店队伍建设】 2013年,新华书店宁乡分公司有序开展党建工作。制定年度工作计划,开展党员冬春训和党员党性定期分析评议,高质量召开民主生活会,开展"四比四抓争先锋"活动和"忠诚履职"主题活动以及基层党组织结对共建活动,学习党的十八大精神和新党章以及习近平"8·19"讲话精神,推进"为民、务实、清廉"为主要内容的党的群众路线教育实践活动,强化党风廉政建设和作风建设,培养和发展一名青年业务骨干为党员。加强员工培养,提高员工综合素质。一是坚持每月开展一次集中学习,每月上交一份学习笔记和一份学习心得;二是开展领导谈心、专家授课、业务练兵等活动,提升青年员工的业务能力和职业素养;三是组织公司11名中层以上骨干参加长沙市公司开展的执行心态拓展训练;四是组织青年员工开展如"读书竞赛""辩论赛""羽毛球比赛"等业余活动,活跃气氛,增强凝聚力。多措并举,进一步锻炼队伍,增强企业核心竞争力。

(办公室)

广播电视

县广播电视台

台长、党委副书记

文灿明(12月免)

台长、书记

文灿明(12月任)

书记、副台长

刘洪涛(12月免)

副书记、副台长

刘洪涛(12月任)

副 台 长 夏雷辉

杨建明

张冬初(4月免)

刘志勇

郭玉霞(女,9月免)

杨平辉(女)

副台长、纪委书记

黎正文(4月任)

【概况】 2013年宁乡县广播电视台设台机关、县电视台、望北峰广播电视转播台、县人民广播电台和县电视节目传输中心,机关内设办公室、人力资源科、事业技术科、财务后勤科、安全保卫科、总编室6个科室。全台共有干部职工326人,其中在职员工284人,离退休42人。全年,宁乡县广播电视台按照县委、县政府"四比四抓争先锋"活动的总体部署,认真履行文化强县工作职责,为推进宁乡发展积极引导舆论,为人民群众提供专业的广播电视服务,广播电视宣传、事业产业发展、经营管理创收、服务体系建设均取得出色业绩,各项工作指标在全省县级传媒行业中保持领先地位。全台经济创收突破7000万元,吸引省内外19家县(市)级传媒单位到宁乡学习交流。获得"长沙市关心下一代工作先进集体""长沙市五好基层关工委先进集体""宁乡县五好领导班子"等光荣称号。

【宣传报道】 2013年,宁乡县广播电视台坚持"宣传立台"方针,坚持"创新发展"思路,加大策划力度、走基层力度,强化频道地方特色提高专业水平,媒体持续发展能力进一步提升。一是规范新闻宣传。在改进干部作风、规范领导新闻报道的大环境下,及时出台下乡住村制度,记者深入基层接地气,围绕群众做新闻,《宁乡新闻》《关注》《热线在行动》三大新闻栏目加大策划力度。《新宁乡新征程》《四比四抓争先锋》等专栏诠释政策,提振信心;《转作风 树新风》《创建全国文明县城》等专栏紧跟中心,服务大局;《走基层我这一年》《走基层沩江行》等关注百姓生活;《留守的天空》《喻壮的小年》等关心困难群体。引起社会强烈反响。二是改革报道方式。大力改革文风,减少会议报道,多用外景主持,鼓励记者出镜。《人行道成车道》《直击破损绿化带》等节目为文明创建开展舆论监督,《害人的非法炼油厂》《金海花园小区停水》等热线节目为群众答疑解难,提升媒体公信力。三是强化栏目策划包装。新闻节目通过"大小片头"进行包装,资讯板块由图片转换为视频。《湖南宁乡:暴雨致城区积水,紧急营救被困者》在央视新闻频道《新闻直播间》播发;《宁乡:11个会议浓缩成半天》等7节目在湖南卫视播发。《农田之"痛"》等新闻广告作品共获得8项省、市级奖励。自办节目热度持续升温,电视剧频道、戏曲频道受到观众热烈欢迎,点剧业务火爆;《楚沩行》《头都大了》《快乐商旅》等栏目渐成品牌,收视率不断提高。四是举办大型活动。围绕文化强县战略,策划举办"戏曲频道五周年庆典"活动,录制本土花鼓戏《兰桥会》《张先生讨学钱》;积极配合县委、县政府举办"我爱读书"学习竞赛活动;成功举办"梦想开唱"全民歌咏比赛、"2013国际车展""欢乐潇湘幸福宁乡"等系列文化商业活动,社会反响热烈,受到广泛赞誉。五是大打公益广告。积极配合各项创建工作,在综合频道取消药品广告的基础上,先后启动"凝聚力量 传播文明""三城同创""中国梦"等系列公益宣传,制作和播出公益广告60余条,营造良好的社会氛围,媒体美誉度不断提升。

【网络建设】 2013年,宁乡县广播电视台从技术和服务入手,推进电视网络扩容提质,推进新一轮广播电视户户通,推进农村电视网络服务体系建设,推进城乡一体化。宁乡县委、县政府高度重视广播电视网络建设,把网络整合和电视入户工作列入重要议事日程,作为县委2013年九项重点工作之一逐步推进系列工作举措。县广播电视台以此为契机,不断优化管理体制和机制，狠抓网络规模和客户规模的发展。一方面加快城区网络建设速度，争取政策支持，完善新建楼盘有线电视线路设施，逐步推进双向网络改造，发展数字电视增值业务。另一方面加快农村网络建设和整合速度，扩容改造部分光缆骨干杆线。通过加强与乡镇、村组的合作，采用“多点整合”“整村示范”等形式扩大覆盖面，为1.5万户偏远乡村农户开通广播电视信号。出台《服务质量规范》，大幅改善服务形象和提高群众满意度。全年网络建设稳步推进，新增有线电视客户1.62万户，地面数字电视客户3900多户。社会有线电视网络管理办公室逐步开展农村网络整合，对全县21家网点监管到位，共整合发展有线电视用户4000多户。同时以地面数字电视和望北峰无线转播作为有线网络的补充，加强地面数字基站维护和开路转播管理，利用三张网络形成广播电视立体覆盖。先后投入近200万元资金，启动中央无线转播台（望北峰）基础设施项目和自办电视节目数字播出系统项目建设，有效提高技术水平和节目质量，望北峰台转播上级台节目6.46万小时，转播自办节目5.26万小时，全部安全播出。电台覆盖长株潭周边区域，广播电视同步发展。推广高清电视、付费节目、数据业务等，逐步向群众提供公共信息服务和电视多媒体服务。

【广播电视组织队伍建设】 2013年，县广播电视台以推进事业产业发展为目标，全面加强组织和队伍建设。组织思想政治教育，加强党的组织建设和党风廉政建设，严格各项管理制度，狠抓作风建设；强化干部职工岗位业务培训，组织职工参加工勤技能考核，深入开展“四比四抓争先锋”“忠诚履职”主题教育，打造优秀的广电团队。调整科室职能和中层骨干、干部职工职责分工，建立职责清晰、协调顺畅、决策科学、管理高效的管理机制。在加快发展中开源节流，强化人、财、物管理。台党委组织干部部职工认真开展群众工作，向夏铎铺镇4个联点村派驻工作人员，利用媒体优势创新群众工作，多次收到群众答谢锦旗和感谢信，工作经验被长沙电视台、《长沙晚报》等媒体推广。通过严格日常管理，加强精神文明建设，提升人员素质，加强系统内软硬件建设，为提高宣传和服务品质、提升产业发展能力创造条件，全台工、青、妇、老干、关协工作和谐推进，机关管理井然有序，全系统稳定平安，为事业产业发展奠定坚实基础。

（朱霞芳　唐梦虹）

县望北峰广播电视转播台
台　　长　李迈军

《今日宁乡》信息中心

《今日宁乡》信息中心
主　　任　李锡泉
副 主 任　戴爽飞
　　　　　　袁　文

【概况】 2013年，《今日宁乡》信息中心按照“创一流班子，建一流队伍”的要求，坚持正确的舆论导向，积极宣传党的路线、方针、政策和县委、县政府的指示精神，全面展示宁乡经济发展、社会进步的形势和成绩，为宁乡县实现经济超跨发展提供良好的舆论环境。信息中心内设办公室、总编室、采访部、特刊部、网络部和信息部。《今日宁乡》印刷发行量达2.3万份，免费赠阅范围覆盖全县各党政机关、部门单位、乡镇村组、厂矿企业和县城门店，拥有读者数万。并在网上建立《今日宁乡》数字报。

【队伍团结　战斗力强】 2013年，《今日宁乡》信息中心加强内部管理，完善制度建设，努力提高干部职工的思想道德素质，加强以遵守新闻纪律，杜绝有偿新闻等为主要内容的职业道德教育。为了引领舆论，服务于县域发展，推出如《四比四抓争先锋》《开展两帮两促，提速幸福宁乡》等系列报道和栏目，刊发相关文章1000多篇；全县“两会”期间组版4期共13个版面，撰写“两会”开幕闭幕评论，得到县人大、县政协的好评。于除夕夜组织20名记者、10多名爱心人士到9户农村困难户家过年，给平均每户送去上千元的物资，倾听他们的心声，点燃他们生活的希望。全年，《今日宁乡》共出版256期，编发各类文章8000多篇，1000多万字，涉及全县各行各业，较好地发挥党报的喉舌作用。

【改版扩容　提升水平】 2013年9月，为了适应发展新形势，《今日宁乡》进行创刊以后的第五次改版。一是版面增多、时效性增强。改版后，由原来的一周四期增加到一周五期。星期天记者和编辑放弃休息上班组织版面，实现从周一到周五天天出报，不定期由基本的4版增加到8版，信息量大为增加，时效性显著增强，重要新闻能够及时刊发，当天的重大新闻第二天就能见报。二是评论丰富。评论是报纸的旗帜，好的评论更成为办报工作中的亮点。改版后，《今日宁乡》每周二固定推出时评专版《沩江评论》。组织一批特约评论员，对国内热点新闻和县内重大事件进行评论。时评版观点鲜明、文风活泼，深受读者喜爱，对“文明创建”“道德宁乡”建设等方面作正面引导。如公路局职工沩江上连救3人，第一时间刊发报道，该职工后被推荐为道德模范。三是可读性增强。拓宽办报思路，更加贴近读者。如增加《宁乡网事》专版，共刊发5期，对宁乡网友反映强烈的一些问题进行反映、解决。如对网友提出的“南太湖水”的水质问题，网络部派记者进行访问。同时刊发一些网友提出的噪音问题、田间挖沙问题等，部分问题在刊发后得到及时解决。改版后还推出“天下”和“视点”“特别报道”三个版。“天下”每周出刊一次，包含国际国内新闻、长株潭新闻、新闻评论等。“视点”对雅居乐项目进驻宁乡、假药制造窝点查处、深夜摩托车飙车等现象进行深入解读。“特别报道”报道宁乡暖心义工团、一个假文件骗翻一堆人、中部鞋都建设推进情况等。

【关注社会　服务民生】 2013年,《今日宁乡》信息中心根据中央及省、市、县有关精神,出台采编人员下基层的规定,对每人每月下基层的天数、报道数量进行规定。“改作风,扬新风”在报纸内容上得以体现,经济、民生方面出自基层的报道更多,时政消息、会议报道的方式、角度都有很大转变。一是精心组织“记者与爱心人士在贫困户家过年”活动。二是抓好治理非法采砂系列报道。6名记者兵分6路对全县非法采砂现象进行暗访,在头版整版刊发《非法采砂:青山喊痛,绿水成殇》的文章,配发评论,引发强烈反响。三是抓好其他民生报。如酷暑天气仍有一批劳动者在坚守岗位,开辟《记者走近高温下的劳动者》栏目,派出20名记者,以文字和照片的方式,对项目工地如溜子洲大桥,交警、环卫、黄水局职工等一批劳动者进行报道,展示“高温不下火线”风采,引起社会关注。

【强化措施　提升质量】 质量是报纸的生命力,2013年,《今日宁乡》信息中心始终抓住质量不放松。一是严格执行《岗位目标考核办法》,严格编前会制度和稿件编审。新闻每月评优,调动记者编辑写优稿、编优稿的积极性;强化责任,要求无差错版面达95%以上,大错、重错课以重罚。出台多项措施鼓励采编人员多出精品力作,在全体采编人员中开展创优评选活动。月度优稿奖励400元/篇,每两月评选一次明星记者,奖励800元,每半年评选一次明星编辑,奖励800元。二是总编室在每个版面安排专人负责校对,全年,一版未出现过差错,新闻标题制作、版面式样都跃上一个台阶。三是领导班子成员讲授业务知识、中心内部组织专门业务培训,新闻记者快速反应能力得到大的增强,县内发生重大新闻时能及时跟进报道,新闻敏感性和采写时效性提高。四是策划意识增强,策划水平提高。策划也是报纸的生命力,每个部室成立专门的策划小组,每月召开会议,就当月报道重点进行研讨、布置和总结,做到小策划周周有,大策划月月有。栏目策划、专题策划、系列报道、后续报道等影响力大、可操作性强。

【科学管理　成效显著】 2013年,《今日宁乡》信息中心抓好作风建设。加强领导班子建设,以创建“五好”班子为目标,注重加强学习、提高执行能力,注重以加强党风廉政建设为重点,切实加强领导班子建设。加强对党的十八大及十八届三中全会精神及马克思主义新闻观和职业精神、道德的学习。加强制度建设,通过大家评报、严格考核等方式,体现多劳多得、奖优罚劣,干部职工干事创业积极性进一步高涨。抓好发行工作。《今日宁乡》发行提质扩面,县城进入街道店面和大型宾馆房间,部分乡镇发行到村民小组。投入50万元添置照相设备、照排设备、电脑设备和高端阅报栏,办报实力有所提高。

（袁　文）

卫 生

卫生工作

县卫生局

局长、党委副书记

喻国军(12月免)

局长、书记

喻国军(12月任)

书记、副局长

樊 扬(12月免)

副书记、副局长

樊 扬(12月任)
姜 萍(女,1月任)

副 局 长 文大志(兼,1月免)
熊正洪(1月免)
胡雪良(1月免)
万 胜
徐红斌(1月任)

工会主席 徐红斌(1月免)
张旭文(1月任)

【概况】 2013年,宁乡县共有各级各类医疗卫生机构928家,其中二级综合医院2家、二级中医院1家、一级综合医院7家、专科医院7家、中心卫生院7家、乡镇卫生院26家、门诊部6家、社区卫生服务站10家、村卫生室412家、诊所62家、医务室22家、计生服务站34家、村级医疗点332家。全系统共有干部职工5909人,其中在编在岗干部职工3734人、离退休人员1274人、临聘专业技术人员901人;全县专业技术人员3236人,其中高级253人、中级841人、初级及以下职称2142人。全县医疗机构有病床4351张,其中县直医疗单位2622张、乡镇卫生院1369张、民营医院360张。全年,县卫生局抓改革,促发展,稳中有进,目标任务完成,被评为"全国农村妇女两癌普查先进单位",成功创建成"湖南省卫生应急综合示范县",并荣获"长沙市创建学习型党组织建设示范点先进单位""宁乡县先进基层党委""绩效考核先进单位""五好领导班子"荣誉称号。

【基层综合医改】 宁乡县的"政府统筹,一院一策,节余提奖,亏欠不发"基层医改模式实际可行,可操作性强,在全国得到推广。2013年,宁乡县一是基本药物制度不断完善。33家乡镇卫生院和412家村卫生室全面实施国家基本药物制度。基本药物实行网上集中采购和统一配送,并按零利润销售。乡镇卫生院门诊次均药品费用41.93元,较医改前57.70元下降27.33%;住院日均药品费用56.48元,较医改前90.53元下降37.61%。二是人事改革制度不断完善。合理确定基层医疗机构人员编制,实行统筹安排、动态调整。县直医院和乡镇卫生院实行全员聘用、岗位管理制度,并实行院长任期目标责任制及绩效工资制度,合理拉开分配差距,加大体现公益性和工作效率的绩效考核力度,医务人员的服务意识得以提高。三是乡村卫生服务一体化管理稳步推进。412家村卫生室实行乡村医生签约服务试点。服务内容包括基本医疗服务、基本公共卫生服务、健康评估与转诊服务等项目。加大对村卫生室的管理,实行乡镇政府与乡镇卫生院、村支两委共同考核村卫生室的长效机制,乡村医生队伍整体服务能力得到提升。四是卫生信息化建设不断加强。完善"11351"卫生信息化总体框架,实现卫生信息县、乡、村三级覆盖,督促乡镇卫生院和村卫生室实行电子病历和电子处方。2013年配备台式电脑427台、笔记本电脑33台、激光打印机33台、针式打印机66台等硬件设备,完成农村卫生信息系统软件v2.0版优化升级,成功创建成湖南省农村卫生信息化建设示范县。

【公立医院改革】 2013年,县卫生局推行便民惠民措施,改善医疗服务环境,优化医疗服务流程。县直医疗机构门诊91.84万人次,比2012年增长13.60%;住院9.8万人次,比2012年增长11.9%。门诊次均费用224.52元,比2012年下降1.31%;住院次均费用4938.23元,比2012年下降3.32%。县人民医院、县中医医院、县妇幼保健分院、县精神病医院被列为国家第二批公立医院综合改革试点单位。鼓励、支持民营医疗机构发展,引进南雅医院,投资近2亿元,开设床位400张。

【公共卫生服务】 2013年,宁乡全县人均基本公共卫生服务经费由2012年的25元提高到30元。县对乡、乡对村,采用"总量控制,量化指标、统一定价、分级购买、按实支付"的方式,购买公共卫生服务。一是均等化实施基本公共卫生服务。建立居民健康电子档案106.4万份,建档率达89.71%,免费为9.78万名65岁以上老年人进行健康体检;管理高血压患者6.82万人,规范管理率为99.3%,血压控制率达45%;管理糖尿病患者2.01万人,规范管理率为99.4%,血糖控制率达40%;管理重性精神病患者4236人,规范管理率为94.5%;孕产妇免费增补叶酸投服率为93%;完成宫颈癌筛查4万人次、乳腺癌检查2012人次;为509例贫困白内障患者实施免费手术,均超额完成市卫生局下达的任务。健康促进行动深入开展,制作“健康宁乡”电视宣传节目12期，全年发放印刷资料43.5万份，开展公众健康咨询活动330次，举办健康知识讲座430场次，设置健康教育专栏667块,发送手机健康知识短信6万条次,居民健康知识知晓率为85%。二是妇幼保健工作成效显著。全面提高妇女、儿童保健管理水平和服务能力。2013年全县系统管理孕产妇1.31万名，系统管理率96.85%;3岁以下儿童系统管理率93.16%。落实农村孕产妇住院分娩基本服务政策,住院分娩率达99.99%,高危孕产妇住院分娩率达100%。5岁以下儿童死亡率控制在5.50‰,全年没有发生孕产妇死亡病例。三是加强卫生应急及重大传染病防控。全面实施国家免疫扩大规划,免费接种疫苗11种，一类疫苗单苗接种率达95%以上。健全卫生应急队伍，完善卫生应急管理体系,落实结核病、艾滋病、麻疹、手足口病、H7N9禽流感重大传染病防控措施,全年未发生重大传染病疫情。特别是人感染H7N9禽流感防控工作，县卫生局成立领导小组,组建应急机动队,实行24小时值班制，确保一有疫情及时处置。县内各医疗机构发热门诊启动疫情“零”报告制度。医疗救援准备上,全县按照“属地管理、分级负责、对口支援、集中收治”的原则,开展医疗救治工作。县卫生局明确县人民医院为不明原因肺炎病例门急诊、留观和一般住院病例救治医院。组织辖区医疗机构师资培训,培训由县覆盖到村,组织各医疗卫生单位进行人感染H7N9禽流感防控知识宣传。协同畜牧、工商部门对全县9个活禽交易市场及温氏、顺城两大禽类养殖场开展外环境监测,并及时互通信息。人感染H7N9禽流感疫情在全国各地发生，而宁乡没有出现确诊病例。四是加大卫生监督执法力度。落实传染病防治、生活用水、公共场所、学校卫生、消毒产品的重点监测,对“五小门店”开展集中整治行动,检查门店1916家,发放卫生餐饮许可证746份,取缔不合格门店20家,立案查处4家。县卫生局在全县8个食品安全监管部门履职情况现场测评中名列第一。

【卫生服务能力】 2013年，一是制定和实施《基层医疗卫生机构标准化建设三年行动计划》。县委、县政府高度重视基层医疗机构标准化建设,县委书记黎春秋、县长周辉、副县长钟利仁和王湘云多次调研,县委常委会、县政府常务会专题研究,制定出《宁乡县基层医疗卫生机构标准化建设三年行动计划》,2014年到2016年,县财政投入4000万元，并争取上级财政支持,用于乡镇卫生院房屋、设备和特色专科建设，力争用3年的时间,实现基层医疗卫生机构标准化(其中房屋建设为2013年至2015年完成)。配齐县内所有乡镇卫生院的基本医疗设备。加强基层医疗卫生机构人才队伍建设,医师配置到2015年达到1.4名/千人(编制1904名)。到2016年,全县基层医疗卫生机构达到标准化建设要求,真正做到群众就医“小病不出乡,大病不出县”，县域内就诊率达到90%以上。2013年已完成菁华铺、历经铺、资福3家乡镇卫生院的综合楼以及煤炭坝双龙村等29家村卫生室的标准化建设。二是卫生重点项目高效推进。2013年完成招商引资1.73亿元，完成目标任务的115%。县中医医院制剂楼建成投入使用。县公共卫生服务中心完成“三通一平”。县人民医院五号住院大楼完成主体建设。县中医医院完成院前门面拆迁,启动中医文化生活广场建设。县妇幼保健院按二级妇幼保健院标准整体搬迁,建设用地已经落实,新址位于回龙铺镇万寿山社区。三是队伍建设不断加强。县卫生局制定《直属医疗卫生单位领导班子和班子成员绩效考核管理办法》《宁乡县医疗卫生机构从业人员年度考核实施办法(试行)》等制度,调配优化直属医疗卫生单位领导班子26人。落实“四个一批”人才培养任务,招聘卫生专业技术人员201人，其中研究生21名、“县招乡用”人员3名。返聘退休技术人员24名。选送上级医院进修113人，培训全科医生22人,与1名定向本科生签订培养协议,选送5名乡村医生参加中专学历培训，开展各类业务知识培训600人次。举办大型集中培训活动近10次,领导干部培训达1000人次。县卫生局与县委组织部对接干部素质提升“四五工程”,举办“卫生系统党政干部行政管理——中南大学高级研修班”,107名卫生管理人员参加一个星期的封闭式培训。

【医疗服务质量】 2013年，县卫生局开展抗菌药物临床应用专项整治,加强“三基知识”培训与考核,医疗服务质量稳步提高。县人民医院被定为国家卫计委重点联系县医院,连续3年入选中国最具竞争力百强县医院,院长刘俊东荣获2013年度医院服务“改革创新人物奖”，副院长赵竞飞荣获第一届“全国医院护理优秀管理奖”。玉潭卫生院院长梁铁军被评为“全国优秀乡镇卫生院院长”。县人民医院护士付荣、高亚丽被评为“湖南省优质护理考核先进个人”。全年选送市级优秀论文18篇，评出县级优秀论文56篇；县级医院申报县科技进步奖项目5个,获长沙市优秀论文一等奖2个、二等奖1个、三等奖2个。33家乡镇卫生院全面开展中医药服务,11家乡镇卫生院创建中医药综合服务区,80%以上的村卫生室能够提供中医药服务。为200多名乡村医务人员开展中医适宜技术培训。县中医医院以全省最高分通过二级甲等医院复审。落实医疗安全管理制度,建立事故预防处理机制,2013年全县医患纠纷较2012年下降18%。

【改善卫生行业形象】 2013年,县卫生局开展廉政知识培训、“廉政文化周”等活动,建立医疗服务信息公示制度和医务人员医德档案,加强对药品、医用耗材及检验试剂集中招标采购的监管，全面实施财务审计。特别是县人民医院克服重重困难，尝试医用耗材集中招标采购，2013 年医用耗材价格平均降幅达 50%。县卫生局加大明察暗访力度，制作《内参片》在系统内部公映示诫，聘请第三方机构开展满意度调查。全年医务人员退红包 181 人次，拒收礼金 6.74 万元，收到锦旗 49 面，感谢信 136 封，群众对医疗卫生服务的满意率达 92.65%。

【红十字会工作】 2013 年，县红十字会加大无偿献血的宣传，全年组织完成无偿献血 4133 人份，比 2012 年增加 2270 人份。筹措救灾物资 500 万元、善款 5.67 万元，向全县 200 多户特困群众发放救助款 15 万元，启动社区应急救护培训，并荣获“长沙市 2013 年应急救护技能竞赛一等奖”“雅安抗震救灾工作特殊贡献奖”。

【卫生系统党建群团工作】 2013 年，县卫生局开展学习贯彻党的十八大精神、忠诚履职“九个一”主题教育等活动，“忠诚履职”主题教育活动在全县科局排名前列。局工会被评为“长沙市先进基层工会”。局团委被评为长沙市“五四红旗团委”。人民医院 ICU、药剂科和中医院外二科成功创建成长沙市青年文明号，中医院妇产科被评为“长沙市巾帼学雷锋先进集体”。姜萍等一批先进个人被推荐为宁乡县“忠诚履职”先进典型，人民医院陈俊、精神病医院李立平荣获“长沙市十大最美护士”称号，人民医院喻宁荣获长沙市“青年岗位能手”称号，喻国芝、詹泰来、罗谦、高敏军被评为“长沙市十五大乡村名医”。

（刘胜华）

县卫生监督所
所　　长　周仲南
党支部书记
张家泽

县人民医院

【概况】 2013 年，宁乡县人民医院在岗干部职工 1482 人，离退休 291 人，其中高、中级技术职称人员 545 人。全年完成门急诊 61.82 万人次，出院 5.89 万人次，病床使用率 125%，手术 1.43 万台次。全年业务收入 4.87 亿元。医院通过改造门诊布局，优化就诊流程，缩短候诊时间；通过开通预约门诊，实行“诊疗一卡通”，让患者就医更加方便；采取导诊咨询、优化窗口服务、强化院领导一线督察、实行首问首诊负责制、落实人性化服务等措施，优化病人就医感受。普及群众健康知识，举办各类健康专题讲座。完善管理制度和流程，每季度召开医疗和质量安全分析讲评会，定期进行业务查房、疑难病历讨论和远程会诊，医疗纠纷发生率比 2012 年下降 28%。开展规范化专项整治，以全市最高分顺利通过爱婴医院复评，增强护理服务能力，护理纠纷投诉比 2012 年下降 20%。医院积极应对公卫突发事件，做好医疗救护保障。参与县人大、县政协“两会”保健，开展禽流感防控，参加全县“卫生应急周”宣传活动，成立应急办，积极应对县内各类突发事件。手足口病高发期间，诊治患儿 860 余人次，无责任不到位而发生的死亡病例。对特殊病人实行免挂号费直接进入绿色通道抢救，全年免挂号费 6.9 万人次，接诊简易门诊病人 8.5 万人次，共减免挂号费用 60 多万元。为尿毒症患者减免血液透析费用共计 76 万余元，免费为血透患者提供中餐近万盒。抢救处理三无及特殊病例 18 人次，为五保户、无名氏承担医疗费用共约 140 万元。组织医务人员到院外会诊 40 余次，指导及参与县内其他医院危重疑难病人的抢救，抢救危重症高危孕产妇共 20 余次。医院实施名院、名科、名医发展战略。医院被列为湖南省第二批县级医院综合改革试点单位，是国家卫计委重点联系县医院，是中国医院协会县(市)医院管理分会副主委单位，党委书记文大志当选为副主任委员。医院是湖南省医院协会县级医院管理专业委员会挂靠单位，文大志当选为主任委员、院长刘俊东当选为常务副主任委员。推进重点专科建设，明确重点学科创建目标，泌尿外科接受市级重点专科创建验收，呼吸内科成功实施支气管镜下气道异物取出术，神经外科开展显微镜下大型脑膜瘤切除术，肿瘤科开展超声引导下赛丁格 PICC 置管技术，眼视光中心开展准分子激光矫视手术。重症医学科获长沙市芙蓉标兵岗称号。ICU、药剂科成功创建市级青年文明号。心血管内科“临时性心脏起搏器及永久性心脏起搏器植入术临床应用”获宁乡县科技进步奖。院团委获“宁乡县五四红旗团委”称号。刘俊东荣获国家卫计委、健康报社 2013 年度医院服务“改革创新人物”称号，副院长赵竞飞荣获中国医院协会第一届全国医院护理优秀管理奖。医院职工付荣、高亚丽荣获“湖南省优质护理服务考核先进个人”称号；陈俊荣获长沙市“十大最美护士”称号，邓红浪荣获“最美护士提名奖”；胡娟获长沙市 2012 年度芙蓉标兵荣誉称号，在长沙市红十字会“2013 应急技能救护竞赛”中名列第一。

【调整医院领导班子】 2013 年 4 月 2 日，县卫生局党政负责人代表县委、县人民政府到院召开专题会议，宣布对医院领导班子成员重大调整决定：刘俊东任医院院长，文大志任医院党委书记，李梅良任医院顾问。同时宣布局党委关于增补医院副院长和党委委员的决定：聂赞任医院党委委员、副院长，刘亮任医院副院长，唐力、邱平、刘明任医院党委委员。

【入选 100 强县级医院】 2013 年 5 月，中国县级医院竞争力 100 强榜单发布，宁乡县人民医院第三次成功入选中国最具竞争力县级医院100强,综合排名上升19位(由第92名上升到第73名),并首次成功入选中国县级医院中部10强,排名第7位。规模稳居湖南首位。

【开展巡回医疗活动】 2013年,人民医院开展以"健康宁乡行、服务走基层"为主题的巡回医疗系列活动,走进龙田、黄材等十多个乡镇。通过专家义诊、业务讲座、临床查房、健康教育宣传、慰问特困病人等活动,对口帮扶乡镇卫生院,服务基层群众。义诊5000多人次,赠送药品3万多元,发放健康教育资料1万多份,受到当地好评。

【人民医院软件硬件建设】 2013年,医院"120"急救大楼投入使用;制剂楼建成运行;消毒供应中心顺利通过市卫生局的达标验收;5号住院大楼主体工程封顶;新建的停车坪增加停车位240个。管理、门诊、住院、影像、检验均实现信息化管理,协同OA系统初步实现"无纸化"办公,综合档案室顺利通过省一级档案室复查,为医院规范化管理、数字化建设打下坚实基础。添置神经外科、眼科、美容整形、肿瘤放疗等大型高档设备,投资1000余万元新购置64排128层螺旋CT。

【人民医院政风行风建设】 2013年,医院通过发放患者问卷调查表、落实出院病人电话回访、召开行风监督员座谈会等,多方收集对医院的意见和建议,认真对照、整改落实。严查抗菌药物临床使用,严控药品比例和次均费用,对超标的科室及个人排队公示,奖惩到位。签订反商业贿赂承诺书,进行廉洁从业集中谈话,设立廉政账户,专项治理自查自纠。医院项目工程实行公开招标,药品实行100%网上集中招标,组织对医疗器械设备、试剂、后勤物资、信息软硬件等招标采购活动20次,降低成本约500万元。全年医务人员退红包194人次,拒收礼金5.8余万元,收到锦旗71面,感谢信70封。在县卫生局组织的群众满意度调查活动中,医院综合满意率达92.20%,网上政风行风评议满意率达98.02%。在全县2013年优化经济发展环境暨政风行风千人测评大会上,医院取得优异成绩,在20家社会服务类参评单位中综合排名第七。

【人民医院队伍建设】 2013年,接收实习生311人,见习生112人,乡镇卫生院进修人员68人。新建教室和示范教室,选拔授课教师,接收湖南中医药大学本科临床、护理临床两个教学班的教学任务。医院搭建人才梯队,强化人员素质。全年招聘人才55人,其中研究生13人。自主招聘合同制护士58人,门诊导诊员11人,为医院的人才队伍注入新的力量。选送人员外出进修,加强短期业务培训和网上学习、远程教育。组织全院中层骨干120余人分两批赴清华大学进行现代医院管理短期研修。定期组织院内业务学习,邀请著名肝胆外科专家吴金术、新加坡国立总医院呼吸治疗师格雷姆等到院进行专题讲座。承办长沙市内科学会2013年第四季度学术活动等大型学术活动,县医学会安全输液新概念、新技术培训班等。全年组织申报科研课题21项,发表中国中文核心期刊论文2篇,国家级、省级论文48篇。医院以党的十八大精神为指导,开展忠诚履职主题教育活动。组织医务人员服务承诺宣誓签名活动、庆祝建党92周年活动,参加长沙市"红心向党"职工合唱比赛,县卫生系统"学习十八大精神和学习党章、遵守党章"演讲比赛,县文明办举办的道德讲堂"九个一"活动,开展医师、护士、医技、工勤管理人员忠诚履职"四十佳"评选活动,响应全县在职党员进社区活动等。工会召开第十一届一次职代会,对重点建设项目和岗位设置进行专题审议。组织登山比赛、篮球赛、乒乓球赛等多项文体活动,组织参加宁乡县"花明楼"杯县直单位篮球赛并夺得男篮决赛冠军。多次组织为重病同事爱心捐助活动,调整离退休人员津补贴,探望离退休老干部。院团委组织参加全县"忠诚履职,争创一流"主题演讲比赛,组织开展"学雷锋志愿服务"无偿献血和爱心助学活动。承办全县青年文明号创建经验交流会,获上级团组织肯定。

(王典辉　潘湘华　黄　莉)

县人民医院

院长、党委副书记　刘俊东
书　　记　文大志
副 院 长　谢文军
陈迪辉
赵竞飞(女)
成宇锋(女)
许克勤
聂赞
刘亮
何文智(挂职)

县中医院

【概况】 2013年,宁乡县中医医院共有在职干部职工568人,其中高级职称人员44人,中级职称人员185人;研究生53人。设有党政办、医务科、护理部、质控科、财务科、审计科、项目办、医保科、预防保健科、科教科、纪检监察室、设备科、总务科、动管科、保卫科、工会办、女工办等职能科室;有内一科、中风科、内三科、外一科、外二科、骨伤一科、骨伤二科、骨伤三科、妇产科、眼科、耳鼻咽喉科、儿科、针灸科、急诊科、急救站、门诊部、手术室麻醉科、健康管理科等18个临床科室;有功能科、检验科、放射科3个医技科室;有药剂科、制剂科,设司法鉴定所1个。全年门急诊16.9万人次,住院2.3万人次;总收入1.63亿元。医院编制病床800张,实际开放528张。

【中医院项目工作】 2013年,宁乡县中医医院响应全国中医医院的等级复评，于8月份接受湖南省中医药管理局“全国二级甲等中医医院”复评，以930.6分通过实地评审。全年共争取财政拨款600万元、财政贴息100万元、专项经费71.5万元，融资4000万元；建设周期约2年的制剂楼项目建设进入扫尾阶段；住院楼项目运行良好。于12月5日全部拆除院前37空门面，涉及拆迁对象共21户，门面37空，建筑面积7859.75平方米。

【中医院业务工作】 2013年，宁乡县中医医院坚持规范医疗行为、完善医疗制度，完善医疗管理制度并严格按照行业的各项规范和要求落实，通过请上级医院专家组到院督察，院内业务职能部门定期和不定期业务督察，及时发现医疗过程中存在的问题和不足，予以及时沟通、纠正；通过“走出去”、“请进来”方式加强业务交流与合作，结合加强自身系统培训，提高各个学科的业务整体水平和业务能力，医院的整体业务水平进一步提高，医疗纠纷明显减少。内一科在治疗心脑血管病方面有新建树，内二科在中风、糖尿病急诊急救处理能力上明显增强；内三科更注重胃病、肾病等疾病治疗，胃镜检查技术已广泛应用于临床。外一科坚持神经外科、肛肠科两手抓、两不误，肛肠科开展PPH术治疗脱肛和开展的RPH术治疗痔疮，解决肛瘘、肛周脓肿等合并痔疮需分次手术的难题。外二科腔镜下胆囊切除、弹道碎石等微创技术成熟。骨伤一科以“慢性筋骨病损防治研究”为主攻方向，传承中医正骨手法精华，在脊柱病损、骨质疏松症、骨关节病损及伤科手法上有新成绩。骨伤二科致力于继承、发扬、创新传统伤科理论思想与诊疗技术，为骨伤患者带来福音。骨伤三科常年开展腰椎间盘髓核摘除术、胸腰椎压缩性骨折钉棒内固定等术式，非常成熟，结合中药方剂等中医药手段在治疗疼痛病上取得满意效果。针灸科以“内强素质、外树形象”为目标，通过有效运用、注重攻关技术资源，实现针灸二科顺利开科，通过长沙市医学重点专科的验收和长沙市中西医结合针灸学专业委员会的选举，实现与中医药大学针灸学院的对接，争创全国特色中医专科。眼科到全县33个乡镇进行眼底病普查，集中组织两次疑难白内障免费手术，并在青少年近视、弱视和疑难白内障的治疗上狠下功夫，充分发挥眼科的品牌作用。耳鼻咽喉科开展腺样体和扁桃体切除术、颞筋膜提取和鼓室成形术、耳显微外科术，同期开展耳穴压豆、放血治疗、中药涂擦等中医操作，既为病人减轻痛苦，也收到良好的社会效益。妇产科争创国家级“巾帼文明岗”，开展腹腔镜下治疗卵巢肿瘤、宫外孕、不孕症和宫腔镜下行功血查因、息肉切除、输卵管通液术，技术成熟。儿科成功抢救群体性腹泻学生21例，开展中药雾化、小儿捏脊、中药敷贴等中医药操作。皮肤科连续5年刷新创收记录，新引进价值200万元美容设备，有效开展熏蒸、嫩肤、脱毛、祛斑、祛痣、祛文身等美容项目。急诊科加强对一些常规技术操作的培训，及时做好传染病及突发事件的防控，克服人员流动性大的困难，确保日常工作顺利进行。放射科坚持每周晨间交接班制度，落实重点病例随访制度、机器设备维护保养制度，大力开展CT、MRI增强及血管成像项目，提高设备利用率。功能科积极开展神经、软组织超声检查等新技术，其诊断水平提高非常快。检验科重点加强微生物的快培、鉴定及药敏分析，新开展免疫球蛋白、尿沉渣、衣原体等检测项目。外一科、骨伤三科等科室与放射科通过合作，开展“CT导引下行脑溢血穿刺抽吸术、椎间盘突出症定位治疗术、椎体成形术、椎动脉的MRI成像、新旧骨折的鉴别、胃肠道造影”等特检项目，开展全身各部位的三维成像检查和全身各系统的增强检查。全院加强对感控工作的管理，做好病例前瞻性、回顾性和现患率调查，加强卫生宣传，耐药菌的管理和抗菌药物合理使用的管理，提高病原学送检率，有效预防和控制医院感染的发生；成立慢病科，对高血压、冠心病、脑卒中、糖尿病、肿瘤病进行报卡登记，为促进疾病管理、治疗和预防控制打下良好的基础。

【中医院特色中医】 2013年，宁乡县中医医院针灸科、儿科等科室加强中医质量管理，设立中医治疗室，进一步发挥中医特色优势。刮痧、拔罐疗法等8项中医护理操作做到人人掌握，学以致用。全院各科室加强中医操作项目的实施，基本做到每科都有两项以上具有科室特色的中医《操作流程》及《常规》，中风科、眼科、骨伤一科、骨伤二科、儿科等科室开展的中药敷贴、穴位注射、中药雾化等项目疗效显著。该院是国家中医药适宜技术培训基地，承担着全县中医药工作的指导、推广、培训重任，多次派专业技术人员到各乡镇卫生院具体指导、检查，与4家乡镇卫生院签约，成为医院的定点指导医院。先后在宁乡电视台和《今日宁乡》报上开辟《中医与健康》专栏，宣教健康知识。年底，湖南省乡村医师中医药知识与技能培训项目落户医院。

【中医院优质服务】 2013年，宁乡县中医医院以眼科、内科、外科为主体，在全县各乡镇广泛开展“光明关爱眼底”“让爱回家”等大型义诊活动，重点对18家敬老院进行地毯式健康普查。按照“零缺陷”的要求主动走出去访业务，树立良好的形象。临床支持系统注重节能降耗，确保全院后勤支持方面供应及时。医保科作为医保管理部门、患者及医院三方的“纽带”，落实医保政策，提升服务形象。司法鉴定所公正客观地完成鉴定700多例，参加省级培训接收新知识、新理论，鉴定技术稳步提升。非药物治疗门诊、门诊各部实行无假日服务，切实做到优质服务、忠诚履职。围绕计生联点、社会治安综理、全县卫生县城创建、重大活动医疗保障等献计出力,确保各项任务全面完成。医院加强对药品、耗材的管理,把利益链缩短,斩断中间环节,在把水分挤干的同时,将更多的空间让利给老百姓,推行中医临床路径管理,开展单病种包干付费等方式,多年来,宁乡县中医医院日、次均费用均明显低于长沙地区县级医院平均水平。全院实施"每月一星"评比等优质护理服务活动,优质服务赢得群众的肯定,每月一次病人满意度调查,全院病人满意率最高时达99.1%。

【中医院科教工作】 2013年,宁乡县中医医院多次邀请湘雅医院、省中医附一、湖南中医药大学的专家教授团到院授课、会诊、检查,先后接受省中医药管理局、长沙市卫生局、县卫生局组织的专家团到院多次检查,先后派出近50名医务人员到上级医院进修学习,现有来自各个专业、各个专科的高职人员44名,全年净增10人;中级职称人员185名,净增18人;引进中医药专业研究生53名,净增5人。以优化人事、分配、队伍结构和执业环境为重点,重要岗位能上能下、能进能出,部分调整科室骨干,工作5年以下医务人员实行轮科。先后与湖南中医药大学及其所属针灸学院、中西医结合学院、图书馆取得联系,就特色专科建设、新项目开设、科研合作、制剂开发、养生指导、中医药文化立项等工作进行实质性交流合作。请中医附一专家团到医院大会诊,挂上"定点指导医院"牌匾。向省中医药管理局申请成为吉首大学协作型附属医院,获得批准。接纳长沙医学院第二批共计130名学生到医院参加临床教学学习。申报省级科研项目3项,发表国家核心论文22篇,王芬、康连英的论文分别获得长沙市科技学术年会论文一等奖和三等奖,姜尚萍、王应军作为新技术进展授课教授应邀在省级学术会上授课。

【中医院文化工作】 2013年,宁乡县中医医院坚持把办医院和干部职工的幸福生活、开心工作以及自由、尊严、价值有机结合起来,使用不同的方法、运用不同的形式营造富有文化气息的医院环境,注重在各种标志系统上、文化墙上、宣传栏上赋予其丰富的内涵,组织撰写、印发《员工手册》、《传统文化核心读本》等,修改和完善医院的一些基本制度,举办丰富多彩的活动,吸引干部职工积极参与文化的继承、发扬、创新。

【中医院群团工作】 2013年,宁乡县中医医院进一步加强党组织对团、工、青、妇等组织的领导,同时充分发挥其在医院改革、建设和发展中的独特作用,组织干部职工参加"德行天下　幸福宁乡"公益大讲堂活动、"我爱读书"学习竞赛活动、"卫生管理人员培训班""全民清整　美丽宁乡"环境卫生整洁义务清扫活动、禁烟活动等。为干部职工购买医疗互助保险、"两癌保险"。组织干部职工健康体检。举办中医药师承拜师仪式、道德讲堂活动、演讲比赛活动、文化展示活动。组织自编自演情景舞蹈剧、情景诗朗诵、自制VCR等。在卫生系统"学习十八大精神、学习党章、遵守党章知识抢答赛",廉政知识抢答赛和廉政书画、摄影比赛活动中,获得四连冠。工、青、妇组织牵头开展国家级巾帼文明岗、"长沙市巾帼学雷锋示范单位"、市级青年文明号、市级职工之家的申报工作。

【中医院作风建设】 国家对禁、限大操大办及规范公务接待,加强行业作风建设作出严格详尽的规定。2013年,宁乡县中医医院在此基础上健全反腐倡廉机制,落实党风廉政建设责任制度,将改进工作作风、密切联系群众和整顿规范药品、医疗器械购销行为专项治理活动、优化经济发展环境暨政风行风评议、党风廉政建设、纠风、深化医改、创先争优等工作有机结合起来,整体推进。医院重大决策广泛征询意见,实行职工代表大会制度和院务办公会议制度,加强院务、党务公开。加强廉政建设,落实中央26项规定和"九不准"规定。厉行节约,全面实行全成本核算。落实纠风工作责任制,推行医务人员医德考评制度,强化医务人员以病人为中心的服务理念。继续开展医药购销领域商业贿赂专项治理,纠正医疗服务中的不正之风。实行人、财、物准入院党委集体讨论制度,纪委全程监督;确保项目工程建设、后勤物资采购、医疗设备医用耗材招标、人员聘用等均依法、依规、依程序进行。组织"双十佳"评选活动,一批知名医师和优秀护理人员脱颖而出。加强日常工作监管,不定期组织对各科室出勤、服务、环境、工作作风的考核和通报,进行满意度调查,全年共接到感谢信和锦旗32次,受理群众举报和投诉14起,有12人受到教育、2人受到处理。

(喻先群)

县中医院
院　长　杨曙光
党委书记　黄建强
常务副院长、副书记
　陈泽文
副 院 长　贺林战
　陈海燕(女,3月另任)
　喻爱珍(3月任)
　李曦(女,3月任)

县疾病预防控制中心

【概况】 宁乡县疾病预防控制中心位于玉潭镇人民北路176号,2013年在职干部职工143人,其中高级职称13人(正高1人),中级职称31人,初级职称70人。内设办公室(含作风办)、财务科、业务办、总务科、急性传染病防治科、免疫规划科、性病艾滋病麻风病防治科、结核病防治科、健康教育与健康促进科、职业危害因素控制科、学校卫生科、慢性非传染性疾病防治科、卫生监测1科、卫生监测2科、检验科、门诊部、玉潭免疫规划科等17个科室，是湖南省人员较多、规模较大的县级疾病预防控制中心。中心拥有7014平方米的业务用房，其中实验室面积1209.02平方米。具备省级计量认证资质、职业卫生技术服务乙类资质、食品检验机构资质，面向社会提供食品卫生、环境卫生、职业卫生、学校卫生、消毒效果、预防性健康检查等疾病防制和公共卫生检测检验、评价和技术仲裁服务。全年，宁乡荣获省卫生应急示范县称号，县疾控中心荣获长沙市疾病预防控制工作综合目标管理一等奖、长沙市疾控系统野外生存技能培训暨卫生演练二等奖；被评为长沙市传染病防治工作先进单位、湖南省结核病防治工作先进单位。

【传染病防控】 2013年，县疾控中心加强对全县各医疗单位的传染病督察，对霍乱、肝炎、脊灰、出血热、钩体病、狂犬病、性病、艾滋病等重点传染病实行常年监测，传染病疫情100%实现网络直报，全县未发生甲类传染病，经中国疾病预防控制信息管理系统报告统计，现住址为宁乡县的法定传染病人7618例，其中：甲类0种0例；乙类15种3128例，死亡8例，分别为艾滋病3例、肺结核3例、狂犬病1例、血吸虫病1例；丙类7种4490例，无死亡病例。与2012年度(3271例)相比，甲、乙类发病数减少143例，发病率下降4.37%。2013年度发病数居前五位的传染病是手足口病 (3521例)、肺结核(1215例)、乙肝 (704例)、梅毒(615例)、其他感染性腹泻病(499例)，共占年度报告病例总数的86.03%。结核病、狂犬病、肝炎、手足口病等重点传染病防控得力，发病率继续得到有效控制，宁乡县是钩体病、流行性出血热国家级重点监测县，发病率更是被控制在很低水平；传染病防治工作5年连续被评为全市先进，7月份接受省级疟疾评估，省级专家评价近乎完美。同时，结核病控制工作以项目为依托，全年共接诊3751例初诊病例，发现初阳383例，完成全年任务的100.5%，复阳14例，涂阴603例。发现活动性肺结核患者1000例，完成全年任务的96.15%，保持全省的先进水平；艾滋病防治严格落实国家"四免一关怀"政策，通过与政府、财政、人社等部门的多次争取，一是引起政府及相应部门的重视和支持，增加工作经费，二是将艾滋病人的住院费用按80%的报销比例纳入医保报销范围，有力保障艾滋病防控工作的持续推动。

【突发公共卫生事件处置】 2013年，县疾控中心进一步完善和健全突发公共卫生事件疫情处理机动队制度，中心领导班子集体全年全天候24小时值班。提升中心机动队应急处理能力，通过省级卫生应急示范县的创建工作，切实做到"思想、组织、技术、人员、物资"五到位，准确、及时处理手足口病聚集疫情、潇湘职业技术学校细菌性痢疾和资福中小细菌性痢疾等一般突发公共卫生事件。在乡镇突发事件处置能力建设方面突飞猛进：南田坪乡作为乡镇代表迎接省卫生厅和省政府应急办的考核验收，为宁乡成功创建为全省应急示范县夺得关键一票；在南田坪乡卫生院成功举办应急演练，有5支乡镇应急队伍取得优秀成绩，突发事件处置能力的提高取得实质性效果；中心应急机动队与乡镇公卫办密切配合，全年共成功处置各类突发事件15起。

【免疫防控及免疫规划】 2013年，县疾控中心严格按照上级要求开展麻疹疫苗查漏补种，查漏补种的对象是8月龄至6岁的儿童，全县累计摸底人数为9.5万人，其中应种7498剂次，实种7155剂次，接种率为95.43%。全县33个乡镇均在统一规定的时间内开展新生入学、入托查验预防接种证工作，全县托幼机构总数为206个，实际查验206个，托幼机构查验率100%；全县小学总数为248个，实际查验248个，学校查验率为100%；入学、入托儿童总数2万5804人，实际查验2万5754人，查验率为99.81%；持有接种证人数为2万5005人，应补证人数为749人，实际补证738人，补证率为98.53%；接种记录完整人数为1万9364人，应补种人数6390人，实际补种6248人，补种率为97.78%。全年常规冷链运转6次，乙肝疫苗、卡介苗、脊灰疫苗、百白破苗、白破疫苗、麻疹疫苗、流脑疫苗、甲肝疫苗全年接种率均达到99%以上，流动儿童接种率均达到99%以上，出色完成疫苗接种工作。

【老年人保健、慢性病管理】 2013年，县疾控中心指导乡镇卫生院对老年人建立健康档案，共管理65岁以上老人12.31万人，完成65岁以上老年人健康体检10.67万人。在做好老年人管理的同时，对确诊的慢性病患者进行规范管理。开展35岁以上人群首诊测量血压工作，及时筛检出高血压病人并建立慢性病档案，高血压患者建档6.88万人，新增1.19万人，随访管理6.85万人；糖尿病患者建档2.01万人，新增4497人，随访管理2万人；控制率均在35%以上。EPIDATA数据报表、恶性肿瘤登记报告工作在各乡镇均已启动。

【其他监测】 2013年，县疾控中心先后承担国家农村工程、国家生活饮用水监督监测，长沙市环保三年行动水质监测，全省食品安全风险监测，大米镉污染监测，全省农村环境卫生监测等项目，均圆满完成项目任务。职业病监测，依托5项省级职业技术服务能力，认证得到不断加强，完成部分工矿企业的职业病危害因素检测，全年完成95家工矿企业单位职业危害因素检测，检测样品项目839个，合格数673个，合格率80.2%。近年全县未发生一例职业暴露事件和职业中毒事件，未发生大的食物中毒事故和因饮水污染而导致的疫情。全县餐饮单位食品、餐饮具及宾馆、公共场所、公共用品、农村生活饮用水水质等卫生监测,依托"三城同创"创建活动如火如荼开展,从业人员预防性体检取得明显突破,餐饮具消毒监测、公共场所消毒监测、公共场所小环境监测等样品数及合格率明显提高。

【健康教育】 2013年,全县33个乡镇均设立健康教育室,配备照相机、投影仪、电视机、电脑等相关设备。设立健康书屋,每个书屋均备有200册以上图书。针对全民健康生活方式行动、健康素养基本知识和技能以及辖区中的重点健康问题等内容,开展健康教育进乡村、健康教育咨询服务、健康知识讲座、设置健康教育宣传栏并定期更新内容等一系列活动。在宁乡县行政中心一楼建立一所健康加油站,在花明社区建立一个健康社区,在玉潭镇镇政府建立一个健康食堂。全年共印刷发放宣传资料47.86万份;播放音像、视听资料2.7万小时;版面更新1667次;开展公众健康咨询活动330次,咨询人数3.18万人;举办健康知识讲座432期次,参加人数3.69万人。

【指导与督导基层】 2013年,县疾控中心根据国家基本公共卫生服务项目工作要求,充分发挥县级疾控机构的业务指导和督导作用,传染病、免疫规划、慢性病、健康教育等科室人员运用电话联络、上门指导、每季督导、分片培训辅导及督导、情况通报等方式,有效提高全县基层医疗卫生机构基本公共卫生服务水平。

【疾控中心作风建设】 2013年,县疾控中心在作风建设上下大力气,动真格,着力解决干部职工队伍中存在的服务作风散漫、服务意识不强等问题。中心多次组织召开干部职工会议、支部书记会议、科室负责人会议、科室成员会议,层层动员、部署和强调,定期、不定期地对干部职工到岗情况以及工作纪律进行突击检查,并严格奖罚兑现,年中开展的干部职工测评中,3个支部排名倒数一二名的,班子成员进行单独谈话,分析原因指出改进方向,作风建设取得初步成效。县卫生局纪委还委托第三方机构在全系统暗拍暗访,县疾病预防控制中心成为唯一一个被正面报道的单位。

【疾控中心党风廉政建设】 2013年,县疾控中心党风廉政建设和反腐败工作着重从三个方面抓落实,一是自觉承担起推进党风廉政建设和纠风工作的政治责任和领导责任,落实所承担的反腐倡廉和纠风工作各项任务。二是精细化管理,对科室的质量管理、制度管理、信息化建设、岗位责任制、成本核算等进行精细化管理,明确任务分工、制定具体措施、抓好时间进度、落实标准要求,实施绩效考核,狠抓工作落实,确保党风廉政建设和纠风工作取得实效。三是以落实目标责任制为中心,学习政治理论、疾控业务知识,提高政治素养和业务理论水平。

(办公室)

县疾病预防控制中心

主任、党总支副书记

姜　萍(女,1月免)

主　　任　胡雪良(1月任)

书记、副主任

李雄伟

副 主 任　夏文斌

彭智勇

彭军辉

县精神病医院

【概况】 2013年,宁乡精神病医院共有干部职工227人,退休人员53人,专业技术人员占88%,其中高中级专业技术人员68人。宁乡精神病医院承担全县135万人口以及长沙市、长沙市望城区等周边地区城乡人民的精神卫生预防、医疗、康复等工作任务。全年,围绕年初工作目标,确保各项措施落实。门诊2.39万人次,新入院病人1633人次,出院病人1499人次,病床使用率为123.16%,业务收入为4249万元。宁乡县卫生局授予宁乡精神病医院"优秀领导班子、一类领导班子、医疗卫生工作绩效考核先进单位、医疗质量管理工作先进单位、增收节支先进单位"等荣誉称号。

【重性精神疾病管理】 2013年,宁乡精神病医院摸底和排查重性精神疾病患者5080人,建立重性精神疾病电子档案4188人份。深入全县33个乡镇随访4次,随访人数2.46万人次,为全县各乡镇培训精神疾病防治专干3次,每次38人。组织一支12人的医疗队伍全年6次在全县33个乡镇往返奔波,共下乡66天,接诊病人1.19万人次,免费发放药品金额182万元。把党的温暖送到千家万户,为维护公共安全和社会稳定与和谐发展发挥积极作用。

【医疗质量管理和医疗安全】 2013年,宁乡精神病医院狠抓医疗质量规范化管理,修改完善《医疗质量管理方案》,制定病例(案)医疗质量评定标准细则,建立健全医生首诊负责制等12项核心制度,强力灌输安全意识、法律意识,组织医务人员学习《中华人民共和国执业医师法》《医疗机构管理条例》《中华人民共和国侵权责任法》《病例书写基本要求》《处方管理办法》等,消除重大安全隐患,确保医疗安全。全年医疗指标任务完成较好,日均住院病人848人次,与2012年相比增加35.2%,病床使用率123.2%,住院病人有效率96.5%,门诊病历书写率100%,住院病历合格率100%,甲级病历98.9%,入出院诊断符合率99.7%,危重病人抢救成功率99.8%,基础护理合格率97%,传染病漏报率、严重差错事故率、褥疮发生率均为0,急救药品齐备完好率100%。

【忠诚履职】 2013年,宁乡精神病医院在党员干部中开展“忠诚履职、勤奋敬业、完善自我、提升能力、争创一流”活动，打造一支信念坚定、本领过硬、作风优良、勇于担当、奋发有为的干部队伍。医院根据各科室、各岗位的实际情况，教育和引导干部职工忠于党、忠于人民、忠于事业，促使新一轮服务观念大增强、能力素质大提高、工作作风大转变、工作业绩大提升。以病人为中心，提供“三好一满意”的优质医疗卫生服务，提升服务能力，增强忠诚履职能力，倡树一批勤奋敬业的先进典型。35年如一日坚守在护理岗位的男护士李立平，被评为长沙市优秀护士和长沙市十大最美护士；从事临床护理管理的护士长潘最新，被评为宁乡县道德模范；忠诚履职、扎实工作的何瑞春被评为宁乡县优秀职工；冯春等17人被评为医院忠诚履职能手。

【精神病医院作风行风建设】2013年，宁乡精神病医院开展医德医风建设，优化经济发展环境，营造学理论、学技术、比服务、比贡献氛围。遵守和执行卫生系统行风建设“九不准”，院领导班子成员学习廉政准则，开展自查自纠，医务人员的思想道德素质进一步提高。全年收到病人家属送的锦旗9面，医务人员拒收红包54人次、金额1.44万元。

【精神病医院项目工程建设】2013年，宁乡精神病医院完成对住院楼建设工程18个单项结算的全部内审，逐项发出结算审核报告，报县卫生局审批后委托造价咨询公司进行结算内审。18个单项结算合计金额为3218万元，内部审定为2629万元，内审减金额为589万元，并依法依规按程序全部报送县审计局审计，县审计局对报送的18项目中的6个项目作出审计结论，发出审计报告。全年共计付出项目工程款350万元，归还项目银行借款500万元。

（办公室）

长沙市宁乡精神病医院
院　长　文红军
书　记　喻德明

县妇幼保健院

【概况】2013年，宁乡县妇幼保健院共有干部职工273人（含离退休、临聘人员），其中副高职称25人，中级职称80人，引进硕士研究生3名。全年完成门诊11.85万人次，住院病人1.06万人次，手术2880台次，分娩4568人次，病床使用率113.41%，医院业务总收入5216万元，较2012年同期增长2.64%。年内，县妇幼保健院荣获“长沙市妇幼卫生工作一等奖”，被县卫生局评为“2013年度医疗质量管理先进单位”及“2013年度增收节支先进单位”，被评为县卫生系统“2013年度计划生育工作先进单位”，文慧、刘红梅被评为“宁乡县卫生系统2013年度优秀领导干部”，文慧还被评为“2013年度医疗质量管理先进个人”。

【妇幼保健工作新成果】2013年，县妇幼保健院以落实重大妇幼公共卫生项目、促进妇幼基本公共卫生服务均等化，降低孕产妇死亡率为重点，实现孕产妇零死亡，是宁乡县妇幼卫生历史上第一个无孕产妇死亡年，妇幼保健多项工作指标位居全省前列。一是严格孕产妇安全控制。全县孕产妇系统管理率93.36%、孕产妇保健手册发放率97.82%、产后访视率97.71%。注重特殊时期、重点高危孕妇的管理，抓好冰冻和春节期间孕产妇安全管理，对返乡的流动高危孕妇及近预产期的孕妇逐一面访。利用下村走访、婚前体检、产科门诊、乡村计生专干、实时通录入等多种方式提高孕情掌握率。乡镇每月至少开办一天孕妇学校，新筛出高危孕妇120人，其中重点高危41人。通过爱婴医院、产科建设合格县和两个孕产妇急救中心复评。县人民医院和县妇幼保健院两个急救中心全年共收治产妇1.05万人，危重孕产妇221名，抢救成功率为100%。二是落实儿童保健管理。全年共有23家乡镇卫生院成功创建儿童保健规范化门诊，儿保手册发放率100%，筛查1471名体弱儿。为提高新生儿疾病筛查率和筛查质量，对180名护士进行新生儿疾病筛查培训并发放采血证。对新发现的7例甲低、1例苯丙酮尿症、11例G-6PD缺乏症患儿的治疗情况全部进行回访。联合县教育局、县公安局对全县205家托幼机构联合督导，对全县托幼机构进行卫生保健知识讲座，规范新申请办证幼儿园审批流程，对34家新申请办证的幼儿园均按照卫生行政部门要求进行上门卫生评价。

【落实国家重大妇幼公共卫生服务项目】2013年，县妇幼保健院一是落实国家“两癌”免费检查项目。根据“两癌”项目工作及妇女保健要求，乡镇自主完成宫颈癌初筛任务，县质控小组成员定期对乡镇进行质控，推广脱落细胞检查巴氏染色玻片法。全年全县共完成宫颈癌筛查4万人，阴道镜检查4200人，病检1535人，发现子宫颈浸润癌21人。完成乳腺癌手诊和彩超检查2012人，钼靶检查40人，发现乳腺癌8人。所有的阳性病人均得到指导、追访和治疗，宁乡县被评为“两癌”项目先进县。二是落实其他公共卫生妇幼项目。艾滋病的孕期筛查率为93.65%，梅毒的孕期筛查率为93.59%，乙肝的孕期筛查率为93.47%，较2012年明显上升。叶酸知晓率、服用率均为95.20%，依从率为92.82%，婚前医学检查率为89.03%，共查出病患628人，检出法定传染病304人，严重遗传病4人，精神病患者4人，影响婚育疾病312人，不宜生育5人，暂缓结婚9人，所有婚检对象均不同程度接受咨询和婚前指导。

【残疾儿童抢救性康复】2013

年,县妇幼保健院承担湖南省为民办实事“0～6岁贫困残疾儿童抢救性康复项目”,儿保科认真落实项目工作,共接收20名脑瘫儿童,痊愈2人,好转18人,有效率100%,获得省、市残联等部门的高度评价。

【妇幼保健专科建设】 2013年,县妇幼保健院专科建设不断加强,学科建设齐头并进。外妇科开展新项目、引进新技术,子宫切口憩室宫腔镜下电切修复术,疗效显著。产科钻研常见病、危急重症及疑难病诊治技术,成功抢救2例5000毫升以上产后出血的患者,科室应急抢救能力不断提高。新生儿科继续开展无创CPAP应用,共诊治早产儿123例,成功救治极低出生体重儿11例,专科水平日益提高。

【医保农合】 2013年,县妇幼保健院制定《医疗保险业务工作流程》《医疗保险就医管理规定》,统一职工医保参保人员住院通知书、城乡居民医保参保人员的自费项目签字同意书、自费药品签字同意书等医保文书,与相关科室签订医保管理工作责任状,规范职工医保操作流程,严格医保签字和审批。实行电脑自动传输数据,即时办理长沙市职工医保(生育保)和宁乡县职工医保(生育保)住院医疗费用结算,为参保人员提供优质、便捷的医疗服务。全年,市、县职工医保住院结算268人次,医保费用总额约64.08万元,医保统筹金额约46.81万元,全年无拒付金额,无违规处罚金额。其中县医保医疗费用较2012年同期增长21万元,增幅105%;县医保统筹金额较2012年同期增长16.2万元,增幅75%。县妇幼保健院农村孕产妇补助办公室定期核算各定点助产机构分娩补助资金,做到基本医疗服务包内分娩项目全免费,自费项目实行告知同意签字制度。发动乡镇妇幼专干对未补助对象进行追访,加大回补力度,即时兑付,简化流程,全年,县妇幼保健院新农合补助农村孕产妇1.55万人,补助467.94万元,补助率97.5%。

【妇幼保健院管理工作】 2013年,县妇幼保健院一是医疗质量持续提高。坚持院领导、医务科、护理部、质控科等下科室查房,严抓医疗、护理等核心制度的落实,强化责任落实和处罚措施。制定《医疗投诉制度》,明确科室投诉处置办法,加强医患沟通,全年未发生一起重大医疗纠纷和事故。二是服务水平全面提升。秉承一切“以病人为中心”的服务理念,开展临床路径管理,开展“优质护理服务示范”活动,落实出院病人回访制度,在门诊、B超室等人员较多部门增设导诊台,在产科门诊添置心电图机,方便孕妇检查,缩短病人等候时间。产科坚持“服务在产科、满意在产科”的服务理念,倡导“五心”服务,护士长陈利被评为长沙市“最美护士”县级候选人,其先进事迹在宁乡电视台被特别报道。三是队伍建设显著加强。强化“三基”培训考核,鼓励医务人员积极参与继续教育,选送多名优秀医生到北京大学三医院等省市医院进修,全年派出医务人员各类短期学习培训共30余人次,培训人员110多人。四是党风廉政建设扎实推进。县妇幼保健院聘请3名社会评议员对医院工作予以评议、监督,制订“廉政建设目标责任书”,开展规范药品、医疗器械市场流通秩序专项整治活动,落实道德领域、政风行风各项治理措施,开展“忠诚履职”主题教育活动,提升医务人员职业道德水平。

【妇幼保健院党建群团工作】 2013年,县妇幼保健院围绕各项中心活动,加强党的组织建设、强化职工素养、增强文化内涵,促进和谐发展,医院呈现出风清气正,人心向齐的良好局面。院工会开展庆“三八”妇女节活动、组织干部职工体检、组建医院篮球队,参加湘赣蒙妇幼系统运动会。在医师节活动中,编演的大型歌舞“飞得更高”获得长沙市欢乐潇湘文艺调演三等奖,院工会被评为“县卫生系统先进基层工会”;院团支部开展扶贫献爱心活动,组织义务献血、植树造林、下乡义诊等。干职工凝聚力和向心力不断增强。

【妇幼保健院基础项目建设】 县妇幼保健院占地面积仅11亩,制约医院发展,不能满足医疗保健需要。经过多年不懈的努力,2013年,县妇幼保健院整体搬迁被纳入宁乡县重点建设工程项目,并被申报为2014年中央投资项目。确定医院在回龙铺镇万寿山社区一组易址新建。12月20日县妇幼保健院与回龙铺镇镇政府签订项目建设合同。

(办公室)

县妇幼保健院

院长、党总支副书记 陆国斌
书　　记 陈雪莲
副 院 长 肖泽民
刘红梅
文　慧
李　军

县卫生局

XIAN WEI SHENG JU

市卫生局局长郭墈(左一）陪同副市长夏建平（左五）深入夏铎铺卫生院调研

惠及民生抓医改　医德医风达万家

全县共有各级各类医疗卫生机构928家，其中二级综合医院2家，二级中医院1家，一级综合医院7家，专科医院7家，中心卫生院7家，乡镇卫生院26家，门诊部6家，社区卫生服务站10家，村卫生室412家，诊所62家，医务室22家，计生服务站34家，村级医疗点332家。全系统共有干职工5909人，其中在编在岗干职工3734人，离退休人员1274人，临聘专业技术人员901人；全县卫生专业技术人员3236人，其中高级253人，中级841人，初级及以下职称2142人。全县医疗机构现有病床4351张，其中县直医疗单位2622张，乡镇卫生院1369张，民营医院360张。

近年来，县卫生局深入开展基层医改，设立便民药柜，全面启动公立医院改革，狠抓医德医风建设，全县卫生工作迈入新台阶。县卫生局先后荣获国家人社部、国家卫生部、国家中医药管理局授予的“全国卫生系统先进集体”、全国妇联办公厅授予的“全国农村妇女两癌普查先进单位”，省卫生厅授予的“湖南省卫生应急综合示范县”和“湖南省农村卫生信息化示范县”等荣誉，并被长沙市委授予“全市学习型党组织建设示范点先进单位”“全市创先争优先进基层党组织”，连续五年获全县“绩效考核先进单位”“五好领导班子”等荣誉称号。

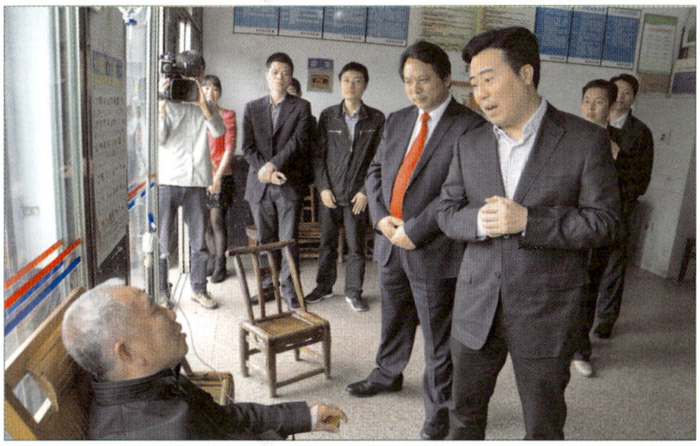

宁乡经开区工委书记、县委书记黎春秋（前右一）深入村卫生室调研

县委副书记、县长周辉（前右三）等领导深入县妇幼保健院调研

县人大常委会主任贺应辉（前中）一行调研县人民医院三湘农村健康行

县政协主席喻亚军（前左三）视察基层医疗卫生机构三年行动工作

长沙市委常委、市政法委书记钟钢（中）一行在局长喻友明（前左一）等陪同下视察宁乡县交通事故人民调解委员会工作

召开民情恳谈会

县司法局

连续十一次荣获国家“人民调解宣传先进单位”

中学生法制讲座

社区矫正人员集中点名训诫

2013年，宁乡县司法行政工作全面贯彻落实“四比四抓争先锋”活动要求，创新社会管理，提升队伍素质，强化工作职能，多管齐下，整体发力，各项工作齐头并进。荣获国家“人民调解宣传先进单位”（连续第十一次获得）、县“一推行四公开”群众工作红旗单位、县妇联工作红旗单位、县信访工作先进单位。灰汤司法所所长陈奇山获评全国模范人民调解员，县交通事故人民调解委员会获评市十佳调委会。

全县共排查各类矛盾纠纷8055起，成功调解7976件，调解成功率达99%，成立婚姻家庭和房产物业、市场经营纠纷调委会，各专业调委会共调处各类纠纷667起，使得一些重大矛盾纠纷得到了有效化解。积极开展信访援助工作，成功化解4件信访积案，一批信访积案得到有效控制。全县累计接收社区矫正人员1250人，累计解矫576人，在册651人，进行审前社会调查评估428件，收监3人，全面杜绝脱管、漏管。深入全县38个乡镇和单位扎实开展“订单式”“针对性”普法，定时定点开展普法宣传及法律咨询42场，LED视频宣传车进行法律巡回宣传50次。全县律师和基层法律服务工作者担任政府、企事业单位法律顾问167家，办理各类诉讼代理案件1865件，办理非诉法律事务1062件，解答法律咨询2150人次。全年共办理法律援助案件496件，登录咨询1518件，为受援人挽回直接经济损失2285.8万元。办结各类公证8540件。

镇村干部法制轮训

为民办实事法律咨询活动

芙蓉绽放 最美长行

长沙银行宁乡支行成立于2005年2月，是长沙银行走入区域化发展后的首批县域支行。目前，支行共有三家对外营业网点，即宁乡支行营业部、宁乡金洲科技支行、玉潭支行，三家社区银行，即楚沩社区银行、喻家坳社区银行、花明楼社区银行，四家自助银行即大玺门、行政中心、行政中心第二办公区、盛翠豪庭自助银行，以上营业网点及自助设备能为我县玉潭镇及周边乡镇的居民提供快捷、便利、贴心的金融服务。

支行成立十年以来，逐步形成自身的经营特色和核心竞争力。支行目前开展的业务特色品种包括个人消费贷款、生产经营贷款、固定资产贷款、公务员循环贷款、商户联保贷款、公务员卡、转账支付信用卡、融意通信用卡、普通外汇业务授信等，业务品种多，类别齐。为满足政务类金融服务需求，支行还发展养保、医保等代发业务，并成功上线国土交易拍卖系统，在三农、水利、园区基础设施、经济适用房建设等重点领域都给与全方位的信贷支持，为加速实现全县“打造省会次中心，构建幸福新宁乡，建设全国一流现代经济强县”的战略目标做出了积极贡献。伴随企业客户成长的同时，支行也实现存款规模24亿元，表内外贷款规模21亿元，累计创利3.6亿元，上缴利税近亿元的优异成绩，各项经营指标位居县域金融机构前列，年年获得了县委县政府经营考核先进单位等荣誉称号并受到广大客户的良好赞誉。

举行第一届VIP客户羽毛球友谊赛

金玉工业集中区与长沙银行银企洽谈会

长沙银行员工向社区居民普及金融知识

长沙银行喻家坳社区银行盛大开业

长沙银行员工为客户提供贴心周到的金融服务

宁乡经开区工委书记、县委书记黎春秋（前左一）陪同副省长张硕辅（前左三）视察宁乡县早稻收购工作

宁乡县召开2013年中、晚稻收购工作会议

县粮食局

履行粮政职能　确保粮食安全

2013年，县粮食局认真履行抓收购、保供给、稳粮价的工作职责，锐意进取，攻坚克难，为民务实，着力抓好粮食收购，引导发展精深加工，探索创办粮食银行，粮食经济亮点纷呈。全县粮食行业共收购粮食38万吨，加工大米27.6万吨，生产白酒200吨，面条1.8万吨，饲料56.7万吨，其它粮油产品5.3万吨，销售总额53.5亿元，实现利税3.1亿元。向上争资20750.1万元。项目工程投入9700万元，招商引资到位资金14600万元，完成1000万元—5000万元项目5个。亮之星大米获评“中国驰名商标”。亮之星米业、卫红米业等6家粮食加工企业获批放心粮油“国家级示范企业”，花明米业获批放心粮油“省级示范企业”，县粮食局党委荣获2013年度县委“五好领导班子”、县“信访工作先进单位”、县“老干部工作先进集体”，荣获市粮食局“2013年度粮食工作绩效考核先进单位”“2013年度粮油食品安全先进单位”，局机关党支部荣获县委“先进基层党组织”。

湖南粮食集团在宁乡县创办的首家“放心粮油店”开张营业

为维护农民收益，确保不出现“卖粮难”、打白条等现象，巩固我县产粮大县地位，县粮食局积极协调，狠抓落实，严格监管，实行预约收购，把困难留给自己，把方便留给群众，实现平稳有序收购，实现农民满意、企业满意、政府满意的良好效果。

长沙首家“粮食银行”——卫红粮食银行

湖南横市农副产品物流园荣获长沙市全国现代服务业综合试点城市项目评审活动第二名

湖南宁乡凤凰山国家森林公园管理处

HU NAN NING XIANG FENG HUANG SHAN GUO JIA SEN LIN GONG YUAN GUAN LI CHU

踞宁乡福地 凝大美凤凰

湖南宁乡凤凰山国家森林公园于2009年12月15日获国家林业局批准成立，公园总面积41.07平方公里，核心景区21.59平方公里，辖区涉及宁乡县夏铎铺镇凤凰社区、香山冲村、龙凤山村、嵇龙村四村以及宁乡县东湖塘镇陶家湾村、秦塘村和牛山村三村。2009年至2012年间由夏铎铺人民政府托管，2013年1月为县人民政府管理的全额拨款事业单位。2013年间，凤凰山国家森林公园集中精力提升景区基础设施建设和推进招商项目开发。一是投入1000余万元进行基础设施建设，完成10公里景区路面改性沥青建设、香山冲景区道路沿线绿化与20公里游步道的规划设计，并启动第一期工程建设。二是成功引进3个项目，合同资金1.5亿元，到位资金7000万元。全年共接待游客12万余人次，同比增长125%。管理处紧扣县委、县政府“打造省会次中心，构建幸福新宁乡”的发展目标，将凤凰山国家森林公园打造成旅游、休闲、娱乐、度假于一体的市民公园和旅游胜地。

县委副书记邓杰平、县人大常委会主任贺应辉等领导调研凤凰山国家森林公园管理处工作。

县委副书记邓杰平指导公园工作

县人大常委会主任贺应辉指导公园工作

县政府办副主任、公园党组书记胡以红

党组副书记、主任姜启辉

龙凤峡漂流接待中心

香山冲景区道路

漂流河道

青少年素质教育培训基地鸟瞰图

宁乡支行党总支组织全体班子成员进行中心组集中学习。

行长周志新主持召开行务扩大会议，全面部署工作，同时组织推进客户发展工程营销竞赛活动

宁乡支行营业室利用上班前30分钟的时间，组织员工学习《员工违规行为处理规定（2014年版）》，敦促员工从思想上提高认识，在行动上按照精神落实

突破小微企业融资瓶颈

截止2013年末，中国工商银行股份有限公司宁乡支行各项存款余额达到18.43亿元，其中储蓄存款12.98亿元，对公存款5.44亿元；各项贷款余额达到25.72亿元，其中个人贷款19.21亿元，公司贷款5.15亿元，小企业贷款1.36亿元。

2013年，工行宁乡支行着力推进与宁乡经开区、新洲新区等“两区五园”的合作，为园区及园区内企业，做好金融服务工作。强化小微企业融资服务，向中小企业推介工行融资业务，为企业设计融资方案，全年共发放小微企业贷款53笔，发放全额达1.67亿元。

2013年，工行宁乡支行个人贷款余额近20亿元，该业务在宁乡同业市场占有绝对优势，在省工行的县域支行中排名第一。值得强调的是，工行宁乡支行利用个人经营贷款等融资产品，力求突破小微企业融资瓶颈，全年共发放个人经营贷款315笔，支持小微企业融资2.9亿元。信用卡分期付款业务快速发展，全年共办理分期付款业务4618万元，较上年净增3768万元，增幅达443.29%。

为推动服务整顿提质活动在全行扎实开展，宁乡支行行长及服务工作分管负责人到每一个网点，向网点负责人解读营业部活动方案和考核办法，提出指导意见

县优化经济发展环境领导小组组织监督员和工行部分服务对象进行评议时对该行改进服务质量、服务大众客户、支持地方经济发展等方面的工作给予肯定

龍泉美墅 long quan villa

NFDC

宁乡县房地产开发经营有限公司

NINGXIANG COUNTY REALESTATE DEVELOPMENT CO.,LTD

以百年品质，铸和谐人居

龙泉美墅鸟瞰

龙泉美墅实景图

龙泉美墅外景一

龙泉美墅外景二

宁乡县房地产开发经营有限公司成立于1985年3月，由宁乡县住房保障局出资组建，注册资本1.2亿元，国家二级房地产开发资质的国有独资企业。主要承担商品楼盘开发、保障性住房建设及城市棚户区改造等职能。公司现有人数43人，其中支部党员33人，高级工程师2名，硕士学位4人，工程技术、经济管理等专业职称人员25人。组织主架构经理办，下设行政人事部、财务部、营销策划部、项目管理一部、项目管理二部、合同及成本管理部、售后服务部七个部室。

公司自成立以来，成功开发建设了紫金广场、教师新村、玉兰商业步行街、玉溪广场、丽水佳园、江岸华庭、文化路商住楼、北门商住楼等多个住宅小区、商业广场，累计完成开发建设面积达120万平方米。近年来，公司倾力于“和”字系列品牌，将“旺和家园”“和泰家园”“时代和府”“和美华庭”等项目打造成高品质宜居产品。其中承建的“和德家园”代表省委、省政府成功接受了全国保障性安居工作会议与会代表的现场考察和观摩，二期户型被作为廉租房样板房在全国推广。

2013年，公司开发的“龙泉美墅”项目，位于白马桥乡仁福大道，项目总用地148亩，总建筑面积18万平方米。总投资约6亿元，分三期开发建设。建筑群由独栋别墅、双拼别墅、联排别墅和花园洋房组成。一期4万平米全面交付使用，二、三期建筑面积约14万平米正在加速建设。

公司坚持以专业化的发展道路，秉承“以人为本，质量至上”的开发经营理念，注重用优质的产品和不断完善的服务，稳固建立了企业在市场的诚信品牌。公司连续12年获得省、市工商部门的“守合同重信用单位”；获得湖南省住建厅授予的“优秀房地产开发企业”“房地产突出贡献单位”；获得省总工会“湖南省工人先锋号”、长沙市委、市政府授予“长沙市文明单位”等多项荣誉称号。

现房实景

龙泉美墅室内景

公司地址：花明北路99号　联系电话：0731-87880739

富豪山莊
公园里的家

盛翠豪庭
城央臻品大宅
Rarity Emerald Region

宁乡城居样板领跑者

宁乡易兴房产总经理叶锦凌（前左三）向出席全县住房建设质量现场会的领导专家介绍经验

富豪山庄·盛翠豪庭位于县行政中心核心区，北接宁乡市政广场与二环路交通要道，南经新康大道，东临花明北路，西靠春城北路，地处县城东西中轴和南北中轴黄金地脉。其周边云集我县最顶端的商业购物中心，包括大型的商场、超市及顶端的休闲、娱乐、餐饮设施，与宁乡最成熟的大西门商圈、老城区商圈一呼百应。此外，小区自身有大体量商业商务，小区中轴线步行街将建成集商业休闲于一体的大型行政中心商圈，配套各种“超市”“餐饮”“休闲”“娱乐”，满足小区业主及辐射周边社区，全面便利的商业配套将为业主打造出浑然一体的优质繁华生活。此外，富豪山庄·盛翠豪庭到县人民医院步行仅几分钟可达，给业主一个365天健康关怀的家。而县文体中心和县幼儿园、玉潭中心小学、玉潭中学、宁乡一中也均在小区周边几分钟路程。

富豪山庄·盛翠豪庭构筑占地182亩的上层领地，建筑密度仅25.7%，容积率仅2.0，绿化率近37%，为城央罕有的低密度社区。台地式微坡地形设计，小区与周边道路存在两米以上高差，整个小区对外展示界面营造出“台地”的尊崇天际。4万多平方米的立体景观与中央水景相互融合，新古典主义园林与简欧风情的楼宇交相辉映。各入口大堂做到大气、堂皇、醒目，而地下车库为了美观采用现浇空心无梁楼盖。该项目获得了2011年度省安

盛翠专线：0731-87840666 87833666

项目地址：宁乡县玉潭镇花明北路

全质量标化工地称号、2012年获评市绿色工地称号，2013年全县住房建设质量现场会又在富豪山庄·盛翠豪庭隆重举行，“好房子”的品牌声名远播。

富豪山庄·盛翠豪庭全新二期推出的第1、2号栋118至125平方米三房户型是该楼盘仅有的两栋精英户型，实属高尚社区稀缺户型，无可置疑将为其带来更加旺盛的人气和财气，使之更加繁华。正在建设中的富豪山庄·盛翠豪庭二期，处处体现开发商对空间的精雕细刻和充分发挥，使实用与大气完美统一，令品质与创新完全契合，成为又一出彩的重要力作。

富豪山庄·盛翠豪庭10套重金打造的豪华样板房开创宁乡看房新体验，带给客户更加真实全面的亲身感受。其中二期推出的最新4套奢装豪宅样板间，呈现出4种风格迥异的设计，在房屋功能分区、收纳空间设计、人性化考虑等方面均有绝佳表现，真实呈现其方正实用、南北对流、开阳采光、分区入户、多阳台布局等户型亮点，尤其风尚雅轩，大开间宽敞客厅视域开阔，格局大气，演绎卓然风范。

金玉工业集中区管委会

1 2
3 4
5 6
7 8 9

1. 省委常委、长株潭“两型社会”试验区建设管理委员会书记张文雄（右）听取县委书记黎春秋介绍金玉集中区规划

2. 副省长黄兰香（前左一）一行实地考察金玉工业集中区

3. 市委常委、市委秘书长陈献春（前左一）现场听取县委副书记、县长周辉（前左二）汇报集中区规划建设工作

4. 县委书记黎春秋（左一）与落户集中区的项目业主交流

5. 县委书记黎春秋（前左一）和县委常委、县委办主任陈永高（左一）及副县长、金玉工业集中区开发建设指挥部指挥长冯智君（前左三）一行深入集中区调研

6. 县委副书记邓杰平（前右三）和县政协主席喻亚军（右一）现场视察玉煤公路及金玉工业集中区建设

7. 县委副书记、金玉工业集中区开发建设指挥部顾问邓杰平（左一）向县委书记黎春秋（左三）一行介绍集中区总体规划

8. 参加全县务虚工作会的全体与会人员听取县政府办副主任、管委会书记唐朝晖介绍情况

9. 县委办副主任、管委会主任刘庆丰（左一）陪同县领导一行视察乡镇飞地招商项目落户情况

打造宁乡工业发展新平台

金玉工业集中区距离县城4公里，总体规划面积20平方公里，核心区12平方公里，启动区2.5平方公里，是县委、县政府为整合工业优势资源，搭建乡镇工业发展公共平台，促进集约节约用地，破解乡镇发展瓶颈，实现工业集中布局，而打造的一个县级工业发展新平台。

集中区的开发建设方式是政府主导、市场运作、飞地招商、合作共建：集中区开发建设指挥部是开发建设主体和管理主体，负责集中区的开发建设和管理协调，制定准入条件，对各飞地项目实施“统一管理服务、统一规划建设、统一政策支持、统一招商标准、统一基准地价”管理办法；乡镇是招商主体，除具备一定工业发展基础和特色的夏铎铺、双凫铺、老粮仓、煤炭坝以及大成桥外，其他乡镇必须将新、扩、改建工业项目，一律以“飞地”模式落户到集中区；有关行政事业管理和审批部门作为服务主体，开辟绿色通道提供“一站式”服务，整合政策和资金，支持集中区基础设施建设和产业发展。

为加快推进集中区开发建设步伐，县委、县政府成立集中区开发建设指挥部，于2013年4月1日正式启动各项工作。当前金玉集中区进展顺利，飞地招商成效显著，已洽谈项目100余个，签订入园项目合同近50个，协议用地1400亩，预计总投资达24亿元，达产后产值达60亿元。集中区启动区的基本骨架已经形成，基础配套逐步完善，招商氛围日益浓厚，根据集中区总体发展定位，一个新的工业发展平台初具雏形。

湖南宁乡农村商业银行股份有限公司

团中央组织部副巡视员刘勇敏（前右一）莅临宁乡农商银行考察调研

2014年湖南省农村信用社全面风险管理机制建设工作推进会议在宁乡召开，宁乡农商银行董事长卢国军作典型发言

2014年工作亮点

业务发展超常规。截至11月末，宁乡农商银行各项存款余额为146.02亿元，较年初增加24.12亿元，存款余额占全县金融机构存款市场份额的38.03%；各项贷款余额突破100亿元，累计发放108.24亿元，较年初净近20亿元，贷款余额占全县金融机构贷款市场份额的33.57%。

税收贡献创历史。该行预计实现总收入11.32亿元，实现账面利润3.8亿元，全年实现税收预计达1.3亿元，为宁乡县地方经济的发展和财税收入的改善发挥主力军作用。

信贷投放特色纷呈。该行全力支持县域经济快速发展，累计发放涉农贷款98.66亿元。现有存量农户贷款14.85万户，占全县各家机构有贷农户的96%。中小微企业存量贷款294笔、金额42.32亿元，贷款增速为42.68%。助推“特色县域经济重点县”相关工作，重点扶持个体工商户、各类经济组织发展，支持中小企业、工业园区、城镇基础设施建设，并促进城镇居民消费，努力满足社区居民多元化需求。

产品创新紧接“地气”。细分信贷市场客户，量身定做“订单贷”、“基金担保贷”、“圆融通”、“税融通”等20余种信贷产品，受到省市联社认可和广大客户青睐。推出林权抵押贷款和开办房屋按揭贷款，破解了农商户抵(质)押物不足的瓶颈；仅2014年就发放林权抵押贷款1550万元，房屋按揭贷款1422万元。

金融服务处处争先。该行积极探索基础金融服务新渠，在全省首家推出“便民金融服务点”，突破助农取款服务点不能存款和现金缴费等业务的局限，将便民金融服务终端布放在社区、村组、特约商户店铺，由受理人代办基础金融业务，且不收取持卡（存折）人任何费用，为客户大大节省了时间和路途往返费用。目前，该行在南田坪乡停钟村、双凫铺麦田村、大成桥乡成功塘村设立的便民金融服务点已经正式营业，广受当地村民青睐。该行计划三年内实现金融服务“村村通”。

资产质量持续优化。启动不良贷款责任认定和责任追究工作，进一步澄清不良贷款底数，加速推进清收压降。表内不良贷款率预计可控制在3%以内，比年初下降1.39个百分点；至11月末，该行共已收回表外不良贷款3687万元，预计全年可净压缩4000万元，资产质量明显改善。

管理机制创新出特色。全面风险管理长效机制建设在该行试点两年，2014年9月16日，全省农村信用社全面风险管理长效机制建设推广动员会议在宁乡召开,标志着该行试点阶段工作圆满结束。目前，信用风险管理系统在全市顺利上线，全行的资产结构逐步得到优化、质量得到进一步提升，操作风险、信用风险等各类风险状况明显下降，员工的合规意识、风险意识明显增强，风险管理机制建设取得初步成效。

文化建设精彩纷呈。通过积极开展篮球比赛、马拉松比赛、乒乓球比赛等文体活动，缓解员工工作压力，为全员展示才艺、展现风貌搭建舞台；运用拓展训练、交流学习、职业素养培训等活动，引导员工深化全员大局意识、责任意识、服务意识，增强全员创新精神、奉献精神、团队精神。同时，该行联合宁乡县关工委共同举办“农商情□爱在深秋”关爱失亲少儿公益活动，现场对103名失亲少儿进行了捐助，对老粮仓敬老院捐资援建，为沩山联校筹建国家级少年宫和月山小学校舍改造积极捐款，并冠名宁乡县“农商银行”杯青年创业大赛等活动，努力以经营成果回馈社会、为需要帮助的群体雪中送炭。

冠名、赞助宁乡农商银行杯“我爱读书”征文比赛

夺得“花明楼”杯宁乡县男子篮球赛综合组冠军

冠名、赞助“农商情·爱在深秋”关爱失亲少儿公益活动

2014年元月，宁乡农商银行驻点长沙高铁站，开展爱心大巴免费接送返乡乡亲回家过年活动

宁乡农商行设立农产品加工特色支行助力特色县域经济发展

省委书记徐守盛陪同中央文献研究室主任冷溶、中共中央党史研究室主任欧阳淞、解放军总后勤部政委刘源等向刘少奇铜像敬献花篮，共同纪念少奇同志诞辰115周年

市委常委、副市长张迎春（前左）等领导调研花明楼镇5A景区创建工作

打造国际旅游城 构筑幸福新花明

2013年，是花明楼发展史上具有里程碑意义的重要一年，更是花明楼新一轮城乡一体化建设大跨越之年。全镇上下众志成城、克难攻坚，升级核心景区，建成景区环线，以只争朝夕的精神和求真务实的行动，实现了历史性突破：成功创建国家5A级旅游景区，圆满举办少奇同志诞辰115周年庆典活动，荣膺长沙市城乡一体化中心镇建设一等奖，“四比四抓争先锋”暨年度绩效考核全县第一，荣获县“五好班子”、全县群众工作一等奖、全市政法工作红旗单位等荣誉。枞木坝、西山坝等农村田间水利提质扩容工程多次受到省、市、县各级各部门现场观摩。全年完成镇域生产总值19.8亿元，实现财政总收入1.373亿元，完成年度目标任务104.95%，工业总产值38.35亿元，社会消费品零售总额35.8亿元，居民人均纯收入1.8万元，增长率20%。

副市长黎石秋（中)调研花明楼镇城乡一体化建设情况

宁乡经开区工委书记、县委书记黎春秋（前）指导花明楼镇抗旱工作

花明楼广场

景区环线——花明大道（夜景）

景区环线——幸福大道

市政协主席范小新（左三）一行调研夏铎铺镇龙凤山村建设扶贫工作

县委副书记、县长周辉（右一）一行深入夏铎铺机械工业园走访调研，镇党委书记孙春华（右二）等陪同调研

在解放思想中破解发展难题

2013年，夏铎铺镇围绕“打造三园、建设三镇、挺进三强”的发展战略，在解放思想中破解发展难题，在真抓实干中提升工作水平，经济社会取得稳步发展。全镇共实现镇域生产总值34亿元，完成工业总产值125.4亿元，完成社会固定资产投资25亿元，工商税收1.5亿元，其中国税1.2亿元，地税3000万元，农民纯收入1.91万元。荣获湖南省依法办事示范窗口单位、省社会管理综合治理先进集体、省规范化司法所、长沙市人口计生工作“十佳”单位、长沙市加速推进新型工业化工作红旗乡镇、长沙市社会救助工作十佳乡镇和县招商引资、项目工程、计划生育、反腐倡廉、政务公开、安全生产、劳动保障等省、市、县多项先进荣誉。

十大重点项目集中开工暨六家企业正式投产仪式隆重举行

办“和谐计生·幸福夏铎”主题活动暨计生基层群众自治现场观摩会

镇党委向党员发出“十带头”倡议，党员在倡议书上签名

夏铎铺镇食品安全宣传周暨安全生产月启动

位于夏铎铺机械工业园南片区的投资1.2亿元的湘泽混凝土公司正式投产

金洲镇
JIN ZHOU ZHEN

省委副书记孙金龙（前左三）和省委常委、市委书记易炼红（前左二）一行在县委书记黎春秋（左一）和县委副书记、县长周辉（右一）及副县长刘俊武（右二）陪同下调研金洲镇城乡一体化工作

县委书记黎春秋（右二）一行在镇党委书记白晓（前左三）和镇党委副书记、镇长王辉（前左二）陪同下深入农家走访调研

县委副书记、县长周辉（前右）到金洲镇调研指导工作

为失地农民进行社会保障

劳动力技能培训班开班

尚益园蔬菜基地

关山安置区

关山千亩葡萄产业园

湖南卫视知名主持人李锐（前左一）被聘为关山村名誉村长

努力建设成长沙的西花园

近年来，金洲镇实施“东进融城、项目驱动、城乡统筹、民生保障”四大战略，紧紧依托大河西先导区、金洲新区，建设生态秀美、产业多元、经济强劲、幸福和谐的新农村、新金洲，全镇各项工作全线飘红，先后荣获国家AAAA级景区、省旅游示范乡镇、市经济社会发展十快乡镇、市文明单位、市食品安全先进单位、市安全生产先进单位、市计生工作先进单位等荣誉，同时党风廉政建设、招商引资、项目建设、民政、社保、统战、农业、环境卫生等多项工作均进入全县先进行列。该镇正站在省会长沙的角度来谋划未来发展，围绕“都市休闲区、城市农业园、改革试验田”的发展定位，科学统筹，提质发展，努力建设成长沙的西花园。

长沙关山欢乐乡村游暨最美关山春游季活动启动，“感受乡村、体验农趣”的关山给游客们带来了无限乐趣

以“践行群众路线、引导健康生活”为主题的民俗文艺汇演在全民安置区隆重举办

成功创建国家AAAA级旅游景区。图为关山古城

煤炭坝镇

MEI TAN BA ZHEN

县委黎春秋书记（前中）和县委副书记、县长周辉（前左一）一行调研门业产业园

镇党委书记王春林（前右二）向前来观摩项目的县领导一行现场介绍情况

县委副书记、县长周辉来到煤炭坝镇敬老院，与敬老院老人和退休老干部一同观看文艺演出，共度重阳佳节

镇党委书记王春林（左一）和副书记、镇长苏继桃（左二）陪同县委书记黎春秋（右二）深入企业车间调研

县委常委、常务副县长刘亮（左三）和副县长冯智君（左五）一行现场调研煤炭坝门业产业园发展

煤炭坝镇首届环月牙湖马路赛开赛

2013年，煤炭坝镇辖12个行政村、1个社区、137个村民小组，1.68万户，人口5.02万人，其中非农业人口1.60万人，总面积72.60平方公里，耕地面积1823公顷。镇域内储煤面积达20.7平方公里，素有“湘中煤都”之美称。是年，煤炭坝镇综合工业园被重新定位为门业园，镇党委、政府着力打造“中部门都”。

2013年，煤炭坝镇紧紧围绕“五年翻两番，再造新煤城，加快建设全省一流现代经济强镇”的总体工作目标，按照“打造一城一园、加速提质转型”的发展思路，坚定建设工业新城、山水新城、人居福镇的发展定位,主抓产业调整转型，全力打造“一城一园”平台，攻坚集镇改扩、园区升级、产业转型三个重点，奋力推动新一轮大跨越，全镇经济平稳健康发展。2013年全镇全年共完成县域生产总值29.63亿元，完成农业总产值4.63亿元，完成固定资产投资14.33亿元，实现社会消费品零售总额5.06亿元，农村居民人均纯收入1.55万元；共完成乡镇工业总产值102亿元，其中规模工业产值58.2亿元，实现规模工业利润5.6亿元，工业创税1.2亿元，完成工业固定资产投资10.3亿元，全年共实现工业招商到位资金5.93亿元，全年新建续建项目共16个，其中新建项目12个，续建项目4个，竣工项目4个。门业园区全年引进门业项目20个，竣工投产项目7个，门业项目投资达10亿元，煤炭坝综合工业园被县委、县政府正式确立为门业产业园。

广场舞比赛奏响煤城人民的幸福旋律

城镇开发顺利推进，平台建设重点突破

镇敬老院获得“示范敬老院”荣誉称号

产业转型大力推进，工业经济活力迸发

白马桥乡

BAI MA QIAO XIANG

打造滨江新城　建设幸福白马

2013年，白马桥乡紧紧围绕“打造滨江新城、建设幸福白马”战略目标，完成县域生产总值28.4亿元，固定资产投入22.7亿元，社会消费品零售总额4.58亿元；工商税收应收尽收，入库1.67亿元。先后获湖南省文明乡镇、湖南省生态乡镇、长沙市经济社会发展综合实力十强乡镇、长沙市创新型乡镇、全市阳光计生行动示范单位和县“五好领导班子”等荣誉。

时任市委副书记张迎龙（前右）一行调研白马桥乡工作

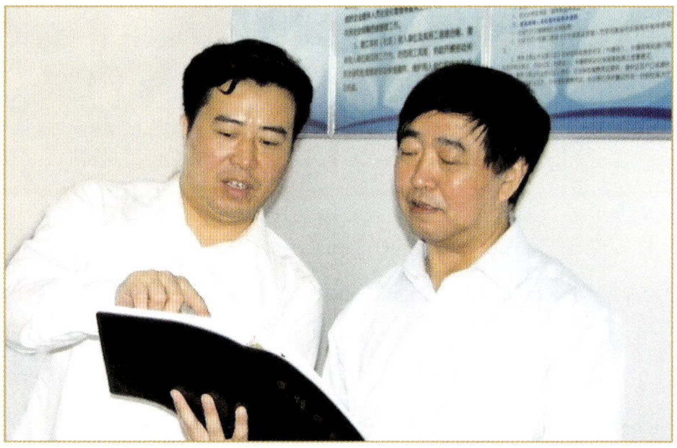

县委书记黎春秋（左）向省政法委副书记陈树林介绍白马社区群众工作开展情况

签订中集白马湖文化旅游综合项目框架协议

凤凰新城项目签约仪式

举行十大项目开工仪式，项目建设如火如荼

乡党委书记欧正坤（前左一）一行帮促服务保障性住房等县重点项目

举行幸福白马杯“你读书·我买单”活动

组织开展群众文娱活动

城乡建设扩容提质，滨江新城雏形初现

正龙古街二期、古街商厦启动建设，旅游文化氛围渐浓

溜子洲大桥主桥全线贯通

城郊乡
CHENG JIAO XIANG

乡党委书记彭欣荣（右一）陪同宁乡经开区工委书记、县委书记黎春秋（右三），县委副书记、县长周辉（右四）等领导视察湘中南钢材物流园项目

党委书记彭欣荣陪同县委常委、常务副县长刘亮（右二）调研湘中南钢材物流园

党委书记彭欣荣向县委常委、常务副县长刘亮汇报项目建设情况

党委副书记、乡长高建阳（左二）察看金玉工业园项目

党委副书记、乡长高建阳现场帮促东申项目建设

党委副书记、乡长高建阳主持召开项目调度会

精彩城郊 激情飞扬

五街国际

城郊乡位于宁乡县城东北部，是宁乡经济发展的主战场，素有“城中之乡”美誉。全乡总面积47.52平方公里，辖10个社区居民委员会，5个行政建制村，总人口64000人。

近年来，随着县城东融北拓、南移西进的幅射发展，城郊已全面融入县城发展之列，处于宁乡崛起的前沿阵地。“加速赶超、率先崛起”是城郊全面对接“长沙大河西先导区”的主旋律。乡党政一班人，与时俱进，开拓创新，始终将经济工作作为乡域发展的第一要务，以建设“经济强乡、幸福城郊”为工作目标，奏响“新城郊、新主力”的乐章，在县域经济发展中率先崛起。农村经济稳步发展，农民收入逐步提高；基础设施逐步改善，生活环境不断优化；科技教育加快发展，居民素质不断提高；民主法制不断健全，文化生活有效改善。2009年跻身长沙市经济社会发展十强乡镇，2012年荣获长沙市经济社会发展十快乡镇。至2013年末，县域生产总值达到28亿元，社会零售品销售总额3.2亿元，财税收入2.7亿元，工业总产值80.1亿元，农民人均纯收25800万元。全乡上下营造了一心一意谋发展、齐心协力促发展的浓厚氛围，成就发展又好又快、社会安定和谐的大好局面。

今日城郊，处处精彩，激情飞扬，是一片充满无限生机和活力的热土，是有志之士成就梦想的乐园。

生机勃勃的工业园区——双华纸业

生机勃勃的工业园区——湖南恒瀚高新技术有限公司

生机勃勃的工业园区——湖南三星

生机勃勃的工业园区——长沙酉诚凸轮轴制造有限公司

回龙铺镇

HUI LONG PU ZHEN

突出三大主攻点
建设幸福回龙铺

2013年，回龙铺镇按照“北工南农、东进融城”的总体思路，实施“兴工、强农、融城”三大战略，全镇上下一心一意谋发展，齐心协力抓建设，镇域呈现出经济快速发展、社会和谐稳定的良好态势。全年实现镇域生产总值13亿元，增长23%；工业总产值16亿元，其中规模工业总产值13.5亿元，增长26%；固定资产投资5.9亿元，增长14%；农民人均纯收入达18815元；社会消费品零售总额3.3亿元，增长15%。先后获评国家级农村科普示范基地、湖南省“安全生产示范乡镇”，连续五年获宁乡县“五好乡镇党委”，工作绩效考核居全县第二。

工业产业快速崛起　全年引进规模工业企业9家，其中亿元企业5家。联筑环保、鼎盛钢构、爱晚亭床垫等项目工程顺利竣工，港越集团、宁华管桩、商贸街二期等建设工程全面铺开，金玉乡镇工业集中区快速推进，拉开了工业发展的骨架。

现代农业引领示范　完成高标准农田整治项目，推广以小型无人喷洒药飞机为代表的先进农业生产技术，初步实现农业生产由种到收的全程机械化。荣获“长沙市粮食生产先进单位”。现代粮食生产示范效应进一步增强。

融城步伐不断加快　完成候旨亭广场改扩建，白马大道回龙铺段商铺门店立面改造。湘中南农机机电大市场、县妇幼保健院新址、盛通仓储等项目有序推进，候旨亭区域近郊服务产业集聚区初具雏形。

镇老年大学新址

快速建设中的金玉乡镇工业集中区

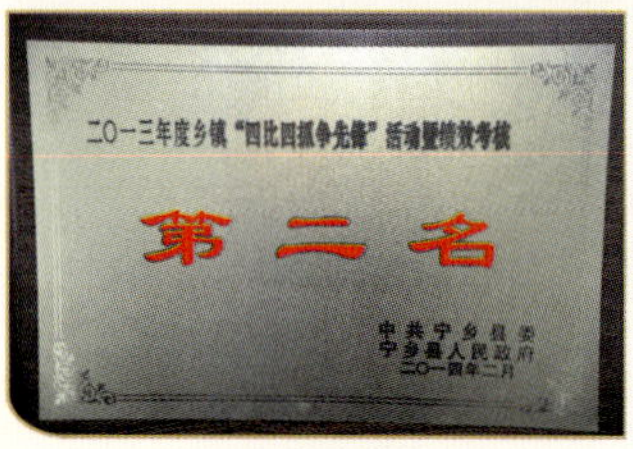

所获荣誉

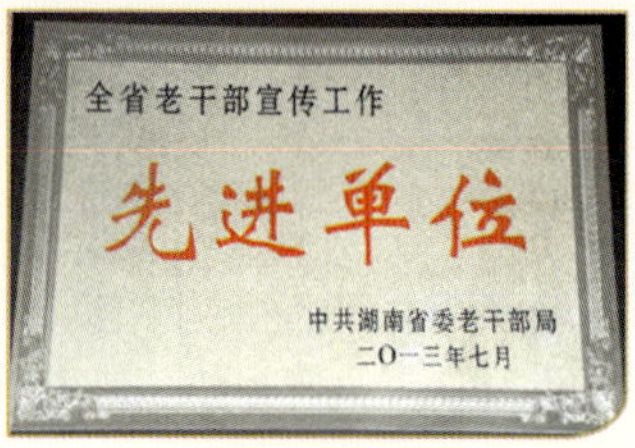

所获荣誉

市委副书记张迎龙（左四）调研湘中南农机机电大市场

镇党委书记李磊（左三）陪同宁乡经开区工委书记、县委书记黎春秋（左四）视察鼎盛钢结构生产车间

县委副书记、县长周辉（前左一）视察青云花猪养殖基地

县人大常委会主任贺应辉（前中）、县委常委、县委办主任陈永高（前右一）等领导前往回龙铺现代粮食产业示范区视察

县政协主席喻亚军（前右一）等领导调研指导回龙铺镇墩家桥村工作

偕乐桥镇
XIE LE QIAO ZHEN

主动融入大灰汤 提质建设新偕乐

县委副书记、县长周辉（前左二）
视察指导偕乐桥镇环境卫生工作

2013年，偕乐桥镇紧紧围绕“主动融入大灰汤，提质建设新偕乐”的战略目标，全年完成生产总值8.5亿元,工业总产值9.5亿元，固定资产投资1.2亿元，实现财政收入430万元，全镇农民人均纯收入达14817元。

2013年，新引进东海养老地产项目，总投资6亿元；烟叶种植实现产值2745万元，创历年之最。环境卫生“偕乐模式”被《中国环境报》专题报道。群众工作“八到户”受赞誉，民调工作在全市名列第二。竹田村被定为县委组织部2013年至2015年建设扶贫村。荣获“市环境卫生十佳乡镇”、“市级综治维稳工作先进单位”、“市集镇管理示范乡镇”、“县五好领导班子”等13项市、县荣誉称号。

党委书记陈计伟

镇长罗德辉

人大主席廖国珍

政协联络处主任吴友良

县人大常委会主任贺应辉（前中）一行调研偕乐桥镇城乡生态环境保护一体化工作

县委常委、组织部部长、统战部部长汤智斌（右四）在偕乐桥镇竹田村召开建设扶贫会

东海项目成功落户偕乐桥

组织镇、村干部到发达地区学习先进经验

整修一新的敬老院

连片优质的晒黄烟基地

紧扣发展第一要务　主动应对全新挑战
突出两个惟一　谱写灰汤开发新篇章

2013年，灰汤镇党政一班人，团结带领全镇人民，紧扣发展第一要务，全力应对新挑战，努力培育新优势，真抓实干，奋力突破，齐心协力谋发展，促发展，两个惟一重点突出，要素保障难题突破，旅游开发建设特色凸显，不断推动实现新跨越，谱写灰汤开发崭新篇章。全年完成生产总值8.2亿元，全社会固定资产投资16.7亿元，完成工商税收4500万元；成功引进雅居乐项目，全年实现招商引资合同资金219亿元，到位资金30.9亿元，完成项目工程投入27亿元，项目工程建设全面推进，投入拉动效果明显。基础设施不断完善，旅游格局呈现新态势；城乡一体化成效显著，新农村建设呈现新面貌；资源整合加快步伐，温泉资源保护利用取得新成效；产业结构调整步伐加快，“三农”事业加速发展；社会大局呈现和谐稳定，各项社会事业全面进步。先后获得“乡村环境整治行动优秀乡镇”“两型创建工作先进单位”“湖南最具民生幸福感乡镇”“新农村建设明星单位”等荣誉。

1、2013年9月10日雅居乐征拆动员会

2、2013年在建中的龙熙温泉项目

3、2013年三项整治工作会议

4、2014年4月10日长沙市城乡一体化灰汤首届融资洽谈会

5、2014年5月6日灰汤雅居乐正式奠基开工

6、2014年7月2日湖南省总工会职工疗养院改扩建项目开工仪式

7、镇党委书记李志敏（左）下村检查环境卫生

创新攻坚再突破 乘势崛起进十强

党委书记张湘桥（左三）陪同宁乡经开区工委书记、县委书记黎春秋（左二）等领导调研枫木桥乡工作

2013年，在县委、县政府的正确领导下，枫木桥乡紧咬“创新攻坚再突破，乘势崛起进十强，秀美幸福新枫木”的工作目标，务实创新，开拓奋进，克服区位不优、资源匮乏、财政薄弱等劣势，各项工作有成绩、显特色。

特色农业产业提质升级 召开月白梨园建设的现场会，重新发挥水果协会的龙头作用，加强技改和品改，推进标准基地的建设，优化包装设计，创新品牌营销。以此为契机，带动枫木桥农业产业的发展。惠元、雪皇、雨杰等农业企业不断壮大、万亩油茶、万亩红薯、五千亩漆树、五千亩中药材、五千亩烟叶基本形成。枫木桥的农业产业化发展取得新突破。

党委副书记、乡长陈鑫（右一）陪同副县长钟利仁（左一）视察枫木桥乡学校建设

枫木新镇区建设顺利推进 完成老集镇沥青路面及下水道管网提质改造工程，架设太阳能路灯，统一广告招牌，改变了脏乱无序的集镇状态，全面提升枫木形象；及时调整思路，组建强有力的专门工作班子，做扎实有效的群众工作，有的放矢逐个化解重点对象，重新启动枫木新镇区建设。新开发的枫木新镇区必将成为枫木桥发展主阵地、主平台。

特色文化旅游逐步构建 吸引宗教机构和社会资金投入4000万元，重建龙仙古寺，完成龙仙寺大悲殿及客房建设，并成功举行农历四月廿三的千手观音菩萨开光大典及大悲殿落成仪式。通过积极的政府引导和市场运作，打造以龙仙寺为代表的宗教朝觐游，以洞庭水库为引领的原生态文化游，构建起“沐灰汤浴、朝龙仙寺、购枫木美食”的产业链。

党委书记张湘桥带领机关干部深入网格户家中与群众交流感情

组织村民积极抗旱

礼佛圣地龙仙寺大悲殿落成典礼

枫木桥乡忠诚履职仪式

枫木新城建设如火如荼

工业强镇实质推进　特色强农更加彰显

镇党委书记胡君安

镇长左立平

县委副书记、县长周辉（前右一）陪同长沙市委常委、宣传部长张湘涛（前右三）等领导调研指导东湖塘镇工作

人大主席彭海龙

政协联络处主任肖福仓

党委书记胡君安（右二）陪同县政协主席喻亚军（左二）慰问困难户

东湖塘镇党的群众路线教育实践活动动员大会

东湖塘镇集中拆除非法小瓦窑

2013年，东湖塘镇紧紧围绕“加快发展、改善民生”两大主题，团结带领全镇人民，解放思想，抢抓机遇，锐意进取，真抓实干，克服了前进道路上的各种困难，全镇经济快速发展、社会事业全面进步、人民生活不断改善，较好地完成了全年的各项目标任务。一是综合实力大步跨越，攀升势头更加强劲。2013年，全镇完成县域生产总值达8.82亿元，增长12.6%；完成固定资产投入4.66亿元；消费品零售总额2.85亿元；农民人均纯收入达14000元，同比增长20%；完成财政税收613万元，为全年任务的114.8%，完成消赤减债340万元，向上争资200余万元，确保了财政良性运行。二是产业发展大步提速，崛起支撑更加有力。工业经济运行良好，“工业强镇”实质推进；强化“特色强农”发展思路，农业基地异军突起，农业大镇初具规模。三是项目建设大步推进，对外开放更加深入。累计启动项目工程10个，长韶娄高速建设、学校改缮、农田水利扩容提质、安置小区建设等项目顺利推进，项目数量、规模、质量和效益大步提升，对外开放的思路和领域不断拓宽、层次和水平大步提升。四是城乡建设大步迈进，发展基础更加夯实。推进集镇建设提质改造，品味稳步提升；深入推进农村水、电、路建设，农村基础设施不断改善。扎实城乡环境卫生整治，牛山村成功摘取市环境卫生“十佳村”桂冠。

社会生活

民政工作

县民政局

局长、党委副书记
陶文良(12月免)

局长、书记
陶文良(12月任)

书记、副局长
陈正容(1月免)
谭淑君(女,1月任,12月免)

副书记、副局长
谭淑君(12月任)
唐维均

副 书 记 胡 英(女)

副 局 长 黄海泉
刘甲初

工会主席 姜得意

【概况】 2013年,宁乡县民政局坚持以科学发展观为统领,以全县“四比四抓争先锋”活动为抓手,开展“五抓五促创五型民政”活动,切实履行改善民生、落实民权、维护民利的基本职责,解放思想,深化改革,实现民政事业新发展,被评定为长沙市民政工作目标考核第一名;被评为全国AAA婚姻登记机关、湖南省农村危房改造工作先进单位、全省慈善工作先进单位、全省社会组织管理工作先进单位、全省福利彩票发行工作先进单位、市级文明单位,宁乡县“四好领导班子”“绩效考核先进单位”;县殡仪馆、婚姻登记处、救助管理站被评为全省社会事务管理优质服务先进单位。

一、民生保障水平实现新提升。2013年宁乡城镇居民最低生活保障标准从每月350元提高到400元,农村居民最低生活保障标准从每月80元、100元、120元,分别提高到130元、150元、170元。全年,新增低保对象8895户1.76万人,注销8849户1.75万人,纳入低保救助3.49万户5.84万人,累计支出保障金1.3亿元。城镇和农村低保对象月人均补差分别达到322.5元和120.4元。2013年改(扩)建坝塘镇、回龙铺镇、大屯营镇敬老院。全县共有乡镇敬老院30所,床位数3200张,农村五保对象1.41万人。其中农村五保集中供养对象2285人,户院挂钩对象328人,集中供养率达到16.2%;城镇“三无”人员104人,集中供养31人,集中供养率29.8%。开展对重症精神病人的救助,确保应救尽救,强制住院2005人次,累计救助2630万元,发放救助药物资154.6万元,药物救助2.39万人次。救灾救济扎实有效。走访慰问各类对象1.5万户,3.79万人,发放慰问金485万元,发放棉被3000余床。按1万元/户的标准为全县209位散居农村的五保户进行房屋的加固修缮。完成全县33个乡镇自然灾害应急预案修订和完善。灾民救助及时有效,转移安置灾民8000余人,下拨救灾资金和其他救灾款768万元,发放食用油1000瓶、1500余公斤,发放大米2000袋、2万公斤,棉被3000套。拓展慈善救助领域,开展各类慈善项目活动,全年共接收慈善捐款895万元,救助8654人次,救助925万元,充分发挥慈善事业在社会保障体系中的重要补充作用。救助管理工作规范,开展街头救助,对受助人员实施“关爱型救助,人性化管理”,切实维护城市生活无着的流浪乞讨人员的合法权益,共救助流浪乞讨人员2297人次。

二、基层政权和社区建设。2013年县民政局出台《关于加强社区建设的意见》《关于印发〈宁乡县社区规范化建设实施方案的通知〉》等文件;完成玉潭、城郊、白马桥、历经铺4个乡镇撤乡镇设街道和大屯营乡撤乡建镇工作。

三、双拥优抚逐步夯实。一是落实抚恤优待。为各类优抚对象发放定期抚恤补助资金7280万元、医疗补助金390万元。春节期间,走访慰问优抚对象3700余人,发放慰问金450万元。二是做好军队退役士兵安置工作。2013年完成643名退役士兵档案的接收、审查、登记及办理退役士兵落户手续等工作,其中安置67人;320名退役士兵参加各类技能培训;军干所接收军转职工38人。投资1600万元,完成宁乡烈士陵园建设。

四、老龄工作扎实有效。开展“红红火火过大年”“重阳大戏台文艺汇演”“金秋惠老”和新《老年法》宣传等敬老活动,县老年协会被评为“全国敬老文明号”;走访慰问全县46名100岁老人、198名特困高龄老人,送去慰问金11.6万元;开展老年人口普查和金婚、钻石婚摸底调查,全县共有60周岁以上老年人23.16万人,占总人口的16.85%,80岁以上的高龄老人2.76万人,占总人口的2%,金婚、钻石婚夫妇2.32万对。

五、社会福利服务事业取得新进步。2013年全县建成农村幸福院35所,在白马桥乡的正农社区、喻家坳乡仁泉村建立两个社区居家养老服务中心。建立并完善老年人的基础服务电子信息档案,有效促进全县村(社区)居家养老服务工作健康发展。

六、社会管理服务不断规范。

一是加强民间组织管理和社会管理服务。2013年开展规范社会办学行为专项治理和行业协会清理整顿工作。依法登记新的社会组织91家,其中民办非企业单位80家、社会团体11家,变更登记78家,注销4家。2013年,全县社会组织402家。婚姻登记工作进一步规范。依法办理结婚登记1.19万对,离婚登记2650对,补领婚姻登记2050对,出具婚姻登记记录证明4423份,查阅复印婚姻档案950份,所办理的各项业务合格率、合法率和准确率均为100%。福利彩票销售再创新高。共销售福利彩票8100万元,比2012年增长30%,提前和超额完成省市下达的6780万元的目标任务。12月8日,中福在线宁乡销售厅正式建成营业。二是殡葬改革强力推进。9月1日,县委、县政府决定在原有玉潭、历经铺、城郊、白马桥4个强制火化区乡镇基础上,新扩强制火化区夏铎铺、回龙铺、菁华铺、金洲4个乡镇,新建农村公益性墓地4个。城区治丧秩序得到有效治理,临街搭棚等现象基本消失,人死火化、丧事从简的风气基本形成。

七、自身建设取得新实效。县民政局结合县"四比四抓争先锋"活动,开展"五抓五促创五型民政"主题活动,狠抓党建工作,全面推进思想、组织、作风和制度建设。组织领导班子成员、中层骨干到一推行四公开联点村菁华铺乡菁华铺村、桃林桥村、万龙村、八家湾村、傅家塘村的52户特困家庭,开展"结对认亲、排忧解难"活动,送去慰问金、慰问品。县民政局被县委向上推荐参加全国的"人民满意公务员集体"评选。与县委组织部、县委党校联合举办为期3天的社会事务管理高级研修班,全县民政战线137人参加培训。

【区划调整】 2013年6月3日,经湖南省政府批准,省民政厅批复(湘民行发〔2013〕14号),同意撤销宁乡县大屯营乡,设立大屯营镇,辖13个建制村,总面积106.41平方公里,总人口4.38万人。7月12日,经省政府批准,省民政厅批复(湘民行发〔2013〕18号)同意撤销玉潭镇、城郊乡、白马桥乡、历经铺乡,分别设立玉潭、城郊、白马桥、历经铺4个街道。具体调整如下:将原城郊乡的茆田、塘湾、合安3个社区和金星建制村的荡然区域范围,与原玉潭镇的行政区域合并,设立玉潭街道;以原城郊乡的东沩、锁匙、怡宁、沩丰、罗宦、木佳、蔸子潭7个社区和关心、石泉、石头坑、茶亭寺4个建制村的区域范围,设立城郊街道;白马桥乡的行政区域设立白马桥街道;以原历经铺乡的行政区域设立历经铺街道。行政区划调整后,玉潭街道辖1个建制村、12个社区,总面积22.76平方千米,总人口12.5万人,办事处驻塘湾社区;城郊街道辖4个建制村、7个社区,总面积37.37平方千米,总人口4.71万人,办事处驻关心;白马桥街道辖2个建制村、3个社区,总面积20.42平方千米,总人口2.4万人,办事处驻仁福;历经铺街道辖7个建制村、1个社区,总面积36.83平方千米,总人口3.25万人,办事处驻新宝塔。

【建成宁乡烈士陵园】 2013年,根据国家民政部、财政部《关于加强零散烈士纪念设施管理保护工作的通知》(民发〔2011〕32号)、省民政厅《关于印发〈全省零散烈士纪念设施建设管理保护工作实施方案〉的通知》(湘民办发〔2011〕27号)及全国、全省零散烈士纪念设施建设管理保护工作会议精神,经宁乡县政府研究决定,县发改局批准立项,投资1600万元,在县殡仪馆西侧新建成宁乡烈士陵园。宁乡烈士陵园是为抗日战争、解放战争、新中国建设时期为国牺牲的宁乡籍烈士建造的一个主题性纪念陵园,是爱国、国防、德育及廉政文化教育基础。占地总面积0.61公顷,分为综合服务区、主题纪念区和烈士碑林区。

(王力支　戴　兵)

县老龄工作委员会办公室
副 主 任　王力支

县双拥工作领导小组办公室
主　　任　李元生

县救助管理站
站　　长　肖　华
党支部书记
　　　　　曾志军

县军队离退休干部休养所
所长、党总支书记
　　　　　刘　洪

县社会救助局
局　　长　李新华
党支部书记
　　　　　成立新(女)

移民开发

县移民开发管理局
局　　长　梁正文
副 局 长　姜跃兵
　　　　　喻湘波

【概况】 2013年,宁乡县移民开发管理局(以下简称县移民局)共有干部职工8名,内设办公室、后期扶持科两个科室。全年,县移民局贯彻落实省、市移民工作会议精神,紧扣县委"四比四抓争先锋"要求,立足民生民本,弘扬高效务实作风,把改善水库库区民生、发展库区产业作为移民工作的第一要务,坚持基础配套设施向库区延伸、公共服务向库区覆盖、产业扶持向库区倾斜,大力推进库区经济社会发展,力促全县移民事业跃上新台阶。

【抓好移民基础工作,实现后期扶持常态化】 2013年,县移民局一是加强后扶人口动态管理。通过平时抽查、定期督察、年度检查等,全年核减移民人口61人,确保移民政策的严肃性。二是及时编制上报2013年年度计划和规划。实施和完成2012年规划计划项目，并对所有项目进行竣工验收。三是完善移民项目资金管理制度。继续完善移民资金预决算管理、分类核算、县级报账、内部控制、内部审计制度，建立项目资金台账，确保移民直补资金按时足额发放，项目资金严格按计划拨付使用，没有发生挤占、挪用移民资金的现象。四是加强移民项目的公开和管理。移民项目在“阳光三农网”和“宁乡县人民政府公众信息网”上进行公示，让移民资金和项目在阳光下运行，接受社会监督，打造阳光政务。

【抓好移民项目建设，改善库区发展条件】 2013年，县移民局投入移民专项资金406万元，重点投入加强库区和移民村安全饮水、公路、学校等基础设施建设。一是通过协调，将巷子口镇官山村、联花村，沩山乡同庆村，黄材镇胜溪村等移民集中区的安全饮水项目纳入全县安全饮水工程范畴。二是按照主管部门和地方政府投入为主、移民资金适当配套的原则，给予8万元/公里的支持，全年投入224万元配套硬化环库公路28公里，改善移民交通出行等生产生活条件。三是关注库区文化教育事业发展，投入70万元专项经费用于库区学校建设，促进库区教育事业的发展。

【抓好移民产业开发，提升库区发展水平】 2013年，县移民局投入各类移民产业发展资金169万元，其中沩山茶叶移民项目33万元，新扩茶园13.33公顷，新建示范基地1个。洞庭库区的枫木桥乡新发展药材基地133.33公顷。田坪库区的青山桥镇以玉竹为主打产品的中药材基地已达到666.67公顷，省移民局规划计划处领导曾经到基地视察并给予高度肯定。黄材库区黄材镇月山等地的药材基地200公顷。沙龙畜牧公司、沩山长沙茶业公司、湘茗茶叶公司等农业企业为宁乡县库区土花猪、茶叶生产的发展发挥重要推动作用。帮助移民产业基地建设，促进移民增收。宁乡县的移民产业发展得到上级移民部门高度肯定。11月27日，县移民局作为长沙市唯一一个单位参加全省移民产业开发现场会，并作书面汇报。长沙沙龙畜牧有限公司作为龙头企业之一参加会议。

【抓好以人为本服务，促进库区和谐稳定】 2013年，县移民局一是抓移民培训，提高素质。安排培训经费44.02万元，培训移民490人，其中实用技术培训390人，就业技能培训100人。二是抓避险解困，关注民生。全年安排资金16.2万元，避险搬迁移民10户27人，改善移民生存环境，确保他们的生命财产安全。三是抓帮贫解困，情暖移民。争取省、市春节慰问资金1.5万元，慰问特困移民14户；安排专项救助资金9万元，用于全县因灾、因病致贫的特困移民的救助以及特困家庭助学，对2013年考上全日制大学的12名移民独生子女、困难家庭和计划生育二女户困难家庭的子女给予每人2000元的奖励。四是畅通信访渠道，化解矛盾。做好移民信访接待工作，及时妥善处理移民上访事件，确保库区和安置区社会大局稳定。全年，没有出现一例移民到省、市上访和群体性非正常上访事件。

（办公室）

人口和计划生育

县人口和计划生育局

局长、党组副书记
胡定平（12月免）

局长、书记
胡定平（12月任）

书记、副局长
刘亮平（12月免）

副书记、副局长
刘亮平（12月任）

副 局 长 肖海燕
马志强
何永胜（1月免）
袁新华

纪检组长 廖长青

工会主席 杨建群（女）

【概况】 2013年，宁乡县人口计生工作以“坚定不移稳国策，求真务实强基础，优质服务树形象，创新管理争一流”为目标，践行党的群众路线教育实践活动理念，在机制建设上下功夫，在优质服务上提档次，在宣传教育上加力度，在综合治理上强措施，全县人口计生事业实现持续、稳步、健康发展。全年全县共出生1.81万人，自然增长率6‰。四项手术落实1.4万例，继续保持全省计划生育模范县荣誉。主要呈现以下几个方面的特点：

一、基层基础日益夯实。构建计划生育“基层管理精细化、基础工作规范化、基本保障制度化”长效机制。编制《宁乡计生工作业务指南》，对县、乡、村三级人口计生工作业务进行全面规范；开展多种形式的国策教育，县电视台滚动播出计生公益宣传广告，《今日宁乡》跟踪报道基层动态，全县悬挂大型计生宣传板50多块，出租车和机关单位政务电子显示屏亮出计生公益广告，计生宣教辐射面不断扩大。县委、县政府先后召开县计生领导小组成员扩大会议，党政线、综治线部门联席会议，研究解决人口计生工作实际问题。举办计生干部业务培训和岗位练兵、技术比武活动10多次，提高计生队伍的专业技术水平。

二、依法管理力度加大。加大法院强制执行力度，县法院立案977起，强制执行581户，司法拘留159人。加大对党员和国家公职人员违法生育的查处，开除国家公职人员8人，开除违法生育党员211人。严厉打击“两非”行为，强化举报有奖、B超管理、出生实名登记、联合办案等制度，查处“两非”典型案件2起。对招工、录用国家公务员、干部任用、评先评优严格把关；对社会公众人物、人大代表、政协委员、村(居)民委员会候选人的评选严格把关。共审查5137人，否决9人;审查拟评选先进单位1112个,否决7个。执行“一票否决”制度,对工作滑坡的龙田、朱良桥、横市、巷子口、南田坪5个乡镇进行“预警示”,对巷子口镇和4个村实行“黄牌警告”,对县中石化公司和4个村实行“一票否决”,对2012年计划生育“一票否决”的3个村落实重点管理措施。

三、优质服务稳步推进。县计生服务站提升和完善服务,强化宣传倡导、资金投入、督察考核三项措施,抓好组织动员、责任落实、数据管理三个环节,扎实推进优生检查项目,全县完成检测人群1.02万对,目标人群覆盖率达95%,早孕随访率96%,妊娠结局随访率98%,发现高风险人群1270人次,进行详细指导,提出确诊治疗建议,有效提高出生人口素质和群众生殖健康水平。

四、协会作用充分发挥。县计生协会组织建设得到加强,实现参照公务员管理,新建多个物业协会、企业协会和流动人口计生协会。开展“创先争优、服务大局”主题活动,县计生协会被评为省计生协会工作先进单位,杨建群等3人被评为省计生协会工作先进个人。利用“3·8”“5·29”等活动日,开展生育关怀服务活动,创造浓厚的计生工作氛围。通过典型引路,现场交流,成功打造1个国家级、3个省级、3个市级、3个县级群众自治示范村(社区)。幸福家庭创建活动不断深入,三结合、幸福工程项目运作良好。

五、信息管理创新发展。依托流动人口“一盘棋”、全员人口信息系统、计生实时通系统、计生协会综合管理信息系统等技术平台,加强各区域、各部门信息交流和联动协作。组织对105个样本点村的重点调查、常年调查和抽样调查,整体工作实现信息化、规范化、阳光化。全年共采录上报流动人口信息20万人,全员人口信息纠错9.8万条,向全国流动人口信息平台交换信息2.9万条,运用流动人口区域协作外地反馈信息消除隐患20多例。自主开发计生协会信息综合管理系统,在全市9个区县得到全面推广,荣获市首届人口计生工作创新奖。

【计生系统掀起业务知识竞赛热潮】 2013年,县计生局拿出6万元专项奖金对各业务线知识竞赛、技能比武优胜者进行表彰奖励,先后组织乡镇计生统计员、法制员、药具员、流管员、奖扶专干、协会专干、计生医师等业务人员,分别进行集中培训及考试竞赛,强化专业工作技能。

【118名农村党员违法生育受查处】 2013年,县计生局组织对全县417个村(社区)2007年8月1日以后农村党员违法生育查处情况进行一次调查摸底,全县共有违反计生政策的农村党员223人,开除党籍110人,留党察看1人,严重警告4人,警告3人。

【创建“省示范药具站”】 宁乡县计生药具工作坚持“以人为本,优质服务”,依托“四优一满意”服务站所和村级计生服务室,夯实基层基础,推进药具公共服务体系建设。至2013年,全县共建成226个标准化、规范化的药具服务阵地。配备乡级药管员33名,村级药管员418名。设立避孕药具免费发放点近100个。为拓宽药具发放渠道,积极推进免费避孕药具进机关、进小区、进医疗机构、进宾馆娱乐场所、进厂矿企业、进婚姻登记处,及时满足育龄群众对避孕药具的需求。4月11日,省人口计生委副主任易露茜、市人口计生委主任周敏等到宁乡县实地督察指导“省示范药具站”创建工作。副县长钟利仁、县人口计生局局长胡定平陪同。督查组先后参观县计生药具站、计生服务站,实地检查玉潭、朱良桥等乡镇,并听取宁乡县药具管理服务工作汇报。10月,宁乡县计生药具站正式被评为湖南省首批“省级示范药具站”,并获得10万元奖励经费。

【开展全员人口数据集中清理月活动】 2013年5月31日,县计生局召开会议,专题部署计生迎省检暨人口数据清理工作,决定在全县开展为期30天的全员(含流动)人口数据集中清理活动。各乡镇根据安排,迅速行动,效果明显。一个月时间,全县共删重、补漏、纠错9.79万条,其中关键信息纠错4185条、长效措施与生育分析个案408例,圆满完成全员(含流动)人口数据集中清理活动月的目标任务。

【顺利通过省数据质量专项核查】 2013年7月23日,湖南省人口计生委数据质量调查组深入宁乡县菁华铺乡,进行全员(含流动)人口数据质量随机抽样核查。调查组携带省数据平台和湘粤流动人口区域协助信息平台中疑似错误和数据异动信息个案,先后深入该乡派出所、卫生院、桃林桥村,以现场入户调查、查阅相关资料、比对数据平台等形式调查走访。调查过程中,还听取菁华铺乡和桃林桥村有关计生工作的情况汇报。结果令人满意,顺利通过核查。

【推进政策兼容完善利益导向机制】 2013年,宁乡县政府出台《关于进一步深化计划生育利益导向机制建设的意见》(宁政发〔2013〕42号)文件,制定和完善宁乡县计划生育优先优惠政策,细化、明确计生家庭的奖励、优先、优惠、扶持、救助、保障措施,受到计生家庭的好评。一是提高标准优奖励。对领取“独生子女父母光荣证”家庭,发给每月不低于10元的独生子女保健费,直至子女年满15周岁。计划生育五项奖励扶助提标经费列入县财政预算,直接发放至计生奖扶家庭存折账户。实行计划生育的夫妇免费享受计划生育基本技术服务项目、生殖保健、优生优育咨询服务。涉及有集体经济收益、征地补偿款分配的乡(镇)、村(社区)组在落实分配集体经济收益、征地补偿费时,对区域内的独生子女家庭增加一人份额。二是整合资源保优待。计生综治部门整合资源,实现计划生育利益导向政策兼容。农村工作部门在农村新能源补贴、农村建设项目资金安排等方面，优先安排计划生育家庭，适当提高对计生家庭的补助标准；教育部门在发放寄宿生、贫困生生活补助时，优先考虑独生子女和农村计划生育两女家庭的女孩；移民部门对考上全日制大学的移民独生子女和农村计划生育困难家庭子女，给予一次性2000元的奖励；统战部、工商联引导非公有制企业优先安置独生子女家庭和农村计划生育两女家庭人员就业；人社部门在就业培训、人员招聘、创业贷款审批中，优先安排计划生育家庭。三是生育关怀重救助。县政府建立生育关怀基金专项经费，同时面向社会募捐，用于计划生育救助。调剂资金用于计生家庭大病医疗救助，视其大病自付费用情况给予总额不超过1万元的特殊救助。民政部门在安排贫困救助及其他救济经费时，对独生子女家庭和农村计划生育两女家庭提高救助标准，扩大救助、救济范围。在确定农村低保补助标准时，对两女家庭和放弃再生育指标的独生子女家庭增加补助资金，比其他同等低保家庭提高一个类别。县计生局每年安排30万元慰问“失独家庭”。各乡镇在每年的“关爱女孩”“生育关怀”活动中，对计划生育困难家庭予以重点救助。

【破获“两非”案件】 2013年8月5日，有群众举报称双凫铺镇双燕村育龄妇女陈某于2011年11月计内怀孕，2012年2月孕情突然消失，涉嫌进行胎儿性别鉴定和非医学原因选择性别的人工终止妊娠。县纪委、县公安局、县计生局组成联合专案组对举报线索深挖详查，成功破获这起典型“两非”(非法胎儿性别鉴定和非医学原因选择性别人工终止妊娠)案件。对涉案人员分别给予党纪政纪处分和经济处罚。

【县计生协会创省优】 宁乡县计生协会工作领导重视、部门配合、措施有力、活动经常，工作开展扎实有效，计生基层群众自治示范成效明显。2013年9月6日，湖南省计生协会专职副会长胡新凡一行到宁乡，听取县计生协会工作情况汇报；到白马桥乡白马社区、夏铎铺镇兴旺村，对宁乡县创建先进计生协会实地抽样检查验收。宁乡计生协会队伍稳定、人心稳定、机构稳定、工作稳定，综合管理信息系统完善。协会发挥自身特色和优势，服务大局，营造氛围，搞好宣传，让生育关怀、计生保险、三结合项目等优惠政策惠及广大计生家庭。检查验收顺利通过，宁乡县计生协会创省优。

（梁建明　　张佳妮）

县计划生育服务站
站　　长　罗湘超
党支部书记
　　汤星余

民族宗教

县民族宗教事务局
局　　长　詹爱芝(女，1月免)
　　胡　宇(女，1月任)
党组书记、副局长
　　陈甘泉(4月任)
副 局 长　李赛超(女)

【概况】 2013年，宁乡县民族宗教事务局(以下简称县民宗局)有干部职工5名。县民族联谊会，共有常务理事18人，理事35人。宁乡是少数民族散居县，少数民族人口以外地婚嫁到宁乡为主，全县共有苗族、土家族、侗族、壮族、白族、回族、瑶族、哈萨克族、维吾尔族、藏族、黎族、傣族、水族、哈尼族、畲族、朝鲜族、拉祜族、仡佬族、仫佬族、怒族、赫哲族、傈僳族、毛南族、锡伯族、京族等32个少数民族居民2000多人，占全县总人口的0.15%。宁乡是全省宗教工作重点县，有县佛教协会、县基督教三自爱国运动委员会两个宗教团体，一个民间信仰管理办公室。全县有佛教寺院25个，其中密印寺和白云寺分别为省、市重点宗教场所；基督教堂福音堂1个，聚会点24处；民间信仰庙宇100多处，已审批登记的场所14处，备案登记的场所9处。全县认定备案宗教教职人员24人，其中佛教22人、基督教2人；皈依佛教居士700多人，信仰群众14万人，受洗基督徒3000多人。宁乡环球职业中专作为国务院扶贫办“雨露计划·腾飞工程”的承办单位，是“民族工作进学校”重点单位。

【宗教文化挖掘】 2013年，县民宗局搭建宗教文化交流平台。创新成立全省唯一的县级宗教文化交流会，为致力于宗教文化挖掘、研究、交流、弘扬的宗教界、文化界、教育界、商界人士搭建一个新的平台，创办并编印会刊《清心》2期。指导寺庙和乡镇对重点佛教寺庙和清庵祖师、“灵官” 菩萨等极具宁乡特色的民间信仰文化进行深入发掘、整理和提升。组织专业人士对上流寺的传统文化进行挖掘，编写两万多字的《上流寺传说》。推出“密印寻禅”活动品牌。严格按照宗教政策有关规定，同时结合现代都市人的需求和密印寺的特点，重点推出“密印寻禅”短期禅修活动，有30余名国内著名作家参加首次体验。

【民族宗教管理】 2013年，县民宗局抓好法制教育。按照国家、省、市宗教部门的部署，开展宗教法规政策宣传，形式多样、工作务实、效果突出。在宗教工作重点乡镇、重点场所采取张贴标语、悬挂横幅、出黑板报、开设法制宣传栏等形式，宣传宗教政策法规。完善管理制度。健全宗教活动场所管理制度、财务制度、教职人员管理制度，探索创新宗教活动场所开设对公账户，果断处理白云寺公款私存问题。召开专题会议，下发文件，开展教风建设。县佛教协会和县基督教三自爱国会分别召开“教风年”建设工作推进会，通过教职人员自查、社会监督、团体督察、民宗局抽查等形式在全县掀起教风建设热潮。妥善处理矛盾纠纷。积极稳妥处理两起涉疆人员群访事件,避免群体性事件的发生。积极抵御境外势力渗透,确保基层教会的健康发展。

【民族宗教公益】 2013年,县民宗局引导宗教界发挥做慈善的传统和优势,积极回报社会,组织宗教界人士深入抗旱第一线,为群众送去扶助资金,仅白云寺就给5个村支持近4万元,展示宗教界的良好形象。另有白云寺僧人释果田将4年的个人积蓄3.43万元全部捐赠给地震灾区,长塘庵主动捐款8万元给当地村民修路架桥。打造密印寺"三福"慈善品牌。围绕县委县政府提升密印景区人气的指示精神,围绕观音的三个佛诞日,策划"二月十九结缘福米""六月十九平安福果""九月十九长寿福茶"的"三福"公益慈善活动,共有10万人次参加,人气大升。

(罗珊姗)

乡 镇

大屯营镇

党委书记 陈志武
副书记、镇长
喻林义(女)
副书记、人大主席
左立平(1月免)
何卫斌(1月任)
政协工作联络处主任
袁 琳
副 书 记 唐超群
党委委员、纪委书记
廖曙光
党委委员、副镇长
李湘辉
党委委员 彭 敏
副 镇 长 傅大成 符仲蛟
人大副主席
熊坤朋

【概况】 大屯营镇由大屯营乡撤乡建镇而来。该镇位于县城东南部,总面积106.47平方公里,辖13个村民委员会(居)、388个村民小组,总人口4.41万人,是全县闻名的烟叶大乡、茶叶大乡、养鱼之乡。

2013年,大屯营镇紧紧围绕"抢抓1121工程(军事工程)新契机,推进新型城镇化、农业现代化进程,建设美丽、文明、生态、和谐的大屯营"这一目标,聚精会神搞建设,凝心聚力谋发展,大屯营镇经济社会各项事业取得一定成效。全年实现县域生产总值13.7亿元,比2012年增长13%;固定资产投资 12.65亿元、社会消费品零售总额2.34亿元;完成财政税收788万元,荣获"财源建设奖"。2013年,大屯营镇绩效考核进入全县前10名,先后荣获"五好领导班子""长沙市文明乡镇""长沙市食品安全示范乡镇""长沙市安全生产示范乡镇"等荣誉称号。

一、工业经济跃上新台阶。大屯营镇始终坚持"工业富镇"的发展战略,积极引导原有企业技改提质,优化产业结构,走可持续发展之路,突出做好工业企业的引进和扶植工作;以"两帮两促"等经济服务活动为抓手,不断优化经济发展环境,着力解决企业本身存在的困难和问题,鼓励企业做大做强。至年末全镇规模工业企业达到29家,并初步形成矿产、建材、烟花鞭炮、木材加工为龙头的支柱产业,工业经济已跃上了新台阶,成为镇域经济的新增长点和财税支撑点,呈现出蓬勃发展态势。全年完成工业总产值15.82亿元,增长2.4%,规模工业总产值12.74亿元,增长6%。

二、农业经济形成新优势。大屯营镇围绕"壮大产业基地,增强发展后劲"的思路,农业产业化特色彰显,农业经济形成了新的优势。一是传统农业基础稳固。粮食生产稳中有进,在严禁直播、抛荒、严控双改单上成效明显。全年全镇完成粮食种植面积6066.67公顷,其中优质稻种植面积5866.67公顷。二是烟叶产业再铸辉煌。全镇以"烟叶质量活动年"为抓手,积极探索持续的、有效的生产管理模式,全年种植烟叶640公顷,产烟126.5万公斤,烟叶总产值2902万元,烟农总收入3374万元,乡村返税334万元。2013年荣获宁乡县"烟叶收购先进单位""烟叶生产质量管理奖""优秀烟叶专业合作社"等荣誉。三是特色农业崭露头角。花明粮油获国家绿色食品认证;靳鑫鮰吻鲟养殖基地、长浏园林花卉苗木基地、仙茶美、宗益食品均已建成并投产,形成公司+农户+基地的生产经营模式,为打造集生态、观光、休闲、富农于一体的现代都市农业奠定了扎实的基础。

三、镇村面貌展示新气象。一是基础设施不断夯实。2013年通过镇村两级共同努力,硬化乡村公路9.1公里;坚持发动群众、义务投工投劳的原则,投入水利建设资金1000余万元,开展河流综合治理、山塘清淤、河坝改造等工作,大大改善大屯营镇农业生产条件和抵御自然灾害的能力;电力、电信、宽带、有线电视等基础设施进一步配套完善;村(社区)阵地建设基本完成;改水改厕工程全面推进。二是集镇建设日趋完善。坚持"规划引导、项目带动、产业支撑、块状发展"的思路,积极推动集镇扩容提质,高质量实施净化、绿化、美化、亮化工程,切实加强集镇秩序管理,规范集镇门店经营行为;自来水厂、污水处理厂、农贸大市场投入运营,城镇化格局初具规模。2013年9月撤乡建镇工作通过省、市验收,正式更名为大屯营镇。三是环境整治加大投入。新建垃圾中转站,启动农村垃圾处理系统建设,创新建立"一月一考评、一月一通报、一月一兑付"的环境综合治理长效机制,韶光村被评为全省环境卫生示范村;整治规范集市、乱停乱摆现象;加大力度逐步关停采石、采矿企业,不再审批、准入资源型企业;加大靳江流域整治力度;在镇域内开展全民植树活动;通过一系列举措,镇村面貌焕然一新。年内,韶光村荣获"省级卫生示范村"荣誉称号。

四、项目工程注入新活力。坚持把招商引资作为借力发展的唯一选择和主攻方向,不断拓宽领域、不断强化措施、不断创新模式,亲商、富商、安商氛围逐渐浓厚。全年,以金玉乡镇工业集中区为平台,成功引进招商项目9个,实现合同引资5.08亿元，实际到位资金4.2亿元,超额完成全年目标任务。坚持把项目工程作为推动发展的唯一载体和主攻重点。建立“一个项目、一套方案、一抓到底”工作机制。全年新开工项目14个,总投资18.68亿元,已完成投入7.5亿元。

五、民生事业实现新发展。民生连着民心,民心凝聚民力。2013年,大屯营镇始终把改善民生摆上首要位置，优先加大民生工程投入，让改革发展成果均衡普惠、共建共享。学校布局进一步优化，2013年投入400余万元完成合格学校建设和校安工程建设,教学质量大幅度提高，教学环境明显改善。整合卫生资源,全面落实各项医改政策,狠抓医疗设施建设和医院规范化管理，医疗卫生全面提质。社会保障体系不断完善,城乡居民医疗和养老保险基本全覆盖,高标准完成敬老院建设，城乡低保、扶贫帮困、农村安居工程、残联、老龄等工作有力推进,社会大局保持和谐稳定。工会、共青团、妇联、科协、老干、武装等各项工作取得新进步,为经济社会建设做出了积极贡献。

【撤乡建镇】 2013年6月3日，根据湖南省民政厅湘民行发〔2013〕14号文件《湖南省民政厅关于同意宁乡县大屯营乡撤乡设镇的批复》,经省人民政府批准,撤销大屯营乡设立大屯营镇。大屯营镇的行政区域为原大屯营乡的行政区域。大屯营镇辖13个建制村,总面积106.41平方公里，总人口4.38万人。2013年9月,大屯营镇成功主办大屯营镇庆祝撤乡建镇暨第四届计生文化节活动。

【农田水利取得突破】 2013年,大屯营镇集中资金、集中精力,以紫坝河、梅洋河等靳江河支流为支点开展农田水利设施综合治理,投入水利建设资金1000余万元,治理河流30.5公里，清淤山塘100公顷,改造河坝12座,完成水毁工程36处,完成田间工程613.33公顷,获得省、市县领导高度评价。

【民生事业硕果累累】 2013年,大屯营镇人口和计划生育工作不断“强基础、优服务、上水平”,是年代表全县迎接市检,荣获“长沙市人口计生工作先进单位”。成功主办大屯营镇第四届计生文化节暨民俗文化节,获得市县领导的高度好评。食品安全工作、综合治理工作常抓不懈,群众安全感和满意度提高,荣获2013年“长沙市食品安全示范乡镇”“长沙市安全生产示范乡镇”。精神文明建设成果丰硕,成功创建“长沙市文明乡镇”。该镇石家湾社区荣获“长沙市安全社区创建工作先进单位”“宁乡县人口与计划生育工作红旗单位”荣誉称号。

(张舒怡)

道 林 镇

党委书记 潘志国
副书记、镇长
徐志平
副书记、人大主席
童佩祥
政协工作联络处主任
宋光玉
副 书 记 周 勇
党委委员、纪委书记
谢勇军
党委委员、副镇长
袁胜泉
党委委员 唐 鹏
副 镇 长 贺 虎
陈 樱(女)
人大副主席
张文宏

【概况】 道林镇位于湖南省宁乡县东南端北纬28° 00'37” 东经120° 43'07”湘江一级支流靳江河流经领域。东接岳麓区含浦镇和坪塘镇,西南连接韶山市,西邻花明楼镇。辖1个社区14个村,总面积135.11平方公里,人口5.56万人。2013年,镇党委、镇政府紧盯全年目标任务,更新观念、拓展思路、谋划发展,团结和号召全镇广大干部群众,以“打造麟靳风情古镇,当好长潭融城先锋,加快建设宁乡最具活力优美乡镇”为奋斗目标,抓项目促发展、重民生促和谐,全面落实县委“四比四抓争先锋”的总体部署,转作风、解难题、抓关键、见实效,扎实推进全镇经济和各项社会事业快速发展。

一、镇域经济稳步发展。2013年全镇完成镇域生产总值1.73亿元、社会消费品零售总额3.46亿元,农民人均纯收入1.44万元,增长20.18%。财政收入,通过采取查账征收、定额解缴、清欠缴税、以票管税等一系列税收征管措施和精细化管理,同时,进一步加大税征管收力度,加强与国税、地税、财政三局的协调沟通,截至12月底,累计完成财税收入1592.86万元,其中国税740.04万元，地税852.82万元。

二、农业工作重点突出。一是全力做好抗旱保苗。2013年遭遇几十年不遇的大旱,镇党委、镇政府统筹安排、科学调度,动员广大干部群众正视灾情,最大限度减少受灾面积，全镇未出现大面积人、畜、农作物受灾等情况。二是大手笔推进田间水利建设。按照“统一规划,三年实施”的总体部署,2013年以山塘扩容增蓄、农村河道整治、渠系清淤整修和河坝更新改造为主要内容，以金华片区为重点,突出“村级为主,群众参与,社会支持”三大特点,全镇全年计划总投入资金1500多万元，其中镇政府以奖代补资金654.68万元（靳水村核心项目区389.68万元，其他14个村265万元),主要用于整修小二型水库一座(芭蕉塘水库),55千瓦机埠2座(社路机埠、麻园机埠),清淤除险加固山塘257口,整修衬砌灌渠76条、排渠47条,整修河道25公里,加固小型河坝27座,完成田间工程266.67公顷。二是稳步推进烤烟生产。全年全镇发展烤烟种植面积300公顷,平均亩产达135公斤，共送烟叶 60万公斤，收购均价为每公斤24.42元，总产值约为1465.2万元，大部分烟农户经济效益大幅度提升。

三、工业产业不断优化。2013年，道林镇党委、镇政府出台过硬措施，成立专门班子，对全镇几十家矽砂、海泡石、耐火材料厂家进行全面整改，采取合并、关停、打击等手段，淘汰落后产能、实现资源优化配置，全年全镇共关停企业1家，整合企业3家，取缔非法采掘场地8处，拘留3人，督促企业缴纳植被恢复等相关资金33万多元。全年全镇实现工业总产值30.37亿元，实现规模工业总产值11.85亿元。

四、招商引资成果丰硕。进一步加大招商力度，更新招商理念，实现招大引强。6月，镇主要领导多次到长沙、郴州等地，与省建工集团高层就道林集镇、黄茅大岭整体包装开发进行全面协商，并于7月12日签订框架协议（合同资金40亿元），县委书记黎春秋，县委副书记、县长周辉对此项目高度重视，要求镇党委、镇政府将该项目打造成宁乡的特色项目、精品工程。新引进总投资4.7亿元的三一风电场项目，完成土地调规和机组测试。除长沙天大锅炉制造有限公司、天龙洪都等新项目已落户之外，镇还与洋华机电集团、仁华物流公司、华生变压器制造、信义能源公司等客商积极洽商，全年招商引资到位资金突破3亿元，新签约项目8个，合同引资23亿元；完成500万元以上固定资产投资2.4亿元；新启动项目5个，竣工4个，共完成项目投入6亿元。

五、项目建设稳步推进。2013年道林镇仍然以服务三大国家重点工程为重点，稳步推进镇域重点项目。全力服务好沪昆高铁、长湘高速、长娄高速三大国家重点工程建设，协助完成房屋拆迁，处理矛盾纠纷，确保良好的施工环境。加快推进道仙公路（全长3.5公里，路面宽度10米，全线改性沥青路面）建设工作，该路是宁乡连接京广澳高速复线南谷互通的省级干线公路，也是道林镇构建大交通网络战略中的重要一环，在镇财政十分吃紧的情况下，道林镇积极与公路部门和承包业主充分协商，加快工程进度，12月前竣工通车。全力做好金华村大界小学易地新建工作，该项目是全镇2013年重要的民生工程，能解决金华、奇石、靳水等村群众的子女就学。天大锅炉制造有限公司已完成厂房建设。

六、社会事业不断改善。2013年农村低保共保障对象1326户，计2148人，累计发放低保金382.76万元。城市低保47户，计78人，累计发放低保金26.41万元；养老保险缴费人数2.35万人，缴费比率90%，医保缴费人数约5万人，缴费金额约300万元，圆满完成上级下达的任务数；农机补助共发放30户，计75台，共发放补助48万元；2013年道林镇人口与计划生育工作围绕“强基础、升质量、抓落实、上台阶”的工作思路，认真宣传计划生育政策，不断完善考核机制。全年共实施上环289例，结扎112例，人工流引产70例，取环71例，符合政策生育率为87%，较2012年提高3个百分点。

七、镇域大局和谐稳定。道林镇党委、镇政府把稳定工作放在突出位置，在人员上、财力上给予重点支持。年初，精选16名同志成立镇治安巡防应急处突大队，定期开展治安巡防活动，组织有247人的红袖章巡防队员进行常态化治安巡防。治安案件和刑事案件的发案率较2012年同期分别下降10%和8%。全年打击处理违法犯罪人员76名，其中刑事处罚26名，治安处罚50名，查处消防不合格单位31家，下发安全生产整改通知213份，共调处各类民间矛盾纠纷402起，调解率100%，调解成功率99%，全市“社会治安公众满意率”测评较上年明显好转。加强“五项安全”工作的管理和处罚，全年没有出现安全责任事故。

八、城乡环境明显转变。2013年全镇共投入100多万元专项经费，用于城乡环境整治。全镇划为79个责任片区，并聘请79个保洁员，将镇村干部分配到每个片区，实行一月一督察，一月一通报，根据督察结果评出前五名、后五名，并严格按考核机制落实奖惩。同时，还对集镇进行集中综合整治。协同城管、交警、交通、工商、公安等部门联合执法，通过拆除违章亭棚、整治车辆乱停乱靠、流动摊点、店外经营等，集镇面貌得到明显改观。

【道林与湖南建工集团签订战略合作协议】 7月22日，道林镇与湖南建工集团第二工程有限公司签订关于新型城镇化开发战略合作框架协议，双方将按照“优势互补，互利共赢，共同发展”的原则，合力建设黄茅大岭旅游度假区、麒麟新城、市政配套设施、公共服务基础建筑、高品质居住小区等项目，计划总投入20亿元，其中首期开发投入10亿元。

道林镇是宁乡唯一全方位紧邻长株潭城市群核心的乡镇，京港澳高速复线与长韶娄高速从两个方向贯穿全镇于北部交会，长韶娄高速的建成，使道林镇距长沙市中心城区仅13.4公里。道林镇旅游资源丰富，有南岳七十二峰之一的黄茅大岭山，唐代诗圣杜甫曾留下“玉泉之南麓山殊，道林林壑争盘纡”的千古名句。道林镇党委、镇政府决心“打造麟靳风情古镇、当好长潭融城先锋，加快建设宁乡最具活力优美乡镇”，力争把道林打造成为长株潭城市群和中部地区最具活力的区域组团和旅游度假目的地。

【张硕辅一行到道林镇调研】 9月27日上午，副省长张硕辅、省政府副秘书长陈吉芳一行，轻车简从，到道林镇调研指导，并与道林镇靳水村部分党员群众进行座谈交流，深入了解当地群众的生产生活状况。靳水村是张硕辅副省长和省政府办公厅农村党风廉政建设联系点。张硕辅副省长对该村工作提出三点希望和要求：一是要进一步加快农业基础设施建设步伐，切实解决群众生产生活中遇到的困难和问题，为农业生产提供可靠保障；二是要进一步加大城乡环境整治力度，改善镇域人居环境，建设美丽乡村；三是要合理调整农业产业结构，稳步推进烟叶生产，确保农民增产增收。

（文　亮）

花明楼镇

党委书记　肖玉华
副书记、镇长
肖小年(1月免)
颜志强(1月任)
副书记、人大主席
张存华
政协工作联络处主任
喻尽忠
副 书 记　邓旺华
谭燎华(女)
党委委员、纪委书记
刘永伶
党委委员、副镇长
贺实余
党委委员　彭春明
副 镇 长　曾含玲(女,1月免)
刘朝晖
刘伟强(4月任)
人大副主席
李　勇(9月免)
陈伟军(9月任)

【概况】 花明楼镇下辖17个行政村和1个社区，共1.75万户、4.92万人，其中非农业人口3223人。镇域总面积113.46平方公里，耕地面积4151公顷,水田面积3629公顷。

2013年，花明楼镇紧紧围绕“打造国际旅游城，构筑幸福新花明”总体目标，全镇上下众志成城、克难攻坚，以只争朝夕的精神和求真务实的行动，实现了历史性突破：全年完成镇域生产总值19.67亿元，实现财政总收入2006万元，超额完成年度目标任务；工业总产值37.69亿元，社会消费品零售总额3.431亿元，农民人均纯收入1.73万元，比2012年增长20%；成功创建国家AAAAA级旅游景区，圆满举办刘少奇诞辰115周年庆典活动，荣膺长沙市城乡一体化中心镇建设一等奖，“四比四抓争先锋”暨年度绩效考核全县第一，荣获县“五好班子”、全县群众工作一等奖、全市政法工作红旗单位等荣誉。

一、谋划高远，部署恢弘，规划做准做深。一是高目标明确战略定位。按照小城市规格，着重在功能定位、经济支撑、基础设施等方面统筹推进中心镇建设，全面铺排道路交通、景区配套、产业发展、水利工程、环境整治等项目建设，将花明楼建成宜居宜游宜商的现代生态旅游新城。发挥中心镇辐射效应，带动周边的道林“工业新城”、大屯营“农业新城”与花明楼“旅游新城”三镇融合，打造宁乡与长株潭一体化对接的最优乡镇团组。二是高起点拓展城镇框架。以规划引领城市发展，拓展中心镇框架。综合考虑土地利用、交通、布局和产业等发展规划，编修2012年-2030年镇域总体规划(2013-2020年)，镇区总体规划控制范围达30平方公里。扩大建设用地规模，编制《花明楼镇土地利用总体规划(2006-2020年)》，新增城镇建设用地4平方公里，集镇核心用地范围从6.8公里扩展为14.16平方公里，在此基础上，规划建设近期人口6万人、远期达10万人口的花明新城。三是高标准驱动品牌引擎。力争三年打造三个国家级品牌，提升景区景观和配套，创建全国特色景观旅游名镇；启动国家级风景名胜区规划编制工作；全国重点镇已通过住房建设部评审，着力建设产业更加优化、环境更加友好、功能更加完善的新型城镇。

二、功能升级，统筹发展，城镇做大做强。一是集镇配套日益完善。重点打造景区环线工程，新建双狮岭大道、改建靳石大道，形成绕镇环线，促使少奇故居与双狮岭、大夫堂等景点紧密衔接，有力拉开“花明楼·刘少奇故里”景区格局；花明大道、幸福大道全面竣工通车，形成绕馆环线，实现馆镇融合，一体发展。提质县道087东烧线东湖塘至花明楼镇区段，花明楼与韶山一线贯通，“对外大通达、对内大循环”的交通格局基本形成。推进天然气、自来水、污水管道等基础设施配套同步建设，花明大道、幸福大道雨污管道完成铺设。与新奥燃气达成合作意向，规划新建天然气储备(供应)站，与中国水务宁乡公司达成合作意向，建设东南联合水厂及管网延伸工程，已进入国家水务专项计划，15.6公里集镇污水管网建设被列入国家“十二五”期间重点流域重点镇污水处理设施配套管网建设补助计划。二是农业基础不断夯实。坚持以“农业增效，农民增收，农村增色”为目标，推进农业农村工作不断向前。举办农民培训班4期，培训农村实用技术人员500多人；补贴农机机具90多台，补贴资金近100万元。完成水稻种植面积5849.47公顷，比2012年增加65.47公顷；落实优质稻种植面积4811公顷，超额完成任务。特大旱灾期间，多次召开村组协调会议，并与韶山灌区管理局协商，争取韶山灌区水源，保证农业生产和生活。成功打造枞木坝和双江渠为两个示范片区，改造西山坝，对北源河全线清淤扩容，改造和新建26座河坝闸门，新修双树村双江渠主渠1470米，完成排水渠道清淤。投入40万元对陈坝等8处水毁工程进行修复，惠及6个村、120公顷农田；全年共完成田间工程666.67公顷，做到蓄水有载体、用水得保障。三是城乡环境更加秀美。深入开展城乡环境综合治理，拆除镇区违章建筑26栋，清理整顿户外广告和门店招牌等集镇乱源，针对店外经营、流动摊贩、乱张贴、乱停乱靠等现象，开展环境整治专项行动。在镇区道路两侧绿化带植树种花，进一步美化镇容镇貌。加大村(社区)城管环卫工作力度和投入，增添环卫设施，聘请卫生监督员，推行环境卫生月考评、月奖惩、月通报制度，村级环境卫生大有改观。

三、产业提质，生态绿城，景区做美做精。一是项目引进增强发展后劲。全年共启动项目工程27个，其中新引进项目20个，合同引进资金68.87亿元，实际到位资金11.9亿元。花明湖景观配套工程启动，花明国际幸福城一期用地签订征用协议，总体规划方案通过初审。湖南省国家教育考试命题基地（梅竹山庄）一期7公顷用地已经招拍挂程序；鸣源世纪大酒店完成主楼建设，与北京刘家饭店合作，打造生态园林酒店“刘家大饭店”。双狮岭生态文化园、芙蓉寨老年度假公寓、民俗文化广场等大型旅游项目建设加快推进，形成旅游大建设、大提升、大发展的大好局面；启动景区综合服务中心建设工作，打造餐饮、住宿、娱乐休闲、商贸物流中心，旅游要素不断完善。二是生态文明凸显“两型”愿景。靳江河流域综合治理启动前期工作，第一期镇区段2.98公里水域综合治理已经开展。花明水库提质扩容及景观配套工程启动规划设计。环绕景区、刘少奇纪念馆、双狮岭生态园、靳江河流域建设“绿道系统”，完成立项、环评、可研等前期手续，核心景区6公里已经动工。践行节能减排，在镇区道路及景区环线道路两侧，统一新装或改换成节能路灯；加快节能减排步伐，依法关闭3家污染严重、产能落后企业，拆除镇区恒晟耐火材料有限公司和花明楼耐火材料厂2个烟囱。三是整合资源发挥聚集效应。引导农民抱团闯市场，发展新鑫农民专业合作社等4家合作社，新增规模以上农业项目或基地2个。引入现代农业公司，加速发展现代农业，先后开发金盆云雾茶叶基地80多公顷，四海油茶林基地300余公顷，在此基础上进一步探索打造万亩现代特色农庄，推动旅游业与现代农业融合发展。

四、夯实民本，百姓普惠，民生做实做强。一是民生保障不断加强。积极推进农村劳动力转移，为农民和返乡农民工组织招聘会和技能培训班，就业合同签订率达99%。社会保险覆盖面不断扩大，年度城乡居民医疗保险参保人数4.52万人，参保率为96.9%；养老保险参保人数2.27万人，参保率达95.4%。全年完成42户农村危房改造，补助资金近100万元。帮扶弱势群体，发放各类社会救济补助款共计633万余元；发放涉农补贴1688万余元，一事一议奖补92.4万元。农村综合性福利服务机构示范工程通过验收，成功创建长沙市残疾人工作明星乡镇。二是社会事业全面进步。筹备花明楼医院标准化二级医院建设，引进DR数字化摄影等设施，医疗卫生条件不断改善。推动教育事业快步发展，成功创建花明楼中学等五所合格学校，提质改造杨林小学等四所小学。计生服务更加优质，全年符合政策生育90.41%，优胜遗传检测全县第一。创办宁乡老年大学花明楼分校，组织召开第一届全民健身运动会，激发全镇人民共创AAAAA旅游景区、共建文明的热情。三是社会大局平安稳定。先后组织开展“百日会战”、“百日禁毒”、“楚沩金盾”、“平安宁乡”四大活动，实现“五无”工作目标，确保校园周边环境、校车安全管理、马路市场、集镇秩序得到有效治理。坚持一月一排查，维护生产、消防、建筑、交通、饮水、电力“六大安全”。政法综治工作成绩突出，获得全市红旗单位，群众工作获评全县一类乡镇。成功打造花明村和花明社区两大群众工作站典型，建设高标准的社区服务中心和老年活动中心。

五、政治清明，政府清廉，队伍做优做能。一是政府管理日益规范。扎实推进国土资源精细化管理，健全土地管理制度，规范涉土决策机制，严格控制规划区范围内村居建房审批。全面加强财政管理，理顺镇、村两级财政体制，坚持强化预算执行，加大控制自由支配权的力度，落实内部牵制和审计稽核制度，科学统筹税收收入征管工作，财政资金使用效益稳步提高。对18个村（社区）进行村务公开督察，不断完善村级民主管理制度，开创阳光村务新局面。二是依法行政深入推进。强化政务公开，重点对全镇经济和社会发展主要指标执行、完成情况，群众关心的重大基础设施建设项目及其招投标情况，政府行政审批项目及程序的执行情况等予以公开。全面落实县委的决策部署，认真落实人大的决议决定，自觉接受镇人大的法律监督和工作监督，自觉接受镇政协的民主监督，重视社情民意处理，积极采纳参政议政成果，施政行为经受了实践和群众的检验。三是政府作风明显改善。以“四比四抓争先锋”大竞赛为契机，加强学习型党组织建设，围绕优作风、提效能。落实中央和省、市、县委关于改进工作作风、密切联系群众的各项规定，在全镇党员干部中开展“忠诚履职，完善自我”主题教育活动，开办少奇讲堂，展开大讨论。发动党员干部积极投身“走基层、访民情、送温暖”等群众工作主题活动，通过结对认亲帮扶，密切干群联系。镇机关、各村（社区）、“两新”党组织向广大人民群众和服务对象做出公开承诺，并接受社会监督。

【举行纪念刘少奇同志诞辰115周年庆典活动】 2013年，花明楼镇携手刘少奇纪念馆，组织开展“纪念刘少奇同志诞辰115周年庆典活动”，省、市领导易炼红、张迎龙、张湘涛、陈泽珲、程水泉、李军专门到花明楼调研工作。5月8日，市委常委、副市长张迎春在花明楼主持召开创“5A”现场办公会议，就具体问题进行研究，提出切实可行的解决方案，使创建工作进展顺利。7月9日，省委常委、市委书记易炼红主持召开市委常委会议，会议决定，以市委、市政府的名义主办刘少奇同志诞辰115周年纪念活动，同意成立由市委副书记张迎龙任组长的纪念刘少奇同志诞辰115周年活动领导小组，会议确定四大纪念活动：一是召开“纪念刘少奇同志诞辰115周年暨刘少奇与民生座谈会”;二是举行“全国刘少奇纪念地联合展览”开展仪式;三是由中央文献出版社出版“刘少奇研究丛书”;四是发行“今日刘少奇故里”纪念邮品。会议指出,11月23日在杜甫江阁举办专题纪念焰火晚会,邀请与会代表观摩。

8月21日,中共长沙市委副书记张迎龙主持召开长沙市纪念刘少奇同志诞辰115周年活动筹备工作会议,会议就有关具体问题做了部署安排,并由市委办公厅发文成立工作机构(长办通知〔2013〕18号)。

10月24日,市委副书记张迎龙、副市长黎石秋亲临花明楼,专题调研纪念刘少奇同志诞辰115周年暨创建国家AAAAA级旅游景区工作,并就具体任务作出周密安排和全面部署。长沙市人民政府成立由市委副书记、市人民政府市长张剑飞任组长的“长沙市花明楼·刘少奇故里景区创建国家AAAAA级旅游景区工作领导小组”。中共长沙市委办公厅和长沙市人民政府办公厅联合印发了创建工作方案(长办通知〔2013〕13号)。

11月24日是刘少奇诞辰115周年纪念日。上午,湖南省委书记徐守盛、中央文献研究室主任冷溶、中央党史研究室主任欧阳淞、刘少奇亲属刘源及参加座谈会的与会代表向刘少奇铜像敬献花篮。随后,与会代表参观了“追寻少奇足迹”中国刘少奇纪念地联合展览,并召开刘少奇与民生学术研讨会。本届研讨会共收到以刘少奇与民生为主题的论文83篇。当天,“刘少奇与民生座谈会”在刘少奇纪念馆举行,“追寻少奇足迹”中国刘少奇纪念地联合展览也同时开展。

【创建国家AAAAA级景区】 2013年花明楼镇以少奇同志诞辰115周年为契机,全力创建国家AAAAA级旅游景区。改建、扩建门楼广场,安装景观射灯,修建从门楼广场经铜像广场通向少奇纪念馆的电瓶车道。对镇区环境及道路沿线进行美化亮化,沿袭纪念馆“红梁青瓦白墙”风格,对花明楼广场周边房屋立面改造,开展镇区门店招牌整治;对镇内影响景区形象的建筑物进行围挡,刷白、美化沿线裸露墙体,体现伟人故里元素制作公益广告;集中镇村力量全面整治环境,制作内参照片、倒逼整改;依法拆除宁乡恒晟耐火材料有限公司和花明楼耐火材料厂两个烟囱;组织召开村民小组组长、党员会议,制定文明公约,发动群众参与;与县城管局、交警二中队联合开展专项行动,规范交通秩序;镇城管中队联合县工商局、花明楼派出所,集中整治店外经营和马路摊贩,开展执法大检查。2013年11月22日经国家旅游局正式授牌,“花明楼·刘少奇故里”景区成功晋升国家AAAAA级旅游景区。

【城乡一体化建设受到市领导重视】 10月21日,市政府副市长黎石秋带领相关市直单位负责人、长沙市城乡一体化试点乡镇党委书记到花明楼镇,现场观摩花明楼·刘少奇故里景区环线工程(双狮岭大道、靳石大道)、鸣源世纪大酒店、花明楼广场等重点工程项目建设情况。10月30日上午,花明楼镇城乡一体化建设暨纪念刘少奇同志诞辰115周年筹备工作现场办公会在刘少奇同志纪念馆召开。长沙市人民政府副市长黎石秋,中共长沙市委副秘书长、市农办主任郑耀频,长沙市人民政府副秘书长曾慧明,以及市农办、市发改委、市住建委、市国土局、市交通局、市水务局、市农业局、市林业局、市卫生局、市园林局、市电业局、宁乡县政府、刘少奇故里管理局、花明楼镇等单位负责人出席会议。黎石秋指出:在花明楼新一轮发展过程中,要深入规划,科学定位,加速推进重点项目建设,整合各方面资源,创造性的推动各项工作的开展。各相关部门要带着一份责任,一份感情,一份忠诚,支持花明楼城乡一体化工作和刘少奇故里的发展。各市直单位表示给予花明楼最大的支持,为花明楼城乡一体化建设和刘少奇故里发展作出更大的贡献。

【水利建设接受市、县现场观摩】 2013年,花明楼镇按照上级的部署要求,扎实推进以河道疏通、渠道疏浚、山塘清淤为重点的农村田间水利扩容提质工作,在充分调研基础上,制定全镇农田水利扩容提质规划,即“建设两个片区,两年实施”:按照“建一片,成一片,发挥效益一片”的原则,重点建设两个片区,包括靳江河支流北源河流域六个村(芙蓉、金元、戚佳山、杨林、靳源、花明楼)以及双树村新修双江渠,实现两年内清淤整治681口山塘的计划。10月8日,宁乡经开区工委书记、县委书记黎春秋深入花明楼镇杨林、靳源、双树等村的田间地头,实地调研田间水利扩容提质工程的推进和落实情况。11月7日,宁乡县召开农村田间水利工程扩容提质工作现场推进会,全体与会人员观摩花明楼田间水利建设现场。12月2日,长沙市副市长黎石秋率领全市各区县(市)相关负责人到宁乡县观摩农村田间水利建设工作,深入考察花明楼镇北源河枞木坝。

(龚　鹏)

东湖塘镇

党委书记　曾铁坚(1月免)
　　胡君安(1月任)
副书记、镇长
　　胡君安(1月免)
　　左立平(1月任)
副书记、人大主席
　　彭海龙
政协工作联络处主任
　　肖福仓
副书记　杨伟军
党委委员、纪委书记
　　刘永宏
党委委员、副镇长
　　周向波
党委委员　曾勇备(女,4月免)
　　陈　康(4月任)

副 镇 长　邹文平
　　　　　易爱媛(女)
人大副主席
　　　　　戴碧江

【概况】 东湖塘镇地处宁乡县东南部，距县城21公里，与韶山、湘乡毗邻，全镇总面积131.68平方公里，辖15个行政村(社区)，200个村民小组，共有1.52万户，4.85万人，其中耕地面积2905.2公顷，森林资源6790公顷，居全县第二位。省道208线及县道东花公路穿镇而过，在建的长韶娄高速贯穿其中，是通往伟人故里韶山和花明楼的必经之地。

2013年，东湖塘镇紧紧围绕“借势长韶娄，融入大河西，实现大跨越，建设新东湖”的总体目标，抢抓发展机遇，突出产业特色，深入落实“四比四抓争先锋”活动，奋力推动经济社会又好又快发展。全年全镇：完成县域生产总值达8.82亿元，比2012年增长12.6%；完成农业生产总值4.36亿元，完成固定资产投入4.51亿元；实现消费品零售总额2.85亿元；实现农民人均纯收入达1.31万元，增长20%；完成财政税收613.23万元，完成消赤减债340万元，向上争资200余万元，确保财政良性运行。

一、经济发展大步提速，崛起支撑更加有力。一是农业大镇初具规模。强化“特色强农”发展思路，坚持抓基层、打基础，抓民生、帮民富，由传统农业大镇逐步向现代都市农业强镇转变。以卫红米业为龙头，启动“粮食银行”建设，解决群众种粮的后顾之忧，至年末，有15个村1500多个农户与公司签订加入“粮食银行”协议，种粮积极性进一步提高；积极对接省植物园，投资2000万元新建特色花卉基地，全力打造“湖南鲜花港”；积极打造名贵优质花卉苗木基地，帮促天成公司落户西冲山村；大力推进规模农业建设，打造200公顷湘麟蔬菜基地及牛牛蔬菜基地，产品全部供应长沙市场。二是工业经济提质增效。积极推动镇域企业转型升级，确保在优化产业结构中增强总体实力。年内，宁韶肉类投入2000余万元进行提质改造，并注册家润多食品商标，获得中国著名品牌称号；创力机械与金洲新区星邦重工合作，新增生产线一条，企业实力进一步提升；东湖塘水泥厂，投入200万元提质改造一条粉磨生产线、新增一条散装生产线；东湖塘耐火泥材料厂推进煤改气设备升级，确保废气达标排放，企业投产运行良好。全年全镇共完成工业总产值12.25亿元，其中规模工业总产值达5.6亿元。

二、项目建设大步推进，对外开放更加深入。一是民生项目大力推进。花最少的钱，办最好的事，建设质量最好的项目，强力推进全镇农村田间水利扩容提质工程建设，掀起水利建设新热潮。2013年，全镇共疏通沟渠99公里，河坝21.4公里，整修水闸31座，山塘清淤224口，共141公顷，田间水系1200多公顷，群众投工投劳3.2万个，动用机械5000多台。全县农村田间水利扩容提质现场会在东湖塘镇进行观摩，湖南都市频道、宁乡县电视台、《今日宁乡》等多家媒体对东湖塘镇工作进行宣传报道。二是重点项目进展顺利。坚持把项目建设作为促发展、谋崛起的第一抓手，强势推进。全年全镇共新建、扩建项目工程14个，完成资金实际投入1.76亿元，实现建安营业税129万元。长韶娄高速公路建设推进顺利，项目建设环境位列全县前茅；卫红米业三期投资2000万元新建稻谷烘干设备及精米加工生产线全面竣工投产；集镇污水处理厂项目整体完工，进入试运行阶段；正大养殖基地项目实现三通一平；泉山安置小区建设如火如荼，有50个门面的户主入户安居。

三、城乡建设大步迈进，发展基础更加夯实。严格冻结“三道”(宁韶路、东花线、天心大道)两侧所有建设用地，确保镇域范围内科学合理化利用土地，邀请农业大学设计研究院对东湖塘镇15个村(社区)进行生态规划修编，成功创建省级生态乡镇。集中拆除集镇违章建筑棚屋157户，拆违面积达6000平方米，投入10多万元将集镇路灯开通，实现集镇亮化；投入30多万元，规范集镇门店广告标牌230户，实现集镇序化；围绕争创市环境卫生“十佳”乡镇及省级生态乡镇，彻底整治农村庭院、村庄、集镇和公路沿线“脏乱差”现象，牛山村成功摘取市环境卫生“十佳村”桂冠；组织相关部门对火扇村、泉湾村、太平桥村等10处耐火泥非法开采点进行重拳打击和依法整治，收缴耐火泥2万多吨，并着手启动生态恢复治理工作。

四、和谐局面大步巩固，发展成果更加普惠。一是社会大局平安稳定。坚持以平安稳定为核心，全面加大社会面管控工作，“红袖章”巡逻治安防控得力，信访维稳处置及时，全年镇、村、部门三调联动，处突调纠、排忧解难，为构建和谐东湖塘营造良好的社会环境。二是计划生育水平整体提升。创新出台人口计划生育工作四项制度，集中人力、物力、财力全面夯实计划生育基层基础工作。全年计划生育统计误差逐年降低，计划生育率稳中有升。落实四项手术430例，计划生育工作氛围进一步浓厚，基层基础工作进一步夯实。三是民本民生大力改善。全年共发放低保金315.34万元，重残补助21.5万元，救助贫困对象200余户，救助人数420人，救助金额27.5万元；“干群心连心，共建新家园”危房改建三年行动计划中2013年援助对象54户全部竣工验收。新农合、新农保工作严格执行政策和操作程序，惠农政策全面落实到位。四是教科文卫均衡推进。2013年全镇中考成绩排名全县第四，并代表宁乡县接受省级、国家级义务教育均衡发展的督导评估。泉塘湾学校成功创建为市级合格学校，许家坝小学投资400余万元易地新建。卫生院投入500万元新建住房大楼，全面验收交付使用。扎实开展“一镇一品”特色文化工作，麻山锣鼓成功申报省级非物质文化遗产名录。

五、队伍建设大力加强，发展保障更加有力。深入推进村级班子年度考核，扎实开展“忠诚履职”教育活动，在项目建设和中心工作中，积极培养和锻炼干部。这些举措使全镇上下形成干事创业的良好氛围，心系发展大局，情系民情冷暖成为广大干部的共识，发展成果普惠民生。

（杨俊榕）

夏铎铺镇

党委书记 文 斌(1月免)
孙春华(1月任)
副书记、镇长
黎国君
副书记、人大主席
李建坤
政协工作联络处主任
孙尚文
副 书 记 龚学军
杨靓雯(女)
党委委员、纪委书记
姜启辉(9月免)
陈红兵(9月任)
党委委员、副镇长
贺 伟(1月免)
李加强(9月任)
党委委员 刘金文
副 镇 长 李加强(9月免)
李拥华(女)
贺朝前(9月任)
人大副主席
丁旭文

【概况】 2013年，夏铎铺镇辖10个行政村，3个社区，270个村(居)民小组。全镇总面积103.25平方公里，其中耕地面积2700公顷，总人口3.96万人，其中非农业人口1792人。

全年全镇围绕“打造三园、建设三镇、挺进三强”的发展战略，紧扣市“六个走在前列”和县“四比四抓争先锋”活动精神，在解放思想中破解发展难题，在真抓实干中提升工作水平，经济社会取得稳步发展。

全镇共实现镇域生产总值34.24亿元，完成工业总产值121.28亿元，完成社会固定资产投资25亿元，财政收入1.37亿元，其中国税1.17亿元，地税2661万元，农民人均纯收入1.79万元。荣获省、市、县多项荣誉：湖南省依法办事示范窗口单位、省社会管理综合治理先进集体、省规范化司法所、长沙市人口计生工作“十佳”单位、长沙市加速推进新型工业化工作红旗乡镇、长沙市社会救助工作十佳乡镇、招商引资、项目工程、计划生育、反腐倡廉、政务公开、安全生产、劳动保障等工作均荣获县级先进单位。

一、工业经济逆势增长。坚定不移地推进“工业强镇”发展战略，立足全县工业第一梯队，瞄准全省乡镇工业排头兵行列。2013年虽然遭遇了国内宏观经济形势低迷、经济下行压力较大的挑战，但仍然顶住压力取得喜人成绩。一是园区形象提升。新修北区5号路，北区基础路网全面完善；南区美洲南路、科技路、兴旺路三条主干道全面竣工，构建两纵一横的路网框架，安装园区导引系统。二是用地瓶颈突破。开展征拆集中攻坚战，征地26.67公顷，拆迁12户，顺利竣工美洲南路西侧和延伸线土方平整工程，可供成熟工业用地20公顷，有效保障远飞电器、科美机械等项目用地需求。三是项目建设火热。促成远飞电器、建伟电缆、淮海工程机械等17个优质项目签约落户；6月，举行“夏铎铺镇十大项目集中开工暨六家企业正式投产仪式”，并通过召开县长办公会，积极开展“两帮两促”，促成鑫迪风机、永通电子等6个项目顺利实现投产，润隆华机械、华铝机械等项目仅用5个月时间完成建设，润通工程机械、赋材科技等项目赶在年前开工。全年累计合同引资20.55亿元，启动投资1000万元以上项目31个，其中5000万元以上项目3个，园区企业突破100家。

二、农业基础不断夯实。一是大力实施水利扩容提质工程。广泛发动干部群众筹工筹劳，全镇山塘清淤77.67公顷，新建山塘906公顷，河道疏通61.4公里，渠道疏通160.9公里，田间渠道疏通142.69公里，整修小河坝21座，超额完成全县一类乡镇任务，农业抗风险能力增强。二是大力开展粮食生产。落实粮食生产4620公顷，无抛荒、无双季稻改单季稻、无直播，在粮食抽样点调查中被评为“一类乡镇”，亮之星米业荣获全国驰名商标和有机食品认证。三是大力推进公路建设。全年新建通村水泥公路30公里，全面完成村村通水泥公路目标。投入550.8万元，对欧洲路和夏高线进行全面整修，整修公路57公里，成功创建长沙市农村公路管护养示范镇。

三、城镇面貌焕然一新。借势沩东新城快速发展之机，在探索中推进“两型”社会发展新路径。一是环境更加整洁。2013年9月，正式启动319国道、宁韶线、夏高线沿线环境综合整治，并多次开展路边堆放杂物清理行动，全镇“脏、乱、差”现象得到有效治理。二是秩序更加井然。对319国道沿线173户住户、585空门面、179处棚架进行全面整改，拆除各类违法违章建筑，整改电力、电信线路，沿线门店招牌统一设计和制作。三是设施更加完善。启动319国道夏铎铺段提质改造工程，全面升级改造道路下水道，安装路灯，彻底打通集镇血脉。四是配套更加丰富。开展新卫生院、龙凤综合大市场项目前期工作，启动农商银行、聚富园二期项目建设，吸引更多的人口进镇经商置业。

四、社会事务亮点纷呈。一是计生领跑全县。连续七年位列全县前三强，连续三年获市模范乡镇，成功创建兴旺村为省级和国家级计生基层群众自治示范村(居)、夏铎铺社区为市级计生基层群众自治示范村(居)，2013年计生率94.3%、孕检率90%以上，计生基层群众自治合格率100%。二是社会稳定和谐。全年共调处各类矛盾纠纷108起，均未造成恶劣影响。开展“三治三防三优”专项整治行动和“红袖章万人巡防促平安”活动，企业安全生产大检查和校车运营检查。被评为2013年–2015年湖南省依法办事示范窗口单位、湖南省社会治安综合治理先进集体，镇司法所被评为湖南省规范化司法所。三是殡改稳步推进。2013年9月推行殡葬改革工作，至年末，火化率达100%，率先在全县启动公益性墓地建设。四是社会保险全面覆盖。城乡居民养老保险缴费比率97%以上，排名全县前列。完善敬老院硬件建设，提高服务水平，荣膺市十佳敬老院。提升综合文化服务水平，镇文化站被评为市一级文化站，文化工作代表全县在市文化工作大会上作典型发言。五是群众工作屡获嘉奖。以夏铎铺镇嵇龙村群众工作为典型，多次接受省、市、县领导调研，并获得一致好评。

五、工作效能大幅提升。一是党政领导率先垂范，带头深入学习，通过召开民主生活会，班子成员开诚布公谈问题、找原因、提建议，进一步统一思想认识，明确发展思路。二是机关干部深入一线，深化70个片区“网格化”管理模式，全体干部深入一线“边干、边学、边教”，征地拆迁、水利建设等多项工作都以“五加二”“白加黑”模式开展，工作氛围良好。三是主题活动有声有色，开设“六大课堂”，组织学习党的十八大、十八届三中全会、市十二届六次全会等精神。四是机关管理日臻完善，修订机关管理及财务管理制度，实行上班签到和挂牌上岗，改革办公经费制度，实行各办经费包干，进行“四费”公示，“四费”降幅排名全县第一，干部作风明显改进，为民办事效率大幅提高。

【雕塑家雷宜锌到夏铎铺镇中心小学讲学】 5月27日，美国华盛顿国家广场的马丁·路德·金雕像的作者，长沙雕塑家雷宜锌，在“寻找乡村最美教师”湖南区活动首日，受内蒙古蒙牛乳业(集团)股份有限公司和长沙晚报社之邀，走进宁乡县夏铎铺镇中心小学，当起了“乡村教师”，为这里的孩子们讲述他和“马丁·路德·金”以及其他作品的故事。

【计生群众自治现场观摩会】 5月28日，夏铎铺镇组织开展“和谐计生·幸福家庭”大型主题活动暨基层群众自治现场观摩会。省计生协会副会长胡新凡、市计生协会会长张菊萍等出席，并为国家级计生基层群众自治示范社区——夏铎铺镇高新社区，省级计生基层群众自治示范村(社区)——夏铎铺镇高新社区、历经铺乡紫云村、白马桥乡白马社区进行授牌。

【举行十大项目集中开工暨六家企业投产仪式】 6月5日，夏铎铺镇举行2013年十大重点项目集中开工暨六家企业正式投产仪式。这既是夏铎铺镇工作成果的全面展示，又是擂响夏铎铺镇项目建设和掀起工业经济发展热潮的战鼓。宁乡县委副书记、县长周辉，县委常委、常务副县长刘亮等出席仪式，县政府办、工信局、发改局、项目办等部门单位负责人、开工项目和投产企业法人代表，《长沙晚报》《今日宁乡》等媒体单位及夏铎铺镇干部群众参加仪式。

(李艳珍)

金 洲 镇

党委书记 刘俊武
副书记、镇长
王　辉(女)
副书记、人大主席
罗尚平
政协工作联络处主任
何卫斌(1月免)
张赞辉(1月任)
副 书 记 周杰文
党委委员、纪委书记
张赞辉(1月免)
谭　果(1月任)
党委委员、副镇长
段尚明
党委委员 贺粤湘
副 镇 长 肖兵华　段志斌
人大副主席
贺爱中

【概况】 2013年，金洲镇辖9个村民委员会、2个居民委员会，3.18万人，其中非农业人口1231人，总面积61.31平方公里，其中耕地面积1770公顷。全年全镇努力实施“东进融城、项目驱动、城乡统筹、民生保障”四大战略，紧紧依托大河西先导区、金洲新区，建设生态秀美、产业多元、经济强劲、幸福和谐的新农村、新金洲。2013年全镇各项工作全线飘红，先后荣获国家AAAA级景区、省旅游示范乡镇、市经济社会发展十快乡镇、市文明单位、市食品安全先进单位、市安全生产先进单位、市计生工作先进单位、县五好领导班子、县绩效考核第六名等荣誉，同时党风廉政建设、招商引资、项目建设、民政、社保、统战、农业、环境卫生等多项工作均进入全县先进行列。

一、经济指标实现六大突破。2013年，镇域生产总值完成9.99亿元，比2012年增长19.3%；固定资产投资完成8.4亿元，增长15.9%；财政税收完成4365.52万元，增长6.5%；招商引资到位资金21.8亿元，增长50.7%；项目工程投入21.3亿元，增长37.2%；工业总产值达13.63亿元，增长24.2%，其中规模工业总产值11.37亿元，增长24.6%；农业总产值4.15亿元，增长23.7%，农民人均纯收入1.79万元，增长26.9%。全镇综合经济指标完成情况位居全县前列，被评为“长沙市社会经济发展十快乡镇”。

二、产业升级打造两大平台。关山景区成功创建为国家AAAA

级旅游景区;农业观光走廊初具雏形,水果、茶叶、芦笋、隆平高科等基地已建成投产,蔬菜基地、苗木基地、育种科研中心等在积极建设当中,走廊建成后将成为现代都市农业的典范。

三、项目建设取得三大成果。全年全镇各类项目建设 26 个,其中在建 8 个,待建 14 个,在谈 4 个。在建项目方面,碧桂园楼盘销售良好;关山壹品楼盘已开盘;安置区楼盘二期竣工,进入拆迁户安置阶段;城投龙桥御园楼盘已全面启动建设;关山古镇进入试营业,正在规划设计二期项目;创意工厂如期推进;关山美印一期投资 1.2 亿元引进 2 条进口生产线,生产能力跃居全省印刷行业第五;二期包装线已完成主体建设。金朱公路自建段 2 公里、县建段 7.8 公里均已如期竣工;九溪小镇建设势头良好。待建项目方面,农商银行已启动详细设计;清晏九州文化产业园完成公司注册、立项等手续,进入征地拆迁阶段;山东尚益园蔬菜基地进行土地流转;隆平高科育种中心完成 2013 年水稻育种,科研中心已开好双控账户,进入土地平整;商贸中心与加油站进入土方建设;关山小会所进行规划、立项等前期工作;威龙国际酒庄进行公司注册预审;关山生态农庄进入规划设计;金玉工业园成功引进上海智顿儿童用品公司和昆山达一模具公司,超额完成目标任务。在谈项目方面,21 世纪国际马术运动中心、大汉庄园项目均已签订框架协议,金洲商贸城二期、绿禾基地项目在招商洽谈之中。

四、基础工作呈现六大亮点。高度重视文明创建工作,荣获全市文明单位;建立"全民参与"环境卫生整治机制,环卫工作从上年的十差一跃进入全市第八;进一步夯实计生基础,百日行工作综合排名全县第一;创新失地农民社会保障机制,流转地由开发商每亩增加 5.3 万元用于缴纳社会保障金;城乡医保参保率 96.5%,筹集资金 181 万元,位居全县前列;积极推行殡葬改革,遗体火化率 100%;综治维稳扎实推进,创新干部联组包户制度,形成网格化综治格局。

五、党的建设全面加强。党员管理实现"两个率先":率先开通"金洲红帆"党员短信平台,为党委与党员架起沟通桥梁;率先成立安置区党支部,以党建促进安置区的规范管理;干部队伍建设成效突出,制定完善干部管理、考核制度,作风明显优化、效率明显提高;外宣形象全面提升,先后在《新湘评论》《决策咨询》等权威理论刊物上发表 3 篇文章,被《湖南日报》《长沙晚报》、湖南卫视、长沙新闻频道等省、市主流新闻媒体报道 30 多次。

【成功创建国家 AAAA 级旅游景区】 为更好地利用关山的山水资源,提升关山景区的品位和价值,促进农民增收,2013 年,金洲镇以关公战长沙为文化主题,新增投入 1000 多万元,对关山旅游区进行提质建设,成立镇村共建旅游开发公司,9 月通过国家旅游局验收,被评为国家 AAAA 级景区。同时金洲镇还强化宣传营销举措,与近 10 家旅行社签订营销合同,使景区越来越受市场青睐,2013 年累计接待游客 35 万余人次,实现旅游收入近 50 万元。

【八大项目集中开工暨九溪小镇奠基仪式】 12 月,金洲镇举行"金洲镇八大项目集中开工暨九溪小镇奠基仪式",投资总计 14.7 亿元。这些项目分别是:投资 10 亿元的正大清晏九州文化产业园、投资 1 亿元的创意工厂、投资 4000 万元的山东尚益园蔬菜基地、投资 9000 万元的九溪小镇、投资 5000 万元的隆平高科育种中心、投资 4000 万元的关山商贸中心、投资 2000 万元的加油站、投资 3000 万元的关山小会所、投资 3000 万元的绿禾生态农庄、投资 7000 万元的全民商贸城。

【获市经济社会发展十快乡镇】 2013 年,金洲镇完成:生产总值 9.99 亿元,比 2012 年增长 19.3%;固定资产投资完成 8.4 亿元,增长 15.9%;财政税收完成 4365.52 万元,增长 6.5%;招商引资到位资金 21.8 亿元,增长 50.7%;项目工程投入 21.3 亿元,增长 37.2%;工业总产值达 13.63 亿元,增长 24.2%,其中规模工业总产值 11.37 亿元,增长 24.6%。全镇综合经济指标完成情况位居全县前列,被评为"长沙市社会经济发展十快乡镇"。 (陈泽宇)

双江口镇

党委书记 易光辉(1 月免)
谭正林(1 月任)
副书记、镇长
何　冰(女)
副书记、人大主席
吴胜其
政协工作联络处主任
张建良
副 书 记 刘　宇
党委委员、纪委书记
熊建兵
党委委员、副镇长
周清洋
党委委员 袁　义
副 镇 长 王　林(女)
潘　杰
人大副主席
钟朝辉

【概况】 2013 年,双江口镇辖 10 个行政村、4 个社区,镇域总面积 72.62 平方公里。总人口 4.77 万人。全年财政总收入共完成 6390.69 万元,其中国税和地税完成 874.67 万元。完成:生产总值 11.01 亿元,比 2012 年增长 17.4%;固定资产投资 6.12 亿元,增长 22.3%;社会消费品零售总额 3.19 亿元,增长 17.9%。

一、经济发展持续加快,富民强镇成效显著。一是现代农业高效推进。全年科学有效应对冰雹、强降雨、干旱等自然灾害威胁，实现粮食稳产，被评选为市粮食生产工作先进单位。同时，积极开展农村田间水利扩容提质工程工作，对全镇范围内的山塘、支排沟和田间渠道进行全面的整修提质，全年通过验收的有山塘 51.73 公顷、排沟 2.15 万米、灌沟 11.6 万米、田间渠道 21.7 万米，镇域内水利基础设施面貌大为改变，全省农田水利建设现场会和全县田间水利扩容提质工程推进会均在双江口镇安排观摩点。二是项目建设高效优质推进。全年新开工项目 17 个，续建项目 6 个，累计完成投入达 7.45 亿元。溪洛渡左岸至浙江金华 80 万伏特高压线路工程和长石铁路复线工程在镇域内的任务均全面完成；金朱公路及沩水大桥全线实现通车；投资 3000 万元、1066.67 公顷的国家农业综合开发项目和投资 500 万元、16.67 公顷的高标准基本农田建设项目顺利竣工；老梅双公路和樊周公路路面改造项目推进迅速。三是坚持招大引强，招商引资增添发展后劲。2013 年实现合同引资 8.35 亿元，到位县域外资金 4.2 亿元，成功引进长沙大河西农产品物流中心项目。

二、服务水平持续改进，各项事业全面进步。一是坚持服务中心，政法综治工作上台阶。全年共开展矛盾纠纷排查 5 次，排查矛盾纠纷 62 起，成功调处重大纠纷 7 起，争得赔偿近 360 多万元。二是坚持管控结合，计划生育服务水平有效提升。2013 年，双江口镇人口与计划生育工作紧紧围绕服务育龄群众“百日行”活动，全面提升计划生育服务水平，荣获省计划生育依法行政便民服务先进单位、市人口和计划生育工作先进单位和市人口和计划生育依法行政示范单位。三是坚持精细管理，城市管理爱国卫生进步明显。成立专门的城管爱卫办和城管中队，新建一座垃圾压缩转运站，建立网格化管理模式，城乡环境明显改观。同时，积极开展控违拆违和安全工作，全年强制拆除违章建筑 5 处，查处“黑校车”1 辆，收缴非法提炼的潲水油 7 桶。四是坚持深入群众，群众工作亮点纷呈。全年共走访家庭 4261 户，调解矛盾纠纷 152 起，为民办实事好事 254 件，一对一帮扶群众 21 名，支持村水利建设项目 18 个。五是坚持保障民生，社会事务全面推进。全年城乡居民养老保险缴费 2 万人，参缴率 90%；城乡居民医疗保险参保人数达 4.43 万人，筹资率达 96%。积极推进殡葬改革，划定禁葬区域；扎实开展危房改建，援建、支建 64 户；双江口中学获评市创新型学校；支持民间文化艺术发展，举办首届民俗文化展演暨“美丽双江”建设颁奖仪式；农村医疗条件得到改善，投入 100 万元完成卫生院提质改造；争取市交通局支持，修建村级公路 22.9 公里，并分别得到改造危桥指标 4 座和城市棚户改造指标 158 户。

工会、共青团、妇联、科协、残联、老干等群团社团组织充分发挥党联系群众的桥梁纽带作用，凝聚各方合力，促进全镇和谐共建。同时，全镇的工作得到省、市、县各级领导的充分肯定，也得到中央电视台《第一时间》栏目、湖南经视、长沙电视台、宁乡电视台和《长沙晚报》《三湘都市报》《当代商报》《开拓者》《今日宁乡》《宁乡手机报》等新闻媒体的宣传报道。

【长沙大河西农产品物流中心落户双江口】 长沙大河西农产品物流中心项目是双江口镇在宁乡县 2013 年重大项目发布会上，成功签约引进的。该项目规划用地 66.67 公顷，总投资达 30 亿元，其中一期投资约 8 亿元，规划用地 29.27 公顷，建筑面积 33 万多平方米。该项目是双江口镇有史以来引进投资最大、用地最多的项目，是湖南省 2013 年 18 个重大农业项目之一，是长沙市现代服务业试点项目和宁乡县七大重点项目。项目于 2013 年 7 月 12 日奠基，10 月 28 日正式动工建设。

【草溪渔场完成提质改造】 为解决“晴三天抗旱，雨三天防汛”的水利现状，2013 年双江口镇党委、镇政府决定对草溪渔场进行提质改造，将其改造成一座小Ⅱ型水库。通过 2 个月的紧张施工，共移动土石方 21 万立方米，开挖 17 万立方米，新建涵闸 10 处，实现渔场新增蓄水量 20 多万立方米：一方面切实解决周边 266.67 公顷农田的灌溉难题；另一方面可以作为双江口现代休闲农业发展的一个重要平台，加快做优做强双江口农业。

【金朱公路及沩水大桥竣工通车】 11 月 18 日，金朱公路及沩水大桥全线贯通。金朱公路给于金洲镇长常高速公路关山互通，穿石常铁路，经金洲镇，跨沩水河，向西北沿 072 县道，止于朱良桥乡，全长 17.08 公里（金洲镇 7.18 公里、双江口镇 5.54 公里、朱良桥乡 4.36 公里），建成路基宽 10 米、路面宽 8.5 米，设计时速为 60 公里的沥青混凝土二级公路，投资 2.4 亿元。该公路的贯通使双江口镇与长沙市的路程缩短 20 公里，10 万群众直接受益。

【创建“教育强镇”】 2013 年，双江口镇党委、镇政府通过向上争资和压缩“三公”经费等方式，筹集资金近 700 万元，对双江小学、双江口中学等 7 所学校、9 个项目进行全面建设，学校面貌发生巨大变化，以高分通过“教育强镇”创建验收，并代表宁乡接受省检。

【启动长沙（国家）现代农业示范区建设规划】 2013 年，宁乡县委、县政府启动长沙（国家）现代农业示范区建设规划，该项目规划总面积 216 平方公里，以“一轴、一湖、三园、四带、四中心”进行空间布局。项目坚持示范引领，因地制宜和创新驱动，将立足金洲、双江口、朱良桥三个乡镇的区位优势和产业特色，致力建设规模化、机械化、标准化和产业化程度较高的产业集中区、在全省乃至全国有推广价值的都市农业样板区,具有国际领先水平的现代农业示范区。

(朱　启)

朱良桥乡

党委书记　易怀念(女,1月免)
刘红云(女,1月任)

副书记、乡长
汤照武(1月免)
熊佑新(1月任)

副书记、人大主席
刘鹏程

政协工作联络处主任
王新良

副书记　刘胜光

党委委员、纪委书记
喻仕清

党委委员、副乡长
刘　胜

党委委员　姜　顺

副乡长　李友明(女)　李　华

人大副主席
曾亮明

【概况】 2013年,朱良桥乡辖10个行政村,246个村民小组,1.07万户,总人口3.63万人。乡域总面积82.42平方公里。全年全乡上下以"勇当融城新主力、奋力挺进十二强"为总体目标,以"四比四抓争先锋"活动为抓手,突出"现代农业、城乡统筹、民本民生、作风建设"四大重点,精心谋划,科学布局,全乡经济社会各项事业保持持续、稳定、健康发展的良好势头。

一、综合实力明显增强。2013年累计完成财税收入713万元;完成工业产值8.64亿元,比2012年增长10.1%,其中规模工业完成产值5.57亿元,比2012年增长11.6%;完成固定资产投资6亿元,比2012年增长8.3%;单位能耗比上年降低4.9%;农民人均纯收入1.72万元,增长20%;社会消费品零售总额2.1亿元;居民储蓄存款余额2.9亿元。全乡人民生活水平和幸福指数不断提升。

二、农业产业蓬勃发展。一是农业基础做强做实。全年全乡共投入1086万元,对全乡47公里河道,577口山塘进行全面整修。新建"人工湖"3处,底涵2座;完成沟渠疏浚52.5公里,田间工程484.8公顷;维修(新建)泵站18处,农田受益面积达1333.33公顷。在农村田间水利扩容提质改造上基本实现村村有建设、组组有工程,农业基础大幅夯实。二是传统农业做精做优。发展烟叶面积120余公顷,送售烟叶40万公斤,规模、产值均创朱良桥乡烟叶发展历史之最;新建优质稻标准化生产示范基地1000公顷,落实高档优质稻面积1546.67公顷;科学发展种养业,新增养殖专业户5家,新成立花卉苗木合作社2家,传统农业效益显著提升。三是现代农业做大做强。立足产业发展定位,重点突出现代农业招商,取得突出成效。赤龙岛现代生态农业科技示范园计划投资10亿元,打造现代农业示范样板;金东农业科技在新颜村一期流转土地66.67公顷,投资6000万元,打造高档花卉苗木园;落户云济村的佳和现代农业生态园,是一个占地80公顷的集绿化苗木、有机蔬菜、小型高标准养殖为一体的示范性产业园;湘巨农业科技将在兴桂村建设占地53.33公顷的复合型生态农庄。全年全乡完成农业总产值4.89亿元。

三、项目建设取得突破。广辟招商引资渠道,采取高效务实措施,全乡上下形成尊商、亲商、护商的良好局面。全年招商引进规模项目7个,实现合同总投资13.4亿元,累计到位资金4.38亿元。全乡新开工项目11个,完成项目投入5.25亿元。着力推进县城乡一体化示范点建设,赤龙岛湖泊水果庄园的入园大道、闸坝湖大堤扩建加固等基础设施建设均已完工,"百果园""百橘园"一期建设完成,民居立面改造已完成78户,庄园形象显著提升,得到各级领导高度肯定。县委书记黎春秋多次亲临指导,并主持召开县委、人大、政府、政协领导现场办公会,为庄园的发展指明方向。着力优化项目建设环境,深入开展"两帮两促"。80万伏溪洛渡高压项目高效推进,完成17个塔基线网架设工程。沃尔德农产品深加工项目办公大楼和生产厂房全部竣工。岩鑫科技项目正式启动,建设顺利。着力改变交通区位,完成宁朱公路全线基础设施建设,金朱公路朱良桥段建设任务提前2个月完成。

四、集镇建设焕然一新。高标准规划建设罗巷、朱良两个集镇,加强集镇管理,彻底改变集镇"脏、乱、差"的面貌。一是对罗巷集镇进行提质改造。二是启动莲花商业广场建设。三是编制朱良集镇控制性规划。投入10万余元启动朱良集镇控规的编制,规划面积1.8平方公里,已完成测量、设计等前期工作,与左家山城乡一体化示范点建设进行配套开发。

五、乡村卫生日益美化。着力抓好农村环境保护工作,不断改善农村生态环境、人居环境和卫生环境。重宣传,广动员。利用宣传牌、标语、倡议书、宣传片等形式,形成覆盖各村、各组、各户的强大宣传攻势,环卫意识深入人心。勤督察,勤整改。按月督察,定期通报各村排名;定期召开全体乡村干部、部门单位负责人和保洁员参加的现场观摩会和工作推进会,及时发现问题,整改问题。增投入,强管理。全年共投入50多万元改造环卫设施。争取上级支持,完成100户农村改厕项目;各村创新模式、发动群众,村容村貌明显改观;探索有偿保洁,实施"门前五包",营造干净整洁的集镇商住环境。

六、社会民生扎实推进。全年累计发放救助、优抚、养老、低保等资金940余万元;城乡居民医保征缴率96%;27户农村危改户得到新建或改建。加大教育投入,完成莲花山幼儿园、朱良桥中心小学通校公路及校门改建、朱良桥中学2个篮球场和一个标准田径场等项目的建设。办理乡卫生院整体搬迁立项的前期手续。新建自来水厂一座。面对罕见冰灾、旱灾，取得抗灾救灾的重大胜利。计划生育符合政策生育率 88.5%，位列全县第六。强化安全生产、交通安全、学校安全、食品安全等安全责任，全面落实综合治理各项措施，社会治安形势持续良好，获全县先进。扎实推进群众工作，全年共走访群众 1.23 万户次，收集问题 126 个，建议 177 条，调解矛盾纠纷 231 个；认真开展年初十项主题活动，进一步提升群众满意度，密切党群干群关系。群团工作齐头并进。人大、政协积极开展忠诚履职活动；组织、宣传、统战、武装工作和工会、青年、妇联、老干关协等各项社会团体工作开展有声有色，为全乡各项工作的开展提供良好的基础和氛围。

【集镇提质焕然一新】 朱良桥乡按照 2013 年年初确定的“提质一街、开发一片、规划一区”的工作思路，高标准规划建设罗巷、朱良两个集镇，加强集镇管理，彻底改变集镇“脏、乱、差”的面貌。对罗巷集镇进行提质改造。投入 470 万元新建 1100 米人行道，改造给排水设施，安装路灯等，集镇美化一新。投入 1000 万元启动莲花商业广场建设，一期开发商住两用门面 150 空，项目建设全面铺开。

【水果庄园建设】 2013 年，朱良桥乡左家山村城乡一体化示范点—长沙市赤龙岛湖泊水果庄园在县、乡共同努力下，橘园大道全线通车，沿线全面进行绿化、亮化，完成立面改造 80 多户，建成百橘园、百果园等项目，荣获湖南省农业旅游示范点。

【金朱宁朱两路通车】 金朱公路起于长常高速关山互通，途经双江口镇，止于朱良桥乡与宁朱公路连通，全长 17.28 公里，在朱良桥乡境内长 4.36 公里，路基宽 10 米，为二级公路，设计行车速度为 60 公里 / 小时。该项目于 2012 年开始动工，2013 年 9 月提前竣工。

宁朱公路于 2013 年全线完成高标准改性沥青路面。金朱宁朱两路的修建，从根本上解决多年困扰朱良桥乡人民的出行、发展问题，加快了与宁乡县城、省会长沙的融城步伐。

【沃尔德项目竣工投产】 长沙沃尔德农产品深加工项目，位于朱良桥乡罗巷新村，2013 年工程已全面完成，12 月正式投产。该项目共征地 4.69 公顷，总投入 1.6 亿元，建设豆、肉、蔬菜等农产品深加工基地。

（陈小琼）

菁华铺乡

党委书记 洪瑞强（女，1 月免）
易怀念（女，1 月任）

副书记、乡长
黄志刚

副书记、人大主席
黄云辉

政协工作联络处主任
谢意鹏

副 书 记 钟云华 马海潮

党委委员、纪委书记
胡闻天

党委委员、副乡长
王义飞

党委委员 李 智（女）

副 乡 长 杨大林 王献忠

人大副主席
张仕明

【概况】 2013 年，菁华铺乡辖 10 个行政村，乡域面积 65.76 平方公里，总人口 3.3 万人。

是年，菁华铺乡紧扣“四比四抓争先锋”活动，以改善民生为根本，以项目建设为主线，以加强党建为保障，以“忠诚履职”为抓手，以“建设新西城，实现‘菁华梦’”为目标，积极投身大开发、大建设、大发展的热潮中，在转型中求突破，在均衡中求发展，乡域经济发展势头强劲，社会事业齐头并进，各项工作屡屡突破。

一、综合实力明显增强。实现：生产总值 10.36 亿元，比 2012 年增长 32%；工业总产值 20.23 亿元，增长 22%，规模工业总产值 15.6 亿元，增长 28%；固定投资 7.01 亿元，增长 34.2%；农民人均纯收入 1.53 万元，增长 20%；财政收入 1279.22 万元，其中国税 524.85 万元。乡机关保持省“文明卫生单位”、创市“两型”机关，计生工作荣获市模范单位，创市“流动人口管理服务示范乡镇”、市“阳光计生行动示范单位”，食品安全工作继续保持市“示范乡镇”，财税工作、项目工程、校车工作、统战工作、武装工作、信访工作、整治“两非”工作、计生协会工作、烟叶工作等获县先进单位，群众工作获县红旗单位，城乡居民养老保险和医疗保险工作获县先进乡镇，计划生育获县红旗单位、乡党政办获全县办公室系统先进单位，离退休党总支获县先进离退休人员党支部，桃林桥中学创省“文明卫生单位”，桃林桥村创市“文明村”，嶂山村创市“绿色村庄”，菁华铺村创市“农村幸福院”、市侨联工作示范社区（村），菁华铺村文化广场获县级示范性农村文化广场，八家湾村创市“计生基层群众自治示范村”、县计生先进单位，傅家塘村关协创县关心下一代工作先进集体，桃林桥村、陈家桥村、龙王村、傅家塘村成功创建县信用村。在县绩效考核首次进入前八名，并荣获“五好乡镇党委”“五好领导班子”。

二、发展空间明显拓宽。一是招商引资取得实效。共接待、洽谈客商 140 多批次，430 余人次，新签署招商引资合同 7 个，合同引进资金 38.8 亿元，到位资金 3.5 亿元。启动项目 36 个，完成投入 7 亿元。二是项目建设蓬勃发展。投资 30 亿元的恒盛集团签订框架协议，西城商贸城正式签约，桑铼特机械厂基本竣工，立成机械厂启动建设，隆旺机械、博拓环项目进入启动。县中医院制剂大楼竣工投产，牛牛烟花新建生产线一条，工业平台项目正在加快建设，金洲西线、永佳西路、站前路(八家湾段)、石长铁路复线、溪洛渡80万伏高压线路工程征地拆迁顺利完成。众多项目的落户、建设,为乡域经济的发展注入持续动力。

三、特色农业崭露头角。白云山庄综合楼正式营业,红泥巴农庄打响品牌,万友山庄、西缘农庄、云湖山庄等多家小型农庄也不断提升接待能力和服务水平,各具特色。菁华现代农业示范园初具规模,陈家桥村中药材示范基地继续培育和打造,其中仁华农业被评为长沙市农业产业化龙头企业,嶂山村小水果基地、八家湾蔬菜基地彰显特色。现代休闲农业和特色农业的崛起既致富群众,也为全乡经济社会发展注入源源不断的活力。

四、民生事业全力倾注。一是抗旱工作卓有成效。组织60多名干部上黄材干渠守水8天8夜,有效缓解陈家桥、泗海、龙王村133.33公顷旱情。市、县领导先后多次到菁华铺乡视察旱情,对菁华铺乡抗旱工作取得的成效,特别是组织群众自救方面给予高度肯定。二是水利基础全面夯实。至2013年末,全乡上下共计投入水利建设资金700多万元,完成273口山塘扩容提质(其中新建41口),改造河坝31座,修复水毁工程7处,2013年年末全县排名第三。三是道路整修方便群众出行。争取县交通局的支持,从有限的财力中拿出100多万元对群众反映强烈的关周公路、界桐公路进行修缮;争取县公路局对国道319菁华铺段进行升级改造,群众出行更加快捷方便。四是教育事业再创辉煌。桃林桥幼儿园和洪仑山幼儿园已高标准建成;桃林桥中学毕业生升学率达91.54%,20人考入宁乡一中(均为全县农村中学第一);桃林桥中学代表全县接受省检和国务院检查,均获高度肯定。菁华铺乡教育工作被作为典型经验在《新华通讯》《湖南领导参考》报道。五是城乡环境有效改善。整治319国道菁华铺段违章行为,处理84户违章晴雨棚、62处户外落地广告、24处不规范垃圾池和16处店外经营。县环境综合整治办两次对菁华铺乡提出通报表扬,市政府网站进行专题报道。在县对乡的季度检查中,菁华铺乡排名全县第九。六是计生工作创造辉煌。全年计生率指标控制在89.9%,达到县目标值;“百日行”活动全县综合排名第三;全员人口数据质量保持在全县前5名,全市前20名;药具工作迎接省检,计生协会工作为省、市提供现场观摩;桃林桥村代表全县迎接省检,得到高度肯定。七是社会保障全面扩面。发放农村低保、五保748户,1370人,累计发放218.8万元;大病救助109人,33.9万元;发放城镇低保27户,44人,11.7万元;生活补助重度残疾人232人,15.5万元;城乡养老保险和医疗保险参保率达97%;完成农村危房改建20户。八是其他工作协调发展。殡改工作取得全面成功,实现100%火化。新建卫生院综合服务楼和八家湾村卫生室,改造陈家桥卫生室;献血任务超额完成。对H7N9等传染病严加防控,全年未发生疫情和医患纠纷。森林防火措施有力,扑救及时,人民群众的生命财产安全得到有效保护;动物免疫四个100%。“一乡一品”民俗文化活动展示反响热烈。宁乡县乡镇杯篮球赛首次获第二名。村(支)两委换届圆满完成。

五、社会大局更加稳定。扎实进行食品安全、消防安全、校车安全和生产安全专项整治,组织开展打非治违专项行动6次,关闭吊窑子(老式砖厂)8家、烟花鞭炮零售点7家、地沟油提炼养殖场3家,取缔校园周边摊担3家。出台《菁华铺乡国土管理办法》,以拆控违为重点,严厉打击违法用地,保护国土资源;在规划区开展拆控违行动大小60余起,拆违3000平方米,控违1000平方米,确保违章建筑零增长。受理调解矛盾纠纷62件,调解成功60件,调解率为96%,排查受理各类民事纠纷21件,调解成功20件。处理群众各类诉求80多个,答复解决60余起;7月,县群工部在菁华铺乡召开群众工作片区经验交流会,对菁华铺乡的群众工作经验进行重点推介。

【抗旱工作卓有成效】 2013年逢60年不遇的大旱,菁华铺乡水稻受旱面积达1401.18公顷,1.21万人饮水困难,950口骨干山塘有608座干涸,3条主要河道全部断流。面对严峻旱情,乡党委、政府多次召开抗旱专题工作会议,安排50多万元专项抗旱救灾资金,60多名干部上黄材干渠守水8天8夜,确保黄材水库的水顺利到达陈家桥、泗海、洪仑山村、龙王村,有效缓解133.33公顷旱情和1万多人畜生活用水。所有干部下村入户摸查旱情,疏导群众情绪,发动群众自救,确保大局稳定,未发生一起因旱情引起的矛盾纠纷和群众上访。抗旱期间,市委副书记、市长张剑飞,市人大常委会主任袁观清,市委副书记张迎龙,市委常委、组织部部长程水泉,副市长何寄华、黎石秋等6位市领导和县委书记黎春秋,县委副书记、县长周辉等领导先后多次到乡视察旱情,对全乡抗旱工作取得的成效,特别是安抚群众方面给予高度肯定。

【举办“一乡一品”文化展示活动】 2013年,菁华铺乡制定“一乡一品”文化强乡实施方案,新组建龙灯队、腰鼓队、军鼓队、广场舞队等20支文化队伍。9月8日在菁华铺村农民文化广场举办一场“一乡一品”民俗文化展示活动,花鼓戏、皮影戏等剧目登台表演,有1500余名群众观看。此活动既丰富群众文化生活,又传承保护传统文艺,更进一步淳化了民风。

【建设高标准人大代表活动室】 2013年,菁华铺乡投入10余万元,高标准建设全县首个人大代表活动室,先后有23个乡镇组团到菁华铺学习人大活动室的建设经验;8月,全县乡镇人大主席现场会在此召开,这是县人大首次在乡镇召开此类会议;12月11日,市人大常委会主任袁观清率市人大全体班子成员及各区、县、市人大常委会主任到乡进行人大活动室建设现场观摩。

【开展“忠诚履职”教育活动】 2013年，菁华铺乡扎实开展“忠诚履职”教育活动，成立40人的“忠诚履职应急分队”，在抗旱、森林防火、环境整治、殡葬改革、水利建设等各项工作中发挥模范带头作用；举行全乡教育、医疗、乡村干部、农村党员集体宣誓活动；邀请党校老师、组织部、宣传部领导为乡村干部举办多期“忠诚履职大讲堂”，乡村干部学习、干事氛围进一步浓厚，为乡域发展提供了有力保障。

【田间水利扩容提质工程建设】 8月8日，菁华铺乡在全县率先全面启动田间水利扩容提质建设。全乡共清淤山塘184口83.2公顷，新建山塘36口15.33公顷，清淤整治各类大小渠道130公里、河道55公里，疏浚田间渠道792公顷，改造河坝33座，修复水毁工程7处。10月24日、10月27日分别在长沙电视台新闻频道。11月28日，水利部建设司领导到菁华铺实地查看并高度肯定。在县水利建设现场会上被点名表扬，并在先锋榜中始终处于一类单位行列。

（胡胜兰）

回龙铺镇

党委书记 李 磊

副书记、镇长

程志坚

副书记、人大主席

蒋建国

政协工作联络处主任

谢治平

副 书 记 李 纯 戴永星

党委委员、纪委书记

王赛楠（女）

党委委员、副镇长

刘志江

党委委员 杨志国

副 镇 长 邹建伟 刘永强

人大副主席

贺胜军

【概况】 回龙铺镇辖13个行政村和1个社区，镇域面积71.89平方公里，其中耕地面积2140公顷，总人口3.89万人，其中非农业人口1602人。是年，全镇上下团结一心，坚定“北工南农，东进融城”发展战略，坚持以经济建设为中心，突出服务园区、招商引资、集镇建设、农业现代化、关爱民生五个重点，攻坚克难、开拓进取，全镇呈现出经济赶超发展、社会团结稳定、群众安居乐业的良好局面。2013年绩效考核跃居全县第二。

一、强引资、抓项目，经济综合实力进一步提升。依托工业园区平台，强化招商引资，优化产业结构，夯实农业基础，经济发展呈现质量提升的良好态势。全年实现：生产总值12.42亿元，比2012年增长23%；工业总产值16亿元，其中规模工业总产值13.5亿元，增长26%；固定资产投资5.83亿元，增长14%；农民人均纯收入1.83万元，增长20%；社会消费品零售总额2.81亿元，增长15%。项目建设提档升级。金玉乡镇工业集中区建设取得大进展，完成腾地173.33公顷，拆迁房屋50余栋，为园区的顺利启动打下了扎实的基础；经济实体项目建设取得大突破，全年新引进规模企业9个，合同金额达14.77亿元，到位资金4.38亿元，湘中南农机机电大市场、港越集团投资超过亿元；新建项目8个，续建项目7个，其中新建项目中，鼎盛钢构、爱晚亭床垫、镇敬老院先后竣工。现代农业提质增效。全年完成河渠疏浚15.1万米，水毁修复工程21个，河坝清淤27个，山塘扩容26口；高档优质稻种植推广达1300公顷，基本实现农业生产由种到收的全程机械化；现代粮食产业示范区闻名全国，肉鸡、生猪养殖特色独帜，规模以上农产品加工企业达5家，现代农业发展体系逐步完善。

二、重建设、促管理，镇村基础设施进一步改善。坚持“融城对接”的发展定位，致力于集镇建设、环境维护为主要内容的秀美乡村建设，逐步改善镇村基础设施，积蓄参与城市分工的能量。集镇建设稳步推进。精心包装侯旨亭区域精品商住区，强力启动侯旨亭广场改扩建工程、老集镇商贸街二期建设，全力推进回龙铺集镇立面改造，共拆除户外棚架325个，整改门店58户，清除户外广告620平方米，统一制作集镇所有门店招牌，积极推动宁乡农商银行回龙铺分行、宁乡县地税三分局规划建设。公路网络全面覆盖。启动金玉、金旺大道建设，完成白马大道南侧、宁灰公路西侧的路面拓宽建设，完成省道209线绿化建设工作，镇区主要道路设置交通标线。完成9.5公里的村级公路硬化，形成村村通主干道，条条主干道通县城的公路网络。

三、谋福祉、惠民生，居民幸福指数进一步提升。坚持以人为本的执政理念，着眼改善民生，统筹推进各项惠民工程，不断创新社会管理，持续提升群众幸福感和满意度。镇村文化不断繁荣。继续抓好各村文化场所建设，按照“六有”要求组建“两新”组织活动室6个。夯实农村党员干部现代远程教育文化阵地，实现农村信息资源文化共享工程基本覆盖。惠民补贴足额发放。累计发放涉农补贴1300余万元，发放生活保障资金100余万元。收缴两保资金760万元，城乡居民养老保险和医疗保险参保率分别达到95%和96.5%，位列全县前列。推进领导干部联点包户，积极走访慰问困难群众。完成第三年“农村安居工程”，23户新建房农户搬入新居。地质沉陷避险安置工作有序推进，21户受损户易址重建。争当全县计生工作领跑者。全镇计生率达90.74%，落实五项手术558例。新增放弃再生育奖励对象15个，新增农村奖扶21个。结合“计划生育百日行”活动，开展村（社区）文艺汇演4次。连续4年获得“长沙市人口与计划生育工作模范单位”。社会管理不断创新。全年共调处各类矛盾纠纷234件，调解成功229件,调解成功率达98%。认真组织开展百日大走访、红袖章巡防促平安、禁毒百日会战、反邪教防邪教等行动。接待来信来访群众100余人次,办理信访案件10余件,全镇没有发生一例群体性信访事件、缠访、闹访事件以及进京非正常信访事件。开展学校及周边食品安全整治,严厉打击销售假冒伪劣食品的行为,举办安全生产宣传月活动,发放宣传资料2000余份,取缔非法制售假PVC管工厂一处,全年实现安全生产零事故。

【搭建金玉乡镇工业集中区】 2013年,金玉乡镇工业集中区落户回龙铺镇,总体规划面积20平方公里,核心区12平方公里,启动区2.5平方公里。发展定位为县域转型发展的新探索、两大主体园区的新补充、乡镇工业发展的新平台。实施飞地招商(指宁乡县其他乡镇所招项目落地在金玉乡镇工业集中区,但项目所产生效益招商部门与园区地共分。这有利于集中、集约利用土地),为各乡镇提供工业发展的平台、竞相发展的擂台。集中区发展势态强劲。实施阳光拆迁,完成协议征地173.33公顷,房屋拆迁50户;完善基础设施建设,集中区骨干路网金玉大道、金旺路一标段进入扫尾阶段,自来水、燃气管道以及电力杆线已架至集中区路口;入园项目20个,回龙铺引进项目2个,其中港越集团投资4.5亿元,宁华管桩项目投资1.25亿元。集中区启动区的基本骨架已经形成,基础配套逐步完善,招商氛围日益浓厚,根据集中区总体发展定位,一个新的工业发展平台初具雏形。

【现代粮食产业示范区成效明显】 宁乡县现代粮食产业示范区位于宁乡县回龙铺镇境内,包括实验区、展示区、生产区三大区域,其中核心面积2000公顷,辐射带动周边2.33万公顷绿色高档优质稻标准化生产。示范区先后整合资金近3亿元,按照"综合示范全、规划标准高、设计细节精、建设质量高、视觉效果美、生产技术新、品牌效益佳"的"七要"标准进行规划建设。示范区先后建设综合服务中心、工厂化育秧大棚、粮食文化广场,稳步改善农业基础设施建设;完成2000公顷高标准农田建设项目,基本实现"旱能灌、涝能排、田成方、渠成线"的现代标准良田建设目标;加速推进集中育秧、统防统治、水稻生产全程社会化服务,推广以小型无人喷洒农药飞机为代表的先进农业生产技术,机插秧面积达到266.67公顷,基本实现农业生产由种到收的全程机械化。示范区与"全国粮企十强"湘粮集团深度合作,打造粮食产业链条全新模式。

【十大项目集中开工】 4月28日,回龙铺镇举行10个项目集中开工仪式。县政协主席喻亚军,县领导刘亮、喻立明等出席项目开工启动仪式并挥锹铲土为宁乡县农机机电大市场项目奠基。十大项目包括:宁乡县农机机电大市场、湖南鼎盛钢结构有限公司、中兴佳美彩印包装厂、长沙市琼利床垫有限公司、宁乡县地方税务局第三分局、宁乡农商银行回龙铺分行、黄龙生态农业服务中心、天鹅湖生态公园,回龙铺集镇开发项目以及包括回龙铺镇万寿山幼儿园和回龙铺镇敬老院在内的省为民办实事工程,其中4个项目投资过亿元。项目涉及现代商贸、新型工业、惠民事业和休闲旅游等多个领域,投资总额超过11亿元。

【镇老年大学建设成果喜人】 老年大学回龙铺分校是宁乡县第一所乡镇老年大学。2013年,老年大学回龙铺分校开设太极、舞蹈、文学、戏剧等11个班,参加学习学员2061人次。举办各种健身操、太极拳(剑)、花鼓戏等表演和竞赛等活动30余场次。多次参加市、县举办的歌咏比赛、体育比赛和科技、文化活动。老年大学先后接受农业部、省、市各级领导的视察调研,多次获得"全省老干部工作先进单位""省老干部宣传先进单位"等荣誉,并在长沙市老年大学基层延伸推进会上作为代表推广办学经验。

【创建省级标准化财政所】 2013年,回龙铺镇严格依照《湖南省财政厅关于开展创建标准化乡镇财政所工作的通知》要求,以加强财政基础工作管理和基层财政建设为重点,着力推动财政所"五化"建设,即:基础设施规范化、财政管理规范化、组织机构规范化、队伍建设规范化、制度建设规范化,对照标准化财政所创建工作总体目标和创建内容,狠抓创建。在成功创建省级标准化财政所的同时,财政所档案室获得"省一级档案室"称号。回龙铺镇通过创建省级标准化财政所建设,完成镇财政所由管理型向服务型的转变,强化和规范财政资金的使用和监督,不断提升财政科学化和精细化管理水平。

(邓树洪　颜美芳)

煤炭坝镇

党委书记　王春林
副书记、镇长
　　苏继桃
副书记、人大主席
　　廖光辉
政协工作联络处主任
　　许剑祥
副 书 记　罗　健　何姝仪(女)
党委委员、纪委书记
　　贺向阳
党委委员、副镇长
　　吴东跃
党委委员　高令香(女)
副 镇 长　罗炳慈　袁国命
人大副主席
　　黄　果

【概况】 2013年,煤炭坝镇辖12个行政村、1个社区、137个村民小组,1.68万户,人口5.02万人,其中非农业人口1.60万人,总面积72.60平方公里,耕地面积1823公顷。镇域内储煤面积达20.7平方公里,素有"湘中煤都"之美称。是年，煤炭坝镇综合工业园被重新定位为门业园，镇党委、政府着力打造“中部门都”。

2013年，煤炭坝镇紧紧围绕“五年翻两番，再造新煤城，加快建设全省一流现代经济强镇”的总体工作目标，按照“打造一城一园、加速提质转型”的发展思路，坚定建设工业新城、山水新城、人居福镇的发展定位，主抓产业调整转型，全力打造“一城一园”平台，攻坚集镇改扩、园区升级、产业转型三个重点，奋力推动新一轮大跨越，全镇经济平稳健康发展。2013年全镇全年：完成镇域生产总值29.63亿元，完成农业总产值4.63亿元，完成固定资产投资14.33亿元，实现社会消费品零售总额5.06亿元，农民人均纯收入1.82万元；完成乡镇工业总产值77.36亿元，其中规模工业产值54.67亿元，实现规模工业利润5.6亿元，工业创税1.2亿元，完成工业固定资产投资10.3亿元。全年共实现工业招商到位资金5.93亿元，全年新建续建项目共16个，其中新建项目12个、续建项目4个、竣工项目4个。门业园区全年引进门业项目20个，竣工投产项目7个，门业项目投资达10亿元，煤炭坝综合工业园被县委、县政府正式确立为门业产业园。

一、惠农工程持续推进，农业农村稳步发展。围绕生产发展、生活富裕、村容整洁等目标，以惠农工程为推手，夯实发展基础、创新发展载体。一是田间水利扩容提质。坚持多元投入、以奖代补、以点促面的原则，整合沉陷区治理和国土整理工程，大力推进田间水利提质扩容工程。财政投入1000万元，村组投工投劳1000万元，新修月牙湖、大树水库，完成胜利水库、团结水库清淤扩容，清淤渠道200公里，清淤整修山塘200口，建立贺石桥、砖塘、双龙、傅家冲四个清淤整治示范片，新建蓄水量10万立方米以上的骨干山塘4座，完成五大支渠清淤扫障200公里，农田水利设施实现全面提质，农业发展基础进一步夯实。二是创新农业经济载体。全镇水稻种植面积3106.67公顷，新发展农业合作社4家，引进投资超3000万元的农业项目——果润农业技术开发有限公司，林产业加工企业民湾家具出口创汇力度进一步加大，农机具生产项目杰成机械成功落户工业园区。新增玉煤大道两厢和胜利水库周边两个油菜基地，稻谷油菜轮作模式得到进一步巩固。

二、产业转型大力推进，工业经济活力迸发。坚持撬动内资、引进外资并重，着力引进、培育科技创新型、节能环保型产业，推动镇域工业从地下向地面、一业向多业转型升级。2013年，煤炭坝镇狠抓园区招商引资和项目工程建设，新产业发展取得突出成就。一是招商引资硕果满枝。根据园区发展定位和优势条件，进一步拓宽园区招商渠道，瞄准沿海发达地区引进内迁电子产业，瞄准长株潭及市、县主体园区引进外迁机械产业和配套产业，激活镇域内民资创办新兴产业，共引进大型工业门业项目20个，其中家美门业、圣恒防火投资1亿元以上。二是项目推进规范高效。2013年，实现从科研、立项、资金评审、环评、国土规划、招投标等所有环节，先报批再动工，无一处违规操作，所有签约项目全部走完程序，并顺利启动建设。三是产业结构提质升级。在招商引资和项目工程建设的强力推动下，园区企业队伍快速壮大，到年末，入园企业40多家，初步形成门业、机械制造、电子科技三个主导产业，镇域工业产业结构持续优化，新产业在镇域工业占比显著提高，竞争实力显著增强，对财税增长的拉动作用逐步显现。

三、城镇开发顺利推进，平台建设重点突破。坚持基础先行、空间拓展、布局优化、功能完善、形象提升的原则，着力做优一城一园两个平台，不断夯实镇域经济发展的基础阵地，平台提质实现重大突破。一是城镇开发顺利推进。玉煤大道已成为对接县城快捷通道，集镇交通区位优势增强，依托玉煤、煤城、永鑫三条主干道，集镇版图成倍拓展。2013年，新启动月牙湖主题公园、煤城大道、煤城支线、幸福家园、新煤城广场、白石寺广场、农民安置区、主街立面改造8个重点城建项目。煤城大道路面从18米拓宽至21米，煤城大道和煤城支线沥青路面提质改造工程全面完成。二是园区升级实现新飞跃。发挥煤炭坝综合工业园与金玉工业集中区地缘相近、交通共享的优势，加速两个园区的对接融合进程。优化园区产业布局，设立200公顷门业产业区和66.67公顷电子机械综合配套产业区，新建园区公路1条，征收土地33.33公顷，平整项目用地33.33公顷，自来水管网沿玉煤路延伸至傅家冲地段，将7处高压线路整合成3个高压走廊带，架设变压器4台，迁移电力线路4公里，园区土地平整、区域绿化、道路亮化、水电气等基础配套逐步完善，园区吸纳力和承载力显著增强。

四、社会事业齐头并进，幸福指数不断提升。一是社会保障能力增强。推进社会保险等各项工作协调开展，全年共有3.7万人参加城乡居民医保，收缴参合资金220万元，参合率达到98%。共有1.66万人参加城乡居民养老保险，缴费235.58万元，参合率95%以上，共有5700多人领取城乡居民养老保险，办理创业扶贫贷款9人次，贷款186万元。二是沉陷区治理有新成效。坚持治水优先，实施群英河、金枫渠道等毁损水系的修复工程，解决沉陷区人畜饮水安全和农业灌溉问题。坚持转移安置优先，通过政府投资兴建安置小区集中转移安置和政府资助农户自主异地重建分散安置相结合，妥善解决房屋受损户的多种安置需求。群英河治理二期工程全面竣工，完成50户危房户重建。三是环境整治扎实推进。通过加强环境卫生宣传教育、推行垃圾分类减量、强化日常督察通报、坚持月考核评比和月例会讲评制度、实施按月奖惩兑现等措施。四是计生工作有新进步。抓住开展“服务育龄群众百日行”活动,重点排查隐患,落实上环、结扎长效避孕措施,加强社会扶养费征收,各项计生指标都得到显著提高,获得“百日行”活动全县第八的较好成绩。全年落实计生四项手术471例,违法生育立案95起,计生率88.02%。五是矛盾纠纷调解到位。以村群工站、室为依托,实行联组包户,干部到村民小组落实以排调矛盾纠纷为主的四项职能。镇群工部每季度召开调度会,集中研究处理较大的矛盾纠纷,全年共集中办理4次,调处矛盾纠纷120起,成功调处119起。同时,按照县委统一部署,组织开展以贺石桥、双龙、傅家冲为重点的十佳平安模范村和以东山村为主的十佳调委会创建工作。六是大力开展专项整治。着重开展红袖章巡防活动、集镇秩序、消防安全、黄赌毒、“两抢一盗”、校园及周边环境、校车管理、道路交通安全、流动人口和出租屋清查、打黄扫非等专项整治行动,受理案件103起,办结57起,立刑事案40起,侦破19起,逮捕9人,刑事拘留13人,治安拘留36人,有力震慑了违法犯罪,净化了社会环境。

五、队伍建设不断加强,干部作风全面改进。一是深入开展忠诚履职教育活动。以开展“十个一”活动为内容,深入开展忠诚履职主题教育活动。“十个一”活动中,成功举办以“干部群众心连心,共建幸福新煤城”为主题的第二届煤炭坝镇群众文化艺术节,搭建了干部群交流平台,加强干部群互动交流;开展党员干部公开履职承诺活动,广泛接受社会监督;开展一场忠诚履职大讨论活动,党员干部对照自身岗位认真查摆问题,改进工作作风,提高工作效率;积极参与宁乡“亮之星”杯忠诚履职、争创一流主题演讲煤炭坝赛区选拔赛,推选一名选手参加全县的演讲大赛。通过一系列主题教育活动的开展,党员干部忠诚履职意识得到强化,工作作风得到明显改善,队伍活力进一步增强。二是切实加强机关干部作风建设。以制度建设为抓手,突出规范干部行为,重新修订《机关管理制度》《考勤制度》,严格作息时间,实行一日一签到,一月一考评,半年一小结,年度一总结;明确奖惩办法,采取各线主管领导每日督察和党委书记随时抽查相结合的办法,并在一楼大厅通报情况,月底由财政所负责兑现奖惩。完善财务制度、学习制度、用车制度等制度,形成干部日常行为有章可循,实现“四项费用”(差旅费、办公费、招待费、会议费)下降30%的目标。

【项目工程集中开工】 3月28日,煤炭坝镇举行十大项目集中开工现场会,县长周辉及项目办、工信局等领导亲临指导,全县各乡镇负责工业的乡镇长参加开工典礼仪式。集中开工的十大项目包括:幸福家园新农村集居点、月牙湖主题公园项目、城区路网及绿化提质项目、山水新城广场项目、深圳众杰电子科技有限公司、广东蓝天电子科技有限公司、湖南长电新能源科技有限公司、香港迪尔科技国际发展有限公司、长沙湘壩机械制造有限公司。这十大项目的集中开工,为煤炭坝镇产业转型、经济社会发展再添活力。

【举办第二届群众文化艺术节】 为丰富群众文化娱乐生活,促进干群互动交流,煤炭坝镇党委、镇政府共同举办以“欢乐潇湘——干部群众心连心 共建幸福新煤城”为主题的第二届群众文化艺术节。7月30日晚,县委副书记、县长周辉宣布文化艺术节开幕,县委常委、宣传部部长刘莉霞,县委常委、县委办主任陈永高,副县长钟利仁参加活动。本届群众文化艺术节主要包含三个方面的内容,一是开幕式暨群众文艺晚会,由全镇各村、社区和相关单位选送的文艺节目参与演出;二是群众趣味体育运动会,14个村(社区)各选派16名干部群众组成代表队,参加各种趣味运动比赛;三是煤城杯男子篮球运动会,10支球队进行为期7天的激烈角逐。活动的举办,不仅健全基层文化阵,也极大地丰富了农民群众的文化生活。

【门业产业园成立】 8月10日,煤炭坝门业产业园获批。该园位于煤炭坝镇楷树村,距离煤炭坝集镇约2.5公里,以玉煤大道为发展中轴,规划用地面积4平方公里,以建设中部门业生产基地为主攻方向,着力打造一个产业集中、产业链聚集、配套完善的中小型工业园区。至年末,已落户园区的门企及配套产品企业20个,其中投资1亿元以上的项目有长沙家美门业、浙江圣恒门业;在建的园区企业有湖南梦之圆门业、长沙喜之源门业、湖南家美门业、长沙君缘门业、长沙双盈门业、湖南瑞尔安防、长沙百勋门业、幸运门业包装等,用地面积均在1.33公顷~3.33公顷之间,投资规模均在5000万元以上。

(黄 剑)

坝塘镇

党委书记 张永胜
副书记、镇长 张 胜
副书记、人大主席 吴辉章
政协工作联络处主任 刘厚良
副书记 刘伏良(9月免)
宋太军(9月任)
党委委员、纪委书记 姜 玲(女)
党委委员、副镇长 宋太军(9月免)
黄献文(9月任)
党委委员 谢 鹏
副镇长 陈森林
杨 黛(女)
郑海军(兼)
人大副主席 王有为

【概况】 2013年,坝塘镇辖14个村民居委会、1个居民委员会，镇域面积99.35平方公里，其中耕地面积2520公顷、林地面积4333.33公顷、淡水面积2333.33公顷。户籍人口4.23万人，境内省道宁灰公路纵贯南北，南坝、边珊公路横跨东西，沩江、乌江两河穿境而过，有小Ⅰ型、小Ⅱ型水库各4座，四清坝拦河坝1座。有锰、矽砂等矿产。

全年全镇完成县域生产总值8.2亿元，比2012年增长22.4%；完成固定资产投入3.9亿元，比2012年增长20.1%；社会消费品零售总额2.36亿元；完成国税地税收入625万元。农民人均纯收入达到1.33万元，比2012年增长20%，综合实力显著增强。

一、产业转型提质提速。工业方面，全镇共有大小企业20多家，其中规模企业有10家。铸造工厂、烟花企业、化工企业、长旺矽砂等各行业企业运行平稳，势头良好，实现产销两旺。共计完成工业总产值11.2亿元，其中9家规模工业企业完成工业产值8.06亿元。年内，新增规模工业企业1家，新建规模项目2个。农业方面，全年粮食生产面积4975.67公顷，并成功申报县机插秧试点乡镇，实施机插秧133.33公顷，建立集中育秧示范点21个，早稻集中育秧9.6公顷。粮食生产工作得到市长张剑飞的肯定，农村统计调查工作代表宁乡接受国家农调队湖南总队检查验收获好评；全年共落实烟叶种植面积105.33公顷，实现产值980万元，烟农户人均增收800元；全镇水库处险加固2座，山塘清淤80口、面积33.07公顷，新建山塘6口，面积2.13公顷。疏浚沟渠135公里，清淤河道43公里，完成田间工程640公顷，改造河坝7座，完成水毁工程28处，获得县田间水利扩容提质工作一等奖，成功创评"长沙市森林防火示范乡镇"。

二、招商项目卓有成效。招商引资有提升。全年共签订招商合同，完成招商引资到位资金1.7亿元。飞地招商工作在全县率先突破，成功引进创金空调科技有限公司落户宁乡金玉工业集中区，拟投入4000万元，占地2公顷，建设太阳能、水温空调生产销售基地；新引进步云生态园、沩乌长塘开发、盛世和园生态农庄、坝塘商贸综合体、明德蔬菜基地等规模项目5个。项目建设有突破。全镇共完成固定资产投资3.9亿元，敬老院、农商银行营业大楼、房管所办公大楼、民爆公司储运仓库、金石山庄、再生资源回收利用体系、污水处理厂等项目全面完工；盛世和园生态农业基地、步云生态园、保安小学整体搬迁项目、坝塘商贸综合体及附属工程、坝塘镇绿色低碳小城镇试点工程强势推进。全年在建项目17个，竣工项目9个，在建项目中新开工项目14个，续建项目3个。

三、镇域面貌焕然一新。积极创建国家级生态乡镇，大力开展农村"创卫工作"，再生资源回收利用体系和污水处理厂全面竣工投入使用，村容村貌明显改善，成功创建省级生态示范乡镇。坚持全局规划理念，优化空间布局，引导有序开发，邀请县规划设计院对镇区及镇域产业进行重新规划，镇域内设计"三纵三横"交通路线，规划延伸长红大道，对接金玉工业园区，拉开集镇建设交通新骨架。规范用地审批和私房建设，按照统一规划、统一设计、统一色调、统一建设的要求，在保安村15组规划1.33公顷村民建房用地，用于建设居民建房风格示范点。加大城乡环境监管力度，强化综合执法力度，重点整治主次干道，背街小巷环境卫生得到全面整治，彻底改变了以往环境"十差"落后面貌，镇域形象焕然一新。

四、社会事业平衡推进。扎实抓好安全生产，不断完善应急和信访维稳工作，集中开展"安全生产月"大检查和"红袖章万人巡防促平安"活动，安全事故得到明显控制，人民信访平安有序，社会大局和谐稳定，民调工作年度排名全县第二、全市第七，成功创建"市安全生产示范乡镇"。严格政策，强化帮扶，保障体系更加健全，机关事业单位"五险"参保和征缴率均达100%。城乡养老保险收缴率98.55%，完成情况排名全县第一。成功创评全市残疾人工作明星乡镇；切实执行计生政策，健全奖惩分明、督察有力的计生服务机制。计生率增长3个百分点，排名全县第7；扎实深入开展群众工作，坚持密切干群关系、不断完善群众工作网格，着力解决群众关心的热点、难点问题，创造性地开展群众工作，组织开展"一对一结对帮扶"等活动十多次，百姓的幸福感、安全感明显提升。

五、队伍建设不断加强。强化领导班子为加快发展、推进事业、服务群众、改进民生方面的领导核心作用和模范带头作用。领导班子精诚团结、务实进取，切实做到思想同心、目标同向、工作同步。以作风建设年活动为契机，打造一支政治坚定、实绩突出、作风过硬、群众信任的干部队伍，通过会议督促、短信提示、评议述职、考核测评、定期督察等多种形式，切实强化机关干部作风建设；扎实开展"忠诚履职，争做模范"、"结对帮扶"、"三比三看"等主题活动，释放基层党组织的潜在能量，基层党建焕发出新的生机活力。基层组织和普通党员在日常工作生活中的先锋模范作用得到发挥，推动发展、服务群众、凝聚人心、促进和谐的战斗堡垒作用进一步增强。武装、工会、共青团、妇联、老干关协等工作齐头并进，使全镇经济社会各项事业协调发展。

【六大项目集中开工】 11月21日，坝塘镇集中举行六大项目开工仪式。县长周辉等领导出席项目开工启动仪式并挥锹铲土为项目奠基。本次集中开工的项目有坝塘镇保安小学整体搬迁、步云生态园接待中心、坝塘镇污水处理厂、坝塘镇商贸综合中心、盛世和园生态农庄、长沙创金空调科技6个项目，总投资达3.2亿元，均是投资千万元以上的大项目。坝塘镇以此为契机，坚定休闲、生态农业产业发展的道路，把坝塘打造成离县城最近的城市绿化和休闲后花园。

【举办首届民俗文化艺术节】 10月19日,以“欢乐乡村,魅力坝塘”为主题的坝塘“一镇一品”首届群众民俗文化艺术节开幕。此次群众文化艺术节是由坝塘镇广大干部和群众共同组织、共同参与、共同演出、同台竞技的一次盛会。演出在镇政府机关干部的大合唱《歌唱祖国》《团结就是力量》中拉开序幕,广场舞《泉水叮当》、快板《共同营造绿色家园》、情景剧《贷款风云》等100多名群众表演的19个精彩节目赢得现场观众一阵阵热烈的掌声。此次艺术节丰富了农民生活,展示了农民风采,活跃了民间文化。

【全县田间水利工程现场推进会在坝塘召开】 11月7日,宁乡县农村田间水利工程扩容提质工作现场推进会在坝塘镇召开。坝塘镇积极响应县委、县政府号召,大力开展田间水利扩容提质工作。会上,金洲村介绍其田间水利建设的先进做法和工作成效,客观分析工作中存在的问题和不足;坝塘镇介绍其以农村河道整治、渠系清淤整修、山塘扩容增蓄和河坝更新改造为主要内容,以发动群众投工投劳和组织民间资金投入为建设抓手的典型发言,在全县田间水利扩容提质工作中树立了典型。

【率先建成全市再生资源回收利用中心】 2013年,坝塘镇以“组收集、村中转、镇处理”为模式的再生资源利用回收体系,建成全市首个日处理生活垃圾能力20吨以上,在全镇范围内建设22个农村生活垃圾回收网点。再生资源回收利用中心分纸皮区、废铁区、塑料区、玻璃区等区域。投入资金对垃圾的回收处理进行补贴,鼓励村民收集有害垃圾。可回收利用的垃圾被送去再生资源收购网点,进行再次分拣。再生资源回收利用中心的建成极大地改善了人居环境和生态环境,为努力建设人民满意的秀美山水新镇迈进了一步。2013年成功创评省级生态示范乡镇。

(陈 卉 付炎兵)

资福乡

党委书记 张立金
乡　　长 张超明(1月免)
副书记、乡长
李命文(1月任)
副书记、人大主席
张宜斌
政协工作联络处主任
谭子成
副 书 记 袁暑山
党委委员、纪委书记
贺东义
党委委员、副乡长
姚雨秋
党委委员 王玉元(女)
副 乡 长 冯　亮
秦　军
人大副主席
陈义军

【概况】 2013年,资福乡辖12个行政村,274个村民小组,3.9万人,总面积88.54平方公里,其中水田2200多公顷,林地3866.67公顷。

是年,全乡围绕“推进现代农业,打造食材名镇,发展乡村旅游,建设秀美资福”的总目标,凝心聚力谋发展,攻坚克难求突破,完成年初确定的目标任务。全年实现:生产总值6.51亿元,比2012年增长19.3%;工业总产值5.55亿元,比2012年增长26.2%,其中规模工业总产值4.16亿元,比2012年增长40.3%;农业总产值4.51亿元,比2012年增长15%;财政收入4249.45万元,增长18%;固定资产投资4.13亿元,增长11.2%;社会消费品零售总额1.93亿元,增长15%;农民人均纯收入1.32万元,增长22.6%。在全县2013年度“四比四抓争先锋”活动暨县绩效考核中,位列第11名,成功迈入一类乡镇行列。

一、特色农业做大做强,基础地位更加稳固。2013年,资福乡重点培育以晒黄烟、油茶林、优质稻、生态有机食材为主的生产基地,农业基础设施建设逐渐加强。一是晒烟生产首夺全国乡镇第一。以打造一流的现代晒黄烟生产示范区为目标,新建一个占地2万多平方米的烟站。发展晒烟种植面积504.6公顷,一跃成为全县最大的晒烟种植乡镇,产烟151.37万公斤,总产值4400万元,比2012年增长67%,收购均价29元/公斤,为全县最高,仅此一项,全乡人均增收1100元,实现烟叶税收超550万元。获得全县烟叶生产规模奖、任务完成奖等荣誉。二是现代农业加速扩规提质。加强万亩油茶林的培育管理,引进品牌加工企业进行精深加工。新注册成立的乐源和建业蔬菜种植专业合作社,建立2个33.33公顷的蔬菜生产标准化示范基地,种植蔬菜品种20种,为市场提供有机蔬菜5万多公斤,实现产值100万元。宏焰水果种植专业合作社,建立1个33.33公顷优质小水果示范基地。农业生产实现产前、产中、产后农业服务全程覆盖,综合配套,便捷高效的目标,切实遏制“抛荒”,推进“单季稻改双季稻”、稳定发展粮食生产,完成农业生产全程社会化服务早稻666.67公顷。三是农村基础大力夯实改善。农村田间水利扩容提质效果明显,清淤山塘86口,新建山塘1口,清淤面积50.4公顷;疏浚沟渠43.7公里,清淤河道25.3公里,改造河坝13座,完成田间工程1370.4公顷,修护水毁工程3处。全年投工投劳3.06万个,投入资金585万余元。国土所大力开展农田采砂整治,有效恢复农田8.53公顷。林业站全年生态造林面积53.33公顷,名列全县前茅。全年全乡实现农业总产值4.51亿元。

二、招商项目活力迸发,工业规模迅速壮大。全年全乡大力优化经济发展环境,推进招商引资和项目工程工作,推动工业规模迅速壮大。一是招商引资成效显著。成立专业的招商队伍赴苏州、上海、无锡等地进行招商引资,依托湘菜食材产业园项目引进规模品牌湘菜企业与优质工业项目的方式,全乡共签约项目27个,涉及工业、农业、房产、第三产业等领域,合同引进资金28.02亿元,实际到位资金4.1亿元。二是项目工程如火如荼。全乡共有项目工程建设30个,其中新建项目18个、续建项目8个、待建项目4个。年内竣工项目4个。全年累计完成投入5.65亿元。大成集团顺成公司、集镇立面改造、财福广场、资福商业街项目纳入2013年县“两帮两促”重点项目。三是工业经济高效发展。借力金玉工业集中区平台、湘菜食材产业园和大成集团顺成公司、莲香福食品、鑫通管道等重点优质工业项目的引进、建成与投产,资福乡工业经济持续高效发展。全年:完成工业总产值5.55亿元,比2012年增长26.2%,其中规模工业产值4.16亿元,增长40.3%;500万元以上工业项目实现固定资产投资2.47亿元。

三、食材产业强势启动,园区建设初具规模。2013年,资福乡集全乡之智,聚全乡之力,创新发展食材产业,着力建设安全、高效的食材产业园。一是科学规划打造发展蓝图。资福湘菜食材产业园总体布局遵循“七位一体”的规划思路,建设成生产加工区、冷冻储藏区、物流配送区、食品检测区、污水治理区、产品展示区和办公生活区。近期规划146.67公顷用地,投资30亿元,计划三年内引进食材加工企业50家,实现产值80亿元。二是多方协作推进园区建设。与省湘菜产业促进会合作,于2013年5月18日举办“宁乡县湘菜食材产业招商推介暨新闻发布会”,13家企业签约,意向资金达22亿元;县委、县政府成立湘菜食材产业领导小组,在金玉乡镇工业集中区规划2平方公里作为食材产业园建设用地,给予100万元启动资金支持;金玉乡镇工业集中区、招商局、工业和信息化局、发展和改革局等单位均全力支持资福乡食材产业园的建设。是年11月18日食材产业园办公室正式对外办公,招商合作全面铺开,园区建设加速推进。三是前景广阔吸引龙头入驻。依托传统农业优势,建立食材产业园,引导食材产业向规模化种植、标准化生产、产业化经营和品牌化销售方向发展,能提高食材产业的综合效益,吸引大量行业龙头的落户。年内与湖南恩龙、湖南绿盛、湖南志荣、长沙沙龙、长沙火宫殿、莲香福食品6家企业签订正式投资合同,总投资金额逾4.5亿元。

四、基础建设扎实推进,城乡面貌大为改观。2013年,资福乡以“建设秀美资福”为目标,大力推进旅游小镇建设,不断加快城乡统筹发展。一是精心筹划提升集镇品位。“以政府搬迁带动集镇开发建设,以产业建设促进集镇繁荣发展,以精细管理打造集镇休闲旅游”,经科学论证,精心编制集镇开发建设规划。集镇面积由原来的1.2平方公里拓展为3.5平方公里,新增集镇人口5000余人,划分为教育、行政、商业、文化、休闲五大功能区。二是基础先行统筹城乡发展。投资2000万元对集镇进行提质改造,统一招牌,墙漆9栋,建成绿化面积6000平方米,全面完善水、电、路、网、房屋消防道和排污管道等基础工程,完成资福农贸市场和莲塘排灌渠道综合治理项目。配合全乡环境卫生整治,处理大型垃圾填埋厂1个,升级改造老街下水沟500米,新建和修补垃圾焚烧炉2000个、垃圾池180个,添置260个环卫垃圾桶,全乡12个村和集镇均设立垃圾分类回收站、中转站。三是综合治理美化人居环境。围绕创“十佳”的目标,举行近千人的誓师大会,成立近百人的环卫劝导队伍,组织学校、学生和家长三方力量开展“村校共建、家校互动”活动,累计发放宣传手册3万份,制作宣传评比栏500块,促使环卫意识深入人心。开展环境卫生季度整治4次,专题整治6次,垃圾分类减量率达到90%,彻底改变以前“脏、乱、差”的现象,人居环境焕然一新,取得县环境卫生绩效考核优秀,市环境卫生检查“优胜乡镇”,市环境卫生十佳乡镇候选等荣誉。

五、社会事业协同进步,民生民利切实改善。全年全乡始终坚持以人为本的服务理念,努力解决群众最关心的问题,提升人民幸福指数,促进社会和谐稳定。一是民生保障取得新突破。农民补贴资金1381.77万元全部通过“一卡通”发放到位。累计发放低保金281.46万元,惠及19885人次,优抚资金59万元,老龄补助15.8万元。养老保险征缴工作全县排名第7,医疗保险住院报销4284人,总计990.6万元,完成96人次大病医疗救助。184名危房户摸底上报,改建12户,修缮加固13户五保户房屋。撤乡设镇申报已获省批复,农村社区建设通过市、县检查验收,市级示范敬老院改扩建扎实推进,殡葬改革工作有序进行,村务公开管理进入县一类乡镇,残联工作效率和服务水平不断提升,获县“四好”乡镇荣誉称号。二是社会管理开创新局面。利用网格化管理模式,点线面结合落实平安建设工作,探索打造短信互动平台,助推安全生产和食品安全示范创建,安全生产全县排名第7位,获“市级食品安全示范乡镇”称号。充分发挥“两代表一委员”工作机制,成功化解5个有较大影响的社会矛盾,成为全县四个零上访乡镇之一。落实领导干部下访、接访制度,开展民情大走访、“一帮一”“红袖章巡防”活动,做到入户走访登记率100%,排查矛盾纠纷237起,调处235起,群众满意率提升至95%。未发生一例民事转刑事案件,公众安全满意度在全市、全县排名分别是第44位和第8位,较2012年分别上升84位和19位。社会管理工作位列全县第四。三是其他各项事业赢得新成绩。计划生育工作提出“五上门承诺、六个一宣传、十个一服务”新举措,计生率88.3%,并创建市级流动人口管理示范乡镇。举办“一乡一品”民俗文化展。武装工作规范扎实，民兵队伍建设不断增强,圆满完成征兵任务。工会、共青团、妇联、民族宗教、档案、老干部及关心下一代等工作协调发展,共同进步。

六、作风建设深入开展,行政效能大幅提升。加强村级财务阳光管理，全面清理12个村的村级财务。加大纪委参与监督政府投资项目审计力度,完善政府采购、工程招投标、基建审计、过错责任追究等一系列制度。厉行节约,严格控制“四项”支出,“四项”费用缩减明显，下降幅度达43%。首创全国“农村公众信息平台”,架起乡、村、群众之间沟通的桥梁。扎实开展“六比六看”“六联六行”活动。在夏季抗旱中，党员干部模范带头，戴草帽,打赤脚,下田、圳,疏通水渠、涵洞,与群众同吃同住同劳动。

【创建长沙市安全生产示范乡镇】 资福乡坚持以科学发展观指导安全生产工作,坚持“以人为本、安全第一、预防为主、综合治理”的方针,强化行政执法,加强宣传教育,夯实基础工作，深化专项整治,加大对安全生产工作的监管力度,深入开展多项安全生产专项整治活动,采取切实有效的措施,取得显著成效,使全乡的安全生产形势得到进一步的巩固,2013年2月被长沙市人民政府授予“安全生产示范乡镇”。

【创建长沙市食品安全示范乡镇】 2013年，资福乡通过规范落实食品安全制度，加强网格化管理,建立干部群众短信互动平台,加大宣传培训力度,构建齐抓共管的“大食安”工作格局。年内,资福乡精心组织“3·15”和“5·29”食品安全大型宣传活动,举办“庆祝《中华人民共和国食品安全法》实施四周年现场宣传”活动,发放“食品安全消费知识”1万余份,吸引2000多群众参与；对全乡范围内95名餐饮服务、食品生产经营、流动厨师等食品从业人员进行健康体检。2013年10月被长沙市人民政府授予“食品安全示范乡镇”。

【创建长沙市环境卫生优胜乡镇】 资福乡为摘掉环境卫生“十差”帽子,3月24日，组织乡村两级干部、村民小组长、妇女、老师、学生、“五老”(老干部、老战士、老专家、老教师、老模范)、个体业主代表等近700人召开环境卫生誓师大会。年内投入10多万元添置环卫洒水车、电子显示屏和执法宣传车,并建立村支书记及环卫专干包村,乡村干部包片,组长包组,党员等包户的工作体系,开展环境卫生“家校互动”活动,并充分发挥“五老”队伍优势,每村建立一支劝导评比员队伍,形成环境卫生村与村比整洁,组与组比卫生,户与户比清洁的局面。2013年8月,在全市城乡环境卫生评比中获得“长沙市环境卫生优胜乡镇”称号。

【举办第二届农民文化艺术节】 2013年，资福乡为丰富农民文化艺术生活,于12月18日在乡机关前坪举办“资福乡第二届农民文化艺术节”。此次艺术节邀请各行政村、资福中小学和资福天天乐超市参加,并特别邀请宁乡县舞动风采艺术团到资福表演,共表演《龙马腾飞》《送财神》《陶瓷制作》等18个节目。全乡群众从四面八方赶到现场观看节目。艺术节的举办充分挖掘了农村的传统文化资源,宣传了资福的传统手工艺,并给农民一个充分展现的平台,丰富了群众的文化艺术生活。

【启动湘菜食材产业园建设】 5月18日，资福乡召开湘菜食材产业招商推介暨新闻发布会;6月18日,宁乡县经济技术开发区工委书记、县委书记黎春秋、县政协副主席杨志武率招商、发改、规划、国土、环保等部门负责人到资福调研食材产业建设情况,并召开现场办公会,明确在金玉乡镇工业集中区划1平方公里作为资福食材产业园规划建设用地;7月2日，县委常委、常务副县长刘亮,县委常委、县委办主任陈永高率队到资福就湘菜食材产业现场办公,现场给予扶持政策。2013年,资福乡与长沙火宫殿、长沙唐龙食品、湖南天锦、长沙沙龙畜牧、厨品源食品等5家企业签订正式投资合同,并启动前期项目建设。

（王杰湘）

南田坪乡

党委书记 白　晓
副书记、乡长
杨新貌
副书记、人大主席
王万军
政协工作联络处主任
左中秋
副 书 记 李　剑
徐闻望
党委委员、纪委书记
贺星宇
党委委员、副乡长
谈　超
党委委员 凌金玉(女)
副 乡 长 李　峰　赵国良
人大副主席
李记为

【概况】 南田坪乡位于宁乡县东南部,系宁乡通往花明楼刘少奇故里和韶山毛主席故居的必经之地,全乡辖10个行政村、275个村民小组,总人口2.76万人,总面积64.36平方公里,其中耕地面积1764.3公顷，旱地1763.1公顷，水面330.1公顷。

2013年,全乡上下紧紧围绕既定工作目标,抢抓发展机遇,攻克发展难关,经济社会保持良好发展势头,各项工作硕果累累、喜报频传,荣获长沙市经济社会发展“十快”乡镇、综治维稳工作先进单位以及全县五好领导班子、财源建设奖、“两帮两促”先进单位、政务公开先进单位、无安全生产责任事故乡镇等一系列荣誉,各项工作全面发展。

一、经济综合实力迈上新台阶。2013年,全乡:完成地区生产总值6.27亿元，比2012年增长4%；实现财政总收入752.73万元，比2012年减少30%；完成社会固定资产投资3.4亿元，完成社会消费品零售总额1.74亿元；农民人均纯收入达到1.34万元，增长37%。全年合同利用资金3亿元，实际到位资金1.5亿元，促成了伟亿建材落户金玉工业园，成为第一轮5家由县长亲自调度的企业之一。

二、产业发展得到新提质。一是坚持工业兴乡，着力帮助企业挖潜增效，全乡完成工业总产值7.77亿元，比2012年增长11%；实现规模工业税收180万元，温氏公司利税突破百万元大关，都友食品被评为中国中部（湖南）国际农博会“金奖”，计划新建特产市场，打造全国熟食品牌。二是坚持农业立乡，重点发展现代农业，依托乡内五大水库资源，切实将宁韶公路生态农业线和石大公路景观农业线贯通连片，努力推动休闲观光等特色农业发展。三是坚持三产活乡，重点推进集镇城镇化建设，以新中学、新公路、幼儿园等三大重大公益项目建设为主体，以自来水厂、污水处理厂、农贸市场、小商品市场等配套设施为辅的新集镇建设已初见成效，集镇商贸中心、步行街的建设规划正式提上议事日程。

三、项目建设取得新成效。全年全乡共有投资1000万元以上的项目11个，其中新建项目9个、续建项目2个。全年合同计划投资5.8亿元，完成固定资产投资3.4亿元。全力推进新集镇建设，污水处理厂、自来水厂、幼儿园、安置区已全面竣工，新中学已进入主体建设，新公路路基已全面拉通。开发用地的预售和农商行等部门搬迁也正在有条不紊的进行。

四、城乡面貌发生新变化。集镇管理不断加强，成立城管中队对集镇乱摆、乱停、乱放现象进行全面整治，并对省道208沿线所有店铺招牌实行统一标准，累计拆除违章建筑168处、3200平方米，集镇面貌焕然一新。环境卫生突出整治，与各村、部门单位、企业签订环境卫生整治责任书，实行环境卫生“门前三包”。定期开展环卫检查督促，重点整治集镇门面、农户房前屋后卫生，营造了优美整洁的环境。

五、民生事业开创新局面。以空前力度投入到田间水利扩容提质，全乡共完成山塘清淤72口、沟渠疏浚65公里、河道整治16.5公里、清淤改造河坝6座、田间渠道疏浚680公顷。完成危房改建17户、新建农家书屋1个、改水改厕100余户、新建沼气池60个、发放救济7万余元、粮食补贴460万元、农机补贴59万余元、合作医疗参合率达96%，养老保险参保率达95%，各类惠民实事成效突出。综治、安全生产跻身县先进行列，教科文卫各项事业全面发展。计生工作社会抚养费创历史新高，计生环境有效改善。老干、关协、工会、共青团、妇女各项工作任务全面完成。

【南芬塘集镇建设】 2013年，南田坪乡启动建设南芬塘新集镇，抽调50余名机关、部门和村支两委干部，深入开展项目建设大攻坚活动。在5个月时间内完成27.73公顷土地征收，9栋房屋拆迁，117座坟墓迁移的工作任务。规划设计及相关手续办理工作基本完成，为集镇建设的顺利推进，打下了坚实的基础。

（黄　姣）

偕乐桥镇

党委书记　刘红云（女，1月免）
　　　　陈计伟（1月任）

副书记、镇长
　　　　罗德辉

副书记、人大主席
　　　　廖国珍

政协工作联络处主任
　　　　吴友良

副 书 记　周术林

党委委员、纪委书记
　　　　刘　飞

党委委员、副镇长
　　　　刘伟强（4月免）
　　　　曾勇备（4月任）

党委委员　黎　毅

副 镇 长　李茂桥　张智勇

人大副主席
　　　　周　敏

【概况】 2013年，偕乐桥镇域面积75平方公里，辖10个村（居）委会，281个村民小组，总人口3.4万人。全镇上下紧紧围绕“主动融入大灰汤，提质建设新偕乐”的战略目标，以“项目引领、产业优化、城镇开发、基础优化”为工作思路，举全镇之力、聚全民之智，攻坚克难，开拓创新，跨越奋进，在建设宜业宜居新偕乐的进程中迈出坚实步伐。

一、经济质量在攻坚克难中稳步提升。一是招商引资成效显著。新开发包装项目7个，合同引资3.8亿元，到位资金1.5亿元；新引进东海养老地产项目，总投资6亿元，占地面积31.25公顷；金三牛农业机械加工、炎羽茶业等项目落户金玉工业集中区；实现固定资产投资规模在1000万元以上的项目9个，续建项目3个，竣工项目4个，年度完成规模项目4个，全镇固定资产投资2.71亿元，建安税入库55万元。二是项目工程扎实推进。为省重点工程长韶娄高速公路建设偕乐桥段解决公路沿线300多户群众的水田水冲沙压赔偿问题；拆迁7户房屋，并进行妥善安置；解决八石村石头大塘的造塘还塘，周围13.33公顷水田的灌溉问题；完成康宁村6条村级公路、八石村4条村级公路的顺接工程建设；实施公路沿线的土质改良工程。为国家重点推广的第三代TD移动网络建设工程，拆除3个通信基站。为雅居乐项目建设，成立专门班子对范围内进行拆违控违，保证该区域违法违章建筑零增长。三是农业经济提质增效。在粮食生产上，大力推广双季稻，杜绝抛荒，实现粮食播种面积3790公顷，超额完成县下达任务。汾华村被定为全县20个农村调查点之一，在该村积极引导农民播种双季稻,进行家庭现金收支日记账和实物收支记账等工作。在烟叶生产上,烟叶种植面积314.33公顷,产烟达到95万公斤,产值2745万元,各项指标均创历年之最,囊括了全县烟叶生产工作方面的全部奖项,获得质量第一,规模第二的好成绩。双盆村荣获"全县晒黄烟第一村"。在产业规模化发展上,全镇新增规模以上优质稻项目基地2个,茶叶基地1个,蔬菜基地1个,新发展农民专业合作社8家。

二、城乡面貌在协调发展中不断改善。一是基础设施不断完善。共投入资金近2000万元,对4座小二型水库进行除险加固,对近4公里的乌江河堤进行整治;投入资金500多万元,清淤山塘、水毁工程、疏浚沟渠、河道清淤,改造新修河坝和田间渠道等。投入资金400多万元,新修村组公路16公里。完成全镇自来水"村村通"工程,解决全镇2200多人的饮水安全问题。农村居民饮水安全比率80%以上。完成沼气重点村双盆村、金龙村,用户沼气池200座,完成生态示范村3个,完成镇级沼气社会化服务体系和村级沼气社会化服务体系。投资10万元,新建乡村气象服务站1个。二是集镇建设日新月异。投资500多万元对老集镇集中进行沿街立面改造、基础设施配套建设,完成广告牌更换700多块,太阳能路灯安装164盏,按"五统一"原则新建门面35空,新建高标准下水道500米,提质改造下水道1500米,集镇功能大幅增强;新集镇完成前期选址、规划,污水处理厂测绘等工作。三是生态建设品牌彰显。共投入近100万元,新增专职清运工人24名,垃圾清运车10台,组建垃圾清运队伍11支,高标准建设竹田村、水南村等4个绿色村庄。通过绿化美化整洁行动的开展,偕乐桥镇获评"长沙市环境卫生十佳乡镇",竹田村获评"长沙市绿色村庄"。2013年10月7日《中国环境报》第7版对"偕乐模式"进行专题报道,宣传"农村垃圾分类减量"做法,探讨现阶段偕乐桥镇在做好农村环境卫生整治的成功经验。

三、社会大局在改革创新中和谐稳定。群众工作成效卓著。开展以"八到户"为基本要求的群众工作新模式,全体镇机关干部职工走村入户,为群众帮扶解困。二是社会优抚扎实开展。全镇审批农村低保776户,城市低保46户,受益人口1448人;大病救助95人,社会精神病人药物救助290人次,住院救助72人次;全镇养老保险参保人数达1.48万人,参保率达92.24%,排全县第8位;医疗保险参保人数达3.1万人,参保率达95%;对镇域内658个残疾人基本情况进行调查登记,并做好信息录入工作;开展爱心助残募捐活动,共计募集捐款4.5万余元用于帮扶贫困残疾人;共投入资金15万元,完善敬老院后栋宿舍楼屋面、立面改造、传达室新建及食堂改造等设施建设;共投入220万元,完成将军小学的征地拆迁,并启动教学楼和食堂建设;通过调查摸底,共登记农村危房375户,并完成两批25户特困户的危房改造工作。三是科教文卫协调并进。投入220万元完成将军小学建设项目,改善办学条件;扎实开展"服务育龄群众百日行"活动,全镇实现常住人口已婚妇孕检到位率100%、流动人口已婚妇孕检到位率90%、全员人口信息录入到位率100%;全镇10个村(社区)均建立了文体活动室,共有健身广场5处,农家书屋10家,文化活动团队5支;开展多次大型法律、科技、文化、卫生"四进村"活动;食品安全排查到位,全年未发生一例食品安全事故。四是建设扶贫顺利推进。双盆村顺利完成市委三年建设扶贫任务。同时,竹田村被选为县委组织部2013年至2015年建设扶贫村。

四、行政效能在转变作风中不断提升。一是干部队伍不断优化。开展"三四三"干部素质提升工程、"五星干部"评选、机关中层骨干竞争上岗和村干部"勤廉双述"工作,干部队伍建设、村级班子建设得到加强,基层组织的战斗堡垒作用得到巩固提升。二是勤廉建设不断深入。严格执行中央关于改进工作作风、密切联系群众的八项规定,大力反对"四风",大力整治"庸懒散奢"等不良风气。制定机关财务、会议、干部职工上下班、住勤值班等一系列规章制度,镇纪委定期、不定期对全镇干部在岗在职、各项中心工作开展等情况展开专项检查。三是行政效能不断提升。以机关作风效能建设管理为抓手,量化工作指标考核,缩减办事程序,简化办事手续。加强公共资源交易平台建设,全面监督工程项目招投标、竣工验收及大额资金使用情况,全年完成交易9个,财评总金额为206.17万元,投标成交价格为197.3万元,共节约资金8.87万元,节约率4.3%。

【签订东海养老地产项目】 12月21日,宁乡县人民政府与合肥东海房地产发展有限公司正式签订东海养老地产项目投资协议。该项目落户偕乐桥镇,总投资额达6亿元,占地面积312公顷,计划建设成为集温泉养老中心、温泉养生会所、温泉酒店为一体的养老产业基地。

【获"长沙市城乡环境卫生十佳"】 2013年,偕乐桥镇以"按户分类,就地消化"的环境卫生工作指导思想,大力开展城乡环境卫生整洁行动。通过建立"镇引导、村为主、组实施"的"三级联动"机制,制定《偕乐桥镇环境卫生整治实施方案》,落实镇村干部"包村包片包户"责任制和村民"门前三包"责任制,镇域环境卫生全面改善。全年在农村环境卫生整治行动中,镇村共投入500多万元,建设村组公路13.6公里,绿化村道23.5公里;集镇广告牌更换700多块,太阳能路灯安装164盏,新建高标准下水道500米,提质改造下水道1500米;建立10个再生资源回收站,430个垃圾焚烧炉;新增专职清运工人24名,垃圾清运车10台,组成垃圾清运队伍11支;出动文明卫生宣传车

16次，发放环境卫生宣传资料8000多份，张贴垃圾分类宣传画180处。长沙市2013年城乡环境卫生整洁行动督察结果公布，宁乡县偕乐桥镇荣登全市城乡环境卫生“红榜”，成功创建“长沙市环境卫生十佳乡镇”。

【召开竹田村建设扶贫会议】 10月30日，县委常委、组织部部长、统战部部长汤智斌在偕乐桥镇竹田村召开现场办公会议，专题研究竹田村建设扶贫工作有关问题。人大常委会副主任闵志平；县规划局等相关单位负责人参会。汤志斌表示竹田作为一个传统村落，经济条件不好，但能争先创优，出成果，出经验，是宁乡新农村建设的一个窗口，各部门单位要各尽所能，对竹田村建设扶贫的各项工作给予支持。同时，要求各单位在推进建设扶贫工作中深挖经验，打造品牌；形成合力，挖掘潜力；突出重点，分步实施。要求竹田村在建设过程中坚持依靠发动群众，加强基层组织建设，加强汇报整合资源，加强管理务实为民，真正实现竹田村的新跨越。

【农村田间水利扩容提质建设】 2013年，偕乐桥镇党委、镇政府积极响应县委县政府号召，针对抗旱时暴露出的山塘淤积，抗旱基础水量不足，造成农民因旱失收减收的问题，审时度势，大力推进田间水利扩容提质工程。一是锁定目标，落实水利建设责任。成立工程建设领导小组，制定工程建设实施方案和考核办法，落实各方责任。确定各村全年重点修复的水毁工程，打造偕乐社区、双盆村两个山塘清淤扩容示范片。二是千方百计，筹集水利建设资金。村民自己筹资筹劳，鼓励村民用好用活国家对农村的“一事一议”政策；争取上级财政奖补，鼓励农民扩挖山塘，自筹资金，自建自用。三是领导带队，督导水利建设进度。四是管理到位，确保水利建设质量。协调县水务局和相关涉水建设单位组织专业技术人员深入村组，提供技术指导，安排水管员和专门的干部负责沟渠疏浚、山塘整修的组织发动和质量监督，做到面上有专人督促指导，点上有专人监督管理，严格按规划设计要求和程序进行施工，所清淤的沟渠、河道做到美观整洁，所整修扩容的山塘切实做到泥土夯实规范，保证每处水利建设的高标准、高质量。全年共投入资金近2000万元，对4座小二型水库进行除险加固，对近4公里的乌江河堤进行整治；投入资金500多万元，清淤护砌162口山塘，完成水毁修复工程20余处，沟渠疏浚64公里、河道清淤45公里，改造新修河坝18座，完成田间渠道工程493.33公顷。

【群众工作“八到户”模式获实效】 2013年，偕乐桥镇在深入调查、反复研讨和借鉴外地先进经验的基础上，形成以“八到户”(民生政策宣传到户、经济信息送达到户、发展良策征求到户、烟叶生产指导到户、计生工作服务到户、生态环保劝导到户、贫困对象帮扶到户、稳定和谐包干到户)为基本要求的群众工作新模式，72名镇机关干部职工联系全镇281个小组，9755户住户。全年全镇机关干部职工走访住户9254户，帮扶困难群众913户，收集问题227个，解决问题216个，调解矛盾纠纷72起。在长沙市民调工作中偕乐桥镇名列第二，并居全县第一。

（吴晓婵）

灰汤镇

党委书记　龚　畅(1月免)
　　李志敏(1月任)
副书记、镇长
　　李锷华(1月免)
　　孙　勇(1月任)
副书记、人大主席
　　朱洪波
政协工作联络处主任
　　丁建斌
副书记　叶刚毅(1月免)
　　贺　伟(1月任)
党委委员、纪委书记
　　欧子强
党委委员、副镇长
　　尹　胜
党委委员　吴宝林
副镇长　黎艳阳　杨　鹏
　　廖志红
　　周宇燕(女，兼)
人大副主席
　　喻小平

湖南长沙灰汤温泉国际旅游度假区管理局
局　长　郑　旗
党组书记　蔡桂莹(女，7月免)
　　李志敏(7月任)
副书记　黎定辉(女)
副局长　叶刚毅(兼，1月免)
　　贺　伟(兼，9月任)

【概况】 2013年，灰汤镇辖6个村民委员会、1个居民委员会，镇域土地面积43.30平方公里，其中耕地总面积1836.7公顷，林地面积1542.9公顷。总人口2.39万人，其中非农业人口2758人。

一、经济实力逆势攀升。全年完成：生产总值8.11亿元，比2012年增长24.2%；全社会固定资产投资16.7亿元，增长14.6%；社会消费品零售额2.9亿元，增长18%；农民人均纯收1.63万元，增长18%；居民储蓄存款余额3.8亿元，增长35.7%；全年完成工商税收4500万元，增长10%。荣获“乡村环境整治行动优秀乡镇”“两型创建工作先进单位”“湖南最具民生幸福感乡镇”“新农村建设明星单位”等称号。

二、招商引资和项目工程再创佳绩。实现招商引资合同资金219.48亿元，到位资金32.9亿元。新引进雅居乐、全国山地自行车主题公园、汤珍坊农业开发海博地产以及涌金铝业5个项目，增资扩股龙泉山庄和紫龙湾温泉二期2个项目，其中雅居乐项目总投资200

亿元,规划用地约333.33公顷。实现新开工项目10个,竣工项目9个,共完成项目工程投入27亿元,其中政府投资项目6000多万元,完成建安税2800万元。成立专门的征地拆迁办公室,强力推进征地拆迁,全年完成征地133.33公顷,拆迁200多户。

三、旅游产业稳步提高。全年实现接待游客140万人次,实现旅游收入4.8亿元。举办第五届温泉养生节,相继承办全国山地自行车赛暨湘电温泉绿色骑行巡回赛、凯路仕——烈风杯全国山地自行车联赛等体育赛事;与长沙晚报社合作推出为期一个月的“度假新体验·灰汤养生行”营销推介活动,并在主流媒体进行持续一个月的宣传报道。紧密跟进国家级旅游度假区创建工作,先后5次赴国家旅游局汇报创建工作,得到国家旅游局主要领导的高度肯定和支持。指导金太阳申报参评4星酒店;完善专供残障人士、母婴等特殊人群专用设施;健全东鹜山景区内的标志标牌系统;组织开展旅游服务技能培训班,进一步提高服务水平。

四、民生保障有力。发放养老资金达350万元,落实各类救助资金共计350多万元。城乡居民医保参保率达到96%。10个组1100多人已享受失地农民社会保障待遇,另有6个组600多人已通过县征地办审批。举办劳动技能培训班和农业技术培训班4期,培训学员1000多人次。危房改建完成17户,超额完成县下达指标任务10户。学校、敬老院建设进一步完善。加大农田水利建设投入,全镇完成:山塘清淤331口,面积69.02公顷,新建山塘4口,面积0.45公顷;沟渠疏浚65.06公里;河道清淤40.55公里;完成田间工程涉及水田面积1011.2公顷;改造河坝19座,完成水毁修复12处。森林防火、防汛抗旱、动物防疫等工作有新的建树。

五、社会管理新进步。落实“一推行四公开”制度,开展群众大走访活动和“三四五”工程,走访率达100%,帮助群众解决各类问题200多件,帮扶群众300多人。在全镇范围内开展声势浩大的“经济社会环境、环境卫生、控建拆违”三项整治行动。共处理阻工事件35起,训诫8人,治安拘留21人;通过按月讲评,镇村组三级联动,环境卫生明显提升;开展联合执法20次,拆除违法建筑18户,拆除违章建筑2600平方米,实现违章建筑零增长。开展计生服务活动,积极创建长沙市流出人口优质服务示范镇。汤泉社区积极履职,成功创建湖南省文明社区、长沙市先进社区学校。

【省旅游产业发展年度考核组到灰汤镇考察】 3月6日,省政府副秘书长王光明、省旅游局副局长熊健率省旅游产业发展年度考核组到宁乡灰汤,考核宁乡2012年度旅游产业发展情况。考核组实地考察华天温泉度假酒店、紫龙湖、湘电温泉山庄、金太阳现代休闲农庄等旅游景点和企业后,对宁乡旅游产业给予高度肯定,并对灰汤旅游产业发展提出指导性建议。

【召开镇第十五届人民代表大会第二次会议】 3月29日,灰汤镇第十五届人民代表大会第二次会议在镇政府三楼大会议室举行,全镇55名人大代表和43名列席代表参加会议。会议审议通过镇人民政府工作报告、镇人大主席团工作报告和镇财政预决算报告,并作出相应决议。会议选举产生镇长1名。

【举行全国山地自行车赛冠军赛(灰汤站)暨湘电温泉杯中国绿色骑行巡回赛(宁乡站)】 4月12日–4月14日,灰汤镇成功举办2013全国山地自行车赛冠军赛(灰汤站)暨湘电温泉杯中国绿色骑行巡回赛(宁乡站),该次全国山地自行车冠军赛共吸引北京、辽宁、云南、浙江等13支代表队的140多名专业选手参赛,以及400多名全国各省、市业余自行车爱好者参赛。此次是湖南首次主办的全国山地自行车国家一级体育赛事,掀开湖南自行车运动史上崭新的一页。灰汤借承办此次比赛契机,精心打造湖南首个“山地自行车主题公园”,旅游品位又有一个大层次的提升。

【承办凯路仕——烈风杯全国山地自行车联赛(长沙站)】 8月18日,由长沙市人民政府、长沙市旅游局、广州凯路仕体育科技有限公司主办,宁乡县人民政府、灰汤镇人民政府、加速度骑行俱乐部、长沙市自行车旅游协会、长沙汉奇文化传播有限公司承办的凯路仕–烈风杯全国山地自行车联赛(长沙站)在灰汤山地自行车主题公园举行,联赛为全国性准职业自行车巡回赛,共分男子公开组、男子普通组、女子组、加速度组四个组别展开角逐。

【紫龙湾水上乐园开业】 8月31日,灰汤紫龙湾温泉旅游区水上乐园项目建成开业,项目以新潮的设计风格,以温泉养生文化为主题,以丰富精粹的康体产品为主导,投资逾3000万元,戏水面积近万平方米。项目设施齐备,满足运动休闲、娱乐健身、保健养生等多样化的游乐体验。

【举办“度假‘新’体验·灰汤养生行”活动】 8月31日–9月21日,灰汤管理局、灰汤镇镇政府、华天城、湘电山庄、紫龙湾、金太阳及长沙晚报社联合推出“度假‘新’体验·灰汤养生行”活动,举办将育儿、瑜伽、茶艺、中医等传统与现代养生完美结合的主题活动,这是灰汤在新形势下力推的旅游品牌理念——“养生灰汤·度假天堂”,推介灰汤温泉旅游度假区新形象,宣传养生新理念,展示景区新风貌,吸引消费新群体,探索营销新模式,开发养生新产品。

【灰汤雅居乐项目签约】 9月2日,雅居乐地产控股有限公司正式与县人民政府签约，将在灰汤镇建设雅居乐项目。灰汤雅居乐项目是雅居乐公司进军湖南市场的首个项目，项目总投资约200亿元，规划用地333.33公顷，用地范围涉及灰汤镇、偕乐桥镇，建设内容主要有温泉养生会所、温泉酒店、温泉景观公园、演艺中心、商贸中心、游乐中心、低密度住宅等。

【举行湖南“吉祥人寿杯”第六届环湘自行车第二站赛】 9月3日，湖南“吉祥人寿杯”第六届环湘自行车赛第二站在灰汤开赛，来自全国的200余名车手参与男子青年组、男子壮年组及女子组的角逐。

【中国长沙(灰汤)第五届温泉养生节开幕】 12月28日，中国长沙(灰汤)第五届温泉养生节在灰汤湘电温泉开幕，本次温泉养生节主题为“养生灰汤·度假天堂”，活动持续到2014年1月4日，活动内容有温泉养生产品发布、温泉养生文化展、养生专家讲座和大型义诊、温泉养生堂授牌、养生专家团签约、养生专线开通等，使“养生灰汤·度假天堂”的品牌深入人心，进一步拓展客户市场，吸引消费新群体。

(徐志斌)

双凫铺镇

党委书记 孙春华(1月免)
肖冠雄(1月任)

副书记、镇长
蒋　宇(1月免)
汤照武(1月任)

副书记、人大主席
戴文明

政协工作联络处主任
银宝龙

副 书 记 隆志申(9月免)
欧旭东(4月任)

党委委员、纪委书记
胡铁强

党委委员、副镇长
奉旨亨

党委委员 张平辉(女)

副 镇 长 喻　斌
陈竞芳(女)

人大副主席
黄　勇

【概况】 2013年，双凫铺镇辖11个行政村和1个社区，362个村民小组，镇域面积87.98平方公里，其中耕地面积2640公顷，总人口4万人，镇区面积6.2平方公里。是年，全镇实现镇域生产总值21.67亿元；工业总产值40.44亿元；固定资产投资8.9亿元；国地两税完成1670万元；农民人均纯收入达1.71万元，比2012年增长16%；社会消费品零售总额3.3亿元；居民储蓄存款余额2.83亿元，比2012年增长15%。各项主要经济指标均完成或超额完成目标任务。

一、农业基础稳步夯实，特色品牌不断挖掘。巩固发展种烟村10个，新建烤房50座，落实烟叶种植面积386.67公顷。全镇实现收购金额1760余万元，亩平均收入3627元，实现产业规模扩张、营造烟农增收可喜局面，荣获全县烟叶生产重点镇品牌。扶持农村专业合作社发展，推动土花猪、温氏鸡、优质稻、烤烟四大品牌组合发展，依托青龙寨生态养殖园、温氏种鸡场、颗颗香米业加工、格瑞食品加工等农业项目全力推进现代化农业进程。宁乡花猪青龙寨养殖文化园二期工程基本完成，在宁乡、长沙、广州、上海等地开设门店100余家，提升宁乡花猪品牌影响力；温氏公司新建种鸡养殖孵化场，发展宁乡中西部地区肉禽养殖市场；格瑞食品加工厂计划引进先进的低温冷干流水线，主要生产“沩水鸭霸王”“宁一灰汤鸭”等系列产品，打造原生态本土美味品牌。不断提质田间水利，及时搞好水毁工程的恢复，共耗资100多万元，修缮“6·26”特大暴雨水毁工程17处，重点对金河水库南北干渠、峡山支渠、鸡子湾渠道以及各村水沟、水圳进行维护，全镇共疏浚沟渠100余公里。同时，按照全县田间水利提质扩容工程要求，精心组织对骨干山塘、主要渠道的清淤。全镇11个村共组织群众1000余人，义务投工1.13万个，完成山塘清淤125口，渠道清淤77公里。

二、项目招商成绩斐然，产业升级全面发力。鞋业产业园区建设是推动“中部鞋都”目标实现的基础。在县委、县政府及相关职能部门的全力支持下，园区内路网、电网、管网等基础设施建设全部完工，园区内6栋6.2万平方米标准厂房和两栋8800平方米鞋业厂房主体工程于11月份正式竣工封顶，并完成室内外装修，可正式交付使用。2013年，按照“筑巢引凤”和“引凤还巢”的招商工作思路，镇党委、镇政府主动出击，组织20余次鞋业招商队伍招商考察，引入长沙创逸房地产公司，用地8公顷，建成1.5万平方米标准厂房投入使用；吸引本镇(县)在外创业鞋业人员回乡创业，协助落实厂房、融资、开办手续等前期工作，14家制鞋业及配套企业投资生产，其中2家正式入驻鞋业园区；进行与广东必登高皮革鞋业公司20余次的交流对接，对方意向投资2亿元，前期租赁1栋标准厂房和1栋综合用房开展生产，计划用地13.33公顷建设产品生产基地，并规划在县城建设区域研发销售中心，将强势入驻。培植企业龙头，安装洁美鞋业二期“碧安琪”真皮生产线，启动产品研发中心和新建厂房；坚持文旅结合，打造“南楚灵山”名片，策划万人祈福活动聚集人气；创业富民小区一期用地告罄，启动二期建设计划；双洲防腐材料、鑫泰自动门窗等厂房竣工投产。

三、城乡管理持续优化、示范城镇重点建设。不断完善基础设施，启动新老宁横公路的提质改造和阳光大道路灯亮化工程，完成镇区污水处理厂及污水管网建设选址、征地测量、规划、设计等前期工作，进入施工阶段。同时努力提升集镇管理水平，建设城乡一体化示范点，争创2014年全国小城镇建设重点镇。加大力度治理环境。组织各村(社区)开展“五星农户”和

"美村美妇"卫生评比等活动,通过第四季度的督促整改,全镇城乡环境和居民环卫意识显著增强。制定"全民植树,美丽双凫"三年生态建设行动计划,完成5.33公顷的栽种任务,种植各类树种9000多株。全面加强社会管理,坚持矛盾纠纷"一月一排调"制度,共化解各类矛盾纠纷123起。全面落实"五包一"的工作措施,特殊群体得到有效稳控。热情接待和妥善处理群众来信来访133人次,有效化解信访问题81个,化解信访积案1个。安全生产全面落实。狠抓生产安全、食品安全、校车安全和工业"打非治违"工作,全镇共查封8家非法生产企业,关闭8家铝塑分离厂、14家塑料造粒厂和3家非法采煤点,停产整顿采矿企业4家,查处非法采砂和洗砂5例,拘留5人。强力推进计划生育工作,镇、村、部门三级联动,计生工作再上新台阶。全镇新出生人口607例,其中计内出生536例,符合政策生育率88.3%,比2012年增长1.2个百分点。

四、各项事业统筹发展、双凫面貌昂扬向上。逐步完善民生保障,全镇农村养老保险参保率达93%,医疗保险参保率达93%,全镇22户危房改建工程全部竣工。促进养老保险、社会救助、基本药物和村级卫生服务以及基层文化体育等公用设施免费开放"四个全覆盖",打造三医院、中心学校和百福敬老院为省、市、县民生工作品牌。扎实推行群众工作,镇群众工作部始终坚持以服务鞋业产业园建设为中心,夯实站点基础,务实干部作风,创造性提出一刻钟群众服务圈建设,探索性建立一刻钟应急反应体系和一刻钟公共服务供给体系,提升基层群众服务水平。年内,镇群众工作队员完成入户走访9000多户,化解各类矛盾纠纷245起,为群众代办事项613项。统筹发展群团事业,成立宁乡县老年大学双凫铺分校,为老年朋友业余文化生活提供全新场所。成功举办"一镇一品乡村民俗文化汇演""5·29"协会活动等庆典活动,凝聚人心,汇集人气。共青团、妇联活动推陈出新,老干关协工作屡创佳绩。大力开展作风建设,深入推进党的十八大和十八届三中全会精神贯彻落实,完善考勤、财务、新闻发言、民主商议等制度,成立镇绩效考核办公室,设立月绩效考核工资,对机关管理、工作纪律以及中心工作的完成情况进行督察,实行一日一检查,一月一通报。大力开展作风建设年活动,坚持每月召开机关干部讲评会,树立"无为就是过""不换状态就换人"的理念,提升干部形象。

【中部鞋都十里鞋城建设】 2013年,双凫铺镇鞋业产业园选址于合轩村,一期工程23.33公顷标准厂房建设完工,33.33公顷的鞋材市场竣工,共480个商铺可投入使用。精简鞋业园回乡企业审批流程,启动"一站式服务"全程代理,启动多项利好政策与全方位的服务"筑巢引凤",全面优化企业发展环境,吸引万名村民在家门口就业。第一家入驻标准厂房的企业睿敏鞋业正进行流水线生产设备安装;广东必登高皮革鞋业公司投资2亿元入驻园区并已正式签订合同。

【全国重点小城镇建设】 2013年,双凫铺依托交通枢纽区位优势,集镇井字布局,拥有街道20多公里,3000多个门面;步行街占地1.67公顷,总建筑面积3万多平方米,发挥"全省最美的商业步行街"辐射作用;新农贸市场开业,市场展销大厅1900平方米,4层100个批发商铺,打造老街改造精品工程;教科文卫设施完善,中等职业技术学校2所、高级中学1所、初级中学2所、幼儿园6家,均配备电化教学设备,县三医院、镇医院各1所,影剧院1家,文化娱乐城1座,大型歌舞厅4家、其他休闲娱乐场所18家、大型购物超市4家、综合大市场2个;回龙山白云寺作为国家AAA旅游景区,全年香客20多万人,聚集人气塑造品牌。

【双凫铺老年大学成立】 2013年,双凫铺镇老年大学成立暨开学典礼在镇文体中心多功能厅举行。双凫铺镇斥资500万元新建文体中心,占地面积2000平方米,配备有多功能活动室、书刊阅览室、培训教室、综合展示厅等,配齐相关电教设施、排练设施、文化娱乐设施和简易健身器材。另配套建有高标准灯光篮球场、塑胶羽毛球场、门球场,所有设施均免费向居民开放。老年大学诗词班、舞蹈班、器乐班、太极健身班等开课,服务学员近200人,成为老年人的知识家园和精神乐园。

【创建长沙市政务服务中心示范点】 2013年,双凫铺镇政务中心正式投入使用,中心面积300多平方米,投入资金200余万元。成立相应领导机构,选派业务骨干窗口工作,明确标准化建设经费,调整设置七个服务窗口,完善各项功能与设备配套。严格落实首问责任制、限时办结制等,开设投诉台账、服务台账,建立多层级监督机制、群众评议制度等,设立投诉举报箱等畅通政务服务投诉渠道,举办多次政务服务培训和创先争优活动,开展回访办事群众活动,群众测评满意率95%以上,成功创建长沙市政务服务中心示范点。

【一刻钟群众服务圈建设】 2013年,双凫铺镇群众工作部以群众工作站为基础,将全镇划分为12个大服务圈、125个小服务圈。每个大服务圈明确1~2名镇党政负责人负责,配备相应的镇干部和村干部;每个小服务圈明确1名镇干部和村干部具体负责,建立"一刻钟居民服务圈"。居民从居住地出发,在现行交通工具15分钟范围内,能够享受到基本的公共服务,包括政府提供的基本公共服务,社会力量和居民个人提供的志愿互助服务,市场机制提供的便民利民服务以及特色服务等。群众工作部通过"一刻钟居民服务圈"的建设,把服务切实送到群众身边。各个服务圈共计完成代理代办事项1000余件,为民办实事好事906件。 (邹 莹)

大成桥镇

党委书记 李志敏(1月免)
喻宏建(1月任)
副书记、镇长
张平飞(女)
副书记、人大主席
吴 彪
政协工作联络处主任
杨向东(1月免)
商利军(女,1月任)
副 书 记 文 献 邓 毅
党委委员、纪委书记
商利军(女,1月免)
罗新华(4月任)
党委委员、副镇长
罗新华(4月免)
莫华军(4月任)
党委委员 贺达勋
副 镇 长 任 晖 李志光
人大副主席 黄光辉

【概况】 大成桥镇位于宁乡中部,沩江中游北岸,与回龙铺、坝塘、资福、双凫铺、煤炭坝、喻家坳六乡镇接壤,辖9个行政村、社区,镇域面积58.79平方公里,人口3.34万人。

2013年:共完成镇域生产总值 19.96亿元,农业总产值5.04亿元,工业总产值61.06亿元;农民人均纯收入达1.59万元,比2012年增长20%;启动项目工程13个,完成投资4.81亿元,引进项目10个,实际到位资金6.28亿元,完成财政税收2942万元,消赤减债300余万元。

经济增长取得突破性进展。2013年,面对复杂的宏观环境,煤炭市场的持续低迷,经济下行的巨大压力,大成桥镇果断采取应对措施,始终坚持项目带动策略,立足产业结构调整,深入开展“四比四抓争先锋”大竞赛活动。工业方面:奔地圣鞋业、中国重汽、新奥燃气、五强梦彩印厂等规模企业陆续登陆,三家煤矿企业逆势发力,维持正常运转;特步鞋业、涌金铝业、银意烟花等企业产销两旺,稳定税收贡献;湘瑞重工、斯威尼无纺布等企业不断更新技术,拓展海外市场。大成工业园成功纳入“长沙市工业小区”名录,并被确立为全县“三区五园”之一。农业方面:3月,永盛农业片区跻身全市“十个千亩园”之列。成立望兴烟叶合作社,加强技术培训和产销服务,全年全镇烤烟面积增加到733.33公顷,全年收购烟叶58万公斤,产值1647.2万元;湘都农业、楚鸿牧业在绿色生态产品开发中成绩显著,双双被评为长沙市农业龙头企业;利民水果、祥呈土花猪等专业合作社发挥巨大作用,成为带领群众致富的标杆。

招商引资与“两帮两促”齐头并进。组织召开“推进工业园区建设暨招商引资座谈会”,充分盘活大成桥镇企业家群体,进一步推进以商招商。全年共出县招商12次,引进项目10个,其中签约项目8个、待签约项目2个,实际到位资金6.28亿元。有效地解决了资金、排污、招工、用地等问题118起,积极探索推进政府主导下的企业招工体系建设,主要领导经常深入厂矿企业出谋划策,排忧解难,力求做到招商引资与帮促服务同步进行。

基础设施建设工作快步推进。稳妥有序推进二期安置区建设,全年安置46户。举全镇之力,启动“三横两纵”路网建设,完善镇域交通环线,改善企业、居民交通条件,促进镇域经济均衡发展,先后启动永新公路和金城大道建设。大成桥绿色生态农产品公社建设完工,进一步完善大成桥集镇功能,丰富机体能量。加大环境卫生整治工作力度,成功创建“长沙市集镇管理示范乡镇”。积极推进农村田间水利工程扩容提质建设,农田水利设施不断完善。

群众福祉大幅改善。民生保障体系日趋完善,2013年共发放城乡最低生活保障金180.58万元,大病医疗救助金额25.3万元,落实贫困助学17人,争取助学金8万元,落实危房改造资金42万元,减免精神病人药物及住院费用13.57万元,发放养老保险金492万元,落实各项特困慰问资金24.8万元,全镇农村合作医疗参合率92%以上,敬老院获评“湖南省三星级农村五保供养服务机构”,集中供养条件不断改善,切实体现关爱五保老人的老有所养,老有所乐。计划生育工作被评为“全国人口与计划生育依法行政示范乡镇”。教育工作位列全县第8名,医疗卫生工作保持全县前列。打击开路、打防并举与淳化民风同步推进,成功破获“9·14”入室盗窃强奸案,引起巨大社会反响。顺利通过“三电”摘牌工作,校车安全、食品安全、安全生产工作常抓不懈,事故防范能力增强,杜绝了重特大事故发生。着力加强精神文明建设。深入开展“倡树文明新风,展示大成形象”系列主题活动,构建大成桥“正义、诚信、文明、知恩”核心价值体系,社会风气明显好转。

机关作风呈现新风貌。深入推进“一推行四公开”和“片区化”工作机制,深化机关干部职工绩效考核机制,行政服务效率明显提高。在防汛抗旱、森林防火行动中身先士卒,奋勇争先,取得抢险救灾的重大胜利。积极推进联系群众工作。继续推进“两代表一委员”联系群众工作与走访工作相结合,落实交办事项、重点项目月报制。自觉接受镇人大的法律监督、工作监督和社会各界的舆论监督,群众关心关注的一些热点难点问题得到有效解决,干部队伍形象得到改善,发展内力进一步凝聚。坚决执行中央八项规定,落实党风廉政建设责任制,严肃财经纪律,“三公”经费[财政拨款支出安排的出国(境)费、车辆购置及运行费、公务接待费。下同]支出均比2012年同期有较大幅度的下降,机关作风进一步改善。

【大成工业园区建设】 大成工业园2013年3月纳入长沙市工业小区名录,5月被确立为全县“三区五园”之一。2013年有奔地圣鞋业、中国重汽、新奥燃气、五强梦彩印厂等规模企业竣工营运。3月,永盛农业片区跻身长沙"十个千亩园"之一,湘都农业、楚鸿牧业被评为长沙市农业龙头企业。

【房屋沉陷斑裂二期安置区建设】 2013年,大成桥镇为确保沉陷斑裂第二期安置工作公开、公平、公正、有序进行,成立第二期房屋沉陷治理安置领导小组,并制定符合镇域实际的《大成桥镇房屋沉陷斑裂第二期安置方案》,通过召开各层面意见征求会,充分吸纳群众反映的合理意见建议,为受灾群众争取最大利益。在执行过程中,坚持阳光运作,务实高效,稳妥有序推进二期安置区建设。全年安置受灾群众46户。

【全力推进精神文明建设】 2013年,大成桥镇深入开展"倡树文明新风,展示大成形象"系列主题活动,以"春学、夏评、秋赛、冬演"为载体,构建大成桥"正义、诚信、文明、知恩"核心价值体系。5月,在思源广场举行以"我的大成梦"为主题的演讲比赛,吸引近千群众自发观摩;6月至11月,为充分发挥先进典型人物在精神文明创建活动中的示范引领作用,积极推进社会主义精神文明建设,开展 "十星百名"(敬业之星、诚信之星、自强之星、希望之星、公益之星、孝德之星、创业之星、奉献之星、正义之星、爱卫之星)社会先进典型评选活动,社会风气明显转变;12月,举办大成桥镇首届文体艺术节暨"一镇一品 欢乐乡村"大型文艺汇演活动,深受群众好评。

(胡 浩)

喻家坳乡

党委书记 陈永胜(1月免)
曾铁坚(1月任)
副书记、乡长
张四明(女)
副书记、人大主席
张祖民
政协工作联络处主任
隆友鹏
副书记 谈江波
党委委员、纪委书记
龚文生
党委委员、副乡长
肖永忠
党委委员 张 燕
副乡长 戴碧峰 刘 涌
人大副主席
袁 欣

【概况】 2013年,喻家坳乡辖10个行政村,人口3.95万人,总面积96.64平方公里,其中耕地面积3126公顷、林地面积4427公顷。

2013年,喻家坳乡紧紧围绕"跻身十强方阵,实现三年倍增"的总体目标,突出"主攻基础产业,主推基础建设,主抓基础管理"三大抓手,团结带领全乡人民紧扣经济社会发展主题,积极投身到全市"六个走在前列"大竞赛活动和县"四比四抓争先锋"活动中,奋力作为、攻坚克难,较好地完成了全年各项目标任务。

全年:完成地区生产总值15.09亿元,比2012年增长21.6%;完成工业总产值31.5亿元,增长15.5%;完成规模工业总产值11.08亿元,增长10.8%;完成固定资产投资5.67亿元;完成消费品零售总额2.3亿元;完成国税地税1850万元;农民人均纯收入1.65万元。

一、工业企业不断壮大。全力实现工业由地下煤炭转型至地面工业,促进地面企业发展壮大。长宁碳素厂投入3000万元扩建常规碳棒生产线,增加产能1万吨,产销形势不断提升;涌泉山铸造厂成功与正济机械、宏运机械整合,与三一、中联对接;宏聚福建材全力入驻,年税收有望突破100万元;6家烟花鞭炮厂和3家石料厂有效生产,建材产业规模逐步形成,全乡工业产业支撑和产业特色日益明显。抓实招商机制改革,做到诚信招商,"引""留"并重,为项目的落户、推进提供全方位优质转型服务,2013年招商引资新开工项目7个,引进县域外资金5.75亿元,实现招商引资到位资金1.95亿元,荣获县委、县政府颁发的"招商引资和项目工程先进单位"。

二、特色农业齐头并进。全年种植烟叶953.8公顷,送售烟叶152.43万公斤,10个村全部发展成为种烟村。乡、村与烟站思想高度统一,形成合力,致力烟叶产业提质增效,重塑喻家坳乡烟叶品牌和形象,荣获县委、县政府颁发的2013年"烟叶生产规模开发奖";全年种植水稻3200公顷,种植旱土玉米和经济作物933.33公顷,神武村圆满完成10公顷早晚稻的国家粮食网点试验;腾辉中药材有限公司扩建40公顷,规模不断壮大;三民村名贵苗木示范园已开发33.33公顷,投入1000万元;油茶林规模不断扩张,实现全乡经济作物的多元特色发展。

三、乡村环境明显改观。通过加大宣传攻势,在全乡浓厚人人爱清洁、讲卫生的氛围,群众对环境卫生工作有更多的支持和参与;对集镇进行重点整治,集镇面貌焕然一新;在全乡开展"爱卫示范"评比活动中,全乡爱卫保洁的热情显著提升,逐步形成环境卫生长效管理机制,顺利通过省、市、县各级的明察暗访。

四、安全生产抓紧抓实。实行安全生产责任制,扎实开展安全隐患的排查整治,全年检查各类企业255家次,排查各类事故隐患866处,"打非治违"成效明显,安全生产工作名列全县第一,实现"安全生产红旗乡镇"的五连冠;全面加强食品安全、校车安全、消防安全和交通安全的监督与管理,确保全乡的安全与稳定。

五、社会事业协调发展。一是社会大局和谐稳定。铁拳打击违法犯罪,强化社会管理创新,健全维稳责任机制,上下联动构筑防控网络,及时排查调解矛盾纠纷,做好特殊群体的息访工作,全乡社会大局和谐稳定。二是群众工作有序开展。召开全乡群众工作暨创新社会管理工作大会，选优配强群众工作队员，进一步规范村级群众工作站的工作流程、工作职责和考核办法，全年乡群众工作队员共走访群众6000多户，化解各类矛盾纠纷1200多起，为群众代办事项426件。三是民生保障落到实处。全年共发放各类保障资金1200万元，城乡居民养老保险参保1.86万人，参保率达到91%，新农合参保人数3.52万人，金额211万元，425名重度残疾人享受生活困难救助，31户农村危房完成改建，6户进行修缮。四是教科文卫齐头并进。宣传文化氛围浓厚，成功举办喻家坳乡首届群众文化艺术节，得到社会的广泛赞誉；学校建设不断完善，教学质量不断提升，教育成果频传捷报，2013年全乡2所中学一中上线人数达27人，创历史新高；医疗卫生事业进展正常，合作医疗兑付井然有序。计划生育工作通过狠抓基础管理和日常管理，积极落实各项计生政策，夯实基层管理，制定切实可行的政策，惩防并举，积极营造乡村齐抓共管的良好氛围。有效整治生育环境，全乡人口计生工作争先进位。敬老院成功创长沙市示范敬老院，被评为省三星示范敬老院。

六、自身建设持续加强。强化依法行政，抓好政务公开，扎实推进法治、责任、阳光、效能政府建设，政府的创新力、公信力、执行力不断提高；加强制度建设，以制度管人管事，营造风清气正、勤勉务实的良好氛围，以制度规范干部的服务形象和服务效能，全力塑造服务型政府的良好形象；高度重视人民群众来信来访，认真落实接访制度，对群众提出的问题，做到件件有回音，事事有着落；坚决执行中央八项规定，落实党风廉政建设责任制，严肃财经纪律，“三公”经费支出比2012年有较大幅度的下降，机关作风进一步改善。

【田间水利扩容提质】 2013年，喻家坳乡将田间水利扩容提质工作纳入乡对村绩效考核的重要依据，按照“以奖代补，群众筹工筹劳”的原则，针对各村的实际，分村上报，全乡汇总，统筹安排，对全乡确定的扩容提质项目，形成乡、村、组三级联动，齐抓共管的局面，并明确专人负责，由所联村的联村领导加强协调，联村干部和联点干部全程跟踪督察，确保工程进度和建设质量。全乡共投入200多万元对50处水毁工程进行全面修复，清淤渠道75公里。利用各塘坝干涸的时机，积极组织发动群众兴修农村小水利工程，太平山村高丰组新修渠道600米，喻家村全面疏通月明支渠3000米，仁泉村对河家坝进行全面修复，全乡水利基础设施得到明显提升。

【举办首届群众文化艺术节】 10月20日–21日，为全面展示喻家坳乡经济和社会建设成果，促进干部群众互动交流，喻家坳乡党委、政府举办首届以“干部群众心连心，共建幸福新喻家”为主题的群众文化艺术节。本次艺术节由文艺汇演、表彰“爱卫十佳”、花鼓戏演出、卡拉OK大赛共4个主题活动组成，通过2天的干部群众共同组织、共同策划，使群众文化艺术节圆满完成。

【宏聚福建材落户喻家坳】 2013年，喻家坳乡党委、乡政府合理规划土地用途，充分利用优势资源，做好招商引资工作平台，引进宏聚福建材有限公司。宏聚福建材有限公司是一家以采石、制砂为主的专业建材公司。该项目总投资1亿元，选址喻家坳乡仁泉村，占地50公顷，设计生产线2条。该项目建设期20个月，生产线设备全部采用国内外最先进的专业生产流水线及相关辅助设备。项目建设成后将成为宁乡地区同行业内最大的建材厂。

【赵洪顺调研喻家坳乡工作】 8月5日，国家烟草局副局长赵洪顺一行深入喻家坳乡，对烟站、烟区的群众工作情况进行深入广泛的调研。调研组先后视察喻家坳乡烟站、三民—玉山烟叶种植示范片区等地，并在三民村村部主持召开座谈会。赵洪顺局长充分肯定喻家坳乡烟叶生产情况，并指出，喻家坳乡金醇烟叶合作社运行机制好，创新思路，为农民增加收入，是全国烟叶合作社的杰出代表，全国现代农业的典范，代表着中国现代农业的大方向，将会载入中国农业现代化进程史册。

（彭中华）

老粮仓镇

党委书记　贺立权（1月免）
　　蒋　宇（1月任）
副书记、镇长
　　刘旺球
副书记、人大主席
　　钟建军
政协工作联络处主任
　　黄昆明
副 书 记　熊佑武
党委委员、纪委书记
　　卢　敏（女）
党委委员、副镇长
　　罗灿军
党委委员　贺湘锋
副 镇 长　罗君辉　蔡友良
人大副主席
　　李建伟

【概况】 老粮仓镇，位于宁乡中西部地区，享有“中国青铜文化之乡、中国首饰文化之乡、中国石器文化之乡”的美誉。洛湛铁路和省道209线贯穿全境，是通往长沙、娄底、湘潭的交通要道。

2013年，老粮仓镇党委、政府以加快发展为主线，以富民强镇为己任，以群众工作为切入点，以“四比四抓”为抓手，以打造诚信政府为第一内生力，健全制度，兑现承诺，规范行为，在挑战中前行，在困境中奋进，实现了思想大变样，工作大跨越。全年完成镇域生产总值8.94亿元、农业总产值4.76亿元、工业总产值8.31亿元、固定资产投资6.41亿元、社会销售品零售总额3.57亿元、招商引资完成9个项目7.5亿元。实现财税总收入535万元，其中国税完成69.5万元、地税完成465.5万元。

一、把“三仓”共建作为第一要务,实业兴镇,实力说话。一是金仓建设成果喜人。始终坚持以珠宝产业园作为镇域工业发展的主战场,通过兑现承诺、优化服务、发挥商会优势,有力推动珠宝产业园取得实质进展。突出珠宝特色,打造产业平台,工业经济蓬勃发展,成果喜人。建立“金美天下”珠宝电子商务平台,投资近500万元绿化亮化珠宝大道，园区基础设施逐步完善。完成工业总产值7.5亿元,其中规模工业产值4.2亿元,比2012年增长67.7%。500万元以上项目固定资产投资额3.8亿元。珠宝产业园世豪金饰厂、雅福银饰厂、雅昱轩柜台厂等项目正式投产，月加工黄金达700公斤，白银达3000公斤,年产值达到30亿元。七大项目顺利稳定的投产,给老粮人的珠宝事业提供一个稳定发展的平台,为老粮珠宝品牌走出宁乡冲向全国打下了坚实的基础。二是粮仓建设来势喜人。一方面严格按照种植情况进行粮食补贴,改变少种多种一个样的不良风气,坚决杜绝“双季稻改单季稻”、抛荒现象,扶持大户提高种粮农民收入,提高市场竞争力。改变自给自足的原始种养方式,大力发展农业合作社,衍生农业生产链,大龙畜牧花猪成功进驻德国麦德龙超市,金霞粮食集团实现成功对接,正式确定老粮仓作为生态有机稻基地和水稻品种对比试验基地，大面积推广优质稻种植。湖南粮食集团古粮仓建设项目落户老粮仓镇，预计总投资6000万元,已进行实地测量,规划设计。另一方面强力推进防汛抗旱工作,科学调度可用水源,发动群众开展生产自救，及早安排严格调度、尽力做到管好水、用好水,让有限的水源发挥最大的效益，共组织2.4万余个劳力抗旱,最大程度降低因天灾造成的减产减收,提升群众应对自然灾害的抗击能力,确保丰收成果,巩固农业基础地位。三是烟仓建设摆脱困难。通过创新管理模式,从建立烟农台账入手,加强对镇村干部和烟技师、烟农的网格化管理、阶段性考核,以差异化补贴、奖励方式,着力提高烟叶质量与效益，精心组织优化烟叶产业结构，党政领导带队帮助烟农移栽烟苗3天以上、干部蹲守田间、烤房指导优化结构和烘烤第一房烟叶编杆上烤，一对一跟踪指导烟叶分级、预检,打破多年来烟叶种植面积徘徊在200公顷以内的困境，2013年共落实种植面积306.67公顷,收购烟叶50.02万公斤,收购金额1313万余元，优化烟叶产业结构验收评定为烟叶质量一类乡镇,上、中等烟比率98.9%,上、中等烟比率提高2.06%,全县第一个完成烟叶收购工作,收购秩序获县表彰，全县第一个完成2014年烟叶生产翻耕工作,彻底扭转面积不多、质量不好、补贴虚高、烟农不种的局面。

二、把产城结合作为第一载体,投入加大,魅力彰显。一是定位新型城镇，发展依托产业。省道209线老粮仓段改道建设完成后，老粮仓镇通过沿线优质地块规划控制,强力推进珠宝新城的建设和大唐古镇的开发,按照“大唐古镇、湘中明珠,老粮仓珠宝城”的总体定位,放大自身优势,在新集镇高起点规划建设珠宝产业园,深入挖掘珠宝文化、大唐文化,集中培育园区核心品牌，打造鼎级生态、环保、旅游、工业珠宝产业基地,以新兴产业、特色产业来加快推进新型城镇化的路子。在建设新镇区的同时,完善老镇区的基础设施、路面的修补、管网的维护、沟渠的疏通，包括绿化、亮化的同步提质,实现新老镇区无缝融合。楚江流域沿线治理全面启动，珠宝大道辅道、人行道、绿化亮化等建设将进一步完善。二是打造靓丽村镇,环卫深入人心。全镇环境卫生工作在2012年被评为十差乡镇后,2013年开展大型环境卫生整治工作,镇财政投入资金百多万元，建设执法岗亭,添置执法车一台,锁车大锁12把,集镇新划禁停线500米,设立垃圾桶350个，悬挂横幅400条，签订1.8万份门前“三包”责任状，彻底整治20余处集镇卫生死角，清运积存垃圾30多吨,清除标语、“牛皮癣”野广告3500余处,整治骑门摊、流动摊、店外摊58处,每月出动宣传车3天~5天,在集镇成立18人的保洁队伍，使居民自觉参与到维持公共卫生,爱护生活环境中来。通过努力面貌一新、得到全方位改善,跃身全市优胜乡镇(十佳),实现天蓝、地绿、水净,红旺村获平市级环境卫生文明村。

三、把社会管理创新作为第一阀门,大局稳定,典型不断。社会管理坚持以群众工作为切入点和落脚点,做到认识有提升,作风有转变,工作有创新,群众有实惠。深入走访农户,帮扶群众发展,疏导群众情绪,化解群众矛盾,解决实际问题,群众满意度不断提升。一是抓稳抓准抓狠，社会大局和谐稳定。充分依靠镇、村和执法部门力量,积极做好法制宣讲和纠纷排调工作,特别是针对全镇社情民意相对复杂,老上访户、缠访户多,退伍军人、离退任村干部等特殊群体社会干扰性大等历史原因,综合运用方法,感化与打击相结合,成功息访多年的老访户谭某,上访情况大幅减少。二是抓细抓深抓牢,平安老粮稳步推进。按照“属地管理、分级负责”的安全生产“一岗双责”实施办法,细致扎实排查隐患,重拳出击打非治违。开展非煤矿山、烟花爆竹、液化、加油站专项治理;以饭店、食品加工厂、食品经营店和学校食堂等为重点,开展常规检查178次，加大食品安全监管力度，确保群众、学生吃上放心食品;狠抓校园周边环境治理和校车整治，保障学生出行安全。三是抓实抓活抓新,激发力量普惠群众。镇党委、镇政府借抗旱契机，发动群众，走群众路线,化危为机,通过双舞河、星光河示范片建设,迅速掀起田间水利扩容提质高潮，全镇水利建设全面铺开。砂场整治在全县率先撤除、率先绿化获得社会一致肯定。

四、把民本民生作为第一追求，民享民乐，幸福攀升。一是民生工作不断改善。“两保”应保尽保，养老保险征缴257万余元，完成总任务的84%；医疗保险征缴300万余元，完成总任务的88%；发放低保金额363万元；发放大病医疗救助金23万元；发放困难救济慰问金22万余元；危房改造对象51户，改建总金额160万元；对敬老院进行全面改造扩建投入120余万元；星光、古乡两所设施基础薄弱学校重建项目已完成招投标并启动建设。二是计生工作踏步前行。始终把计划生育工作摆在重要位置，实行网格化管理，建立信息化平台，狠抓计划生育综合管理。计生率比2012年提高1.79个百分点。新成立老粮仓珠宝行业流动人口计生协会，流出人口以行业协会加强管理。三是群团事业协调发展。召开各个层次务虚会、座谈会6次；开展基层骨干集中培训、“七一”表彰、教师节表彰、欢乐老粮文化艺术节、“我的老粮梦”演讲比赛、助残日大型义演等丰富多彩、意义深远的活动；政务公开、宣传、文化、工会、共青团、妇联等工作得力，活动开展经常。群团事业的协调发展丰富了基层文化生活，凝聚了经济社会发展的正能量。

【农田水利多次接受领导检阅】 2013年，老粮仓镇以“四比四抓”和群众工作为抓手，掀起农村田间水利建设高潮。按照四动措施即宣传发动、奖扶带动、倒逼推动、常规运动，在镇党委统一部署下，及早发动群众，以群众为主体，发动最早、启动最快、效果最明显，完成山塘清淤124口（面积52.13公顷），沟渠疏浚119公里，河道疏浚102公里，田间末级渠系清淤1255.47公顷，修复河坝21座、水毁工程12处。县长周辉亲自批示各乡镇要向老粮仓学习，两次被县委、县政府专题推介，在全县田间水利提质扩容推进会上作典型发言，并成功承办“全民护水·美丽宁乡”三年行动暨沩江流域治理启动仪式。田间水利扩容提质工程建设多次被作为典型接受水利部、张硕辅副省长、省水利厅、市水利局、县主要领导等多次视察、检阅。

【益娄衡高速老粮仓段复工】 益娄高速在老粮仓镇贯穿7个村，总长13.55公里。2013年7月29日，益娄高速复工仪式在老粮仓镇石清村如期举行。为做好益娄高速的复工，老粮仓镇积极协助工程承包方六标、七标两个项目部完成梁场选址、测量和租地协调工作。益娄衡高速老粮仓段集中安置区投资3000万元，占地5.33公顷，集中安置此段300户拆迁户，2013年年末完成石清、藕塘湾、新郑选址工作，工程顺利推进。

（姜治国）

枫木桥乡

党委书记　张湘桥
副书记、乡长
　　陈　鑫
副书记、人大主席
　　周泽文
政协工作联络处主任
　　张　征
副 书 记　刘肯登
党委委员、纪委书记
　　方国胜
党委委员、副乡长
　　谢志强
党委委员　周志华
副 乡 长　周建新（女）
　　向　明（9月免）
　　尹拥军（9月任）
人大副主席　谢　宇

【概况】 2013年，枫木桥乡辖11个村民委员会、100个村民小组，人口3.93万人。乡域面积92.6平方公里，其中耕地面积3700公顷。全年全乡紧咬“创新攻坚再突破，乘势崛起进十强，秀美幸福新枫木”的工作目标，务实创新，开拓奋进，克服区位不优，资源匮乏，财政薄弱等劣势，各项工作均取得可喜成绩。

一、各项经济指快速发展。全年完成：乡域生产总值6.57亿元，比2012年增长15.5%；国税71.3万元，地税416.1万元，共计完成国地两税487.4万元；固定资产投资3.2亿元，增长14.7%；社会消费品零售总额2.4亿元，增长17.8%；农民人均纯收入1.45万元，增长19.9%。全乡各项经济指标均实现持续、健康、快速发展。

二、特色农业产业提质升级。全年全乡着力推进“一园三品牌六基地”建设工程。一园：全力扶持月白梨园建设，进一步完善基础设施建设，重点抓好品种改良和基地扩建，积极发展庭院经济和家庭农庄。三品牌：重点扶持惠元科技、雪皇粮油、雨杰科技三大农业品牌，抓住宁乡获评特色县域经济重点县良好机遇，加大对三大企业品牌、技术和设备的支持力度。六基地：重点发展333.33公顷的烟叶基地、333.33公顷的野漆树基地、333.33公顷的药材基地、666.67公顷的红薯基地、666.67公顷的油茶基地、666.67公顷的水果基地。全年实现农业总产值4.67亿元。

三、项目工程建设和招商引资取得重大突破。坚持项目带动战略，项目规模逐年扩大、质量逐年提高，并有力支撑全乡经济社会持续快速发展。引进长沙天和投资，启动枫木新城建设；完成老集镇提质改造工程；完成龙仙寺大悲殿及客房建设，并成功举行农历四月廿三的千手观音菩萨开光大典及大悲殿落成仪式；完成隆兴环保建材厂建设；完成惠元科技淀粉厂厂房及生产线建设；建成湖南福华野漆树种植基地；完成洞庭水库支干渠加固、杏村基本农田建设和杏村、杨塘、洞庭等村耕地开发项目。是枫木桥历史上项目最多，投资最多，推进最快的突破之年。

四、乡容村貌焕然一新。精心制定和完善连接线灰（汤）横（市）

公路两侧详细规划，按照“规划先行、逐步开发”的原则，建设全新的枫木集镇。认真开展环境卫生整治工作，集中整治好集镇乱搭乱建、占道经营和乱停乱靠的交通秩序等行为，拆除违章建筑56个，依法从严打击关闭辖区内3家非法洗砂场，对其采砂设备进行彻底拆除。大力发动爱国卫生运动，深入开展环境卫生整治工作，落实好门前“三包”、卫生清扫制度和社会监督机制，实现环境卫生管理的制度化和常态化。

五、社会事业统筹推进。围绕“保先争优”的工作目标，突出基层基础、流动人口、隐患排查、强力征收和优质服务五项工作重点，不断强化队伍建设，创新工作方法，服务育龄群众。组织免费孕前检查夫妇305对，排除计外隐患126例，落实四项手术共346例。以信访维稳工作为重点，着力开展矛盾纠纷大排查专项行动、严格落实重点群体对象“五包一”责任，加大交通安全尤其是校车的整治，成功化解突发事件及各类矛盾纠纷51起。全面维护社会和谐稳定，实现“零上访”和“零事故”目标。食品安全领域全年没有发生一起重大事故。全乡社会治安状况良好，公众安全满意度高，在省民调工作中，枫木桥乡社会治安和群众工作位居全县前列。积极探索群众工作新思路、新方法、成立乡群工部和村群工站，认真开展“百名干部入农户，排忧解难促和谐”“三联三访三服务”等活动，进行走访交流，撰写民情日记，开展矛盾排查，消除信访隐患，进一步密切党群干群关系。新型城乡基本养老保险、新型城乡医疗保险全乡参保率分别达93%、95%；生产安全和普法工作扎实推进；全面启动重度残疾人补助发放工作，成功创建省级惠老工程示范乡和市级残联工作明星乡镇。

六、干部素质有效提升。领导班子带头开展创先争优活动，积极开展“联点帮扶”、“公开承诺”系列活动，自觉接受社会各界的监督，不断提高领导科学发展和做好群众工作的能力。按照民主集中制的要求，完善党委议事规则，重大事项、干部任免、重大支出集体讨论研究，确保科学决策和民主决策。开展干部作风建设年活动，以“四个强化、七个严禁”为工作准绳，进一步严肃机关制度，有效提升机关干部职工全局意识和服务水平；开展书香机关建设，组织“读一本好书、办一期刊物、上一场教育课、组织一次征文、进行一次座谈、观看一部教育电影、撰写一篇心得”的七个一活动，形成崇尚学习、勤于读书、善于思考的良好风气。着力加强农村党员和优秀青年群众的教育培训力度，不断提高文化水平和政治修养，将优秀的党员和青年群众作后备村干部和致富能手重点培养，计划拿出10万元、用3年的时间，打造枫木桥乡的“1234”人才工程，即下派10名优秀年轻干部到村任第一书记、总支书记助理等职，培养20名大学生村干部，扶持30名党员致富带头人，培养40名优秀青年党员作后备村干部。

【创新宣传平台　实施网格管理】 2013年，枫木桥乡凭借扎实的群众基础加强正确的舆论引导，结合网格化管理工作机制，按照“管理方便、界定清晰、责任整合”的原则，将全乡100个村民小组划分为52个管理网格，每个网格明确1名机关干部和1名村干部为管理员，负责辖区内群众工作、计划生育、社会管理、环境卫生等工作。拿出每人3000元的专项目标考核奖金，严格考核奖惩，实现管理全覆盖和精细化，以干部入户、悬挂横幅、每户张贴干部联系卡等方式，号召群众对干部入户帮扶情况进行监督。充分宣传各级惠民举措，加大殡葬改革、农村合作医疗新政策等工作的宣传力度，扎实推进农村田间水利扩容提质建设、枫木新城建设、龙仙寺建设、老集镇沥青路面改造、中小学校建设工程、卫生院改扩建、派出所新建等与群众切实利益相关的各项民生工程，引导全乡人民群众积极参与到枫木桥乡的各项建设，充分调动其积极性与主动性。

【兴修水利　改善民生】 2013年，枫木桥乡在全县农村田间水利扩容提质工程动员大会后迅速召开专题会议，研究、部署全乡农村田间水利扩容提质工程建设工作，通过广泛宣传，深入发动、多点开花、加大投入，以奖代补等方式，以“筹措1000万元、扩容大提质、打造示范乡”为目标，创造枫木桥自撤区并乡至2013年末群众参与最广、资金投入最大、工程项目最多、建设内容最实在的民心水利工程。全乡清淤整治河道8万米，疏浚沟渠8.6万米，清淤整修山塘近200口，清淤改造田间渠道122公里，灌溉面积973.33公顷，改造整修河坝31座；连续7周排名全县水利建设先锋榜前八位。

（张国强）

流沙河镇

党委书记　成　亮
副书记、镇长
　　张红斌
副书记、人大主席
　　欧保明
政协工作联络处主任
　　胡献堂
副 书 记　刘伟强
党委委员、纪委书记
　　莫华军（4月免）
　　尹红波（4月任）
党委委员、副镇长
　　龙凤明
党委委员　刘爱军（女）
副 镇 长　陈　庆（1月免）
　　尹红波（4月免）
　　张宁博（9月任）
　　龚　峻（9月任）
人大副主席
　　李　薇（女）

【概况】 流沙河镇辖18个行政村、2个居委会，349个村民小组，总面积140.60平方公里，耕地面积 4988 公顷，总人口 6.81 万人，其中非农业人口 2629 人。境内有县办高中 1 所、镇办中学 3 所、民办小学 14 所、镇办中心幼儿园 1 所、有中心医院一所，属标准一级甲等医院。

2013 年，流沙河镇紧扣县委、县政府“打造省会次中心，构建幸福新宁乡”的发展目标，按照建设“农业强镇、花猪名镇、工业新镇、商贸重镇”的总体定位，围绕“打造精品中心镇、跻身全县前十强”的总体目标，抢抓全市试点中心镇机遇，突出跻身全县前十强目标，提升石材工业园和花猪生态园两个园区，壮大烟叶、水稻、特产种养三个产业，实现崛起赶超，打造宁乡西部经济、文化、商贸中心。

一、经济实力不断增强。实现镇域生产总值 8.94 亿元，比 2012 年增长 20%；完成财税收入 608 万元，比 2012 年增长 12.5%，农民人均纯收入达到 1.2 万元，比 2012 年增加 1605 元，增长 16%。社会大局稳定和谐，计生工作争得先进，经济发展环境持续优化。

二、产业经济稳步发展。农业方面，一是重视粮食生产。通过出台激励措施，制定奖励措施，加大宣传力度，严格禁止抛荒和直播。全镇全年完成早稻种植面积 2200 公顷，中稻种植面积 266.67 公顷，晚稻种植面积 3400 公顷，全年优质稻种植面积 5866.67 公顷，油菜种植面积 173.33 公顷，春玉米种植 433.33 公顷，烟叶种植面积 546.67 公顷，全面完成了粮食生产的各项指标，并引进中农立华专业病虫统防统治公司对全镇水稻病虫进行统防统治。二是扶植特色产业。因地制宜，扶持特色产业，建设种桑养蚕、药材、脆枣、油茶种植等生产基地。通过做好金融、技术指导等服务，为种植大户急需的病虫害、土肥检测、沼气池建设、周转资金等提供帮助，促进产业的良性发展。三是烟叶生产再创佳绩。全镇紧紧围绕“规模开发、主攻质量、打造特色、提高效益”的指导方针，创新烟叶生产工作。烟叶种植面积 553.33 公顷，比 2012 年增加 200 多公顷，是历史性的突破。投入 300 万元改造烟水烟路，投入 243.2 万元新建烤房 152 座。镇党委政府制定机关干部联系烟农制度，指导烟农进行烟叶生产，帮助他们解决实际困难，提高烟农种烟积极性。同时，成立楚富烟叶专业合作社。四是壮大花猪产业。建设集宁乡花猪养殖、科研、观光于一体的生态园。该项目总投资 1.2 亿元，占地 48 公顷，至年末基本完成征地（租地）、拆迁、迁坟工作。全年全镇实现农业生产总值 6.39 亿元。工业产业方面。制定一系列优惠政策、服务机制和激励措施，创新思路方法，整合资源优势，全面拓展招商领域，工业产业取得显著成效。全年全镇共开工 200 万元以上工业项目 3 个，投资过 500 万元的重大项目 3 个，工程进展顺利。红梅工艺技扩改项目已累计完成投入 2400 多万元，完成涟钢振兴防滑材料厂的并购，矿山扩界、开采区建设、厂房建设、设备安装全部完成。大山石业投入 1600 万元，已办理“采矿许可证”“安全生产许可证”，完成一期山地租地工作和征地工作，矿山开采区已经动工建设。和盛石材的各项工作均已完善，厂区和矿山建设将全面铺开。其他几家规模以下企业正在辅导培育之中，规模不断壮大。全年完成工业总值 8.16 亿元。

三、城乡面貌日新月异。一是提质改造老集镇。加快提质改造道路，投入 3800 万元，对宁涟中路等 6.2 公里的集镇主、支路进行改性沥青路面提质升级，并加强道路两侧人行道、雨污管网、绿化和亮化等基础设施建设。加快提质改造外立面，投资 1500 万元，对全镇 1200 户商业门面分四个标段进行立面改造，洗刷房屋外立面。加装窗套线和空调盒，统一店面招牌。二是启动新城商业街建设。新城商业街位于流沙河大道和宁涟路中间，东接新沙路，西临荷叶路，占地面积约 5.4 公顷，由宁乡县新型城镇开发建设投资有限公司与流沙河镇政府合作开发，将建设地下车库、商业与住宅区并完善相关配套设施，打造成一个集购物、休闲、娱乐为一体的大型商贸综合体。三是构建便捷路网。规划新建流沙河到大田方公路，作为流沙河对接长沙、娄底、益阳、衡阳的快速干道。四是环境卫生秩序加强。制定每月第一个星期二为卫生大扫除日，对全镇进行集镇整治和卫生清扫。新增投入 100 多万元，为 20 个村聘用 123 个保洁员，并在每村建立废品回收点，设置卫生评比栏，发放爱卫公开信。在全镇范围内举办“爱护环境，美化家园”演讲比赛，宣传环境卫生的积极意义。通过拆除所有户外广告，取缔店外经营，清除集镇牛皮癣，整治流动摊贩和集镇停车问题，建立保洁员“日清日扫”制度，流沙河面貌焕然一新，在上半年环境卫生检查评比中，首次进入全市一类乡镇行列。

四、民生投入落到实处。一是民政事业稳步推进。全年为近 2000 低保户发放城乡低保金 399 万元，发放医疗救助款 63 万元，临时救济款 2 万多元，优抚双定款 90 万元，高龄老人补助 15 万元，春荒救济 3 万元，重残补助 33.7 万元，城乡医疗保险补助金 1230 多万元，慈善救助款 6.7 万元，慈善助学金 8.3 万元。全镇共申报危房改建户 88 户，年末竣工 56 户；联合县中医院，对流沙河镇 110 名疑似眼底疾病患者进行眼病筛查；举办“真情无价，爱心永恒”关爱贫困残疾儿童活动，共捐献爱心款和爱心物资 1.2 万多元；流沙河敬老院连续 7 年被评为市级农村示范性敬老院。二是基础建设步伐加快。积极争取国家惠农政策和项目支持，完成农村中小学校改危 3 所，村组公路硬化 42 公里，特别是水利设施方面，全年共清淤山塘 72 口、新建山塘 3 口，疏浚沟渠 78 公里，清淤河道 60 公里，改造河坝 6 座，完善水损工程 6 处，基本完成田间水利工程扩容提质任务。三是文化工作特色突出。充分发挥镇离退休总支和关工委的作用，以

"倡孝明德" 为指导，开展第四届"孝子评选",并在全镇举行奖孝大会。同时,立"德孝门"于罘罳峰山脚,立"英烈纪念碑"于山腰,立"孝子碑墙"于山顶,将罘罳峰打造成流沙河镇的德孝文化教育基地。8月,流沙河镇举办第一届楚源文化艺术节,彰显流沙河传统文化艺术的独特魅力。四是综治维稳常抓不懈。认真抓好"平安和谐"主旋律,夯实综治维稳工作责任,不断健全规章制度，完善平安志愿队伍建设,扎实开展"红袖章万人巡防保平安"行动,高度重视校园周边环境治理和道路交通安全,多次开展专项整治行动，有效进行驻村维稳。调解各类矛盾纠纷62起,调解成功58起，调解成功率达95%。五是计划生育国策贯彻有力。流沙河镇计划生育工作"制定目标促任务、加强宣传浓氛围、加强基础促效果、加强培训促业务、加强孕检排隐患"，多措并举使全镇计划生育各项指标均与全县目标保持同步,计划生育率81.2%。六是防汛抗旱措施得力。认真开展安全生产大检查,特别是防汛抗旱和防火救灾期间,严格值班纪律,及时到位到岗。汛期对全镇的危房户、山洪地质灾害易发区的农户进行统一排查,转移群众345人次;抗旱期间,制定具体工作方案,组织机关干部职工轮流守水,保证各村引水灌溉工作有效实施;防火期间组织扑火14次，干部职工参加420多人次,确保全镇人民的生命财产安全。

五、自身建设凸显成效。一是加强干部管理。紧紧围绕中央、省、市、县有关作风建设的规定及镇党委制定的机关内部管理制度的主要目标责任和要求,镇党委和镇纪委对广大镇村干部不定期进行专项督察,同时,专门设立监督投诉电话，进一步扩大社会监督面,切实转变干部作风,树立全心全意为人民服务的观念。机关干部职工一律打指纹上下班,杜绝迟到早退现象;进一步提高服务意识,遇事不拖拉、不推诿;进一步精简会议和文件下发,提倡开短会、讲短话,力戒空话、套话,并严格遵守会议纪律要求,保持良好会风。严禁工作日中餐和非工作日工作用餐饮酒。二是开展群众工作。结合"群众工作日",认真开展机关干部大走访、大宣传活动。通过机关干部走村入户,了解社情民意,发现问题,化解矛盾,把群众利益放在首位,将群众工作落到实处。在全体机关干部职工、村(社区)干部及镇属部门负责人会议上,镇党委要求广大党员干部"力戒四气""增长四识",勇挑重担,敢于担当,共建文明和谐的流沙河镇基层组织。

【虢正贵调研流沙河中心镇建设】 3月26日,市委常委、政法委书记虢正贵率市农办、市司法局单位负责人，调研流沙河镇中心镇建设。县委副书记、县长周辉等领导一同调研。虢正贵强调,在打造小城市、中心镇和特色镇的过程中,要积极抢抓机遇,理清发展思路,进一步加大工作力度,实现"两型"引领,长远、可持续发展;实现规划提升,价值最大化;实现基础先行,配套设施全;实现产业支撑,把握商贸主体;实现民生保障,推动城乡一体化发展。

【召开流沙河中心镇建设规划研讨会】 4月5日,长沙市委常委、常务副市长陈泽珲,长沙市副市长何寄华,长沙市人民政府副秘书长刘秋成,宁乡县县委常委、常务副县长刘亮,县委常委、政法委书记刘平等流沙河籍领导到流沙河镇新机关,在一会议室召开流沙河镇中心镇建设规划研讨会。会上,大家各抒己见,为流沙河中心镇建设出谋划策,指出流沙河镇的发展应坚持规划引领，做到规划一步到位,建设分步进行,有效控制平面布局和建设容量，实现江北建商贸、江南强配套的规划布局,合理确定规划实施时序,注重集中连片综合开发和配套基础设施同步建设,不断提高基础设施承载力、提升建筑品质、改善城乡环境质量;突出产业支撑,打造产业加工链,实现一产兴镇,发挥劳动力优势,实现二产强镇,整合区域性资源,实现三产立镇;应强化功能配套,按照"南北呼应、东西贯通、环线连接、一体推进"的建设思路,全面拉开交通骨架,统筹推进路、水、电、地下管网等基础设施建设,从软硬件方面入手,完善七中、九年制学校、六医院等公共服务设施改扩建工程,同步部署安排仓储、物流、金融等配套服务设施建设,提高中心镇承载能力,为集聚人气提供有力支撑。

【召开中心镇建设现场办公会】 7月11日,长沙市委常委、政法委书记钟钢，市政协副主席刘明理,县委书记黎春秋率20多名市直部门负责人及20多名县直部门负责人就流沙河中心镇建设进行现场办公。

钟钢一行察看了流沙河的集镇、道路、河流建设情况,听取流沙河镇党委、政府相关情况汇报,并就流沙河镇中心镇建设中遇到的规划用地、基础设施、产业项目和社会民生等问题一一进行交办。会议认为,流沙河镇作为市委、市政府确立的长沙市15个城乡一体化的小城市、中心镇、特色镇之一,要重点扶持、科学规划、加快建设。近年来,流沙河镇党委、政府在新型城镇建设方面规划理念超前、工作思路清晰、主要措施得力、目标定位准确，但流沙河镇地理位置偏远、产业基础薄弱、配套设施不齐,需要各级相关部门统一思想、集中精力，大力推动流沙河中心镇建设,以此辐射带动宁乡西部经济加快发展，打造全市精品中心镇,扮靓长沙西大门。"要把流沙河镇打造成商贸繁荣、人居和谐、特色鲜明的江南名镇"。钟钢强调,流沙河镇中心镇的建设,要以先进规划理念为引领,以点的开发带动面的发展;要以绿化全覆盖、环境大整洁、镇区更清澈为标准,重点做好山水特色文章,避免盲目求大,注重精细管理,在全市新型城镇化进程中争当走在前列的排头兵。

【举行首届楚源民俗文化节】 8

月20日上午，宁乡流沙河镇机关大会议室内鼓乐喧天，歌声嘹亮，笑语声声。"欢乐潇湘　幸福宁乡"—流沙河镇第一届楚源民俗文化艺术节在此举行。此次活动是"欢乐潇湘　幸福宁乡"系列活动的重要组成部分，是流沙河镇深入贯彻落实党的十八大精神，弘扬民间文化艺术，丰富群众文化生活的一项重要活动，充分展现了流沙河乡村文艺团队和流沙河人民的民俗文化传承热情。

【举行德孝门落成典礼】 10月13日，在钟灵毓秀的罘罳峰山腰，流沙河镇举行德孝门落成典礼，并为全镇第四届"十佳孝子"及2013年度"孝亲敬老优秀学子"颁奖。县政协主席喻亚军出席活动并为德孝门揭幕。流沙河镇德孝门由镇关心下一代工作委员会承建，县政协办公室援建。

【周辉调研流沙河镇项目建设】 10月29日，县委副书记、县长周辉到流沙河镇就集镇建设工作和花猪养殖园项目建设进行调研，他要求项目建设一定要做好生态保护和环保建设文章。当日，周辉一行深入流沙河镇花猪生态养殖园实地察看，详细听取该项目情况介绍。周辉表示，目前全县花猪养殖已经具有一定的规模，作为特色农业经济，重点是要做好花猪肉类产品的加工和销售；他建议企业负责人要多借鉴外地成功的肉类精深加工经验，学习技术，抓住自身特色，打造属于自己的品牌；他特别强调，在花猪生态养殖园的建设中，一定要做好生态建设，要做好路网建设和山体的植被，尤其要做好排污工程的建设。周辉在调研流沙河集镇新城商业街项目规划建设情况时指出：一定要做好规划、环评、预算、融资、运作模式和基础配套等相关工作，尤其是要预先做好排污工程的规划，打造高品质项目。当日，周辉还实地察看流沙河老集镇提质改造工程建设情况，在给予肯定的同时指出，下一步要做好集镇的亮化和绿化工作，让百姓宜商更宜居。

【黎春秋调研流沙河镇产业发展】 11月5日，宁乡经济技术开发区工委书记、县委书记黎春秋在流沙河镇调研产业发展、中心镇建设和田间水利扩容提质工程。在实地察看生态养殖园项目规划建设情况后，黎春秋指出，项目建成后要在加工、销售上下功夫，要进一步加强产业化开发，完善花猪产业链开发体系；要大力发展精深加工，提高附加值，提高销售收入。他同时要求在场的村干部，为项目提供最直接、最有效的服务，共同为宁乡花猪产业的繁荣和发展作贡献。黎春秋对镇党委、镇政府高标准推动老集镇提质改造表示满意，要求项目推进过程中，既要保证质量又要确保让群众满意。他指出，我们做任何事情，都要以人为本，充分考虑群众的利益，要真正将为人民服务落实在行动上。但凡群众不满意、不答应的事，我们就宁愿不做。黎春秋在听取项目的规划建设情况介绍后指出，流沙河商业街建设模式值得探索，规划设计、品位品质、建设理念和设计风格对全县集镇建设有引领、示范意义。商贸集镇成功核心是产业发展的问题，要通过产业发展营造浓厚的商业氛围。镇党委、镇政府不但要埋头做事，还要善于"吆喝"。"吆喝"流沙河的花猪产业优势、中心镇的特殊地位、商贸重镇的美好前景。要通过"吆喝"，吸引更多的人才、资源、项目聚集，以此促进集镇商业繁荣和发展。黎春秋还前往该镇合兴村，对田间水利扩容提质工程推进情况进行实地察看。黎春秋指出，田间水利扩容提质工程的推动，核心还是在发动群众，群众参与进来，不但能解决具体问题，还能进一步密切干群关系。十多年来一直没解决的水利问题现在解决了，以后关键还在于维护，要形成日常维护的机制，通过划分责任段，明确负责人，健全常态的维护机制，确保今后的农业生产持久受益。

在随后召开的座谈会上，黎春秋听取县住建、公路、水利、交通等有关部门参与流沙河中心镇建设的情况汇报，并就如何加快项目建设、注重项目质量、挖掘项目潜力，确保群众满意，推动产业发展提出了具体要求。

（罗　欢）

青山桥镇

党委书记　彭力强
副书记、镇长
　　童志国
副书记、人大主席
　　杨　斌
政协工作联络处主任
　　喻胜祥
副 书 记　郝德芳
党委委员、纪委书记
　　青小华（1月免）
　　谢海军（9月任）
党委委员、副镇长
　　谢海军（9月免）
　　李　勇（9月任）
党委委员　任　纯（女）
副 镇 长　李　伟　李干群
人大副主席
　　王　科

【概况】 青山桥镇地处宁乡县西南边境，北连龙田镇、沙田乡，东与流沙河镇接壤，东与湘乡市壶天镇毗邻，南与娄星区双江乡交界。集镇距县城72公里，距洛湛铁路1.5公里，至娄底28公里，离湘乡60公里。2013年，青山桥镇辖16个村民委员会、1个居民委员会，分别为青山桥社区、芙蓉村、友园村、竹峰村、田坪村、太和桥村、桥北村、栗狮村、石桥铺村、上流村、楼霞新村、花园堂村、永峰村、造福村、心田村、田心铺村和甘江村。辖区总面积132.32平方公里，总人口5.18万人。

2013年，青山桥镇党委、政府紧紧围绕"主动对接长益娄、积极发展旅游业、着力扶持中药材、建好宜居新集镇、全面实现大跨越"

这一目标,团结带领全镇广大干部群众凝心聚力,科学发展,攻坚克难,扎实工作,较好地完成全年各项目标任务,镇域经济社会发展迈上新的台阶。全年实现镇域生产总值10.7亿元,完成农业总产值5.18亿元,完成工业总产值13.62亿元,财政收入915万元,农民人均纯收入1.14万元。青山桥镇年度绩效考核在2012年全县第17名的基础上,再前进2个名次,2013年取得全县第15名的好成绩;荣获长沙市安全生产示范乡镇,镇党政领导班子被县委评为"五好领导班子";同时荣获宁乡县财源建设先进单位、"两帮两促"工作先进单位、反腐倡廉建设先进单位、政务公开工作先进单位、计划生育工作先进单位,全年无安全生产责任事故乡镇等荣誉。芙蓉山获省级水利风景区。

一、科学谋划发展新思路。发展思路越明确,就越能抢占跨越发展的制高点。青山桥是宁乡边远乡镇,更是经济落后乡镇。镇党委政府深入一线调研,认真分析青山桥镇的现实情况,结合山清水秀的生态资源、良好的交通区位条件,理清一条符合时代要求的发展路子,科学谋划"生态立镇、旅游强镇"的发展思路。发展思路的确定,极大地鼓舞士气、凝聚人心、形成强大的发展合力。

二、努力培育干部新作风。2013年,镇党委、政府把干部作风建设贯穿于各项工作始终,以争先创优为动力,狠抓干部作风建设,有效助推镇域经济社会的蓬勃发展。一是形成人心思上的发展氛围。经过锤炼,全镇干部队伍形成你追我赶、争先恐后的良好氛围,增强了不进则退的危机感、奋发有为的使命感,摈弃了西部山区可以落后的惯性思维,全镇各项工作争先进位。二是形成人心思变的发展氛围。青山桥镇正处在"拼一拼就往前进,松一松就会掉下来"的重要关头。全镇上下都有一种想变化、思发展、求进步的强烈意识。三是形成人心思和的发展氛围。青山桥要发展、要腾飞、要搞旅游开发,不仅要有良好的政策环境和资源优势,更要有和谐的发展氛围。全镇始终坚持把优化经济发展环境作为重要工作来抓,为企业为项目发展提供坚强保障。

三、强势推进旅游产业。青山桥镇聘请国家甲级资质的北京华汉旅旅游策划公司,高标准高起点做好芙蓉山水利风景区的旅游总体规划;积极申报芙蓉山省级水利风景区,省水利厅专家于2013年11月19日对青山桥镇进行详细考察,给予高度肯定,并获批省级芙蓉山水利风景区;青山桥镇人民政府顺利接管普济寺,为青山桥镇旅游产业发展奠定坚实基础;不断加大旅游产业招商引资力度,至年末有广东长鹿集团等重大客商对青山桥镇旅游资源进行实地考察,投资意向明显。

四、积极发展中药材产业。2013年,青山桥镇镇政府着力扶持中药材产业。一是做好全镇中药材产业发展规划。二是加快以桥北村为中心的中药材产业园建设,在桥北村首期流转土地13.33公顷。桥北中药材产业园建设如火如荼、气势恢宏,市县领导高度肯定。三是积极与市、县对接,青山桥镇中药材产业已纳入全市重大农业产业项目。四是加强与湖南农大和邵东廉桥市场的深度合作,引进他们的资金、市场和种植技术,不断增强中药材产业的可持续发展能力,青山桥镇已成为长沙市中药材产业蓬勃发展的生力军。

五、集镇建设展示新形象。青山桥镇始终坚持新镇区拓展和旧镇区改造并举,通过多年建设,现集镇布局更大气、风格更一致、功能更完善。集镇污水处理厂建设已基本竣工,1.33公顷的湿地纳污点正在建设中;占地面积1800平方米的农贸市场已交付使用,正进入招商阶段;占地1公顷的群众文化休闲广场已全面建成并投入使用,广场绿化亮化已全面完成,集镇形象进一步提升;建筑面积2000平方米的文化站已投入使用;干部职工住宿条件通过廉租房改造项目已得到根本好转,宿舍楼面貌焕然一新。同时新老集镇已全部安装太阳能路灯,亮化效果明显,晚上灯火通明;楚江河治理已全面拉开建设序幕,特别是集镇河段将打造成为精品工程。一个具有小桥流水风韵的江南宜居山水新镇已逐步成型。

六、持续改善民生事业。全年全镇共供养"五保"老人657人,其中入住镇敬老院73人;2300人享受城乡最低生活保障政策,发放低保资金180多万元;为8978名年满60周岁以上老人发放养老补助380多万元;进一步完善社会保障体系,扎实开展农村养老保险收缴工作,稳步提高保障水平,积极扩大覆盖范围。农村医保参合率达93%以上,参合比率逐年上升。加大农村危房改造力度,与22家地产企业开展结对帮扶活动,筹措危房改造资金50余万元。

【青山桥镇中药材生态产业园建设】 宁乡县青山桥镇中药材生态产业园项目建设总体规划2000公顷,总投资2.1亿元,首期占地面积300公顷,分为规范化中药材生产基地建设、特色中药材饮片加工厂建设、中药材主题生态休闲观光园建设、中药材专业市场建设4个子项目。其中,一是规范化中药材生产基地建设总占地面积253.33公顷,包括250公顷规范化生产基地和3.33公顷办公楼、车间、仓库等。规范化生产基地建设总体要求达到装备设施化、操作机械化、技术标准化、劳力职业化、效率高效化;要精选引种市场前景好适宜本地种植的高产中药材品种5个~10个,并实行高产栽培;辐射带动周边2000公顷中药材生产基地建设;建设好基地配套办公楼、员工宿舍、农资农具仓库、中药材预冷库、产地预处理检测及包装车间。二是特色中药材饮片加工厂建设总占地面积3.33公顷,建设内容包括占地3.33公顷的中药材饮片加工厂房、年产1000吨的中药材饮片生产线1条、开发特色中药材饮片系列产品10个。三是中药材主题生态休闲观光园建设总占地面积36.67公顷，包括占地6000平方米的生态钢架药膳餐饮中心、占地8000平方米的休闲娱乐商务中心、占地2.67公顷的垂钓中心、2000平方米珍稀特色观光植物温室和2000平方米无土、立式、盆式栽培等现代科技展示温室各1个、13.33公顷珍稀药用百草园、3.33公顷四季瓜果园、1.33公顷特色野菜园、0.67公顷特色竹林、0.67公顷特色樱花园、0.67公顷特色梅花园、6.67公顷农事体验及土地认养托管园。四是中药材专业市场占地面积6.67公顷，计划投资3000万元，充分利用青山集镇新一轮发展，建设集加工、商贸、流通、仓储为一体的专业市场体系，建成宜居、宜商、宜游新集镇。2013年，完成中药材产业发展规划和桥北村首期流转土地13.33公顷。

（党政办公室）

【青山桥记】 青山桥乃宁邑西南边陲小镇。去县城百余里，壤接涟源娄底湘乡，旧称八都。

镇为大山环抱。群峰耸翠，屏嶂天然。红霞、芙蓉雄踞南北，山深林密，鸟语花香。春夏飞瀑激石，声如洪钟，秋冬水落石出，游鳞可数。山道蜿蜒，罗织村舍人家；青瓦白墙，掩映茂林修竹；鸡犬相闻，怡然世外桃源。

山能登高望远，水善凿石穿空。群山深处，涧水经年击荡，凿出一怪石嶙峋河道，楚江也。楚江乃沩水之源，入湘通海，滋润万物。山水交融，孕育此间多少仁人志士，家国栋梁。深山小镇，人杰地灵。

碧云之下，环翠之中，无数山涧流泉，汇成烟波浩渺。青山湖是也。斯湖之成，既承自然造化，又是天工巧夺。20世纪70年代，愚公智叟，协力齐心，扼寨子、烈马二山险要，圬工重坝二十里高峡平湖，灌溉垄亩，福泽子孙。

青山湖下，峡门开处，豁然一马平川，为镇府设衙及乡民聚居之地。远古先民，尝在此刀耕火种。至今阡陌墟落间，仍时有新石器时代之陶罐石斧掘出。岁月沧桑，斗转星移，昔日茅庐土屋，今为砖楼别墅所代，然婚丧嫁娶、年俗节庆，士民犹尚古风。祭祀祖先，供奉社庙，朝拜佛祖，仍是常持之礼；敬老尊贤，睦邻友善，耕读传家，仍为常秉之心。

今日青山桥，省道交会，铁路经停，得通衢便利，成繁华街市。楚江贯镇，虹桥伏波，嘉树盈庭，绿阴覆岸。百年风雨桥不老，万古青山如画图。

（*汤素兰*）

横市镇

党委书记 周泽秋

副书记、镇长 刘建兵

副书记、人大主席 何盛龙

政协工作联络处主任 蒋正科

副书记 宋国良

党委委员、纪委书记 张文兵

党委委员、副镇长 蔡志伏

党委委员 蔡运辉

副镇长 曾志超

姜　湘（女）

人大副主席 刘胜军

【概况】 横市镇位于宁乡县中北部，由原铁冲乡、云山乡和横市乡合并，辖13个村和1个社区，总面积124.12平方公里，耕地面积2500公顷，其中水田面积2360公顷。2013年年末，辖区总人口5.52万人。洛湛铁路纵贯南北，设二级客货站，货物吞吐量达50万吨；省道209线及宁横、宁雷、宁灰、旅游公路等多条县道贯穿全境；扶宁乡县西部九乡镇交通咽喉，是宁乡通往娄底、涟源、安化等地的必经之地，是宁乡中西部交通枢纽中心和物流集散中心。境内，沩江、楚江和向阳河三江交汇，交通便利，地势平坦，风景秀丽，气候怡人，是一个宜居、宜商的宝地。

2013年，横市镇紧紧围绕“建设省会次中心、构建幸福新宁乡，建设全国一流现代经济强县”的发展目标，贯彻落实县委县政府“四比四抓争先锋”活动精神，按照“建设烟草烟花商贸强镇，打造和谐幸福特色新城”的工作思路，以科学发展为主线，以富民强镇为根本，以统筹兼顾为关键，以改革创新为动力，团结拼搏，真抓实干，较好地完成2013年的各项工作任务。全年实现：镇域生产总值11.7亿元，比2012年增长17.1%；完成财政税收827.1万元，其中国税入库334.4万元，地税入库492.7万元；固定资产投入9.21亿元，增长34.7%；社会消费品零售总额3.5亿元，增长23.2%；农民人均纯收入达1.5万元，增长21.7%。荣获湖南省最具民生幸福感乡镇、长沙市公共机构节能示范单位、长沙市残疾人工作明星乡镇、长沙市人民政府花园式单位、宁乡县“两帮两促”工作先进单位、宁乡县安全生产先进单位、宁乡县无安全生产责任事故乡镇、宁乡县财源建设先进单位等省市县荣誉。

一是致力于产业转型升级。壮大黄金叶烟叶专业合作社，新发展沩江烟叶专业合作社，创新工作模式，规范内部管理，拓展服务内容，提高服务质量，有效增加了烟农收入，实现烟叶收入5932万元，烟叶规模继续雄踞全市第一、全省第二。组织兴建一家规模较大的宁乡县泉柳水稻专业种植合作社，共流转土地80多公顷，全部用于水稻种植；建成一个34.4公顷的湘优米业加工基地，打造现代农业生产示范基地；湖南隆平米业种粮专业合作社获评长沙市十佳农民专业合作社，获得特色县域经济基地建设扶持奖励资金12万元；农业经济实现提质增效。向阳金属颜料厂投入1900万元的新生产线已建成投产；湘优米业加工基地已完成厂房建设、机组安装；磊鑫石材已实际投入近100万元完成征租地以及相关道路建设；铁冲氯酸钾厂完成老生产线的提质改造和升级转型；申报入规企业—宁乡县安达科技化工有限公司，已获得省、市通过；烟花鞭炮等产业平稳发展，稳中求进。办好半岛国际国土手续，半岛广场已建成并已完成绿化、亮化建设，宾馆招商正在洽谈；湘中新阳大市场已建成两个区，建筑面积达1.2万平方米；新阳路A、B、C、D区四个区都已完成建设，建筑面积达4万平方米。依托洛湛铁路和粮食物流园发展农副产品加工贸易区、打造"铁港经济"的项目策划正在论证中，为横市物流园注入新的力量；商贸物流业均衡发展。

二是致力于加快城乡统筹发展。大力推进田间水利扩容提质工程建设，掀起全镇水利建设的高潮。加大对集镇规划建设的监管力度，特别是对旅游公路两侧违法建房行为进行联合执法，坚守用地红线，为集镇的有序开发建设提供坚强保障。以"扎实评比督察、开展垃圾分类减量、启动农户收费"三大抓手持续扎实推动环卫工作，全镇环境卫生较往年有很大改观。打造两个义务植树基地，共计13.33公顷，发动群众植树4万余株，完成乡村道路、河岸绿化建设5公里，林业工作全县领先。

三是致力于推进重大项目建设。铁冲水库升型工程紧张有序进行；益娄高速前期调查摸底已基本完成；完成横益线提质改造征地工作、杆线迁移的摸底工作和盐水庵、福星寺、天坪、竹箕四座小二型水库的处险加固；敬老院建设已完成图纸设计、申请立项和征地工作；铁冲中学国债项目主体竣工，申明学校改幼儿园项目，滩山小学、云台小学改造建设及中心幼儿园项目建设有序进行，教育强镇稳步推进。

四是致力于创新社会管理。开展服务育龄妇女百日行活动，组织"幸福家庭"评选活动，举行计生业务知识考试，使计生知识深入人心；开展免费生殖健康检查活动，邀请县人民医院、县生殖健康服务中心专家举行预防出生缺陷一级干预讲座和免费义诊活动，贴心服务育龄妇女。进一步强化安全生产责任制，实行政府领导班子成员安全生产"一岗双责"制度和联村干部安全生产责任制，完善安委会成员单位述职制度，建立安全生产责任体系，全年实现"零死亡"。贯彻落实"打造平安横市、构建和谐社会"的重要思想，进一步加强镇治安防范建设，严厉打击各类犯罪行为，抓获各类犯罪人员10多人，有力地震慑违法犯罪行为，"打击两抢一盗"活动和"楚沩金盾、百日会战"活动取得明显成效。

五是致力于改善民本民生。社会保障实现制度全覆盖，社会救助及城乡低保实现应保尽保；扎实推进危房改建工作，62户危房户受益。悉心服务残疾人，为瘫痪在床的重度残疾人上门办证，为残疾人进行免费实用技术培训，组织成立残疾人鑫胜蔬菜专业种植合作社和残疾人自立水果专业种植合作社，种植蔬菜13.33公顷、水果13.33公顷，解决50多名残疾人的就业问题，成为全县在残疾人就业、创业方面的典范，获评"长沙市残疾人工作明星乡镇"。贴心帮扶困难群众，全年共帮扶贫困大学生28人，资金4.1万元，贫困残疾家庭159户，资金3.14万元，贫困烟农23户，资金2.3万元，慈善医疗救助3人，资金2.54万元，大病救助167人，资金40.53万元，真正做到"情为民所系"。

六是致力于加强政府自身建设。积极推进政务公开，网上政务服务事项办结率、政府信息主动公开率均达100%。突出抓好资金、资产、资源管理，建立并完善农村公共资源交易平台。加强制度建设，严抓干部队伍管理，切实提高办事效率。深入基层开展"一推行四公开"和"万名干部联万户"活动，实现干部提素质、强本领、转作风。坚持厉行节约，完善财政管理，严控"四项费用"支出。

【黎春秋到横市镇调研指导工作】 5月22日，县委书记黎春秋，县委常委、县委办公室主任陈永高一行深入横市镇调研指导工作，详细了解烟田受灾情况和危房改造户生活情况，现场调研湘中新阳大市场、半岛国际、农副产品物流园等项目，并对横市镇提出打造"铁港经济"的期望。

【荣获"湖南省最具民生幸福感乡镇"】 在横市镇全体镇、村干部的共同努力下，上下紧扣发展主题，立足民生民本，锐意进取，在应对挑战中抢抓机遇，在经受考验中矢志赶超，实现经济平稳增长，社会和谐稳定，人民安居乐业。2013年7月，横市镇被湖南省民生工程走访宣传活动办公室授予"湖南省最具民生幸福感乡镇"称号。

【启动铁冲水库扩容升型工程】 12月5日，横市镇铁冲水库扩容升型工程正式启动。该项目是由国家烟草总公司投资援建的水源性工程，项目预计总投资约1.36亿元，建成后水库正常库容将由343万立方米增加到780万立方米，坝高增加7.6米，新增灌溉面积456.87公顷，灌溉和改善烟土面积806.67公顷，每年可向下游乡镇供水275万立方米。

【文化站通过国家公共文化服务体系示范区验收】 2013年，横市镇文化站正式投入使用。该站有文化活动室、多功能活动厅和图书阅览室等场所，面积500余平方米，另外配套有1000余平方米的健身场地，并组织成立13支文艺团队。横市老街女子龙灯队在宁乡县舞龙大赛中获特等奖，横市镇广场舞代表队获宁乡县广场舞比赛二等奖。2013年6月，横市镇文化站代表长沙市顺利通过国家公共文化服务体系示范区验收。

（刘赛兰）

黄材镇

党委书记 黄岳君
副书记、镇长
熊佑新(1月免)
朱文祥(1月任)
副书记、人大主席
隆赛辉
政协工作联络处主任
黄 剑
副 书 记 张子亿
党委委员、纪委书记
卢果丰
党委委员、副镇长
贺军辉
党委委员 刘志勇(1月免)
卢利平(1月任)
副 镇 长 姚正端
夏晓红(女)
人大副主席
唐业华

【概况】 2013年,黄材镇辖24个行政村、1个社区居委会、276个村民小组、1.99万户,6.76万人,其中非农业人口6200人,总面积218.9平方公里,其中水田面积2713.33公顷。

是年,黄材镇紧紧围绕"传承青铜文化、建设经济强镇,全力打造县域经济发展次中心"的镇域目标,着力突出"项目、城建、民生、作风"四大建设,大力开展"四比四抓争先锋"活动,切实加强党的建设,强化发展保障,忠诚履职,攻坚克难,圆满和超额完成了年初既定的各项目标任务,有力地促进了镇域经济和社会各项事业的全面进步。

一、稳增长、促发展,经济指标快速增长。面对全年复杂的宏观经济形势和艰巨的赶超发展任务,全镇上下深度把握发展机遇,全力拓展发展空间,切实壮大经济总量,跑出了发展的加速度,奠定了发展的新优势。至年底,全镇完成镇域生产总值12亿元,完成固定资产投资8亿元,完成农业总产值6.62亿元,完成工业总产值15.84亿元,其中规模工业总产值8.2亿元。完成国税、地税949万元,农民人均纯收入1.19万元。

二、重项目、兴产业,发展优势全面彰显。一是"两个唯一"快速推进。全年启动投资500万元以上的项目工程12个,新开工项目10个,续建项目2个,实现项目工程总投入2.91亿元。总投资1.2亿元的宁乡生态旅游商贸中心一、二期商住用地建设全面完成,三期全面启动建设,现代江南风情小镇商业街初具雏形。投资2000万元的沩江段溪河至镇区姜公桥段河道综合整治项目已全面动工。炭河里遗址公园生态停车场建设加速推进。启动投资1400万元建设日处理量2000吨的污水处理厂。全年共安排人员外出招商60余人次,接待外地客商40余批次,新包装项目5个,实现招商引资到位资金4.17亿元。总投资15亿元的湖南省生态文化示范基地,已与广东中汇资产管理集团公司签订合作意向合同。引进投资1000万元的月山休闲度假山庄;金牛家电投资3000万元建设西部最大的家电超市开业;月山香榧产业园项目已与浙江投资商签订合作协议。二是产业发展成效突显。全镇紧扣加快发展这一主题,着力构建以旅游业为引领、商贸流通业为支撑、现代农业为重要补充的现代产业体系。烟叶生产创品牌。2013年巩固发展种植烟叶村13个,新建烤房140座,烟叶面积实现翻番,达472公顷,送售烤烟85.42万公斤,烟叶产值达2088万元,均价居全县之首;多次在黄材镇召开全县烟叶现场会,黄材镇以合作社为主体的烟叶规范化生产管理模式和以质量为先的生产理念成为宁乡烟叶对外推介的典型,荣获全县"烟叶生产质量奖""收购进度奖"和"完成任务奖"三项奖励,富源合作社被评为省示范合作社。旅游产业创新高。旅游项目做大做强,基础设施不断完善。炭河里国家遗址公园建设及保护规划通过评审,投入力度不断加大。青铜博物馆全面封顶,进入外部装修阶段。投资3000万元的青羊湖生态文化示范园入口公路等基础建设顺利推进,已完成路基的平整和护砌。千佛洞投资1000万元新建的拓展游乐园主体工程竣工;投入100余万元人工划船改为绿色环保的电瓶船;完成洞内景点、道路出口以及洞内安全隐患点、码头改造;更新景区护栏、标示标牌。加大旅游推介力度,全力维护旅游环境。龙泉成功举办2013年宁乡漂流节暨龙泉漂流第一漂活动;"三八"妇女节、儿童节、七夕、国庆等节假日开展"真爱情意浓、缘定千佛洞"、放飞萤火虫等一系列活动,有力地推介了黄材独特的旅游资源。旅游高峰期间安排干部联点值班,加强安全监管,及时化解各种矛盾,确保良好的旅游环境。2013年共接待游客近30万人次,实现旅游收入2.9亿元,全镇旅游经济焕发勃勃生机,辐射带动作用日趋明显。现代农业创特色。依托黄材镇境内近3800多株古香榧林这一独特的资源,镇主要领导多次赴江浙考察香榧的种植、加工和市场情况,并就月山香榧产业园的建设与投资商签订协议,规划建设33.33公顷的香榧苗木基地和13.33公顷的香榧示范林,年末13.33公顷的示范林项目已经启动;探索引进香榧深加工生产线,打造在全国具有影响的香榧产业园。积极申报特色县域经济农产品项目,重点将中华鲟龙鱼养殖基地打造成为宁乡最大最有影响力的生态有机鱼养殖基地,扶植相思等地方土特产企业做大做强。具有黄材特色的茶叶、小水果、小食品、中草药种植等特色农产品快速发展。三是集镇建设有序推进。坚持把小城镇建设作为提升镇域形象、打造发展平台的重要载体来抓。在高标准绿化、亮化、美化黄材大道的基础上,改变以路为市的带状开发模式,明确城镇的功能分区,规划成块成片的开发。年内,投资4000万元的青洋路综合开发项目路基平整已基本完成;规划建设的炭河大道已完成立项、土地储备等前期工作;黄材生态水景步行街建设完成规划审批等各项前期工作,并启动土建工程。始终坚持建管并重,强力推行集镇秩序整治,组织环卫工人分路段实行全天候保洁,落实与各商业门店的"门前三包"责任,规范临街门面广告设置,集镇净化、美化程度得到大幅提升。加快城镇交通、供水、供电等市政基础设施以及防洪排涝、消防等防灾设施建设,优化城市功能分区,推动集镇建设快速、健康发展,黄材集镇品位得到全面提升。

三、强责任、抓重点,社会保障全面落实。2013年镇党委政府在全面梳理发展思路的基础上,重点加大民生资金投入力度,着力解决人民群众关心的社会保障、基础设施、教育、环境等几个主要问题,以实际行动践行忠诚履职,真正让发展成果惠及民生。一是切实加大基础设施建设投入。经多方筹措,投资480万元的师合大桥建设已正式启动,年底可以竣工通车;投资80万元重建在洪灾中损毁的涓水村沈家坝大桥,年末已完成桥墩的建设;投入200万元改扩建黄绢、胜溪、中小等学校。全面启动田间水利扩容工程。全年共计清淤河道2.4万米,清淤疏浚渠道12.5万米,新建山塘9口,清淤加固山塘42口,修整水闸、河坝20座,完成田间工程400公顷,全镇共计义务投工投劳2.5万个,镇财政和各村投入田间水利扩容提质建设资金达200多万元。二是城乡环境明显改观。环境卫生整治效果明显。全年投入近200万元用环境卫生整治工作,各村配备3~5名专职保洁员;严格督察考核,将对村环卫运行下拨经费与考核结果严密挂钩。建立每周一机关和部门干部职工进行环境整治的机制,成立环境卫生"五老"督导团,建立"黄材镇爱国卫生运动委员会专题网站",开展农户卫生评比,环境整治效果显著,被评为全市城乡环境综合整治优胜乡镇,崔坪村被评为全市"十佳"村和城乡环境整治先进村。制定"全民植树,美丽黄材"三年生态建设行动计划,建立一个20公顷的义务植树基地,分片负责。成功创建国家生态文明镇。将国家生态文明镇的创建作为提升镇域形象,促进旅游经济,对外推介黄材的重要举措,经过近两年的努力,创建工作取得成功。三是民生保障不断完善。强化地质灾害治理。在上级资金配套有限,财政运转困难的情况下,全年投入近300万元对新桥等五个村地质灾害隐患点的治理工作已全部完成,既消除安全隐患,又解决当地群众的心病。开展关爱留守儿童活动,建立留守儿童档案,全镇党员、团员一对一联系帮扶,奖励资助优秀留守儿童。城乡医保和养老保险参保筹资工作顺利完成;大病医疗救助、双定补助、低保资金、特困救助等民政资金足额发放到位,重症精神病人及时得到药物救助;通过村组评议、入户认定、干部一对一帮扶等方法,全面完成147户危房改建户的建设;城镇居民保障房、残联人就业培训、殡改等工作全面推进。学校危改和教师周转房建设顺利推进,开展基层卫生建设三年行动方案,创建标准化村级卫生室,公共卫生服务水平得到提升。

四、夯基础、抓关键,社会管理全面加强。一是计生工作强力推进。坚持计生工作目标管理一票否决责任制不动摇,建设长效机制,稳定低生育水平,推动人口和计生工作健康发展。全年全镇符合政策生育率为82.2%,落实节育措施513例,完成免费孕前优生健康检查385对。二是社会大局平安稳定。基层基础全面夯实。坚持矛盾纠纷"一月一排调"制度,全镇全年共化解各类矛盾纠纷329起,调解成功326起。全面落实"五包一"的工作措施。特殊群体得到有效稳控。组织240人的红袖章巡防队,加强信访接待和处置,狠抓生产安全、食品安全、校车安全工作,村级财务清理、金融创安等各项工作全面开展,全镇社会大局和谐稳定。打非治违成效明显。组织大规模集中行动,拆除取缔铝塑分离和非法炼油厂4家,查封3家无安全生产许可证的烟花鞭炮厂,取缔非法开采石煤矿1处,刑事拘留1人。实施沩江"母亲河"保护计划,全面禁止采砂,严厉打击非法采砂行为。群众工作扎实推进。全力推进村(社区)群众工作站标准化建设。全年群众工作队员对全镇19536户家庭进行走访,走访率达95%,解决群众各类矛盾纠纷和诉求391起,为民代办事项483件。三是"三防"工作紧抓不懈。投入20万元建设15公里长的森林防火隔离带,组建35人的护林员队伍,强化重点时点、地段的巡查守护,全镇森林防火工作有根本性改观。认真组织和实施春冬季动物防疫工作,动物免疫均达100%,杜绝疫情的发生。完善防汛抗旱预案,严格落实防汛值班制度,对重点地段落实专人值守和安全撤离制度,共转移群众323人,确保无人员伤亡事故发生。组织各村、烟农户积极开展生产自救,将损失减到最小。全力以赴做好抗旱工作。全镇投入各类抗旱机具85台,抗旱资金32万元,将旱灾损失减到最小。

五、转作风、重党建,努力强化发展保障。深入推进党的十八大和十八届三中全会精神的贯彻落实,着力强化理论武装和党性修养,促党员干部思想大解放、能力大提升、作风大转变。抓学习强素质。健全学习制度,建立机关每月集中学习和学习点评制度,结合实际确定学习方向,主要领导和干部交流学习感悟,对干部学习情况进行点评,切实增强学习实效;组织机关干部、支部书记进行党的十八大精神专题培训。抓作风强落实。"打铁还需自身硬"。全面落实中央和省市县关于作风建设的各项规定,常抓党风廉政建设,强化各类资金审批和监管,落实领导干部述职述廉制度和重大事项申报制度。与各村、部门签订廉政责任状,对"索、拿、卡、要"行为坚持"零容忍"的态度。在全镇党员干部中扎实开展忠诚履职主题教育活动,并将其作为做优做能队伍的重要举措,作为推动旅游新镇、经济强镇建设和构建幸福黄材的重要抓手,取得实实在在的活动成效,被评为全县“忠诚履职”十个先进单位之一。抓基层强基础。严格落实县委开展党员春训,分类定格和严肃处置不合格党员的要求。通过支部评议,全镇确定不合格党员11名,进行组织处理2人,镇纪委立案查处9人。严格按要求开展村级财务和建房收费等专项清理,规范村级资金管理,杜绝乱收费行为。严把党员发展关,提高发展党员质量,加强教育管理服务,进一步增强党员意识和党性观念。

【创建国家生态文明示范镇】 2013年,黄材镇立足旅游强镇,不断加大环境保护和整治力度。开展城乡环境“五项”整治;取缔关闭河道采砂,严厉打击乱砍滥挖行为;建设森林防火隔离带,成立35人的专职护林员队伍,严控森林火灾的发生;实施“全民植树,美丽黄材”行动,净化绿化美化月山、崔坪等河流。全镇生态环境和城乡面貌明显改观,年内顺利通过环境保护部委托省环境保护厅验收,成功创建国家生态文明示范镇。

【处置地质灾害隐患点】 2013年5月-7月,几次大的暴雨给黄材镇农业生产和基础设施造成较大的损失。尤其是新桥、月山、段溪、崔坪、蒿溪五个村出现山体滑坡险情,威胁到20户群众,80人的人身和房屋安全。针对这一情况,镇政府组织镇村干部采取分组巡查、设置警示标志警戒线、撤离群众等措施,严防事故的发生。镇政府在上级配套资金有限、财政困难的情况下,筹集近300万元对五个村隐患点进行综合治理,8月底全部完成,彻底消除安全隐患,确保人民群众的生命财产安全。

【重建师合大桥】 师合大桥位于黄材镇龙溪村与宁峰村交界的沩江上,是沩江两岸群众出入和连接老粮仓镇、横市镇的主要通道。原桥建于20世纪70年代,宽不到3米,只能容一辆汽车单向通过,且年代较久已成危桥。2013年7月,黄材镇启动在原址重建大桥。重建师合大桥宽7米,长140米,投资490万元。至年底完成桥基施工及桥面预制件铸造。

【召开镇五届人大二次会议】 2013年3月25日,黄材镇召开第五届人民代表大会第二次会议。会议审议并通过镇政府、镇财政和镇人大主席团三个工作报告,选举产生朱文祥为镇人民政府镇长。

【改善办学条件】 2013年,黄材镇筹集200多万元完成月山学校公寓楼、月山学校食堂、胜溪薄弱学校改造、黄材中心小学教师周转房、食堂餐厅(兼礼堂)、松白闲置学校改建幼儿园的建设,改善办学条件。

(邓坤、田小乐)

沩山乡

党委书记 蒋改平
副书记、乡长
刘庆丰(1月免)
乡　　长 曾含玲(女,1月任)
副书记、人大主席
李　庆(女,9月免)
杨望伟(9月任)
政协工作联络处主任
姜仕强
副 书 记 杨建兵(4月免)
肖立云(9月任)
党委委员、纪委书记
刘为良
党委委员、副乡长
肖立云(9月免)
周宏斌(9月任)
党委委员 郑光辉
副 乡 长 张湘华
周宏斌(9月免)
胡　鹏(9月任)
人大副主席
刘　军

【概况】 2013年,沩山乡下辖8个行政村、1个社区,总人口1.75万人,总面积75.17平方公里,其中耕地面积533公顷。是年,沩山坚持以“禅都小镇、生态沩山”为定位,以“四比四抓争先锋,两带两为促发展”为抓手,致力“打造知名养心地,建设特色小城镇,构筑幸福新沩山”宏伟目标,各项事业全面发展。荣获“第八届中华宝钢环境奖”“省两型示范乡镇”“长沙市卫生乡镇”“长沙市文明(村)镇”“长沙市城乡环境卫生整洁行动‘十佳’乡镇”“长沙市计划生育流动人口管理示范乡镇”“市两型城镇创建示范单位”“县项目工程服务先进单位”等20多项国家、省、市、县荣誉称号。

一、各项指标稳步增长,经济发展成果喜人。全年完成:乡域生产总值4.11亿元,增长13.38%;农业总产值1.8亿元,工业总产值1.08亿元,财税收入779万元;社会固定资产投资5.5亿元,增长21.14%;社会消费品零售总额1.03亿元;农民人均纯收入达1.2万元,增长19.8%。招商引资圆满完成任务,全年完成招商引资合同资金16.5亿元,实际到位资金2.4亿元。成功引进八角溪水厂、金沙现代农庄等项目,策划包装绿色集镇、两型示范集镇、等项目14个,其中八角溪水厂、西部印象工程、中汇茶油完成主体建设,南环线挤进省“十二五”规划,“绿色集镇”建设列入市住建委示范乡镇。全年安置拆迁户187户。

二、主导产业不断升级,特色富民卓有成效。一是茶叶产业有突破。全乡共产干茶17.5万公斤,实现产值8800万元,茶农人均增收3300元。完成茶叶实有面积普查工作,组织召开茶叶生产研讨会,湘茗茶叶新建科研楼、加工车间,开发黑毛茶、夏秋茶。沩山毛尖荣获湖南茶业十大畅销品牌、炎羽牌沩山毛尖获市民最喜爱的“长沙十大乡村土特产”等荣誉称号。二是旅游人气有发展。打造“沩山讲坛”教育品牌,成功举办“情定密印、结缘福米、平安福果、长寿福茶”等慈善活动和计划生育汇演、群众文化艺术节等大型活动,密印晨钟荣获市民最喜爱的“长沙十大乡村美景”,密印寺景区游客量达20万人次,全乡酒店、餐馆、旅馆旅游从业人员突破3000人,旅游收入过8000万元。

三、环境保护力度空前,文明意识深入人心。一是强化宣传督察。建立以“电视、网络、报纸、短信、宣传栏”等为媒介的立体宣传网络,大力开展环境卫生评比,一日一督察、一月一评比,年终召开全乡大会开展专项总结表彰。二是构建长效机制。形成“户分类、组收集、村分送、乡中转”垃圾分类减量处理机制。实现村级环境卫生“6S”管理;环卫规章、实施细则由乡人大表决通过,形成制度。建立“宣传入户、创评到组、奖惩到人、保障到村”环境卫生工作机制。三是打造“拒塑”乡镇。印发宣传单5万份,设立宣传牌50块,发放环保袋10万个、环保竹篮5000个。环境卫生评比居全县第一,荣获第八届中华宝钢环境奖、“长沙市卫生乡镇”等诸多荣誉,沩源村创建成为市级环境卫生优胜村,八角溪村、沩源村创建成为市级生态村。

四、民本民生保障有力,百姓幸福指数提升。一是社会事业稳步发展。城乡居民养老保险参保率达100%;发放低保资金近100万元,打造集居示范点2个,完成危房改建67户。抗旱工作组织得力,通过抽水灌溉等措施,有效降低了茶叶受灾面积,降低了茶农损失。二是计生工作卓有成效。妇检率85%以上,计生率提升两个百分点,成功创建长沙市流动人口优质服务示范乡镇。三是农村建设加速推进。完成村级公路硬化35公里,启动毛屋湾、瓦屋湾集居区建设;开展“百组大行动、百日大会战”水利冬修活动,整修渠道32公里,清淤河道39公里,整修河坝4座,完成茶园节水灌溉改造200公顷。沩水村纳入长沙市建设扶贫村。四是民生负债逐步减少。2013年,乡财政直接支付各类款项近5000万元,累计支付民生债务2600多万元。

五、社会管理机制优化,营造和谐稳定环境。一是开展国土整治。违法用地、违章建筑立案36起,开展非法采砂整治行动13次,关闭所有采砂场。开展拆违控违专项整治行动3次,强制拆除违章建筑11处。二是强化集镇管理。推行“五个一”工程,即“一份公开信、一份门前三包责任书、一份限期整改通知书、每月一次集中整治行动、一套长效机制”,发放宣传资料1200份,开展整治行动21次,拆除集镇违章建筑30余起,招牌广告灯箱100余处,有效规范了交通和经营秩序。三是狠抓社会稳定。调解纠纷100余起,查处案件30余起;排查安全隐患12处,全年无一例重大安全事故。

【八角溪水厂】 八角溪水厂位于沩山乡八角溪村西安组,占地面积1.33公顷,总投资1亿元。2013年完成厂房主体架构的建设。

【西部印象现代农庄】 西部印象现代农庄选址于沩山村滴水庵组,由湖南汉红基金与湖南湘茗茶业合作进行投资建设,规划建设度假别墅150栋,流转土地面积66.67公顷,建设高端山野菜、苗木基地和精品鱼池,健身休闲会所等精品旅游休闲项目,预计投资2亿元。至2013年末,投入5000万元,完成一期建设,包括蔬菜基地、垂钓中心、观光茶园、接待中心等。

【密印景区续建工程】 密印景续建项目,涉及占地100公顷,包括千手千眼主体文化公园、密印寺、景观园林三部分建设,总投资4.5亿元,涉及151户房屋拆迁。2013年投入7800万元完成景区建设的扫尾工程,包括普同塔、广场建设、游客接待中心、绿化配套建设等,这些项目全部竣工。

(胡逖飞)

巷子口镇

党委书记 喻　晓
副书记、镇长 张建元
副书记、人大主席 刘坚生
政协工作联络处主任 余树强
副　书　记 杨述红(女)
党委委员、纪委书记 陈　勇
党委委员、副镇长 胡志辉
党委委员 陶　浊
副　镇　长 戴凯军　肖　滨
人大副主席 黄勇华

【概况】 2013年,巷子口镇辖12个行政村和1个社区,镇域面积105.73平方公里,总人口4.64万人。全年全镇紧紧围绕“发展为先、稳定为重、民生为本”的工作主题,坚持“科学发展、富民强镇”工作思路,凝心聚力、砥砺攻坚,务实奋斗,完成:生产总值6.12亿元,农业总产值3.02亿元,工业总产值9.06亿元,固定资产投入3.43亿元,招商引资到位资金1.2亿元,财税收入677万元,农民人均纯收入达到1.04万元,比2012年增长17%。超额完成各项指标任务,经济社会各项事业蒸蒸日上。

一、稳规模、提质效,开创农业产业新方向。一是小水果产业转型升级。2013年,巷子口镇更加注重品牌内涵提升,启动小水果产业质效提升年建设。对533.33公顷小水果落实科学化、标准化生产管理;高标准建设苏家冲和牛角湾2个小水果产业示范采摘园;黄鹤产业建设扶贫点引导农民种植小水果20公顷,逐步引领小水果产业由扩规模向生态、高效、休闲方向发展。二是晒黄烟产业质效提升。全年种植晒烟面积约200公顷,发展职业烟农426户,建设规模示范片区8个,收购烟叶52.5万公斤,收购总金额1255.7万元,收购价格提升达10%,烟叶品质大幅提升,烟农效益大幅增加,巷子口镇被评为县烟叶收购先进单位。三是高山生态蔬菜订单销售。立足山地资源和良好的生态环境优势,发展绿色环保、高山生态蔬菜种植,集中建设仙龙潭科鸿基地33.33公顷,成功创建长沙市蔬菜标准化示范基地,实现基地与超市、直销店的点对点订单销售。四是农业特色项目全面开花。2013年新成立农民专业合作社5个,注册成立扶王山、九折仑两家农业科技股份有限公司,大力发展特色农产品种植和加工产业,农产品物流园和深加工中心项目已启动规划建设,力争打造成宁乡西部最大的特色农产品综合性生产、加工、销售商贸中心。

二、引投资、上项目,激发经济持续发展活力。一是用好招商平台,充分发挥金玉工业园的载体作用,成功与博益鑫高分子材料有限公司正式签订1.5亿元投资项目;与玉潭建安公司签订集镇二期开发合同;与东莞伊动新能源有限公司、迪洋光伏幕墙有限公司达成合作意向;二是巩固传统产业,官山量具厂和湖南凯盛机械有限公司不断发展壮大,凯盛完成一项市级科技创新项目。三是全面推进项目建设,全年在建项目有19个,竣工项目9个。全年实现工业总产值9.06亿元,其中规模工业总产值7.8亿元;实现招商引资4.4亿元;累计完成项目投入4.67亿元,项目工程固定资产投资实际完成2亿元。四是着力建设以通用航空运动、滑翔运动为核心的九折仑户外运动中心项目,前期各项工作已启动建设,力争打造成为中南地区唯一,集休闲、户外运动于一体的新兴经济体;新建成投资2000万元的状元山庄项目,已开张营业并成功创建为五星级农家乐。

三、大开发、大建设,打造秀美宜居新城镇。一是集镇形象品位大幅提升。以"绿色、低碳、幸福、宜居"为主题,加快推进老镇区提质改造和新镇区建设。沩源里商业步行街主体建设全面竣工,总投入1.2亿元;投入400万元,完成集镇配套工程;宁乡第二、乡镇唯一的乡村商业步行街已全面完成;农产品交易中心、商贸中心、家电城等项目开张营业,红太阳超市居宁乡商贸综合体前列;状元文化广场完成改造并投入使用,成为群众休闲健身活动集聚地;河道整治与集镇湖面景观工程业已成形,整个镇区呈现出亮丽繁荣、焕然一新的面貌。二是交通路网格局基本构架。结合新镇区建设和老镇区提质改造,对凤凰路口至状元广场约1.4公里的老街区启动综合治理,着力打造示范一条街,老镇区公路由水泥路面改沥青路面,并全线竣工;地下管网改造、地面装饰、绿化、亮化等工程有序推进,即将投入使用;投入300万元高标准建设的宝塔路建成通车;由宝塔路、枫平路、人民路、状元大道"两纵""两横"连接的巷子口一环线已全线贯通。同时,集镇二期开发启动建设,镇区路网将从拉通一环向规划二环的目标强力迈进。三是环境卫生状况全面改观。以落实"城乡环境综合整治年"活动为契机,集中组织集镇综合整治行动,共拆除棚架125处,新添垃圾桶300个;集中组织对县道104公路沿线进行整治,共拆除违章建筑178处,全面清理公路两侧可视垃圾,规范集镇经营秩序。开展环境卫生交叉大评比、大竞赛活动,提高群众环境保护意识,镇区环境和村容村貌显著改观。

四、强基础、惠民生,促进社会事业和谐发展。一是基础设施不断夯实。加大资金投入力度,推进民生工程建设。投入340多万元对全镇5所学校进行改造升级;投入40余万元整修官山、茅坪两个渡口,保证水上交通安全;投入60余万元对5座桥梁进行改建;投入300余万元兴修水利,完成53.33公顷山塘清淤,25座河坝修建和200公顷田间工程建设;投入1100万元修建42公里村级到组公路。二是民生事业稳步推进。实施城乡低保镇、村两级联合组队评定,全年累计发放农村低保资金24.7万余元,城市低保资金16.5万余元;大病医疗救助23.2万余元,农村养老保险、医疗保险覆盖率均达到100%;完成危房改造33户;"扶王山互助基金会"共募集善款26万余元,捐助贫困学生和特困对象46人;成功策划长沙慈济会大型慈善活动,发放各类生活物资计140余万元, 切实解决困难群众过冬物资缺乏的问题;成立裕农竹制品加工厂,解决全镇残疾人的就业和生活难题,巷子口镇被评为长沙市残疾人工作明星乡镇,巷子口社区被评为长沙市残疾人工作明星社区。三是社会大局和谐稳定。创新综治管理工作机制,加强依法治理打击力度,全年共成功调解处置纠纷116起,侦破刑事案件28起,刑事拘留26人,处理治安案件61起,治安拘留120人,治安处罚80人,收缴毒品10多克,捣毁5个赌博窝点,取缔拆除非法砂场19处,社会治安状况明显好转,经济发展环境逐步转优。切实加强和改进新形势下群众工作,用好党的传家宝,进一步密切党群干群关系,2013年共走访群众8429户,为群众解决具体问题1458个,取得实实在在的工作实效。群众对党委、政府工作更加支持,对经济社会发展信心更足,2013年全镇民调统计跃升至全县第五位。四是落实政策稳基固本。始终坚持计划生育基本国策不动摇,调整思路,强化措施,扎实推进计生工作,全年全镇共发放独生子女保健费6.28万元,计生奖扶资金16.3万元,计生入保420人,保金1.9万余元;落实节育手术392例。严格落实各项惠农政策,全年共发放各项种粮、中稻、农资综合、家电下乡等各项补贴150余万元,落实库区移民后期扶植基金129万元。切实加强农业"三防"工作。制定并严格执行森林防火预案、防御山洪地质灾害预案、水库应急处险预案和动物疫病防控预案,7所小型水库处险加固工程在百年大旱中发挥作用,确保了农业稳步健康发展。

五、改作风、强队伍,提升镇村干部工作效能。2013年巷子口镇确立"建一流班子,带一流队伍,创一流业绩"的工作目标,着力提升干部素质,转变干部作风,凝聚干事创业的正能量,为经济社会事业发展提供坚强的组织保障。以规范行为和转变作风为重点,严格制定机关管理制度及财务制度,实行办公室综合目标排名考核办法,对干部出勤、工作完成情况、作风建设情况等进行综合评比、严格考核兑现;着力加强党风廉政建设,认真落实领导干部廉洁自律各项规定,组织全体镇村干部认真学习《党员干部廉洁从政若干准则》、党的十八大精神、中央八项规定、省九条等,积极开展村级财务专项清理工作,共查处五名违纪责任人并立案处理,全面形成廉洁干事的氛围,有效构筑起拒腐防变的思想道德防线。

【建设扶贫工作】 9月3日省委常委、市委书记易炼红到巷子口镇黄鹤村开展建设扶贫工作,他指出:黄鹤村建设扶贫工作的总体要求是充分发挥建设扶贫的作用,全力建设秀美、富裕、和谐、幸福之村;要大力发展经济、改善民生、强化保障,全力推进扶贫攻坚。巷子口镇按照易书记指示,制定镇、村联动发展三年规划,确定各类建设项目共22个。2013年,完成硬化村级公路11.7公里,疏通加固河道14公里,对66.67公顷国土进行平田化整理,致力打造秀美、富裕、和谐、幸福的黄鹤新农村。

【"两型"创建走在全省前列】 围绕创建"两型社会"主线,巷子口镇结合镇情深度挖掘两型建设实施的内涵。2013年成功创建湖南省公共机构节能示范单位和长沙市"两型"创建示范城镇,成为全省唯一一个创建成功的乡镇,在加快"两型"建设和节能发展征程上走在全省前列。

【"六百工程"凝聚民心】 2013年,巷子口镇结合"忠诚履职"主题活动创造性地开展"六百工程",即:百名干部百课时,加强学习提素质;百名干部入万户,排忧解难促发展;百名干部义务献血献爱心;百名干部义务参加田间水利扩容提质工程活动;百万现金投入作奖励,实现强基富民;评百户五好文明家庭,带头致富促和谐。活动期间,切实为群众办实事解难148件。组织干部义务献血5万毫升,组织干部义务劳动,深入田间地头,疏浚沟渠50余公里。

(罗　慧)

沙田乡

党委书记　彭海华
副书记、乡长
孙　勇(1月免)
叶刚毅(1月任)
副书记、人大主席
黄荣国
政协工作联络处主任
贾命春
副书记　张建军
党委委员、纪委书记
高谷良
党委委员、副乡长
胡跃波
党委委员　张合民(1月免)
陈　敏(9月任)
副乡长　左志华
谢　红(女)
人大副主席
陈　敏(9月免)
肖正乾(9月任)

【概况】 2013年,沙田乡辖13个行政村,总面积74.29平方公里。其中水田1399.1公顷,林地5407.4公顷。全乡共有1.03万户,3.44万人。

全年全乡坚持实施"一业优先、精品集镇、民本民生、干部成长"四大工程,建设"有特色产业、有优美环境、有和谐氛围、有优秀人才"的西部强乡的工作思路不动摇,沉下身子抓产业,一心一意谋发展,各项工作特色鲜明,亮点纷呈。先后荣获共青团湖南省委工作创新奖、长沙市粮食生产工作先进单位、长沙市安全生产示范乡镇、长沙市优秀农业产业化基地、县项目工程建设先进单位、政务公开工作先进单位、无安全生产责任事故乡镇等荣誉称号;盛湘沙田万亩富硒有机稻基地列入长沙市2014年重大现代农业项目,紫玉板栗基地、新飞茶叶基地获2013年度高效特色经济作物基地创建项目,宝云村获评长沙市2012–2013年度安全社区,堆资村获评市级卫生优胜村。

一、乡域经济逆势攀升,综合实力不断增强。全年完成:生产总值4.89亿元,固定资产投入4.51亿元,社会消费品零售总额1.65亿元,农民人均纯收达1.22万元。全年完成国税地税670万元,居民储蓄存款突破2亿元。工业经济做大做强,以"两帮两促"活动为抓手,优化工业企业发展环境,帮促项目和企业发展,整顿企业周边环境,有力化解周边矛盾,为企业的发展提供强力保障,完成工业总产值7.45亿元。全年新签约招商引资合同5个,合同金额3.31亿元,实现到位资金8000万元,新包装项目2个,捕捉提供信息10条。新签约的六寨生态农业综合项目总投资8000万元,分为种养基地和生态农业展示接待中心两个部分,为沙田生态农业的种植和深加工的发展起到了引领作用。全年新开工项目7个,竣工项目8个,实现建安税60万元。沙田集镇以何叔衡烈士纪念广场项目建设为契机,同步启动集镇提质改造、涓水河治理、环境连片整治、污水处理厂等相关配套项目建设。同时完成马劲坳11万伏变电站、幼儿园配套设施、土地平整、农网改造、学校建设、田间水利扩容提质等民生工程;着手启动沙田晒烟站、沙田集镇立面改造、村卫生室、薄弱学校建设项目。通过乡村干部的齐心协力,15 天时间，拆除五里集镇 178 空违章建筑，没有一例强制拆除。不但使集镇秩序大为改观,更为以后的和谐规范管理营造了浓厚氛围。

二、突出农业结构调整,统筹推进城乡一体，做大做强四个基地,三农工作迈上新台阶。全年完成农业总产值 2.34 亿元。烟叶产业做优,充分发挥利民烟叶种植专业合作社引领示范作用,全年种植烟叶 333.33 公顷，虽受先涝后旱灾情影响,但在乡村干部、烟技师和烟农的共同努力下,烟叶产量仍达 97.5 万公斤，实现烟农增收近 2700 万元。富硒有机稻逐步做强,该基地被评为 2012 年“长沙市农业产业示范性基地”，并被列入长沙市 2013 年重大现代农业项目调度序列。以六寨为核心区,沙田、长冲、堆资等村为示范区,富硒有机稻种植面积 466.67 公顷。油菜产业做活,以金莲、五里、新飞、堆资、长冲五个村为重点,建设连片种植示范基地,打造油菜“十里金花走廊”，全乡共种植油菜面积 473.87 公顷，为农民增收 600 万元左右。成功举办沙田首届油菜花节,吸引大量游客观光赏花。紫玉板栗品牌做特，该基地被列为 2013 年长沙市农业产业标准化示范基地,通过争取国土整理项目,扩大板栗种植面积,在原有种植基础上再新嫁接和移植,“沙田紫玉”品牌逐步做出特色。

三、突出民生改善,彰显民本情怀,促进社会和谐,巩固稳定祥和的发展大局。切实做好防汛工作,“5·7” 特大暴雨共造成全乡 3000 多农户受灾，经济损失 5000 多万元。洪灾发生后,全体乡村干部深入村组有序开展救灾工作,政府共投入资金近 300 万元,组织万多人次进行抢险救灾和抢修恢复主要公路和水利工程,确保把损失降到最小。全力做好抗旱工作,政府共投入 30 多万元资金购置抗旱物资，并组织人员落实抢修扫障,组织全乡群众义务投工 5000 多个,疏通渠道 1.4 万多米,处险渠道 20 多处,保证灌溉渠道畅通,保障群众正常生产生活用水。全力推动田间水利工程建设,深入宣传发动,加大投入力度,掀起全乡田间水利工程扩容提质改造建设热潮,投入近 300 万元组织全乡完成新建、清淤山塘 80 余公顷,沟渠疏浚 80 多公里，河道整治 60 多公里,田间工程 600 余公顷，河坝建设 12 座，为全年的农田灌溉和防汛抗旱打下坚实基础。强力整治和打击非法洗砂采砂,对 7 个非法砂场的设备设施进行全部拆除,组织专门队伍进行巡查,在全乡范围内有效杜绝了非法采砂行为。大力开展全民植树活动，干群共同参与,共投工投劳 500 多个，对 7.33 公顷林地和荒山进行植被恢复。全力推进危房改建,93 户危改户房屋建设全部如期竣工,总计投入补助资金 250 多万元,危改资金及时足额拨付到了危改户手中。城乡社会救助体系建设稳步推进,全乡全年累计享受城镇居民最低生活保障对象 594 户次,846 人次，发放保障金 22 万余元；累计享受农村居民最低生活保障的对象 1.02 万户次,1.73 万人次，发放保障金 246 万余元。养老保险已参保缴费率 95.7%,2014 年城乡居民医疗保险农民参合率 96.2%。全面启动“全民清整”环境卫生保洁三年行动计划，共投入 60 多万元用于乡村环境卫生治理,新建环保焚烧炉 500 多个,新增专职保洁人员 30 人,建立环境卫生治理长效机制,人民群众爱卫意识明显提高,全乡环境卫生变化显著。深入推进教育强乡建设，沙田中心幼儿园投入使用,朱溪幼儿园、石江小学、沙田中学建设全部完成,湖山小学完善了教师周转房、功能室和餐厅,五里中学建设加快推进,全乡教育硬件设施水平进一步得到提升。教学质量不断攀升,中考质量连续三年进入全县先进行列，沙田乡 2013 年中考综合排名位居全县第二。以“红袖章百人巡防促平安” 活动为契机,深入推进社会治安综合治理,全乡社会大局稳定，人民群众安居乐业。计生工作稳步推进。通过开展计生集中活动月活动,进一步强化了国策宣传,规范了生育秩序。加强计生队伍人员配备,全面落实奖扶政策,加强流动人口管理,认真落实优生检测和出生缺陷干预,计生风气进一步好转。武装工作全面完成征兵任务。工会、共青团、妇联、统战、老干关协等工作均衡推进。动物防疫有效落实。殡葬改革和经济普查全面铺开。统计、农村能源、环境保护、农网改造、农村改厕、除四害等工作统筹推进。

四、突出干部队伍建设,践行群众路线,持续改进作风,为民、务实、清廉形象深入人心。深入开展群众工作，全年共下派干部 121 人,召开户主座谈会 191 次;走访家庭 9800 多户、群众 2.5 万多人次;帮扶贫困家庭 20 户;慰问特困党员 26 户,帮扶资金 2.5 万元;结对认亲 10 户,帮扶资金 2 万元;解决问题 132 个,化解矛盾纠纷 127 起;为民办实事 156 件,发放便民服务联系卡 1 万余张。贯彻落实中央八项规定。坚决反对“四风”,提倡艰苦朴素、干事创业的工作作风，营造风清气正的良好氛围,切实做好了机构编制清理和办公用房清理工作,政府务实清廉形象进一步树立。多途径抓好党员干部的学习培训与实践锤炼,奋力推进干部成长工程的实施。组织全体党政领导、支村两委负责人、线办主任到花明楼进行“忠诚履职”集体宣誓,接受革命传统洗礼。根据全乡年轻干部多的实际情况,注重强化年轻干部的实践锤炼,根据其专业特长等情况,全部安排到合适的岗位,跟进相关项目与产业,做到项目到点、责任到人、产业到户,力促年轻干部的基层经验和工作能力得到快速提升。

【沙田首届油菜花节开幕】 2013 年,沙田乡以金莲、五里、新飞、堆资、长冲五个村为重点,建设连片油菜种植示范基地，种植面积 466.67 公顷,打造油菜“十里金花走廊”景观。3 月 18 日,沙田乡举办首届油菜花节,并以此为契机推介沙田旅游业,吸引大量游客观光赏花。《长沙晚报》等媒体对该活动进行宣传报道。

【黎春秋到沙田乡进行调研】 8月13日,宁乡经济技术开发区工委书记、县委书记黎春秋,县委副书记邓杰平,县委常委、宣传部部长刘丽霞,副县长王湘云,政协副主席李纯等领导到何叔衡故居、谢觉哉故居进行考察。之后,黎书记一行深入项目工地调研何叔衡烈士纪念广场及相关项目建设,并在沙田乡召开项目建设现场办公会,会议要求按照时间进度高标准建设好何叔衡烈士纪念广场及相关配套建设,将其建设成为精品工程。会后,黎书记一行还深入沙田、石江等村田间地头,看望慰问正在组织抗旱救灾和生产自救的干部群众,现场指导抗旱救灾工作。

【五大项目开工建设】 8月28日,沙田乡举行五大项目开工仪式。五大项目是何叔衡烈士纪念广场、沙田集镇提质改造、六寨生态农业综合项目、污水处理厂、涓水河综合治理。五大项目总投资1.27亿元,其中现代农业产业综合项目1个、民生和基础设施类项目4个。至2013年年底,除六寨生态农业项目因用地手续办理影响项目进度外,其他项目都已建设竣工。

(周 阳)

龙田镇

党委书记 潘顺秋(1月免)
宋 强(1月任)
副书记、镇长
宋 强(1月免)
镇 长 陈 庆(1月任)
副书记、人大主席
李旭东
政协工作联络处主任
陈天亮
副 书 记 徐海华
党委委员、纪委书记
喻拥军
党委委员、副镇长
黄腾飞
党委委员 张 炜
副 镇 长 舒 畅(女)
刘望平(9月免)
邓智勇(9月任)
人大副主席
邓智勇(9月免)
荣 毅(9月任)

【概况】 龙田镇位于宁乡县最西部,与涟源市、安化县接壤,总面积71.88平方公里,辖9个村(社区),人口2.3万人。镇域内有水田905公顷,旱地417公顷。2013年,全镇实现:生产总值4.2亿元,比2012年增加2.3%;农林牧渔业总产值1.83亿元,比2012年降低29%。全年完成财税收入949万元,工业总产值10.3亿元,固定资产投资4.01亿元,招商引资到位县域外资金1.03亿元,农民人均纯收入1.15万元。

一、综合实力大幅提升,发展势头强劲有力。工业经济方面,2013年,倒闭闲置多年的棠甘山锰矿重新承包,成功处置,为镇域经济发展注入活力。强力支持新辉锰矿、天成矿业等支柱企业技改升级、权址扩界,提高生产能力,扩大生产规模,增强工业发展后劲。着力优化白花萤石矿矿区生产环境,保障企业生产顺利进行。项目工程方面,积极招商引资,强推项目工程建设,边城佳苑廉租房二期、九年制学校食堂、中心幼儿园、边城大道、雄鑫食品加工厂、七里食品加工厂、仁坚采石厂、天成矿业扩建等项目全面竣工;污水处理厂、饮水安全工程、高标准基本农田建设等工程投入使用;边城新区、七里山村民集居点、村级公路硬化等项目建设如火如荼;敬老院、公路管养站、农商行、卫生院等项目完成前期审批,项目工程进展形势喜人,龙田经济实力再上台阶。农业方面,持续夯实农业基础,着力调整农业结构,大力推进农业产业化。新建横岭、石屋两个中药材种植基地,新发展玉竹种植333.33公顷,新引新建一家中药材加工厂,产业发展初具规模。进一步加强水利设施建设,完成革命水库除险加固、杨柳水库北干渠河道清淤修葺,清淤山塘114口,河道26公里,田间渠系38公里,农业基础不断夯实。

二、各项事业齐头并进,社会大局和谐稳定。加强劳动和社会保障工作,规范运作,应保尽保,全年发放低保金223万元,临时救济金15万元,支持危房改造户132户,对全镇178名优抚对象定恤定补,发放优待金及慰问金2万元。调查摸底完成931位残疾人建档立卡工作,成功申报和创建白花“温馨之家”项目,顺利通过验收。坚持计划生育基本国策,圆满完成“百日行”目标任务,受到县奖励表彰,顺利通过市计生工作检查。坚持“以人为本、服务优先、依法行政”的工作原则,浓厚计生氛围,提高服务意识,对拒不缴纳社会抚养费的计划生育违法户诉诸法律手段,有力打击计生违法行为。全年依法执行18户。切实强化社会治安,重点打击非法采砂采矿和聚众赌博行为,消除安全隐患,创建平安龙田。加强社会管理创新,以群众工作网格化管理为抓手,排解纠纷,服务群众,将不稳定因素控制在萌芽状态。围绕新型城镇化,完善边城文化广场、商业街等基础建设,持续推进环境卫生整治行动,加大投入,强化措施,城乡环境不断改善,镇村面貌日换新颜。

三、自身建设全面优化,服务水平显著提升。全面加强党风廉政建设,出台关于切实改进机关工作作风“五条”规定,全面实施廉政文化“六进”活动,筑牢思想基础。转变管理观念,转变服务方式,积极打造“为民、务实、清廉”的服务型政府,建立机关行为规范的量化标准,规范工作程序,建立健全岗位责任制度、服务承诺制、首问责任制,简化办事程序,提高办事效率,筑牢责任意识。以“四比四抓争先锋”和“忠诚履职”活动为抓手,加强干部学习培训，狠抓干部队伍建设，推行中层骨干竞岗制，建立健全竞争上岗、双向选择、辞职辞退等制度，筑牢勤务保障。

【王践调研龙田安全生产示范乡镇创建工作】 7月10日，湖南省质监局副局长王践一行到龙田，就龙田省级安全生产示范乡镇创建工作进行调研，实地考察龙田镇白花萤石矿生产情况并认真听取党政负责人所做的工作汇报。王践充分肯定龙田镇的创建工作，并要求，要努力营造安全生产的浓厚氛围，不断增强全体群众的安全意识，努力改善安全生产基础设施，着力提升安全生产水平，争创省级安全生产示范乡镇。

【黎春秋调研龙田基层党组织建设】 8月26日，经开区工委书记、县委书记黎春秋等一行到龙田，就龙田镇的基层党组织建设工作进行调研。黎春秋一行到达石屋村，视察村部建设和基层党建情况，听取石屋村党支部书记马建军的简要汇报，并仔细询问群众工作的相关细节。指出，基层党组织是连接政府和群众的纽带，是体察民情、反馈民意的关键。今年是大旱之年，各处不同程度受灾。基层党组织更要充分发挥桥梁作用，以群众工作为平台、以群众关注点为重点，夯实基层基础，深入排忧解难，锻造一支为民解困、带民发展的坚强队伍。

【龙田镇举行八大项目集中开工仪式】 8月28日，龙田镇八大项目集中开工仪式在廉租房二期施工现场举行。县委常委、常务副县长刘亮出席仪式并宣布项目开工，镇党委书记宋强向参加仪式的领导和嘉宾致词。此次集体开工的八大项目，有棠甘山锰矿、雄鑫食品厂等战略性传统产业项目，有公路管养站、农商银行等基础设施建设项目，有卫生院、敬老院、廉租房等民生项目。这些项目的集体开工不仅是近年来招商引资和项目建设成果的集中展示，也是龙田镇实现“建设资源强镇，打造西部明珠”的具体行动，极大地促推了龙田镇经济总量的提升和城乡面貌的改善。

（王小丹）

玉 潭 镇

党委书记 陈德奇

副书记、镇长
王海潮

副书记、人大主席
范春林

政协工作联络处主任
胡强辉

副 书 记 杨 岸 文再明

党委委员、纪委书记
阳凤斌

党委委员、副镇长
邹铁军

党委委员 陈小平（女，9月免）
周国宁（9月任）
胡建云（兼）

副 镇 长 曾跃武 高建阳
黎灿辉（女）

人大副主席
蒋端明

【概况】 2013年，玉潭镇辖楚沩、八一、香山、南苑、文中、通益、学庵、花明、新城9个居民委员会，2.77万户，6.65万人。镇域面积12.67平方公里。全年实现：地区生产总值65.22亿元，比2012年增长24.22%；工业总产值101.46亿元，增长22.24%，其中规模工业71.55亿元，增长23.36%；农业生产总值3812万元，增长1.92%；全社会固定资产投资92.18亿元；社会消费品零售总额65.68亿元；工商税收8.8亿元；农民人均纯收入3.29万元。是长沙市“十强乡镇街道”和“文明村镇”、湖南省“最具民生幸福感乡镇”和“新型城镇化建设十佳明星单位”，入选“全国综合实力100强乡镇（街道）”。

产业经济再上新台阶。动物防疫检疫工作高标准完成，农业基础设施建设有序推进。楚天科技博士后科研工作站正式揭牌，获长沙市中小微企业标准化战略推进工程优秀试点企业、首届“湖南省十大知识产权领军企业”称号，“楚天”品牌获制药工业“十佳民族品牌”称号。长宇新型炭材料有限公司新增EDM石墨生产线，并与湖南大学联营组建湖南省工程技术研究中心。湖南金玉堂珠宝有限公司被评为中国珠宝协会常任理事单位，星城环卫机械制造公司是“湖南省高新技术企业”和“长沙市实用新型专利技术成果转换优秀企业”，玉潭镇被评为2013年度长沙市加速推进新型工业化红旗单位。毅德市场开张门店1700家，大型家具展示和销售中心鑫佰加、春城万象国际商业广场、步步高购物广场等开张营业，新增限上企业11家。全镇全年房产建筑面积48万平方米，销售情况良好。

项目招商实现新突破。兴鹏科技落户金玉乡镇工业集中区，诚智新材料入驻华厦中小企业园并试投产，全年合同引进县域外资金61.8亿元，到位资金25.6亿元，开发包装项目5个，接待客商80余次。始终坚持阳光拆迁、依法拆迁，玉潭东路11天签订12户拆迁协议、18天之内所拆房屋全部倒地，中医院项目3天签订17户协议。加强与政策性银行的衔接，成立国开发展（宁乡）城镇投资开发有限公司。全镇35个帮促小组，共为项目解决问题196个。全年共启动安康西路、楚天三期、钓鱼台九号等项目24个，实现项目投入65.87亿元。

城市品质达到新水平。深入开展“三城同创”，全镇悬挂大型宣传牌10块、制作墙体宣传标语7.4万平方米，发放创建倡议书6万份，签订门前“三包”责任书1.7万份。投入600多万元，对步行街、杉木桥市场等基础设施进行改造和完善。全年组织拆违行动38次、拆违693户、面积1.34万平方米，控违36户、面积5024.69平方米。组织对全镇1000多家“五小”门店和杉木桥市场、北门市场、东区市场、八一农贸市场、再就业商城、319国道沿线等进行专项治理,市容市貌有效改善。

民本民生取得新进展。全年投入近400万元完成各中小学的修缮和南郊小学搬迁,组织慰问救助困难群众1342户、90万元,城乡养老保险、居民医疗保险有序推进,重大疾病医疗救助和残疾人政策落实到位,城乡低保基本实现应保尽保、动态管理。建立健全“一办两所(镇综治办、派出所、司法所)”联合调解室,积极指导物业管理工作,全年共调处各类矛盾纠纷359起,成功调处355起。积极开展安全执法专项行动,确保生产安全、消防安全、校车安全、食品安全。“红袖章”巡防队巡逻出勤9789人次,抓获各类违法犯罪人员132人次,得到市政法委的高度肯定。成立非公有制企业计生协会,积极推行流动人口计划生育基本公共服务均等化工作,全镇符合政策生育率92.14%。

党务政务展现新风貌。3632名在职党员围绕镇党委设计的20类岗位,积极到社区开展“六送五帮”活动。全面推进干部联组群众工作,共走访群众2.37万户,摸排矛盾纠纷129起,接待信访群众192名,处理突出信访问题56件,解决群众反映的问题297个。深入开展“六抓六促创标杆”“忠诚履职”主题教育和廉政教育活动,开展集中学习10次,腾退办公用房4040平方米。人大、工会、共青团、妇联、老干关协等成绩喜人,中心学校、卫生院、派出所、国土所、市场服务中心、城管玉潭分局、建规所、地税、国税、农商银行玉潭支行、动物防疫站等部门工作取得新的进步。

【入选“全国综合实力100强乡镇(街道)”】 2013年,全国城镇信息调查工作小组根据全国城镇信息调查的结果,评出2013年度全国综合实力百强乡镇(街道),其中玉潭镇综合指数得分118.9、发展水平得分185.5、发展活力得分123.70、发展潜力得分91.96 、和谐指数得分91.76,列第四十九位。

【玉潭被授予“全国百家示范乡镇(街道)工会”称号】 玉潭镇工会联合会下设社区联合基层工会9家,涵盖法人单位375家,共有工会会员1.69万人(其中农民工会员1.5万名,农民工入会率达到88.76%),工会组建率达到97.5%,职工入会率达到97.8%。2011-2013年,玉潭镇工会联合会在镇党委和上级工会的领导下,高举建设中国特色工会伟大旗帜,认真贯彻“组织起来,切实维权”的工作方针,围绕“六好”创建目标,坚持创先争优,工会工作不断创造新业绩。2005-2013年被县总工会评为先进单位,先后被省总工会授予“湖南省六好乡镇工会”和“先进基层工会组织”的称号,2012年12月28日被全国总工会授予“全国百家示范乡镇(街道)工会”称号。

【获湖南省“新型城镇化建设十佳明星单位”】 玉潭镇按照打造省会长沙宜居新城、生态新城、商贸新城、休闲新城的定位,立足区位、资源、产业三大优势,发展壮大商贸物流、新型工业、生态旅游、宜居房产四大产业,修整背街小巷12公里,新修城区道路10条,提质改造楚沩西路等11条城市干道,改造道路近80公里,完成绿化21万平方米,城区绿化率34%以上,固体废弃物处理场达到国家二级排放标准后排放,玉潭新城的二环南路、白龙大道、玉兴路、新康西路等主要干道相继建成通车,城镇建设步伐不断加快,管理水平不断提升,服务功能不断完善。2013年7月,湖南省四化两型宣传展示活动组委会授予玉潭镇“新型城镇化建设十佳明星单位”称号。

【获全省“最具民生幸福感乡镇”】 玉潭镇以便民服务为出发点,着力完善城市配套功能;立足工业、商贸、房地产三个支柱产业,综合经济实力一年一个台阶;深入推进“平安玉潭”建设,着力创新社会管理,社会大局稳定、社会治安秩序良好、刑事发案率下降、公众安全感强;坚持民生保障优先,在2009年-2013年的5年中,投入3400多万元用于社会保障,投入2.2亿元用于学校新建及维修改造,筹集200多万元设立“玉潭教育奖扶基金”;多方位丰富居民文娱活动形式,社区文化、体育阵地建设不断加强,活动队伍不断壮大,居民生活幸福。2013年7月,湖南省民生工程走访宣传活动办公室授予玉潭镇“最具民生幸福感乡镇”称号。

【选民代表评议县人大代表工作】 2013年11月26日,镇人大主席团组织30名市、县人大代表,20名镇人大代表和205名第三选区选民代表,对宁乡县第十六届人大代表第三选区何作文、蔡跃武、戴寿军三名代表进行评议。会议通过代表述职自评、选民代表点评和选民代表无记名投票测评的形式进行,三名人大代表的测评优秀率均达到90%。市人大常委会联工委主任盛国政、县人大常委会主任贺应辉、县人大常委会副主任熊志杨等领导到现场指导,并给予充分肯定。

【花明社区获评“全国综合减灾示范社区”】 玉潭镇花明社区紧紧围绕“防灾减灾从社区做起”这一主题,结合社区实际,建立健全和完善社区灾害应急管理工作体制与应急预案,以制度管理、设施配套、宣传教育、消防队伍建设为重点,全面开展防火、防盗、减灾、安全等综合整治工作,成效明显,居民群众的安全度、满意度和幸福感连年提升。2013年12月,花明社区被国家减灾委员会、民政部授予“国家级综合减灾示范社区”称号。

(刘志坚)

城郊乡

党委书记 彭欣荣

副书记、乡长

石启明

副书记、人大主席

许立华

政协工作联络处主任

王国荣

副 书 记 彭志武 张凤超

党委委员、纪委书记

刘巡湘

党委委员、副乡长

黄勇强

党委委员 贺再春

副 乡 长 喻剑兵 陈立波 杨 柳(女)

人大副主席

张爱群(女)

【概况】 2013年,城郊乡辖金星、关心、石泉、石头坑、茶亭寺5个村民委员会,和东沩、沩丰、罗宦、锁匙、怡宁、茆田、合安、塘湾、木佳、茈子潭10个社区居民委员会。下设82个村民小组和107个居民小组。2013年年末,辖区总人口3.85万人,其中非农业人口1.58万人。总面积47.59平方公里。其中:陆地面积46.22平方公里,占97.12%;水域面积1.3平方公里,占2.73%。

一、经济综合实力全面增强。一是经济指标稳步增长。全年实现:地区生产总值26.4亿元,比2012年增长18.1%;固定资产投入31.59亿元,增长15.1%;社会消费品零售总额3.87亿元,增长15.8%。财政总收入2.71亿元,净增9728.79万元,增长35.94%,增长16.2%;农民人均纯收入达2.8万元,增长15%。二是工业基础全面夯实。立足纸业园的扩产挖潜和转型升级,拉动园区经济高位增长;强力启动茆田制造园的搬迁工作,已与园区内三家企业全面达成协议,整体搬迁至金玉工业集中区。钢材物流园项目强力推进,总投入达2.8亿元,已完成一期交易建材区20栋8.8万平方米的建设,基础设施已配套到位。2013年,全乡完成工业总产值80.4亿元,同比增长20.5%;完成规模工业增加值11亿元,增长24.4%;完成工业税收6200万元,增长17%;投资500万元以上工业项目26个,新入规模企业2家,完成工业投资12.8亿元。三是项目工程强力突破。扎实推进"两帮两促"活动,项目环境进一步优化。钢材物流园、三环路合安段等市县重点项目,定员定责,全程跟踪服务;五街国际、城郊乡综合办公用房、金旺写字楼、城郊中心小学、湘沩彩印综合楼、西诚凸轮轴技改等项目建设,做到措施、人员、服务"三到位";新引进的恒辉商厦、恒楚阳光酒店、星恒国仕汇等项目,做到了征拆补偿、手续办理、问题解决"三完成"。全乡项目工程建设累计投入14.3亿元,实现建安营业税4286万元;新建项目19个,续建项目9个,竣工项目11个。累计对企业帮扶107次,协调解决问题89个,问题解决率达95%。四是征地拆迁克难推进。全乡干部群众始终坚持"和谐征拆、阳光征拆"的原则,积极服务各大开发主体和重点项目。党政主要领导亲力亲为,现场排忧解难,始终保持"敢于担当、团结协作、创新方法、诚实守信"的做法,以时间服从任务,以任务调度人员,责任上肩,目标明确,推进效果良好。全年全乡共实施项目征拆51个,已完成34个,累计征地408公顷,拆迁865户,附着物调查补偿266.67公顷,清表腾地400余公顷,共发放征拆资金6.24亿元。五是招商瓶颈有效破解。立足"工业强乡、商贸活乡"的招商思路,以新一轮产业转移和园区企业提质挖潜为契机,创新招商方式,拓宽招商途径,招商工作取得新突破。全年签约合同资金22亿元,招商引资到位资金15.16亿元。以茆田制造园搬迁为切入,全面策划包装"锦汇国际商务花园"项目,吸引众多客商到宁乡城郊乡考察调研;根据县"加快推进金玉乡镇工业集中区建设"的要求,积极招商引资,成功签约五个工业项目入驻金玉乡镇工业集中区;密切跟踪对接在谈项目,确保项目快速落地、投产达效。

二、社会保障全面优化。一是做好做优社会保障。全年慰问贫困对象1400人次,慰问物资达30万元,发放重残补助20万元。累计发放城乡低保11701户,合计389万元,完成大病医疗救助72人次,合计28万元。成功申报失地农民养老保险2564人,办理成功2264人,全额发放失地农民退休养老金及生活费。养老保险、工伤保险、失业保险提质扩面,新农合、新农保实现全覆盖,城乡养老保险参保率达到96%,医疗保险参保率达到99.5%。殡改工作取得实效,火化率达到100%。二是做实做细基础建设。投入144万元修建标准村级公路6.2公里。组织村、社区筹资投劳,修缮维护山塘水坝和渠道清淤。采取钻井取水、水车送水解决群众生活用水问题。特别是金星村的抗旱救灾工作,得到了省委常委、市委书记易炼红等省、市领导的高度肯定,其经验由周辉县长批示在全县进行推广。三是做精做强教科文卫。以"三城同创"为切入点,加大乡村环境卫生整治力度,推进文明村(社区)的创建,积极倡导健康向上的社会新风尚,人民群众幸福指数大大提升,精神面貌焕然一新。深入实施文化惠民工程,乡镇综合文化站、村文化室建设全面加强。继续推进村级卫生服务室建设,有效开展防疫、防甲型流感防控工作。深入开展精神文明创建活动,社区文化中心、成人教育中心和幼儿教育中心活动开展得有声有色。坚持尊师重教,举力投资办学,全年累计投入600余万元,为教育发展提供了有力的政策保障和资金支持。

三、安全、综合治理、计划生育工作全面强化。一是安全生产强实效。以争创省级安全生产示范乡和争创市安全生产示范村、学校、企业为目标,坚持"安全第一,预防为主、综合治理"的原则,认真开展生产安全、校车安全、食品安全、消防安全等集中宣传和整治行动,进一步提高全民安全意识,确保人民群众的生产生活安全。二是综治维稳强创新。深化平安、法治创建工作,以"创新社会管理"为目标,建立健全政府领导班子成员接访日制度,架设政府与群众沟通交流的桥梁纽带。全年，共接待群众上访300多批次，解决信访问题500余个，民情渠道全面畅通。群众工作网络不断完善，治安防控体系建设不断加强。按“天网与地网、路段与地段、臂章与袖章、平常与非常”四个结合的原则，新增投入120余万元，在原有巡防队伍基础上新招聘30名专职治安巡防队员，新建4个警务区，全面巡逻防控，辖区治安大有好转，治安、刑事发案率明显下降，人民群众安全感和满意度日益增强。三是加强人口与计划生育管理工作。加强计划生育综合治理，提供计生优质服务，稳定低生育水平，提高人口出生素质。以“百日行活动”为契机，深入推进计生村民自治，着力营造“全民参与，齐抓共管”的工作氛围，计划生育工作势头好，顺利接受市、县检查验收。全年计生率达92.5%，违法生育得到有效控制，全乡人口自然增长率控制在3‰以内，优生优育氛围不断浓厚，婚育观念蔚然一新。

【金星安居点一期竣工使用】 2013年，城郊乡金星安居点项目规划用地8公顷，规划建筑面积9万平方米。一期用地3.4万平方米，建筑面积5.53万平方米，总投资4637.63万元，2013年12月竣工投入使用。

【城郊乡机关综合楼投入使用】 城郊乡政府机关综合楼位于宁乡大道关心村，毗邻城郊九年制学校，与金旺写字楼同步建设，楼层五层，一至四层为办公用房，五层为会议用房。项目用地0.47公顷，建筑面积4200平方米，2013年1月开工建设，是年12月建成并投入使用，由湖南恒楚建设有限公司承建。

【金旺写字楼投入使用】 金旺写字楼项目用地0.47公顷，建筑面积6800平方米，总投资1850万元。金旺写字楼位于宁乡大道关心村，毗邻城郊九年制学校，与城郊乡机关综合楼同步建设，楼层五层，一至五层全部为办公用房，由湖南恒楚建设有限公司承建。2013年12月竣工并投入使用，

【成立社区警务室和巡逻防控大队】 2013年，城郊乡按照“天网与地网结合、路段与地段结合、臂章与袖章结合、平常与非常结合”的工作思路，大力加强政法队伍建设。投入200多万元，招录协警30名，成立了城郊乡巡逻防控大队，下设直属中队、特勤中队、社区中队。在东沩、茆田、怡宁、石泉四个警务区建成了社区警务室，前移工作阵地、贴近群众服务。

(喻放军)

白马桥乡

党委书记 欧正坤
副书记、乡长 肖村安
副书记、人大主席 易汉池
政协工作联络处主任 黄瑞兰
副书记 易　维　丁吉志
党委委员、纪委书记 易志华
党委委员、副乡长 胡艳红(女)
党委委员 熊灿辉
副乡长 唐志尧　张新灿
人大副主席 吴义军

【概况】 2013年，白马桥乡辖2个村、3个居委会，96个村民小组，9707户，总人口2.40万人，其中非农业人口1.1万人。总面积20.44平方公里，其中耕地面积669.13公顷。是年，白马桥乡党委、政府团结带领全乡广大干部群众，紧紧围绕“打造滨江新城、建设幸福白马”战略目标，以“四比四抓争先锋、忠诚履职争先进”活动为抓手，积极应对挑战，聚力攻坚克难，有效推动了乡域经济社会科学发展。全年完成地区生产总值28.4亿元、固定资产投入22.7亿元、社会消费品零售总额4.58亿元；工商税收应收尽收，入库1.66亿元。先后获湖南省文明乡镇、湖南省生态乡镇、长沙市经济社会发展综合实力十强乡镇、长沙市创新型乡镇、长沙市社会管理综合治理先进乡镇、全市阳光计生行动示范单位和县“五好领导班子”等荣誉。

一、产业经济扩面提质。一是农业经济统筹发展。落实粮食生产993.33公顷，新建现代农庄3个、蔬菜基地2个。全面整修重点山塘21口、渠道3.4公里，新开山塘5口，清整田间渠系80公顷，畜禽禁养限退34户，积极做好H7N9禽流感防疫、森林防火等工作。投入15万多元积极开展抗旱救灾工作，挽救受灾面积80多公顷；及时组织开展“5·16”、“6·26”特大暴雨灾情现场救助、灾民转移、灾后慰问等工作，发放救济资金30余万元，确保了人民群众生命财产安全。二是工业经济规模壮大。全年完成工业总产值91.2亿元，规模工业产值80.6亿元。新增规模工业企业2家。旌沩机械、宏星机械等工业企业(项目)竣工投产，加加、织尚织造、振兴机械等企业产销两旺，多多、百人忆、安泰等企业技改增效，均获上级科技奖励。三是房地产业稳健发展。乡域内在建房产项目13个，新建面积逾8万平方米。爱琴湾、皇庭尚品、龙泉美墅、公园道1号等大型楼盘品质不断优化，城南片区品位持续提升。四是商贸服务发展提速。白龙路汽车4S街区初具雏形，新增汽贸门店5家，珈同汽贸、华湘汽车蒸蒸日上，东风日产、一汽大众、福特、现代等重要品牌进驻。五福新区制定引导性城市规划，已签订开发项目1个。联发物流、龙骧公司及其他酒店超市方兴未艾，全乡新增酒店3家、农家乐2家。五是旅游文化氛围渐浓。中集白马湖项目勘测等前期工作全面完成，启动设计；古街二期、古街商厦启动建设；榴子洲、珍洲美景

如画，玉潭公园、沿江风光带游人如织，宁乡旅游聚散地雏形初现。

二、招商引资和项目工程活力彰显。一是招商引资实现突破。接待省内外客商40余批次，参加招商项目发布会3次，外出深圳、广州、上海等地招商5次，成功签订中集白马湖项目与金玉邵商产业园项目框架协议、凤凰新城与宁乡一中附属中学两个项目合作协议和江城地产开发协议；汽车4S街区新签4家品牌公司协议，缘美企业成功入园。全年共计引进项目15个，合同引资近70亿元。二是项目建设如火如荼。举行十大项目开工仪式，每月组织召开项目调度会、定期公布项目进展，深入帮促服务国道319绕城线、榴子洲大桥、玉潭公园、保障性住房等县重点项目，成功解决津津食品整体搬迁、白龙路用水用电等项目难题28个。依法有序征地43.33公顷、拆迁40户43栋，新增储备用地16.2公顷、接卷用地23.47公顷，发展要素得到保障。全乡在建项目35个，其中新开工项目11个，完成投入17亿元。

三、城乡建管亮点纷呈。一是城乡建设扩容提质。玉煤大道、仁福大道（四标段）全面拉通，国道319绕城线、榴子洲大桥加速建设，老金龙公路、金凤路维修改善，吉凤路、凤飞路、龙江路提质改造，东四街、东五街、南兴街、南吉街、幸福家园后侧等背街小巷完成改造，民兵渠（西八街段）完成护砌，排污管网全面铺设，戴家大屋、陶家细屋、新建组排水改造基本完成，白马大市场整体提质全面展开，金龙公路、白龙新型社区、白马安置区基础工作全面就绪。二是城乡管理持续加强。全力整治环境卫生。新聘保洁员19名，新增垃圾桶1600个，新建垃圾池322个、垃圾中转站1个，大力开展环境卫生、市容秩序、裸露地块等“五大整治”74次，清理户外广告226处，规范店外经营157家，乡域环境不断改善。强力控建拆违。加强日常巡查，开展拆违行动15次，控违42户5951.6平方米，拆违38户4092.5平方米，实现大型违法违章建筑“零增长”目标。全面加强文明创建。围绕“三城同创”，强力推进五小门店整治，组建乡志愿服务队经常性开展文明劝导，积极举办端午节文艺晚会，开展“你读书、我买单”、虎山学校助残等活动，深入掀起“全民清整、全民植树、全民护水”三年行动，不断提升全乡文明程度。

四、社会事业协调发展。一是突出民生改善。积极开展帮扶慰问，完成4户危房改建，强力推进殡葬改革，火化率实现100%。及时发放城乡低保、失地农民养保、大病救助等惠民资金400多万元，城乡居民医保参保率100%。积极有序推进失地农民社保工作，有11个组620人通过审批、10个组500余人正在申报之中。成功举办第一期创业就业培训班，发布用工信息100多条，受到各级好评。全面完成51户特困残疾人无障碍设施进家庭和正农社区残疾人无障碍设施改造。二是强化社会治理。群众工作新建“民情快车”信息平台，实行每周一主要领导定期接访和联席会议制度，切实提高问题办结率和群众满意度。计生工作严格执行现行生育政策，积极开展优质服务，持续稳定低生育水平，实现年度计生率93.1%。综治工作组织开展网格化治理、千人“红袖章”大巡防，强化部门联合调解，成功化解重大突发事件5起、各类纠纷112起，终结重大信访问题3起，全面加强生产、交通、建筑、食品、烟花等领域安全监管，确保全乡社会大局和谐稳定。三是统筹社会事业。着力巩固“教育强乡”成果，改建白龙幼儿园，维修完善滨江小学、凤形小学，百灵鸟小学全面扩改，教育资源优化整合。积极创新，争取科技创新资金160余万元，获评“长沙市创新型乡镇”。加大普法宣传，定期公开村（居）务，推进依法行政。组织开展文化传承一乡一品、篮球赛、广场舞等各类比赛，不断丰富群众文娱生活。强化责任，勤抓细管，食品安全实现“零”事故目标。组织开展“天使到我家上门义诊”活动，组织义务献血2次，医疗卫生工作得到好评。乡武装部积极发挥民兵作用，在防汛抗旱、森林防火等方面做出有力贡献。乡人大、政协积极履职行权，认真开展中心校、卫生院行风评议，新建代表活动室。老干关协深入开展“发挥五老优势，进行四项教育”活动，多次扶贫帮困。工会、共青团、妇女等群团组织主动履职作为，大胆开拓创新，成效显著。

五、党的建设不断加强。一是扎实开展学教活动。深入开展“四比四抓争先锋、忠诚履职争先进”教育活动及党的十八大精神宣讲活动，多次聘请教授到乡集中授课，全面浓厚学教氛围。认真开展党员春训、民主评议党员工作，发展党员14名，处置不合格党员4名。组织全乡党员召开“七一”庆祝大会，实行党员公开承诺和党员之家挂牌，不断激发基层党组织和党员干部活力。二是持续加强班子建设。切实加强党风廉政建设，按要求做好党务政务公开，坚持团结、务实、创新、争优，规范议事决策程序，确保党委、政府工作高效运转，荣获“五好乡镇党委”“五好领导班子”。全面加强基础组织建设，正农、白马两个社区党总支被评为“县红旗党组织”。三是抓干部队伍建设。坚持“目标式管理、台账式推进、点评式督察、绩效式考核”，建立健全机关管理、考勤等十项规章制度，制定下发《八个严禁、八个不准》等干部作风建设文件，突出加大对领导干部的教育、监督和管理力度，全面加强干部职工作息时间、生活习惯、工作状态的管理与督察，增强整体工作效能。严明制度，厉行节约，全年“四费”下降15.7%。

【举行十大项目开工暨八大项目签约仪式】 7月18日，白马桥乡举行十大项目开工暨八大项目签约仪式。开工的十大项目中，商贸项目3个、基础设施项目3个、房产项目3个、文化旅游项目1个,一期投资达15.7亿元;签约的八大项目中,工业项目5个,民生项目3个,签约金额近60亿元。开工项目为滨江综合体、五福广场新城壹号、皇庭尚品三期、仁福大道四标、正龙古街二期、古街商厦、龙泉美墅二期、金龙公路、宁乡一中附属中学、宁乡汽车4S街区。签约项目为邵商中小企业资产管理有限公司、湖南省华侨海外经济发展公司、长沙泽尔环保设备有限公司、湖南德益工贸有限公司生、美丹怡床垫、长沙大枫彩色包装有限公司、宁乡县残疾人托养康复中心、宁乡县妇幼保健院易址新建项目。

【创省文明乡镇】 白马桥乡把文明创建工作作为精神文明建设的重要内容,成立文明创建领导小组和办公室,制订实施方案,层层分解和落实工作任务,强力推进五小门店整治,组建乡志愿服务队经常性开展文明劝导,积极举办端午节文艺晚会,开展"你读书、我买单"、虎山学校助残等活动,大力开展环境卫生、市容秩序、裸露地块等"五大整治",深入推进"全民清整、全民植树、全民护水"三年行动,有效改善全乡居民生活条件和生活质量,大力提高全民文明素质和城乡文明程度,2012年12月被省委、省人民政府授予"文明乡镇"。

(郑　志　杨金玉)

历经铺乡

党委书记　文　平

副书记、乡长

陈计伟(1月免)

李锷华(1月任)

副书记、人大主席

彭建兵

政协工作联络处主任

唐咏煌

副书记　杨国军

何泽波(女)

党委委员、纪委书记

黄向明

党委委员、副乡长

刘　超

党委委员　彭　丹(女)

副乡长　郭顺才　谭新华

人大副主席

周国强

【概况】 历经铺乡处于大河西先导区金玉组团的核心位置,是宁乡县委、县政府实施"东进融城"战略的桥头堡,沩东新城的主阵地。乡辖1个居民委员会、7个村民委员会,105个村(居)民小组,总人口2.92万人;乡域总面积36.88平方公里,其中耕地面积1390公顷。辖区内有沙河市场、喇叭口农贸市场和宁乡汽车东站。

2013年,全乡:完成地区生产总值33.52亿元;完成工业总产值85.48亿元,其中规模工业总产值62亿元;完成财税收入7411.44万元;社会消费品零售总额16.81亿元,农民人均纯收入达到1.96万元,比2012年增加3419元。各项经济指标实现大幅增长,全面超额完成全年目标任务。县对乡绩效考核位列全县第五名。

一、坚持产业转型助发展,发展基础不断夯实。农业生产有序推进。历经铺乡继续加大农业投入,大力推进农业产业结构调整,全乡水稻种植面积达到2566.67公顷,新发展农民专业合作社2家(新辉养羊专业合作社和黄氏蔬菜专业合作社),冬季农作物种植980公顷,冬季造林18.67公顷,机插秧推广面积72公顷;全年新增优质稻基地万众香种植基地80公顷,葡萄基地40公顷,蔬菜基地433.4公顷;进一步打造休闲农业品牌和现代农庄,林盛科技建设总投资达6000万元。积极开展抗旱救灾和水利建设工作。累计投入抗旱专项经费120多万元,新添置抗旱设备35套。乡、村自筹资金446万余元,共计投工投劳1.55万个,全乡所有水利设施完成整修,达到市、县、乡验收示范标准。工业经济活力迸发。坚持以科技创新为导向,以"两帮两促"为抓手,以工业园区为战场,推动企业集群化、高端化发展。园区内有湖南中宇塑业、超宏建材、邦弗特新材料、万成钢构、三旺饲料等各类规模企业37家,工业发展前景广阔。招商引资捷报频传。全年全乡完成合同引进县域外资金28.2亿元,到位资金17.73亿元,新签约项目13个:其中亿元以上项目5个,2000万元~5000万元的项目8个。利和兴业集团、宇业集团、建工集团、南太湖水厂等过亿元项目相继进驻该乡,获县"招商引资先进单位"。项目建设加速推进。全年完成固定资产投入20.5亿元,续建和扩建项目39个,新开工项目13个,年度内竣工投产项目18个。中宇塑业一期、万成机械、宏佳机械、宇泰重工、奥牛电子竣工投产;邦弗特新材料二期工程、广晟铝业、心之柱模塑主体建设竣工;易达塑业、联顺机械完成土方平整。

二、坚持融城提质创品牌,城市品质稳步提升。一是城市建设加快推进。魅力东城快速扩张。东城大道、滨江大道、滨江公园及群英垸综合整治工程、二环南路新建项目均顺利推进,玉潭东路竣工通车,华天华峰大酒店开张迎客。房地产业繁荣兴旺。和谐·香槟城二期全部竣工,东城首座快速进行主体工程建设,太湖恋别墅群项目进行外围基础设施建设,东城商业街项目与名成宾馆达成腾退协议,启动建设,三维测绘楼完成主体建设,印象东城综合体开始土方平整,城市承载力、支撑力和吸纳力大幅提升。二是城市管理有效加强。大力开展国道、省道综合整治。《历经铺乡三一九国道沿线综合整治示意图》在全县广泛推广。同时,通过上下联动,密切配合,开展为期六个月的319国道整治及208省道整治行动。通过综合整治,319国道和208省道面貌焕然一新,东城整体形象全面提升。创建国家卫生县城工作硕果累累。积极带头参与创建国家卫生县城工作,各村(社区)投入共计82万多元,乡村合计投入达到180万元。紫云村、群星村、历经铺村、净土庵村成功创建市级“生态村”，紫云村成功创建省级“卫生村”。农贸市场改造成效显著。先后投入60万元对农贸市场进行改造，市场环境卫生得到有效改善，逐步走上“清洁化、秩序化、优美化”轨道。

三、坚持民本民生同推进，社会大局安定和谐。一是社会保障水平有力提升。2013年共计发放粮食补贴、低保补贴、农机补贴等惠农补贴资金39项，共计发放金额579万元。医疗保险和养老保险征缴到位，各项救灾救济款、优抚资金和老龄补助均足额发放到位。失地农民保险工作逐步推进。大湾岭村六组失地农民社会保险被县征地拆迁办定为县试点村并向全县推广。二是民生投入力度进一步加大。投入资金近700万元用于乡中心幼儿园、乡卫生院综合楼新建和湾塘学校改建等民生项目，至年末，乡卫生院完成主体建设，乡中心幼儿园竣工开园。三是其他各项事业齐头并进。文明创建工作广泛宣传发动，顺利通过省对县文明指数测评和市对县的季度测评，历经铺乡被授予“长沙市文明乡镇”称号。计生工作保持先进。建立百名干部联百组计生工作责任制，强化工作责任；全面完成计生工作各项指标，获市“人口计生工作模范单位”。安全工作常抓不懈。始终加大对高危生产企业的日常安全监管，乡域范围超宏钢厂、万成钢构等22家企业已经全部通过安全生产标准化三级标准验收，安全生产保障能力大力增强，继续保持“省级安全生产示范乡镇”荣誉称号。综治维稳成效显著。狠抓社会不稳定因素的排查调处工作，大力开展网格化巡逻建设，加强防控力量建设，确保全乡大局和谐稳定，被评为市级“综治维稳工作先进单位”、市“防范和处理邪教工作先进基层单位”。工会、共青团、妇联、老干、关协等各项事业全面进步。

四、坚持忠诚履职转作风，工作效能大幅提升。以开展党的群众路线教育实践活动为载体，不断密切党群干群联系，组织开展百名干部“到群众家里去，到项目工地去”暨“忠诚履职”主题实践教育活动，机关联组干部迅速深入村组一线、项目工地、企业，开展调查大走访，切实为民办实事、办好事。全年走访慰问群众1.1万多户，帮扶困难对象145户，收集群众反映问题252个，处理问题214个，受到全乡群众的广泛好评，干群关系不断融洽，人民群众幸福指数稳步攀升。

【启动“百名干部联百组”活动】 8月29日，历经铺乡组织全体机关干部、村(社区)干部、村组长、部门单位负责人近300人在东城学校召开百名干部“到群众家里去，到项目工地去”暨“忠诚履职”主题实践教育活动推进大会，将全体机关干部职工分别派遣到全乡105个村民小组中，以网格化的管理模式，一人联驻一个村民小组，以村民小组为“责任田”，落实为民服务责任制，及时反馈解决群众及项目业主反映的难点、热点、焦点问题。至年末，“到群众家里去，到项目工地去”的百名干部联百组活动已经在社会管理各项工作中全面铺开，共发放便民服务卡1.45万张，走访慰问群众1.1万多户，帮扶困难对象145户，收集群众反映问题252个，处理问题214个。

【开展“重阳节”暨“幸福宁乡　携手百年”钻石婚、金婚纪念活动】 10月12日，为弘扬中华优秀传统文化，大力推进社会主义核心价值体系建设，唱响“我们的节日”这一主题，推崇敬老、爱老的社会风气，重阳节前夕，历经铺乡在东城学校组织开展“我们的节日·重阳节”暨“幸福宁乡　携手百年”钻石婚、金婚纪念活动，现场为十对钻石婚、金婚老人送上钻石婚、金婚纪念证书、礼品、鲜花和节日祝福，传递美满婚姻、幸福家庭、和谐社会建设中的正能量。活动中还为老人们送上由县乡文艺队为庆祝重阳节编排的文艺节目；活动后，为全乡309对钻石婚、金婚夫妇送去309对保温紫砂杯，在全乡营造一种敬老爱老助老的浓厚氛围。活动被《湖南日报》、湖南经视、《长沙晚报》、长沙新闻频道、红网、《今日宁乡》、宁乡电视台大力报道推介。

【十大投资项目落户历经铺乡】 2013年，历经铺乡项目建设呈现“遍地开花”的繁荣景象，总投资达160亿元的10大项目落户该乡。这十大项目，涉及地产、批发采购、物流、基础设施建设等众多领域。外资企业利和兴业集团将湖南省第一个投资地选定宁乡县历经铺乡，计划投资30亿元，建设大型城市综合体。香港宇业集团认同历经铺乡优越的地理位置，将其纳入大陆战略布局点，计划征地133.33公顷，总投资达100亿元，建设宁乡品质最高的城市综合体。十大项目还包括投资6亿元的江苏建工集团、投资5亿元的东城商业街、8亿元的东城首座、2.8亿元的印象东城、0.8亿元的瑞海大酒店、5亿元的义乌小商品城、分别投资2亿元的南太湖水厂和易达塑业。

【获市“人口和计划生育工作模范单位”】 2013年，历经铺乡坚定不移落实计划生育基本国策，每月召开计划生育例会；全面集中开展孕检、孕情管理与服务，兑现奖励扶助政策，加大社会抚养费征收力度；强化对流动人口的管理，全面落实长效节育措施。建立百名干部联百组计生工作责任制，强化工作责任，完成各项计划生育工作，获2013年度长沙市“人口和计划生育工作模范单位”。　（仇　晓）

先进人物

（按姓氏笔画排序）

王立华

王立华，男，1965年出生，汉族，中共党员，本科学历，1986年7月参加工作，高级农艺师，现任宁乡县农业局农业环境管理站站长。曾先后荣获“全国农业技术推广通联工作先进个人”、“湖南省优秀职业教育工作者”、“县农业局先进个人”、“优秀共产党员”等荣誉。2013年12月获得农业部“农业技术推广贡献奖”称号。

王立华作为一名普通的农业技术推广人员，在工作中注重业务学习，多次参加省农业厅、湖南农大组织的培训班学习，不断提升自己服务三农的本领。从事农技推广工作28年，时刻牢记为人民服务的宗旨，大力推广农业新技术和新品种，培育新农民。2005年至2013年主要负责阳光工程培训、超级稻示范与推广、科教兴村、基层农技推广体系改革与建设示范县等项目的实施，在创新农技推广服务方式，培育新型职业农民有独特的经验和方法，特别是在培育开发特色农业、培育农民专业合作社上服务有亮点，指导有特色，帮助并引导农民创业，及时为农民出点子。多年来一直默默奉献，尽心尽职服务三农。先后主持和参与十多个农业项目的实施。共获得省农业丰收奖一等奖一次，二等奖一次，三等奖二次。获得市农业丰收奖一等奖一次，二等奖二次，三等奖二次。2013年重点负责宁乡县耕地重金属污染修复治理和种植结构调整试点工作，一如既往地做好本职业务工作，为宁乡现代农业的发展贡献自己的光和热。

（《宁乡年鉴》编辑部整理）

陈奇山

陈奇山，男，汉族，1972年6月24日出生，中共党员，本科文化，现任宁乡县灰汤镇司法所所长，同时兼任灰汤镇人民调解委员会主任。自1994年至2013年，陈奇山先后在大屯营乡、坝塘镇、灰汤镇从事司法行政工作和人民调解工作，扎根基层，立足本职，无私奉献，始终牢记党的宗旨，尽职尽责，“上为党委政府分忧，下为百姓解难”。20年间，经过他调解处理的民事纠纷有1000余件，调解成功率达98%，当事人履行率100%，无达成协议反悔，没有一起转化为刑事案件和群体性事件，没有一起因调解不力引发群众越级上访，在司法行政和人民调解平凡的工作岗位上做出了不平凡的成绩。他关注民生，维护群众利益，得到人民群众的拥护和支持。他深入群众，积极化解矛盾纠纷，维护社会稳定，得到上级领导的高度肯定。他多次被评为灰汤镇人民政府先进个人、灰汤镇优秀党员、宁乡县基层司法工作先进个人、宁乡县信访工作先进个人、宁乡县综治维稳工作先进个人，宁乡县“十佳”人民调解员。2013年，陈奇山把问题解决在基层，把矛盾消除在萌芽状态作为工作重心，重点在“防”字上下功夫，采取得力措施，防范到位，抓早抓小抓源头，建立人民调解网络，实行“矛盾联调，问题联治”，通过调防结合，尽职履责，灰汤镇人民生活安居乐业。2013年8月，陈奇山获得司法部授予的“全国模范人民调解员”荣誉称号。

（《宁乡年鉴》编辑部整理）

梁铁军

梁铁军，男，汉族，1961年11月出生，大专学历，中共党员，现任宁乡县玉潭镇卫生院院长，党支部书记，是宁乡县第九届、十届政协委员。他一直在基层卫生室和卫生院工作，都能严格恪守职业道德、自觉遵纪守法。他担任玉潭镇卫生院院长后，带领全院干部职工开拓创新，强化医院内部管理、改革人事制度、强化学习培训、创建特色专科、改革分配制度，医院年门诊、住院人数和年业务收入分别由2006年2276 人次、160万元上升到2012年39852 人次、1048万元，医院由原来的欠款360 万元，到略有盈余。他积极投身卫生体制改革，2008年玉潭镇在全县率先实现新型农村合作医

疗，参保率达100%,2009年首推基本药物零差率试点,2009年-2013年，每年免费开展11类基本公共卫生服务项目和六项重大公共卫生服务项目，辖区内60岁以上老年人、7岁以下儿童，高血压、糖尿病、精神病等慢性疾病患者进行免费体检，建立健康档案5.3万份，建档率达95.1%。2013年被中国农村卫生协会评为“全国优秀乡镇卫生院院长”。

（《宁乡年鉴》编辑部整理）

程波

程波，男,1980年5月出生，汉族，中共党员，大专文化，三级警督。2000年6月毕业于省人民警察学校，同年10月分配到宁乡县公安局，先后在县公安局沙田派出所、玉潭派出所、经侦大队工作，现系县公安局经侦大队中队长。

程波从警15年，先后成功侦办多起公安部督办的大案要案，如2011年侦办的湖南省第一例特大利用网络侵犯著作权案，2012年侦办的湖南省移动、电信行业系统内的特大商业受贿案等重特大案件。尤其是2013年由程波主持侦办的亮碧思（香港）集团有限公司组织领导传销案，该案涉及全国内地十多个省市及港澳台地区，涉案金额20余亿元。该案在全国发起打传销集群战役并成功侦破后，公安部、省公安厅先后向宁乡县公安局致电祝贺，同时该案被评为全国打传销精品案例及湖南省2013年十大精品案件之首。这些大案要案的成功侦破，不但得到公安部及省、市上级公安机关领导的肯定，同时为打击、震慑各类经济犯罪，维护宁乡县市场经济的稳定做出了重大贡献。程波因工作业绩突出先后四次荣记个人三等功并多次被县委、县政府嘉奖，2013年被公安部评为全国“打传销、反欺骗、促和谐”先进个人。

（《宁乡年鉴》编辑部整理）

荣誉在册

获国家(部委)奖励(命名)单位名表

表 3

获奖单位	获奖(命名)	授奖(命名)单位
宁乡县县城	国家卫生县城	全国爱国卫生运动委员会
宁乡县	全国粮食生产先进单位 全国白内障无障碍县	农业部
	全国白内障无障碍县	全国残疾人康复工作办公室
湖南万家春农资有限公司	“红四方杯”2012–2013 全国百佳（优秀)农资经销商	中国农业生产资料流通协会 中国农资传媒
中央储备粮宁乡直属库工会	全国模范职工之家	中华全国总工会
县法院立案庭	全国模范职工小家	
县经开区机关工会	全国模范职工之家	
玉潭镇工会联合会	全国百家示范乡镇工会	
县公路管理局养鱼塘中心养护站	全国交通运输行业文明示范窗口	交通运输部
县个私协会	全国个私协会系统先进单位	中国个体劳动者协会
黄材镇	国家级生态文明示范镇	环境保护部
大成桥镇	全国人口和计划生育依法行政示范镇	中国计划生育协会
夏铎铺镇兴日村	全国计划生育基层群众自治示范村	
金醇烟叶合作社	2013 年省级行业示范社	国家烟草专卖局办公室
玉潭镇	全国综合实力 100 强乡镇(街道)	两岸城乡经济鄞结发展协作中心、中国城镇改革发展研究中心、中国县域经济国际交流促进会、中国城镇竞争力促进会
玉潭镇花明社区	全国综合减灾示范社区	国家减灾委员会、民政部
县机关事务局	全国公共机构节能示范单位 全国物业管理示范大厦	国家机关事务管理局、国家发改委、财政部
	全国物业管理示范大厦	住房和城乡建设部
县残疾人联合会	“两刊”宣传工作先进单位	中国残疾人联合会
县司法局	中华全国人民调解宣传工作先进单位	司法部全国人民调解员协会
县公安局治安大队	全国“缉枪治爆”专项行动成绩突出集体	公安部
县公安局国保大队	全国公安国保战备支撑点	
梅家田派出所	全国一级派出所	
流沙河派出所		

坝塘镇
BA TANG ZHEN

国家生态乡镇
都市休闲乐园
宜居山水新镇

宁乡经开区工委书记、县委书记黎春秋（右一）陪同副省长张剑飞（右二）视察坝塘镇环境卫生工作

2013年，坝塘镇在县委、县政府的正确领导下，紧紧围绕“国家生态乡镇、都市休闲乐园、宜居山水新镇”的工作定位，突出工作重点，狠抓工作落实，有力推动经济社会各项事业蓬勃发展。全年完成县域生产总值8.2亿元，固定资产投入4.1亿元，社会消费品零售总额2.5亿元，完成国地两税625万元，农民人均纯收入达到13917元。

全年荣获“省级生态示范乡镇”、“市安全生产示范乡镇”、“长沙市森林防火市范乡镇”、“县政务公开工作先进单位”等荣誉称号，在年度目标任务责任考核中，取得全县第十二名的好成绩，同时被评为“五好领导班子”。

党委书记张永胜（右一）陪同宁乡经开区工委书记、县委书记黎春秋调研统一居民建房风格试点

镇党委书记张永胜陪同县委副书记、县长周辉（中）等领导检查指导环境卫生工作

镇党委副书记、镇长张胜（左一）陪同时任县委常委、纪委书记胡德强（左三）指导坝塘镇抗旱工作

六大项目集中开工启动仪式

“一镇一品”首届群众民俗文化艺术节机关干职工合唱

资福乡

ZI FU XIANG

推进现代农业　打造食材名镇
发展乡村旅游　建设秀美资福

2013年，资福乡围绕“推进现代农业，打造食材名镇，发展乡村旅游，建设秀美资福”的总目标，凝心聚力谋发展，攻坚克难求突破，圆满地完成年初确定的目标任务。全年实现乡域生产总值6.51亿元，比上年增长19.3%；工业总产值5.55亿元，比上年增长26.2%，其中规模工业总产值4.16亿元，比上年增长40.3%；农业总产值4.6亿元，比上年增长15%；财政收入4249.45万元，增长18%；固定资产投资4.12亿元，增长11.2%；社会消费品零售总额1.93亿元，增长15%；农村人均纯收入1.48万元，增长22.6%。2013年，资福乡成功创建了长沙市安全生产示范乡镇、长沙市食品安全示范乡镇、长沙市环境卫生优胜乡镇，启动了湘菜食材产业园建设，晒黄烟生产首夺全国乡镇第一，在全县“四比四抓争先锋”活动暨县绩效考核中，成功迈入一类乡镇行列。

宁乡经开区工委书记、县委书记黎春秋(左一)主持召开湘菜食材产业现场办公会

党委书记张立金（右二）陪同中国侨商会副会长唐丽英女士（右一）考察资福乡玫瑰园综合建设

1、省民政厅区划地名处处长艾天福（右四）一行来资福乡检查和指导撤乡设镇工作

2、县委常委、组织部长、统战部部长汤智斌（右一）调研资福乡大红村村部建设

3、乡长李命文（左二）陪同县委常委、副县长吴文海（左四），县政协副主席杨志武（左五）等领导组织企业为资福乡捐赠抗旱设备

4、宁乡县湘菜食材产业招商推介暨新闻发布会

5、争创市环境卫生十佳乡镇誓师大会

6、蔬菜种植标准化示范基地

7、湘菜食材产业园规划效果图

宁乡经开区工委书记、县委书记黎春秋（左一）陪同副省长张硕辅（右一）调研老粮仓镇农田水利扩容提质工程

党委书记蒋宇

镇长张学秋

人大主席钟建军

政联处主任黄昆明

镇党委书记蒋宇（左三）陪同宁乡经开区工委书记、县委书记黎春秋（右三）调研珠宝产业园

县委副书记、县长周辉（右二）等领导察看楚江“绿道”建设现场

珠宝满天下　幸福老粮仓

2013年，是老粮仓镇跨越发展、攻坚克难、成绩辉煌的一年。推进多年的珠宝产业园努力兑现了承诺，雅福银饰4月18日率先生产，世豪金饰、元盛轩包装、雅昱轩柜台相继投产，已达月加工黄金600公斤、白银1000公斤的加工规模，产品供不应求；烟叶生产成功破局，跻身优化结构验收评定一类乡镇，在全县第一个完成收购；农村田间水利扩容提质立足于早、抢抓了快、追求了实、体现了好，稳居全县英雄榜首；楚江流域治理全线开工，承办“美丽宁乡、全民护水”三年计划启动仪式，多次接受水利部及省市县相关领导检阅；高速公路拆迁工作如期推进；大唐古镇加快投入显现新姿。全镇实现县域生产总值 9.51亿元，完成工业总产值8.31亿元，完成固定资产投资 6.64亿元，完成社会销售品零售总额3.68亿元，招商引资完成9个项目7.5亿元。正朝着“珠宝名满天下，产业蒸蒸日上，新型城镇添彩，环境优美宜居，大局和谐稳定，人民幸福安康”的老粮梦想坚实迈步前行。

“全民护水，美丽宁乡”启动仪式现场

珠宝产业园雅福金饰车间

珠宝产业园-雅福银饰车间

打造麟靳风情古镇　当好长潭融城先锋
加快建设宁乡最具活力优美乡镇

2013年，道林镇党委政府紧跟县委、县政府的发展步伐，紧盯全年目标任务，更新观念、拓展思路、谋划发展，团结和号召全镇广大干部群众，以“打造麟靳风情古镇，当好长潭融城先锋，加快建设宁乡最具活力优美乡镇”为奋斗目标，抓项目促发展、重民生促和谐，全面落实县委“四比四抓争先锋”的总体部署，转作风、解难题、抓关键、见实效，扎实推进该镇经济和各项社会事业快速发展。

2013年该镇完成镇域生产总值1.86亿元、社会消费品零售总额3.52亿元，居民平均收入13620元增长率为20.18%，实现工业总产值32亿元，完成年度任务的110.3%，实现规模工业总产值13.2亿元，完成年度任务的121.1%。全年累计完成财税任务1568万元，完成105%。其中国税730万元，占任务的104%；地税838万元，占任务的107%。

党委书记潘志国（右四）陪同副省长张硕辅（右三）视察道林镇工作

县委常委、常务副县长刘亮（右二）陪同湖南省建工集团总经理叶新平（右三）在道林镇考察

新的政务办公大楼

通车后的京港澳高速公路

京港澳复线连接线

建设新西城 实现“菁华梦”

2013年，菁华铺乡紧扣“四比四抓争先锋”活动，以改善民生为根本，以项目建设为主线，以加强党建为保障，以“忠诚履职”为抓手，以“建设新西城，实现‘菁华梦’”为目标，积极投身大开发、大建设、大发展的热潮中，在转型中求突破，在均衡中求发展，乡域经济发展势头强劲，社会事业齐头并进，各项工作屡屡突破。

全年实现乡域生产总值10.4亿元，增长32%；工业总产值20.1亿元，增长22%，规模工业总产值15.6亿元，增长28%；完成固定资产投资7.7亿元，增长34.2%；农民人平纯收入15600元，增长20%；完成财政总收入3869万元，其中国地两税1278万元，超目标任务22.9%。绩效考核首次进入全县前八名，连续四年位列先进，并荣获县“五好乡镇党委”、“五好领导班子”等荣誉。

宁乡经开区工委书记、县委书记黎春秋（左一）现场观摩菁华铺乡水利建设

党委书记石启明（左一）走访群众

▲ 青山绿水掩映中的现代农业项目——白云山庄

▲ 丰富多彩的群众文化活动

▼ 水利建设现场

▼ 万龙石长铁路安置区

宁乡经开区工委书记、县委书记黎春秋（左一）一行在横市镇调研指导烟叶工作

党委书记周泽秋（左三）陪同县委副书记、县长周辉（右一）等领导指导横市镇防汛工作

"幸福家庭·和谐横市"民俗文化展演

半岛国际全面建成

横市

People's Goverment of Hengshi

建设烟草烟花商贸强镇
打造和谐幸福特色新城

2013年，横市镇紧紧围绕县委县政府"建设省会次中心、构建幸福新宁乡、建设全国一流现代经济强县"的发展目标，贯彻落实"四比四抓争先锋"活动精神，按照"建设烟草烟花商贸强镇，打造和谐幸福特色新城"的工作思路，以科学发展为主线，以富民强镇为根本，以统筹兼顾为关键，以改革创新为动力，团结拼搏，真抓实干，较好地完成了2013年的各项工作任务。

全年实现镇域生产总值12.3亿元，同比增长17.1%；完成财政税收827万元，完成全年任务的126%，其中国税入库334万元，地税入库493万元；固定资产投入10.5亿元，同比增长34.7%；社会消费品零售总额3.8亿元，同比增长23.2%；农民人均纯收入达15600万元，同比增长21.7%。

年内，横市镇先后获得湖南省最具民生幸福感乡镇、长沙市公共机构节能示范单位、长沙市残疾人工作明星乡镇、长沙市人民政府花园式单位、宁乡县"两帮两促"工作先进单位、宁乡县安全生产先进单位、宁乡县无安全生产责任事故乡镇、宁乡县财源建设先进单位等省市县荣誉。

舞龙表演精彩纷呈

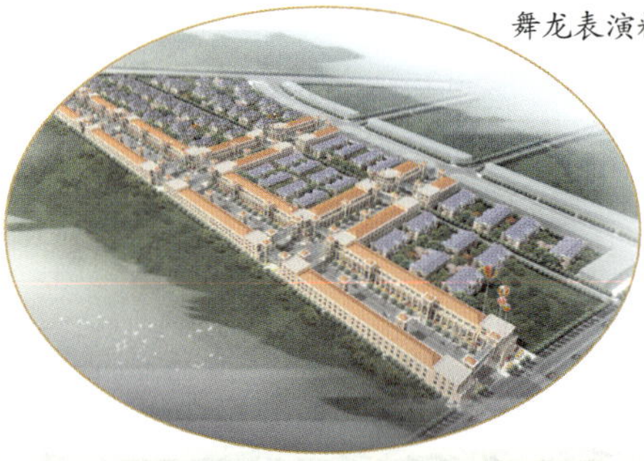

湘中新阳大市场效果图

打造精品中心镇 跻身全县前十强

市委常委、常务副市长陈泽珲（正面右四），副市长何寄华（正面右三），市政府副秘书长刘秋成（正面右五），县委常委、常务副县长刘亮（背面右四），县委常委、政法委书记刘平（背面右五）等领导莅临参加流沙河镇中心镇建设规划研讨会

2013年，流沙河镇紧扣县委、县政府“打造省会次中心，构建幸福新宁乡”的发展目标，按照建设“农业强镇、花猪名镇、工业新镇、商贸重镇”的总体定位，围绕“打造精品中心镇、跻身全县前十强”的总体目标，抢抓全市城乡一体化中心镇的重大机遇，提升石材工业园和花猪生态园两个园区，壮大烟叶、水稻、特产种养三个产业，实现国民生产总值达8.9亿元，财税总收入966.17万元，增长30.5%，规模以上工业总产值4亿元，同比增长18.2%，完成固定资产投入5.5亿元，社会消费品零售总额达4亿元，同比增长19.8%，完成国地两税608万。农民人均纯收达到12674元。镇域经济再次拔高增长速度、刷新历史纪录、跃上新的台阶。

长沙市委常委、政法委书记钟钢（方桌正面右五）莅临流沙河中心镇建设现场办公会

党委书记成亮（左一）陪同宁乡经开区工委书记、县委书记黎春秋（右一）调研流沙河镇水利建设

县委副书记、县长周辉（前）调研流沙河镇田间水利提质扩容工程

流沙河镇“七一”表彰大会

流沙河镇首届楚源民俗文化艺术节

流沙河镇庆祝第二十九个教师节暨忠诚履职宣誓大会

副市长黎石秋（前左五）指导青山桥镇水利冬修工作

主动对接长益娄、积极发展旅游业
着力扶持中药材、建好宜居新集镇
全面实现大跨越

主动对接长益娄，长韶娄高速岐山出口正在紧锣密鼓建设中；益娄衡高速已全线启动建设。随着两条高速公路的开通，该镇将处在长沙、益阳、娄底、湘潭四个市的一小时经济圈内，对该镇的发展带来全新的机遇。青山桥镇党委政府在产业发展、集镇规划建设等方面及早谋划、主动对接。便捷的交通区位优势将强力助推该镇经济社会的高速发展。

积极发展旅游业，充分利用青山桥镇丰富的旅游资源和交通区位优势，高标准高起点做好芙蓉山水利风景区的旅游总体规划；成功创建省级水利风景区；顺利接管普济寺；不断加大旅游产业招商引资力度，广东长鹿集团等重大客商多次实地考察，投资意向明显，正在进行详细洽谈工作，该镇已成为宁乡旅游发展的新亮点。

着力扶持中药材，将中药材产业作为该镇富民强镇产业着力扶持，一是做好全镇中药材产业发展规划；二是加快以桥北村为中心的中药材产业园建设，首期流转土地13.33公顷，分规范化中药材生产基地、中药材粗加工工厂、玉竹文化展示中心、中药材主题生态休闲观光园4个子项目建设；三是积极与市县对接，已将该镇中药材产业纳入全市重大农业产业项目。

建好宜居新集镇，始终按照“高起点规划、高标准建设、高效　管理”的总体要求，坚持新镇区拓展和旧镇区改造并举，集镇污水处理厂基本竣工，1.33公顷的湿地纳污点完成建设；占地面积1800平方米的农贸市场交付使用；占地1公顷的群众文化休闲广场及绿化亮化全面建成并投入使用；建筑面积2000平方米的文化站交付使用；新老集镇已全部安装太阳　路灯，楚江河段全线治理已全面拉开建设序幕，一个具有小桥流水风韵的江南宜居山水新镇已逐步成型。

市委顾问余合泉（右二）等领导视察
青山桥镇中药材产业园

宁乡经开区工委书记、县委书记黎春秋
（右二）调研指导青山桥镇工作

县委副书记、县长周辉（右二）视察
青山桥镇中药材产业园

青山桥镇“芙蓉盛景,幸福青山”
文艺汇演活动现场

青山桥镇综合文化服务中心

发展为先　稳定为重　民生为本

2013年，巷子口镇紧紧围绕“发展为先、稳定为重、民生为本”的工作主题，紧紧抓住省委常委、市委书记易炼红同志建设扶贫联点的契机，全力打造“秀美、富裕、和谐、幸福”新农村。全年实现财税收入812万元，农民人均纯收入增加1535元，达到10565元。集镇形象品位大幅提升。沩源里商业步行街主体建设全面竣工，总投入1.2亿；总投入800万元的集镇配套工程已于2013年年底基本完工，宁乡第二、乡镇唯一的乡村商业步行街闪亮呈现。招商引资、项目建设硕果盈枝。全年实现工业总产值8.85亿元，招商引资4.4亿元。“六百工程”凝聚民心。开展以“百名干部学百时百课练内功，百名干部访千家万户解难题，百名干部义务献血，百名干部开展田间水利扩容提质集中行动”为主题的“六百工程”，凝聚巷子口镇和谐发展的正能量。

省委常委、长沙市委书记易炼红（后右三）到巷子口镇黄鹤村开展建设扶贫工作

巷子口镇2013年召开经济工作大会表彰先进单位

田间水利扩容提质工程施工现场

不断巩固发展的湖南凯盛机械有限公司

沩源里商业步行街

交通路网主干道——宝塔路

沩山乡

WEI SHAN XIANG

打造知名养心地　建设特色小城镇

2013年，沩山乡在县委、县政府的坚强领导下，以“打造知名养心地、建设特色小城镇、构筑幸福新沩山”为总体目标，全乡上下团结拼搏、奋发进取，在经济指标、招商项目、主导产业、生态建设、民本民生、社会管理作风建设等方面都取得令人瞩目的成绩。荣获“第八届中华宝钢环境奖”“省两型示范城镇”“长沙市卫生乡镇”“长沙市文明（村）镇”“长沙市城乡环境卫生整洁行动‘十佳’乡镇”“长沙市计划生育流动人口管理示范乡镇”“市两型城镇创建示范单位”“县项目工程服务先进单位”等20多项国家、省、市、县荣誉称号；领导班子被评为“县五好领导班子”。

1. 国务院原副总理吴仪（前左四）调研沩山

2.省两型督察组督察沩山两型建设

3.市委常委、组织部长程水泉（前右二），经开区工委书记、县委书记黎春秋（前左二）调研沩山特色小城镇建设

4.党委书记蒋政平（前右一）陪同县委副书记、县长周辉（前左三）调研沩山9.19长寿福茶活动情况

5.县人大常委会副主任彭曦明（后排左一）视察沩山田间水利扩容提质工程

6.农历2.19沩山结缘福米慈善法会

7.春茶采摘

8.沩山荣获中国环境保护类最高奖项——中华宝钢环境奖优秀奖

龙田镇 LONG TIAN ZHEN

建设资源强镇　打造西部明珠

龙田镇以“四比四抓争先锋”活动为切入点，围绕“建设资源强镇，打造西部明珠”的总体目标，以整合资源、壮大矿业为支撑，以产业调整、药材富民为基础，以项目带动、做活边贸为突破，以改善民生、和谐幸福为目标，抢抓机遇，共克时艰，着力把龙田建设成为宁乡西部经济活跃、环境优美、幸福指数最高的资源强镇。全年完成工业总产值10.2亿元，比上年增长28.4%，其中规模企业工业总产值完成8.4亿元，比上年增长20.79%；完成固定资产投资4.01亿元，比上年增长16.2%；完成项目工程投入4亿元，招商引资到位资金1.3亿元；完成财税收入1047万元。2013年，龙田镇荣获“五老四教”主题教育活动开展先进单位、项目工程建设先进单位、综治维稳工作先进单位、无安全生产责任事故乡镇等多个市、县级荣誉。

龙田镇党委书记宋强(左一)向宁乡经开区工委书记、县委书记黎春秋（左二）介绍项目工程建设情况

镇长陈庆（前排右一）与宁乡县楚湘药业公司负责人签订中药材基地项目合作协议

人大主席李旭东（前）带头整修渠道

政联处主任陈天亮（左）走访群众

现代化的中心幼儿园

中药材（射干）种植示范基地

龙田镇八大项目开工仪式现场

崭新靓丽的边城商业街

国家烟草局副局长赵洪顺（左图右一）一行深入喻家坳乡调研烟叶工作，对该乡致力烟叶产业提质增效给予高度评价。赵洪顺座谈时指出，喻家坳乡金醇烟叶合作社是全国烟叶合作社的杰出代表，全国现代农业的典范，代表着中国现代农业的大方向，将会载入中国农业现代化进程史册

致力烟叶产业提质增效

县委书记黎春秋（左一）陪同上级领导前来视察。右一为乡党委书记张四明

乡党委副书记、人大主席张祖民（前右二）现场调研长宁炭素厂为其排忧解难

人大、政协对部门单位工作进行评议

举行机关干职工“忠诚履职”演讲比赛

举办首届以“干部群众心连心，共建幸福新喻家”为主题的群众文化艺术节，乡党委书记张四明（左图）致辞

2013年，喻家坳乡突出“主攻基础产业，主推基础建设，主抓基础管理”三大抓手，奋力作为、攻坚克难，较好地完成了全年各项目标任务。全年完成乡域生产总值15.2亿元,比上年增长21.6%；完成工业总产值30.6亿元，增长15.5%；完成规模工业总产值11.08亿元，增长10.8%；完成固定资产投资5.578亿元；完成消费品零售总额2.31亿元；完成国税地税1850万元。全力实现工业由地下煤炭转型至地面工业，促进地面企业发展壮大，工业产业支撑和产业特色日益明显。招商引资新开工项目7个，引进县域外资金5.75亿元,实现招商引资到位资金1.95亿元，荣获县委、县政府颁发的“招商引资和项目工程先进单位”。特色农业齐头并进，全年种植烟叶953.8公顷，送售烟叶152.43万公斤，10个村全部发展成为种烟村，致力烟叶产业提质增效，重塑烟叶品牌和形象，荣获县委、县政府颁发的2013年“烟叶生产规模开发奖”，同时油茶林等规模不断扩张，实现全乡经济作物的多元特色发展。

省人大常委会党组成员杨泰波（右二），县委副书记、县长周辉（右一）调研大屯营镇农村田间水利建设工作。

市委常委、组织部部长程水泉（右三）调研大屯营镇干部队伍建设情况

致力建设美丽、生态、文明、和谐的大屯营

大屯营镇是全国生态示范乡镇、长沙市环境卫生综合整治十佳乡镇，是闻名湖南的鱼米之乡、牲猪之乡、茶叶之乡，也是长沙卷烟厂的优质主料烟生产基地。2013年，大屯营镇坚持以“抢抓‘1121’工程新契机，推进新型城镇化、农业现代化，建设美丽、生态、文明、和谐的大屯营”为发展目标，砥砺奋进、奋发有为，各项主要经济指标跨越增长，实现县域生产总值13.7亿元，工业总产值16亿元，规模工业总产值12.5亿元，完成财政税收788万元，荣获“财源建设奖”，成功引进9个招商项目，合同引资5.08亿元，实际到位资金4.2亿元。2013年绩效考核进入全县第十名并荣获“五好领导班子”、“长沙市文明乡镇”、“长沙市食品安全示范乡镇”、“长沙市安全生产示范乡镇”等荣誉，镇域形象不断彰显。

副市长黎石秋（左前三），县委副书记、县长周辉（左前四），县委常委、县委办主任陈永高（左前五）调研大屯营镇长浏园林花卉苗木基地

1	2
3	4

1. 宁乡经开区工委书记、县委书记黎春秋（右四），县委常委、常务副县长刘亮（右三），县委常委、县人武部部长谢圣彬（右二）调研大屯营镇长浏园林花卉苗木基地

2. 宁乡经开区工委书记、县委书记黎春秋（右二），县委常委、县委办主任陈永高（右四）调研大屯营镇鲍吻鲟养殖基地

3. 党委书记陈志武在大屯营镇第四届民俗文化节上致辞

4. 全县优化烟叶结构工作现场促进会在大屯营镇召开

建设美丽历经铺

长沙市委副书记、市长胡衡华(右二)在宁乡经开区工委书记、县委书记黎春秋(前左一)陪同下视察历经铺乡安全生产工作

党委书记文平（右一）陪同宁乡经开区工委书记、县委书记黎春秋调研历经铺乡城市建设工作

宁乡经开区工委书记、县委书记黎春秋调研历经铺村民生项目

县委副书记、县长周辉（中）调研滨江公园项目

县委副书记邓杰平（中）在历经铺乡项目工程推进大会上讲话

县委常委、常务副县长刘亮（左一）调研宁梅干线项目

构筑幸福新东城

2013年，历经铺乡紧紧围绕“建设美丽历经铺，构筑幸福新东城”的宏伟目标，深入推进全乡“四比四抓争先锋”活动，在竞争中抢抓机遇，在挑战中寻求突破，在赶超中谋求跨越，全乡经济社会呈现高速高效、又好又快发展的良好态势。2013年，全乡共完成财税收入7360万元，完成县域生产总值36.6亿元，完成工业总产值92.2亿元，规模工业总产值62亿元，社会消费品零售总额18.4亿元，农民人均纯收入达到20097元，比去年增加3419元。继续保持“省级安全生产示范乡镇”称号，被授予市综治维稳工作先进单位、市人口计生工作模范单位、市文明乡镇等荣誉称号。并荣获县“五好领导班子”“招商引资工作先进单位”“项目工程服务红旗单位”等多项殊荣。

2013年，历经铺乡完成合同引进县域外资金28.2亿元，到位资金17.73亿元，新签约项目13个：其中亿元以上项目5个，2000万元–5000万元的项目8个；完成固定资产投入20.5亿元，新开工项目13个，续建和扩建的项目39个，年度内竣工投产的项目达18个。园区内现有湖南中宇塑业、超宏建材、邦弗特新材料、万成钢构、三旺饲料等各类规模企业37家，基本形成了机械、建材、农产品等主导产业，工业发展前景广阔。利和兴业集团、宇业集团、建工集团、南太湖水厂等过亿元项目相继进驻该乡。中宇塑业一期、万成机械、宏佳机械、宇泰重工、奥牛电子已竣工投产；邦弗特新材料二期工程、广晟铝业、心之柱模塑主体建设已全部竣工；义乌小商品城已完成主体建设；华天华峰大酒店开门营业，中国银行、宁乡农商银行强势进驻东城广场；溜子洲大桥主线已经竣工，即将交付使用。

党的群众路线教育实践活动暨“百名干部联百组，百名组长大竞赛”活动推进大会

正大广场

东城首座

历经铺乡举办“我们的节日重阳节”暨“幸福宁乡·携手百年”钻石婚、金婚纪念活动

历经铺乡十大项目开工奠基照片

万成钢构门楼

抢跑东南　进军十强

2013年，南田坪乡紧紧围绕既定工作目标，抢抓发展机遇，攻克发展难关，经济社会保持了良好发展势头，各项工作硕果累累、捷报频传，荣获了长沙市经济社会发展“十快”乡镇、综治维稳工作先进单位以及全县“五好领导班子”、财源建设奖、“两帮两促”先进单位、政务公开先进单位、无安全生产责任事故乡镇等一系列荣誉。全乡完成地区生产总值6.26亿元，实现财政总收入752.73万元，完成社会固定资产投资3.4亿元，完成工业总产值7.77亿元，农民人均纯收达到15500元，奋力开启了“抢跑东南，进军十强”的新征程。

宁乡经开区工委书记、县委书记黎春秋（右二）调研南田坪乡宜坪村为民办实事工程

县委副书记、县长周辉（左二）调研南田坪乡新集镇建设等工作

乡党委书记白晓（右一）“七一”慰问困难党员

乡长杨新貌（中）代表党委政府接受村民向党委、政府赠送的锦旗

南田坪乡2013年经济工作大会

南田坪乡新集镇整体鸟瞰图

在建的南田坪新中学

双凫铺镇
SHUANG FU PU ZHEN

党委书记肖冠雄（左四）陪同副市长何寄华（右三）等领导一行调研指导双凫铺镇鞋业园工作

中部鞋都　十里鞋城

双凫铺镇辖11个行政村和1个社区，362个村民小组，镇域面积89.5平方公里，其中耕地面积2640公顷，总人口4.2万人，镇区面积6.2平方公里。2013年，双凫铺镇牢牢把握建设“中部鞋都　十里鞋城”的发展机遇，以建设鞋业产业园为中心，不断加大迴龙山景区的开发力度，强力推进新型城镇化建设，突出做好产业、城镇、旅游三篇文章，统筹推进各项工作落实，保持了全镇经济社会健康持续发展的良好态势。全年共实现县域生产总值22.6亿元；工业总产值40亿元；固定资产投资9.3亿元；国地两税完成1700万元；农民人均纯收入达1.56万元；社会消费品零售总额3.54亿元；居民储蓄存款余额2.83亿元。

老年大学文体中心学员表演活动

双凫铺镇举行计生协会活动专场文艺汇演

宁乡经开区工委书记、县委书记黎春秋（左三）来双凫铺镇调研中部鞋都鞋业园

县委副书记、县长周辉（左四）等领导视察双凫铺镇中部鞋都建设情况

县委副书记邓杰平（前右三）来双凫铺洁美鞋业指导工作

双凫铺镇老年大学成立暨开学典礼隆重举行

沙田乡

SHA TIAN XIANG

实施“四大工程” 打造“四有”乡镇 开创沙田经济社会事业发展崭新局面

2013年，沙田乡党委政府在县委县政府的坚强领导下，将深入贯彻落实县委“四比四抓争先锋”活动精神，积极参与“六个走在前列”大竞赛活动作为工作的重要载体和有力抓手，坚持实施“一业优先、精品集镇、民本民生、干部成长”四大工程，建设“有特色产业、有优美环境、有和谐氛围、有优秀人才”的西部强乡的工作思路不动摇，沉下身子抓产业，一心一意谋发展，各项工作特色鲜明，亮点纷呈。全年完成县域生产总值5.5亿元，完成固定资产投入5亿元，完成农业总产值16462万元，社会消费品零售总额2.1亿元，完成国地两税646万元，居民储蓄存款突破2亿元，人均纯收达13047元。先后荣获共青团湖南省委工作创新奖、长沙市粮食生产工作先进单位、长沙市安全生产示范乡镇、长沙市优秀农业产业化基地、县项目工程建设先进单位、政务公开工作先进单位、无安全生产责任事故乡镇等荣誉称号；盛湘沙田万亩富硒有机稻基地列入长沙市2014年重大现代农业项目，紫玉板栗基地、新飞茶叶基地获2013年度高效特色经济作物基地创建项目，宝云村获评长沙市2012-2013年度安全社区，堆资村获评市级卫生优胜村。

省委常委、长沙市委书记易炼红（右二）在长沙市人大常委会原主任任合泉（右一），宁乡经开区工委书记、县委书记黎春秋（左一）陪同下，在何叔衡故居陈列馆深切缅怀伟人。

宁乡经开区工委书记、县委书记黎春秋等领导调研指导沙田乡工作

沙田乡全体党政领导、办公室主任、村总支书记在花明楼举行忠诚履职教育宣誓仪式

沙田乡五大项目集中开工仪式现场

沙田乡烟叶基地

2013年3月18日沙田乡举办首届油菜花节

长沙红日文化传播有限公司

CHANGSHA REDSUN CULTURE DISSEMINATION CO., LTD.

地址：宁乡豪德市场B区三栋一号　　电话：88312069

长沙红日文化传播有限公司以杨长生先生为法人代表，自2003年成立至今，已走过了11年历程，逐步形成了一支专业的文化团队，不断提升文化品位，以策略到位，表现准确赢得了社会广泛赞誉。

经营范围： 编辑出版（画册、书刊、文化报和各类宣传单）、广告发布（巨幅广告、灯箱广告和路旗广告）、地产策划（CIS整合、管理咨询和产品营销策划）、活动策划（庆典策划、开业策划、公关策划）、展厅设计布置（匾额制作、字画装裱、名人字画中介服务、标牌制作、喷绘、写真）。

主要业绩： 编印《宁乡年鉴》多年，和湖南人民出版社，方志出版社等多家出版社协作，编辑出版书刊画册计100余种。为沩山中国宁乡两届佛文化节进行了策划宣传、布展，为玉潭镇、国税局、法院策划布置了多个展厅，为宣传部设计布置道德展览馆，为民政局策划布置烈士陵园，为毅德集团宁乡商贸广场进行了策划宣传，全程服务。

长沙展鹏装饰设计工程有限公司

CHANGSHA ZHANPENG DECORATION DESIGN & ENGINEERING CO.,LTD.

地址：宁乡豪德市场B区三栋一号　　电话：88312069

长沙展鹏装饰设计工程有限公司遵循以人为本、打造精品、诚信透明的原则，2010-2011年间，先后装修了韶山东方红大剧院、冠源房地产公司办公楼、金洲镇关山村的样品房、宁乡豪德光彩贸易广场售楼部、玉潭镇展厅、润发电影院、玉潭公园、国税局展厅以及部分家装精品等。由公司设计装修的公装和家装都深受广大客户的好评。2011年搬迁豪德光彩贸易广场，开展了创业6年的纪念活动，公司将揭开新的一页。

续表 3

县检察院控告申诉科	全国检察机关文明接待室	最高人民检察院
县卫生局	全国农村妇女“两癌”免费检查工作先进集体	中华全国妇女联合会

获国家（部委）奖励（命名）个人名表

表 4

获奖人所在单位	获奖人	获奖名称	授奖单位
灰汤镇	陈奇山	全国“模范人民调解员”	司法部
玉潭镇卫生院	梁铁军	全国优秀乡镇卫生院院长	中国农村卫生协会
县农业技术推广中心	王立华	全国农牧渔业丰收奖	农业部
县公安局	程 波	全国“打传销反欺诈促和谐”执法行动成绩突出个人	公安部

获省（厅局）奖励（命名）单位名表

表 5

获奖单位	获奖（命名）	授奖（命名）单位
宁乡县	全省水稻集中育秧先进县	省农业厅
	2013 年度湖南省经协工作绩效评估优秀单位	省经济技术协作办公室
	全省河道管理先进县	省洞庭湖水利工程管理局
	湖南省旅游产业发展“十佳县”	省旅游产业发展领导小组
	湖南省第一批卫生应急综合示范县	省卫生厅
	湖南省农村卫生信息化建设示范县	
	全省重大动物疫病防空工作目标管理考核优胜县	省防治重大动物疫病指挥部办公室
县政府	全省营造林先进单位	省林业厅
	全省公益林营护工作先进单位	
	湖南省新农村建设工作先进县市区	省政府
	湖南省经济强县市	省委、省政府
	2012 年度职业技能鉴定工作先进单位	省人力资源和社会保障厅
	湖南省就业工作先进集体	省政府
县质量技术监督局	湖南省产品质量监督工作先进单位	省质量技术监督局
县安全生产监督管理局	2013 年全省安全生产监督管理工作先进单位	省安全生产监督管理局
玉潭镇	新农村建设明星单位	省四化两型宣传展示活动组委会
灰汤镇		
坝塘镇	新型城镇化明星单位	

续表 5-1

获奖单位	获奖(命名)	授奖(命名)单位
玉潭镇	湖南省最具民生幸福感乡镇	省民生工程走访宣传活动办公室
灰汤镇		
横市镇		
历经铺乡	村务公开民主管理示范乡镇	省民政厅
煤炭坝镇	文明卫生单位	省爱国运动委员会
	亿万农民健身活动先进乡镇	省农民协会
流沙河镇老龄协会	全省老干部宣传工作先进单位	省委老干部局
灰汤镇	法治湖南谱写新篇章突出贡献单位	省委法治湖南建设领导小组办公室
金洲镇	湖南最具魅力乡镇	
双江口镇	2013 年度全省计划生育依法行政便民服务先进单位	省人口和计划生育委员会
城郊乡茆田村	全省计划生育基层群众自治示范村	
白马桥乡正农社区	全省计划生育基层群众自治示范社区	
金洲工业集中区	湖南省低碳发展试点示范单位	省发展和改革委员会
白马桥乡	省级生态乡镇	省环境保护厅
坝塘镇		
东湖塘镇		
青山桥镇		
龙田镇		
枫木桥乡		
喻家坳乡百福敬老院	省三星级示范性敬老院	省民政厅
共青团沙田乡团委	2012 年度湖南共青团工作创新奖	共青团湖南省委
金醇烟叶合作社	烟农专业合作社建设优秀单位	省两烟协调领导小组
富源烟叶专业合作社	湖南省优秀烟叶示范社	省两烟领导小组
历经铺乡紫云村	省级卫生示范村	省爱国卫生运动委员会
大屯营镇新光村		
大屯营镇梅湖村	湖南省五四红旗团支部	共青团湖南省委
县交通运输局	2013 年度湖南省交通运输行政执法评议考核优秀单位	省交通运输厅
县经管局	2013 年度全省农村经营管理工作综合先进单位	省经管局
	全省农民合作组织建设工作先进单位	
县扶贫办	湖南省面上扶贫工作先进单位	省扶贫开发办公室
县城建设	湖南省诚信百强品牌	省委宣传部、省工商局、省守合同信用企业协会
	湖南诚信企业	
县城建设	湖南省档案工作规范化管理省特级	省档案局
县法院		
县财政局		

续表 5–2

获奖单位	获奖(命名)	授奖(命名)单位
省公路管理局	2013 年度全省交通运输行政执法评议考核优秀单位	省交通运输厅
县公路管理局养鱼塘中心养护站	湖南省模范职工小家	省总工会
县水务局	湖南省水土保持示范单位	省水土保持委员会办公室
县农广校	2013 年度农民教育培训工作先进单位	省农民教育培训工作领导小组办公室
县农村能源办公室	2013 年农村能源建设先进单位	省农村能源领导小组办公室
县住建局	2013 年度湖南省县级墙体材料革新工作先进单位	省墙体材料改革办公室
湖南龙骧集团交通发展集团有限责任公司宁乡分公司	湖南省道路客运二级甲等站	省道路运输管理局
县气象局	湖南省气象部门廉政文化建设示范点	省气象局
县农业局	2013 年全省农业政府网站工作先进单位	省农业厅
县机关事务局	省级巾帼文明示范岗	省妇联
县法院黄材法庭	省模范职工小家	省总工会
县法院花明楼法庭	全省法院先进集体	省高级人民法院
县妇联	省妇联系统宣传工作先进单位	省妇联
县老干局	全省老干部宣传工作红旗单位	省委老干部局
	全省关心下一代工作先进集体	省关心下一代工作委员会
县残疾人联合会	全省残疾人信访(维权)工作先进单位	省残疾人联合会
县消防大队	全省消防部队全面建设先进大队	省消防总队
	全省消防部队先进基层党组织	
县公安局	省公安工作档案规范化管理一级单位	省公安厅
县公安局网安大队	全省深化打击整治网络犯罪专项行动先进集体	
县公安局人口与出入境管理大队	省级示范窗口	
县公安局交警大队	全省市级道路交通安全管理工作优秀单位	
县公安局拘留所	社会矛盾化解先进集体	
县检察院反渎职侵权局	湖南省反渎职侵权办案工作突出单位	省检察院
宁乡县总工会	省女职工芙蓉杯竞赛百优集体	省总工会
	省先进县级工会	
县民政局	社会组织管理工作先进单位	省民政厅
	湖南省农村危房改造工作先进单位	省民政厅、省人力资源和社会保障厅
县婚姻登记处	全省社会事务管理工作优质服务先进单位	省民政厅
县殡仪馆		
县救助管理站		省民政厅、省军区政治部
县慈善办	慈善工作先进单位	省慈善总会办公室

获省(厅局)奖励(命名)个人名表

表 6

获奖人所在单位	获奖人	获奖名称	授奖单位
县质量技术监督局	胡一波	湖南省质量技术监督工作先进个人	省质量技术监督局
湖南精量重工科技有限公司	陈基良	湖南省产品质量监督工作先进个人	
黄材镇黄材村	沈国民	烟叶生产先进个人	省政府
县农业局	彭泰安	湖南省关心下一代工作先进个人	省关心下一代工作委员会
	刘　曲	全省水稻集中育秧先进个人	省农业厅
	肖年富		
县农机局	杨卫国		
双江口镇	刘奋强		
县农业技术推广中心	王立华	2013 年湖南省农业丰收奖一等奖	
县交通运输局	彭建文	2013 年度湖南省交通运输行政执法评议考核先进个人	省交通运输厅
县农广校	丁　强	2013 年度农民教育培训工作先进个人	省农民教育培训工作领导小组办公室
县气象局	周　璐	气象科技服务优秀个人	省气象局
	孙潇棵	气象业务工作年度优秀	
县林业局	蒋益明	全省森林防火先进个人	省森林防火指挥部、省林业厅
县公安局	李延阳	省公安机关缉枪治爆专项行动先进个人	省公安厅
	李亚华	全省公安监管工作先进个人	
县民政局	陶文良	省农村危房改造工作先进个人(二等功)	省民政厅
	黄海泉	省农村危房改造工作先进个人(三等功)	
	肖　华	全省社会事务管理工作优质服务先进个人	
	马平平		
县卫生局	喻国军	作风建设工作先进个人	省卫生厅

获长沙市委、市政府奖励(命名)单位名表

表 7

获奖单位	获奖(命名)	授奖(命名)单位
宁乡县	长沙市 2013 年度推进发展现代农业先进单位	市委、市政府
	党风廉政建设工作先进单位	
	社会管理综合治理先进区县(市)	
	绿化工作先进单位	市政府

续表 7-1

获奖单位	获奖(命名)	授奖(命名)单位
县政府	长沙市就业工作优秀单位	市政府
县人力资源和社会保障局就业服务中心		
白马桥乡人民政府		
煤炭坝镇煤城社区居民委员会		
白马桥乡正农社区居民委员会		
加加食品集团股份有限公司		
湖南省忘不了服饰有限公司		
长沙市沙龙畜牧有限公司		
华润怡宝饮料(长沙)有限公司		
玉潭镇壹陆捌手机店		
县政府	长沙市 2013 年度食品安全工作先进单位	
	2013 年安全生产目标管理先进单位	
	长沙市 2013 年度商务工作目标管理考核一类单位	
	长沙市旅游工作目标管理先进单位	
县食品安全管理办公室	长沙市 2013 年度食品安全工作先进单位	
县卫生局		
县公安局	长沙市 2013 年度食品安全办案工作先进单位	
大屯营镇	长沙市 2013 年度食品安全示范乡镇（街道）创建工作先进单位	
金洲镇		
资福乡		
玉潭镇	2012 年度长沙市经济社会发展综合实力十强乡镇街道	市委、市政府
白马桥乡		
城郊乡	2012 年度长沙市经济社会发展十快乡镇街道	
金洲镇		
南田坪乡		
玉潭镇	文明村镇	
历经铺乡		
灰汤镇汤泉社区	文明社区	
大屯营镇	文明乡镇	
灰汤镇	2010–2012 年乡镇环境卫生整治行动优秀乡镇	市政府
沙田乡	安全生产示范乡镇(街道)	
坝塘镇		
喻家坳乡		
大屯营镇		
横市镇	花园式单位	

续表 7–2

获奖单位	获奖(命名)	授奖(命名)单位
沙田乡	粮食生产工作先进单位	市政府
沙田乡堆资村	2013 年环卫工作市级卫生优胜村	
龙田镇	长沙市“五老四教”主题教育活动开展先进单位	市委
县交通运输局	2012 年度交通运输发展目标管理考核二等奖	市政府
县公路管理局	文明标兵单位	市委、市政府
县商务局	长沙市 2012 年度商务工作目标管理考核一等奖	
县农业局	文明单位	
县交通运输局	绿化工作先进单位	市政府
县检察院	文明标兵单位	市委、市政府
县信访局	长沙市群众工作红旗单位	市委、市政府
县人民武装部	安全工作先进单位	长沙警备区

获长沙市委、市政府奖励(命名)个人名表

表 8

获奖人所在单位	获奖人	获奖名称	授奖单位
县就业服务中心	刘月明	长沙市就业工作优秀个人	市政府
流沙河镇镇瓦子坪村卫生室	胡泳泽	长沙市劳动模范	
县人民武装部	谢圣彬	优秀团级单位主管	长沙警备区
	黄文钦	优秀共产党员	中共长沙警备区委员会

获宁乡县委、县政府 2013 年度奖励的部分单位

表 9

一、工作绩效考核先进单位

(一)乡镇(12 个)

花明楼镇	回龙铺镇	灰汤镇	玉潭镇
历经铺乡	金洲镇	城郊乡	菁华铺乡
沩山乡	大屯营镇	资福乡	坝塘镇

(二)县直单位(36 个)

县政务中心	县农办	县卫生局
县人社局	县统计局	县机关事务局
县人口计生局	县法院	县城管局
县民政局	县编办	县公安局

续表 9

县征地办	经开区	金洲新区
县工信局	县招商局	县项目办
县国土资源局	县财政局	县公路局
县发改局	县农业局	县住保局
县水务局	县地税局	县工商局
县质监局	县国税局	县消防大队
县气象局	县农商银行	县人民银行
长沙银行	县移动公司	县新华书店

二、五好领导班子(51 个)

大屯营镇	花明楼镇	金洲镇	菁华铺乡
回龙铺镇	坝塘镇	南田坪乡	资福乡
偕乐桥镇	灰汤镇	老粮仓镇	青山桥镇
沩山乡	白马桥乡	历经铺乡	玉潭镇
县编办	县农办	县信访局	县老干局
县法院	县工信局	县教育局	宁乡一中
县住建局	县公安局	县民政局	县财政局
县人社局	县水务局	县农业局	县国土资源局
县卫生局	县审计局	县统计局	县交通运输局
县安监局	县粮食局	县畜牧局	县人口计生局
县住保局	县政务中心	县招商局	县广播电视台
县烟办	县项目办	县征地办	县机关事务局
县城投集团	团县委	县公路局	

三、特殊贡献奖(只发奖牌)

获评特色县域经济重点县特殊贡献奖	县特办
烟叶生产特殊贡献奖	县烟办
招商引资特殊贡献奖	县招商局
信贷投放特殊贡献奖	县金融证券办

文件选登

中共宁乡县委
关于建立健全改进工作作风、密切联系群众若干制度的意见

宁发〔2013〕2号

各乡镇党委、人民政府,县直各单位:

为贯彻落实中央、省、市关于改进工作作风、密切联系群众的相关规定,现就建立健全改进工作作风、密切联系群众若干制度提出如下意见。

一、坚持落实"一推行四公开"工作制度

强化干部驻村(社区)联点工作,完善乡镇群工部、村(社区)群工站、村民小组(社区楼栋)群工室等平台建设。强化"三下三上",即沉下心、走下去、住下来,把问题带上来、把发展抓上去、和群众交上友。强化驻村(社区)干部工作落实,建立健全"群众档案",涵盖户主、成员、计生、社保、诉求等基本情况,坚持群众事项公开承诺限时办结制度。强化后盾单位帮扶支持,确保帮扶工作的实际成效和持续开展。强化对驻村(社区)干部考评考核,坚持群众民主测评,考评结果与干部评优评先、推荐提拔相结合。

二、坚持推进"万名干部联万户"结对帮扶制度

县委群工部在全县划分村(社区)民情责任区,组织全体干部参与,实行干部分片包组、包户,乡镇干部到组入户全年不少于120天。坚持"四访四清四解",家庭有变故必访,情绪有不满必访,生活有困难必访,"十必联"户必访;做到身心状况清、家庭境况清、经济情况清、对党委政府的建议和要求清;对群众的不满情绪必须耐心解释,对群众的政策疑问必须及时解答,对群众反映强烈的共性问题必须整改解决,对群众生产生活中的实际困难必须尽快解围。确保小的矛盾纠纷调解到位不过夜、不出村(社区),大的矛盾纠纷调解到位不过周、不出乡镇,民事案件和解率达90%以上,民转刑案件调处率达60%以上,群众民主测评满意率达85%以上。

三、坚持推进改进工作作风、密切联系群众工作(民情)记录制度

乡镇群工部每月检查辖区内群工队员的改进工作作风、密切联系群众工作记录,随机抽查进行核实,并提出解决问题的措施和办法,切实抓好任务分解与责任落实。县委群工部每季度随机抽取500名群工队员的改进工作作风、密切联系群众工作记录,并组织召开座谈会。县委书记、县长、县委副书记每半年或不定期对县级领导、乡镇党委书记、乡镇长、人大主席的改进工作作风、密切联系群众工作记录进行检查,并动态跟踪问题的解决。乡镇群工部对辖区内群工队员工作记录的批阅情况纳入县对乡镇绩效考核。县级领导、部门党政主要负责人、乡镇党委书记、乡镇长、人大主席的改进工作作风、密切联系群众工作记录纳入作风建设年终考核。

四、坚持推进领导干部接访下访制度

坚持领导接访"两定两开",即县、乡领导干部接访定时间、定地点,公开接待、敞开接访。县级领导每周星期一轮流到县信访局公开接待群众,每月的群众工作日到所联乡镇群工部公开接待、下访群众,全年深入基层不少于90天。后盾单位一把手在每月的群众工作日到联点的村(社区)群工站公开接待、下访群众,乡镇党委书记、乡镇长每周星期一在乡镇群工部接待群众,部门党政主要负责人每周星期一在本单位信访室接待群众,乡镇、部门其他班子成员轮流接待群众。乡镇党委书记每月组织各村(社区)群工站站长召开一次民情分析会,研究解决群众问题。

五、坚持推进改进工作作风、密切联系群众宣传教育制度

县委每年组织召开一次改进工作作风、密切联系群众专题大会,各乡镇、各部门每半年安排一次专题教育。将干部作风建设纳入干部培训计划,进行专题培训。建立干部作风数据库,建立党委(党组)定期分析干部作风和预警制度。建立健全干部作风建设约谈、群众评议、通报点评等制度,抓早抓小抓苗头。县级新闻媒体要开辟改进工作作风、密切联系群众专栏,及时通报干部作风建设的正反典型,营造良好的舆论氛围。

六、建立健全干部作风建设突出问题专项治理制度

针对全县干部作风建设存在的突出问题和薄弱环节，每年制定具体的专项治理办法和措施。当前，重点开展以下专项治理。

深入开展“四项费用”专项治理。严格落实县委厉行勤俭节约的要求，严格控制各类非生产性支出，禁止用公款发放红包礼金或进行娱乐消费。2013年“四费”支出总额同比减少20%以上。

深入开展公务用车专项治理。进一步完善公车管理办法，春节、端午、中秋等重大节假日，所有公务用车一律停放在机关，实行集中管理。严格按照长沙市关于公车管理的规定，认真清理和收缴违规车辆，对顶风违纪的人和事，及时通报和曝光。

深入开展大操大办专项治理。重点清查和治理领导及领导家属大操大办行为。国家机关工作人员不得借操办酒席敛财。县级领导及家庭成员操办酒席，必须按规定向县委主要领导报批同意，并报县纪委备案。科级领导干部操办酒席，须报县纪委批准。

深入开展劳动纪律专项治理。组织开展对行政审批、公共服务或上级交办事项工作效能情况的检查，着力查处一批在岗不在状态、工作飘浮不实、服务态度生硬、对群众反映问题推诿塞责、上下政令不畅的典型人和事。

深入开展清理文山会海和检查评比专项治理。县内检查评比由县委办统一安排，全县综合性检查评比每半年只能进行一次。会议由县委办统筹，实行多会合一，原则上每月只召开一次全县性大会，每周星期一和每月的群众工作日原则上不安排会议。

七、严格执行改进工作作风、密切联系群众督查考评制度

县委成立改进工作作风、密切联系群众工作联合督查小组，具体负责全县改进工作作风、密切联系群众工作的巡视、督查、指导。设立改进工作作风、密切联系群众工作监测点，组建监督员队伍，加强定点监督。设立全县监督举报电话(0731—87212342,87331022)，持续开展有奖征集干部作风视频活动，畅通社会监督举报途径。建立巡查制度，组建巡查队伍深入机关、村镇、农户，通过明察暗访等方式开展日常巡查，每个季度通报日常督查、巡视督查、民意调查和暗访督查的情况。建立健全改进工作作风、密切联系群众工作考评办法，在单位年度绩效考核、干部考核和选人用人上体现作风建设的导向。

中共宁乡县委

2013年1月22日

中共宁乡县委
关于开展创建“五好”领导班子活动的实施意见

(2013年10月22日)

宁发〔2013〕12号

为认真贯彻落实党的十八大精神,切实加强领导班子思想政治建设和执政能力建设,努力打造高素质执政骨干队伍,全力推进“六个走在前列”大竞赛活动和“四比四抓争先锋”活动,根据《中共长沙市委办公厅印发〈关于开展创建“五好”领导班子活动的意见〉的通知》(长发〔2013〕34号)文件精神,决定在全县县管领导班子中开展创建“五好”(精神状态好、民主决策好、推进发展好、服务群众好、廉洁从政好)领导班子活动,现就创建活动提出如下意见:

一、指导思想

高举中国特色社会主义伟大旗帜,以邓小平理论、“三个代表”重要思想和科学发展观为指导,以学习贯彻党的十八大精神为主线,以加强领导班子的执政能力建设、先进性和纯洁性建设为重点,以为民务实清廉为导向,切实增强领导班子“自我净化、自我完善、自我革新、自我提高”的能力,积极践行“六个走在前列”和“四比四抓争先锋”的要求,努力将领导班子打造成为“精神状态好、民主决策好、推进发展好、服务群众好、廉洁从政好”的领导班子,探索构建与科学发展相适应、与群众要求相符合的领导班子建设新机制,为我县实施“打造省会次中心,构建幸福新宁乡”的宏伟目标提供坚强的政治和组织保障。

二、“五好”领导班子的创建标准

“五好”领导班子必须是坚决贯彻中国特色社会主义理论体系,政治坚定、能力过硬、作风优良、奋发有为、实绩突出、群众公认的坚强领导集体。具体标准是:

1.精神状态好。政治意识好,党性观念强,自觉增强中国特色社会主义的道路自信、理论自信、制度自信,与党中央保持高度一致,政令畅通。充满活力,奋发向上,积极进取,争创一流。勇于负责,敢于担当,改革创新,攻坚克难。班子内部团结协调,干部职工心齐气顺,整体功能发挥好。

2.民主决策好。抓好以民主集中制为核心的班子内部制度建设,完善和落实民主决策机制。主要负责同志民主意识强,坚持民主、依法、科学决策。班子成员维护大局,积极发挥作用,没有出现较大决策失误的情况。

3.推进发展好。认真贯彻落实科学发展观,领导和推进科学发展的思路清、能力强。能够紧扣“六个走在前列”和“四比四抓争先锋”的要求,立足工作实际,创造性地开展工作,重点工作效果突出,难点工作有新突破,日常工作有序推进,各项事业实现全面协调可持续发展,在“六个走在前列” 和“四比四抓争先锋”大竞赛活动及绩效考核中排名靠前。

4.服务群众好。牢固树立执政为民和全心全意为人民服务的宗旨观念。自觉改进作风,主动深入基层,密切联系群众,善于解决群众合理诉求,千方百计为群众解决实际困难。群众口碑好、工作满意度高。

5.廉洁从政好。坚持不懈地抓好党风廉政建设,经常性开展党风廉政教育。健全各项管理制度,廉政风险防控体系完善。自觉遵守廉政准则,正确行使权力,认真履行职责,努力规范行为,主动接受监督,树立清正廉洁形象。班子成员中无违纪违法行为。

三、创建措施和要求

在创建五好领导班子的过程中,每个领导班子要结合单位实际,牢牢把握以下几点措施和要求:

1.搞好思想发动,注重学习提高。各单位要通过召开动员会、印发学习资料等方式,明确活动的意义、目的和要求,动员班子成员以严肃认真的态度参加活动。要积极投入到全县干部素质提升“四五”工程,延伸干部教育触角,结合单位实际开展提高干部队伍素质的活动,通过全覆盖、立体式的教育培训,促进全单位新一轮思想大解放,工作思路大提升,能力素质大增强。要结合“湖南省在线学习平台”,强化全体干部学习观念,使学习走上规范化、制度化的轨道,努力建设学习型班子。要推进党员干部“忠诚履职”教育活动,以“九个一活动”为载体,强化领导班子成员忠诚履职观念的教育和实践,增强中国特色社会主义的道路自信、理论自信、制度自信。

2.发扬党内民主,增进团结协作。要自觉增强政治意识和党性观念,与党中央保持高度一致,认真落实省市委的各项重要决策,紧紧围绕县委总体工作思路创造性开展工作。要坚持开好民主生活会,在班子内部积极开展谈心活动,互相交心通气,开展认真负责、实事求是的批评与自我批评,正确处理好“一把手”与班子成员的关系,增进理解,增强团结,形成合力,共同进步。要严格执行民主集中制的各项具体制度和规定,进一步完善领导班子的议事和决策机制,发扬党内民主,增加工作透明度,不断提高决策的科学化、民主化水平。凡是决定方针政策大事、全局性问题等,都须坚持"集体领导、民主集中、个别酝酿、会议决定"。

3.加强作风建设,密切联系群众。要将创建"五好"领导班子活动作为群众路线教育实践活动的一项重要内容和有效抓手,扎实推进治"奢与玩"、治"懒与庸"、治"浮与散"、治"乱与差"、治"远与冷"等"五项治理",重点推进杜绝大操大办、降四费、优服务、精内刊的专项治理,切实加强作风建设。要推进"为民务实清廉"群众路线实践活动,以省市"为民办实事工程"、"三个全民"三年行动计划("全民护水"沩江流域治理、"全民植树" 生态建设、"全民清整" 环境卫生整洁)、创新社会管理"五项整治"和"三城同创"等为活动载体,发挥群众工作站作用,推进群众工作"十百千万工程",从群众最关心、最直接、最期盼的医疗卫生、教育、水利、交通、文化、环境卫生、生态保护、安全监管等方面入手,制定推出一批便民利民的新举措,努力办成一批群众欢迎的好事实事,让广大人民群众切身感受到创建活动的实效。

4.结合活动载体,实现科学发展。要对活动开展过程中发现的班子建设和实际工作中存在的突出问题、人民群众反映强烈的现实问题和影响科学发展的重大问题,认真清查梳理,建立整改台账,落实责任主体,明晰解决措施,明确整改时限,做出公开承诺。要坚持以促进工作、推动发展为主题统揽"五好"领导班子创建活动,深入推进"四比四抓争先锋"活动,围绕比产业,抓转型,把经济做大做强;比平台,抓提质,把城镇做精做美;比民生,抓保障,把民生做实做好;比作风,抓实干,把队伍做优做强,结合本单位实际把活动的各项工作任务进行细化,明确工作目标、领导机构、责任领导,实行"一月一调度、一季一讲评、一年一总结",在活动中争当先行者、勇做排头兵。要围绕加快转型创新发展、提升城市建设管理、加快两型社会建设、共建共享全面小康、维护社会和谐稳定、提高党的建设科学水平等方面,创新举措,狠抓落实,努力创造经得起历史和实践检验的工作业绩。

5.探索完善机制,巩固活动成果。按照"边创建、边探索、边总结、边提升"的要求,把建章立制作为创建"五好"领导班子的一项基本要求贯穿活动始终。每个领导班子要结合各自实际,突出落实民主集中制这一核心内容,建立和完善领导班子民主议事决策、党内交心谈心、党性教育分析、加强内部管理、推进政务公开、联系人民群众、改进工作作风等一批科学、务实、管用的制度机制,确保创建活动取得实效。

四、组织领导

1.加强领导,明确责任。县委成立创建"五好"领导班子活动领导小组,由县委书记任组长,县委副书记、县长,县委专职副书记,县纪委、县委组织部、县委宣传部主要负责同志任副组长,其他县委常委为成员。领导小组下设办公室(设县委组织部),县委组织部常务副部长任办公室主任。全县各乡镇党委、县直各单位党组织要成立创建"五好"领导班子领导小组,制定创建方案,切实加强对创建活动的领导,严肃认真地对待这项工作。要进一步明确责任,增强创建意识,落实党政一把手亲自抓、分管领导专门抓的工作机制,做到认识到位、责任到位、措施到位,确保活动取得实效。对创建工作中涉及的重要事项和问题,一把手要亲自过问,亲自协调,亲自把关。

2.强化督查,狠抓落实。县纪委要切实加强对"五好" 领导班子创建评选工作全过程的监督检查和督促,及时掌握和通报活动情况。县委组织部要牵头抓好组织协调,及时掌握和通报情况,要把创建情况纳入领导班子和领导干部考核考察的重要内容,推动活动平衡发展。要定期组织督查,对创建不符合要求的,要及时"补课";对活动开展不力的,要通报批评。各单位要搞好自查,重点检查整改措施的落实情况。对已整改的要抓好成果巩固,防止问题反弹;正在整改的要明确办结时限,抓紧落实;尚未整改的,要有计划、有步骤地解决,确保整改落实到位。

3.精心组织,搞好评选。"五好"领导班子的考核评选与年度绩效考核、干部年度考核、届中考察、廉政考评等工作相结合,具体考核办法按照《宁乡县科级领导班子和领导干部定期考核细则》实行,每年评选一次。考核评选的基本条件是:年度绩效考核排位靠前;科级领导干部胜任现职度测评中班子成员称职以上票均在90%以上,创建工作扎实,基础资料齐全。有下列情形之一的班子当年不参与评选:未完成县委、县政府下达的各项经济指标和工作目标任务;领导班子成员受党纪、政纪处分;单位计划生育、综合治理、党风廉政建设、安全生产等工作经有关部门验收不合格或受到黄牌警告;发生影响科学发展不良事件造成较大社会影响等。

4.总结经验,整体推进。要认真总结创建工作的成效与经验,创造新的特色,不断提高创建水平,将总结的经验常态化长效化。要精心树立典型,进行宣传推介,发挥先进典型的示范作用和创建工作的推动效应。要在宁乡电视台、今日宁乡等新闻媒体开辟专栏,及时宣传推介一批创建工作典型;各单位要组织好宣传报道,努力营造创先争优的浓厚氛围。各单位在抓好自身创建的同时,要将创建活动向所属单位领导班子延伸,以进一步扩大创建覆盖面,推动"五好"领导班子创建活动不断引向深入。

宁乡县人民政府

关于进一步加强土地开发管理的实施意见

宁政发〔2013〕9号

各乡、镇人民政府,县直各单位:

为贯彻落实国家关于加强土地调控的相关政策精神,充分发挥土地资源经济和社会效益,促进县域经济社会又好又快发展,现就进一步加强我县土地开发管理提出如下意见:

一、加强土地储备供应管理

㈠成立土地管理委员会。县人民政府成立土地管理委员会,由县长任主任,常务副县长任常务副主任,分管城建城管、工交企业工作的副县长任副主任,县国土资源局、县发改局、县城乡规划局、县财政局、县监察局、县国有资产管理局和县土地储备中心负责人为成员。委员会下设办公室,县国土资源局局长兼任办公室主任。

㈡严格按计划供地。商住用地严格执行集约节约用地制度,从紧限量供应,每年年初由县人民政府制定当年商住用地供应计划。工业用地优先予以安排,重点项目由县土地管理委员会采取一事一议的方式优先保障用地。

㈢加强土地储备开发管理。

1. 全县一级土地市场土地统一由县土地储备中心依法储备。

2.严格实行"净地"出让制度,鼓励有条件的地方实行"熟地"出让。"净地"为完成征地拆迁且未被抵押的土地;"熟地"为"净地"基础上完成土地平整,实现通路、通电、通水的土地。

3.设立土地储备基金。土地储备基金实行收支预决算管理,严格封闭运行,专项用于全县土地储备,在进行优质土地资源实质储备的同时,支持相关载体单位进行定向储备。土地储备基金规模力争10亿元以上,按以下途径筹措:一是国有土地收益基金全部用于土地储备;二是与银行合作,按1:5比例配比投入;三是土地储备收入(包括土地出让、土地出租等收入)。

4.统筹加油站用地储备供应。2012年7月1日后新布局的加油站用地统一由县土地储备中心实质储备。成品油经营权与土地使用权实行捆绑出让,通过网上交易平台公开对外出让。

二、规范土地交易行为

㈠统一交易平台。全县范围内所有土地使用权交易统一由县国土资源交易中心组织。

㈡科学确定交易底价。招拍挂出让国有建设用地使用权的标的、底价以评估价为参考,由县土地管理委员会办公室组织成员单位研究审核后报县人民政府分管副县长审批。拟出让方案经县人民政府分管副县长审批后以底价作为起始价予以公示,不再另设底价。

㈢除重大产业项目外,国有建设用地使用权出让不得设置任何排斥他人竞价的附加条件。商业和住宅用地出让在长沙市土地交易中心挂牌,重大产业招商项目经县政府常务会议研究决定后在县国土资源交易平台招拍挂出让。所有商业和住宅用地挂牌须在省、市、县主流媒体广泛公示20天以上,严格保密竞买人信息,交易情况在县内媒体公示,广泛接受社会各界监督。

㈣各载体单位应根据项目建设情况采取先供首期用地、预留后期用地、逐年分批供地等方式,有效提高土地利用率。

㈤严格规范协议出让行为。已出让地块周边零星地块协议出让面积原则不超过该项目总用地面积的5%,且不超过10亩。协议出让价格须组织专家评估,且不低于周边同期同类地块招拍挂成交单价。

三、加强土地开发管理

㈠加大闲置土地清理和处置力度。

1.加强土地开发利用动态监测。国土资源部门应严格实施"土地利用一张图"工程,设立土地出让合同标准模块,明确开发商履约要素条件,建立用地管理信息系统,完整记录每宗出让土地开发利用情况,对违反合同和违反土地利用条件规定的,应即时预警,确保县人民政府对每一宗出让土地享有胜诉权。

2.依法处置闲置土地。国有建设用地使用权人超过规定的动工开发日期满一年未动工开发的,依法对其征收土地闲置费,征收标准为现出让总地价的20%。闲置两年仍未动工开发的土地,依法无偿收回其国有土地使用权。

㈡加强土地资产监管。

1.严格土地供应收支管理。国有建设用地使用权的出让收入全额纳入县财政预算管理,支出一律通过县财政预算予以安排,实行"收支两条线"管理。

2.严禁签订各类回报用地合同。

3.严格控制土地改变用途。非经营性用地原则不允许变为经营性用地,因实施城市规划确需改变土地用途的，须经县政府常务会议审议决定。

㈢严格控制县城规划控制区、旅游区和国道、省道周边村民建房；严禁占用基本农田建房，严格控制占用耕地建房，因特殊情况需占用耕地建房的，必须严格按照土地利用总体规划、城乡建设规划、“一户一宅”规定，由相关部门严格审批。具体按宁政发〔2009〕13号《宁乡县县域内公路沿线建设管理办法》和宁国土资发〔2012〕52号《关于暂停城乡结合部等区域村民建房用地审批的通知》实施。

四、监督检查

县土地管理委员会每年组织对各载体单位及乡镇项目所有用地逐宗实施绩效考核评估，并加强日常监管。发现违规违法用地行为，应采取曝光、约谈、冻结批地、通报批评、一票否决等办法予以严肃处理。凡违反本规定条款的，一律进行通报批评，并责令改正；两次以上被通报批评的，责任单位不得评先评优，并对相关责任领导和工作人员进行行政问责，其年终考核定为基本称职或不称职；情节严重的，依照相关法律法规严肃处理。

五、本意见自印发之日起实施。以前印发的有关规定与本意见不一致的，以本意见为准。

宁乡县人民政府

二〇一三年三月一日

宁乡县人民政府
关于印发《宁乡县政府投资建设项目管理若干规定》的通知

宁政发〔2013〕11号

各乡、镇人民政府,县直各单位:

现将《宁乡县政府投资建设项目若干规定》印发给你们,请认真遵照执行。

宁乡县人民政府

二〇一三年三月一日

宁乡县政府投资建设项目管理若干规定

一、总　则

第一条　为进一步规范政府投资行为,健全政府投资管理机制,提高政府投资质量和效益,根据国家和省、市有关法律法规及文件精神,结合本县实际,制定本规定。

第二条　成立宁乡县政府投资建设项目管理领导小组,由县长任组长,常务副县长任常务副组长,其他副县长任副组长,县政府办、发改、财政、监察、审计、住建、规划、国土和环保等部门为成员单位。领导小组办公室(简称"县政投办")设县发改局,负责政府投资项目日常管理、稽查、考核等工作,由县发改局局长任办公室主任。领导小组各成员单位依照法定职责管理和监督政府投资项目。

二、计划管理

第三条　严格实施项目年度计划管理和时序管理制度。

第四条　项目申报。各部门、乡镇、园区依据全县经济社会发展中长期规划和经有关权属部门批准的行业、区域发展规划拟订建设项目,向县发改部门申报。县发改部门每月组织相关职能部门和专家对申报项目进行评审,通过评审的项目经分管副县长批准后纳入县政府投资预备项目库,并下达前期工作计划。

第五条　前期论证。项目通过初审后,建设单位应立即开展立项、规划论证选址、用地预审、环境影响评价、能源审查、社会风险评估、可行性研究论证、初步设计、概算审查、用地许可、规划许可等前期工作。前期工作应在三个月内完成,由县发改部门定期通报前期工作完成情况。

第六条　计划审定。县发改部门在每年第四季度根据下年度政府投资可用财力总规模、入库项目轻重缓急、政府投资外其他资金来源落实和前期工作完成情况,征求相关部门意见,拟订下年度政府投资项目及时序建议方案,报县政府常务会议审定后向社会公示,进一步征求意见后报县人大常委会批准,由县人民政府下达计划。纳入年度政府投资计划的项目必须纳入项目库并完成相关前期工作。

第七条　计划执行。严格执行政府年度投资计划,因特殊原因需调整的,由行业主管部门每季度末向县发改部门申报,县发改部门会同财政等相关部门拟订调整方案,报县政府常务会议或县长办公会议研究确定,任何单位不得擅自调整。未按年度计划或经批准的调整计划完成项目建设的单位,须向县政府常务会议和县人大常委会议说明原因。

三、审批和评审

第八条 审批权限。纳入年度计划的项目,投资200万元以下或县财政拨款50万元以下的，由县发改部门直接审报批；投资200万元以上1000万元以下或县财政拨款50万元以上200万元以下的，由县发改部门初审并报项目建设单位分管副县长审批后，再由县发改部门审报批；投资1000万元以上或县财政拨款200万元以上的,由县发改、财政、行业监管等部门联合会审,报分管副县长和常务副县长审批后办理相关手续。

第九条 项目论证。投资500万元以下项目,由县发改部门直接审批项目建议书。投资500万元以上1000万元以下项目或简易维修、原址改扩建等项目,简化可行性研究报告评审。投资1000万元以上项目,可行性研究报告必须达到国家规定深度，其中1000万元以上5000万元以下项目可行性研究报告由县发改部门组织相关部门和专家严格评审，投资5000万元以上项目由县发改部门委托中介机构先行评审。

第十条 预算评审。政府投资项目应编制施工图预算报县财政部门审定，其中预算2000万元以上的项目受理1个月内完成审查，预算2000万元以下的项目受理15个工作日内完成审查，未经审定的项目不得组织采购、招标和拨付资金。建设单位须严格按照有关权属部门批准的投资概算编制施工图预算,项目上报施工图预算经县财政部门审核,核减额度达预算总额10%或200万元及以上的，必须向县政府常务会议说明原因,并按本规定第二十九条处理。

四、招标投标

第十一条 招投标实施。严格按照《宁乡县政府投资项目招标投标管理办法》进行招投标。投资2000万元以上项目进入长沙市公共资源交易中心招投标。取消现场报名,投标人直接从宁乡公共资源交易监管网下载招标文件并交纳项目估算价格12%的投标保证金和履约保证金。

第十二条 招投标监管。县发改部门每月初编制当月全县招标计划,报分管副县长和常务副县长审查并向社会公示。投资1000万元以上项目的招标方案、招标公告由县监察、发改、财政、审计和行业监管部门联合审核后,报分管副县长和常务副县长批准。

第十三条 投标人法人承诺。组织资格预审或开标时，投标人法定代表人须现场签署书面承诺书,提交无商业贿赂记录证明和廉洁承诺书,并提交法定代表人、项目经理和建筑施工企业关键岗位持证人员证照及相关资料。

第十四条 标后监管。由县发改部门组织有关监管部门进行标后督查。发现未履约的,责令中标人限期改正;逾期不改正及有挂靠、围标、串标等违规行为的,依法依规予以处罚,并列入投标人黑名单,三年内不得参与本县政府投资项目投标和建设。

五、施工管理

第十五条 项目代建。成立工务局,代表政府履行甲方监督管理责任。代建办法另行制定。

第十六条 合同管理。项目基本建设环节、中介服务、代建、项目法人招标等必须签订合同。合同实行标准文本,须报县政府法制办进行合法性审查,并报分管副县长批准。合同签订后须报行业主管部门、财政部门和县政投办备案。

第十七条 工程变更。任何单位和个人不得随意变更设计文件、施工图等。

工程确需变更,且绝对值累计超过工程合同价格10%或100万元的,变更提出方须拟订两套以上变更方案,编制造价对比分析表,经项目建设单位、设计单位、监理单位、行业主管部门初审,县政投办现场确认后报县政府常务会议审定。紧急处险或其他严重影响工程进度的,可经分管副县长同意,县政投办现场确认并保存工程变更图片、影像等资料后实施,项目建设单位须向县政府常务会议说明情况。

未按规定办理变更审批手续的,变更增加的工程费用不得实施项目工程结算。

第十八条 工程变更现场签证。工程现场变更签证须由建设单位、施工单位、监理单位和县政投办同时进行现场计量、现场签证、现场录入,并做好和保存现场草签记录、影像等完整资料。

第十九条 建设工程监理。严格执行工程监理制,控制工程投资、建设工期、工程质量和建设安全,建设管理单位应当根据工程建设的有关规定和合同约定,对工程建设进行管理。

第二十条 工程质量保证金。项目建设单位在工程法定质保期满后向县政投办申请项目后评价,县政投办组织相关单位进行项目后评价并出具评估报告。工程质量保证金根据项目后评价评估意见支付。

第二十一条 联合验收。由行业主管部门组织发改、财政、审计等相关部门按各自职责进行验收,验收结束后印发联合验收纪要。

第二十二条 工程质量终身负责制。政府投资项目相关行政负责人、项目法人代表和勘查设计、施工以及监理单位的相关责任人,根据各自职责对工程质量终身负责。

六、工程结算和财务决算

第二十三条 工程结算。项目建设单位在项目综合竣工验收后一个月内,完成工程结算编制工作送审计部门审查。项目上报工程结算经审计部门核减额度达10%或200万元及以上的，按本规定第二十九条处理。审计部门应及时审查,其中工程结算 1000 万元以下项目须在两个月内出具审查意见,1000 万元以上项目须在四个月内出具审查意见。

第二十四条 财务决算。建设单位应在工程结算完成 15 个工作日内按财务制度相关规定编制财务决算报告报县财政评审中心评审。县财政评审中心应在三个月内完成评审并出具审查报告。

第二十五条 资金支付。工程预付款不得超过合同金额的 10%,工程结算报告出具前累计支付资金不得超过合同金额的 60%,工程质量保证金必须按合同金额的 5%预留。

七、监督评价

第二十六条 工程结(决)算再抽审管理。监察部门对已完成工程结(决)算的项目进行再抽审。投资 5000 万元以上项目必须审查,其他项目抽审率不低于 20%。所审项目工程结(决)算核减额度达 5%或 200 万元及以上的,对审计、财政、项目实施单位进行通报批评,对相应单位负责人和经办人实施行政问责。

第二十七条 中介机构管理。县发改部门牵头会同有关部门建立政府投资中介机构库,发现中介机构及其从业人员违规操作、出具严重失实报告或结论等行为的,县发改、监察等部门将其不良行为记入信用档案并予通报;情节严重的,三年内不得参与宁乡县政府投资中介业务;造成经济损失的,依法承担赔偿责任;涉嫌犯罪的,依法追究刑事责任。

第二十八条 考核后评价管理。建立政府投资稽查、年度绩效考核和后评价机制。考核和稽查评价纳入全县绩效考核范围,作为单位和干部考核的重要依据。项目绩效评估结果向县政府常务会议通报。

第二十九条 建设单位管理。建设单位所报工程概算经审核部门核减额度达 20%或 500 万元及以上的,预结算经财政和审计部门核减额度达 10%或 200 万元及以上的,自行全额承担评审费用。一年内出现上述情况两次及以上的,对项目建设单位负责人和直接责任人实行行政问责。

第三十条 行政部门管理。行政管理部门存在违规违纪行为的,按《长沙市政府投资建设项目管理办法》有关规定处理,并全县通报批评;被通报批评两次及以上的,取消单位和个人评先评优资格,相关责任领导和个人考核定为基本称职或不称职。

第三十一条 项目公开管理。政府投资项目实行全程档案管理和信息公开,在县政务内网全面公开项目相关信息,项目建设单位应在施工现场显著位置公布项目信息,广泛接受社会监督。

八、附　则

第三十二条 本规定自印发之日起施行。此前印发的有关办法或规定与本规定不一致的,按本规定执行。

长沙市人民代表大会常务委员会公告

（2013年第4号）

《长沙市炭河里遗址保护条例》已由长沙市第十四届人民代表大会常务委员会第五次会议于2013年6月26日通过，湖南省第十二届人民代表大会常务委员会第三次会议于2013年7月25日批准，现予公布，自2013年10月1日起施行。

2013年8月1日

长沙市炭河里遗址保护条例

（2013年6月26日长沙市第十四届人民代表大会常务委员会第五次会议通过　2013年7月25日湖南省第十二届人民代表大会常务委员会第三次会议批准　自2013年10月1日起施行）

第一章　总　则

第一条　为了加强对炭河里遗址的保护，继承和弘扬优秀历史文化，发挥文化遗产在经济社会发展中的作用，根据《中华人民共和国文物保护法》、《中华人民共和国文物保护法实施条例》等法律、法规，结合本市实际，制定本条例。

第二条　炭河里遗址的保护适用本条例。

本条例所称炭河里遗址，是指位于长沙市宁乡县境内被公布为全国重点文物保护单位的西周时期大型建筑（宫殿）遗址以及重要青铜器出土地点。

第三条　炭河里遗址保护应当贯彻国家文物工作方针，坚持保护历史文化遗产与促进经济社会发展相结合的原则，确保炭河里遗址及其历史风貌和自然环境的真实性、完整性。

第四条　长沙市人民政府对炭河里遗址保护工作实行统一领导。宁乡县人民政府组织实施本条例。

长沙市人民政府、宁乡县人民政府应当将炭河里遗址的保护列入本市、县国民经济和社会发展规划。

炭河里遗址所在地的镇人民政府应当在职责范围内依法做好遗址的保护工作。

第五条　文物行政管理部门对炭河里遗址的保护依法实施监督管理。

城乡规划、住房和城乡建设、国土、水务、旅游、公安、环保、交通等行政管理部门和沩山风景名胜区管理机构，应当按照各自的职责共同做好炭河里遗址的保护工作。

黄材水库灌区管理机构在其水库、灌区管理和建设中应当做好炭河里遗址的保护工作。

宁乡县人民政府设立的炭河里遗址保护管理机构具体负责遗址的日常保护和管理工作。文物行政管理部门可以依法委托炭河里遗址保护管理机构行使与遗址保护有关的行政管理职能。

第六条　长沙市人民政府、宁乡县人民政府应当将炭河里遗址保护经费列入本级财政预算。

鼓励国内外社会力量捐助炭河里遗址保护事业。捐助资金应当用于炭河里遗址的保护，并接受财政、审计部门和捐助人的监督。

第七条　文物行政管理部门应当加强对炭河里文化的挖掘、整理、研究和宣传。

第八条　炭河里遗址所在地的村（居）民委员会应当协助市、县、镇人民政府和相关部门做好遗址的保护管理工作。

任何单位和个人都有依法保护炭河里遗址的义务,有权劝阻和检举破坏炭河里遗址的行为。

第九条　长沙市人民政府、宁乡县人民政府和有关部门对在炭河里遗址保护工作中有突出贡献的单位和个人,应当给予表彰或者奖励。

第二章　规划保护

第十条　长沙市人民政府应当将炭河里遗址保护总体规划纳入长沙市历史文化名城保护专项规划。炭河里遗址保护总体规划由宁乡县人民政府负责组织编制。

第十一条　炭河里遗址保护管理机构应当根据保护总体规划及时组织编制专项保护方案,并按法定程序报批。

专项保护方案应当纳入城乡建设的详细规划。

第十二条　编制、修订遗址保护总体规划及遗址专项保护方案,应当广泛听取社会各界的意见,组织专家论证。

第十三条　任何单位和个人不得擅自修改、变更已经批准的保护总体规划及专项保护方案。保护总体规划及专项保护方案如需调整或者变更,应当按原批准程序报批。

第十四条　文物、城乡规划、住房和城乡建设、国土、水务、旅游、环保等行政管理部门和沩山风景名胜区管理机构应当在职责范围内,按照炭河里遗址保护总体规划及专项保护方案,加强对与炭河里遗址保护有关的建设工程的监督和对违法行为的查处。

第三章　分层次保护

第十五条　对炭河里遗址按照划定的保护范围及建设控制地带实行分层次保护。

炭河里遗址保护范围:东至大屋院子西侧生产路南北延伸;南至灰黄公路;西至黄材水库支渠;北至黄材渠。

炭河里遗址保护范围外划定建设控制地带:东至石狮村新屋组;南至胜溪村石门冲;西至黄材水库引水坝;北至栗山村宋家组。

炭河里遗址保护范围及建设控制地带的具体界线以省人民政府公布的《炭河里遗址保护总体规划》为准。

炭河里遗址保护范围及建设控制地带界线根据考古发现或者研究成果需要进行调整时,应当依照法定程序报批。

第十六条　炭河里遗址保护范围及建设控制地带内的保护对象包括:

(一)宫殿遗址、城墙遗址、城壕遗址、墓葬区及其他珍贵文物出土点等不可移动文物;

(二)青铜器、陶器等地下埋藏文物或者馆藏的可移动文物;

(三)遗址的历史风貌和自然环境;

(四)其他需要保护的历史文化遗产。

第十七条　炭河里遗址保护管理机构应当在遗址保护范围及建设控制地带设立保护标志和界桩,并保持其完好。

第十八条　在炭河里遗址保护范围内禁止下列行为:

(一)非法采集文物;

(二)在文物或者保护设施上涂污、刻画、张贴、攀登;

(三)存放易燃、易爆、放射性、腐蚀性等危害遗址安全的物品;

(四)擅自移动、拆除、损坏保护标志、界桩和其他文物保护设施;

(五)违规倾倒、堆放垃圾或者排放污水;

(六)采沙、采石、打井,违规取土、挖建沟渠池塘、深翻土地等改变地貌环境的行为;

(七)破坏植被或者违规砍伐林木;

(八)其他有损于遗址保护的行为。

第十九条　炭河里遗址保护范围内,不得进行与炭河里遗址保护无关的建设工程或者爆破、钻探、挖掘等作业。但是,因特殊情况需要进行其他建设工程或者爆破、钻探、挖掘等作业的,必须依法履行报批手续。

第二十条　在炭河里遗址建设控制地带内进行农田水利、道路交通、建筑物、构筑物等工程建设,应当符合炭河里遗址保护总体规划,不得破坏炭河里遗址历史风貌,其工程设计方案应当征求炭河里遗址保护管理机构的意见,并依法履行报批手续。

第二十一条　炭河里遗址保护范围及建设控制地带内,不得建设危害文物安全、破坏遗址历史风貌或者污染遗址及其环境的设施。

对已有的危害文物安全、破坏遗址历史风貌或者污染遗址及其环境的设施,宁乡县人民政府应当责令限期治理或者迁出。

第二十二条　炭河里遗址保护范围及建设控制地带内,禁止审批不符合炭河里遗址保护总体规划的建设工程。

对炭河里遗址保护范围内原有村(居)民,应当按照保护总体规划逐步迁出。炭河里遗址建设控制地带内原有村(居)民住宅不符合保护总体规划的,应当按照保护总体规划的要求进行修缮或者改造,并逐步调整至与炭河里遗址风貌相协调。

按照炭河里遗址保护总体规划逐步迁出村(居)民、组织修缮或者改造村(居)民住宅的,宁乡县人民政府应当予以补偿、补助。

对炭河里遗址建设控制地带外相邻的新建、改建、扩建建筑的风格,当地人民政府应当引导其与炭河里遗址保护总体规划范围内的建筑风格相协调。

第二十三条　炭河里遗址保护范围及建设控制地带内的水系、农田、植被、山体等地貌环境不得随意改变。

炭河里遗址保护管理机构应当对遗址及其地貌环境定期进行监测,并将有关情况记录存档,发现险情,应当及时报告,并采取抢救措施。

水务行政管理部门和黄材水库灌区管理机构应当加强对河道、水库的监测,采取有效措施预防水流环境对遗址本体的影响。

第二十四条 炭河里遗址保护管理机构应当建立文物保护工作制度,按照国家规定对遗址及遗址博物馆配备消防、技防、防雷等安全防范设施设备。

第二十五条 在炭河里遗址保护范围及建设控制地带内,任何单位或者个人发现文物,应当保护现场,并立即报告炭河里遗址保护管理机构或其他相关部门。

依照前款规定发现的文物属于国家所有,任何单位或者个人不得哄抢、私分、藏匿。

第四章 考古发掘与展示利用

第二十六条 在炭河里遗址保护范围及建设控制地带内进行考古调查和文物标本采集的,应当征求炭河里遗址保护管理机构的意见,并依法履行报批手续。

第二十七条 炭河里遗址保护范围及建设控制地带内的建设工程,应当事先在工程所涉区域进行考古勘探。

发现重要遗迹的,应当实施原址保护:建设项目影响遗迹原址保护的,应当另行选址。

第二十八条 从事考古发掘的单位对炭河里遗址进行考古发掘的,应当会同炭河里遗址保护管理机构制定发掘计划,并依法履行报批手续。

第二十九条 炭河里遗址保护管理机构应当加强对炭河里遗址流散文物的征集、收藏。

对炭河里遗址考古发掘出土的文物,炭河里遗址保护管理机构应当向文物行政管理部门申请指定收藏。

第三十条 长沙市人民政府、宁乡县人民政府应当组织建设遗址博物馆等设施,展示炭河里文化。

第三十一条 在炭河里遗址保护范围及建设控制地带内从事旅游或者其他经营活动,应当符合炭河里遗址保护总体规划,并遵守炭河里遗址保护管理机构的相关规定。

第三十二条 炭河里遗址保护管理机构应当加强对炭河里遗址的知识产权保护。

第五章 法律责任

第三十三条 相关行政机关、炭河里遗址保护管理机构及其工作人员在炭河里遗址保护管理工作中,违反本条例规定,有下列行为之一的,对负有责任的主管人员和其他直接责任人员依法给予行政处分:

(一)不依照遗址保护总体规划和专项保护方案实施遗址保护的;

(二)在遗址保护范围及建设控制地带内违规批准宅基地的;

(三)违规批准改变遗址保护范围及建设控制地带内水系、植被、山体等地貌环境的;

(四)违规批准从事旅游或者其他经营活动的;

(五)其他滥用职权、玩忽职守、徇私舞弊的。

第三十四条 违反本条例第十八条第(二)项规定,涂污、刻画或者损坏文物尚不严重的,由炭河里遗址保护管理机构或者公安机关给予警告,可并处二百元罚款。

第三十五条 违反本条例第十九条规定,擅自在炭河里遗址保护范围内进行建设工程或者爆破、钻探、挖掘等作业的,由文物行政主管部门责令改正,造成严重后果的,处五万元以上五十万元以下罚款。

第三十六条 违反本条例第二十条、第二十六条规定,未征求炭河里遗址保护管理机构意见的,由市文物行政管理部门责令改正。

第三十七条 违反本条例第三十一条规定,扰乱炭河里遗址保护范围及建设控制地带内经营管理秩序的,由相关行政管理部门或机构责令改正,拒不改正的,依法给予处罚。

第三十八条 违反本条例其他规定,相关法律、法规已规定法律责任的,依法追究法律责任。

第六章 附则

第三十九条 本条例自2013年10月1日起施行。

附 录

宁乡县2013年主要经济指标

表10 单位:万元

	2012年	2013年	± %
GDP总值(现行价)	7324953	8350486	14.1
一产业	848464	932328	4.4
二产业	5017349	5755171	16.6
其中:工业	4517331	5234725	17.6
三产业	1459140	1662987	10.3
全部工业总产值(现行价)	13189275	16140114	22.4
其中:规模以上	11961062	14792452	23.7
农业总产值(现行价)	1280449	1407559	4.4
财政总收入	408006	483803	18.6
其中:地方财政收入	244886	306776	25.3
财政总支出	481217	582559	21.1
社会消费品零售总额	1521707	1725149	13.4
全社会固定资产投资总额	4408385	6083578	38.0
金融部门存款余额	2784138	3240983	16.4
其中:城乡居民储蓄余额	1866172	2156573	15.6
金融部门贷款余额	1843537	2376492	28.9
农民人均可支配收入(元)	13166	17894	11.4
城镇职工人平工资总额	40747	43795	7.5
城镇居民人均可支配收入(元)	24020	28528	12.0
实际利用县域外资金	2625000	2400000	-8.6

(县统计局)

2013 年乡镇基本情况和主要经济指标

表 11

乡镇名称	总户数（户）	总人口（人）	稻谷播种面积（公顷）	稻谷总产量（吨）	生产总值（GDP）（万元）	农业总产值（万元）	工业总产值（万元）	社会消费品零售额（万元）	全社会固定资产投资总额（万元）	财政总收入（万元）	农民人均纯收入（元）
总 计	447734	1377038	122159	801208	5016702	1407559	9816228	1678344	3904980	198112	17894
玉潭镇	27683	66472	111	723	652176	3812	1014659	656830	921842	88023	32911
道 林	19646	55588	6424	41985	172842	45049	303700	34643	69160	1593	14368
花明楼	17530	49237	5839	38154	196727	47945	376874	34269	107082	2006	17265
东湖塘	15686	48478	5271	34465	88158	43555	122468	28530	45108	613	13140
夏铎铺	12182	39588	4626	30267	342433	44459	1212780	29971	252940	13725	17858
双江口	15089	47684	6537	42794	110148	55613	103074	31916	61190	875	14356
煤炭坝	16831	50208	3107	20293	296336	46268	773632	50643	143298	11191	18213
坝 塘	13360	42282	4754	31156	82418	53879	111979	23608	39012	635	13299
偕乐桥	10656	33993	3790	24758	85208	45514	91365	19504	27105	444	13138
灰 汤	7160	23851	2374	15509	81094	42656	5763	28900	167000	4527	16294
双凫铺	13151	39699	3734	24391	216695	50225	404464	32978	89065	1670	17101
老粮仓	19900	63628	6174	40330	91891	47566	83141	35668	64130	535	11949
流沙河	20643	68103	6044	39494	89427	63850	81560	40848	55132	608	12015
巷子口	13831	46368	1829	12612	61224	30216	90624	24549	34308	677	10381
龙 田	7523	23364	721	5262	42016	18329	102973	11906	40112	949	11515
横 市	16523	55207	4415	28911	116986	47732	165337	34976	92104	827	14973
回龙铺	12622	38974	4697	30754	124225	55257	161490	28107	58259	939	18245
黄 材	19830	65541	3218	21427	120039	66157	158442	32971	80016	949	11919
大成桥	10580	33385	3372	22025	199592	50414	610583	22214	190073	2942	15858
青山桥	16404	51835	4376	28588	107034	51844	136173	29927	38750	915	11399
大屯营	13866	44050	6003	39212	138910	50628	158178	23439	120350	829	14471
金 洲	10359	31750	3500	22866	99926	41470	136327	18006	84005	4366	17890
朱良桥	10684	35316	4116	26890	80041	48893	86355	21036	58117	713	17220
菁华铺	10341	33008	3291	21496	103574	39214	202957	19827	70134	1279	15302
南田坪	8786	27629	3955	25872	62687	41698	77728	17454	34002	753	13424
资 福	12325	39258	4431	28945	65079	45069	55474	19296	41276	595	13166
枫木桥	12349	39307	4634	30363	65709	46744	41782	24021	31657	487	14533
喻家坳	12008	39524	4122	26940	150873	52281	315070	22910	56691	1850	16525
沙 田	10316	34412	1383	9559	48857	23360	74465	16516	45131	670	12238
白马桥	9707	24019	994	6491	283998	23537	911922	45836	227153	16604	30365
历经铺	10097	29229	2332	15207	335234	38866	854771	168068	189591	7411	19557
城 郊	14600	38527	1475	9613	264022	27373	779356	38685	315894	27133	27949
沩 山	5466	17524	510	3856	41123	18086	10762	10292	55293	779	11961

索 引

说明:

一、本索引把年鉴的条目、表格、统计资料(特载、概述、大事记和各单位概况除外)用主题分析的方法,按英文字母顺序排列。

二、分目标题用黑体字标明。

三、索引名称后的阿拉伯数字表示内容所在的页码,英文字母(a、b、c)表示栏别(从左至右)。

E

F

G

H

J

K

L

M

N

P

Q

R

S

T

W

X